परिमल संस्कृत ग्रन्थमाला संख्या-४

भरतमुनिप्रणीतं

नाट्यशास्त्रम्

श्रीमदभिनवगुप्ताचार्यविरचितया अभिनवभारती-संस्कृतव्याख्यया
समुद्भासितम्

चतुर्थो भागः
(अध्यायाः २८-३७)

सम्पादक
के० एल० जोशी

परिमल पब्लिकेशन्स
दिल्ली

प्रकाशक :

परिमल पब्लिकेशन्स

२७/२८, शक्ति नगर,

दिल्ली – ११०००७

दूरभाष : ०११-४७०१५१६८

प्रधान कार्यालय :

परिमल पब्लिकेशन्स

१, मनमोहन कॉम्पलेक्स, नवरंगपुरा पुलिस स्टेशन के पीछे,

नवरंगपुरा, अहमदाबाद – ३८०००९

दूरभाष : ०७९-४९१६७६७४

ISBN : 978-81-7110-006-4 (Vol. 4)

संस्करण : वर्ष 2024

मूल्य : ₹ 500.00

मुद्रक

एस.पी.कौशिक एन्टरप्राइज

नजदीक जी.टी.बी. हॉस्पिटल, दिल्ली

Parimal Sanskrit Series No. 4

NĀṬYAŚĀSTRA OF BHARATAMUNI

WITH THE COMMENTARY ABHINAVABHĀRATĪ
OF ABHINAVAGUPTA

VOL. IV
CHAPTERS 28-37

EDITED BY

K. L. JOSHI

PARIMAL PUBLICATIONS
DELHI

Published by
PARIMAL PUBLICATIONS
27/28, Shakti Nagar, Delhi-110007 (INDIA)
ph. : +91-11-47015168
e-mail : order@parimalpublication.com
url : http://www.parimalpublication.com

Head Office
PARIMAL PUBLICATIONS
1, Manmohan Complex, Behind Navrangpura Police Station,
Navrangpura, Ahmedabad-380009 (INDIA)
ph. : +91-79-49167674

Edition : Year 2024

ISBN : 978-81-7110-006-4 (Vol. 4)

Price : ₹ 500.00

Printed at

S.P. Kaushik Enterprises
Near G.T.B. Hospital, Delhi

विषय सूची

अष्टाविंशोऽध्यायः

एकोनत्रिंशोऽध्यायः

त्रिंशोऽध्यायः

एकत्रिंशोऽध्यायः

———

षट्त्रिंशोऽध्यायः

सप्तत्रिंशोऽध्यायः

श्रीरस्तु ।

भरतमुनिप्रणीतं

नाट्यशास्त्रम्

अष्टाविंशोऽध्यायः

आतोद्यविधिमिदानीं वक्ष्यामः ।

ततं चैवावनद्धं च घनं सुषिरमेव च ।
चतुर्विधं तु विज्ञेयमातोद्यं लक्षणान्वितम् ॥ १ ॥

अभिनवभारती—अष्टाविंशोऽध्यायः ।

॥ अतः परं गेयाधिकारः ॥

मध्यमस्वरमुशन्ति यद्वशान्नादषट्कमुदितं श्रुतिक्रमात् ।
सोऽपि यद्विलसितं कलात्मकं तं नमामि शिशिरांशुमण्डनम् ।

आतोद्यानां विकल्पनमित्युक्तं पूर्वाध्यायसमाप्तौ, तेन सङ्गतिं कर्तुं षष्ठाध्याय-पठितमपि श्लोकं पुनः पठति—ततं चैवेत्यादि । ननूद्देशे (६-१०) "सिद्धिः स्वरास्तथातोद्यं गानं रङ्गं च संग्रहः" इत्युक्तम् । ततं च (ततांशो) नटानां रामादिविशेषरूपतया शङ्क्यमानानां तन्मयीभावप्रत्यूहभूताशयनिवारणाय 'नाथो बनं विशति' इत्यादिना, तालांशोऽपि प्रयोगं सूत्रकल्पतया समीकुर्वन् स्वरं लयं च स्वप्रेक्षकहृदयं तत्रैवानुस्यूतं तिरोदधत्साम्यं च रागनिबन्धनं विदधद्रसं प्रति परममङ्गलम् । तत्र स्वरांशे ततसुषिरयोरुपयोगः । तौ हि स्वरस्य परमार्थं रक्तिलक्षणं वितरतः । गातॄणां हि वाक्पारुष्यादिदोषशतोपहतानां स्वरस्तन्त्रीवेणुस्वरेण सुस्वरतां नीयते, स्वभावत एव तन्माधुर्यात् । वाङ्माधुर्यं याबद्धीनं तदाहार्यं मधुरं माधुर्यं मभ्यासाबाहरेयुः । ततानुबद्धत्वात्स्वरस्य न न्यूनाधिकभावाशङ्का काचित्, तत्र मूर्च्छि-तायां वीणायामशिक्षितेनाप्यभिहननेन स्वरस्योपलम्भः । नत्वेवं वंश इति ततातोद्यस्यैव प्राधान्यम् । अत एव वीणा शारीरिकी चैवाचार्यैर्निर्दिष्टा "दारवी गात्रवीणा च" इति । तथा च प्रतिबिम्बं वीणेति व्यवहारः इहापि पूर्वं वैणा एव स्वरा उद्दिश्यन्ते द्व्यधिष्ठानाः स्वरा वैणाः शारीराश्चेति । गान्धर्वेऽपि (हि ?) प्रयोक्तुः फलमिति

ततं तन्त्रीकृतं ज्ञेयमवनद्धं तु पौष्करम् ।
घनं तालस्तु विज्ञेयः सुषिरो वंश उच्यते[1] ॥२॥

तदनुसारेण शारीरप्राधान्यं फले दर्शितम् गाने तु श्रोतृफलरक्तिप्रधानतेति गानस्य (गान्धर्वं) उपकरणीकृतो मुनिना । तालभागे तु घनावनद्धयोर्निवेशपदांशे ध्रुवाध्याय-स्योपयोपयोगः । न चैतद्गान्धर्वसाराभिष्यन्दत्वमनेन निर्मितम् । सामभ्यो गीतमिति हि पारम्पर्येण सामवेदोद्भूतं न ब्रह्मगीतप्रभवत्वाद्गीतस्य सामकरणत्वमुक्तम् । तेन प्रथमं जात्यादिलक्षणं निरूपितम् । अतस्ततातोद्यस्यैव प्रथममभिधानं, स्वराणा-मिति तत्रैव स्वरलाभ इत्युक्तम् । तेषां तु पृथगुद्देशे प्रयोजनमन्तरायोपसंग्रहो नाम कास्वध्याय एषां पूर्वमुदितानामेव । किंच ।

...द्रूपमित्यातोद्यस्यैव स्वरूपं वाच्यमिति न कदाचिदसंगतिः लक्षणान्वितमिति तदन्यस्य निरासादनुचितस्यापि वाद्यान्तरस्य तस्माल्लक्षण न कृतमित्याह । यस्मादिदमेत्रं विज्ञेयं—एतन्मध्य एव सर्वमन्तर्भवति, तदेतद्भूत्वं किंचिद्याति, किंचित्पुनरन्यस्मिन् सति तदुपयोगि । तथाहि पाटादिपुष्करवाद्यस्यैवाङ्गादन्यत्र डोम्बीभ्राटुकादीनां नास्ति । अन्यन्नाटचोपयोगि मार्जनामार्गानुयातः स्वरवर्णसंबोधे-नात्यन्तव्यञ्जकत्वायोगाज्ज्वालापट्टफलकवादादपे.........वमार्ज्यमयः सर्वं हि चतुर्विधस्येहैवोक्तस्य किंचिदंशमनुसरेदेतत्प्रकृत्येभ्यो वेति मन्तव्यः ॥१॥

चातुर्विध्यं पूर्वोक्तमेव स्मारयति ततं तन्त्रीकृतमित्यादि । तन्त्रीणां (कृतं ततम्) चार्मबन्धत्वादवनद्धम् । मूर्तिकाठिन्येन घनं तदनुसारेण रसभावोपयोगि विशिष्टवर्णद्वारेण च नोपयुज्यत इति साम्यमात्रोपयोगित्वात्ताल इत्युक्तम् । घनं सुषिरमिति पाठे आतोद्यापेक्षं नपुंसकं, विशेषापेक्षया तल्लिङ्गेन केचित्पठन्ति ।

सुषिरस्य स्वरात्मकत्वेऽपि तदनन्तरं तस्यानभिधानमितिचेन्न, वीणाया एव स्वरभागे प्राधान्यात् धातुवाद्यशेषशुष्कप्रकृतिकत्वाच्चावनद्धस्य तन्मानोपकारित्वाच्च घनस्य, वीणेव सुषिरस्य तत एवानुप्रवेशः । ततस्तु वंशः तत्र चतुर्विधातोद्यमुपरञ्ज-कम् । उपरञ्जनीयाश्चाभिनय इति तयोरेकसन्निवेशात्मकः समूहः कर्तव्यः । तत्र चतुर्विधमप्यातोद्यं स्वरतालप्राधान्याद्द्विविधं कृतं ततमवनद्धं चेति सुषिरघनयोः क्रमेण तदङ्गत्वात् । अभिनयेन च पात्रवर्गं आक्षिप्त इति त्रयः समूहाः कुतपशब्द-वाच्याः । कुतं शब्दं पाति, कुं च रङ्गं तपत्युज्ज्वलयति (वा) ॥२॥

तदेतदाह---प्रयोगस्त्रिविधो ह्येषामिति । एषां चतुर्णामातोद्यानां नाटकाश्रयो नाटकगतपात्रवर्गसहितस्त्रिप्रकारः प्रकर्षेण योगः समूहीभावः, यत स्वयं द्वौ समूहौ नाट्योपयोगी पात्रवर्गात्मा च तृतीयः । तदाह—नाट्यकृतोऽपर इति । यद्यपि ततनाव-

---

1. NS. एव च ।

प्रयोगस्त्रिविधो ह्येषां विज्ञेयो नाटकाश्रयः ।
ततं चैवावनद्धं च तथा नाट्यकृतोऽपरः[१] ॥३॥

[२]ततः कुतपविन्यासो गायनः सपरिग्रहः ।
वैपञ्चिको वैणिकश्च वंशवादस्तथैव च[३] ॥४॥

मार्दङ्गिकः पाणविकस्तथा दार्दरिकोऽपरः[४] ।
अवनद्धविधावेष कुतपः समुदाहृतः ॥५॥

उत्तमाधममध्याभिस्तथा प्रकृतिभिर्युतः ।
कुतपो नाट्ययोगे तु नानादेशसमाश्रयः[५] ॥६॥

हननसौषिर्यनिबद्धत्वेन संकीर्णत्वादि । तथाप्येकोपयोगकृतान्यपदेशः । तननेन हि स्वरप्राधान्यं, तच्च न पुष्करादवहननेन वर्णानुस्वारः सम(न)तन्त्र्यादौ । एवमन्यत्रापि वाच्यम् । तत्र तताभिधानः कुतपः क्रियतां समूह इत्याह—**ततः कुतपविन्यास** इत्यादि । परिग्रहो गायकस्य (भार्या)। तद्यथा गायकः कांस्यतालिकाहस्ताद्विपञ्ची अपूर्णतन्त्रीका कोणवादनीया वीणात्वेकविंशतितन्त्रीका । चकारादन्यासां वीणानां संग्रहः ।

तथैव चेति अपरसुषिरपरिग्रहः । अथावनद्धराशिमाह—**मार्दङ्गिक** इत्यादि मृदङ्गानीति पुष्कराणि, पणवोऽन्तस्तन्त्रीको हुडुक्काकारः । दर्दुरो महाघटाकारः । **तथैव** चेति वचनात्मर्दलकरटादिसंग्रहः । कांस्यतालिकास्तु गीतवाद्योः साम्यापादनार्थाः, तत्कुतप एव युक्ताः ॥ ३-५ ॥

अथ नाट्यकुतपमाह—**उत्तमाधममध्याभिरिति** । उत्तमादिप्रयोक्तृव्योचितः पात्रसमूह इत्यर्थः । पूर्वतो विशेषः, ततावनद्धयोः कुतपयोर्नियतदेशता पुष्कराध्याये वक्ष्यते नाट्यकुतपस्य तु प्रयोगे माभूदव्यद्धा (दव्य) वधिरिति सन्निधिमात्रमुपयोगि न तु देशनियमः । तदाह नानादेशेति प्रत्युपयोगोऽनेन कथित इत्यपरे ॥ ६ ॥

नन्वेते त्रयः समूहाः किं परस्परमनपेक्षा एव, नेत्याह—**एवं गानं च वाद्यं चेति** । त्रयोऽप्येते समूहा एकीभावं नेया इति यावत्, न पुनरेको गायको मार्दङ्गिक उत्तमपात्रमित्यादिना पुरुषा एव दर्शिताः ।

---

१. KSS., NS. कृतश्च यः ।
२. KSS., NS. तते ।
३. KSS., वंशवादक एव च ।
४. KSS., NS. दार्दुरिको बुधैः ।
५. GOS. समुद्भवः ।

एवं [1]गानं च वाद्यं च नाट्यं च विविधाश्रयम् ।
अलातचक्रप्रतिमं कर्तव्यं नाट्ययोक्तृभिः ॥७॥

ननु गानादीन्याशङ्क्याह विविधा आश्रया यस्येति । नहि प्रयोक्त्रनपेक्षित्वं गानादीनां वदति । उक्तं च......यत्नमिति संपाद्यमिति यावत् । तस्मादत्र यत्न इत्येतदेवाह । यस्माद्द्विविधाश्रयं भिन्नेन्द्रियग्राह्यत्रिविधक्रियारूपं, तस्माद्यत्नेनास्यैकता तत्संपाद्या, येनैकबुद्धिविषयता सामाजिकस्य गच्छेत् । अलाततेजःकणो हि न वस्तुतो युगपदनेकदेशसम्बन्धी, लाघवयत्नेन तु तथातथा साम्यमापादितम् । एवं प्रयोगोऽपि तथापि नैकक्रियात्मा साम्यापादनाय......
त्नेन तु तथा सम्पादित इत्येतदाह—अलातचक्रप्रतिममिति ।

ननु सामान्याभिनयेऽध्याये एतदुक्तं, सत्यं, तत्त्वभिनयविषयं, इदं तु गीतवाद्य-नाट्यानां परस्परस्य विषयम् । ननु कस्मात्त्रयो राशयः कृताः इत्याशङ्कमानेन नैवाप-सारयति एवं गानं चेति नाट्यं तावदुपरञ्जनीयम् । सामान्याभिनयेऽभिनयबलादेकत्वं नीत एको राशिरिति । नात्र विवादः । स्वरगतिराशिश्चान्योन्यसंमिलितोऽलात-चक्रवत्कायः । विविधाश्रयोऽपि वीणावंशगात्रगतोऽपि वाद्यविधिरेकीभावं नेय इति त्रयाणामप्यथ ग्रासीकरणमिति मुक्तम् ।

नन्वेवं राशित्रयेऽस्मिन्नेकीभूते प्रयोगसम्यक्त्वापतितलक्षणासिद्धिर्भवति, तथा च गीतवाद्यदोषा अपि सिद्धिविघातका उक्ताः । ततश्च सिद्धिस्वरूपं गेयाधिकारस्य पश्चाद्वक्तव्यम् । अत एव हि गीतवाद्यनाट्यकृतासिद्धिरित्युक्तेति किं प्रधानं किमङ्गमिति भागे संशय्यते । पूर्वमेव तु सिद्धिनिरूपणे एतावता प्रयोगत्वमिति परिज्ञातम् । तस्योपरञ्जनीयतोक्ता भवति, मध्यावस्थितेन च सिद्धिनिरूपणे आकाङ्क्षिवदुपरञ्जकवर्गोऽपि स्पष्ट एव भवति ।

अन्ये तु मन्यन्ते—गीतातोद्यविहीनादपि प्रयोगात्पठ्यमानादपि दशरूपकाद् भवति सिद्धिरित्यनेन सूचितमिति । तत्तु न सम्यगिव, तावती ह्यपरिपूर्णता नाट्यस्य, परिपूर्णं च सर्वानुग्राहि नाट्यस्वरूपमभिधित्सितं मुनेः । तत्र च गीतवाद्ययोरेव प्राधान्यमित्यवोचाम ।

किं चैवं सति सिद्ध्यध्याये गीतवाद्यवैषम्यादि किमर्थमुच्यते, प्राक्तन एव समाधानमार्गो युक्तः । उपरञ्जकोपकृतस्य नाट्यस्य नाट्यतेति भेद्यत्वात्तत्पश्चादु-पात्तम् । गानं त्वादौ तच्छेषभूतं तु मध्ये वाद्यमिति क्रमः नाट्यानुसारेण त्र्यश्रचतुर-श्रविनिर्णयः, अपि तु गानानुसारेणेति गानमुपरञ्जकमपि सन्नाट्यं व्यवस्थापयदेवो-

---

१. KSS., NS. गीतं ।

यत्तु तन्त्रीकृतं प्रोक्तं नानातोद्यसमाश्रयम् ।
गान्धर्वमिति तज्ज्ञेयं स्वरतालपदात्मकम्[1] ॥८॥

परञ्जयतीति युक्त एष एव रङ्ग इति टीकाकारः । तदेतन्न विदामः । नहि नाट्यमनाश्रित्य किंचिदपि प्रवर्तते । गानस्यापि नाट्यानुसारेणोपयोगादिति गत्यध्यायदिशैव त्र्यश्रादिव्यवस्था भेदादित्यास्ताम् ॥७॥

तत्र ततातोद्यस्वरूपं प्रधानवदभिधातुं पीठबन्धं करोति यत्तु तन्त्रीकृतं प्रोक्तमिति । विपञ्ची वीणादिभेदानां नातोद्यतेति टीकाकारः । तदयुक्तम् । सामान्येन तन्त्रीकृतत्वेन सर्वसंग्रहे तदनुक्तसमत्वादस्यार्थस्य तस्मादेवमित्यस्मत्सम्प्रदायः । नानातोद्यनिरूपणसमाश्रयं यस्य, तानि हि तद्गतं रूपमुपकारतया आश्रयन्ते, तेन तदेव प्रधानं तच्चगान्धर्वमिति । गान्धर्वो मितिर्मानं वर्तनमन्तर्भावो यस्य गान्धर्वे तदन्तर्लीनमिति यावत् । क्रम इत्याह स्वरतालपदलक्षणं हि तद्गान्धर्वम्, एवं भूतक्रममेव स्वराद्यात्मम् । एवं ततमध्य एव गायको गणितः सपरिग्रहः । इह चैतदर्थमेव तन्त्रीकृतमित्युक्तं तन्त्रीप्रधानमित्यर्थः । गान्धर्वशास्त्रं च प्रमाणमस्येति गान्धर्वमिति ॥८॥

सामभ्यो गीतमिति कथितं सामानि चात्र कारणकारणानि । गान्धर्वं हि सामभ्यस्तस्माद्ध्रुवं गानं न तुल्ये स्वराद्यात्मकत्वे गानं गान्धर्वेऽन्तर्भूतमिति का भाषा । विपर्ययोऽपि कस्मान्न भवति, तादात्म्यमेव वा कथं न स्यादित्याशङ्कां शमयितुमाह अत्यर्थमिष्टं देवानामिति । अनेनादित्वं सूचितम् । देवा हि कथमिष्टं विजहचुः । तथेति तेन देवतापरितोषद्वारेण प्रीतिं ददातीत्यदृष्टफलत्वं दर्शितम् ।

यस्मात् यद्रूपाच्च देवानामीश्वराणामिन्द्रियमनस्संवेदनप्रभृतीनां, आतोद्यमानत्वेन व्यवहारेण गच्छतानेनेति देववाद्यानां, अत्यर्थमर्यातिक्रमेण बाह्यशब्दादिविषयोल्लंबनेन......मिष्टमिच्छायजनं च परसंवित्संगतिलाभलक्षणमुपलक्षणम, तथा तेन प्रकारेण प्रतीतेरपवर्गोचितानन्दस्वभावविशेषेणावर्जितमित्यपवर्गफलत्वं दर्शितम् । तथातिक्रान्तं धनादिनिरपेक्षं चेदं देवानां यजनं यथा पुराणयोगादिभ्योऽधिका प्रीतिर्गान्धर्वाच्छंकरस्येति । गन्धर्वाणामिति प्रयोक्त्रुपलक्षणं, तेन ह्यत्यन्तं संवित्प्रवेशलाभेन तु गातुः फलयोगो गन्धत्वात् । तदाह—

"सकृत्प्रत्युक्तापि हि नन्दयन्ती यथाविधि ब्रह्महणं पुनाति" प्रयोक्तृगतमत्र मुख्यं फलम् ।

ननु गान इव मुख्यतया श्रोतृनिष्ठं तेन गन्धर्वाणां प्रीतिवर्धनमिति सम्बन्धः । तथापि च श्रूयमाणं प्रीतिवर्धनमित्येवमनादित्वादृष्टादृष्टफलत्वाच्च प्रधानं गान्धर्वं

1. KSS., NS. पदाश्रयम् ।

अत्यर्थमिष्टं देवानां तथा प्रीतिकरं पुनः ।
गन्धर्वाणां च यस्माद्धि तस्माद्गन्धर्वमुच्यते ॥९॥

अस्य योनिर्भवेद्गानं वीणा वंशस्तथैव च ।
एतेषां चैव वक्ष्यामि विधिं स्वरसमुत्थितम् ॥१०॥

गन्धर्वाणां प्रयोज्यमिति व्युत्पत्त्या, एवं देवानामिष्टं प्रीतिकृद्गन्धर्वाणां गान्धर्वमिति सम्बन्धः । तस्माच्च प्रीतिमेव विशेषेण वर्धयति यत्तद्गानमित्यध्याहारः । गानं हि केवलं प्रीतिकार्ये वर्तते । तेन तादात्म्यं तावद्युक्तम् । नवमहाफलस्यानादेः स्वतः फले कल्पिते तदन्तर्भाव इति विपर्ययोऽपि निरस्तः । स चायं गान्धर्वविवेको ध्रुवाध्याये नृत्तेऽस्माभिर्दर्शयिष्यते । इह इव तु दर्शितो वाचोयुक्त्यनभिज्ञानमघुनैव हि संमोहे हेतुः स्यादिति ।

अत्यर्थमिष्टं देवानामित्यनेन गां वाचं धारयतीति गान्धर्वं, गन्धर्वाणामिदमिति च । यथाह विशाखिलाचार्यः—"पुरा स्वर्गं प्रनष्टां (वाचं) देवेभ्यः" इति तन्निदर्शनेनैव दर्शितम् । प्रीतिवर्धनमिति च नारदीयनिर्वचनं सूचितम् । "गेति गेयं विदुः धेति धातुः प्रत्रादजमिति, वाक्यस्य संज्ञेति, रेफस्तु वाद्यस्योपलक्षणं काकुप्रवादनमिति वा" तदेवं निर्वाचनात्पर्यायेण श्लोक इति टीकाकारः । अत्र तु न करोतु व्याख्यात एव । तस्मादुपाध्यायैरिदमुक्तं—नन्विदं गान्धर्वं कुत उद्भूतं गानस्य च सामहेतुकत्वात्कथं पूर्वमुक्तम् । किं च गानस्यैवोपयोगाल्लक्षणं वक्तव्यं न तु गान्धर्वस्येति शङ्कां शमयितुमाह—अस्य योनिर्भवेद्गानमित्यादि । अस्य गान्धर्वस्य । गानमिति सामयोनिगीतिषु समाख्या । वीणेति महाव्रतोपयोगिनी औदुम्बरी; वंश इति नारदादिगुरुसंतानानुयायीति गान्धर्वस्य प्रभवः । किं च, गानवीणावंशादयोऽयं तत्कृतप भेदो वक्तव्यत्वेनोपक्रान्तः, स एवास्य गान्धर्वस्य योनिर्हेतुः, इहाभिधास्यमानस्व इति शेषः । तत्कृतपोपयोगित्वादिह गान्धर्वंभिधास्यत इति यावत् । ब्रह्मगीते लोकप्रवाहसिद्धं प्रगीत गातृगेयमेव प्रसूतिहेतुरिति श्लोकार्थस्य तात्पर्यमित्यन्ये । टीकाकृत्तु गानं प्रधानं तदुपकारकौ वीणावंशाविति । गुणप्रधानतानिर्णयोऽस्य तात्पर्यं व्याख्यानाद्रथन्तरं गायत्रीमत्र गायन्तीत्येतत्समर्थने तु यो महान् संरम्भः टीकाकारेण कृतः स प्रकृतोपयोगवैकल्यादनेकार्थत्वेन गायतेः उपचाराश्रयेण सुसमर्थत्वात्सिकताचर्वणप्रायः । न रथन्तरमिति यदि यदा निरूपाणि तदा स्वरसंनिवेशेन......नयतीत्ययमर्थः । अथ गीतिरेव तदा सामान्यविशेषभावः स्वरानिति स्वाधारभूतपदव्यवच्छेदकं वचनम् "स्वे प्रतिष्ठं गगन" मितिवत् । मन्दस्य नलत्वेऽपि तत्रमितं स्वरवाचकत्वं तद्गीत्याधारे निष्फलत्वं चेति तत्राप्यदोषः । न चानेन प्रकृतं किंचिदुक्तमित्यलम् ॥९-१०॥

ननु यदुक्तं गान्धर्वं कथं तस्य गानादावुपयोग इत्याह एतेषां चेति । चोऽप्यर्थे ।

[1]गान्धर्वं त्रिविधं विद्यात्स्वरतालपदात्मकम् ।
त्रिविधस्यापि वक्ष्यामि लक्षणं कर्म चैव हि ॥११॥
द्व्यधिष्ठानाः स्वरा वैणाः शारीराश्च प्रकीर्तिताः ॥
[2]एतेषां संप्रवक्ष्यामि विधानं लक्षणान्वितम्[3] ॥१२॥

तथेति पूर्वारब्धात्सम्बध्यते । तेन हि गान्धर्वप्रकारेणैषां भावादीनां स्वरसमुत्थितं स्वरविषयमेव विधिं वक्ष्ये न त्वन्यम् ॥१०॥

ननु कोऽन्योस्तीत्याशङ्क्याह—गान्धर्वं त्रिविधं विद्यादिति । त्रिभ्यः स्वरादिभ्यो विधा विधानं यस्य । आश्रितवाची विधाशब्द इति चिरन्तनाः । न त्वत्रविधाशब्दः प्रकारार्थः । एवं हि सति पृथक्पृथग्गान्धर्वव्यवहारो भवेत् । न चैवं, तथा च विशाखिलाचार्यः "स्वरपदतालसमवाये तु गान्धर्वम्" इति । आत्मग्रहणेनैषां मिश्रीभावः । पदं स्यात्कारणमवधानं सूचयति । एतदेवयुक्तं, नहि स्वरतालपदतुल्यतया, इदं भागानिविष्टमवधानं भाति, येन समूहमध्ये गण्येत । इति कर्तव्योपयोगि हि तत्तत्र मिश्रीभावः प्रधानगुणभावे नैव भवति । तत्र पूर्वनिपातादेव प्राधान्यं सूचयति । तेन स्वराः प्रधानं, तालोनामात्मा तत्साम्येनोपकारकः, "तल प्रतिष्ठाकरणे" इति ताल एवैतदाह । ततोऽपि दूर पदं पदशब्देनैव तस्याधारतालाभः । तदुक्तं दत्तिलाचार्येण—"पदस्थः स्वरसंघातस्तालेन सुमितः" (१-३) इति तेन पदताला यादृशा गान्धर्वेण तादृशा गाने स्वरत एव तु भूयसा ततोपयोगीति तात्पर्यम् । अवधानं योगरूपं तच्चात्र नोपयोगि । परिवर्तकेष्ववनद्धे—पूर्वरङ्गे, तत्र हि देवतापरितोषादेव सिद्धिः । तदेतदुक्तं—

गीतज्ञो यदि योगेन नाप्नोति परमं पदम् ।
रुद्रस्यानुचरो भूत्वा तेनैव सह मोदते ॥ इति केचित् ।

तस्यार्थस्य अशब्दत्वादवधानाद्विना कुत्रापि सिद्धेरयोगात् । लक्षणं चतुःश्रुत्यादिस्वरूपम् कर्मेति योजनात्मिका क्रिया ग्रहांशादिरूपतया, यतो जात्यादि योगोद्भवस्तत्र, तत्कुतपस्य सात्मकत्वेऽपि रङ्गभागस्य गानवृत्तान्तत्वं यद्वीणाशरीरवंशानामारोहणमवरोहणं च । प्राणाभिहननेनैव हि तीव्रातीव्रेण शरीरइव वंशेऽपि स्वरनिष्पत्तिः । वीणायान्तु आदर्शे वामदक्षिणविपर्यासवत्तारमन्द्रविपर्यास इत्याशयेनाह—द्व्यधिष्ठानाः स्वरा वैणाः शारीराश्चेति । वैणानां प्राधान्यात्पूर्वमुद्देशः । दर्शितं च तद्विधानमिति संपादनम् । लक्षणेन गान्धर्वलक्षणेनानुगतम् ॥११-१२॥

तत्र वैणानां स्वराणां प्रकारानुद्दिशति स्वरा ग्रामावित्यादि । संक्षिप्यावगमो

---

१. KS. reads it after the verse द्व्यधिष्ठाना...etc.
२. KSS., NS. उभाभ्यामपि वक्ष्यामि ।
३. KSS. विधिं स्वरसमुत्थितम् ।

[1]स्वरा ग्रामौ मूर्च्छनाश्च तानाः[2] स्थानानि वृत्तयः ।
[3]शुष्कं साधारणे वर्णा ह्यलङ्काराश्च[4] धातवः ॥१३॥

श्रुतयो [5]यतयश्चैव नित्यं स्वरगतात्मकाः ।
दारव्यां समवायस्तु[6] वीणायां समुदाहृतः ॥१४॥

स्वरां ग्रामवलङ्कारा वर्णाः स्थानानि जातयः ।
साधारणे च शारीर्यां वीणायामेव संग्रहः ॥१५॥

यतः इति समवाय उद्देशः । स च स्वरगतः, स्वरविषय आत्मा यस्य व्यस्तसमस्तादिरूपं हि स्वराणामेवेष्टमुद्दिष्टम् । दारुणोऽपत्यं वीणा वाग्रूपा भगवतीति दारवी । तेन तत्र न......प्रत्ययः । "दारुणो ह्यसौ जाता वाक् एत.......स्म । गां प्रनष्टा" मित्यादिना विशाखिलाचार्यः प्रादीदृशत् । तदाधारत्वाच्च काष्ठमयोऽपि सन्निवेशो वीणेत्युच्यते । एवं शरीरे वीणा वाग्रूपा हि सरस्वती वीणा शब्देनोच्यते । मूर्च्छना—

शारीर्यां दारव्यां च तुल्या मूर्च्छना । तानं तु शारीर्यां संभवदपि न प्रयोगार्हमसुखावहत्वात् । अभ्यासार्थं च तत्प्रयोगेऽव्वन्यूनाधिकवैणस्वरवशेनैव तत्सिद्धेः । अत एव शारीरस्वरप्रयोगाशक्तोऽपि हृदयापरिगृहीतः स्वरविशेषः शक्नोति वैणस्वरान् प्रयोक्तुम् । वृत्तयश्च धातूनाम् । शुष्कस्य वानुग्राहक आधारः, धातुशुष्कप्रयोगस्य वीणायामेव सुखावहः । ततो (धातुभिः शारीरस्वर) उपजीव्यते । (तत्तु) अलङ्कारजातमिति वक्ष्यते । श्रुतयश्च वीणायामेवोपयोगिन्यः, सारणायास्तन्त्र्युत्कर्षणस्य तन्मूलत्वाच्च । तथा च वीणैरुपस्रु तिः...संख्यालाभे प्रमाणत्वेन वक्ष्यते । अत एव वीणेवीनं समस्तस्य स्वरगतस्य प्रकारस्याभ्यासे प्रयोगे चोपयोगिनस्तत्र संक्रान्तस्य चारुत्वास्त्वतः शब्दात्मकं पदमपि । तत्स्थमित्यभिप्रायेण ॥१३-१५॥

एवं विशिष्टः स्वरतालेन मेय इत्याशयेन च पदगतमुद्दिशति । तालगतं पृथक्कृत्य व्यञ्जनानीत्यादि । व्यञ्जनानि—अञ्झल्रूपाणि उपादेयत्वेनात्र ज्ञेयानि । पदजातेन स्वरप्रयोगो व्यवसीयेताक्षरधर्मत्वात्स्वरस्य ।

---

१. KSS. reads as स्वराश्च श्रुतयो ग्रामा मूर्च्छनाः स्थानसंयुताः ।
२. NS. नाना ।
३. NS. स्वन ।
४. NS. सधातवः ।
५. NS. जातयश्चैव विधिस्वरसमाश्रयाः ।
६. NS. अयं ।

व्यञ्जनानि स्वरा वर्णाः सन्धयोऽथ विभक्तयः ।
नामाख्यातोपसर्गाश्च निपातास्तद्धिताः कृतः ॥१६॥

[1]छन्दोविधिरलङ्कारा ज्ञेयः पदगतो विधिः ।
[2]निबद्धं चानिबद्धं च द्विविधं तत्पदं स्मृतम्[3] ॥१७॥

[4]ध्रुवस्त्वावापनिष्कामौ विक्षेपोऽथ प्रवेशनम् ।
शम्या तालः सन्निपातः परिवर्तः सवस्तुकः ॥१८॥

मात्रा [5]प्रकरणाङ्गानि विदारी यतयो लयाः[6] ।
गीतयोऽवयवा मार्गाः [7]पादमार्गाः सपाणयः ॥१९॥

[8]इत्येकविंशतिविधं ज्ञेयं तालगतं बुधैः ।
गान्धर्वसंग्रहो ह्येष विस्तरं तु[9] निबोधत ॥२०॥

अन्ये त्वाहुः—व्यञ्जनानीति द्योतकानि निपाता गृह्यन्ते झण्टुमित्यादि । अकारादयस्तु पाणिकासुरक्तगान्धार्यादिजातिषु च दृश्यमानाः स्वराः अचः वर्णाः अज्झल्समुदायाः, सन्धयः संहिताकार्याणि । विभक्तयः सुप्तिङः, उपसर्गाश्च प्रादयः निपातः...हेयाः परुषप्रायाः । अन्ये तूपादेयविभागेन ज्ञेयाः, अलंकारा उपमावेसरादयः । अनिबद्धमिति गद्यं पृथगर्थं वा तद्विपरीतं निबद्धम् । एतच्च स्मृतं वाचिकाभिनय एवास्य व्यञ्जनादिभेदस्योक्तत्वादिति भावः । यद्यनुक्तं कुलं वा स्मरत्वं वा विभाव इत्यादि च तद्यथावसरं वक्ष्यते । ध्रुवस्त्वित्यादिना तालगतमुद्दिश्य गान्धर्वसंग्रहो ह्येष इत्यन्तेनोद्देशत्रयमेकविषयीकरोति अत्र च प्रकरणशब्देन मद्रकाद्युक्तविस्तरमिति लक्षणपरीक्षात्मकम् । निबोधतेत्यनेनोहापोहकौशलशालिनी बुद्धिरत्र भवतामुपयुज्यत इति दर्शयन्नुद्देशक्रमो लक्षणादौ मया नादृत इति । तथाहि—ग्रामानन्तरं श्रुतिः, स्थानान्तरं साधारणे जातिं च लक्षयिष्यति न चैष उद्देशस्तवोद्देशो नामापि

---

१. KSS. छन्दो वृत्तानि जात्यश्च नित्यं पदगतात्मकः । NS. छन्दो विधानं च तथा ।
२. NS. अनिबद्धं निबद्धं च ।
३. NS. reads an additional line अतस्तालगतस्यापि सम्प्रवक्ष्यामि वै द्विजाः ।
४ NS. आवापस्त्वथ निष्कामो ।
५. NS. प्रमाणबीजानि । KSS. विदार्यङ्गुलयो यतिः प्रकरणं तथा ।
६. NS. च यतिर्लयः ।
७. NS. KSS. पादभागाः ।
८. KSS., NS. both read the same.
९. KSS. च ।

तत्र स्वराः--

षड्जश्च ऋषभश्चैव गान्धारो मध्यमस्तथा ।
पञ्चमो धैवतश्चैव [1]सप्तमोऽथ निषादवान् ।।२१।।

नानुसृतः । उद्देशे तु प्रयोजनं न लक्षणावकाशवितरणम् । अत्रापि तु व्युत्पत्त्या अन्यासां सुखेन विधिसाधारणमात्रमिति तेन स्वरादीनामुद्देशक्रमेणातन्त्रत्वं यद्व्याख्यातं टीकाकारेण तन्मन्दफलत्वं शक्यं दूषणमश्लिष्टं च । तथापि स्वरेषु सत्सु ग्रामौ तदाश्रया मूर्च्छना ताना इति युक्तम् । यत्तु स्थानानां तदनन्तरमभिधाने कारणं निरूपितम् । न स्थानं स्वरस्य स्वरापोहकारी किन्तु तारादि संज्ञामात्रे... यदि तत्र स्थाने निष्पत्त्या तथा संज्ञा । तर्हि तारमन्द्रमध्यमव्यतिरिक्तस्वरूपाभावात् स्वरूपोकारत्वमेव कथितं स्यान्नवेति निबन्धने कृतं स्यात् । शुष्कानन्तरं साधारणमुद्दिष्टं, शुष्क...तित्वख्यापनायेत्यपि न किञ्चित् । न हि काकल्यन्तरयोः शुष्क एव प्रयोगोऽल्पनिषादगान्धारादिजातिषु तद्विनियोगात् । जातिसाधारणं तु जातीनां किंचिदैकाग्र्यं मन्यन्ते । सदृशं रूपमित्यस्यापि कः शुष्केऽवसरः । श्रुत्यपेक्षिणः स्वराः तत्किमकाण्डे ता उद्दिष्टा इति चोदयित्वा यत्प्रयुक्तं शारीरापेक्षयैव तु न दारव्यां ते स्वरा इति तदसंगतप्रायम् । एतावता हि दारव्यां नास्ति श्रुत्युपयोग इत्युक्तम् । तत्कि ताभिरुद्दिष्टाभिः ग्रामविभागाय ता इति चेतत्सविध एवोद्देश्या इत्यलम् । तन्नात्र क्रमसमर्थनेन प्रयसितव्यः ।।१६-२०।।

तत्र स्वरान्वक्तुमाह —तत्र स्वरा इति । तेषूद्दिष्टेषु मध्ये स्वरा उच्यन्त इति शेषः । न...वोपतापयोः स्वर आक्षेप इत्यनयोः स्वरशब्दः, तेन शब्दस्वभावां चित्तवृत्तिमध्यस्थता रूपस्वास्थावस्थापरित्याजनेनोपतापयन्तो हृद्यतातिशयवशात् स्वतामाक्षिपन्तः स्वविषये अभिधानं कुर्वतः स्वरा इत्युक्ताः । वर्णसाम्यादपि निरुक्तिमाहुः । स्वतं स्वेष्वेव जातिरागभाषाभेदेषु राजन्त इति स्वराः । अथ स्वरैर्नियतामानन्तर्यं द्योतयति ऋषभ इति । एतदनन्तरमेव शब्दस्तु निकटगान्धार ''अन्तराभिधानभेदान्तरसम्भवादत्र भेदो नास्त्येव ऋषभ इति दर्शयति । काकल्यन्तरस्वरवशात्तु कथंचिद्भवतीति च शब्दश्चैवश्च, धैवतश्चैवेत्यत्रापि निपातौ योज्यौ । एतच्च स्वरसाधारणमिति तदभिधानावसरे तन्निदर्शयिष्यामः । तत्रानन्तरालश्रुतिषु नियतसंख्याकासु ईषद्यो वायुना स्पर्शस्तन्महिम्ना यः स्वरः श्रुतिस्थाने स्निग्धत्वरक्तत्वलक्षणो धर्मः तस्याश्रयभूतायाः श्रुतेरुपरञ्जकः स एव स्वर इति केचित् । षड्जश्रुतिरेवेत्यपरे, समूह इत्येके । वयं तु श्रुतेस्यानाभिघातप्रभवशब्दप्रभावितोऽनुरणनात्मा स्निग्धमधुरः शब्द एव स्वर इति वक्ष्यामः । अत्र नारदाद्या नामनिर्वचनमकार्षुः —

---

१. NS. सप्तमश्च । KSS. निषादः सप्त च स्वराः ।

नासां कण्ठमुरस्तालु जिह्वां दन्तांश्च संश्रितः ।
षड्भ्यस्तज्जायते यस्मात्तस्मात् षड्ज" इत्यादि (१—५७)

तदनुपयोगान्मुनिना न स्वीकृतम् । वीणायां च तथा भावाभावोऽपि षड्जादिदर्शनात् । यत्तु केचित्प्रतिसमादधते—वीणायाः प्रतिबिम्बत्वात्तत्र समानेन्द्रियग्राह्यो यः शारीरस्वरसमूहस्तमेव प्रतिबिम्बमर्पयितुमर्हतीति, तदत्यन्तमसाम्प्रतम् । वीणा हि देहस्य प्रतिबिम्बमिति केयं भाषा, न हि दर्पणसंक्रान्तप्रतिबिम्बशरीरप्रतिच्छन्दकसदृशी वीणा वीणेत्युपालम्भः । न च मुकुरवद्देहस्य प्रतिबिम्बनस्थानं, न हि स्वरस्य वीणायां स्वरेणैकेन्द्रियग्राह्यत्वायोगात् । नभसीव च तत्र प्रतिश्रुत्यात्मनः शब्दप्रतिबिम्बसंक्रमणात् । न च वीणास्वरे शारीरस्वरं प्रतिबिम्बमर्पयतीति दृष्टम्, द्वयोः स्वरयोरनुपलम्भात् । शरीरस्वराभावेऽपि वैणस्वरप्रवृत्तेः शारीरस्वरः वैणस्वरप्रतिबिम्बमित्यसदेव पृथक्प्रयत्ननिष्पाद्यम् । एवं हि नियमितपीडितं ह्यङ्गुलिसमभिघातोत्थितशब्दानन्तरसंभवाद्रणनात्मा स्वरः । तत्र न च तत्र नासादिकारणषट्कमस्तीत्युक्ते प्रतिबिम्बत्वोत्तरीकरणमसदेव, केवलमौत्तराधर्यविपर्यासात् । स्वगतशरीरस्वरानुसारेण च सारणोपयोगिन उत्कर्षापकर्षणसंभवात् प्रतिबिम्बत्वमुक्तम् । सप्त इति वचसा काकल्यन्तरस्वरौ पृथक्स्वराविति दर्शयति । सप्त स्वरा इति च संभववशादिति च वक्ष्यामः । अन्ये तु 'तत्सवितुर्वरेण्यं' इति सप्तवर्णा 'नि ग रि ध म प स' स्वरैर्ब्रह्मणा पूर्वमुदीरिता इति साप्तस्वर्येऽभिप्रायमाचक्षते । निर्णेष्यामश्चैतत् ।

अत्र केचित् चोद्यं प्रति समादध्युः—श्रुतिक्रमाभिव्यङ्ग्याः स्वरा इति श्रुतय एवादौ वाच्या इति चोद्यम्, तत्रोत्तरं—भवेदेवं, यदि ध्वनिनादसंज्ञिताः श्रुतय एव नियतश्रुत्यन्तरत्वेन गृह्यमाणा स्वरा (इति) । न ह्येवं, श्रुतयो ह्युच्चनीचतया अपि स्वराश्रया एव प्रतीयन्ते । यथा भट्टमातृगुप्तः—

(जायते) सहजेनैव समस्तः श्रुतिविस्तरः ।
स्वराधिष्ठानतो याति श्रोत्रपीयूषसारताम् ।। इति ।।

श्रुतेरेव च स्वरत्वे चतुर्थस्वरूपोपलक्षितो यः षड्जग्रामे पञ्चमः स मध्यमग्रामे यदि तृतीयः श्रुतिरूपस्तथा स पञ्चमस्वर इति कथं, न हि तृतीयं चतुर्थमेकमेव ग्रामद्वयस्य, धैवतस्यायमेव न्यायः काकल्यन्तरयोश्च निषादगान्धारता कथम् ।

पुष्पसाधारणे काले कोकिलो वक्ति पञ्चमम् । (नारदीयशिक्षा १-५-४) इति एतच्च कथं भवेत् । (नासाकण्ठा) दौ नियता श्रुतिरूपा अभावात् । भावे हि सर्वे स्वराः स्युः । श्रुतिक्रमापेक्षिणि च स्वराणामात्मलाभेऽन्योन्याश्रयं कस्यचिदवधिभूतस्य प्रागसिद्धेः तस्मात् ग्रामविभागार्थमेव श्रुतिकीर्तनं तद्गतसंवाद्यादि वि(वेचनं) कथं तद्गतेषु रागेषु नैव स्वराणां नियतोर्ध्वादिकमनया शरीरसाम्यं भवतीति दर्शयितुमिति श्रुतयः स्वरेभ्योऽनन्तरमुक्ताः । एतदाश्रयेणैव विशाखिलाचार्यो ग्रामानन्तरं

श्रुतीरुद्दिशति स्म । ता हि परं यो ''अत एव सामवेदे ग्रामविभागाभावात्तदुपयोगिन्यां नारदीयशिक्षायां तदभिधानमौत्तराधर्यमात्रमेव तूक्तम् (—) यः सामगानां (नार १-५-१) इत्यादिना ।

दीप्तायताद्याश्च पञ्चश्रुतयः पृथक्स्वरादीनां प्रयुक्तिविशेषसाध्या उक्ताः । अन्ये त्वाहुः--श्रुतेरेव स्वरत्वाभावात् श्रुतिक्रमाभिव्यङ्ग्याः स्वभावेन पूर्वं उद्देश्या भवेयुरिति । अत्रोच्यते—यदि श्रुतिशब्देन समीरणसंयोगी स्थानविशेषो विवक्षितो, "व्यस्तानि तानि षट्षष्टि विद्यात्" इति नीत्या तत्सर्वमेत'''नमेव । कश्चित् स्थानं स्वरं मन्यते । न चास्य रूक्षता वा स्निग्धता वा धर्मः समीरणः तदभिघातयोरेष एव न्यायः अथ श्रुतिभिरिति न स्थानविशेषसमीरणसंयोगी प्रभवो विवक्षितः, तद्गतश्च रक्ततारख्यो धर्मः स्वर इति । तदा तत्रापि पञ्चमधैवतानुपपत्तिरिति समानम् । न हि तुर्यस्थानसंयोगोद्भूतस्य ध्वनेर्यो धर्मः स तृतीयस्थानसंयोगोद्भूतस्य धर्मिवदेव, तद्धर्माणां नैयत्यात् । नह्यन्यधर्मोऽन्यस्य धर्मः । एतेन काकल्यन्तरौ व्याख्यातौ । कोकिलो वक्ति पञ्चमगित्यादि चात्र सुतरामनुपपन्नम् ।

ननु तथाभूतस्थानाभावे तत्स्थानप्रभवस्य शब्दस्य यो धर्मः स भवितुमर्हति धर्मिणोऽसद्भावो हि तत्र कारणाभावात् । तुच्छं चैतत् उज्जोता अभिघातजाच्छब्दादनन्तरं योऽनुरणनलक्षणोऽन्यः शब्द उपजायते स तावन्निसर्गस्निग्धमधुराकारः । तर्हि रज्ज्वा तन्त्र्यामाहतायां पाषाणे कांस्ये वा हते तद्भावाभावौ स्फुटं लक्ष्येते । तदेवायममौ समुदायापेक्षः स्वरांशो नाम प्रयोगात्समुदायापेक्षादपर एव । ततश्च य एवानुरणनात्मा चतुर्थस्थानसंयोगोद्भवेन शब्देन जनितः स एव तृतीयस्थानोद्भूतेनापि जनयिष्यते । केवलमुच्चजनितत्वादुच्चत्वं तस्यैव लक्ष्यते । मन्द्रषड्जो मध्यतालषड्जस्येव । एवं तदेवानुरणनं कोकिलादिशब्देन जनितेन तन्त्र्यङ्गुलीसंयोगमल्लककोटिघातादिप्रभवेनापि शब्देन जन्यत इति युक्तम् ।

ननु कारणभेदाज्जातेन शब्देन कथं तज्जातीयोऽनुरणनशब्दः क्रियते । मैवं, कारणे नियामादर्शनाद्वा अयःस्फटिकारणिविद्युदादिकारणभेदसंजातोऽपि ह्यग्निधूममेकजातीयं जनयति । वीजकन्दोबितकदलीद्वयादौ वा कारणभेदेष्वप्येककार्यतादृष्टा । वृश्चिकादौ च । तत्राप्यस्ति सूक्ष्मो भेदः, धूमत्वं तु, तदेवेहाप्यस्तु । लक्ष्यते च वीणास्वरोऽयं मल्लकस्वरोऽयमिति, षड्जत्वेनत्वभेदः । अत एवैषां गातॄणामभिघातृशब्दा नानुरणनं जनयति । तेन शब्दं सममपि कुर्वाणा अपरिपूर्णा इत्युच्यन्ते । घातशब्दस्यानुरणनशब्देन तीव्रत्वाभ्यधिकेऽतिरक्तता, साम्ये साम्यं वैपरीत्ये वैपरीत्यम् । यस्य च षट्स्थानसमीरणाभिघातप्रभवा अपि शब्दा अनुस्वारस्वरूपं स्वरात्मकं शब्दं जनयेदेवं परिपूर्णोत्कृष्टशारीरकमूत्ततारतम्ये तु निकृष्टता । अनेन च कारणभेदोद्भेदोषेणेतरेतराश्रयमपि प्रत्युक्तम् ।

यदि स्वरेषु श्रुतयः सर्वथैवोपकारिण्यः ग्रामयोर्विभागोऽपि कल्पनीयत्वात् ग्रामयोगितयैव ग्रामोपयोगित्वात्पश्चादभिधानम् । न तु ध्वनिक्रमनिरपेक्ष एव शरीरे प्रयत्नः, प्रगीतस्य परं क्रमो लक्ष्यते, आशुभावितत्वात् । स तु नास्ति, अप्रगीते क्रमस्य संवेदनात् तथा ह्यप्रगीते षड्जं निर्वि...। एषा जनमधिकं वा...ति । आरोहवरोहेति तावत् स्वरज्ञः शिक्षयति । अभ्यासकालगतं तन्त्र्युत्कर्षापकर्षाणि वादिसंवादिविद्या-वत्स्वरजननसमर्थशब्दविशेषोत्पत्तिस्थानलाभोऽस्य भवति । (ततः) एवं "उत्कर्षा-पकर्षणस्थानभेदेन श्रोत्रगोचराभिलक्षणीयो विशेष उपजायते । तावती श्रुतिरेका परमाण्वनुस्थाने ख्यापितापि तस्या लक्षणीयत्वात् दत्तिलाचार्योऽपि ध्वनिशब्देनानु-स्थानमेवाभ्यधात् ।

"षड्जत्वेन गृहीतोयः षड्जग्रामे ध्वनिः" (१-२२) इति ।

श्रुतिनिदर्शनं तु वीणायां स्फुटम् । तदपि षड्जग्राममध्यमग्रामयोः क्रमोपक्रमपञ्चम-स्वरेणेत्याशयेन पश्चाच्छ्रुतयो निर्दिष्टाः । तत्र प्रयत्नवशात्कस्मिंश्चिदभिहते स्थाने जातेऽभिघातजाच्छब्दान्तरेऽनुस्वानात्मनि स्वरे तदव्यवहितस्थानाभिघातो यदि स्यात्संकीर्ये (या) ताम् । पूर्वापरे स्वरे स्थानगतो यथा तत्र संकीर्णभावस्तथा स्वर-गतोऽपि तद्विभागलाभार्थं मध्ये वर्जनीयस्थानभागोऽन्यत्र स्वर इति द्विश्रुतिकस्य सम्पत्तिः । स्थानद्वयेन व्यवधौ त्रिश्रुतिकस्य, त्रयेण चतुःश्रुतिकस्य, ततः परं चतुरा-दिव्यवधानेऽतिप्रयत्नवशाद्द्वैस्वर्यमिति पञ्चश्रुतिकादेरसंभवः । तत एव श्रुतिद्वयोत्कर्षो द्विश्रुतिकयोरेव गन्योरुक्तः । एकश्रुत्युत्कर्षस्तु नोक्तः, स्थानसांकर्येण स्वरसांकर्य-प्रसङ्गादिति ह्युक्तम् । चतुश्रुःतिस्त्रिःश्रुतिर्द्विःश्रुतिरिति क्रमेणानर्थश्रुतिरेव । ततोऽपि चतुःश्रुतिस्त्रिश्रुतिरिति षड्जप्रधानत्वात् षड्जग्रामः सरिगमपधनि, मपधन्यादि-मध्यमग्रामः । चतुश्रुतिस्त्रिःश्रुतिर्द्विःश्रुतिरिति । तथा हि—एकस्मिन्नेवोरसि ऊर्ध्वाधर-तया सप्तस्वराः, तथा हि चतुःश्रुतिकात्पूर्णादाद्यात्, तद्वद्रूपादेकैकं निष्कासं प्रक्रमेण पुनश्च प्रकृतिभूतपूर्वरूपस्पर्शश्चत्वारः सरिगमाः । तथैव स्थाने ऊर्ध्वस्पर्शो पधनिसाः, केवलं षड्जेन द्वितीयं स्थानं स्पृश्यत एव । मन्द्रस्पर्शवतः स्थानं स्वराणाम् । एवं कण्ठस्थाने शिरसि च । तेषु सर्वथा ताद्रूप्यसंक्रमणत्वंशादिव्यपदेश एव, तत्-स्थानगतानां तु सादृश्यपरत एव संवादत्वं वक्ष्यते । तेन परमार्थतः त्रय एव स्वराः-- सरिगाः, पधनयः । मध्यमस्तु ध्रुवकस्थानीयो मध्यमत्वादेव । चतुःश्रुतिरुदात्तः उच्चत्वात् । द्विश्रुतिरनुदात्तः, नीचैस्त्वात् । त्रिश्रुतिः स्वरितः मध्यवर्तितया समाहारत्वात् । तथा हि—स्वरित एव कम्पितत्वं व्यवहरन्ति श्रोत्रियाः । इहाप्यलङ्कारेषु त्रिश्रुतेः कम्पनं वक्ष्यते । तस्योर्ध्वाधः स्वरस्य स्पर्शनेऽपि स्वरता-क्षमत्वाच्चतुःश्रुतेर्हि नोर्ध्वमस्ति, द्विःश्रुतेर्नाधरमिति कं पथं कम्पः ।।२१।।

अथ सार्वप्रयोगसाधारणं स्वराणां योजनां ज्ञातुं चातुर्विध्यं दर्शयितुमुपक्रमते चतुर्विधत्वमेतेषामित्यादि । एवकारेण वा न्यायतोदितस्य स्थितिप्रयोग इत्याह ।

चतुर्विधत्वमेतेषां विज्ञेयं गानयोक्तृभिः ।[1]
वादी चैवाथ संवादी[2] विवादी चानुवाद्यपि ॥२२॥

[3]तत्र यो यदंशः स तदावादी । ययोश्च[4] नवकत्रयोदशकमन्तरं तावन्योन्यं संवादिनौ । तद्यथा—षड्जपञ्चमौ, ऋषभधैवतौ गान्धारनिषादवन्तौ[5] षड्जमध्यमाविति षड्जग्रामे । मध्यमग्रामेऽप्येवमेव । षड्जपञ्चमवर्जं पञ्चमर्षभयोश्चात्र संवादः । अत्र श्लोकः—

संवादो मध्यमग्रामे पञ्चमस्यर्षभस्य च ।
षड्जग्रामे तु[6] षड्जस्य संवादः पञ्चमस्य च ॥ २३ ॥

विवादिनस्तु ते येषां[7] द्विश्रुतिकमन्तरं, तद्यथा—ऋषभगान्धारौ, धैवतनिषादौ । वादिसंवादिविवादिषु स्थापितेषु शेषास्त्वनुवादिनः, [अनुवादिसंज्ञकाः यथा—षड्जस्यर्षभगान्धारधैवतनिषादा. ऋषभस्य मध्यमपञ्चमनिषादाः, गान्धारस्यापि मध्यमपञ्चमधैवताः मध्यमस्य धैवतपञ्चमनिषादाः, पञ्चमस्य[8] धैवतस्य षड्जमध्यमपञ्चमाः षड्जग्रामे । मध्यमग्रामेऽपि मध्यमस्य धैवतनिषादर्ष-

---

चशब्देन संवादिनस्तत्स्पृष्टे संभवमाह । एवशब्देन संवादिनो हि नियतः संभवः । अथशब्दे नानन्तर्यद्योतकेन संवादिनो वादिनश्चानुपलपनम् । विवादी चेति चकारेण विवादिनं प्रत्यवज्ञा, अनुवाद्यपीत्यापिशब्देनानुवादिनः संवादिधर्मोपजीवनम् । अत एवास्य सर्वांश्चादुपादनम् तथा हि —अनुवादिवादिसंवाद्यनुपलपनं सहते, न च भूयस्तरोऽस्य प्रयोग इति ॥ २२ ॥

ननु प्रयोगात्मरागा धर्मा ग्रहादयश्च अल्पत्वादयः,......अन्ते तद्गृहप्रसङ्ग भेदोऽपि वक्तव्यः । स्यादेतत् । ग्रहन्यासापन्यासास्तावद्वादिनैव प्रायेणगृहीताः । तद्गृहादन्यास्सन्यासापन्यासाः इति हि शुद्धासु वक्ष्यामः । षाडवौडुवितात्पत्वानि विवा (द्यनुवादिभिन्ना) नि, बहुत्वं संवादिना, तारमन्द्रस्य न्यासापेक्ष इति । इदं चासत् । शुद्धासु जातिषु भवेदेवं, अन्यत्र तदभावात्कथमनेन संग्रहः । अनुवादी

---

१. KS., NS. श्रुतियोगतः ।
२. NS. ह्यनुवादी विवाद्यपि KSS. omits हि ।
३. NS. यत्रांशः स तत्र (KSS. तस्य)
४. NS. नवत्रयोदशकं परस्परतः श्रुत्यन्तरे KSS. नवकत्रयोदशश्रुत्यन्तरे ।
५. KSS. निषादौ ।
६. KSS., NS. च ।
७. KSS. स्याद्विंशतिक, NS. विंशतिस्वर ।
८. KSS. पञ्चमस्य धैवतषड्जौ धैवतस्य ऋषभषड्जगान्धाराः ।

मषड्जगान्धाराः, पञ्चमस्य धैवतनिषादर्षभगान्धाराः, धैवतस्य षड्जर्षभगान्धाराः, निषादस्य षड्जर्षभौ, षड्जस्यर्षभगान्धारौ ॥] तत्र वदनाद्वादी, संवदनात्संवादी, [1]विवदनाद्विवादी, अनुवदनादनुवादीति । एतेषां च स्वराणां [2]न्यूनत्वमधिकत्वं वा तन्त्र्युपत्रादनदण्डेन्द्रियवैगुण्यादुपलभ्यते स्वरविधानमेतच्चतुर्विधत्वमिति ।

अथ द्वौ ग्रामौ षड्जग्रामो मध्यमग्रामश्चेति । अत्राश्रिता[3] द्वाविंशतिश्रुतयः स्वरमण्डलसाधिताः । यथा—

सर्वत्रावधिरित्यवश्यं वक्तव्यः । तर्हिग्रहः सुतरां वाच्यः, तेन विना हि न कोऽपि (रागव्यापा)रः प्रवर्तते । उच्यते—उत्तमे तत्साधारणयोजनोपयोगीदमुच्यते । एतावतैव च जातिवर्गे भाषाद्युन्मीलनं भवति ग्रहापन्यासादि वैचित्र्यमन्तरेणापि । तथा हि कुत्रचित्स्वरे भूयस्तूच्चार्यमाणे संवादिनि च तदनुवर्तिनि च तदनुचयना (वदन ?) शालिनि चानुवादिनि च किंचित्प्रयोगभाजि विवादिनि कृतस्वरूपमासीदेति रागस्याभिव्यक्तिः । यथा "साधपा पसपा सनिरिपा सनिसास माससं पापाधा धानिनिरीनिसारि" इत्यत्र षड्जवादिनि (गान्धार) निषादयोः संवादिनि, मध्यमादावनुवादिनि, अभिव्यक्तो मालवकैशिकः । एतदेव हि (प्रयोग) सर्वस्वम्, ग्रहादियोजनं तु वैशिष्ट्यावहं, गान्धर्वे तु विशिष्टादृष्टसिद्धये । एतच्च वक्ष्यामः ।

तत्र वादिनं लक्षयति यो यदांशस्तदा वादीति । यदेति यत्र प्रयोगात्मनि काले वदते स एव स्फुटत्वेन भासमानः शब्द...: वादिनं बाहुल्येनोच्चारणमस्यास्तीति च वदति च तारमन्द्रादिव्यवस्थादीनिति च लक्षणं त्वत्रैव सूचितम् । अन्येत्वंश इति पर्यायमाहुः । अपरे मतिसिद्धये "यो यदांशं स्पृशती" ति पठन्ति । तच्चासत् ।—अंश एव हि वादीति दत्तिलाद्याः (I-18) । न चांशलक्षणं पृथगुपयोगीति तत्रैव वक्ष्यते । अ...भावप्रधानान्निर्देशः ।

संवादिलक्षणमाह नवकत्रयोदशकमन्तरमिति । एतच्च स्वराभिधानम् । अन्येत्वाहुः—प्रल्पा (ष्टौ) नवेति नवका अष्टका उच्यन्ते । स एष त्रयोदशका द्वादश । एतावत्यः श्रुतय (स्तयो)रन्तरं ययोस्तौ संवादिनाविति । उपाध्यायास्त्वाहुः—अन्तरमिति स्वरूपं नान्तरालं तेन नवश्रुतिकं यस्य स्वरूपं स्वरस्य, यस्य च त्रयोदशश्रुतिकत्वं स्वरूपं, तौ स्वरौ परस्परसंवादिनौ । सव...यथा द्वाविंशतिः षड्जोऽनन्तरश्रुतित्रयेणान्तरश्रुत्या तथेहोच्यते । एवं नवश्रुतिस्त्रयोदशश्रुतिश्च ।

---

१. KSS. विवादितान् ।

२ NS न्यूनाधिकत्वं तन्त्रीवादन... । KSS. मूर्च्छनाधिकारित्वं तु ।

३. NS. तत्र वा KSS., तत्राश्रिताः ।

नन्वेवं चतुश्रुतेरधिकोऽप्यस्ति । किं बहुना, षड्जान्निषादः प्रयुज्यमानोऽष्टादशश्रुतिकः स्यात् । मैवं, तावतीनां श्रुतिलाभे...तत्स्पर्शिपवनाभिहननजनितनादांशोपयोगः । ततः स्वरे तत्कृतश्च श्रुतिसंख्यानियमः । अत एव निरन्तरध्वन्यंशश्रवणे विरूपस्वरश्रवणम् । तत एव तिस्रः श्रुतयः ऋषभ इत्यादि वक्ष्यते, न तु तृतीया श्रुतिरिति । तत्र विशाखिलाचार्यप्रभृतिभिः, 'स्वसंवेद्ये परमे श्रुतिधाम्नि समवधानं जपवद्गीयमानं विशिष्टादृष्टाय प्रयोक्तुर्भवति" इति दर्शितम् । तदुक्तं भट्टलोतेन "श्रुतिः स्वरः स्वसंवेद्या" इति, गाने श्रोतॄणां सर्वत्रापि स्वरूपावभासः । तदाह "श्रूयमाणास्तु गृह्यन्ते गम्भीरा इव" इति । न चावयवैः स्वरः, नापि संचयः यौगपद्याभावात् । क्रमिकत्वेपि हि नैरन्तर्यात्, नाशुभविकृताद्यौगपद्याभिमानः; क्रमिकश्रुतिजनितसंस्कारविशेषे चान्ये श्रुतिस्थाने स्वरसमुदाय इत्यास्तां तावत् । प्रकृतं ब्रूमः ।

इहोल्लङ्घनीयस्वीकरणीयश्रुत्यपेक्षया नवत्रयोदशश्रुति च स्वररूपमुक्तम् । अन्योन्यस्येति वचनं तावद्यस्य संवादिनौ मा भूतामिति समानश्रुतिकत्वेन संवदनात्संवादिनौ । वीणायां च षड्जादिस्थानेऽङ्गुल्यन्तरपीडनपूर्वकमभिहन्यमाने तत्सम्पाद्यमिति व्यवहारः, संवादिनः तत एव न जातुचिल्लोपः कार्यः । अन्वर्थसंज्ञा [याः स्वरयोरेव न श्रुत्योः परस्परसंवादित्वं] यथा मध्यमनिषादयोर्न संवादित्वं सत्यपि त्रयोदशनवान्तरत्वे अत एव षड्जमध्यमायां [जातौ] मध्यमेंऽशे न षाडवस्य निषादलोपकृतस्यापवादः । मध्यमग्रामे च न ऋषभधैवतयोः, तेन कैशिक्यां धैवतेंऽशे ऋषभकृतस्य न षाडवस्यापवादः । ननु च संज्ञात एव लब्धिरूपेति लक्षणेन, मैवं, एवं हि षड्ज [मध्यम] ग्रामयोरन्यत्र समयोः संवादिता स्यात्, सधयोश्च, साधारणप्रयोगे च निसयोः, गमयोरित्यपि न दोषः । तस्मादुभयसंवादित्वे प्रयोजकम् । अमुमेवाभिप्रायं प्रकाशयितुं स्वकण्ठेनोदाहरणोपन्यासं करोति यथेत्यादि । सम, सप, ऋध, गनि, षड्जग्रामे । अन्यत्र तु ऋधप इत्यपास्य ऋष ननु परिगणनं चेत्किम् । यथेति वचनस्य सिद्धिसादृश्येनोदाहरणान्तरसङ्ग्रहाय स्यात् । स चेह नास्ति । तत्राहुः—उभयमनेन क्रियते, येन प्रकारेणायं संवादिक्रमो न लुप्यते स यत्नो गान्धर्वे कर्तव्यः । तेन काकल्यन्तरप्रयोगेऽपि* षड्जादीनां न श्रुत्यपहारः कार्यः । अत एवाल्पत्वम् । यत्र निगयोस्तत्र साधारणप्रयोगः, षड्जमध्यमान्तर्गमनमिव हि तयोः, तदा गाने तु साधारणवशात् संचारः श्रुतानां कैश्चिदेव चेत्संवाद्यस्ति ततः संवाद्यनुपलपनमंशेन स्वधर्मोपलब्ध इति संवाद्यन्तरं लुप्यतां नाम । तथा च षड्जादिव्यपदेशः, षड्जेऽप्यंशे पञ्चमलोपकृतमौडुविकं भजत एव । तस्मान्न षड्जमध्यमौ..... सामिति बिन्दुप्रयोगे च समं वदनं निषादतम्व्यामस्यास्तीति

---

* उच्यतेऽत्रान्तरः कार्यः संवादिधैवतस्य सः । न चान्तरोल्पप्रयोगादसंबादौ भवेदिह । काकल्यन्तरयोरल्पप्रयोगत्वं मतं सताम् । (कुम्भ II)

तयोनपि(वि)संवादित्वमेवेति : यथेत्युदाहरणप्रदर्शनार्थमङ्कं तु परिगणनमिति। एतदेव युक्तमित्यभियुक्ताः । श्रुतिसंचरणवशाल्लब्धेऽपि चित्रसंवादो दृश्यते, यतः......... ॥ २३ ॥

अथ विवादिनो लक्षयति विवादिनस्तु त इति । अन्तर्हितस्वरूपतो गनिद्वि-श्रुति श्रुतिरूपं तेन द्विःश्रुति(: गान्धा)रो निषादश्च स्वरान्तराणां विवादिनो सर्वे-षामेव तथा बहुवचनम् । स्वरान्तराण्यपेक्ष्य विवादित्वाभिधानं धर्मभेदात् । ऋषभगान्धारौ धैवत निषादाविति चतुर्विधयोरुपादानं नैकट्यात् । अन्ये तूदाहरणस्व-लाभाद्यथापेक्षयैव श्रुत्योर्विवादित्वमाहुः । तच्चासत् । सर्वस्वरस्य विवादिनः सतो भाव्यं सपक्षविपक्षमध्यस्थैः । तथापि षड्जेंऽशे तस्य मपौ संवादिनौ, ऋषावनुवादिनौ; ऋषभे धमनिगाः पमसाः गान्धारे निः[वादी]त्येतु, नास्ति विवादी, निषादस्य संवादित्वात्, पञ्चास्थानुवादिनः । एवमन्यदनुसर्तव्यम् ।

यत्र वादी स्वामी, अमात्य इवेतरोऽनुयायी संवादी, अरिवद्विवादीत्वल्पः; अनुसारिपरिजन इव योगवादी चेति विभागः । अनुवादिनं लक्षयति वादिसंवादी-त्यादि । स्पष्टम् । अथैषां नामभिर्वचसां निर्वचनान्याह वदनाद्वादीत्यादि ।

ननु वीणायां तावत्सरिधेति श्रतिक्रवविरामाच्च संवाद्यादिविभागस्य च वीणायामनितोऽपि दृश्यत इत्याशङ्क्याह—एतेषामित्यादि । एतच्च संवाद्यादीनां स्वराणामिति । यथा संवादित्वाभिमतयोरपि षड्जमध्यमयोः समत्वमधिकत्वं वा त्रयोदशकनवकान्तरापेक्षया विवादिनश्च यदुपयोगिन्यन्तरं तदपेक्षयैव विवादकत्वं; अनुवादित्वमपि ऊनाधिकत्वेऽपि घटते । तथा हि ऋषभेऽशे न्यूनश्रुतिः षड्स्यानुवादी स्यात् । गान्धारश्चाधिकश्रतिर्विवादितां जह्यात् । संवाद्यादीनां च षड्जमूलत्वे वादित्व-मध्यसमञ्जसं भवेत् । संवाद्यादिषु प्रभुत्वमेव हि वादित्वम् । एममूनाधिकत्वे नामुना विघटितं चे.........तत्कारणदोषे कृशा तन्त्रीस्वरितभरिताप्युत्कर्षमपकर्षं वा याति; आर्द्रत्वशोषत्रादिदोषात् उपवादतन्त्रीबन्धनस्थानं तदपि शिथिलतादिदोषाणां सारणानामतः ? दण्डोऽपि नमनोन्नमनस्वभावः तथैवेन्द्रियं वागिन्द्रियं च तादृशमेव तच्चोपलक्षणं सारिकाङ्गुल्यादीनामपि दोषेण तथोपलभ्यात् ।

एवं स्वरा उक्ताः । तत्र स्वरमात्रं कुत्रचिद् दृष्टादृष्टयोरुपयोग्यपि तु तत्समूह एव तु प्रयो[ग उपयोगी । तत्स्वराणां समूहो ग्राम] इत्युच्यते । स एव च द्विविधः पञ्चमभेदाद्विति दर्शयितुमाह—अथ द्वौ ग्रामाविति गान्धारग्रामं निरस्यति । मध्यमस्य-नाशित्वमिति तावत् प्रधानं नियतं च, तत्संवादित्वं षड्जस्येति सोऽपि प्रधानः । पञ्चमस्तु न मध्यमस्य संवादी कदाचित्तुल्यश्रुतिकत्वा . . . .त्तमेव । दत्तिलाचार्यस्तु मूर्च्छनानां षड्जस्वरप्राधान्येन च प्रथमादिव्यपदेशलाभात् षड्जमध्यमयोर्व्यपदेशहेतुत्वमाहु—

स्वरौ यावतिथौ स्यातां ग्रामयोः षड्जमध्यमौ ।
मूर्च्छना तावतिथ्येव तद्ग्रामावत एव तौ ॥ इति

तिस्रो द्वे च चतस्रश्च चतस्रिस्तिस्र एव च।
[1]द्वे चैवाद्य चतस्रश्च षड्जग्रामे भवेद्विधिः ॥२४॥
[2]चतुःश्रुतिर्भवेत् षड्ज ऋषभस्त्रिश्रुतिः स्मृतः।
द्विश्रुतिश्चैव गान्धारो मध्यमश्च चतुःश्रुतिः ॥२५॥
पञ्चमस्तद्वदेव स्यात् त्रिश्रुतिर्धैवतो मतः।
द्विश्रुतिश्च निषादः स्यात् षड्जग्रामे विधिर्भवेत् ॥२६॥

मध्यग्रामे तु पञ्चमः श्रुत्यपकृष्टः कार्यः। एवं [3]स्वश्रुत्युत्कर्षादपकर्षाद्वा यदन्तरं मार्दवादायतत्वाद्वा तत्प्रमाणं श्रुतिः[4] निदर्शनं [5]त्वासामभिव्याख्यास्यामः। यथा द्वे वीणे तुल्यप्रमाणतन्त्र्युपवादनदण्डमूर्च्छने कृत्वा[6] षड्जग्रामाश्रिते कार्ये, तयोरन्य-

---

एतत्तु फल्गुप्रायं प्रथमादिव्यपदेशस्य कुत्रचिदप्यनुपयोगादागममात्रसारत्वात्प्राधान्यम्, गणनादित्वाच्च प्राधान्यदितरेतराश्रयापत्तेः।

अत्राश्रिता इति ग्रामस्वरूपलाभहेतव इत्यर्थः।

ननु स्थानभेदेन षट्षष्टिः तत्कथं द्वाविंशतिरित्याह—**स्वरमण्डलस्य** स्वरसमूहस्य सप्तकस्य द्वाविंशत्येव सिद्धिः। तत एव स्थानान्तरे स्वरमण्डलत्वमिति चक्रमुच्यते। तच्च परिमण्डलं (आ)ङ्गिरसकाश्यपादिभिर्मुनिभिर्दर्शितम्। श्रुतिश्च नाम श्रोत्रगम्यं वैलक्षण्यं यावता शब्देनोत्पद्यते। ननु कालांशः श्रुतिः चतुःश्रुतिकस्यापि बिन्द्वाद्यलङ्कारादौ मितकालावस्थानाद् द्विश्रुतिकस्यापि स्थायिवर्णप्रयोगेऽनल्पकालत्वादेशः स्यात्, घण्टाशङ्खादि श्रुतेश्च चिरकालत्वात्। एतन्न शब्दावयवो न श्रुतिरित्युक्तमेव।

ननु यद्युभयत्रापि द्वाविंशतिः श्रुतयः तर्हि को विभाग इत्याशङ्क्याह—**तिस्रो द्वे** चेत्यादि। **विधिरिति** श्रुतिविभागः इत्यर्थः। ॥२४॥

अत्र विनियोगेन स्वरान्विनियोक्तुमाह—**चतुःश्रुतिः स्यात् षड्ज** इत्यादि **स्मृत** इत्यन्तेन ॥२५॥

नामधेयानां विभाग आप्तप्रसिद्ध्येति दर्शयति। **धैवतो मत** इति नास्य कदाचन षड्जग्रामे लोप इति यावत्।

---

१. KSS., NS चतस्रश्च षड्जाख्यग्रामे श्रुतिनिदर्शनम्।
२. KSS., NS. omit here these verses.
३. KSS , पञ्चमस्य श्रुत्यपकर्षोत्कर्षाभ्यां।
४. KSS., NS. तावत्प्रमाण श्रुतिः।
५. KSS. चा समभि।
६. KSS., NS. do not read.

तरस्यां पञ्चमस्यापकर्षे श्रुतिं मध्यमग्रामिकीं कृत्वा तामेव च पञ्चमस्य श्रुत्युत्कर्ष-वशात् षड्जग्रामिकीं कुर्यात्। एकश्रुतिरपकृष्टा भवति। पुनरपि तद्वदेवापकर्षेत् यथा गान्धारनिषादवन्ताविनरस्यामृषभधैवतौ[3] प्रवेक्ष्यतः [4]द्विश्रुत्यधिकत्वात् पुनरपि तद्वदेवापकृष्टायां धैवतार्षभावितरस्यां पञ्चमषड्जौ प्रवेक्ष्यतः त्रिश्रुत्यधिकत्वात्। तद्वत्पुनरपकृष्टायां पञ्चममध्यमषड्जा इतरस्यां मध्यमगान्धारनिषादवन्तः प्रवेक्ष्यन्ति चतुःश्रुत्यभ्यधिकत्वात्। एवमेतेन श्रुतिनिदर्शनेन द्वौ ग्रामिक्यो द्वाविंशतिश्रुतयः प्रत्यवगन्तव्या।[5]

अथ मूर्च्छनाः द्वैग्रामिक्यश्चतुर्दश—

आदावुत्तरमन्द्रा स्यादुजनी चोत्तरायता।
चतुर्थी शुद्धषड्जा तु पञ्चमी मत्सरीकृता ॥२७॥

तत्र गान्धर्वे श्रुतावेवान्त्ययां स्वरस्फुटतां दायिन्यामवधातव्य इति विशाखिलाचार्यप्रभृतय ऊचुः। "श्रुतयः स्वरान्तरगता" इति, "सप्ताश्रयतया स्वगता" इति, अन्तरगतास्त्वन्या" इति गाने तु श्रोत्रसुखावहोऽनेन विभागेन प्रयोजनम्। तदाह मातृगुप्तः—

---

१. KSS. अन्यतरीं NS. एकतरस्यां।

२. KSS., NS. कुर्यात्।

३. KSS., NS. धैवतार्षभौ प्रतिशतः।

४. KSS., does not read.

५. KSS. NS. read here following verses.

षड्जश्चतुःश्रुतिर्ज्ञेय ऋषभस्त्रिश्रुतिस्तथा।
द्विश्रुतिश्चैव गान्धारो मध्यमश्च चतुःश्रुतिः॥
चतुःश्रुतिः पञ्चमः स्यात्त्रिश्रुतिर्धैवतस्तथा।
द्विश्रुतिस्तु निषादः स्यात्षड्जग्रामे स्वरान्तरे॥
चतुःश्रुतिस्तु विज्ञेयो मध्यमः पञ्चमः पुनः।
त्रिश्रुतिर्धैवतस्तु स्याच्चतुःश्रुतिक एव च॥
निषादषड्जौ विज्ञेयौ द्विचतुःश्रुतिसंभवौ।
ऋषभस्त्रिःश्रुतिश्च स्याद्गान्धारो द्विश्रुतिस्तथा॥
अन्तरनिदर्शनमपि व्याख्यातम्।

हीयमाने स्वरे श्रोतुः स्वसंवेद्योऽणुशः क्रमः ।
श्रूयमाणः पुनर्नाद एक एवाद्य रञ्जितः ॥इति॥

तेन गाने प्रधानतयेह विवक्षिते चतुश्श्रुतिरिति साधारण्युक्तिः कृतायां तु गान्धर्वपक्षमपि स्वीकुर्वते । तिस्रश्चतस्रः श्रुतयः आश्रयान्तराद्वोभयात्मकतया यस्येति ॥२६॥

अथ मध्यमग्राममाह—मध्यमग्रामेत्विति । चतुश्श्रुतौ पञ्चमे षड्जस्यैव द्वावमात्यकल्पौ मध्यमपञ्चमौ संवादिनौ भवत इति । मध्यमस्यापि संवादिनोऽपि संविदिव व्यपदेशहेतुता । पञ्चमे तु श्रुतिन्यूने मध्यमस्याप्येकः संवादी षड्जस्यापीति । इदं तावत् .... मध्यमस्य त्वन्यदस्ति प्राधान्यं (अपि) विना शुद्धत्वकृतमिति तत्र नैव व्यपदेशो मध्यमग्राम नियमेन इति न किं चतुश्श्रुतिकेनानेकेन तावत्प्रधानेन भवितव्यम् । पूर्णत्वात् तच्च स्वरद्वयमेव पञ्चमस्य चतुश्श्रुतिकत्वविरमात्काकल्यचरयोश्चतुश्श्रुतिकत्वं विकारो न स्वभावः । तुल्यं चानाश्रित्वमिति द्वावेवग्रामौ । तत्र मध्यमा तृतीयस्यामपि श्रुतौ तथाविधानुरणनव्यञ्जनात्मकनादनिष्पत्तिः यथाविध षड्जग्रामे चतुर्थ्यां माभूत् । केवलसंस्थाननीचत्वान्नीचा । तल्लक्ष्यते । तत एव श्रुत्यपमान एवासौ पञ्चमो भवति । श्रुतेर्हि कम्पो भवतीत्युक्तम् । तथा चाहुः—

वेदश्रुतिः पक्वकपित्थकल्पः कृशप्रवातोन्मुखतां प्रपन्नः ।
यतिश्रुतिः कम्प इवैष भाति यद्वा श्रुतिः स्वाद्भुतरागनिष्ठः ॥२॥

तत एवाल्पनिषादगान्धार ..ति ...काकल्यन्तरयोः प्रयोगः । त्रिश्रुतेश्च कम्पितकुहरितरेचितयोगः । निगयोश्च विवादित्वं रक्त्यन्तरानुवृत्तेः । एवं श्रुत्यप्रकृष्टः पञ्चम इति मध्यमग्रामस्य लक्षणम् । स च पञ्चमः प्रधानः न तु मध्यमग्रामे कदाचिदपि लोप्यत इत्यर्थः । अन्ये तु ग्रामयोर्धैवतपञ्चमावलोप्याविति । एतदाश्रयत्वान्मध्यमगतेरित्यत्राह ।

अथ केयं श्रुतिर्नामेत्याशङ्क्याह—एवं श्रुत्युत्कर्षापकर्षाच्चेति । मार्दवं तन्त्र्याः शिथिलीकरणं विपरीतत्वमायतत्वं क्रियत इत्याह । श्रुतेः शब्दस्य श्रोत्रग्राह्यस्य उत्कर्षस्तीव्रता अपकर्षो मन्दता, तद्धेतुत्वान्मार्दवायते तु द्वे अपि तथोक्ते । एवं तीव्रमन्दत्वहेतुभ्यां मार्दवायतत्वाभ्यां यदन्तरं यो विशेषावबोधः प्रमाणं निश्चायकं यस्याः सा श्रुतिः । प्राक्तनस्य ध्वनेर्वैलक्षण्यं यावता हीनेनाधिकेन या तीव्रमन्दात्मना रूपेण लक्ष्यते सा श्रुतिरिति यावत् । यद्यपि परमाणुतोऽप्युत्कर्षापकर्षो वा भवेद् ध्वनेर्विशेषस्तथापि नासौ गृहीतुं पार्यते । अत एव यत्रोत्कर्षापकर्षौ न कौचिद् ध्वनीनां ग्राह्यौ ते तत्रैका श्रुतिरिति, यदाह परमाचार्यः "एकश्रुतिदूरात्सम्बुद्धौ" इति ।

नन्वलाबूवीणादौ तथाभूतानां श्रुतीनां विशेषलेशानामनैयत्यं दृश्यते । ततः किं नियतश्रुतिविभाग उक्तः । न तु वीणायामसौ निश्चीयते (इति) । तन्न, तत्राप्यसौ

नियत एव, अनैयत्यग्रहणं तु मिथ्या। यत्तु दण्डविभागस्य दूरादूरत्वविभागविप्लव इति चेयं नैयत्यालक्ष्यते, तत्रापि वामनोऽनन्तपुरुषविभागविशेषोपलक्षणलक्षणीयः श्रुति. . . नैवास्तु को विरोधः अतएव लक्षणीयस्यैव विशेषस्य श्रुतिरूपतामिति ग्रहणं विशेषणमुपात्तमुत्कर्षशब्देन, प्रकरणाच्चापकर्षस्यापि लभ्यत इति। वीणाद्वये स्थिते एकस्यां वीणायां तन्त्र्यामुत्कृष्टायां स्वरस्योत्कर्ष (र्षो) परस्याः स्थितवीणा-तन्त्रीस्वरस्यापकर्षो लक्ष्यते। तस्मिंश्च लक्ष्यमाणेऽपकर्षे द्वितीयवीणास्वरस्योत्कर्षो लक्षणीयो भवति। आयतत्वादुत्कर्षापकर्षौ लक्ष्यौ भवतः। एवं मार्दवादपि वीणा-द्वयायत्तमेवेदमुत्कर्षापकर्षत्वं दर्शयितुं यथासङ्ख्यं शङ्कां निराकर्तुं मार्दवायतत्वाद्वे-त्युक्तम्। अन्यथोत्कर्षायतत्वमार्दवाभ्यामिति ब्रूयात्। प्रमाणेति वदन्न न कालकला श्रुतिर्नापि नादांशो न चायुर्न स्थानं न करणमिति दर्शयति। तेन वक्ष्यमाणोच्चनीच-विभागो ध्वनिरेका श्रुतिरिति तात्पर्यम्। एवमेकस्याः श्रुतेः स्वरूपमभिधाय श्रुति-संख्यास्वरूपं यथालक्षणीयं यथा भवति तथा दर्शयितुमुपक्रमते निदर्शनं त्वासामिति। आसामिति बह्वीनां, निदर्शनमिति निश्चततया दृश्यन्ते येनोपायेन तन्निदर्शनम्। यथा हि—प्रथमदर्शनेन रक्तयोर्जात्याजात्ययोरेव चोत्कर्षापकर्षवतोर्विशेषो गृहीत एव। किं तु परस्परविशेषदिदृक्षावधानप्रयत्नबलात्तद्विलोक्य द्वितीयस्य विलोकनं पुनः प्रथमस्य पुनर्द्वितीयस्येत्यनेनानुसन्धानबलेन निश्चितस्तद्विशेषप्रत्ययो जायते योऽसावभ्यधिक इति भण्यते। प्रकृतेऽपि तन्त्रीद्वये उत्कर्षापकर्षवति (कस्मिंश्)चिदाकृते यः शब्दः प्रतीयते, तस्य परस्परविवेकायावधारयिष्णोर्दोलागमनवद्यत्पुनः पुनराकर्षणं तत्कृतो-ऽनुसन्धानबलेन . . .परमः प्रत्ययः स्फुटं तद्गतविशेषग्राही जायेत। तन्निदर्शन-मित्युक्तम्। तत्र प्रथमा (सारणा) साधुकारं ध्रुवकवीणां साधयति, द्वितीया श्रुते-रियत्तां, तृतीया श्रुतिचतुष्कं बोधयति, चतुर्थी श्रुतिषट्कं, पञ्चमी द्वादशकमिति सारणपञ्चकमिति तात्पर्यम्। ग्रन्थस्तु व्याख्यायते। प्रमाणं आनाहपरिणाहौ, तन्त्रीणां तुल्यत्वं सङ्ख्यया स्थौल्यादिना चेति केचित्। अतश्चतुर्दण्डशब्दः पुनरुक्तः। तस्मादयं विग्रहः। तुल्यप्रमाणतन्त्र्युपपादनदण्डमूर्च्छना ययोर्वीणयोरिति। मूर्च्छनायां च प्रमाणसङ्ख्यैव मन्तव्या दण्डतन्त्र्यादिसाम्यं स्वरस्वरूपं न भिनत्ति केनाप्यंशेन तेन तथा कर्तव्यम्, येन द्वयेऽपि एकविंशद्भासेते। स्वराणां कस्यचिदपि वैलक्षण्यं यस्य प्रतिभासनात्तत्रैका ध्रुवकस्थानीया अचलसारणा वीणायामपरस्यां पञ्चमतन्त्री श्रुतिमात्रं शिथिलीकार्या। तदा मध्यमग्रामो जायते। अनन्तरं मध्यमादीनां सर्वस्वराणां श्रुतिमेकां पातयेत्, येन षड्ग्राम एव भवति। एवं ध्रुवकवीणायां चल-वीणायां वा स्वरेषु भण्यमानेषु श्रुतिरधिका न्यूना च प्रत्यक्षेणानुसन्धानबला-ल्लक्षणीया भवति। तदाह पञ्चमश्रुतिरपकृष्टा भवति सर्वस्वरेभ्य इति शेषः। सा च

प्रत्यक्षगम्या गुणवतीतिभावः । यद्यपि परमाणुमात्रेऽपि स्थानान्तरे योगिप्राय (समाधि) समाधिगम्य ध्वनिवैलक्षण्यं भवति, तथापि यद्वैलक्षण्यं श्रुतिशब्दवाच्यमिति दर्शयन् श्रुतिसङ्ख्यापरिज्ञानार्थं श्रुतिचतुष्टयोपलब्धं दर्शयति। पुनरपि च **तद्वदेवापकर्षयेदिति** चलवीणायां पञ्चमोपक्रमं सर्वस्व(राणा)मेकां श्रुतिं पातयेत् येषु चलवीणागतौ गान्धारनिषादौ ध्रुववीणागताभ्यां धैवतर्षभाभ्यां समस्थानतयापकर्षत्वं गच्छतः यतो ध्रुवकवीणायां द्वाभ्यां श्रुतिभ्यां सर्वे स्वरा अधिकाः। एवं धैवतवैलक्षण्येण गान्धारनिषादयोरन्यवीणागतधैवतर्षभसाम्यं जायते। तदेव श्रुतिरित्युक्तं भवति। अत एव श्रुत्यादिव्यवहारोऽपि लक्ष्यो यो दृश्यते न स निर्मूलः। तथाहि तावन्न्यूनाधिकत्वे . . .रे विनाशो भवतीति विशिष्टप्रत्युपयोगाच्छ्रुतिरिति कथ्यते। पूर्वादिषु नैवमिति। एवं श्रुतेश्च स्वरूपं ज्ञातम्। गान्धारनिषादगं प्रत्येकं यच्छ्रुतिद्वयं तच्च धैवतर्षभमिश्रीभावाभिज्ञानेन स्फुटमेवोपलब्धमिति तच्छ्रुतयः प्रत्यक्षीभूता भवन्ति। पुनरपि चलवीणायां श्रुतिर्यदापकृष्यते सर्वस्वरेभ्यस्तदा च वीणागतौ धैवतर्षभौ ध्रुववीणागताभ्यां पञ्चमषड्जाभ्यां यथाक्रमं साम्यं गच्छतः। यतो ध्रुववीणायां स्वरास्तिस्रः श्रुतिभिरधिकाः। एवं स्वरद्वये प्रत्येकं श्रुतित्रयं स्फुटीकृतमिति षट् श्रुतय उपलब्धाः। त्रयो ध्रुववीणायां सर्वस्वरेभ्य. श्रुतिमवकर्षणेन तद्गताः पञ्चममध्यमषड्जा ध्रुववीणागतैर्यथाक्रमं मध्यमगान्धारनिषादैः स्थानसाम्यं मिलन्ति। यतस्तस्या वीणायाः सर्वे स्वराश्चतसृभिः श्रुतिभिरधिकाः। एवं स्वरत्रये प्रत्येकं चतस्रः श्रुतयः स्फुटीकृता इति द्वादश श्रुतय उपलब्धा भवन्ति। तेन चतस्रः षट् द्वादशेति द्वाविंशतेः उपलम्भो जातः। ऋषभ (धैवता)भ्यां च गनी द्विश्रुत्यधिकाविति श्रुतिद्वयपातनेऽवश्यं तयोस्त (त्र) प्रवेशः। रिधौ च सपाभ्यां द्विश्रुत्यधिकौ, धमपाश्च निगमेभ्यः चतुश्रुत्यधिका इति तावतीकानां श्रुतीनां . . . परिवर्तिनि स्वरे प्रवेशयेत्। स तु द्विश्रुत्यधिकत्वादित्यादयस्त्रयो हेतवः प्रवेशनीय स्वरविशेषादपि व्याख्यात एव। तदाह—**एनमेतेन श्रुतिनिदर्शनेनेति**। त . . . . स्यादित्येव द्विश्रुतिः। एवं श्रुतेः स्वरूपमुपलब्धम्। अत्र द्वे द्वयोरिति ताः श्रुतिषु त्रिषु। एवं ध्रुववीणाश्रुतेरियत्तात्र (स्फुटीकृता) भवति। द्विश्रुतिभिस्त्रिश्रुतिचतुश्रुतिस्वरस्वरूपं च श्रुतेरियत्ता (निर्धारणा स्फुटीकरणार्थं प्रस्तारादेव दृश्यते। तत्र दण्डप्रस्तारेण केचिद्दर्शयन्ति द्वाविंशता रेखाणाम्। अन्ये तु मण्डलप्रस्तारमाहुः। तिर्यगूर्ध्वं च पञ्चपङ्क्ता इत्येकादशोभयतो द्वाविंशतिः।

एवं ग्रामद्वयं तदुपयोगि च श्रुति सद्भावे स्वराणां श्रुतिनियमप्रामाण्यमभिधाय क्रमप्राप्तां मूर्च्छनामाह—**अथेति** सम्यगिति क्रमानतिक्रमेणोर्ध्वं यच्छ्रूयमाणमवरोहणं तदुपलक्षितस्वरसप्तकस्वरूपवहो मूर्च्छना। मूर्च्छना हि समुच्छ्राये पठ्यते। अत एवोपसंहारे स्वराः क्रमयुक्ता इति विशेषयिष्यति। अक्रमत्वे मूर्च्छनात्वं मा भूदिति।

अश्वक्रान्ता तथा षष्ठी सप्तमी चाभिरुद्गता ।
षड्जग्रामाश्रिता ह्येता विज्ञेयाः सप्तमूर्च्छनाः ॥इति॥ २८॥

आसां षड्जनिषादधैवतपञ्चममध्यमगान्धारर्षभा आनुपूर्व्या[1] आद्याः स्वराः ।

[2]षड्जे चोत्तरमन्द्रा स्यादृषभे चाभिरुद्गता ।
अश्वक्रान्ता तु गान्धारे मध्यमे मत्सरीकृता ॥२९॥
पञ्चमे शुद्धषड्जा स्याद्धैवते चोत्तरायता ।
निषादे रजनी च स्यादित्येताः षड्जमूर्च्छनाः ॥३०॥

अथ मध्यमग्रामे—

सौवीरी हरिणाश्वा[3] च स्यात्कलोपनता तथा ।
[4]शुद्धमध्या तथा मार्गी पौरवी हृष्यका तथा ।
मध्यमग्रामजा ह्येता विज्ञेयाः सप्तमूर्च्छनाः ॥३१॥

तथा हि षड्जादारोहणं निषादान्तं, धैवतात्पञ्चमान्तं, पञ्चमान्मध्यमान्तं मध्यमाद्गान्धारान्तं, गान्धाराद्दृषभान्तमृषभात् षड्जान्तं, षड्जश्च द्वितीयसप्तकान्तर तारस्पृष्टो भवति ।

नन्वेवं सप्त मूर्च्छनाः, सत्यम्, पञ्चमस्य श्रुत्युपकर्षे सप्ताद्याः, तदाह द्वैग्रामिक्य इति । पञ्चमे चापकृष्टे संवाद्यनुवादिव्यवस्था लोप्या लोप्या स्वरव्यवस्था चान्यैव सम्पाद्यत इति भूयानेव भेदो जायते । तत्र मध्यमाद्गान्तं, गादृषभान्तं, ऋषभात्सान्तं सान्निषादान्तं, निषादाद्धान्तं, धात्पान्तं, पान्मान्तमिति सप्त । तत्र नामनिर्देशो वैदिककर्माङ्गमिति दर्शितम् । तथा हि श्रूयते, "उत्तरमन्द्रया स्वत्वं संहृतास्तिस्रो गाधा गायेत्" ताः पत्यो वां पाटालिकाभिरुपगायन्ति" इत्यादित इति । षड्जग्राम इति ॥२७-२८॥

मध्यमग्रामे सप्त । तत्र प्रत्येकं मूर्छनायाश्चत्वारो भेदाः । षड्जादिपूर्णाः सप्त स्वराः, षट् स्वराः षाडवः, षट् श्रवन्ति ये प्रयोगं ते स्वराः षाडवाः । तेषु भवः प्रयोगः षाडवः । तत्प्रयोगात् पञ्चस्वरा आडुविकाः, उडवो नक्षत्राणि, वान्ति

---

१. KSS. षड्जग्रामे । NS. आद्याः स्वरा इति ।
२. KSS., NS. do not read it.
३. NS. अथ ।
४. KSS. चतुर्थी शुद्धमध्या तु मार्गवी पौरवी तथा ।
NS. शुद्धमध्या तथा चैव मार्गी स्थात्पौरवी तथा ।
(हृष्यका चेति विज्ञेया सप्तमी द्विजसत्तमाः) ॥

आसां मध्यमगान्धारर्षभषड्जनिषादधैवतपञ्चमा आनुपूर्व्या आद्याः स्वराः ।[1] मध्यमेन सौवीरी, गान्धारेण हरिणाश्वा, आर्षभेण कलोपनता, षड्जेन शुद्धमध्यमा, निषादेन मार्गी, धैवतेन पौरवी, पञ्चमेन हृष्यकेति । एवमेताः स्वरक्रमयुक्ताः सम्पूर्णाः षाडवौडुवीकृताः स्वरसाधारणकृताश्चेति मूर्च्छनाश्चतुर्दश भवन्ति । अपि च—

क्रमयुक्ताः स्वराः सप्त मूर्च्छनेत्यभिसंज्ञिताः ।
[2]षट्पञ्चस्वरकास्तानाः षाडवौडुविताश्रयाः[3] ॥३२॥

साधारणकृताश्चैव काकलीसमलङ्कृताः ।
अन्तरस्वरसंयुक्ता मूर्च्छना ग्रामयोर्द्वयोः ॥३३॥

गच्छन्त्यस्मिन्निति उडुवमाकाशं, तेन पञ्चसंख्या, तैः सप्त लक्ष्यन्ते । पञ्चमं महाभूतं हि तत्र सा संख्या सञ्जाता । येषां कृते औडुविताः स्वराः, तेषु भवत्प्रयोगः औडुवितः । तद्योगान्मूर्च्छना तथा । यदि वा तन्नवकस्येयं संख्या औडुवी सा येषां संजाता मध्यस्थीयः पञ्चम आकाश उडुव इत्यपि प्रयुज्यते, तथा च प्रयोक्ष्यते । कदाचिच्चौडुवे एता इति स्वरलोपे चैकदेशविवृतत्वेऽप्यनन्यतया भासना सैवासो मूर्च्छना । अल्पनिषादगान्धारप्रयोगे तु काकल्यन्तरस्वरयोगात्साधारणकृत एत वै कारिकाद्वयेन संग्रहीतुमाह—

क्रमयुक्ताः स्वराः सप्त मूर्छनेति समाहिताः ।
षट्पञ्चस्वरकास्तानः षाडवाडुविकाश्रयाः ॥ इत्यादि

सप्तेति पूर्णा इत्यर्थः । **क्रमयुक्ता** इति क्रमेणारोहणं तथैव स्वराणामवरोहणेन च पुनरप्याहरणमिति क्रमः । तेन युक्ताः सम्यगाहिताः । तन्यते विचित्रीक्रियते प्रयोगविस्तरो यैस्ते ताना इति । मूर्छतिता ? परिविशिष्टं नामैवं भेदत्रयं संगृह्य तुरीयभेदमाह—**साधारणकृताश्चेति** । एवकारेण विकृतत्वेऽप्यनन्ततामाह । चकार उत्तरत्र संबध्यते । तल्लक्षयति **काकलीसमलंकृता** । **अन्तरस्वरसंयुक्ता** इति चकार एतदनन्तरं द्रष्टव्यः । उपसंहरति **मुच्छंना ग्रामयोरिति** ॥३३॥

अत्र वैणिकस्योपदेशार्थमाह—द्विविधैकमूर्च्छनायाः षड्जग्रामिक्या द्विविधाया मध्यमग्रामिक्यो द्वितीयेन प्रकारेण युक्ताया यथासिद्धिर्भवति तथोच्यते । विविधे-

---

१. KSS. NS. तत्र षड्जग्रामे षड्जेनोत्तरमन्द्रा, निषादेन रजनी, धैवतेनोत्तरायता, पञ्जमेन शुद्धषड्जा, मध्यमेन मत्सरीकृता, गान्धारेणाश्वक्रान्ता, ऋषभेणाभिरुत्कृतेति । अथ मध्यमग्रामे—

२. KSS. षट्पञ्चकस्वरास्तासां । NS. सत्पञ्चकस्वरास्तात्तां ।

३. KSS., NS. स्मृताः ।

द्विविधैव[1] मूर्च्छनासिद्धिः तत्र षड्जग्रामे द्विश्रुत्युत्कर्षाद्धैवतीकृते गान्धारे मूर्च्छनाग्रामयोरन्यत्वम् । तद्वशान्मध्यमादयो यथा संख्येन निषादित्वं प्रतिपद्यन्ते । तद्वन्मध्यमग्रामे धैवतमार्दवाद् द्वैविध्यं तुल्यश्रुत्यन्तरत्वाच्च संज्ञान्यत्वम् । मध्यमग्रामे हि चतुःश्रुतिकमन्तरं पञ्चमधैवतयोः तद्गन्धारोत्कर्षाच्चतुःश्रुतिकमेव भवति । शेषाश्चापि मध्यमपञ्चमधैवतनिषादषड्जर्षभा निषादषड्र्षभगान्धारमध्यमपञ्चमत्वं प्राप्नुवन्ति तुल्यश्रुत्यन्तरत्वादन्तरनिदर्शनमपि श्रुतिनिदर्शने प्रोक्तम् ।

नोत्कर्षेणापकर्षेण भाजा एकस्वरेण मूर्च्छनानां विचित्राणां सिद्धिः । तत्र षड्ग्रामे मूर्च्छना यावतिथी जाता तावतिथ्यैव मध्यमग्राममूर्च्छना यथा संपद्यते तथा दर्शयति तत् षड्जग्रामेऽपि श्रुत्युत्कर्षाद्धैवतीगान्धार इति गान्धारतन्त्र्यां द्विश्रुत्युत्कर्षपर्यन्तश्चेत्पीडनम् । अतस्तदेतदेव सर्वं संपन्नम् । स हि तदा चतुःश्रुतिको मध्यमग्रामिको धैवतो भवति । पमधनिस सराणि? समगस्वराः सम्पद्यन्ते । मध्यमो द्विश्रुतिको जातश्चेन्निषादोऽसौ पञ्चम एव ऋषभस्त्रिश्रुतिकत्वात् । गान्धारे संपन्नः स ऋषभः । सस्वरा ? मपसनिसरिसरूपत्वं याति ? अत्र हेतुमाह—**तुल्यश्रुत्यन्तरत्वा**दिति । **संज्ञान्यत्वमि**त्यनेन प्रयत्नान्तरमत्र न किञ्चिदितिदर्शयति । संज्ञान्तर स्वरे ग्रामे मूर्च्छनायाश्च तुल्यश्रुत्यन्तरत्वं स्पष्टयति **अन्तरनिदर्शनमपीति** ॥ अपि शब्दाद्वक्तव्यमपि सदित्यर्थः । **श्रुतिनिदर्शन**मिति । द्वे वीणे इत्यत्रैव मूर्च्छनानां पूर्णावस्थोक्ता ॥ तानावस्थामाह—

तत्र मूर्च्छिताश्रिता इति । मूर्च्छनामाश्रिता यस्तासामेव तेऽवस्थाविशेषाः । तत्र सरिनिप इत्येषामन्यतमेन हीनाः षट् (स्वर) मूर्च्छनाः सप्त चतुर्भिगुणत्वे अष्टाविंशतिस्तानाः । सरिगइत्येतेषामन्यतमेन हीना मध्यमूर्च्छना एकविंशतिस्ताना इत्येकान्नपञ्चाशत् षाडवाः । औडुविकास्तु षड्ग्रामे एकविंशतिः अन्यत्र तु चतुर्दशेति पञ्चत्रिंशत् । उभयतश्चतुरशीतिः वीणायां यदा तानक्रिया तदालोप्य स्वरतन्त्रीत्वं क्रियते यदि तावत्कौशलं न स्पृश्यते यदि वा शिथिलीकरणे समस्वरसाम्यं पीडनेन चोत्तरस्वरसाम्यं नीयते । तदाह द्वि (वि) विधेति तानार्थक्रिया उपाय इत्यर्थः । अपरस्य ऋषभापेक्षया षड्जस्य विप्रकर्षः । पीडनमृषभतापादनम् । तस्यैव निषादापेक्षयोत्तरमन्द्राया निषादतापादनं तदत्र यो बलवान् प्रयोगे भवति तत्र अवलोप्योन्तर्भावः स हि धृष्टतामेवं व्रजेत् ।

---

1. KSS., NS. तत्र द्विश्रुतिविप्रकर्षात्, गान्धारे धैवतकृते मूर्छनाग्रामयोरन्यतरत्वं, (NS. अन्यत्र) षड्जग्रामे । मध्यमग्रामेऽपि एवं क्रमात् द्वैविध्यं भवति, तुल्यश्रुत्यन्तरत्वाच्च (संज्ञान्यत्वं) श्रुत्यन्तरं तद्वत् (चतुःश्रुतिकमन्तरं) पञ्चमधैवतयोः तद्गांधारोत्कर्षाच्चतुश्श्रुतिकमेव (K. मन्तरं) भवति ।

तेष मूर्च्छनाश्रितास्तानाश्चतुरशीतिः । तत्रैकान्नपञ्चाशत् षट्स्वराः पञ्चत्रिंशत् पञ्चस्वराः । लक्षणं तु [1]षट्स्वराणां सप्तविधं षड्जर्षभनिषादपञ्चमहीनाश्चत्वारः षड्जग्रामे । मध्यमग्रामे तु षड्जर्षभगान्धारहीनास्त्रयः । एवमेते [2]षट्स्वराः सर्वासु मूर्च्छनासु क्रियमाणा भवन्त्येकान्नपञ्चाशत्तानाः । पञ्चस्वराणां तु पञ्चविधमेव । लक्षणं—षड्जग्रामे षड्जपञ्चमहीनः, आर्षभपञ्चमहीनः निषादवद्गान्धारहीन इति त्रयः[3] । मध्यमग्रामे तु गान्धारनिषादवद्धीनः, ऋषभैर्षैवतहीन इति द्वौ[4] । एवमेते पञ्चस्वराः सर्वासु मूर्च्छनासु क्रियमाणास्तानाः पञ्चत्रिंशद्भवन्ति[5] ।

द्विविधा च तानक्रिया तन्त्र्यां [6]प्रवेशान्निग्रहाच्च । तत्र प्रवेशनं[7] मधुर[8] स्वरविप्रकर्षादुत्तरमार्दवाद्वा । निग्रहस्त्वसंस्पर्शः [9]मध्यमस्वरेणैव तु मूर्च्छनानिर्देशः कार्यो भवति अनाशित्वान्मध्यमस्य निग्रहे पर्यग्रहेवा । इदं च प्रयोक्तृश्रोतृसुखार्थं च मूर्च्छनानानात्वम् । मूर्च्छनातानप्रयोजनमपि स्थानप्राप्त्यर्थम् । स्थानं च त्रिविधं पूर्वोक्तलक्षणं काकुविधाविति ।[10]

ननु त्रिषु स्थानेषु सप्तस्वरा इत्युक्तं काकुविधाने । (तत्र कतमं स्वरसप्तकमवलम्ब्य) मूर्छना कार्येति ये संशेरते तान्प्रत्याह मध्यमस्वरेण त्विति जातावेकवचनम्, मध्यैरेव स्वैरित्यर्थः । वैणग्रहणं शरीरे अप्रगीतस्यापि स्थानलाभार्थम् । अन्ये तु वीणायां... ... ...प्यसंभवात् बन्धस्यैव च स्वरे संभाव्यमाने दोषे मूर्च्छेति नोपयोगीति मन्यमाना वैणवेनेति पठन्ति । कार्य इति करणांशो भवतीत्यर्थः । अनाशितान्मध्यमगतेरिति स्वरसप्तकस्येति विशेषः । निग्रहो मन्द्रक्रिया तारक्रिया प(र्यग्रह) इति केचित्तेन मन्द्रतारक्रिये वक्ष्येते । मध्यमापेक्षया शक्यक्रिया नान्यथेत्युक्तं भवति । निश्शेषेण ग्रहः सर्वस्थान-

---

१. KSS. षाडवादीनां ।
२. KSS. अपि षाडवासु ।
३. KSS., NS. वयस्तानाः षड्जग्रामे ।
४. NS. द्वौ तानौ । एवं । KSS. द्वौस्तानाविति ।
५. KSS., NS. षड्जग्राम एकविंशतिर्मध्यग्रामे चतुर्दश । एवमेते एकत्र गम्यमानाश्चतुरशीतिर्भवन्ति ।
६. KSS., NS. प्रवेशो ।
८. KSS., NS. धरस्वरप्रकर्षात् ।
९. KSS., NS. मध्यमस्वरासंस्पर्शः ।
१०. KSS. विधाने ।

प्राप्तिः । परितः समन्तादग्रहः सर्वस्थानानामप्राप्तिः तेन पूर्णशारीरकस्येतरस्य वा मध्यमसप्तलाभस्तदस्तीत्येव मन्ये चतुर्थस्वर एव कण्ठ्यो मध्यमात्रेत्यपरे। अपूर्णस्वरायां वीणायामवश्यंभावी मध्यमसप्तकः। किं च यदा षड्जलोपेन तानक्रिया षड्जग्रामे कृता तथा कथं मूर्च्छना संख्याज्ञानमित्याशङ्कयाह—**मध्यमस्वरेणेति**। निग्रहोऽस्पर्शे पर्यग्रहे वा ? प्रवेशे सत्यपि मध्यमस्वरो यतः अविनाशी अतस्तदपेक्षया ज्ञायते। कुतः स्थानात् षड्जे लुप्ते इति मध्यद्विचतुर्थेन षड्जेन भवितव्यमिति न तानलाभः। तदाह दत्तिलः—

एवं कृतेऽपि तानत्वे गणयित्वा विनाशिनम्।
विद्वानेतावतिथ्येषा मूर्च्छनेत्यवधारयेत्॥ (१-३७)

ननु प्रथमायां सप्तम्यां च मूर्च्छनायां षड्जे लुप्ते रिगमपधनिरूपं भवतीति दुर्ज्ञातो विशेषः। सत्यं, लेख्यभेदो नास्ति। एषु न पुनरस्त्येव तथा हि—यदि तावत्-सरिगमपधनि इति मूर्च्छनानन्तरं निसरिगमपधानीति मूर्च्छना निषादेन पूर्वकेणैव क्रियते, न तु सप्तकानन्तरं गतस्य स्वरस्यानुप्रवेशः। तदात्वे षड्जलोपे प्रथमासप्तम्योर्न भेदः। न च तदा दत्तिलाचार्यकथितं क्रमरूपत्वं निर्वाहकम्। तानत्वापत्तेश्च मूर्च्छनासु भूयसी स्यात्। यदा तु सरिगमपधनीति प्रयुज्य द्वितीयमूर्च्छना षड्जाधरवर्तिना मन्द्रसप्तकगतेन निषादेनारभ्यते निसरिगमपध इति पुनर्निषादाधोवर्तिना धैवतेन, ततस्तदधरेण पञ्चमेण यावदृषभेण, तदा मन्द्रसप्तके क्रमेणाक्रम्यमाणे मध्यसप्तके वापचीयमाने मन्द्रगतेषु षड्जर्षभादिषु निषादान्तेषु श्रुतेषु सप्तमी लुप्त-मूर्च्छनेति ज्ञायते। मध्यगतेषु तु षट्सु प्रथमं तारसप्तकेन मूर्च्छनायां क्रमेण...म... वरोहतः यदाप्येवमेव क्रमः सगरिमपनि इति प्रयुज्य षड्जाधःस्थान एव निषादो धैवतः पञ्चमो मध्यमो गान्धार ऋषभ इति क्रमः। तदा यद्यपि सप्तकान्तरस्पर्शो नास्ति तथा षड्जस्य स्थिरस्थाने तदुपरिगतस्थानादेवर्षभे प्रयुक्ते रिगमपधनीति श्रुते प्रथममूर्च्छना लुप्तषड्जे...ति सुज्ञातमेव। यदा तु षड्जस्थानमृषभेण क्रान्तं तदाधरवर्तिनः षड्जस्य सम्भावनैव नास्ति। रिगमपधनीति श्रुते जानात्येव तार-षड्जेनात्र भवितव्यम्। स च न श्रूयत इति सप्तमीयं मूर्च्छना लुप्तषड्जेति। अत्र च पक्षद्वयेऽपि क्रमरूपतासिद्धस्थानप्राप्तिश्च स्फुटैव। निग्रहश्च मध्यमग्रामे पञ्चमस्य श्रुतिहानेः। एवं पञ्चमेन ऋषभ इत्यस्य पर्यग्रहणं, असंवादित्वादस्मिन् स पर्यग्रहः षड्जग्रामस्तत्रोभयत्रापि न मध्यमो विनाशी। मध्यमाद्गतेः प्राप्तिरस्य पञ्चमस्य, तस्य निग्रहे मध्यमग्रामे नाशः। तथा पर्यग्रहे मध्यमग्रामे अनाशः षड्ग्रामे नातिन्यूनो नात्युच्चमध्यमागतिस्त्रिश्रुतिस्तस्माद्विनाशः।

ननु ऋषभस्याप्यनाशित्वं स्यादित्याशङ्कयाह—निग्रहे निषादस्य ग्रहणे कर्तव्ये यस्त्रिश्रुतिः स धैवत इति यावत्। तदुक्तं दत्तिलाचार्येण—

पञ्चमं मध्यमग्रामे षड्जग्रामे तु धैवतम् ।
अनाशिनं विजानीयात्सर्वत्रैव तु मध्यमम् ॥ (१-२०)

ननु रि इति व्यञ्जनं कथं स्वरस्यानुकारः । ननु सकारादयोऽपि किंरूपाः । ननु ऋषभशब्दस्य नायमाद्यः तर्हि षड्जशब्दस्य सकारो न प्रथम इति । सङ्केतमात्रं हि तद् । रिऋइत्युभयथाप्यदोषः ।

अन्ये तु दत्तिलादिमतं मुनेर्नेष्टं, मध्यम एवालोप्योऽस्य मध्यम इत्याचक्षते । ननु च मूर्च्छनास्तावत् जात्यतिग्रहभाषाद्यन्न प्रयोगोपयोगिन्यः, तानाश्च कुतप उपयुज्यन्ते, तानोक्तस्वरातिरिक्तानामपि जातिषु लोपाभावाद् दृष्टत्वात् । तथा हि षड्जमध्यमा षड्ग्रामे जातिः, तस्या षाडवो गान्धारेण । न च षड्जग्राम तानेषु गान्धारो गणितः, सरिनिपानामेव लोप उक्तत्वात् । तानेषु च परिगणितेषु पञ्चमस्य मध्यमग्रामेऽन्यत्र धैवतस्योभयत्रमस्यालोपित्वं पुनः किमर्थम् ? कूटतानाश्च ये प्रदर्शिताः पूर्वं पञ्चसहस्राणि त्रयस्त्रिंशच्चेति, तथैतेषां प्रस्तारो नष्टोद्दिष्टे संख्या चेति वितत्याचार्यैः कथिताः । तत्र नष्टोद्दिष्टसंख्यापरिज्ञानयोरवगमे करणमुपदर्शितम् । तस्य च लक्षणं यथा "अन्त्यस्यैकान्त्याङ्कदसंख्याम्" इति । शाङ्करोक्तकरणास्तु साधारणा इति टीकाकारैर्दर्शिताः ।

अथ नष्टोद्दिष्टज्ञानार्थश्लोकाः पूर्वमुद्दिष्टम् ।
मूलक्रमान्तस्थानं यत्पूर्वेण तदपेक्षया ।
क्रान्तं यावतिथेनैव लोष्टं तावतिथं त्यजेत् ॥
अधःस्थानं तदङ्कस्थान्मौलैरङ्कैः परिस्थितः ।
पुनर्निर्दिष्ट एतस्य पूर्वान्त्या—तथा वदेत् ॥
एवमुद्दिष्टतो ज्ञेय संख्या नष्टक्रमः पुनः ।
ज्ञायते संख्यया तत्र मौलैकाङ्कोपरिस्थया ॥
एककोष्टक एवाधःस्थाने यावतिथस्ततः :
तस्य तावतिथेनैव पूर्वेणाक्रान्तिमादिशेत् ॥
अनेककोष्टके त्वर्थे संख्यायाः प्रतिबोधकः ।

ते चेह न दर्शिता इति सर्वं गर्भीकृत्य मुनिः साधारणं वचनमाह—प्रयोक्तुः श्रोतृसुखार्थं च मूर्च्छनातानानानात्वमिति । यत्तावदुक्तं मूर्च्छना तानानां कुत्रोपयोग इति तत्रेदमुक्तं मूर्च्छनार्थं न तानरूपं, यदुक्तं प्रयोक्तॄणां सुखार्थं, यतस्ते श्रोतार आगमार्थविद इत्यर्थः । एतदुक्तं भवति—मूर्च्छनानां यद्यपीहागमे नास्त्युपयोगः, तथापि दृष्टसामक्रियायां वा स्फुट एवोपयोगः । तथा हि दर्शितं, "उत्तरमन्द्रया तिस्रो गाथाः" इति, तानानां, "अग्निष्टोमीयमाद्यं स्याद् द्वितीयं वाजपेयिकं" इत्यादिनामनिरूपणद्वारेणैव वायुपुराणादौ यज्ञोपयोगी साङ्ऋग्गाथोपयोगः प्रदर्शितः । अग्निष्टोमिकसामेष

साधारणमिदानीं व्याख्यास्याम:[1] तत्र साधारणं नामान्तरस्वरता, कस्मात्, द्वयोरन्तरे भवति यत्तत्साधारणम्[2]। यथा—

छायासु भवति शीतं प्रस्वेदो भवति चातपस्थस्य।
न च नागतो वसन्तो न च निःशेषः शिशिरकालः ॥३४॥

इति कालसाधारणता[3]। तत्र द्वे साधारणे जातिसाधारणं स्वर साधारणं च।

शिवं स्तुत्वा तत्फलमिति च प्रयोक्तुरदृष्टं श्रूयते। तथा "सदस्यमग्निष्टोमसाम शृण्वत: पातकैर्मुच्यते लोकान् जयति" इति,

दक्षप्रोक्तं पठेद्यश्च शृणुयाच्छुद्धषड्जया।
प्रत्यहं सन्ध्ययोस्तौ तु रुद्रलोकं गमिष्यत: ॥

इति च प्रयोक्तृणां चादृष्टद्वारेण सुखोत्पादकं प्रत्युपयोगो दर्शित: ऋग्गाथा सामोपयोगादेव नारदीयशिक्षायां पुराणादौ च तानपर्यन्तमेव स्वरमण्डलं दर्शितम्, मूर्च्छनानां च यन्नानात्वं तदुपनियमद्वारेण दर्शितं तच्छ्रोतृसुखलक्षणं अर्थं प्रयोजनं कर्मभूतं प्रयोक्तृयुक्तं तच्छीलम्। एतदुक्तं भवति—यद्यपि जातिषु षाडवौडुविका नियता एव गणितास्तथा च रागभाषावैचित्र्यं श्रोत्रसुखजनकमुन्मूलयितुं स्वातन्त्र्येण स्वरलोपो मध्यमवर्ज: प्रदर्शित:।

यच्चोक्तं कूटताना: किमिति नोक्ता इति। तत्र कूटत्वं तावन्न किंचित्प्रयोक्तृ-सुखार्थत्वं तेषामपि समानम्। केवलं परिगणितचतुरशीतिन्यायेन, नियते कर्मणि विशिष्टदेवतापरिपोषणाय। एवं मा भूदुपयोग: सामान्यात्मना तु दृष्टोपयोगोऽस्त्येव। यच्चोक्तं गणना न कृतेति तत्रानन्त्यात्का गणना। यदाह—

'अनन्ता वाड्मयस्याहो गेयमध्ये च चित्रतां इति (माघ–II–3) (पूर्णस्वराणां षाडवौडुविकादीनां) अन्योन्यमेलने द्वात्रिंशत्यादिक्रियमाणे वाचस्पतेरप्यशक्यं परिगणनम्। स्यादेतत्—तेन किं प्रयोजनमिति। तन्न, यतस्तदपि सम्यक्प्रयोक्तरि सति श्रोतृणां तु सुखजनकमेव। युक्तं चैतदिति दर्शयति मूर्छना तानप्रयोजनमपीति। मूर्च्छना तानानां ऋग्गाथासामभ्य आनीय यदि प्रकर्षेण योजनं स्थानानां विशेषरक्ति-दायिनां प्राप्त्यर्थं... ... ...हितषड्जस्थान सञ्चरणं स्वातन्त्र्यलाभे तदुदीर्यमाणे स्वरप्रयोग: श्रोतृणां सुष्ठुतमं रञ्जको भवति। प्रयोक्तृणां च स्वयं शृण्वतां सुखं जायते। श्रुतित्वलाभद्वारेण... ... ...

---

१. KSS., NS. वक्ष्याम:।

२. KSS. द्वयोरन्तरस्थं तत्साधारणम्।

३. KSS. साधारण:।

स्वरसाधारणं काकल्यन्तरस्वरौ। तत्र द्विश्रुत्युत्कृष्टो[1] निषादः काकलीसंज्ञो[2] भवति। तद्वद्गान्धारोऽन्तरस्वरसंज्ञो भवति।

जातिसाधारणमेकांशानामविशेषाज्जातीनां समवायात्प्रत्यंशं लक्षणसंज्ञानमिति। स्वरसाधारणा द्विविधं द्वैग्रामिकं कस्मात्[3] साधारणोऽत्र स्वरविशेष इति कृत्वा षड्जत्वासाधारणमुच्यते। एवं मध्यमेऽपि[4]। अस्य तु प्रयोगसौक्ष्म्यात्कैशिकमिति द्वितीयं नाम निष्पद्यते[5]। कलत्वाच्च काकलीसंज्ञो भवति, विकृतत्वाच्चानंशः आप्तोपदेशाच्च सप्तभ्यो नान्यो निषादवानेव। यथा हि षण्णां रसानामन्यतमः क्षारसंज्ञितस्तथा निषादः काकलीसंज्ञो गान्धारश्चान्तरस्वरसंज्ञो भवति। भवतश्चात्र—

अन्तरस्वरसंयोगो नित्यमारोहिसंश्रयः।
कार्यो ह्यल्पो विशेषेण नावरोही कदाचन ॥३५॥

क्रियमाणोऽवरोही स्यादल्पो वा यदि वा बहुः।
जातिरागं श्रुतिं चैव निहन्यादन्तरस्वरः[6] ॥३६॥ इति ॥

..........पुष्पः ....स्वसम्यङ् निर्वाहो ग्रामरागभाषादौ। पूर्णत्वे संपूर्णक्रमाक्रमयुक्तमूर्छनाप्रयोगे झटिति रागप्राप्तिः, अपूर्णत्वे तु रागतानप्रयोगे वर्जनम्। प्रत्येकं ग्रामरागादौ सर्वेषां मूर्च्छनादीनां बहुधा प्रयोग इति मूर्च्छनानानात्वं युक्तम्। न हि इयत्ता काचिदिति स्थितम्।

स्थानप्राप्त्यर्थमित्युक्तं, तत्र किमिदं स्थानं नामेत्याशङ्क्याह—स्थानं त्विति। पूर्वमुक्तं पूर्वोक्तं विस्पष्टम्। यत्त्रिविधत्वेनोक्तं काकुविधानेन तच्च षट्षष्टिभेदः, संक्षेपतस्त्रिधा सद्वर्णाङ्गालङ्कारयोगः प्रयोक्ष्यते।

एवं मूर्च्छना तानानां स्वस्थानं व्याख्याय साधारणकृतं नाम चतुर्थं तद्भेदं व्याख्यातुमुपक्रमते साधारणमित्यादि। अन्तरे भवः अन्तरः स्वस्थानच्युतपरस्थानसंक्रान्तः स चासौ स्वरत्त्वं न तु विस्वरं, तस्य भावः साधारणमिति। भावप्रधानो

---

१. KSS., NS. प्रकर्षात्।
२. KSS., NS. न षड्जः।
३. KSS. NS. षड्जग्रामे षड्जसाधारणं, मध्यमग्रामे मध्यमसाधारणमित्यधिकः पाठः।
४. KSS., NS. मध्यग्रामेऽपि साधारणत्वम्।
५. KSS., NS. omit this.
६. KSS., NS. नयन्ते त्वन्तरस्वराः।

निर्देशः साधारण्यमिति यावत् । तथा अन्तरे भवं जातिविभागसाधारणत्वात्स्वरा यत्र प्रयोगे तद्भावो जातिसाधारणः स्वस्य सामान्यलक्षणम् । **कस्मादिति** किमत्र लौकिकेऽनुगमो अस्ति तेनेति प्रश्नः अस्तीत्याह **द्वयोरन्तर** इत्यादि । छायायामुपविष्टस्य शीतं भवतीति वसन्तस्य पूर्णत्वं, आतपे स्वेद इति शिशिरस्य स्वरूपात्प्रच्यवनम् । एतदेवाह **न च नागत** इति । अनागमनमात्र व्यावृत्तिर्न तु पूर्णतेत्यर्थः । निश्शेष इत्यनेन नष्टः न वा संपूर्ण इत्यर्थयोः स मध्यवर्तीकालः साधारणः, तद्वद्द्वयोः स्वरयोः मध्यवर्ती सस्वरसाधारणः ।।३४।।

एतमेव विभागं दर्शयति **द्वे** इति । तेन तानश्रुतिसाधारणं यदेके प्राहुस्तन्नसोढं भवति । निषादस्य षड्जग्रामे षाडवौडुवितत्वेन लोपः, गान्धारस्य त्वौडुवित्वेन, विपर्ययो मध्यमग्रामे । तद्विशेषनाश्रयणे लोप्यत्वमात्रात् । यदि तानसाधारणं तन्न, किञ्चिदेतेनोक्तं स्यात् । श्रुतिसाधारणं न किञ्चिन्निषादगान्धारव्यतिरेकेण हि नान्यपरो लोपदशायाः श्रुत्युत्कर्षं भजते ।

प्रथमं व्याचष्टे **तत्र साधारणमिति** । एतौ क्रमेण लक्षयति **श्रुत्युत्कृष्टो निषाद** इति । तत्र संज्ञावग्रहणे भेदमाह—**व्यवहारार्थमिमे भिन्ने संज्ञे** परमार्थतस्तु द्वयोरपि तीव्रतरत्वात्काकलीत्वम् यद्वक्ष्यति "**कलत्वाच्च काकली संज्ञा**" (**ज्ञ**) इति । द्वयोरपि चान्तरस्वरत्वम्, यदुक्तं—"साधारणं नामान्तरस्वरता" इति । द्वितीयं लक्षयति **जातिसाधारणमेकांशानामविशेषादिति** । एकोंऽशो यासां जातीनां तासां यो विशेषहीनः प्रयोगः स वाद्यंशानुलपनलक्षणान्तरमार्गरूपस्तुल्यः । कमवलम्ब्य जातिसाधारणं स्थितं नत्वेवं तस्मिन् भागो जात्योरभेद एवैकोऽसाधारणेत्याशङ्क्याह **जातीनां तु समवायात्प्रत्यंशलक्षणसंज्ञानमिति** । ग्रहन्यासादिदशकस्य यः समवायस्ततो हेतोर्जातीनामंशे विचित्रेऽपि लक्षणमसाधारणं शक्यं ज्ञातुम्, यदाह **न्यासान्तरभागो तु विशेषकाविति** । **तुर्व्यतिरेकमाह**, तेन नाभेद इति भावः । ग्रहादिभागानां लक्षणपरिज्ञानं जातिसाधारणमिति केचिदेव प्रघट्टके व्याचक्षते **स्वरसाधारणद्विविधमित्यादिना** । काकल्यन्तरयोर्ग्रामद्वये प्रयोगमनुजानाति, निषादगान्धारालपत्वदशायां नामान्तरं च विधत्ते । स्वरद्वयं षड्जग्रामे, षड्जसाधारणं, अन्यत्र मध्यमसाधारणमिति । तच्चेदं फल्गुप्रायं लक्ष्यते, मूर्च्छना हि स्वरसाधारणकृता भवतीत्युक्ते किमनेनाभ्यधिकमुक्तं भवति । अन्ये तु ग्रामद्वये व्यवस्थां प्रदर्शयितुमिदं, तथा हि, षड्जग्रामे षाडवकरत्वेन निषादः काकली, औडुविते गान्धारोऽन्तरस्वर इति षड्जसाधारणं मध्यमग्रामे विपर्ययेणेति प्राहुः । तदनेनापि किञ्चिदाशयितं भवति । यच्चेदमुच्यते यस्य कैशिकमिति तद्यदि काकल्यन्तरयोस्तथापि निषादगान्धारगतस्य ग्रामभेदे षाडवौडुवितप्रकारस्य तदुचितप्रकारस्य तदुभयथापि षड्जकैशिक्यां पूर्णस्वरायां कैशिक्यां च ऋषभधैवतलोपोपजातषाडवौडुवितायां न दृश्यते ।

शुद्धभिन्नगौडमालवषड्जकैशिकानामपि कैशिकीजातिसम्भवमुद्देशा ...भ्यां समयाश्च काश्यपमुनिप्रभृतिभिश्च दर्शितम् । तस्मादित्थमेतदित्यस्मत्परमगुरव उत्पलदेवपादा मन्यन्ते इह तावत्तिस्रो द्वे चतस्र इत्यादिना स्वस्थानस्वरूपमुक्तं तच्चरा... ... ... त्वात्पारमार्थिकं प्राकृतरूपमुच्यते । षड्जश्चतुश्श्रुतिक इत्यादौ यावन्निषादो द्विश्रुतिरिति यथा संपूर्णावयवं प्राणिनां रूपं तेषामेव त्वन्यथा रूपद्वयेऽपि शुद्धं रूपं छिन्नपुच्छमिव शुनो द्विपुच्छत्वं वा तत्र गान्धारनिषादयोर्विवादित्वात्तदुपक्रमे च विकृतिरुक्ता च, तद्विकृत्या च षड्जमध्यमावपि विकृतौ, पञ्चमस्य त्रिश्रुतिकाभिधाने दर्शितैव विकृतिः । तद्द्वारेण धैवतस्यापि ऋषभस्य तु विकृतिर्वक्तव्या । एतदेव दर्शयति स्वरसाधारणं द्विविधं द्वैग्रामिकयमिति । यदेतत्काकल्यन्तरलक्षणं द्वयोरपि ग्रामयोः स्वरसाधारणमुक्तं तद्द्विविधम् । अत्र पृच्छति—कस्मात् । अयं भावः । यदि तत्काकल्यन्तरभेदाद् द्विविधत्वं तर्हि पूर्वमेवोक्तमिति, किं पुनरुक्तया । अथान्यतः प्रकारा द्विविधता स तर्हि वक्तव्य इति, इतरोऽपि तं प्रकारमाह स्वरसाधारणमत्र स्वरविशेष इति कृत्वा षड्जसाधारणमुच्यते इति । यदा निषादः श्रुतिमेकामुत्कृष्यते ऋषभश्च, तदा निषादस्त्रिश्रुतिः, षड्जो द्विश्रुतिः, ऋषभस्तु चतुश्श्रुतिरिति, तदा षड्जसाधारणौ द्वाभ्यां निषादर्षभाभ्यामुपजीवितो यतः सम्पन्नः ततः षड्जसाधारणम् ।

गान्धारो यदैकां श्रुतिमुत्कृष्यते पञ्चमश्च मध्यमग्रामिको मध्यमश्रुतिमेकां गृह्णाति धैवतस्तु चतुश्श्रुतिक एव मध्यमग्रामतायां हानिः, तदा मध्यमस्योपजीव्यत्वान्मध्यमसाधारणम् ।

ननु निषादगान्धारयोर्द्विश्रुत्युत्कर्षणे साधारणमुक्तं कथमधुनैकश्रुत्युत्कर्ष इत्याशङ्क्याह साधारणमस्येति । स्वरस्वयः (?) प्राक्तनरूपाद्विशेषो वैलक्षण्यात्मा स एव स्वरसाधारणतायां प्रयोगः । अनेन चैतत्सूचयति सर्वेषां स्वराणामुच्चनीचत्ववैचित्र्यकृतोक्तिविशेषात्केवलं गान्धर्वे नियमं (म) दृष्टसिद्धचै एकश्रुतित्वं स्वराणां दर्शितम्, वैचित्र्यन्तरं तु रागभाषादौ लक्ष्ये दृश्यत एव । तथा च वृद्धकाश्यपः—

काकल्यन्तरयोगेन चतुस्त्रिद्वयेकतःश्रुतीन् ।
स्वरान्सर्वान्प्रयुञ्जीत रागभाषासु सर्वथा ॥
स्वराः षड्जादयः सप्त तथा चोत्कृष्टपञ्चमः ।
अथ धैवततश्चान्यः काकल्यन्तरसंज्ञकौ ॥
षड्जमध्यमगान्धाराश्चत्वार इति सर्वथा ।
ज्ञातिष्वेते प्रयोक्तव्याः स्वराः पञ्चदशैव तु ॥

जातीरिदानीं वक्ष्यामः ।

स्वरसाधारणगतास्तिस्रो ज्ञेयास्तु जातयः ।
मध्यमा पञ्चमी चैव षड्जमध्या तथैव च ॥३७॥

आसामंशास्तु[1] विज्ञेयाः षड्जमध्यमपञ्चमाः ।
यथा स्वदुर्बलतरव्यत्यासात्पञ्चमे[2] तथा ॥३८॥

[3]जातयोऽष्टादशेत्येवं ब्रह्मणाभिहितं पुरा ।
तास्त्वहं वर्तयिष्यामि ग्रहांशादिविभागतः ॥३९॥

अस्य लक्ष्येऽसंभवं दर्शयितुं संज्ञा करोति अस्य तु प्रयोगस्य सौक्ष्म्यादिति । तुस्त्ववधारणे, अस्यैव षड्जमध्यम साधारणस्येत्यर्थः । सौक्ष्म्यवैचित्र्यनिपुणसाध्यता च । कैशिकमिति सुकुमारहृद्यप्रयोगात्मिका हि कैशिकी सा विद्यते यत्रेत्याकारः । कशेर्वा कैशिकम् । पाताग्रसौक्ष्म्याद्वेति पृथक्प्रयासोयं तत्र षड्जगान्धार्याश्च षड्ज-कैशिकी जातेति । मध्यमग्रामांशोऽप्यस्या उपजीव्यय इति चतुःश्रुतिकधैवतं प्रतिपद्यते । दौर्बल्याच्च ऋषभधैवताभ्यां चतुश्श्रुतिकाभ्यां भवितव्यं यथाकल्पं निषादगान्धारा-भ्याम् (।) वक्ष्यति हि—

दौर्बल्यं चात्रकर्तव्यं धैवतस्यर्षभस्य च । इति (२८—) स्वयं चैष षड्ज-ग्रामेणेति पञ्चमन चतुःश्रुतिकेन भवितुं युक्तमिति । कैशिकप्रयोगे षड्जसाधारण-गमनायोगात् षड्जकैशिकीकैशिक्यपि स्वयंमध्यमग्रामागा, तेनात्र चतुश्श्रुनिर्धैवतः, ऋषभोऽपि चतुश्श्रुतिः, दौर्बल्यं ऋषभस्यात्रेनि वक्ष्यते, लोप्यत्वं चर्षभधैवतयोरिति चतुश्श्रुनिकनया भाव्यम् । धैवत्यार्षभीवर्जाश्च सर्वजातयोऽसाधारणमिति षड्ज-ग्रामानुप्रवेशच्चतुश्श्रुतिकत्ववशात्पञ्चमेन भवितव्यमिति कैशिकापरपर्यायं षड्ज-मध्यमसाधारणं तस्थानमप्यस्ति, तद्गतातिदेशात्तु कैशिकभिन्नकैशिकादिग्रामरागे-ष्विति सर्वं सुस्थम् । एतदेव मतङ्गाचार्यादिभिर्ग्रामसाधारणमित्युक्तम् ।

श्रुतिसाधारणं तु सर्वस्वराणामनियतश्रुतिकत्वम् । ननु विषादस्य काकलीति कस्मान्नाम, आह कलत्वाच्चेति च चकार ईषदर्थे नैको सादेशः (?) ईषत्कलस्तीव्र-भावोऽस्मिन्निति काकली इति, यदि वा गौरादित्यादीकारः काकलीसंज्ञे इति पाठे निषाद एव षड्जत्वं नाप्राप्तः छिन्न पुच्छ एव श्वेव । अत एव विकृतत्वेन प्राधान्या-भावादनंशः । ननु सप्तम्यो माभूत, अन्यो निषादस्तु विकृतोऽसौ न षड्ज इति । किमत्र कारणम् । आह—आप्तोपदेशाच्चेति । चकारो हेत्वन्तरगतिकारं द्योतयति । पूर्वं हि निषादधीप्ररूढायां तद्भुद्धिर्जातेतिप्राथम्यात्तेनैव व्यपदेशः । अत्र दृष्टान्तमाह

---

१. KSS. अङ्गानि NS. अङ्गाः ।
२. KSS. NS. स्वं दुर्बलतरा व्यक्ता सा पञ्चमी ।
३. KSS. does not read.

*षाड्जीचैवार्षभी चैव धैवत्यथ निषादिनी ।
षड्जोदीच्यवती चैव तथा वै षड्जकैशिकी ॥४०॥
षड्जमध्या तथा चैव षड्जग्रामसमाश्रयाः ।
अत ऊर्ध्वं प्रवक्ष्यामि मध्यमग्रामसंश्रिताः ॥४१॥
गान्धारी मध्यमा चैव गान्धारोदीच्यवा तथा ।
पञ्चमी रक्तगान्धारी तथा गान्धारपञ्चमी ॥४२॥
मध्यमोदीच्यवा चैव नन्दयन्ती तथैव च ।
कर्मारवी च विज्ञेया तथान्ध्री कैशिकी मता ॥४३॥
स्वरसाधारणगतास्तिस्रो ज्ञेयास्तु जातयः ।
मध्यमा षड्जमध्या च पञ्चमी चैव सूरिभिः ॥४४॥
आसामंशास्तु विज्ञेयाः षड्जमध्यमपञ्चमाः ।
यथास्वं दुर्बलतरं व्यत्यासात्त्वत्र पञ्चमी ॥४५॥

लवणरस एव तीव्रः क्षार इति कथ्यते चाणक्यादिभिस्तु मधुररसं, मध्यमादृषभगतौ चान्तरास्य प्रयोगादान्तरस्वरत्वम् ।

अथात्र साधारणे उक्ते शेषं कारिकावल्यामाह—भवति चात्रेति । साधारणे अन्तरस्वराद्य आरोही मध्यमस्तं संश्रित्य तत ऋषभं जिगमिषुणा यदि आन्तरस्वरः प्रयुज्यते तदासौ सम्यक्छ्रुतो योगो भवति । सदाल्पकार्यस्तु विषय एव तस्य विनियोगः । नावरोहीति तस्यादाविति शेषः । तेनान्तरस्वरे प्रयुक्ते न नयावरोही ऋषभः, स मे...न योज्य इति । अन्तरस्वरेण संयोगो यस्य मध्यमस्य तादृग्यदाप्रयुक्तस्तदा आरोहणमेवकार्यम् । मध्यमादन्तरस्वरं प्रयुज्य मध्यम अन्यत्र वा आरोहणमेव कार्यम् ॥३५॥

नन्वारोहणं कदाचिन्नावरोहीति यदुक्तं तदेवद्रढयति क्रियमाणोऽवरोहीस्यादिति । अल्पोबहुभिरिति ।......विपुलो वा विस्तरकालस्थिति आदर इत्यर्थः । जातीत्यदृष्टं; रागमिति रात्रिड (रक्तिदं)ष्टफलं; श्रुतीति प्रत्युपकारवैरस्यं नयत इति नाशयतीत्यर्थः । अन्तरस्वरशब्देन चात्र काकल्यपि संगृहीत इति कृतोऽप्ययमेव क्रमः ॥३६॥

षड्जं काकलीं प्रयुज्य तमेवस्वरान्तरं वारोहे..... किमित्युक्तम् । तत्प्रसङ्गादाह । जातीरिदानीमिति । जायते शुद्धभिन्नगौडरागसाधारणभाषाविभाषात्मकं रीतिसप्तकं दृष्ट सिद्धिर्भावरसोपरञ्जनं च यतस्ततो जातयः । ब्रह्मणेति आप्तागममस्यानन्यथाभावमाह । वर्तयिष्यामि हृदये वर्तमानाः प्रविशन्ति लक्षणक्रमेण

---

* Henceforth we follow G.O.S. edition KSS., NS. vary absolutely.

स्वरजातयः शुद्धा विकृताश्च। तत्र शुद्धाः षाड्जी, आर्षभी, धैवती, निषादिनी च षड्जग्रामे। गान्धारी मध्यमा पञ्चमीति मध्यमग्रामे। एताश्चान्यूनस्वराः स्वस्वरांशग्रहन्यासापन्यासाश्च।

विकृता लक्ष्यन्ते तेभ्योऽन्यतमेन द्वाभ्यां बहुभिर्वलक्षणैर्विक्रियामुपगता न्यासवर्जं विकृतसंज्ञा भवन्ति। न्यासविधावप्यासां मन्द्रो नियमः विकृतास्वनियमः। तत्रैकादशसंसर्गजा विकृता अपरस्परसंसर्गादेकादश निर्वर्तयन्ति। यथा—

शुद्धा विकृताश्चैव हि समवायाज्जातयस्तु जायन्ते।
पुनरेवाशुद्धकृता भवन्त्यथैकादशान्यास्तु ॥४६॥

ग्रहांशतारमन्द्रषाडवौडुविकादि विभागोक्तेन प्रकाशयिष्यामीत्यर्थः। षड्जग्रामगतं श्रुतिविभागं सम्पद्यते चोपजीवतीति तदाश्रयाः। एवं मध्यमग्रामाश्रया अपि स्थिताः। तिस्रः स्वरगता एव। तासु हि निषादगान्धारयोः षाडवौडुवितकरत्वमिति पूर्वावस्थायां वक्रावपि तौ दुर्बलत्वाद्विकृतौ काकल्यन्तरात्मानौ भवतः। तेन स्वरसाधारणस्यायतितत्वादत्रापि प्रयोगः ॥३७ ४४॥

तथाहि (शुद्ध षड्जा) यां काकली प्रयोगो दृश्यते (इति) निदर्श्य अनंशत्वे दौर्बल्यात्तत्रासां कोंऽशः साधारणविषय इत्याह **ग्रामांशा इति। यथास्वमिति** षड्जमध्यमसप्तांशाः तत्र निषादगान्धारयोस्तावदंशयोः नास्ति साधारणं समपेषु सातिशयस्तत्प्रयोगः, मध्यमाया अप्येष विधिः, स हि द्विश्रुतिवर्जं पञ्चांशांशाः। पञ्चम्यास्तु ऋषभपञ्चमावंशौ आद्ये...वितं येन पञ्चम एवास्यां काकल्यन्तरयोगप्रसंगादस्यामन्यदाह दुर्बलतरस्वव्यत्यासे दुर्बलत्वगात्रं कर्तव्यम्। तेन षाडवकारिणो गान्धारस्य स्थाने दुर्बलेनान्तरस्वरेण यत्र भाव्यं तत्रासौदुर्बलतरः कर्तव्यः। औडुवितकारिनिषादस्थाने दुर्बलतरकाकलीसञ्ज्ञो दुर्बलः काकली कर्तव्यः इति ॥४५॥

अथासां जातीनां विभागमाह **स्वरजातय** इति स्वरनाम्न्य इत्यर्थः। तासां ग्रामविभागमाह **तत्र शुद्धाः षड्जेत्यादि**। शुद्धानां लक्षणमाह **ता इति। अन्यूनस्वराः** पूर्णस्वराः यो (?) नामकारी स्वरांशादिरूपो (?) यासाम्। चकारः समुच्चये। विकृतानां नैतल्लक्षणमित्याह **विकृता लक्ष्यन्ते एभ्य इति**। पूर्णग्रहोपन्यासेभ्यः। तदाह **न्यासवर्जमिति**। **विकृतसंज्ञा** इति विकारे सम्यक्ज्ञानं विशेषतो यासां, तेन षाडव-विकृता, ग्रहविकृता, अंकविकृता, ग्रहांशोपन्यासविकृता इति विभागः।

नन्वेवं (ग्रहाय) न्यासभागे शुद्धेतरविभागः कथमित्याह **न्यासविधावपीति**। तासां जातीनां मध्येऽपि याः शुद्धास्तासु **नामकरी** यो न्यासः नियमेन मन्द्रो भवति, विकृतासु त्वनियमः। न्यासान्तरमार्गलक्षणेन......छायायिना रूपेण विकृत्वेऽपि तद्रूपाभिभासः।

तासां यन्निर्वृत्ताः स्वरेष्वथांशेषु जातिषु च जातिः ।
तद्वक्ष्यामि यथावत्संक्षेपेण क्रमेणेह ॥४७॥

[1]षाड्जीमध्यमाभ्यां निवृत्ता ज्ञेया षड्जमध्यमा षाड्जीगान्धारीभ्यां षड्जाकैशिकी, गान्धारीषड्जधैवतीभिः षड्जोदीच्यवा, षड्जागान्धारी मध्यमाधैवतीभिर्गान्धारोदीच्यवा, धैवतीपञ्चमीमध्यमागान्धारीभिर्मध्यमोद्दीच्यवा, गान्धारीमध्यमापञ्चमीनिषादवतीभी रक्तगान्धारी, गान्धार्यार्षभ्यामान्ध्री, पञ्चम्यार्षभीगान्धारीभिर्नन्दयन्ती, निषादवत्यार्षभीपञ्चमीभिः कार्मारवी, पञ्चमीगान्धारीभ्यां गान्धारपञ्चमी, धैवत्यार्षभीवर्जाभिः कैशिकी ॥

स्यात्षड्जमध्यमाभ्यां निर्वृत्ता षड्जमध्यमाजातिः ।
[2]गान्धारीषाड्जीभ्यां संयोगात्षड्जकैशिकी चापि[3] ॥
षाड्जीगान्धारीभ्यां धैवत्या चापि या विनिष्पन्ना ।
[4]संसर्गाद्विज्ञेया सा षड्जोदीच्यवा जातिः ॥
[5][षाड्जी गान्धारी पञ्चमी तथा धैवती च खलु जातिः ।
गान्धारोदीच्यवतीं जातिं निर्वर्तयन्त्येताः ॥

नन्वेवं सप्तानां विभाग उक्तः अष्टादश चोद्दिष्टा इत्याशंक्याह तत्रेति । एवं सप्तसु स्थितास्वित्यर्थः । तासां संसर्गादित्याह विकृता इति न तु शुद्धा इत्यर्थः । एकादशेति कर्मपदम् ।

एतदेव संक्षेप्तुमार्यामाह—

शुद्धा विकृताश्चैव हि समवायाज्जातयस्तु जायन्ते इति । निर्हेतौ समवायात् श्रुतिस्वरग्रहादिसमूहाद्यतो जायते ततो जातय इति निर्वचनम् । शुद्धा विकृताश्चेति विभागः । एवकारेण शुद्धानामेव हि विकृतत्वम् । न तु जात्यन्तरत्वमुक्तम् । **पुनरवेति** शुद्धाभिर्विकृताः कृताः, ताभिस्त्वेकादशेति पुनः शब्दो व्यतिरेकार्थः । एकादशैव नाधिकाः । तुर्व्यतिरेके, तासु परव्यतिरिक्तानाम वाच्याः, न तु शुद्धाः भूतविकृतत्वकारणनामधेया एव । अथेति समुच्चये कारणनामानुगमांशेन समुच्चितिः । तथाहि—षड्जमध्यमयोश्च संसर्गजातिः षड्जमध्यमैत्युक्तम् । अन्यास्तु भवन्तु जातय इति अंशरागविभाषादेशीमार्गादिषु प्रधानभूतान्तरमार्गन्यासाद्यनुगमबलेनानुगतप्रत्ययकारित्वादष्टादशमार्गन्यासानीत्यर्थः । अंशग्रहादिशतयोजनाया जायन्त

---

१. KSS. NS. do not read these lines.
२. KSS. does not read.
३. NS. वापि ।
४. KSS. संसर्गाद्वा
५. KSS., *varies* absolutely

गान्धारपञ्चमाभ्यां मध्यमया विप्रचिता च धैवत्या ।
जातिस्तु मध्यमोदीच्यवेति सद्भिः सदा ज्ञेया ॥
गान्धारीपञ्चमयोः सप्तम्याश्चैव रक्तगान्धारी ।
गान्धार्यार्षभिकाभ्यामान्ध्री संजायते जातिः ॥
योनिस्तु नन्दयन्त्यास्त्वार्षभिका पञ्चमीं सगान्धारी ।
कार्मारवीं निषादी सार्षभिका पञ्चमीं कुर्युः ।
धैवत्यर्षभिकाभ्यां हीनां खलु कैशिकीं कुर्युः ॥]
[1]परस्परविनिष्पन्ना ज्ञेया [2]ह्येवं तु जातयः ।
पृथग्लक्षणसंयुक्ता द्वैग्रामिकाः स्वराश्रयाः ॥४८॥
[3]चतस्रो जातयो नित्यं ज्ञेयाः सप्तस्वरा बुधैः ।
चतस्रः षट्स्वरा ज्ञेयाः स्मृताः पञ्चस्वरा दश ॥४९॥
मध्यमोदीच्यवा चैव तथा वै षड्जकैशिकी ।
कार्मारवी च संपूर्णा तथा गान्धारपञ्चमी ॥५०॥
[4][षाड्ज्यान्ध्री नन्दयन्ती च गान्धारोदीच्यवा तथा ।
चतस्रः षट्स्वरा ह्येताः ज्ञेयाः पञ्च स्वरा दश ॥५१॥

इति जातय इत्यन्ये । जातेरसंप्रति ग्राम्य इति वा सकलस्य रागादेर्जन्महेतुर्जातिरिति टीकाकारः ॥४६॥

ननु कया विकृतया का जातिरित्याशङ्काप्रसंगादन्यदप्यभिधास्यन् प्रतिज्ञां करोति तासां यन्निर्वृत्तेति तयोः निर्वृत्तयोर्निर्वृत्ता तस्यामियं निर्वृत्तेति पञ्चमीसमासः कर्मधारयश्च । तत्रैकशेषावृत्यादिभिः यां निर्वृत्तेत्यन्यप........तत्र यत इत्यध्याहारः । स्वरेषु ग्रहापन्यासादिषु यथावदिति यत्प्रकाररूपमर्हति तद्वक्ष्यामि । एवमंशेषु स्वरग्रहणेन लब्ध्या अंशाः प्रधानात्पृथगुक्ताः । हानिषु च षाडवोडुविकात्मसु यथावदिति तत्प्रकाररूपं तत्क्रमेणेत्युद्देशमप्यनादृत्य, इहेति जातिनिर्णये वक्ष्यामि ॥४७॥

तत्र निर्वृत्तीस्तावदाह षाड्जीमध्यमाभ्यामित्यादि **धैवत्यार्षभवर्जाभिः कैशिकीत्यन्तेन** । आदौ तिस्रः षड्जग्रामे, एतच्च षड्जपूर्वपदत्वादेव लब्धम् । ग्रहादि-

---

१. NS. एवं परस्परोत्पन्ना विज्ञेया जातयो बुधैः ।
२. KSS. ह्येयास्तु ।
३. KSS., NS. ग्राम्यश्चतस्रो नियमाज्ज्ञेयाः सप्तस्वराः बुधैः ।
दशपञ्चस्वरा ज्ञेयाश्चतस्रश्चैव षट्स्वराः ॥
४. KSS. does not read.

नैषादी चार्षभी चैव धैवती षड्जमध्यमा ।
षड्जोदीच्यवती चैव पञ्च षड्जाश्रिताः स्मृताः ॥५२॥
[1]गान्धारी रक्तगान्धारी मध्यमा पञ्चमी तथा ।
[2]कैशिकी चैव पञ्चैता मध्यमग्रामसंश्रयाः ॥५३॥
यास्ताः [3] सप्तस्वरा ज्ञेया याश्चैताः षट्स्वराः स्मृताः ।
कदाचित् षाडवीभूताः कदाचिच्चौडुवे मताः ॥५४॥
षड्जग्रामे तु संपूर्णा विज्ञेया षड्जकैशिकी ।
षट्स्वरा चैव विज्ञेया षाड्जी गान्धारयोगतः[4] ॥५५॥
संपूर्णा मध्यमग्रामे ज्ञेया कार्मारवी तथा ।
गान्धारपञ्चमी चैव मध्यमोदीच्यवा तथा ।
पुनश्च षट्स्वरा ज्ञेया गान्धारोदीच्यवा बुधैः ॥५६॥

संसर्गेऽपि ग्रामयोरसाङ्कर्यम् । ग्रामसाधारणस्य कैशिकस्य तत्र बाहुल्येन प्रयोगः । स्पष्टमन्यत् ।

एतदुपसंहरति अपरस्परनिष्पन्ना इति संसर्गजा अन्योन्यं जनिताः । नन्वेवं षड्जमध्यमायां पृथक्ज्ञाप्यते लक्षणमित्याह पृथग्लक्षणेति । ननु किं तेनेत्याह स्वरा ये ग्रहादि विभागस्तत्र नेयास्ते यत आश्रीयते लक्षणबलेन द्वैग्रामिक्यमिति तिस्रः षड्जग्रामे अष्टावन्यत इत्यर्थः । यदि वा द्वैग्रामिकजात्युद्भवत्वात् तथेति, यदि वा संसर्गजात्य एव स्वराश्रयास्तु स्वरनामभ्यः पृथग्लक्षणं शुद्धापेक्षया जात्यत्वं संसर्गजापेक्षया च जनकत्वं भजन्ते ॥४८।

अथ हानिप्रकारं पूर्णषाडवौडुविकविभागं विवक्षुः पूर्णाः तन्नियमं तावदाह चतस्र इति । तत्र पूर्णाश्चतस्र आह मध्यमोदीच्यवेत्यादि । तत्र षाडवा आह षाड्जीत्यादिना । तद्व्यतिरिक्ताः शिष्यन्ते दशैव तान् पञ्चस्वरा इति दर्शयति ज्ञेयाः पञ्चस्वरा दशेति ॥४९-५१॥

पञ्चस्वराणां विभागमाह निषादिन्यार्षभी चेत्यादि । षड्जाश्रिता इति षड्जग्राममाश्रिताः ॥५२-५३॥

एवं मध्यमग्रामं अथ तदेव रूपताय निराकांक्षं करोति । यास्ताः सप्तस्वरा इत्यादि । याः सप्तस्वरा मध्यमोदीच्यवाद्याश्चतस्रस्ता ज्ञेयास्तथैव नियमेनेति शेषः।

---

१. KSS. तथैव रक्तगान्धारी ।
२. KSS. कैशिकी चेति विज्ञेया पञ्चेता मध्यमाश्रयाः ।
३. NS. पञ्चस्वरा, KSS. absolutely varies.
४. NS. गानयोक्तृभिः ।

आन्ध्री च नन्दयन्ती च मध्यमग्रामसंश्रयाः ।
एवमेता बुधैर्ज्ञेया द्वैग्रामिक्योऽपि जातयः ॥५७॥
अत ऊर्ध्वं प्रवक्ष्यामि तासामंशविकल्पनम् ।
[1]षट्स्वराः सप्तमे ह्यंशे नेष्यते(न्ते) षड्जमध्यमा ॥५८॥
[2]संवाद्यलोपाद्गान्धारे तद्वदेव हि नेष्यते ।
गान्धारीरक्तगान्धारीकैशिकीनां तु पञ्चमः[4] ॥५९॥
[5]षड्जायां चैव गान्धारमंशकं विद्धि षाडवम्[6] ।
षाडवं धैवते नास्ति षड्जोदीच्यामथांशके ॥६०॥
संवाद्यलोपात्सप्तैताः षाट्स्वर्येण[7] विवर्जिताः ।
गान्धारीरक्तगान्धार्योः षड्जमध्यमपञ्चमाः ॥६१॥
[8]सप्तमश्चैव विज्ञेयो येषु नौडुवितं भवेत् ।
द्वौ षड्जमध्यमांशौ तु गान्धारोऽथ निषादवान् ॥६२॥
ऋषभश्चैव पञ्चम्यां कैशिक्यां चैव धैवतः ।
एवं तु द्वादशैवेह वर्ज्याः पञ्च स्वराः[9] सदा ॥६३॥

तेन तासां न जातु हीनस्वरता । यास्तु षड्जाद्याश्चतस्रस्ताः षाडवे चकारात् पूर्णत्वे ना[औ]डुविकाः कदाचिदौडुवे पञ्चात्मके तत्प्रयोगे या दशोक्तासाः [?] कदाचित् षाडवे, चकारात्पूर्णत्वेऽपि । मता इति पाठे न छन्दोभङ्गः इति ॥५४॥

पूर्णानां षाडवानां च ग्रामभेदेन स्वरूपमाह षड्जग्रामेत्विति । गान्धारयोगत इति गान्धारस्य योगमंशत्वेन प्राधान्यमवलम्ब्य षाड्जी षड्जस्वरत्वेनोक्तापि सती पूर्णैव विज्ञेया । निषादो ह्यासां षाडवकृत् । स च गान्धारांशे तत्संवादित्वादलोप्य एव । चोऽप्यर्थे, एवकारः पूर्णशब्दानन्तरम् । कार्मारव्याद्यास्तिस्रो मध्यग्रामे पूर्णस्वरा एव, गान्धारोदीच्यवाद्यास्तु तिस्रः षाडवा, औडुविकाः कदाचित् ॥५५-५६॥

---

१. KSS. षट्स्वर्यं सप्तमांशा तु । NS षट्स्वरी सप्तमे त्वंशे ।
२. KSS., NS. संवादिलोपाद्गान्धारस्तत्रैव न भविष्यति ।
४. KSS. पञ्चमम् ।
५. KSS. षाडवं धैवतो नास्ति षड्जोदीच्यवियोगिता ।
६. NS. षाडवे ।
७. KSS., NS., षाट्स्वर्यं तु ।
८. KSS. सनिषादाश्च विज्ञेया येषु नौडुविते इमे ।
९. KSS., NS. पञ्चस्वरे ।

तास्त्वनौडुविता नित्यं कर्तव्या [1]हि स्वराश्रयाः ।
सर्वस्वराणां नाशस्तु विहितस्त्वथ जातिषु ॥६४॥

अंशविकल्पनमिति । अंशस्वरा विकल्प्यन्ते येन । आस्यां जातावयम् । अंशाः षा(ष)डवरोहिता इति मीलनग्रन्थेन विचार्यंते । तं वक्ष्यामः । अङ्गविकल्पनमिति पाठे अङ्गस्य षाडवौडविकरूपस्य विकल्पनं कथनम् । अस्मिन्नंशे तन्नास्तीति । सप्तम इति । निषादे गान्धारे चांशे तद्वर्ति (?) षट् स्वरा नेष्यन्त इत्यर्थः । अत्र हेतुः— संवादिनो लोपाभावान्निषदेन न स्यात् षाडवः । स च गान्धारस्य संवादी । गान्धार्यादीनां तिसृणामृषभेण षाडवत्वमुक्तम् । स च मध्यमग्रामे पञ्चमस्य संवादीति । तत्रांशे षाडवाभावे धैवतेंऽशे षड्जोदीच्यवायां न षाडवः । ऋषभेण हि तत् । स च धैवतस्य संवादी षड्जग्रामे । एकीकृत्योपसंहरति सप्तैता इति । नि ग प प प ग ध इत्येतेंऽशा । अषाडवाः क्रमेण षड्जमध्यमादिषु षड्जोदीच्यवाद्येषु । अथौडुवितशून्यानंशानाह । गान्धारीरक्तगान्धार्योरित्यादि सप्तम इति । निषादः । षड्जमध्यमाया यौ द्वावंशौ गान्धारनिषादौ तावन्नौडुविकौ । उपसंहरति एवं तु द्वादशैवेति । गान्धारीरक्तगान्धार्योरष्टौ षड्जमध्यमायां द्वौ पञ्चम्यां कैशिक्यां द्वाविति । अत्र क्वचिदंशसंवाद्यलोपो युक्तिर्लभ्यते । तदलाभे तु तथानिरूपणमेव हेतुः ॥५७-६३॥

इयती असंख्या भवतीति षष्टिस्तावदंशाः, तत्र चतसृणां जातीनां नित्यपूर्णानां नवांशाः अषाडवा इति चतुःपञ्चाशत् । तेभ्योऽपि सप्त षाडवा...सत इति सप्तचत्वारिंशत् षाडवाः चतस्रः पूर्णा एवेति चतुर्दशानामन्यानां मध्ये चतस्रो नौडुविका इति तासां सम्बन्धिनो द्वादशांशा वक्ष्यन्ते, शिष्टानां चत्वारिंशत्, ततोऽपि द्वादश औडुविकता(म)पवादयन्त इति त्रिंशदौडुविताः । एवं चत्वारिंशच्छतं विकृतानां संसर्गजानां च द्वैग्रामिकानां च जातीनां स्वरनामधेयानां सप्तांशकाः (षाड)वा इति सर्वतस्सप्तचत्वारिंशच्छतमंशकानामिति ग्रामद्वयमुच्यते । लोके तु यौ षड्जग्रामे मध्यमग्राम इति गीतयस्तेन तेन ग्रामौ म नामधेयसादृश्यमात्रं तु तत् "जातिभिः श्रुतिभिश्चैव स्वरा ग्रामत्वमागताः" इति ह्युच्यते । ग्रामो नाम विशिष्टश्रुतिकस्वरसमूहो मूर्छनात्मा पूर्णापूर्वस्वभावस्वरगतग्रहांशादिविशेषमूहरूपजातिसमूहश्च ।

अथोच्यते । तत्तद्ग्रामोचितश्रुतिकस्वरपरिवारादिदर्शनात्तन्मुख्यात्मकत्वलौकिकयोर्ग्रामिरागयोरिति तद्भवेत् । यदि षड्जमध्यमप्रधानता क्रमेण लक्ष्येत श्रुतिविशेषस्य च नौडुवितत्वमित्यलमवान्तरेण । तुर्हेतौ । यतो द्वादश स्वरा वर्ज्या अत एव स्वरा आश्रीयमाणाः प्राधान्येनांशकाया आशुगान्धार्यादिषु भवन्ति तदा नित्यमेव नौडुविता जातय इति सम्बन्धः ।

---

१. KSS., NS. जातयो बुधैः ।

[1]न मध्यमस्य नाशस्तु कर्तव्यो हि कदाचन ।
[2]सर्वस्वराणां प्रवरो ह्यनाशी[3] मध्यमः स्मृतः ।
गान्धर्वकल्पे[4] विहितः सामस्वपि च मध्यमः ॥६५॥

दशकं जातिलक्षणम्—

ग्रहांशौ तारमन्द्रौ च न्यासोऽपन्यास एव च ।
अल्पत्वं च बहुत्वं च षाडवौडुविते तथा ॥६६॥

इदानीं वैचित्र्यार्थं प्रयोगकरणनियममाह सर्वस्वराणामिति । जातिष्वति समुदायापेक्षया सर्वस्वराणामिति च । तथा हि कस्यांचिज्जातौ कस्यचिन्नाश उक्तः । यद्यपि च धैवतपञ्चमौ षड्जमध्यमग्रामयोः क्रमेणालोप्यौ तथाप्यन्यग्रामे लोपित्वमस्त्येव तयोरिति मध्यमव्यतिरिक्ताः सर्वे स्वरा नाशिनः मध्यमस्य तु न क्वचिद्विनाशः । अन्ये तु धैवतपञ्चमयोर्ग्रामविभागेन यदनाशित्वं विशाखिलाचार्यादिभिरुक्तं नानुमन्यन्ते मुनेर्मध्यम एवाविनाशी मत इत्याहुः ।

श्रीमदुत्पलदेवास्त्वाहुः । जातिलक्षणे वक्ष्यमाणे मध्यमस्य लोपो न क्वचिद्दृक्ष्यते । तन्मध्यमस्य नाशो न कर्तव्य इति किं प्रतिषेधेन । प्राप्तेरभावात् । सर्वस्वराणां नाश इत्यनेनापि न किंचित्कृतम् । नियमस्वरलोपस्य यथास्वं जातिषु वक्ष्यमाणत्वात् । तस्मादयमत्र भावः । यथा वैचित्र्यार्थं रागयोर्ग्रामरागत्वं नीयन्ते तदा षडपि स्वराः षाडवौडुवितविधिना सर्वासु जातिषु स्वबुध्द्या ग्रामविभागे क्रमाल्लोप्याः । न तु मध्यमः कदाचनेत्यत्र ग्रामरागवैचित्र्यमनेन सूचितम् । अत्र युक्तिः । सर्वस्वराणामिति । सर्व एव मध्यमत्वादेव तुल्यस्थाननिविष्टः । स्वर इहोच्चावचस्वरव्यवस्थाहेतुः मध्यम एकं नाम द्वितीयमर्थरूपम् । गान्धर्वकल्प इति । गान्धर्वशास्त्रं ईषदसमाप्ते गाधर्वे ग्रामरागरूप इति वानेन भाषादेशीमार्गादिषु मध्यमस्यापि विनाशित्वमभ्युपगतं भवति । विहित इति । मङ्गलत्वात् । तथा हि मातगुप्तः—

प्रथमं मध्यमादेव वाग्देवी सर्वदेहिनाम् ।
मङ्गल्यार्थं तदंशः स्यादारम्भे चौक्षषाडवः ॥ इति ॥

---

१. KSS. मध्यमस्य विनाशस्तु कर्त्तव्यो न कदाचन ।
२. NS. सप्तस्वराणां ।
३. KSS. ह्यविनाशी तु मध्यमः ।
४. KSS. अभिमतः ।
५. KSS. सामगैश्च महर्षिभिः । NS. सामगैरपि मध्यमः ।

अथ ग्रहाः ।

ग्रहास्तु सर्वजातीनामंशवत्परिकीर्तिताः[1] ।
[2]यत्प्रवृत्तं भवेद्गेयमंशो ग्रहविकल्पितः ॥६७॥

तत्रांशो नाम—

यस्मिन् [3]भवति रागश्च यस्माच्चैव प्रवर्तते ।
[4]मन्द्रश्च तारमन्द्रश्च योऽत्यर्थं चोपलभ्यते ॥६८॥

सामस्वपीति । तत्र ह्यसौ प्राथम्यान्नियतप्रयोगः । यदाह नारदमुनिः ।

यः सामगानां प्रथमः स विशेन्मध्यमस्वरः । इति ।

"वेणोर्मध्यम" इत्यन्ये पठन्ति । अन्ये तु जातावेकवचनमिति मध्ये कण्ठस्थाने यत्स्वरसप्तकं तदविनाशि सर्वस्य तत्सम्भवात् । तारमन्द्रस्वरास्तु सर्वे पित्तश्लेष्माद्युपहृतशिरोवक्षसामसुलभप्रयोगा इति व्याचक्षते ॥६४-६५॥

ननु जातिष्वित्युक्तम् तत्र केयं जातिर्नाम । उच्यते । स्वरा एव विशिष्टसंनिवेशभाजो रक्तिमदृष्टाभ्युदयं च जनयन्तो जातिरित्युक्ताः । कोऽसौ सन्निवेश इति चेदाह । दशकं जातिलक्षणमिति । ग्रहांशाविति । द्वन्द्वेन प्रायोंऽशस्यैव ग्रहत्वमुत्सृष्टम् । तारमन्द्रस्वरावित्यन्योन्यापेक्षा । षाडवौडुविते यत्र संभवतस्तत्र लक्षणं न सर्वत्रेति दर्शयति । तथेति । ते तत्सम्भवप्रकारेणेत्यर्थः । अष्टकं तु सर्वत्राव्यभिचारि । तथा हि प्रथममध्यमान्यपि भावान्न विना कः सन्निवेश इति ग्रहापन्यासन्यासाः । गुणप्रधानभावेन रक्तिर्नोपपद्यत इति प्रधानभूतोंऽशश्च तदमात्यकल्पश्च । तत्संवादी पर्यायांशो नियति ..बहुत्वमुपयोगि । तदीयं तच्चाल्पापेक्षमिति विभावादिलोप्यस्वरगतमल्पत्वमागच्छति । मूर्छनानिर्देशोपदिष्टमध्यमसप्तकस्वरमात्रे चैकरसे प्रयुज्यमाने रक्तेरभाव इति तारमन्द्रोपयोग इत्यष्टकं तावदव्यभिचारि । लोपभागिन्यां तु स्वरलोपोऽपि लक्षणं भवति ॥६६॥

एवं मात्रैस्तु दशक निर्णीतेषु ग्रहस्य भावा संख्या । लक्षणमाह । ग्रहास्त्वति । सर्वजातीनां संबन्धिनो ग्रहाः । मिलित्वा अंशवद्भवन्तीति त्रिषष्टिरित्यर्थः । कश्चासौ ग्रहः । आह तस्यैव नामान्तरम् । कथमुच्यते यत्प्रवृत्तं भवेद् गेयमिति । गृह्यते जातिप्रयोगो यत इति ग्रहः । तेनांशस्यैव धर्मान्तरयोगान्नामान्तरम् । तदाह ग्रहविकल्पित इति । ग्रहधर्मेण एतद्विधतया कल्पितेन द्विस्वभावीकृतः । न त्वत एव प्राधान्याद् ग्रहत्वं लप्स्यते । तत्सामर्थ्यसिद्धो ग्रहः । किं स्वकण्ठेनोक्तमित्याशङ्क्यैतदेवाह ग्रहविकल्पितः । अंशोऽपि हि कदाचिद् ग्रहो न भवति । नन्दयन्त्यामिव

---

१. KSS. अंश एव हि कीर्तितः ।

२. NS. यः प्रवृत्तो भवेदंशः सोंशो । KSS. यत्प्रवृत्तं भवेद्गानं ।

३. KSS. मन्द्रं च । NS. मन्द्रतार ।

[अनेकस्वरसंयोगे योऽस्त्यर्थमुपलभ्यते
[1]अन्यश्च बलिनो यस्य संवादी चानुवाद्यपि]
[2]ग्रहापन्यासविन्याससंन्यासन्यासगोचरः ।
[3]अनुवृत्तश्च यस्येह सोंऽशः स्याद्दशलक्षणः ॥६९॥

[4]पञ्चस्वरपरा तारगतिर्यथा
अंशात्तारगतिं विद्यादाचतुर्थस्वरादिह ।
आ पञ्चमात्पञ्चमाद्वा नातःपरमिहेष्यते ॥७०॥

पञ्चमः । तस्या हि ग्रहो गान्धारः । तद्ग्रहस्य पृथगभिधानं कर्तव्यमेव । न तु नैकमुदाहरणमित्यत्र न्यायः । शक्यं न ग्रामरागादावंशव्यतिरिक्तस्यापि ग्रहत्वाभ्यनुज्ञानं भूयस्तरलक्ष्य एकं पृथग्ग्रहलक्षणे प्रयोजनम् । तथा हि मालवकैशिकेन यद्रूपकं गीयते न तत्सर्वं नियमेन षड्ग्रहः । एवमन्यदपि वाच्यम् ॥६७॥

अंशमाह यस्मिन्भवति रागश्चेति । यस्मिन् विद्यमाने रागो रक्तिजातिस्वरूपं च भवति शिरसीव पुरुषस्वरूपम् । एवं यमाश्रित्य स्थितः स्वरः प्रकर्षेण वर्तते । यस्मादिति ल्यब्लोपे पञ्चमी । एतदुक्तं भवति । यस्य संवादी वानुवादी वा प्राधान्यं प्रति वाद्यते मन्द्रीव ग्रामविषये । तत एव विनाप्यंशत्वमंशः संवाद्यनुवादिनोरेव । ननु जातिर्विवादितः । तदर्थमेव तारावधिमवेक्ष्य च वक्ष्यमाणपञ्चमादित्यादिना तारमन्द्रस्थितिः । यश्च समस्त(प)द्ये स्वस्वरापेक्षया बाहुल्येन भाति । यश्च स्वयमेव स्वयमेव स्वसंवाद्यनुवादिरूपं वा ग्रहादिरञ्चकरूपं वा करोति न तु कदाचिद्विवादिनम् । ग्रहादयो गोचरो नियन्तव्यो विषयो यस्य स तथा । यश्चान्या(न)पि स्वरान् स्वपराङ्मुखवच्छारनेनानुरञ्जयन्निवर्तते । सोंऽशः प्रधानभागवत्वाद्दशलक्षण इति सर्वे एते धर्मा मीलिताः सन्तो अंशत्वे प्रयोजकाः । अत एवादिलक्षणमंशलक्षणात्पृथगेवोक्तम् ॥६८-६९॥

अथ तारमाह । पञ्चस्वरपरा तारगतिरिति । ननु यद्यंशस्वरादारोहक्रमेण तावदारोहणीयं यावत्तत्पञ्चमसंख्यस्य स्वरो न तु तत्परमिति नियमः । (एतन्न) तदा महान् लक्ष्यविरोधः । षड्ज्यां हि षड्जांशे पञ्चमस्वरात्तमेवारोहणीयं स्यात् । दृश्यते च लक्ष्ये षड्ज्यां ..न्न बाधा—निसनिधपानिधपा इति । आर्षभ्यां च धैवतान्तः स्यात् । दृश्यते च निषादान्तं न धरिनिमगम इति । निषादवत्यां च

---

१. KSS. अन्यच्च ।
२. KSS. ग्रहोपन्यासविन्यासविन्यासाभ्यासगोचरः ।
३. KSS., NS. परिवार्य स्थितो यस्तु ।
४. KSS. does not read from पञ्चस्वर...... भवकृष्टध्रुवास्विह ।

(लोप्यस्वरोऽपि गण्यः स्याद्बुधैस्तारविधौ पुनः)

[1]त्रिधा मन्द्रगतिः । अंशपरा न्यासपरा अपरन्यासपरा चेति ।

मन्द्रस्त्वंशपरो नास्ति न्यासौ तु द्वौ व्यवस्थितौ ।

[2]गान्धारन्यासलिङ्गे तु दृष्टमार्षभसेवनम् ॥७१॥

पञ्चमान्तमारोहणं दृश्यते पापारिगा इति । एवमन्यत्रापि विचार्यम् । तस्मान्नायं व्याख्याप्रकारः । किं तर्हि । श्रूयताम् । इह मध्यसप्तकेन तावन्मूर्छनादंशः कार्य इत्युक्तेरेव लब्धम् । तत्सप्तकनिविष्टाः स्वराः सर्व एव प्रयोज्या इति । सप्तकान्तरगतस्वरप्रयोगेषु कियद् दृष्टादृष्टाभ्युदयदायि भवतीति तारमन्द्रतामनादृत्य शिरस्यौरस्यस्वरनिष्ठैव सा इह निरूप्यते ।

ननु मध्यमसप्तके स्थिते इति तत्पृष्ठे तारसप्तकनिर्विष्टाः किं सर्वे स्वराः प्रयोज्याः । सर्वत्र तेनेति निरूप्यते । तत्र यदा षड्जोंऽशो भवति तदा तारसप्तक (कं) रिगम (प) इत्येतत्पर्यन्तं ग्राह्यं यदि शक्तिरस्ति । न तु ततः परं शक्तियोगेऽपि । ऊनग्रहणे तु न दोष इति परशब्देन दर्शितः । ऋषभेंऽशे पुनर्धैवतान्ताः स्वरास्तारसप्तर्षभं ग्राह्या भवन्ति । गान्धारे त्वंशे निषादान्ताः सप्त । मध्यमपञ्चमधैवतनिषादेषु निषादान्ता एव ते ग्राह्या इति पञ्चस्वंशेषु समस्त एकस्तारसप्तकः संगृहीतो भवति । मध्यमः पुनर्यदि शक्तिः चतुस्स्वरपरमारोहणम् । नन्दयन्त्यां तु परावधिक एव तारनिष्ठो भविष्यति "तारगत्या तु षड्जोऽपि कदाचिन्नातिवर्तते" एतच्च तत्रैव व्याख्यायते । तेन आ चतुस्स्वरादिति । यदन्यैर्नन्दयन्तीविषयं व्याख्यातं न तथा । अत्रैवार्थे कारिका अंशात्तारगतिं विद्यादिति । इहेति । मध्यम सप्तके मूर्छनाकारिणि स्थिते सति अंशस्वरमवलम्ब्य तारगतिं तारसप्तकगतस्वरपर्यन्तं वा आरोहः सर्वत्र स कर्तव्यो न ततः पर इत्यनेनोच्यते । तैःइहेत्यंशग्रहणं नेता च तारमन्द्राणामिति पूर्वोक्तमंशलक्षणं (च) न पर्यालोचितं (न) शिरस्य [ऋषभगान्धारयोः] धैवतनिषादावप्रयोज्यौ तयो रक्त्यभावे स्वरतानुपपत्तेः शक्त्यभावं त्वप्रयोक्तरि इत्यसदेतत् ।

यत्त्वन्यैर्व्याख्यातम् । अंशस्वरेण सह तावत्तारसप्तगताः पञ्च चत्वारो वा स्वराः कार्याः । यथा षड्जेंशे सरिगमप ऋषभे रिगमपध गान्धारे गमपधनि मध्यमे गमपधनि एवं पञ्चमधैवतनिषादेषु । एत एवेति तल्लक्ष्येण (स्थाप्यते) । तथा हि । निषादवत्यां निषादें(शे) तारषड्जो दृश्यत एवांशेन साधनेन इति । अलं बहुना उक्तैव च व्याख्या लक्षणसंग्राहिणीत्यादरणीयम् ।

---

१. NS. त्रिविधा ।

२. NS. गान्धारे ।

अथ न्यास एकविंशतिसंख्यः। अङ्गसमाप्तौ न्यासः। तद्वदपन्यासो ह्यङ्गमध्ये षट्पञ्चाशत्संख्यः। यथा—

न्यासोऽङ्गसमाप्तौ स चैकविंशतिसंख्यस्तथा। (१६ अक्षराणि षट्पञ्चाशत्संख्योऽपन्यासोऽङ्गमध्ये भवेत् ॥७२॥ १४ अक्षराणि सन्न्यासविन्यासावप्यङ्ग(प्यंश)मध्य एव। अनियतत्वाच्च बहुत्वमिति।

नातः परमिति। तारगते ऊनत्वे कामचारमाह—**इहेति**। जातिषु ग्रामरागादौ नायं नियम इति विभावः। **बुधैरिति**। लोप्यमिति स्मरं ये बुद्धयन्ते तैरपूर्णत्वेऽपि लोप्यस्वरविधौ गणनीय इत्याह। तथा च **विशाखिलाचार्यः। नाशिस्वरस्तारविधौ संख्यायते इति**। तारयति प्लावयति वेगेन वाचमिति तारः ॥७०॥

अथ मन्द्रमाह। **त्रिधा मन्द्रगतिरिति**। मदीह मोदने नम्रत्वाल्ललितो मन्द्रः। योऽसावंशस्वरो मध्यमे सप्तके तदन्तमेव मन्द्रसप्तकाद्ग्राह्यः न्यासस्वरान्तं वा तत्परो वेत्येकः परशब्दो लुप्तनिर्दिष्टः न्यासस्वरात् यः परस्तात् परा......त्यर्थः। परग्रहणं ततः ऊनस्य ह्यनुज्ञा वा कामचारमाह। नन्वेवं षाड्ज्यां धैवतस्य मन्द्रस्य कथं प्रयोगः कथं न यावता षड्जान्तं तत्र मन्द्रसप्तकेन पूर्णेन वितत्य कामचारात्तु धैवतान्तो मन्द्रप्रयोगः। यो हि तद्ग्रहन्यासरूपषड्जेनासौ मन्द्रसप्तकात् अपि तु मध्यगता मध्यगतादेव सा...मन्द्रो नियमात् इत्यत्र हि तारनिवृत्तिपरं वचनं न हि षाड्ज्यां यत्र षड्जः स्थानत्रये श्रूयते इति। तत्रैव कारिकां पठन्ति। **मन्द्रस्त्वंशात्परो नास्तीति**। तथा हि निषादवत्यां निषाद एव मन्द्रो नासौ दृश्यते अंशग्रहस्वरस्य मध्यगतत्वन्यासे तु सति द्वौ मन्द्रौ न्यास एव तत्परे वा। अत्रैवोदाहरणं तद्व्यस्थितविषया लक्ष्येति नियममाह गान्धारलक्षणे न्यासपरत्वादेव मन्द्रत्वं सिद्धम्। तत्किं पुनर्वचनेन। अस्ति च यद्वक्ष्यते। **लङ्घनं ह्यृषभस्यापि तच्च मन्द्रगतं स्मृतम्**। इति। तद् ज्ञापयति व्यवस्थितविषयोऽयं विकल्प इति। ननु वचनमेव मुनिर्ज्ञापकत्वेनोपन्यस्यतीति किमेतद्गान्धर्ववचनमेवेदं पूर्वं सिद्धमित्यदोषः। तुरवधारणे अवस्थितावेवेत्यर्थः ॥७१॥

अथ न्याससंख्यया लक्षणेन चाह। **न्यास एकविंशतिसंख्य इति**। षड्जमध्यमायां द्वे कैशिक्यास्त्रयः शिष्टानां षोडशेति। अस्यां जातिशरीरसमाप्तौ कर्तव्यतायां वा स्वरः सन्न्यासः [नि] तर्हि अस्यते प्रयोगे येनेति [न्यासः]।

अपन्यासमाह—**तद्वदिति** समाप्तौ तर्हि न्यासात् कोऽस्य विशेषः। आह। **अङ्गमध्य इति**। अवान्तर समाप्तावित्यर्थः। तथा च **दत्तिलाचार्यः। विदारी मध्यगस्तथा इति**। तत्र षड्जग्रामे षड्जमध्यमायाः सप्तापन्यासाः। षड्जोदीच्यवायां द्वौ पञ्चानां प्रत्येकं त्रय इति चतुर्विंशतिः। शेषास्तु मध्यमग्रामे। एतदेवापन्यासस्वरूपं वितानवृत्तेनानुष्टुभ्भेदेनाह। यथा—

तत्र प्रथमं(म) विदारीमध्ये न्यासस्वरप्रयुक्तस्तु ।
विवदनशीलं मुक्त्वा सन्न्यासः सोऽभिधातव्यः ।
कृत्वा पदावसाने. विन्यासात्क्वापि विन्यासः ॥७३॥

द्विविधमल्पत्वं लङ्घनादनभ्यासाच्च । तत्र षाडबौडुवितव(का)राणामनंशानां च गीतान्तरमार्गमुपगतानां स्वराणामनभ्यासः लङ्घनादनभ्यासाद्यथा जात्यल्पत्वं तद्बहुलत्वं च ।

तथा—अल्पत्वेऽथ बहुत्वे बलवदबलता विनिश्चयादेव ।
जातिस्वरैस्तु नित्यं जात्यल्पत्वं द्विविधमेतत् ॥७४॥

न्यासोऽङ्गसमाप्तौ स चैकविंशतिसंख्यस्तथा ।
षट्पञ्चाशत्संख्योपन्यासोऽङ्गमध्ये भवेत् ॥ इति ॥७२॥

अथानुद्दिष्टमप्यंशलक्षणापेक्षितं प्रसङ्गाल्लक्षयति संन्यासविन्यासावप्यंशमध्य एवेति । विदारीमध्य इत्यर्थः । अथानियतयोः का संख्येत्याह । अनियतत्वाच्च बहुत्वमिति । न्यासापन्यासांशवत्तयोः प्रतिजातिप्रयोगनियमोऽस्तीत्यर्थः । तत्र संन्यासमाह ।

तत्र प्रथमविदारीमध्ये न्यासस्वर. प्रयुक्तस्तु ।
विवदनशीलं मुक्त्वा सन्न्यासः सोऽभिधातव्यः ॥

अंशस्य विवादी यो न भवति स चेत्प्रथमवितार्यन्ते प्रयुक्तस्ततस्तदा संन्यासः समीपभूतो न्यास इति ।

कृत्वा पदावसाने विन्यासात्क्वापि विन्यासः ।

अंशस्य संवाद्यनुवादी वा कापि विदारीभावरूपस्य पदस्य पदान्ते विन्यस्यते तदा विन्यासः ॥७३॥

एवमसन्यासस्यैव प्रक्रान्तरूपं संन्यासविन्यासद्वयं लक्षयित्वा अंशकप्रस्तावे प्रकृतमल्पत्व विभागद्वारेण लक्षयति । द्विविधमिति । लङ्घनं स्पृष्ट्वैवाविश्रम्यैव तत्स्वरान्तरगमने तस्य स्वरस्य स्वप्रधानीकरणम् । यथा न रागे गान्धारी स्व...... विदा इति श्रान्ता......वप्यनावृत्तिरनभ्यासः यत्त्वावर्जनमेव लङ्घनमिति तदसत् । अल्पत्वभाषायां वा योगात् षाडबौडुवितविधेश्चाल्पत्वं पृथङ् न तत् स्यात् । नन्दयन्त्यां च पञ्चमांशो यावत्संवादिनः ऋषभस्य लङ्घनीयत्वं युक्तं न चास्य संवादिनो लोपो युक्तः । न चैवमित्यषाडवा संवाद्योडुवितस्यापत्तेः (लङ्घना) नभ्यायोर्विषं विभजति । तत्र षाडवौडुवित काराणामिति । लोप्यस्वरपूर्णावस्था या यदा प्रयुज्यते तदा तस्य बाहुल्येन लङ्घनम् । क्वचिदनभ्यासोऽपि । येऽत्र तु स्वराः पर्यायांशा न भवन्ति यथा षाड्ज्यां निषादर्षभौ तौ यदाऽन्तरमार्गे प्रयुज्येते तदाऽनभ्यासः । तेषां क्वचिल्लङ्घनमपि गीते ग्रहसंवाद्यवस्थानं मुक्त्वा नी......क योगगति-

[1]सञ्चारांशे(श)बलस्थानामल्पत्वे[2] दुर्बलासु च ।
[3]न्यासश्चान्तरमार्गस्तु(श्च) जातीनां व्यक्तिकारकः ॥७५॥

षट्स्वरं षाडवितं(वं) चतुर्दशविधं सप्तचत्वारिंशत्प्रकारं पूर्वोक्तविधानं यथाजात्यंशप्रकारमिति ।

न्यासनिक(च)ये भवेत् । अन्तरमार्गणमित्यन्तरमार्गणस्य(र्गस्य) लक्षणम् । यथा-जातीति । क्वचिद्वाऽनंशोऽपि नाल्पः । तथा च कार्मारव्यां गान्धारस्य सर्वस्वरसङ्गत्या बहुत्वेनान्तरमार्गे प्रयोग इति वक्ष्यते

गान्धारस्य विशेषेण सर्वतो गमनं भवेत् । (भ. ना. २८-१३६)

इति । अथ बहुत्वमाह । अल्पत्वं तद्वद्बहुत्वमिति । लक्षयतीति शेषः । कथमित्याह । बलवदबलवतोऽपि(र्वोवि)पर्यये । अबलमल्पं तद्विपर्ययाद्बलवदिति बहुत्वाल्लक्षणं गम्यत एव । अत एवाह ।

जातिस्वरैस्तु नित्यं जात्यल्पत्वं द्विधा चैत(द्) ॥

इति । जातिगतमल्पत्वमिव तद्बहुत्वमपि द्विधा । तच्च जातिस्वरैः पर्यायांशैर-संवादिभिश्चोपलक्षितः(क्ष्यते) । तेनैषामलङ्घनम(न्यास)श्चेति द्विधा बहुत्वमित्युक्तं भवति ॥७४॥

तथाल्पत्वबहुत्वयोरुपयोगं दर्शयन् प्रसङ्गादन्यदप्याह—

सञ्चारांशे(श)बलस्थानामल्पत्वे दुर्बलासु च ।
न्यासश्चान्तरमार्गश्च जातीनां व्यक्तिकारकः ॥

इति सञ्चारेण पर्यायेण योंऽशस्तद्विषयं तत्र तिष्ठन्तीनां (न्यासः) सान्तरमार्गः स्वरूपाभिव्यञ्जको नान्यथेति वस्तुस्व(तस्त्व)स्योपयोगः । अल्पत्व इति । अल्पत्व-विषयस्वरकृते लोप्यानंशस्वरविषये या दुर्बला हीनबला जातयस्तासु स्वरीभवति नान्यथेति । अन्ये त्वन्तरमार्गस्य सर्वत्र प्रधानस्याल्पत्वबहुत्वाभ्यां विना स्वरूपलाभ एव (न) भवतीति तात्पर्यं मन्यमाना अन्तरमार्गलक्षणत्वेन श्लोकं व्याचक्षते । कथम् । चो हेतौ । यस्मादन्तरमार्गो जातीनां व्यक्तिकृत् स चाल्पत्वबहुत्वजीवी तस्य हि लक्षणम् । सञ्चारेति । सञ्चारे अनुवादिस्वरे अंशस्वरे च प्रधानभूते दलकल्पे स्थिते बलस्थानां सतां संवादिनां स्वराणां बलवत्तयाऽल्पत्व(त्वे दुर्बलासु)...... स्वराणां दुर्बलप्राणकत्वेऽविलङ्घनेन न्यसनं यः (करोति) सोऽन्तरमार्गस्तस्माद-ल्पत्वबहुत्वे वक्तव्य इति । अन्ये त्वत्रेयं जातिर्जातिदुर्बल इ(लास्वि)यं बलवतीति नीत्या न्यासान्तरमार्गाभ्यां ज्ञेयं बहुत्वप्रयोज्ये पर्यायांशे सति न्यासान्तरमार्गवशादिति श्लोकस्यार्थमाहुः ॥७५॥

---

१. NS. संचारोंऽश
२. NS अल्पत्वं ।
३. NS. द्विविधान्तरमार्गस्तु ।

पञ्चस्वरमौडुवितं विज्ञेयं दशविधं प्रयोगज्ञैः ।
त्रिंशत्प्रकारविहितं पूर्वोक्तं लक्षणं चास्य ॥७६॥

षट्स्वरस्य प्रयोगोऽस्ति तथा पञ्चस्वरस्य च ।
चतुःस्वरप्रयोगोऽपि ह्यवकृष्टध्रुवास्विह] ॥७७॥

द्वैग्रामिकीनां(णां) जातीनां सर्वासामपि नित्यशः ।
[1]अंशास्त्रिषष्टिर्विज्ञेयास्तेषां चैवांशवद् ग्रहाः[2] ॥७८॥

अथ षाडवं पूर्वमुक्तमपि दशकलक्षणाभिधानप्रसङ्गशय्यावैषम्यशान्तये पुनराह **षट्स्वरं षाडवमिति** । चतुर्दश जातिगताश्च (विधाः) तच्चतुर्दशजातिविषयः (चतुर्दशविधं) चतसृणां नित्यं पूर्णत्वेन तदभावात् । **सप्तचत्वारिंशत्प्रकारमिति** । त्रिषष्ठेति(त्रिषष्टिरिति) पूर्णांशा न च पात्यन्ते । अपवादाश्च सप्त । तदाह । **जात्यंशप्रकारमिति** । जातौ येंऽशस्वरास्तेषु यः प्रकारोऽपवादविधिरुक्तस्तदतिक्रमेण । पूर्वाभिप्रायेणौडुवमाह । **पञ्चस्वरमिति** । **दशविधमिति** । दशस्वेव हि जातिषु । तत्र त्रिंशत्प्रकारमिति । त्रिषष्टेश्चतस्रो नित्यपूर्णा इति तदीया नवांशाः पात्यन्ते । चतस्रो नित्यषाडवा इति तदीया द्वादशेति । अनेन शिष्टा द्वाचत्वारिंशत् । अत्र हि द्वादशोपादानीया इति शिष्टास्त्रिंशत् । तदाह । **पूर्वोक्तं लक्षणं चास्येति** ॥७६॥

अथैतद्व्यतिरिक्तं किन (किञ्चिन्) मार्गप्रसङ्गाध्रुवा(स्व)स्तीति वदन् गान्धर्वे तदभावमाह ।

षट्स्वरस्य प्रयोगोऽस्ति तथा पञ्चस्वरस्य च ।
चतुःस्वरप्रयोगोऽस्ति (पि)कृष्टासु द्वादशस्विह
(ह्यवकृष्टध्रुवास्विह) ॥

इति । तथेति समुच्चये च समुत्थितावधारणे । तेन षड्जा......स्वरयोः पूर्णस्यैवास्ति प्रयोगः । **अस्तीति** ......तामाचक्षमाणो गान्धर्वे तन्नियममाह । **इहेति** । यदिमं नाट्योपयोगि ध्रुवागानं तत्र **चतुःस्वरप्रयोगोऽपि** । अपिशब्दात् पूर्वोऽपि त्रिविधः । (कु)त्रेत्याह । **अवकृष्टासु** करुणोपयोगिनीषु गुरुप्रायासु **ध्रुवासु** ॥७७॥

अथ ग्रहांशानां सङ्ख्यां निरूपयितुं प्रतिजाति विभागमाह । **द्वैग्रामिकीणां जातीनामित्यादि** ॥७८॥

---

१. NS. त्रिषष्टिरंशा ।
२. KSS., NS. तासां चैव तथा ग्रहाः ।

अंशग्रहमिदानीं वक्ष्यामः । तत्र

मध्यमोदीच्यवायास्तु नन्दयन्त्यास्तथैव च ॥
तथा गान्धारपञ्चम्याः पञ्चमोंऽशो ग्रहस्तथा[1] ॥७९॥
धैवत्याश्च तथा ह्यंशो विज्ञेयो धैवतर्षभौ ।
पञ्चम्याश्च तथा ज्ञेयो ग्रहांशो पञ्चमर्षभौ ॥८०॥
गान्धारोदीच्यवायास्तु ग्रहांशो षड्जमध्यमौ ।
[2]आर्षभ्याश्च ग्रहा अंशा धैवतर्षभसप्तमाः ॥८१॥
गान्धारश्च निषादश्च ह्यार्षभश्च तथापरः ।
निषादिन्यास्त्रयो ह्येते ग्रहा अंशाश्च कीर्तिताः ॥८२॥
षड्जपञ्चमगान्धारैस्त्रिभिरेव प्रकीर्तिताः ।
अंशैर्ग्रहैस्तथा चैव विज्ञेया षड्जकैशिकी ॥८३॥
[3]षड्जश्च मध्यमश्चैव निषादो धैवतस्तथा ।
[4]षड्जोदीच्यवतीजातेर्ग्रहा अंशाश्च कीर्तिताः ॥८४॥

तत्र सङ्ख्यानुरोधाद् ग्रामविभागक्रममनादृत्यैवैकांशस्यांशादियोगं सप्तांशपर्यन्तमाह । मध्यमोदीच्यवायास्त्वित्यादि । तत्र तिसृणामेक एकोंऽशः । तिसृणां द्वे द्वे (द्वौ द्वौ) । तिसृणां त्रयः । तिसृणां चत्वारः । चतसृणां पञ्च । एकस्याः सप्त(षट्) । (एकस्याः) सप्तेति (त्रि)षष्टिः । त एव यो(स एवांशो) ग्रहः । नन्दयन्त्यामंशस्वर एव ग्रहयुक्तो निजलक्षणाद्गान्धारो लक्ष्यत इति विकल्पो मन्तव्यः । मुनिना ग्रहत्वमंशस्योक्तमिति तदेव मुख्यम् । अन्यत् संवादिविवाद्यादिर्यदा ग्रहः क्रियते तदा विकृतत्वमासाम् । तदाह । विकृतः (ता) स्वरयोगत इति । ग्रहविकारः सर्वासामेव जातीनामस्तीति या(सर्वा)स्वत्र ॥७९-६१॥

अथास्य सप्तचत्वारिंशदधिकस्य जात्यंशविभागस्य यत्नपरेक्षणीयत्वमभिधातुं प्रधानमेव सङ्ख्याविभागं संक्षिप्याह । सर्वासामेव जातीनां त्रिजातिस्तु गण इति ।

---

१. KSS. स्मृतः ।

२. NS. आर्षभ्यां तु निषादस्तु तथा चर्षभधैवतौ । KSS. आर्षभ्याश्च तथैवांशा निषादर्षभधैवताः ॥

३. NSS. निषादिन्या (निषाद्यां N.) निषादस्तु गान्धारश्चर्षभस्तथा ।

४. अंशाश्च (तथा च N.) षड्जकैशिक्याः षड्जगान्धारपञ्चमाः ।

५. इतः पूर्वं क० न० पुस्तकयोः "तिसृणामपि जातीनां ग्रहा अंशाश्च कीर्तिताः ।" इत्यधिकमस्ति ।

६. NS. अंशा ग्रहास्तु चत्वारः षड्जोदीच्यवतोश्रिताः ।

पञ्चमश्चार्षभश्चैव निषादो धैवतस्तथा ।
[1]कार्मारव्या बुधैरंशा ग्रहाश्च परिकीर्तिताः ॥८५॥
गान्धारश्चार्षभश्चैव [2]पञ्चमोऽथ निषादवान् ।
[3]चत्वारोंऽशा भवन्त्यान्ध्रचा ग्रहाश्चैव तथैव हि ॥८६॥
षड्जश्चाथर्षभश्चैव मध्यमः पञ्चमस्तथा ।
मध्यमाया [4]ग्रहा ज्ञेया अंशाश्चैव सधैवताः ॥८७॥
[5]निषादषड्जगान्धारमध्यमाः पञ्चमस्तथा ।
गान्धारीरक्तगान्धार्योर्ग्रहा अंशाः प्रकीर्तिताः[5] ॥८८॥
षाड्जी धैवतगान्धारषड्जमध्यमपञ्चमैः ।
ग्रहैरंशैश्च विज्ञेया विकृता स्वरयोगतः ॥८९॥
कैशिक्याश्चार्षभं हित्वा ग्रहांशाः षट् स्वराः स्मृताः ।
सप्तस्वरग्रहांशा तु विज्ञेया षड्जमध्यमा ॥९०॥
[6]एते त्रिषष्टिर्विज्ञेयाः [7]सर्वास्वंशास्तु(स्वत्र तु) जातिषु ।
अंशवच्च ग्रहास्तासां सर्वासामेव नित्यशः ॥९१॥
सर्वासामेव जातीनां त्रिजातिस्तु गणः स्मृतः ।
[8]ते च सप्त गणा ज्ञेया वर्धमानस्वरा बुधैः ॥९२॥

गणः समूहः स च सर्वासां जातीनां मध्ये यास्तिस्रो जातयस्ताभि कर्तव्यः । ननु समूहः के (क्वां)चिदेकस्या(देका)मुद्दिश्य क्रियते । इह तु समूहकरणे कोऽर्थं इत्याशङ्क्याह । ते च सप्त गणा ज्ञेया वर्धमानस्वरा इति । ते एको जातिस्वरप्रयुक्तो गण एकस्वरांशो यावत् सप्तस्वरांश इति । स हि करणे अंशसङ्ख्यो विभाग-

---

१. KSS. कर्माख्यास्तथैवांशाश्चत्वारः सम्प्रकीर्तिताः ।
२. KSS निषादः पञ्चमस्तथा
३. KSS. does not read.
४. KSS. ग्रहास्त्वंशा धैवतश्च प्रकीर्तितः ।
५. KSS. षड्जायाः षड्जगान्धारौ मध्यमः पञ्चमस्तथा ॥ धैवतश्चापि विज्ञेया ग्रहाश्चांशाश्च प्रकीर्तिताः । न वर्जितर्षभयोगास्तु कैशिक्यंशाः षडेव तु । स्वराः सर्वे च विज्ञेयाः षड्जमध्यांशजा ग्रहाः ॥ NS. सर्वं ।
६. KSS. NS. एवं ।
७. KSS. NS. ग्रहा अंशाश्च जातिषु ।
८. KSS. सर्वथा चैव विज्ञेया वर्धमानस्वरास्तथा (N. यथा) ।

एकस्वरो द्विस्वरश्च त्रिस्वरोऽथ(रश्च)चतुःस्वरः ।
[1]पञ्चस्वरश्चतुर्धा स्यादेकधा सप्तषट्स्वरौ ॥६३॥

[2]एतदुक्तं मया त्वासां ग्रहांशपरिकल्पनम् ।
पुनश्चैव प्रवक्ष्यामि न्यासापन्यासयोगतः ॥६४॥

प्रयोजनमित्युक्तं भवति । ननु यदि जातित्रयेण सप्तगणास्तर्ह्येकविंशतिर्जातयः स्युः । तच्च (ताश्च न) तथा । पूर्वं ह्युक्तं जातयोऽष्टादशेत्येवं ब्रह्मणाभिहितमिति (भ. रा. २८--३१) तदेतदाशङ्क्यापवादं वक्तुं तत्त्रिकमुक्तम् ॥६२॥

त्रिजातित्वोत्सर्गस्य विषयमाह—

एकस्वरो द्विस्वरश्च त्रिस्वरश्च चतुःस्वरः ।

इति । एते चत्वारो गणास्त्रिजातय इत्यर्थः । एवं द्वादशजातयः । एकःस्वरोंऽशो यत्र गणे । एवं यावच्चत्वारः स्वरा अंशा यत्रेति । अपवादं दर्शयितुमाह । पञ्चस्वरश्चतुर्धास्यादिति । यत्र पञ्चांशस्वराः स गणश्चतसृभिस्त्रिभिर्नाति......भिः... ...(श्चतसृभिर्जातिभिः ।) । तेन पूर्वाभिः सह षोडश जातयः । एकधा सप्तषट्स्वरैरेकैव जातिः । सप्तस्वरो गणः षट्स्वरश्च । एकस्या अपि जातेर्गणस्य व्यपदेशिबद्भावेन स्वरांशकभेदे निबन्धनमित्यष्टादशजातयः । त्रिषष्टिरंशाः । त एव ग्रहा इति ॥६३॥

एतदुपसंहरति । एतदुक्तं मयेति ।

पुनश्चैव प्रवक्ष्यामि न्यासापन्यासयोगतः ॥

इति । अयं भावः । अंशग्रहाश्चोक्ता एवं न्यासापन्यासास्तथा येऽन्ये योगा दशलक्षणेष्वन्तःपातिनो लक्षणभागाः षाडवौडुवितादयः पूर्वमनुक्तत्वात् कथ्यमानाः कथ्यमानत्वेनोपयोगे.......स्तस्तावत् प्रतिजाति वक्तव्याः । न्यासाश्चो(श्चा)पन्यासाश्च योगाश्चेति द्वन्द्वः । ......न्यतो(थो)द्दिश्य वक्तव्यतयोक्तमपि ग्रहांशविकल्पनं पुनर्वक्ष्यामि । तदभिधाने हि सुस्पष्टामन्यज्जा (ज्ञा)तुं शक्यमिति भावः । अंशापेक्षो हि प्रायशोऽन्यलक्षणमप्यहारं(व्यवहारः) । एकस्थानं च जातिलक्षणं ज्ञातुं स्पष्टतरं भवति । अतिशयशेषा यदा तु त एवंविध......लक्ष्यं प्रपञ्चश्चेति । दृष्टादृष्टोपयोगी वायं जातिसन्धिः । अन्ये त्वंशग्रहमित्यादिनां लक्षणमित्यादिग्रन्थं तत्र पठन्ति ॥६४॥

षाड्जीं लक्षयति । पञ्चांशास्त्वि(त्वि)ति । सगमपधा इत्यंशाः । गप इत्येतावपन्यासौ । सं(सो)न्यासः । निषादेन (हीना) षाडव(वी) इति । अन्योन्य-

---

१. KSS. NS. षड्स्वरश्च तथा सप्तस्वरोऽपि च ।

२. NS. पूर्वमुक्तमिदं ' KSS. varies absolutely.

पञ्चांशा तु भवेत् षाड्जी निषादर्षभवर्जिता ।
अपन्यासो भवेदत्र गान्धारः पञ्चमस्तथा ॥६५॥

न्यासश्चात्र भवेत् षड्जो लोप्यः सप्तम एव च ।
षड्जगान्धारसञ्चारः षड्जधैवतयोस्तथा ॥६६॥

षाडवं सप्तमो(मा)पेतमल्पौ वै सप्तमर्षभौ ।
गान्धारस्य च बाहुल्यं त्वत्र कार्यं प्रयोक्तृभिः ॥६७॥

मनयोः सञ्चारः । (सगयोः) तथा सधइत्यनयोः । गान्धारोऽतिबहुलोऽपि वादित्वाद-(त्र) प्राप्तः । (ऋषभस्य) तथात्वं विवदनात् मन्तव्यम् । ऋषभस्यानंशत्वं निषादस्य लोप्यत्वात् । पूर्णावस्थायां तु सं......तं सिद्धमिति पुनर्न स्वकण्ठेनोक्तं मुनिना । अंशाश्च दशकाः । तद्यथा शुद्धा विकृताः पञ्च पूर्णाश्चत्वारः षाडवाः । गान्धारेंऽशे षाडवा एवापवादात् ते चांशका लुप्तकात् स्फुटं ज्ञायन्ते । तेन लालिता अत्र स्वर-भागे जात्यंशकास्ता(न)पहास्य आसारितांशं निगदा(द)स्तुति स(सा)मिध्येसु (धेनीषु) स्पष्टं गान्धर्वफलं यद्यपि तथापि स्वरत एव क्वचन मुदि......स्थेम दृष्टः । यथोक्तम् । सकृत् प्रयुक्ताऽपि हि नन्दयन्तीति । तत्प्राधान्यप्रसिद्धय एव । तालविशेष-मनादृत्य सामान्यतलेन चच्चत्पुटादिना लोके वार्तिकमार्गेण जातिगानं प्रसिद्धम् । तत्र तु यत् चच्चत्पुटादि न तद् विकल्पः । चतुष्कलाद्यनुसारेण कलापातविधिः कर्तव्योऽपि लोके न प्रसिद्धः । स्वरभागप्राधान्यात् । पद्यादि......तत्र ब्रह्मप्रोक्त-विसंस्कृतप्राकृतरूपाण्येव प्रसिद्धानि । गीतकादौ तालभागस्यैव प्राधान्यम् । यथोक्तम् ।

वर्धमानप्रयु(यो)क्तारो यास्यन्ति शिवकेतनम् ॥

इति । तत् प्राश(स्त्यबोध)नाय । त्रोटिकागीतकादीनि जात्यंशकोद्भूतशुद्धभिन्नानि ग्रामरागक्रमेण प्रसिद्धानि । मुख्यतस्तु जात्यंशकैर्गीतिरागादिना तालः संस्कृतानि पदानि स्फुटमवधानमिति सम्मिलितगान्धर्वं तदर्थमेव । तदा तादृश्येव गीतकवर्ध-मानादि पुरा विरम्यत इत्यलं वस्तुतः ॥६५—६७॥

अथ (आर्षभीं लक्षयति) । आर्षभ्यामित्यादि । ऋधनि अंशाः (नयोंऽशाः) । ऋधनि अप(नयोऽप)न्यासाः । ऋषभो न्यासः । षड्जहीने षाडवः । षड्जपञ्चम-योर्हीं(र्हा)ने औडुवितत्वम् । सधौ रिगौ च सङ्गच्छेते । तत्र केचित् पञ्चमस्य लङ्घनमाहुः । पूर्णवस्थायां षड्जगान्धारपञ्चमा अल्पत्वं भजन्ते । औडुविते च

[1]आर्षभ्यामृषभस्त्वंशो निषादो धैवतस्तथा ।
एत एव ह्यपन्यासा न्यासश्चात्रर्षभः स्मृतः ॥
[2]षट्पञ्चस्वरता चात्र षड्जपञ्चमयोर्भि[illegible] ॥९८॥

धैवत्यां धैवतो न्यासस्त्वंशावृषभधैवतौ ।
अपन्यासा भवन्त्यत्र धैवतर्षभमध्यमाः ॥९९॥

षड्जपञ्चमहीनं तु पाञ्चस्वर्यं विधीयते ।
पञ्चमेन विना चैव षाडवं परिकीर्तितम् ॥१००॥

आरोहिणौ च तौ कार्यौ लङ्घनीयौ तथैव च[4] ।
[5]निषादश्चर्षभश्चैव गान्धारो बलवांस्तथा ॥१०१॥

गमयोरल्पता । दशांशकाः । मूर्च्छना पञ्चमादिः । [illegible] । प्रायशो नैष्क्रामिकीध्रुवायां विनियोगः ॥९८॥

अथ धैवतीमाह । धैवत्यामिति । ऋषभधैवतावंशौ । [illegible] अपन्यासाः । धैवतो न्यासः । पलोपे षाडवः । सपहानाविति रत्न । पूर्णदशायां च पञ्च इत्या(सावित्या)रोहवर्णगतौ कार्यौ । लोप्यत्वाल्लङ्घनं सिद्धमपि पुनः प्रकर्षमात्रत्व-मुक्तम् । अस्याः सप्तांशकाः । शुद्धविकृतौ पूर्णौ द्वे(द्वौ) षाडवौडुवितौ च ॥९९-१०१॥

अथ निषादवती । निषादिन्यामिति । निगर्षभा अंशा अपन्यासाश्च । निन्या(न्यी)सः । षाडवादि धैवतीव । पञ्चमेनैव लोपे षाडवम् । सपलोपेऽन्यत् । सगौ च लङ्घ्यौ तयोरवरोहिणावनंशाववलम्बिल(बबहुला)विति । अंशा दशकाः शुद्धास्त्रयस्त्रयोविकृताः पूर्णाः षाडवा औडुवश्च ॥१०२—१०३॥

अथ षड्जकैशिक्या इति । सगव(पा) अंशाः अपन्यासास्तु सपनि(नयः) । न्यासो ग(गः) । नित्यपूर्णा चेयम् । मध्यमर्षभयोर्दौर्बल्यमंशत्वासिद्धं पुनराधिक्यार्थं

---

१ KSS. अंक्षा जातास्तथार्षभ्यां निषादर्षभधैवताः ।

२. KSS. अल्पत्वं च विशेषेण भवेत् षाडवकारिणः ॥ लङ्घनं पञ्चमस्यैव स्यादारोहणसंश्रयात् ॥ षाट्स्वर्यं षड्जहीने तु (ड-षट्स्वरं सप्तमहीनं) पञ्चस्वर्यं तु पञ्चमात् ॥ विवादिनां स्वराणां च सञ्चारोऽत्र विधीयते ॥

३. KSS. स्यादंशौ धैवतर्षभौ ।

४. KSS. धैवतर्षभौ ।

५. KSS. निषादर्षभगान्धारा बलवन्तः प्रकीर्तिताः ।

निषादिन्यां निषादोंऽशो सगान्धारर्षभस्तथा[1] ।
एत एव ह्यपन्यासा न्यासश्चैवात्र सप्तमः ॥१०२॥
धैवत्या इव कर्तव्ये षाडवौडुविते तथा ।
तद्वच्च लङ्घनीयौ तु बलवन्तौ तथैव च ॥१०३॥
अंशास्तु षड्जकैशिक्याः षड्जगान्धारपञ्चमाः ।
[2]अपन्यासा भवन्त्यत्र षड्जपञ्चमसप्तमाः ॥१०४॥
गान्धारश्च भवेन्न्यासो हीनस्वर्यं न चात्र तु ।
दौर्बल्यं चात्र कर्तव्यं धैवत(मध्यम)स्यार्षभस्य च ॥१०५॥
षड्जश्च मध्यमश्चैव निषादो धैवतस्तथा ।
[3]स्युः षड्जोदीच्यवांशास्तु न्यासश्चैव तु मध्यमः ॥१०६॥
अपन्यासो भवत्यस्य धैवतः षड्ज एव च ।

ज्ञापयति । निषयोरत्र किञ्चिदाधिक्यमिति । अस्या शुद्धत्वं नास्तीति त्रय एवांशकाः पूर्णाः ॥१०४—१०५॥

अथ षड्जोदीच्यवा । षड्जश्चेत्यादि । समनिधा अंशाः । षस(सा) अ(व)पन्यासा(सौ) । म(मो)न्यासः । अंशानामन्योन्यसङ्गतिः । रिलोपे षाडवः(म्) । ऋपलोप औडवम् । ऋषभः संवादी धैवतस्य षड्जग्रामे न लुप्यमाने यतः । सरिगा बलिनः । अन्य(षड्ज)स्यांशत्वात् सिद्धं बलित्वं पुनराधिक्यार्थमुक्तम् । ऋषभस्यात्यल्पत्वं प्राप्तं प्रतिषेद्धुं गान्धारस्य मन्द्रस्थाने बाहुल्यम् । अस्या एकादशांशकाः । पूर्णाश्चत्वारः । षाडवास्त्रयः । धैवतांशे तदप्यपवादात् । औडुविताश्चत्वारः ।

---

१. KSS. गान्धारश्चर्षभस्तथा ॥ एत एव ह्यपन्यासाः षड्जमध्यमपञ्चमाः । निषादश्च भवेन्न्यासो हीनस्वर्यं च नेष्यते ॥ दौर्बल्यं चात्र कर्तव्यं धैवतर्षभयोस्तथा ॥

२. KSS. एत एव ह्यपन्यासः सनिषादाः प्रकीर्तिताः ॥ गान्धारोऽत्र भवेन्न्यासो दुर्बलो धैवतर्षभौ ॥ हीनस्वरस्याभावात्तु सम्पूर्णा चेयमिष्यते ॥

३. भवन्ति षड्जोदीच्यव्या न्यासो मध्यम इष्यते ॥ अपन्यासाविह स्यातां धैवतर्षभ एव च ॥ परस्परांशानुगमो गान्धारोऽनुगतो भवेत् ॥ पञ्चमर्षभहीनं तु पञ्चस्वर्यं विधीयते ॥ ऋषभः षाडवे हीनो लङ्घनं च तयोर्भवेत् ॥

[1]परस्परांशगमनमिष्टतश्च[2] विधीयते ॥१०७॥
षाट्स्वर्यमृषभापेतं कार्यं गान्धर्ववेदिभिः ।
पञ्चमार्षभहीनं तु पाञ्चस्वर्यं तु तत्र वै ॥१०८॥
षड्जश्चाप्यृषभश्चैव गान्धारश्च बली भवेत् ।
गान्धारस्य च बाहुल्यं मन्द्रस्थाने विधीयते ॥१०९॥
सर्वेंऽशाः षड्जमध्यायामपन्यासास्तथैव च[3] ।
षड्जश्च मध्यमश्चापि न्यासौ नार्यौ प्रयोक्तृभिः ॥११०॥
गान्धारसप्तमापेतं पाञ्चस्वर्यं विधीयते ।
[2]षाडवं सप्तमापेतं कार्यं चात्र प्रयोगतः ॥१११॥
सर्वस्वराणां सञ्चार इष्टतस्तु विधीयते ।
षड्जग्रामाश्रिता (श्रयाः)ह्येता(सप्त) विज्ञेयाः सप्त जातयः
(या जातयो बुधैः) ॥११२॥

शुद्धस्तु नास्ति । तत्र कैशिके पूर्वं निर्वचनमुक्तम् । तद्योगाज्जातिः । कैशिकी । उदीच्यवन्त्या(वायां)त्वाहुः । उदीच्याः प्रयोक्तारो बाहुल्येन सन्त्यस्यामित्युदीच्या । वान्ति गच्छन्तीति । उदीच्येऽपि च दृश्यते । गीतं च देशनामधेयैर्बाहुल्यादिभिरुचित-त्वापेक्षया व्यपदिश्यत एव । टक्करागो मालवपञ्चमो गौडी मालवी काम्भोजी-त्यादि ॥१०६-१०९

अथ षड्जमध्यमा । सर्वेंशाः षड्जमध्यायामिति । सप्तांशा अपन्यासाश्च । समौ न्यासौ । निलोपे षाडवः । निगलोप्य(पे)न्यः । निरल्पतरो यदाऽन्य अंशाः । सञ्चारे यथेष्टम् । अस्याः सप्तदशांशकाः । तत्र सप्त पूर्णाः । पञ्च षाडवा औडु-विताश्च । यो...रिसयोस्तदपवादात् । एतदुपसंहरति । षड्जग्रामाश्रयाः सप्तेति ॥१२०–११२॥

अन्यदुपक्रमते । अतः परमिति । अत्र गान्धारी तावत् । गान्धारी इति । समगपनि(नयों)अंशा (शाः) । सपावपन्यासौ । ग(गो) न्यासः । रिलोपे षाडवः । रिधलोपेऽन्यत् । पञ्चमस्य ग्रामे ह्यलोप्यत्वम् । तयोर्लङ्घनं पूर्णावस्थायामृषभाधैवत-

---

१. NS. परस्परमिहांशानां सञ्चारश्च विधीयते । KSS. परस्परांशानुगमो गान्धारोनुपमो भवेत् । षाडवे चर्षभापेतं ॥

२. KSS. ऋषभः षाडवे हीनो दुर्बलः सविशेषतः ॥

अतः परं प्रवक्ष्यामि मध्यमग्रामसंश्रयाः[१] ।
[२]गान्धार्याः पञ्च एवांशा धैवतर्षभवर्जिताः ॥११३॥

[३]षड्जश्च पञ्चमश्चैव ह्यपन्यासौ प्रकीर्तितौ ।
गान्धारश्च भवेन्न्यासः षाडवं चर्षभं विना ॥११४॥

धैवतर्षभयोर्हीनं तथा चौडुवितं भवेत्[४] ।
लङ्घनीयौ च तौ नित्यमार्षभाद्धैवतं व्रजेत् ॥
विहितस्त्विति गान्धार्याः स्वरन्यासांशगोचरः ॥११५॥

लक्षणं रक्तगान्धार्या गान्धार्या एव यत्स्मृतम् ।
[५]धैवतो बलवानत्र दौर्बल्यं तस्य लोपतः ॥११६॥

गान्धारषड्जयोश्चात्र सञ्चारश्चार्षभाद्विना[४] ।
[५]अपन्यासस्तथा चैव मध्यमस्तु विधीयते ॥११७॥

गमनम् । अन्येषां स्वराणां न्यासस्वरविषयोंऽशस्वरविषयश्च सञ्चारः । तदाह । स्वरन्यासांशगोचर इति । स्वराणां न्यसनस्वां(स्यां)शगोचर उक्त इत्येतदर्थमन्ये व्याचक्षते । एवं चैतदनुक्तसमः(मं)स्यात् । अस्यामेकां (स्यां त्रयोदशां)शकाः शुद्धा विकृताः । पूर्णाः पञ्च । चत्वारः षाडवाः । पञ्चमे तदपवादात् । औडुविते गान्धार एवांशेऽन्यत्र तदपवादात् ॥११३—११५॥

अथ रक्तगान्धारी । लक्षणं रक्तगान्धार्या इति । सगमपनि(नयः) पञ्चांशाः । ऋलोपे षाडवम् । ऋधलोपेऽन्यत् । कस्तर्ह्यस्यास्ततो विशेषः । आह । धैवतो बलवानत्र । तस्य हि लोप्यत्वाद्दौर्बल्यं स्यात् । ऋषभं चोल्लङ्घ्य सगेत्यमयोरन्योन्यनैकट्यं मेलनं च । अपन्यासो मध्यमः । अस्या द्वादशांशकाः । पूर्णाः पञ्च । चत्वारः षाडवाः । पञ्चमेऽप्यवादः । त्रय औडुविताः । मध्यमषड्जयोस्तु तदपवादात् ॥११६-११७॥

---

१. KSS. संश्रिताः ।
२. KSS. अंशाः स्युः पञ्च गान्धार्या ॥
३. KSS. अपन्यासत्वमस्यास्तु षड्जपञ्चमयोरपि ॥ धैवतर्षभगान्धार्याः कर्तव्यं स्वरयोगतः ॥ षड्जमध्यमयोरत्र बाहुल्यं संविधीयते ॥
प्रयोक्तृभिः प्रयोक्तव्य गान्धारस्य च लङ्घनम् गान्धारीविहितस्यासौ हीनस्वयं च लक्षणम् । सर्वं च रक्तपूर्वाया गान्धार्याश्च विनिर्दिशेत् ॥ बलवन्तौ विधातव्यौ धैवतः सप्तमस्तथा ॥
४. KSS. आर्षभं विना ।
५. KSS. अपन्यासस्तु कार्यः स्यादेक एवात्र मध्यमः ॥

[1]गान्धारोदीच्यवांशौ तु विज्ञेयौ[2] षड्जमध्यमौ ।
[2]पाञ्चस्वर्यं न चैवात्र षाट्स्वर्यमृषभं विना ॥११८॥
कार्यश्चान्तरमार्गश्च न्यासोपन्यास एव च ।
[3]षड्जोदीच्यवतीवत्तु पाञ्चस्वर्येण जातुचित् ॥११९॥
मध्यमाया भवन्त्यंशा [4]विना गान्धारसप्तमौ ।
एत एव ह्यपन्यासा न्यासश्चैव तु मध्यमः ॥१२०॥
[5]गान्धारसप्तमापेतं पाञ्चस्वर्यं विधीयते ।
षाडवं चाप्यगान्धारं कर्तव्यं तु प्रयोगतः ॥१२१॥
षड्जमध्यमयोश्चात्र कार्यं बाहुल्यमेव हि ।
गान्धारलङ्घनं चात्र कार्यं नित्यं प्रयोक्तृभिः ॥१२२॥

अथ गान्धारोदीच्यवा । गान्धारोदीच्यवांशाविति । द्वौ समावंशौ । ऋषभेण षाडवः । औडुवितस्याप्येव(म्) । षड्जोदीच्ये(च्यवाया)वान्यत्(मन्यत्) । अस्या-मन्तरमार्गः परस्परमंशस्वरयोः सञ्चारः । सध(धा) अ(व)पन्यासौ । षड्जेनांशोऽपि बहुतरः । ऋषभो लोप्योऽपि पूर्णावस्थायामल्पः । मन्द्रस्थाने गान्धारस्य भूयस्त्वमिति सर्वमतिदेशात् । अस्याश्चत्वारोंऽशाः । द्वौ पूर्णौ द्वौ षाडवौ ॥११८-११९॥

अथ मध्यमा । मध्यमाया भवन्त्यंशा इति । सरिमपधा अंशाः । अपन्यासास्त एव । न्यासो मः । गलोपे षाडवः । गनिलोपे चापरम् । समयोः पर्यायांशत्वात् सिद्धं बहुत्वम् । पुनर्वचनात् प्रकृष्टं मन्तव्यम् । गान्धारस्य लोप्यत्वाल्लब्धमल्पत्वम् । पूर्णावस्थायामपि पश्चाल्लभ्यते । अस्या अष्टावंशकाः । शुद्धाः पञ्च । विकृतास्तावन्त एव षाडवौडुविताः ॥१२०-१२२॥

अथ मध्यमोदीच्यवेति । अंश.(पञ्चमः) । नित्यपूर्णता । गान्धारोदीच्य

---

१. KSS. गान्धारोदीच्यवायां तु तावंशौ ।
२. KSS. पञ्चस्वर्यं भवेनात्र षाट्स्वर्यं चर्षभं विना ।
३. KSS. तत्राल्पत्वाद्द्विविषयः षड्जोदीच्यवतीसमाः ॥
४. KSS. सषड्जर्षभमध्यमाः । पञ्चमो धैवतश्चैवापन्यासस्तु त एव तु ॥
५. KSS. न्यासो मध्यम एवात्र द्विश्रुत्योर्हीनता भवेत् । गान्धारहीनं षाट्स्वर्यं बाहुल्यं षड्जमध्ययोः । गान्धारस्य च दौर्बल्यं मध्यमायां विधीयते ॥

[1]मध्यमोदीच्यवा पूर्णा ह्यंश एकस्तु पञ्चमः ।
शेषो विधिस्तु कर्तव्यो गान्धारोदीच्यवां गतः[2] ॥१२३॥

द्वावंशावथ पञ्चम्यामृषभः पञ्चमस्तथा[3] ।
स(ऋ)निषादावपन्यासौ न्यासश्चैव तु पञ्चमः ॥१२४॥

मध्यमावत्तु कर्तव्ये षाडवौडुविते तथा ।
दौर्बल्यं चात्र कर्तव्यं षड्जगान्धारमध्यमैः ॥१२५॥

कुर्यादप्यत्र सञ्चारं पञ्चमस्यार्षभस्य च ।
गान्धारगमनं चैव[4] कार्यं त्वल्पश्च(ल्पं च)सप्तमः(मात्) ॥१२६॥

अथ गान्धारपञ्चम्याः पञ्चमोंऽशः प्रकीर्तितः ।
तारगत्या तु षड्जोऽपि कदाचिन्नातिवर्तते ॥१२७॥

(वा)वद् विधिनिर्देशा । अपन्यासौ सधौ । मध्यमगान्धारब(बा)हुल(ल्य)म् । न्यासो मः । अस्या एकोंऽशकः पूर्णः ॥१२३॥

अथ पञ्चमी । द्वावंशावथ पञ्चम्यामिति । रिपावंशौ । ऋनी अपन्यासौ । पो न्यासः ॥१२४॥

गलोपे षाडवं गनिलोपे औडुवमिति मध्यमावत्त्विति शेषः । षड्जमध्यमयोरंशत्वाद् गान्धारस्य लोप्यत्वात् सिद्धेऽल्पत्वेऽल्पतरार्थं वचनम् ॥१२५॥

रिम(प) इत्यनयोरन्योन्यसंगतिः । पूर्णावस्थायां च निषादाद् गान्धारगमनम् । तच्च परिमितम् । तस्याः षडंशकाः शुद्धाः । द्वौ पूर्णौ द्वौ षाडवौ एक औडुवितम्(तः) । ऋषभेंऽशे (धैवतस्या)पवदनात् ॥१२६॥

अथ गान्धारपञ्चम्या इति । अंशः पः । ऋपावपन्यासौ । गो न्यासः । नित्यपूर्णता । धैवतगमनमृषभादिति गान्धार्या(र्याः) सञ्चारः । उक्तं मध्यमर्षभसङ्गतिर्निषादाद्गान्धार इति पञ्चम्याम् । असावुभयोऽप्यस्यां कार्यः । एक एवास्या अंशकः ॥१२७-१२८॥

---

१. KSS. मध्यमोदीच्यवायास्तु पञ्चमोंऽशो न हीयते ।

२. KSS. अंशतः ।

३. KSS न भवतः पञ्चमर्षभौ । अपन्यासो निषादश्च पञ्चमर्षभसंयुतः ॥ न्यासः पञ्चम एव स्यान् मध्यमावच्च हीनता ॥ दुर्बलाश्चात्र कर्तव्याः षड्जगान्धारमध्यमाः । कुर्याच्चाप्यत्र सञ्चारं मध्यमस्यर्षभस्य च ॥

४. KSS. गमनं चाल्पं सप्तमात् सम्प्रयोजयेत् ।

ऋषभः पञ्चमश्चैव ह्यपन्यासौ प्रकीर्तितौ ।
[1]न्यासश्चैव तु गान्धारो सा च पूर्णस्वरा सदा ।
[2]पञ्चम्या यश्च गान्धार्याः सञ्चारः स विधीयते ॥१२८॥

[3]पञ्चमश्चार्षभश्चैव गान्धारोऽथ निषादवान् ।
चत्वारोंऽशा भवन्त्यान्ध्र्यामपन्यासास्त एव हि ॥१२९॥

गान्धारश्च भवेन्न्यासः षड्जापेतं तु षाडवम् ।
[4]गान्धारार्षभयोश्चापि सञ्चारस्तु परस्परम् ॥१३०॥

[5]सप्तमस्य च षष्ठस्य न्यासो गत्यनुपूर्वशः ।
षड्जस्य लङ्घनं चात्र नास्ति चौडुवितं सदा ॥१३१॥

नन्दयन्त्याः(न्त्यां) [6]क्रमान्न् न्यासापन्यासांशाः प्रकीर्तिताः ।
गान्धारो मध्यमश्चैव पञ्चमश्चैव नित्यशः ॥१३२॥

अथान्ध्री । पञ्चमश्चेति । ऋगपनीत्यंशाः । त एवापन्यासाश्च । ग(गो) न्यासः । सलोपे षाडवः । औडुविताभावः । ऋग अ(इत्य)नयोः संगतिः । निषादधैवतयोश्च न्यासो गत्यनुपूर्वशः । यो यदांशः प्रधानभूनस्तेन तेन स्या(न्या)सा गमनं कार्यम् । तदुक्तम् । अंशानुपूर्व्या न्यासगमनमिति । अन्ये चाहुः । येनैव क्रमेणांशाः स्वराः पठितास्तेनैव क्रमेण ते कार्या यावदपन्यास्वर इति । अस्यामष्टावंशकाः । चत्वारः पूर्णाः षाडवाः ॥१२९-१३२॥

अथ नन्दयन्ती । नन्दयन्त्यां क्रमादिति । प(पो)न्यासो ग्रहश्चेति वक्ष्यते । अपन्यासः अ(सो मः) । प अं(पोंऽ)शः सोप्यपन्यासः पश्चादुक्तः । षड्जेन षाडवम् । लोप्यत्वाल्लङ्घ्यत्वं सिद्धम् । पुनर्वचनादल्पतरत्वमपीति । मन्तव्यम् । नान्ध्रीसञ्चरणमिति । गान्धार्यार्षभीभ्यामान्ध्री पञ्चम्यार्षभीगान्धारीभिर्नन्दयन्तीति संसर्गज-

---

१. KSS. गान्धारोऽत्र भवेन्न्यासो हीनस्वर्यं च नेष्यते ॥
२. KSS. गान्धारीपञ्चमीभ्यां तु संचारः संविधीयते ।
३. KSS. NS. ऋषभः पञ्चमश्चैव ।
४. KSS. NS. गान्धारषड्जयोरत्र ।
५. KSS. षष्ठसप्तमयोश्चात्र ।
६. KSS. क्रमाद् विद्यादपन्यासोंऽश एव च ॥ NS. भवत्यंशः पञ्चमो नित्यमेव तु ॥ स्यातामस्या अपन्यासौ मध्यमः पञ्चमस्तथा ॥ षाडवं षड्जहीनं तु लङ्घनीयः स एव च ॥ आन्ध्रीवत्सञ्चरो नित्यमृषभस्य च लङ्घनम् ॥ तत्र मन्दगतिः प्रोक्ता नित्यं गानप्रयोक्तृभिः ॥

षड्जो [illegible]श्च लङ्घ्यश्च गान्धीसञ्चरणं भवेत् ।
लङ्घनं ह्यृषभस्यापि तच्च मन्द्रगतं स्मृतम् ॥१३३॥

तारगत्या तु षड्जस्तु(ड्जोऽपि) कदाचिन्नातिवर्तते ।
गान्धारो वा ग्रहः कार्यस्तथा न्यासश्च नित्यशः ॥१३४॥

[1]कार्मारव्याः स्मृता ह्यंशा आर्षभः पञ्चमस्तथा ।
[illegible] निषादश्चाप्यपन्यासास्त एव तु ।
[illegible] भवेत् न्यासो हीनस्वर्यं न चात्र तु ॥१३५॥

[illegible] विशेषेण सर्वतो गमनं भवेत् ॥१३६॥

[illegible] कारणानुक्तत्वाद्वान्ध्रीवत् संगतिः प्राप्तेति वचनेन [illegible] तुल्यजातिकारणिकानां जातीनां सङ्गतिस्तुल्यैव कर्तव्येति [illegible] मन्द्रगतस्येति धर्मिस्वरूपं धर्म उपचरित इ(मि)ति । [illegible] तारगत्या षड्जो नातिवर्तते नातिशय्यते ।......गत्या षड्जो [illegible] । तत ऊर्ध्वकं न शिरस्यसप्तकस्वराः प्रष्टव्या इत्यर्थः । [illegible] । षड्जेव(ड्ज एव) कदाचिन्नातिवर्तते नारोहं भजते तारं न किञ्चित् प्रष्टव्यमित्यर्थः । कदाचिदिति । वैकल्पिकोऽयं तार इत्यर्थः । अस्यामेकः पूर्णश एकः षाडव इति द्वौ ॥१३२-१३४॥

अथ कार्मारवी । कार्मारव्या इति । ऋपधनि(नयों) अंशा(ऽशा) अपन्यासा-श्च । न्यासता । नित्यपूर्णता । विशेषेणेति । अन्ये त्वनंशा इहाभूयस्त्वभाजः । सर्वेभ्योऽपि विशेषेण तु गान्धारस्य यथाशक्ति सङ्गतिः । यदाह विशाखिलाचार्यः । बाहुल्यादनंशानां विशेषतः सर्वतो गान्धारगमनमिति । अस्याश्चत्वारोंऽशाः पूर्णा एव ॥१३५-१३६॥

अथ कैशिकी । कैशिक्यास्त्विति । सगमपधनिअं(नयों)शा अपन्यासाश्च । गनी न्यासौ । पर्यायेण धैवतनिषादौ यदांशौ तदा पञ्चमो न्यासः । कदाचित्तु ऋषभोऽपीति । लोपावस्थायां तन्ना(तु ना)सौ । तथा पूर्णतादशायां तु वा भवतीति । दौर्बल्यमृषभस्य । यतः कदाचिल्लोप(प्य)त्वात् । ऋलोपे यथा षाडवम् । ऋधलोपे

---

१. KSS कर्मारव्याः भवन्त्यंशाः पञ्चमर्षभधैवताः ॥ निषादश्चेति चत्वारो ग्रहाश्च परिकीर्तिताः ॥ एत एव ह्यपन्यासा न्यासः पञ्चम इष्यते । हीनस्वर्यं न चात्र स्यादनंशा बलिनस्तथा ॥

२. KSS —एत एव अपन्यासा न्यासा पञ्चम इष्यते ।
हीनस्वर्यं न चात्र स्यादनंशा बलिनस्तथा ।

कैशिक्यास्तु [1]तथा ह्यंशाः सर्वे चैवार्षभं विना ।
एत एव ह्यपन्यासा न्यासौ गान्धारसप्तमौ ॥१३७॥
धैवतेंऽशे निषादे च न्यासः पञ्चम इष्यते ।
[2]अपन्यासः कदाचित्तु ऋषभोऽपि विधीयते ॥१३८॥
आर्षभे षाडवं चात्र धैवतर्षभवर्जितम् ।
तथा चौडुवितं कुर्याद् बलिनौ चान्त्यपञ्चमौ ॥१३९॥
[3]दौर्बल्यमृषभस्यात्र लङ्घनं च विशेषतः ।
अंशवत् कल्पितश्चान्यैः षाडवे तु विधीयते ।
[4]षड्जमध्यावदत्रापि सञ्चारस्तु भवेदिह ॥१४०॥

स्वन्यत् । बलिनौ चान्त्यपञ्चमाविति । पञ्चमनिषादयोः पर्यायांशानन्यापेक्षं बलवत्तरत्वमिति यावत् । षड्जमध्यमायां च यथा चाह । धैवतस्वरांशायां यथेष्टं सञ्चारस्तद्वदिह । षडंशा ह्येषेति । किञ्चिन्न्यूनसञ्चारेयमिति ॥१३७-१४०॥

अथ जात्युद्भवग्रामरागादिसम्भावनासूचनार्थमार्यां केचित् पठन्ति ।

मिश्रं गेयं यदि यत्तदर्थितज्ज्ञेयमधिकबाहुल्यम् ।
सङ्करभूषणसन्ततिवैचित्र्याण्यत्र रञ्जनातिशयात् ॥

इति । मिश्रमिति । जात्यंशगतानि यानि दशरूपाणि लक्षणान्युक्तानि तत्सङ्कीर्णतया यत् मिश्रम् । गेयं ग्रामरागादिलक्षणम् । तद्यदि कस्यापि जात्यंशकस्य सम्बन्ध्यंशोऽन्यस्य न्यासोऽन्यदीयोऽपन्यास इत्यादि बहुतरवैचित्र्यम् । तदेवंभूतं यन्मिश्रगेयं तदस्या जातेरर्थितमिति यन्नियम्यते मतङ्गनन्दिकश्यपयाष्टिकादिभिस्तदधिकेन रूपबाहुल्येन । यथा(विहि)तं पानकमिदमिति न तु क्रममिश्रितम् । आह सङ्करोऽतिसङ्कीर्णतायां तस्यां भूषणसन्ततेर्वक्ष्यमाणस्य(स्या)लङ्कारवर्गस्य बहूनि विचित्राणि जायन्ते तानि कथमाद्रियन्त इति चोदना । रञ्जनातिशयादिति । तत्र ह्यधिका रक्तिरिति । तेन गात्र वागादौ सातिशयोऽस्योपयोग इति भावः । तत्र सङ्करे रूपबाहुल्याज्जातिनिर्देश (दत्तिलम्-९६) इति दत्तिलाचार्योऽप्याह । षड्जोदीच्यवतीसमा भिन्नषड्ज इत्युच्यते नन्दयन्ती भिन्नरूपबाहुल्येन ।......धैवतोंऽशः । मध्यमो न्यासः । ऋषभपञ्चमहीनतेति । अत एव ग्रामरागाणां लक्षणं मुनिनोक्तम् । कश्यपादयोऽपि

---

१. KSS. भवत्यंशा सर्वे चर्षभवर्जिताः । NS. विज्ञेयाः स्वरा सर्वेऽर्षभं बिना ।
२. KSS. अपन्यासत्वमङ्गत्वं बाहुल्यं च कदाचन ॥ भवेदस्यैव सञ्चारः षड्जमध्यावदिष्यते ॥ ऋषभः षाडवे हीनो धैवतं चर्षभं विना । कार्यं चौडुवितं नाम बलिनौ ।
३. KSS. सञ्चरस्तु विधीयते ॥

सम्प्रणेतारः प्रसिद्धास्त्विति छलयन्ति लोकान् सर्वथाऽर्थेऽनभिज्ञाताः। व्यावृत्तिस्तावदस्त्वित्याशयेन तल्लक्षणं सङ्क्षिप्य पठामः क्रमेण।

षड्जा(षाड्जी)मध्यमयोर्मध्यमोदीच्यायाश्च सङ्करात्।
मान्तौ स्यातां (क्रमात्) षड्जमध्यमग्रामसंज्ञकौ ॥

मांशान्तो मध्यमोद्भूतो रागः स्याच्छुद्धषाडवः।
यांशान्तोऽल्पगनिर्मध्यमापञ्चम्योस्तु पञ्चमः ॥

सांशौ मान्तौ तयोश्चैको धैवतीषड्जमध्ययोः।
कार्यः कैशिकमध्योऽन्यो जातः साधारितः स्मृतः।
षिगनिः कैशिकः पूर्णः सांशः पान्तश्च कैशिकी।
कार्मारव्यस्य हेतुः सा सप्तधा शुद्धगीतिका ॥

षड्जोदीच्याद्भिन्नषड्जो धांशो मान्तः परी(गतः)।
पांशो मान्तो भिन्नतानः पञ्चमीमध्यमोद्भवः ॥

सांशो मान्तोऽल्पगनिको ज्ञेयः कैशिकमध्यमः।
षड्जमध्योद्भवो धांशः पान्तोऽसौ भिन्नपञ्चमः ॥

दुर्बलो रिश्च मन्द्रांशौ पञ्चमीमध्यमोद्गतः।
कार्मारवी षड्जमध्यासम्भूतो भिन्नकैशिकः ॥
सांशः पान्त पञ्चभेदभिन्नगीतिरि(र)यं मता(तः)।
धैवतीषड्जमध्योत्थो [1]विपनिर्गौडपञ्चमः ॥
धांशो मान्तः सांशमान्तो निष्पः कैशिकमध्यमः।
धैवतीमध्यमोद्भूतः सांशः पान्तस्तु कैशिकः ॥
कार्मारवीषड्जमध्याजात्योस्त्रेधा तु गौडकः ॥
सौवीरः षड्जमध्योत्थो ॥

टक्कः सांशान्तो बहुसङ्गतिः।

सांशानः(न्तः) षड्जमध्योत्थः सौवीरो गनिवर्जितः ।
यांशान्तो विगनिर्मध्यपञ्चम्योर्मालवेसरः ।
पांशान्तः षड्जमध्योत्थोऽगनिर्वेसरषाडवः ।
ऋपमध्योद्भवा(वो)पांशो मान्तो (बोट्टः) ।
हिन्दोलकश्च सांशान्तो रिधजात्यन्यसम्भवः ॥
धांशान्तोऽल्पनिगष्टक्ककैशिको मधजातिभाक् ।
कैशिक्युत्थो विधिः सांशन्यासो मालवकैशिकः ॥
अष्टधा वेसरागीतिः ... ... ।
... ... ॥
आर्षभ्युत्थ... ... ... ।
... ... ॥
पूर्णस्तु (पान्तो)धान्तो वा सांशो भम्माणपञ्चमः ।
मान्तोऽल्पगनिकः षड्जमध्यमोत्थनिषादजः ॥
सन्यंशो रूपसाधारो मान्तो गान्धारसम्भवः ।
गान्धारपञ्चमो गांशन्यासस्त्रिश्रुतिदुर्बलः[४] ॥
[३]रंशो मान्तश्चार्षभीजो रेवगुप्तो [४]विषड्जकः ।
द्विश्रुत्यल्पो...सांशः कैशिक्याः षड्जकैशिकः ॥
सांशान्तः सधजातीजो निगो(गा)ल्पः(ल्पोंऽ)शकपञ्चमः ।
इतीयं नवधा गीतिः साधारण्याख्यया स्मृतः (ता) ॥
एषा विभाषा गीति तु ग्रामरागाश्रिते मते ।
ध्रुवागानोपयोगाय तवेतद्गीतिसप्तकम् ॥

एतत्सङ्ग्रहायेयमार्या कैश्चित् पठिता । अस्मत्पुस्तकेषु न तथा दृश्यते । न च तया विना न सङ्गृहीतमेतद्भवति जात्यंशके हि सर्वं स्वीकृतम् । तत्रापि चा(मा)र्जनोपयोगिनो वैचित्र्यह्य(स्या)भ्यनुज्ञानं मुनिनैव कृतम् । चतुःस्वरप्रयोगोऽपि अप(ह्य)कृष्टध्रुवास्विह । (भ. ना. २८-७७) इति वदतोत्तरत्र चालङ्कारवैचित्र्यं बिभजतेति ॥

एवमेता बुधैर्ज्ञेया जातयो दशलक्षणाः[1] ।
[1]यथा यस्मिन् रसे याश्च गदतो मे निबोधत ।।१४१।।

इति भरतीये नाट्यशास्त्रे जातिविकल्पनं नामाध्यायोऽष्टाविंशतितमः ।

अध्यायार्थमुपसंहरन्नर्थान्तरं प्रस्तावयति । एवमेता इति । दष्ट(दश)लक्षणव्यभिचारिणी हेतु(चारिहेतु)सम्भवमात्रत इत्याशयेनाह । बुधैरिति । यथा यस्मिन्निति । यत्र रसे येनांशन्यासादिना प्रकारेण या इत्यर्थः । गदतो मे इत्यनादरे षष्ठी । तेन मद्वचनमेवात्र न केवलं प्रमाणम् । यावत् कश्यपमुनिप्रभृतिभिरपि यन्निरूपितं तदपीति शिवम् ।।१४१।

शिशिरकरकलाशेखरचरणाम्भोजाश्रयाकलिततापः ।।
अभिनवगुप्तो गुप्तं जात्यध्यायं विचारितवान् ।।

इति श्रीमहामाहेश्वराचार्याभिनवगुप्तविरचितायां नाट्यवेदवृत्तावभिनवभारत्यां जातिविकल्पाध्यायोऽष्टाविंशः समाप्तः ।।

---

१. KSS. NS. कार्या (यथा) यस्मिन् रसे यश्च तत्त्वं मे सन्निबोधत ।

नाट्यशास्त्रम्

अथैकोनत्रिंशोऽध्यायः

[1]षड्जोदीच्यवती चैव षड्जमध्या तथैव च ।
[2]मध्यपञ्चमबाहुल्यात् कार्या[3] शृङ्गारहास्ययोः ॥१॥
[4]षाड्जी त्वथार्षभी चैव स्वस्वरांशपरिग्रहात्[5] ।
[6]वीररौद्राद्भुतेष्वेते (वीरेऽद्भुते च रौद्रे च) प्रयोज्ये गानयोक्तृभिः ॥२॥

॥ एकोनत्रिंशोऽध्यायः ॥

जातिविनियोगकल्पं सूचयतीवं चित्रमपि हि जनयति या ।
वन्दे तमभेदकरीं तां नियतिं शाङ्करीं शक्तिम् ॥१॥

अस्य योनिर्भवेद्गानम् । (भा० ना० २८-१०) इति गानसमन्वयेनास्य गान्धर्वलक्षणस्यार्थस्यागतत्वाज्जात्यात्मको यो गान्धर्वभाग उक्तस्तस्य भागे केनांशेनोपयोग इत्यभिप्रायेणाध्यायान्ते पूर्वमुक्तं यथा यस्मिन् रसे योज्य (याश्च भ० ना० २८-१४१) इति । गान्धर्वशेषतैव चार्थस्य मा सम्भावीत्येतदर्थमध्यायच्छेदः। तथा च वक्ष्यति । एवमेता बुधैर्ज्ञेया जातयो नाट्यसंश्रयाः । (भ० ना० २९-१३) इत्थं नाट्योपयोगिन्य इत्यर्थः । तत्र षड्जग्रामाश्रितास्तावद्रसेषु विनियोक्तुमाह । षड्जोदीच्यवती चैवेति । षड्जोदीच्यवत्या मध्यमेन योंऽशकः षड्जमध्यमायाः षण्(ड्नो)मध्यमपञ्चमाभ्यां ते त्रयोंऽशकाः । शृङ्गारहास्ययोरित्येव मध्यपञ्चमबाहुल्यादिति यथासम्भवं विनियोज्या ॥१॥

षाड्ज्यां षड्जेन योंऽशक आर्षभ्यामृषभेण तौ वीराद्भुतरौद्रेषु । तदाह । स्वस्वरांशपरिग्रहादिति । स्वो नाम स्वरस्तस्य योंऽशत्वेन परिग्रह इत्यर्थः ॥२॥

---

१. NS. षड्जोदीच्यकरं ।
२. KSS. षड्जमध्यमबाहुल्यात् ।
३. KSS., NS. कार्यम् ।
४. KSS. आर्षभी चैव षाड्जी च ।
५. NS. स्वरांशपरितस्पृहात् । KSS. षड्जर्षभग्रहस्वरान् ।
६. KSS. वीराद्भूते च रौद्रे च निषादाङ्ग परिग्रहात् ।

[1]निषादेंऽशे तु नैषादी गान्धारे षड्जकैशिकी ।
करुणे तु रसे कार्या जातिगानविशारदैः ॥३॥

धैवती धैवतांशे तु[2] बीभत्से सभयानके ।
[3]ध्रुवाविधाने कर्तव्या जातिगाने प्रयत्नतः ।
[रसं कार्यमवस्थां च ज्ञात्वा योज्या प्रयोक्तृभिः ।]
षड्जग्रामाश्रिता ह्येताः प्रयोज्या[4] जातयो बुधैः ॥४॥

अतः परं प्रवक्ष्यामि मध्यमग्रामसंश्रयाः[5] ।
गान्धारीरक्तगान्धार्यौ गान्धारांशोपपत्तितः ।
करुणे तु रसे कार्ये निषादेंऽशे[6] तथैव च ॥५॥

मध्यमा पञ्चमी चैव नन्दयन्ती तथैव च ।
[7][गान्धारपञ्चमी चैव मध्यमोदीच्यवा तथा ।]
मध्यमपञ्चमबाहुल्यात् कार्याः शृङ्गारहास्ययोः ॥६॥

[8]कार्मारवी तथा चान्ध्री गान्धारोदीच्यवा तथा ।

निषादिन्या यो निषादांशक षड्जकैशिक्याश्च गान्धारांशकस्तौ करुणे ॥३॥
धैवत्यां धैवतोंऽशको बीभत्सभयानकयोः ॥४॥

अथ मध्यमग्रामजातीनां विनियोगमाह । गान्धारीरक्तगान्धार्याविति । एतयोर्द्वयोरपि गान्धारनिषादांशकौ करुणे ॥५॥

मध्यमाद्याः पञ्च मध्यमपञ्चमांशकाः शृङ्गारे हास्ये च ॥६॥

कर्मारव्यादयस्तिस्रो वीररौद्रयोः षड्जर्षभांशकयोर्योगे । कैशिकी धैवतांशा

---

१. KSS. गान्धार्यंशोपपत्या च करुणे षड्जकैशिकी ॥

२. KSS. अंशा च ।

३. अतः पूर्वं "धैवती करुणे योज्या चोन्मादे षड्जमध्यमः" इति पद्यार्धमधिकं NS. पुस्तके ।

४. KSS. विज्ञेयाः ।

५. KSS. मध्यग्रामसमाश्रयाः ।

६. KSS. जातिगाने प्रयोक्तृभिः ।

७. काशीसीरिजपुस्तके पद्यमेतन्नास्ति ।

८. इतः पूर्वं KSS. पुस्तके—'मध्यमोदीच्यवा चैव······कर्तव्या वीररौद्रयोः" इत्यधिकः श्लोकः ।

वीरे रौद्रेऽद्भुते(तथा) कार्याः षड्जर्षभांशयोजिताः ।
कैशिकी धैवतांशे तु बीभत्से सभयानके[1] ॥७॥
एकैव षड्जमध्या ज्ञेया [2]सर्वरससंश्रया जातिः ।
तस्यास्त्वंशाः सर्वे स्वरास्तु विहिताः प्रयोगविधौ ॥८॥

बीभत्सभयानकयोः ॥७॥

अत्र टीकाकारः शङ्कते । योऽयं जात्यंशकानां विनियोग उक्तः स कश्यपमुनिमतङ्गादिभिर्विरुध्यते । तथाहि तैरुक्तम् ।

सम्भोगे चैव शृङ्गारे प्रेङ्खोलितकमेव च ।
कामभूतेषु सर्वेषु कुर्यात् मालवकैशिकम् ।
भिन्नषड्जो मानवैन्ये चैकान्ताजीवितस्य च ॥

इत्यादि । न च ते रसजातय एतेषु मतेषु । रसेषु विनियुक्ताः । येन विरोधः स्यात् ।

अत्राहुः । कश्यपाद्यैस्तावत् मालकैशिकादीनां तत्तच्चित्तवृत्या जीवनौचित्यं दृष्ट्वा विनियोग उक्तः । न तस्यानध्यापकत्वादङ्गीकर्तव्यम् । मुनिना जात्यंशकविनियोग आधाराभिप्रायेणोक्तः । तथाहि । यावन्तः परमार्थतः स्वरा इति सप्तचत्वारिंशत् स्वराः । यदाहुः । त्रिरूपविश्वरूपा इति । (३+४४=४७) सङ्क्षेपेण ह्युदात्तादयस्त्रय एव स्वराः । विस्तरविवक्षायां तु जात्यंशकग्रामरागभाषादेशीमार्गवैचित्र्येणानन्ता एव स्वराः ।

अन्ये हि षड्जः षाड्ज्यामन्यश्चार्षभ्यां समाने जीविभिः पाणिपादादियोगे यथा स एव चैत्राद(दि)यो(र्यो)ऽश्वपतित्वं महामात्रत्वं सेनापत्यं मन्त्रित्वं पौरोहित्यमिति विचित्रधर्मयोगित्वमुद्वहंस्तत्परिवारमध्यान्निष्क्रान्दोऽप्येकैको बिग्रहावस्थितेनाविभिन्नमेवाभिमानं बिभर्ति तद्वत् तत्तदंशकवैचित्र्ययोग्यंशस्वर एव केवलो रूपी विचित्राकारः । तथाहि । तुल्ये च श्रुति(त्ये)कत्वेऽन्यादृशो मालवकैशिके षड्जो भाति । टक्करागे त्वन्यादृशः । तथापि वेगस्वरसैन्धवभेदेन भिन्न एवावभाति च । कर्ण्यैः षड्जध्वनिमात्रएव(क)श्रुतिष्टक्करागोऽयं सैन्धवो वेगस्वर इति मालवकैशिको वा गीयत इति । सोऽयं सकलकरणोपजीवनप्रतिस्वभावभेदस्य त्यंशकस्वर इह वंशे

---

१. KSS. तथा गन्धारपञ्चमी । इतोऽग्रे "प्रयोक्तव्या बुधैः सम्यक् बीभत्से सभयानके" इत्यधिकम् ।
२. KSS. सर्वरसा संश्रया जाति ।

स्थायी तत्र तत्र रसे कर्तव्यो मालवकैशिकादावपि गीयमाने स्वरगानुदय एव । पश्चाद्विति(दपि) इष्टतदाधारमभि(मि)माना आधेयस्यापि वैचित्र्यसिद्धिरिति ।

उपाध्यायास्त्वाहुः । एवम्भूतस्तावदाधाराधेयभावो लक्ष्ये न लक्ष्यते । न च तस्य वैचित्र्यकारित्वं किञ्चिदस्ति । नापि मुनेः कश्यपादीनां वचनमत्र किञ्चिदस्ति । न च नियमादृष्टस्यायं विषयः । तस्मादयमभिप्रायो मुनेः । इह जात्यंशका एव परमार्थतः समस्तगीतसर्वस्वम् । तत्र हि रागभाषादयोऽप्यन्तर्भूताः । न चायं नियमः । एकेनैव जात्यंशकेन भवितव्यम् । अत्रैव रस इति । तथा ह्याह । एकैव षड्जमध्या सर्वरसेषु जातिः । सप्तांशा हि सेति । तत्र यथा मालवकैशिकविनियुक्ते षड्ज(ड्जे)-श्च(च) रञ्जनातिशयसिद्धये सैन्धविकाहर्षपुरिकादीनां भाषाणां गानमविरुद्धम् । तस्मात् तत्र तत्रांशके गीते सति तद्रक्त्यतिशयत्वा(स्या)वश्य(श्यं) मालवकैशिकादेर्गानं भविष्यति रक्त्यतिशययोगात् । अत एव ह्येते ग्रामरागा इत्युक्ताः । ग्रामो हि जातिसमूहस्तस्य सम्बन्धिनो रक्त्यतिशया इति ।

एतदप्यपरे नानुमन्यन्ते । न हि षड्जोदीच्यवत्या मालवकैशिको हिन्दोलको हि रक्तत्वेन जातिनातः । (सा हि) भिन्नषड्जस्य कारणत्वेनोक्ता । भिन्नषड्ज-हेतुरपि जातिस्ताभ्यां रक्तिमति सम्पत्स्यते ।

को विरोध इत्यपरे ।

अन्ये मन्यन्ते । यथा स्थायिसूत्रस्य यदा व्यभिचारिभ्यः सकाशादुद्रेको लक्ष्यते तदा रसदृष्टीनां प्रयोग उक्तः । तद्वज्जात्यंशकानां सञ्चारिभावास्तु व्यभिचारिसम्पाते भावदृष्टीनामिव ग्रामरागादीनामिति ।

युक्त्यन्तरं त्विदं लक्ष्यते । किमनेन तन्त्रान्तरशीले(लने)न । कश्यपादिभिस्ता-वान् यो(वद्यो)विनियोग उक्तः सोऽप्यत्र । अयमपि मुनिविनियुक्तोऽस्तु । परमतमप्रति-षिद्धमभिमतमिति स्थितया हि न्यायात् । वैकल्पिकत्वे को विरोधः । प्रत्युत कोहल-स्तद्वदिष्यतीति (भ० ना० ३७-१८) सर्वमनुज्ञातमेव मुनिना । एतत्प्रसिद्धये तत्र तत्रोक्तं रक्त्यतिशययोगाच्च । लोके कोहलकश्यपादिमतमेव प्रसिद्धिमुपगत-मित्यलं बहुना ॥८॥

न चायमेव नियम इति दर्शयितुं समस्तलक्ष्योपसंग्राहकं च सामान्यलक्षणं वक्तुमाह ।

यो यदा बलवान् यस्मिन् सर्वे(स्वरो)जातिसमाश्रयात् ।
तत्प्रवृत्तं रसे गानम् ॥ इति ॥

यस्मिन्निति । ग्रामरागभाषादौ । तेनेदमुक्तं भवति । क्वचिद्विशेषविनियोगरतावदुक्तो यथा मालवकौशिकादौ । तत्रापि सर्वांशकायोगे भाषाद्वारेण भावनेन नियम्यते ।

योयदा बलवान् यस्मिन् स्वरो जातिसमाश्रयात्[1] ।
[2]तत्प्रवृत्तं रसे कार्यं गा ं (गानं कार्यं) गेये प्रयोक्तृभिः ॥९॥

मध्यपञ्चमभूयिष्ठं गानं शृङ्गारहास्ययोः[3] ।
षड्जर्षभप्रायकृतं वीररौद्राद्भुतेषु च ॥१०॥

गान्धारः(र) सप्तमश्चायं (प्रायं) करुणे गानमिष्यते ।
तथा धैवतभूयिष्ठं बीभत्से सभयानके ॥११॥

[4][एकैव षड्जमध्या विज्ञेयाऽखिलरसाश्रया जातिः।]
तस्यास्त्वंशाः सर्वे स्वराश्च विहिताः[5] प्रयोगविधौ ॥१२॥

एतदुक्तिर्विशेषप्रधानोऽयम(व)लम्बनीयो यथा पञ्चमप्रधानतया सैन्धव्या भाषया शृङ्गारः सम्यगुद्दीपितो भवति मालवकैशिकेनेति ॥९॥

एवं तावद्विनियोगे सति विनियोगशेषोऽयं ग्रन्थो यत्र तु नोक्तस्तत्र जात्यंशकस्वरपर्यालोचनयाऽभ्यूहनीयो विनियोगः। तेन ककुभश्च करुणे यद्यपि निषादगान्धारप्रधानया भोगवर्धनिकया समुपरक्तोऽसौ सम्यक् करुणमभिव्यनक्ति। तदेतदाह। **मध्यपञ्चमभूयिष्ठमित्यादि**। ये त्वेनमग्रग्रन्थजातिविनियोगस्य शेषत्वेन व्याचक्षते तैः पौनरुक्त्यं दुष्परिहरम्। तस्य प्रथमए(मे)वोक्तत्वात् ॥१०-११॥

ननु **एकैव षड्जमध्या विज्ञेयाऽखिलरसाश्रया जातिः**। इत्यार्या पुनरुक्तार्था। नैतदिदं ह्यनयोच्यते। जातिभिः सर्वं व्याप्तम्। जातयश्च सर्वाः षड्जमध्यमायाम्। तथाहि। षड्जग्राममध्यमग्रामयोर्ये(या)प्रधानभूते(ता)श्राद्यजातीनां या चेयद्भूतेति सर्वस्वरांशा तदेवास्यामंशाः। एतेन यावत् किञ्चिद्रक्तिसर्वस्वं संसारेऽस्ति तत्तत् षड्जमध्यमायां पिण्डीभूतमिति तदंशकेष्ववधातव्यम्। रक्तिलाभे **सर्वे स्वराश्च विहिताः प्रयोगविधा**विति विन्यासादिभावेन चेत्यर्थः। किञ्च ये केचित् प्रयोगस्य गेयस्य विधौ प्रकारभेदे गीतिसप्तके ते स्वरा(के स्वरा)स्तेऽस्यामेव जातौ विहिता एकीकृता इत्यर्थः ॥१२॥

१. NS. समाश्रयः।
२. KSS. तत्प्रयुक्ते रसे गानं कार्यं।
३. KSS. हास्यशृंगारयोर्भवेत्।
४. KSS. does not read here.
५. KSS. प्रयोगविहिताः।

सर्वेष्वंशेषु रसा नियमविधानेन सम्प्रयोक्तव्याः ।
काकल्यन्तरविहिता विशेषयुक्तास्तु(श्च) बलवन्तः ।
एवमेता बुधैर्ज्ञेया [1]जातयो नाट्यसंश्रयाः ॥१३॥

यदि नामास्यां जातावपि पिण्डीभूतः सर्वप्रयोगस्ततः प्रकृते किमित्याशङ्क्याह । सर्वेष्वंशेषु रसा नियमविधानेन सम्प्रयोक्तव्या इति । षड्जमध्यमयोः सम्बन्धिनो येंऽशकास्तेषु सर्वेषु रसा यथोचितं सम्यक् प्रयोक्तव्याः ।

काकल्यन्तरविहिता विशेषयुक्ताश्च बलवन्तः ॥ इति ।

स्वरविशेषः(ष)षड्जमाश्रित्य बलवत्त्वम् । काकल्यन्तरयोरपि न प्रयोगमात्रमादरणीयमपि तु बलवत्त्वमेव । जातीनां नान्योपयोगं कथयन् रसादियोगो जातीनामनुद्दिष्ट एव किमिति कथित इत्याशङ्कां शमयति ।

एवमेता बुधैर्ज्ञेया जातयो नाट्यसंश्रयाः ॥ इति ।

इत्थमेता नाट्योपयोगिन्यो ध्रुवागानोपयोगदिशेत्यर्थः ॥१३॥

तत्तल्लक्ष्यप्रबन्धगानोपयोगि कश्यपाद्युद्दिष्टं विनियोगजातं कथ्यते ।

ध्रुवागानाग्निजावेशे त्यक्ते निष्कलधीजुषाम् ।
सामाजिकानां हृदये सङ्क्रामेत् प्रस्तुतो रसः ॥१॥

तत्र शुद्धरसेनोक्ता भाषा रक्त्यंशसम्भवात् ।
अतोऽनुल्बणचिद्वृत्तौ सन्धिशेषे नियोज्यताम् ॥२॥

मुखे तु मध्यमग्रामः षड्जः प्रतिमुखे स्मृतः ।
गान्धारो गर्भसन्धौ स्यादवमर्शे तु पञ्चमः ॥३॥

कैशिकः स्यान्निर्वहणे प्रशस्त्यन्ते तु मध्यमः ।
षाडवः पूर्वरङ्गे स्याद्विष्णोर्ग्रामिद्वयं विदुः ॥४॥

गौर्यास्तु पञ्चमं कुर्यात् साधारं स्कन्दसूर्ययोः ।
मध्यमं कैशिकं विद्यात् साधारं च भयानके ॥५॥

ललित(तादि)रियं शुद्धा गीतिः स्यान्नाट्यवृत्तयोः ।
दैन्यावमानभूयिष्ठे रसे षड्जो विधीयते ॥६॥

कामिनीजनितेऽस्यापि भाषास्तद्व्यभिचारिषु ।
शुद्धावहित्थे गोप्यत्वे दाक्षिणात्या सर्वैवते ॥७॥

---

१. KSS जातयो रससंश्रयाः । NS. ज्ञातयो नाट्यसंश्रयाः ।

[1]पाठ्यप्रयोगविहितान् स्वरांश्चापि निबोधत ।
हास्यशृङ्गारयोः कार्यौ स्वरौ मध्यमपञ्चमौ ।
षड्जर्षभौ च कर्तव्यौ वीररौद्राद्भुतेऽथ ॥

गान्धारश्च निषादश्च कर्तव्यौ करुणे रसे ।
धैवतश्च [2]प्रयोगज्ञैर्बीभत्से सभयानके ॥]

चिन्तायां कणिकौत्सुक्ये पौराली धूर्तजालिके ।
बाङ्गाली खेदप्रणययोः सैन्धवी तापसाम्बरे ॥८॥

कालिन्दी सम्मदे कुत्से पुलिन्द्यात्मप्रवासिनि ।
श्रावणी शोकभूयिष्ठे षड्जाख्याऽतीतसम्मदे ॥९॥

मालवी गुर्जरी चाथ चिन्ताप्रशमयोः क्रमात् ।
मतिधृत्यवहित्थेषु गीयते बाह्यषाडवा ॥१०॥

कौसला कौशले कुर्याद्गान्धारी षड्जवर्जिते ।
मृदौ सौवीरललिते लालिते लवितासमे ॥११॥

तुम्बुरावश्यकैशिक्यौ गा(क्योर्गा)न्धारललिता भवेत् ।
कर्णाटी बन्धनिर्विण्णा(ण्णे) चित्रकर्मणि वा भवेत् ॥१२॥

कालिङ्ग्यमर्षविशे तु लिङ्गिनां कपटात्मनाम् ।
मध्यमा स्मृतिशङ्कासु निर्विण्णे पार्वती भवेत् ॥१३॥

निषादिनी विमोहादौ भिन्नषड्जे गणस्त्वयम् ।
स्थापकीये सभोत्साहे भिन्नपञ्चम उच्यते ॥१४॥

सम्भ्रमे नर्तरागस्य मले(दे) कैश्चिदथाद्भुते ।
श्रमाद्यसूयामर्षेषु शुद्धभिन्नां(न्ना) नियुञ्ज(ज्य)ते ॥१५॥

वराटी वर्षसंवेगविस्मयेषु विधीयते ।
धृतिस्मृत्यवहित्थेषु भवेद्धैवतभूषिता ॥१६॥

---

१. NS. does not read, KSS. बाह्यप्रयोगविहितान् स्वरांश्चैव निबोधत ।
२. KSS. प्रयोक्तव्यः ।

आलस्यदैन्यमोहेषु विशाला व्रीडितेऽपि च ।
गर्वौत्सुक्यवितर्केषु दक्षमापरिगीयते ॥१७॥

त्रासशङ्कासम्भ्रमेषु कोसल्या विनियुज्यते ।
बाङ्गाल्यमर्षवेगेषु धृतिस्मृतिषु च स्मृता ॥१८॥

उत्तमे करुणे भावे सू(त)ये व्यभिचारिणि ।
कार्यान्तरा (तुरोद्)भूते भाषा कामोद्भवा मता ॥१९॥

छन्नेऽभिलाषे शृङ्गारे वीरे धर्मात्मके तथा ।
कृतकर्तव्यतायां च कर्तव्यो भिन्नकैशिकः ॥२०॥

दक्षौचित्याद्भुतोत्साहे भिन्नकैशिकमध्यमः ।
अनयोर्भिन्नयोर्बालाकैशिक्यौ व्यभिचारिणी(णि) ॥२१॥

सूक्ष्मवक्त्रा स्वरैर्जात्या श्रुत्या भिन्ना निरूपिता ।
अतत्स्वभावो यो रौद्र उत्साहो धर्मवर्जितः ॥२२॥

गौडपञ्चममिच्छन्ति तत्रैके कश्यपादयः ।
चिन्तादैन्यधृतिश्रद्धामर्षादौ द्रामिडी स्मृता ॥२३॥

दुःखे दुरन्तेष्वभये पताकादेर्नियुज्यते ।
गौडकैशिकमेकस्य भाषां तन्नामिकामपि ॥२४॥
भयानके मध्यमः स्याद्भिन्ना चोत्साहयोगिनि ।
नन्दयन्तीव तद्भाषा भवेत्तु व्यभिचारिषु ।
गौडगीतिरियं प्रायो वेगस्वरविचित्र(त्रि)ता ॥२५॥

टक्करागस्तु कर्तव्यो रसयोर्वीररौद्रयोः ।
दीप्ते च हृदयेऽस्यार्धं स्यादगाढविषयेऽपि सः ॥२६॥

हर्षे वाऽप्यथ चिन्तायां त्रवणा त्रवणोद्भवा ।
वैरञ्जिका हिता वन्ध्या छेवाडी रणकल्पने ॥२७॥

मालवेसरिका कार्या समराङ्गणकल्पने ।
गुर्जर्यमर्षवेगेषु सौराष्ट्री निष्ठुरात्मके ॥२८॥

सैन्धवी परितोषे स्याद्वैरस्ये वेसरी मता ।
पञ्चमाख्या विहसिते रविचन्द्रा विषादिनि ॥२९॥

अम्बाभे (ही)री मदोन्मादे ललिता दर्पविप्लवे ।
कोलाहलिः कलकले मध्यमग्रामिका धृतौ ॥३०॥

शङ्कासूयाश्रमे भाषा गेया गान्धारपञ्चमी ।
धृते(ता)वेता मतिस्मृत्योः स्याद्दिवाकरवर्धिनी ॥३१॥

पौराली दीप्तभावेषु सादतौ(त्वते)तानतूलिका ।
महानिर्वेदभावानां ॥३२॥

चिन्ताविषादनिर्वेदे शार्दूली शोकसंश्रया ।
जये हर्षे वितर्के च मालवी परिगीयते ॥३३॥

स्वाध्यायादिप्रसक्तेषु तद्भावस्थे च गीयते ।
सौवीरी मतिधृत्योस्तु सौवीरी वेगमध्यमा ॥२४॥

साधारिता च हर्षे स्याद्गान्धारी शोकचिन्तयोः ।
अभिलाषिकशृङ्गारे मध्यस्थे हृदग्रेऽथवा ॥३५॥

संसार(वि)तथा(ता)वाथ गेयो मालवपञ्चमः ।
निर्वेदग्लानिशङ्कासु श्रमे वा भेरिका भवेत् ॥३६॥

आवेगशस्त्रसामर्षगर्वौग्र्ये भावनी मता ।
पाङ्काली च मदोन्मादे सैन्धव्यौत्सुक्यनिद्रयोः ॥३७॥

गुर्जरी धृतिहर्षादावन्धाली मदवृद्धिषु ।
कामावस्थां दाक्षिणात्या सर्वामुद्दीपयेत् किल ॥३७॥

श्रान्तावहित्थमतिषु तर्के तानोद्भवा मता ।
त्रवणी मदनावस्था शोकोत्कण्ठासु कथ्यते ॥३९॥

नीचानां मदशङ्कौग्र्यगर्वालस्येषु कौशिकी ।
करुणे दैन्यभूयिष्ठे आहुर्वेदवतीं बुधाः ॥४०॥

पौराल्यध्वश्रमे हर्षे गर्वे त्व(त्वा)न्ध्रीं प्रचक्षते ।
औग्र्ये क्रोधे च गान्धारी सङ्गमे च विभाविनी ॥४१॥

भिन्नकैशिकमध्यस्य स्थाने वेसरषाढ(ड)वः ।
पुष्पमोक्षे चावहित्थवृत्त्यादौ बाह्यषाढ(ड)वः ॥४२॥

रवान्धा हास्ययोगे तु म(मा)ङ्गल्ये वोट्टरागतः ।
मङ्गलाख्योत्सवे हर्षे रागशोभाविधायिनि ॥४३॥

रतेः कामदशानां वा भिन्नत्वे टक्ककैशिकः ।
भिन्नषड्जस्य वा स्थाने चिन्ताव्रीडासु मालवी ॥४४॥

अन्ये तु कथयन्त्येनां चेटिकाशबरादिषु ।
रोषे स्यात् कैशिकी बन्धे भये स्याद् द्रामिली शुचिः ॥४५॥

विप्रलम्भे कामदशायोगे मालवकैशिकः ।
शुद्धा स्याच्छुद्ध(गान्धारी)पौराली शोकगोचरे ॥४६॥

हर्षे हर्षपुरी ख्याता चिन्तायामर्धवेसरी ।
जुगुप्सायां तु पाञ्चाली सैन्धवी मोहगोचरे ॥४७॥

नर्मस्फञ्जे(स्पन्दे)ऽपि चाभीरी खञ्जनी गीयते शुचिः ।
अमर्षे गुर्जरी रौद्रे कैशिकी च सुरार्चने ॥४८॥

धृतौ मतौ श्रमे पोता स्यात् सिन्धुवनिता भये ।
शार्दूली यज्ञकर्मादौ धृतिस्मृतिमतिष्वपि ॥४९॥

प्रेङ्खा सम्भोगशृङ्गारे विदूषकपरिक्रमे ।
आवेगे वेसरी दैन्यचिन्तयोश्चूतमञ्जरी ॥५०॥

औत्सुक्ये विश्रमे खेदे छेवाडीं सम्प्रयोजयेत् ।
षड्जमध्यमिका हर्षधृत्योर्मधुरिका तथा ॥५१॥

शोके च हविचन्द्राख्या मदोन्मादेषु पिञ्जरी ।
व्रीडायां भिन्नवलिता चापले च विधीयते ॥५२॥

कर्तव्या भिन्नपौराली हासासूयावितर्कगा ।
द्राविडी स्यात् परिभ्रष्टे पार्वत्युत्साहहर्षयोः ॥५३॥

अष्टधा रागगीतिः स्याद्दोषाला(दा)वित्यजीविता ।
शोकेऽवेक्षे तु ककुभो धृतौ काम्भोजिका मता ॥५४॥

मध्यमग्रामिका गर्वे चिन्तालस्येषु माधुरी ।
सालवाहनिका चिन्ताश्रमक्षीबेषु गीयते ॥५५॥

भोगवर्धनिका शोके दैन्ये निर्वेदचिन्तयोः ।
निद्रोन्मादजडत्वेषु साकाङ्क्षे वलिता तथा ॥५६॥

भिन्नपञ्चमिकां कुर्यात् स्मृतौ धृत्यवहित्थयोः ।
भोगवर्धनिकास्थाने मदे माऽऽभीरिका भवेत् ॥५७॥

विषाददचिन्तानिर्वेददैन्यखेदप्रजागरे ।
उरगन्ती च पौराल्या धीवराव(ह्य)वहित्थगा ॥५८॥

प्राकृतेषु सचिन्तेषु गातव्या शर्कमिश्रिता ।
उक्ते रहुबिक(रहति च)स्थाने योज्यते किरणावली ॥५९॥

रेचयन्ती बन्धुवदे(धे) विच्छदे प्रियबान्धवे ।
ललिता धैर्यगाम्भीर्ये हर्षे बाङ्गालकेसरी ॥६०॥

नर्तरागमिहेच्छन्ति यत्र मालवकैशिकः ।
ककुभो बा दैन्यचिन्तालस्यमोहेषु नर्तकी ॥६१॥

वीराभासे तु हास्येन निर्वाहे शक इष्यते ।
शङ्कावहित्थनिर्वेदश्रमे तद्वलिता स्मृता ॥६२॥

नारीलास्यदिदक्षायामाहुः पञ्चमषाढ(ड)वम् ।
प्रस्ये(स्य) भाषे(षा) रेवगुप्ता शकस्याथ स्वतन्त्रका ॥६३॥

रागो हर्षमदोत्साहधृतिस्मृत्यादिगोचरः ।
मार्गभ्रष्टेऽथ बीभत्से नीचे भम्माणपञ्चमः ॥६४॥

श्रमशङ्कावितर्केषु कार्या मध्यमभूषिता ।
रूपसाधारितष्टक्करागस्थाने स्वरूपतः ॥६५॥

गान्धारपञ्चमः सा च नीचस्यादद्भुतहास्ययोः ।
बीभत्से हास्यबीरोगे कर्तव्यः षड्जकैशिकः ॥६६॥

चिन्तावितर्कयोः सा स्यात् स्त्रीणां मालवपञ्चमा ।
औत्सुक्ये प्रोषिते पत्या शङ्कासूयासु भावनी ॥६७॥

इति साधारगीतिः स्यात् सर्वगीतिविमिश्रणात् ।
भूयस्त्वल्पत्वतो माव(वो)व्यभिचारिगतो भवेत् ॥६८॥

गानं रसेषु यत्रोक्तं विषयस्यैकतास्थितिः ।
ध्रुवादौ मध्यमग्रामषड्जौ षाडवपञ्चमौ ॥६९॥

गान्धारमध्ये कैशाख्या पगौ गान्धारपञ्चमः ।
सूर्ये सौवीरकश्चण्ड्याः कैशिकः पञ्चमेऽपि हृ ॥७०॥

सर्वं एव सुरारातौ भवेन् मालवकैशिकः ।
सर्वे रागा महादेवे सम्यक् सन्तोषपोषकाः ॥७१॥

गीती(तिः)साधारगौडीये नाट्ये तु प्रहरद्वये ।
भिन्ना न चरमे सैव पूर्वस्मिन् न तु जातुचित् ॥७२॥

नाट्यादभावात्तानः स्यादमङ्गलतमो ह्यसौ ।
चरमे रागगीतिः स्यान् नाट्ये न नियमः स्वयम् ॥७३॥

प्रेङ्खोलितो वसन्ते स्यात् तथा मालवपञ्चमा(मः) ।
टक्करागो गौडककुभो भिन्नषड्जोऽथ कैशिकः ॥८४॥

भिन्नपञ्चमकश्चेति ग्रीष्माद्यृतुषु संमता(ताः) ।
इत्येष कश्यपाद्युक्तो विनियोगो निरूपितः ॥७५॥

ननु शान्तरसे न केनचिदंशकेन गानमुक्तम् । विस्मरणशीलोऽसि । स्मर्यंसे-(ते) । उक्तं हि । न शान्तरसप्रधानता प्रयोगस्य भवति । सतोऽपि हि रसान्तरोपरक्त एव प्रयोगयोग्यो नान्यथेति ।

एवं विनियोगजात्यंशकानभिधायाधुना वक्तव्यान्तरं वक्तुमुपक्रमते ।

अत ऊर्ध्वं प्रवक्ष्यामि वर्णालङ्कारलक्षणम् । इति ।

ननु वर्णादेर्जातिशरीरानुप्रवेशाज्जातिलक्षण एव निरूपणं युक्तं दृश्यते । लब्धात्मलाभस्य हि विनियोगो युक्तः । दशलक्षणावपि वा पूर्वं विनियोगो वक्तव्यः । विनियुक्तस्य लक्षणमित्यपि दृश्यते । पृष्ठे तु तदभिधानमयुक्तमिव । उच्यते । जातिर्नाम स्वरसमूहमात्रम् । पदसम्बन्धाधीनस्तु वस्तुवर्णव्यवहारः । तदायत्ताश्चालङ्काराः । न चार्थविशेषाभिधायिना पदेन सम्बन्धो विनियोगमन्तरेण भवति ।

नन्वेवं न्यासापन्यासावपि तत्रावाच्यौ । तयोर्हि समस्तविद्यासमाप्तिः । असाववान्तरविदारी समाप्तिश्च स्थानम् । विदारी चावान्तरपदसमूहविच्छेदरूपा । यद्येवमत्र(ल्प)त्वमिदमुच्यते । ग्रहांशादयोऽपि पदापेक्षा एव । तर्हि गीयमानपदाभावे कश्चिदपि स्वतः स्वरोपयोगोऽस्ति गाने गान्धर्वे वा । समवाये गान्धर्वमिति

अत ऊर्ध्वं प्रवक्ष्यामि वर्णालङ्कारलक्षणम् ।

आरोही चावरोही च स्थायिसञ्चारिणौ तथा ।

वर्णाश्चत्वार एवैते ह्यलङ्कारास्तदाश्रयाः ॥१४॥

[1]आरोहन्ति स्वरा यत्रारोहीति स तु संज्ञितः[2] ।

विशाखिलाचार्यः । तस्मात् पदसम्बन्धः सर्वत्र प्रयोजकः । किं तु वर्णो नाम पदसम्बन्धमन्तरेण लक्षयितुमेव न शक्यते । तथाहि वक्ष्यते । पदं लक्षणसंयुक्तमिति (भ० ना० २९.१७) । ग्रहादयः स्वरारम्भबाहुल्यतरा वा हीनत्वसमाप्तिलक्षणाः । तथा च पदनिरपेक्षेऽप्यन्तरालापादावपि भवत्येव तैर्विना जात्यंशका रागस्वरूपमेव न किञ्चिदुन्मूलयन्ति । अलङ्कारस्तु परमार्थतः पदग्रामस्यैवालङ्कार्यत्वादंशकयोगाद्धि गीयमान एव सम्पद्यते । अर्थयोगादिव सार्थकं वृत्तबन्धयोगादिव च श्रव्यं प्रसन्नादिप्रभृत्यलङ्कारसम्बन्धात्तु तदेव गुह्यतममित्यलङ्कृतं सम्पद्यते । उपमानप्रसादिकायोगादिवालङ्काराणां च (जीवभावः प्रसन्नादिभावे)नाश्रयो वर्ण इति पदाधीनस्वभावत्वादेषां विनियोगानन्तरमेव युक्तमभिधानम् ।

टीकाकारास्त्वाहुः । आश्रयस्वरस्वरूपेण जातीनां गान उपयोगो न तु रक्तिसम्पादकत्वे । तत्तु ग्रामरागाणामेव । तेऽप्यन्यैरेवोक्ता इति न मयोच्यत(न्त) इति । मण्डपो दीपयोगी वास्तु.. ...वदित्यत्रार्थे ज्ञापकमिदम् । वाक्यानां पश्चादभिधानम् । एतच्च पूर्वमेव विचारितमित्यास्ताम् । एतच्च (वं च) क्रियाविस्तारवाची वर्णशब्दः । तथाभिनयक्रिया एवस्वरमात्रावस्थानेन वा आरोहणेन वा अवरोहणेन वा व्यामिश्रतया वा सम्पद्यत इति चत्वार एव वर्णाः । (तदधिका) न भवन्ति । तदाह । आरोही चेत्यादि अलङ्कारास्तदाश्रया इत्यन्तम् । सामान्यमेवाश्रयमित्युक्तं पूर्वमेव बुद्धावाश्रीयमाणत्वात् । एकस्वरेणैव गायामीति यावत् स्वरविशेषान् स्रग्धरायां गायामीत्यभिसन्धाय गायन् प्रयोक्ताऽलङ्कारान् प्रयुङ्क्ते तावत् । स्वरालङ्कारेषु यत् सामान्यं स वर्णः । तेनारोहणावरोहणावस्थानसञ्चरणान्येव परमार्थतो वर्णः । तद्योगात्तु गीयमानं पदमपि वर्णक इत्युच्यते ॥१४॥

तदभिप्रायेणैव आरोहन्ति स्वरा यत्रेति लक्षणम् । तुरवधारणे । आरोह-

---

१. KSS, NS. आरुहन्ति ।

२. KSS. यत्र आरोही स तु भण्यते । NS. यत्र आरोही स तु संज्ञितः ।

[५]स्थिराः स्वराः समा यत्र स्थायी वर्णः स उच्यते[६] ।
सञ्चरन्ति [७]स्वरा यत्र स सञ्चारीति कीर्तितः ॥१६॥
शारीरस्वरसम्भूतास्त्रिस्थानगुणगोचराः ।
चत्वारो लक्षणोपेता वर्णास्तत्र[८] प्रकीर्तिताः ॥१७॥
यत्र चैवावरोहन्ति[३] सोऽवरोही प्रकीर्तितः[४] ॥१५॥

न्त्येव न त्ववरोहन्ति । आरोहण एवावरोहणमिश्रीभाव एव गान्धारः स्यात् । एवमवरोहन्त्येवेति ॥१५॥

समा इति तुल्यजातीयाः । तेन मन्द्रतारमध्यमरूपतया तस्यैव स्वरस्य प्रयोगः । स्थाय्येव वर्णः । विच्छिद्य विच्छिद्य पुनः प्रयोगः कर्तव्यो न तु दीर्घदीर्घेणाविच्छेदेन घण्टास्वनवदिति दर्शयितुं स्वरा इति बहुवचनप्रयोगः । स्वरा उपस्वराश्चेति सर्वैकशेष इति केचित् । एतत्तु गान्धारिण्ययुक्तस्वरद्वयमप्यारोहणावरोहस्थिरत्व(तद्)-व्यतिरेकेण कथं प्रतियोज्यम् । अलङ्कारविशेषयोगेनाप्यलङ्कारगमनमेकस्वरायत्तमेव ॥१६॥

नन्वारोहणावरोहाभ्यां तारमन्द्रस्वीकारस्तावद् दर्शितः । कण्ठयस्वस्वीकारस्तु कथमित्याशङ्कयाह ।

शारीरस्वरसम्भूतास्त्रिस्थानगत(गुण) गोचराः ।
चत्वारो लक्षणोपेता वर्णाः ॥ इति ।

एतदनेनाह । नात्रारोहणं शिरस्यस्वरनिष्ठमेव लक्षितमवरोहणं वाऽवकृष्य(ष्ट)स्वरनिष्ठम् । किञ्चैकैके तस्यैकविषयतामाह । त्रिस्थानेति । त्रिषु ये गुणा गुण्यमाना उच्चार्यमाणानि स्थानानि वा गुणाश्रया येषामिति स्वरास्ते गोचरो विषयो येषाम् । न त्वारोहणावरोहणे एकतन्त्रिकायां वीणायां बहुतन्त्रिकायां वा विपर्यये वंशे च । अत एव न संवेद्येते मल्लकवीणादौ न च भवतः । तत्र वर्णसङ्करोपलम्भः ।

---

३. NS. चैवावरोही च ।

४. KSS. रोहीति संज्ञितः । NS. रोहीति भण्यते ।

५. KSS. स्थिरस्वराः ।

६. KSS. संज्ञितः ।

७. KSS. स्वयं ।

८. KSS. ह्येते ।

एवं (पदं) लक्षणसंयुक्तं यदा वर्णोऽनुकर्षति।
तदा वर्णस्य निष्पत्तिर्ज्ञेया स्वरसमुद्भवा[1] ॥१८॥

तत् कथमिदं लक्षणमित्याह। शारीरस्वरसम्भूता इति। शारीरस्वरेषु मुख्येष्वाश्रितेषु लक्षणमिदमुक्तम्। तत्सदृशस्वरोपलम्भ एवान्यत्र वीणादाविति तत्रापि पर्यवस्यतीति न तु वीणादावलङ्काराभावः। अत एवोक्तम्।

शारीर्यां त्वस्फुटा ये तु दारव्यां ते व्यवस्थिताः।
दारव्यां चलिता ये तु शारीर्यां ते सुनिश्चलाः॥

इति ॥१७॥

नन्ववधिविशेषश्चेदारोहणादौ त... कश्चित्तदा सर्वत्र सर्वं स्यात्। यथाऽऽरोहणेऽप्येकत्र स्वरेऽवस्थानमवश्यम्भावीति स्थायित्वसम्भवः। एवमन्यत्रापि वाच्यमिति स्वरसाङ्कर्यमित्याशङ्क्यावधिनियमार्थं वर्णशब्दस्य च निरुक्तख्यापनार्थमेकबुद्धिग्राह्यत्वे च निमित्तमाह।

एवं (पदं)लक्षणसंयुक्तं यदा वर्णोऽनुकर्षति।
तदा वर्णस्य निष्पत्तिर्ज्ञेया स्वरसमुद्भवा॥

इति। विवक्षितसंज्ञानिर्देशो लक्षणसंयुक्तवचनेन दीर्घेऽपि समासपदे भागशः पदनियममाश्रित्यावधिनियम इति दर्शयति। सकललोकप्रसिद्धमेव तदेवोपलक्षणं ग्राह्यमिति लक्षणसंयुक्तवचनेन सूचयन् कृष्टादिष्विति पदलक्षणं पराकरोति। अनिट्टवन्तं (सुप्तिङन्तं) पदं विभक्त्यन्तं पदमिति हि तत्र प्रसिद्धम्। तेन पदमेकं यदा यतो वर्णगीतिक्रियाऽनुकर्षति दीर्घकालं करोति तदा ततो वर्णस्तस्यैकस्य सङ्कीर्णस्य निष्पत्तिः। तेनानधिनियमादसङ्कीर्णत्वम्। यतश्च पदं कर्षति विस्तारयति ततो हेतोर्वर्णस्येति वर्णसंज्ञाया निष्पत्तिरिति निरुक्तम्।

यद्यपि चोच्चारितः प्रध्वंसितः स्वरो न सञ्चयेन वर्तते येन तद्विषय एकोऽयं वर्ण इति धीः स्यात्। तथाप्यर्थै(र्थे)कत्वादिना निमित्तेनैकधीरोपकं पदं यतोऽनुकर्षति तत एकपदनिष्ठत्वाद्धेतोरेकानुच्छ्वासनसामान्या एकादिनिष्पत्तिधीरनेकस्वरविषयाऽपि न वि(रु)ध्यति(ते)। तदाह। स्वरसमुद्भवा निष्पत्तिरिति। स्वराः केवलास्तेभ्य उद्भूताः स(रिगादय इ)त्या (द्य) वर्णस्य निष्पत्तिरित्यर्थः। मा (प्रा)दीनां च निपातानां पदत्वमेव स्वरलाभादिषु तु यद्वर्णतालङ्काराणां स्वरूपनिर्धारणं तत्पदगतदर्शनं संस्कृतस्वरकल्पानुकृतं श्वासविरामकृतविच्छेदा(र्पणादि) गतं चेति ॥१८॥

---

1. KSS. विज्ञेया स्वरसंभवाः। NS. विज्ञेया रससंभवा।

एते वर्णास्तु विज्ञेयाश्चत्वारो गीतयोजकाः[1] ।
[2]एतान् समाश्रितान् सम्यगलङ्कारान् निबोधत ॥१६॥

प्रसन्नादिः प्रसन्नान्तः प्रसन्नाद्यन्त एव च ।
प्रसन्नमध्यश्च तथा क्रमरेचित एव च[3] ॥
प्रस्वा(स्ता)रश्च प्रसादश्च सप्तैते स्थायिवर्णगाः[4] ॥२०॥

एतदुपसंहरन्यदासूत्रयति । एते वर्णा इति । तुः समुच्चये । वि.. .... (यागादिषु) तानप्रयोगे वर्णाः सर्वे एवं भवन्ति । तदलङ्काराः सर्वे इति भावः । एतेषामेव भवन्ति । एवकारेण वर्णालङ्काराणामन्योन्यमव्यभिचारो दर्शितः । सम्यङ्निबोधतेति । स्वराणा(वर्णाना)मुपयोगः कार्योलङ्कारवत् तेषामियत्ता बिय-मेनाभिधातुमशक्यत्वाद् वर्णोत्पत्त्यैव च तेषां परमार्थतः स्थापनात् मया यथापि सर्वे न लक्षितास्थापि शास्त्रान्तरवक्ष्यमाणनिरुक्तपरस्यसों(स्यो)पायेनैनाञ्जानीतेत्यर्थः ॥१६॥

तान् वर्णविभागेन प्रदर्शनार्थमुद्दिशति ।
प्रसन्नादिः प्रसन्नान्तः प्रसन्नाद्यन्त एव च ।
प्रसन्नमध्यश्च तथा क्रमरेचित एव च ।
प्रस्तारश्च प्रसादश्च सप्तैते स्थायिवर्णगाः ॥

इति । प्रसन्नत्वं मन्द्रभावः । तत्र बिन्दुर्लोकेऽभिज्ञानम् । तारत्वे रेखोर्ध्वा शिरोगता । सा सा इति । अत्रैव यदा षड्जस्यैवोपक्रमसङ्क्रमाभ्यां प्राधान्यं मध्ये तु स्वरान्तरानुप्रवेशो भवन्नपि न स्थायिवर्णधियं बाधते तदालङ्कारान्तराणि । सम्प्रति संक्रमेणात्र तारगतेरसंक्रमो रेचितः । अयं प्रस्तार. प्रकृष्टशब्दस्तारता यत्रेति । अयं मन्द्रश्रुत्या प्रसादयति प्रक्र (सा)मो(दो)ऽस्ति । अयं स्वराणां संख्यायां चाक्रमत्वे यद्यपि भेदजातं सम्भवति संक्रमसंसृष्टादित्वे भेदानामसंख्येयता । अत एवालङ्काराणामनियम इत्युक्तम् ॥२०॥

मन्द्रस्तथा प्रसन्नादिः प्रेङ्खितो बिन्दुरेव च ।
सन्निवृत्तप्रवृत्तश्च रेचितः कम्पितः समः ।
कुहरश्चैव वेणुश्च रञ्जितो ह्यवलोकितः ।
आवर्तितः (तंकः) परावृत्तः सञ्चारिण्यश्चतुर्दश ॥

---

१. KSS. गानयोगतः ।
२. NS. एतानेवाश्रुतो भूयो ह्यलंकारान्निबोधत ।
३. इतोऽग्रे काशीसीरिज पुस्तके श्लोकषट्कमधिकम् ।
४. KSS , NS. स्थायिवर्णसमाश्रयः ।

अथ [1]सञ्चारिजान् भूयः कीर्त्यमानान्निबोधत ।
[2]मन्द्रस्तथा प्रसन्नादिः प्रेङ्खितो बिन्दुरेव च[3] ।
[4]सन्निवृत्तः प्र(सप्र)वृत्तश्च रेचितः कम्पितः समः ॥२१॥

कुहरश्चैव वेणुश्च रञ्चितो ह्यवलोकितः ।
आवर्तकः परावृत्तः सञ्चारिण्यश्चतुर्दश ॥२२॥

(इत्यादि) । मन्द्र इति । मन्द्रो येषां यस्य मध्ये तेषां तस्य ग्रहणम् । प्रसन्नादिरिति आदिशब्दो(ब्द उ)पादानपदम् । प्रेङ्खितो तो(दो)लाबन्धवत् । तैले बिन्दुः । चिरकालमवस्थाने स्वरान्तरोपरञ्जकस्तैलबिन्दुवत् प्रसरणात् । निवर्तनमवरोहः । सम्यगिति दूरम् । अवरुह्य यदारोहणं तदा य(स)निवृत्तप्रवृत्तः । यद्यपि चैवं तेऽलङ्काराः पत्र(यत्र वि)हितास्तत्त्वेन भाति(न्ति) तथापि प्रतीतस्य गीतसमयप्रविष्टस्याभिज्ञानदानार्थं लिखिताः । रेचितकुम्पितकुहरास्तु शिरोवक्षःकण्ठनिविष्टस्य त्रिःश्रुते स्वरस्य कम्परूपा इत्यभिज्ञानेनापि दर्शयितुमशक्या इति न विलिखिता इति । यत्रारोहणमे-(मि)बबावरोहणं च समं स समः । काकल्या यद्गीतवद् गीतं मुक्तकण्ठं तत्र वेणु । अन्ये तु सौषिर्येण छिद्रोपलक्ष्यान् मध्ये यद्विचित्रं हृद्यं च विच्छेदरूपं तद्वेणुरित्याहुः । यथा(दा) जातिषु मध्ये द्विश्रुतिसूचितान्त इति लिख्यते (तदा) रञ्जितः । यदा स्वरान्तरमुच्चारितमप्यूर्ध्वाधारस्वरतां नानुरक्तं प्रतीयते । तदाऽवलोकितः । यत्र विद......तत्राप्यवलोक एव । आसमन्ताद्वर्तमानादावर्तकः । अस्यैवालङ्कारान्तरप्रायोबिच्छिन्नस्यापि पुनः प्रयोगे परावृत्तिः । अत्र चालङ्कारचतुर्दशके विशेषो द्विरूपो वर्णानुगस्थित्यारोहणादबरोहणनियमाभावात् ॥२१-२२॥

निष्कर्षोऽप्यु(भ्यु)च्चयश्चैव हसितो बिन्दुरेव च ।
प्रेङ्खोलितस्तथाक्षिप्तो विशीर्णो घटितस्तथा ॥
ह्लादमानः सम्प्रदानः सन्धिः प्रच्छादनस्तथा ।
प्रसन्नादिः प्रसन्नान्त इत्यारोहे त्रयोदश ॥

एकस्वरं प्रयुज्यैतदविच्छेदेनैव (स्वरान्तरै)रूर्ध्वगमनं निष्कर्षः । अभित ऊर्ध्वं चयनमभ्युच्चयः । सगमसा ।......(मन्द्रादेः प्रसन्नान्ता कला)......यदा

---

१. NS. संचारितान् ।
२. KSS. मन्द्रतारः प्रसन्नश्च ।
३. KSS., NS. बिन्दुः प्रेङ्खोलितस्तथा ।
४. KSS. तारमन्द्रप्रसन्नश्च सन्निवृत्तप्रवृत्तकः ।

[1]निष्कर्षोऽभ्युच(च्च)यश्चैव हसितो बिन्दुरेव च ।
प्रेङ्खोलितस्तथाक्षिप्तो विस्ती(शी)र्णोद्ध(घ)टितस्तथा ॥२३॥

[2]ह्लादमानः सम्प्रदानः सन्धिः प्रच्छादनस्तथा[3] ।
प्रसन्नादिः प्रसन्नान्त इत्यारोहे त्रयोदश[4] ॥२४॥

[5]विधूतश्च त्रिवर्णश्च तथोद्वाहित एव च ।
[6]उद्गीतश्च तथा [7]वेणिर्विज्ञेया ह्यवरोहिणः ॥२५॥

भवति तदा ह्लादमानः । सम्प्रदान इति । दा(दो) अवखण्डने (पा० धातुपाठः—१२२३) देङ् रक्षणे (पा० धातुपाठः—१०३१) इत्युभयं (यो)रूपम् । तेन विच्छिद्य विच्छिद्य यदारोहस्यर्णव परिपालनं तदा सम्प्रदानालङ्कारः । एतावलेख्यौ । सन्धानात् । सन्धिः । तरिग (गमप, प)......ध(नि) । प्रविष्टमवच्छिन्नत्वं स्वरात्स्वराणां यत्र मध्यगतानां प्रच्छादनम् । सरिग । प्रसन्नशब्देनात्रारुक्षतः (न्तः) स्वरास्त्ववरोहिणः ॥२३-२४॥

एकत्यागेनारोहणावरोहणाद् विधूतः । सस(ग)मरि(प ग रि) । ओ-(आरो)हादिक्रमेण कम्पपूर्वोऽवरोहो विधूत इत्यन्ये । अधरस्वरे त्रिर्विश्रान्त्या त्रिवर्णः । स नि ध ध ध । एतद्विपर्ययेणोद्गीतः । ऊर्ध्वस्वरे गानक्रियाया विश्रान्तेः । स स स-स नि । मध्यैकविश्रान्तेरुद्वाहितः । स नि नि नि ध ध ध । इति वेणिः ॥२५॥

अथैषां प्रयोगविषयं नियमयितुं तत्र च हेतुनिरूपणद्वारेणालङ्कारालङ्कार्यभावं दर्शयितुमाह ।

सप्तरूपगता ज्ञेया अलङ्कारा बुधैस्त्विमे
नैते साकं (सर्वे) ध्रुवास्विष्टाः श्रुति(श्रोतृ)वर्णप्रकर्षणात् ॥

इति । सप्तरूपग्रहणं सकलगान्धर्वोपलक्षणम् । तेन गान्धर्वे गीतस्वरूपसम्प्रभेदरूपे

---

१. NS. निकषोऽत्युच्चयः । KSS. varies.
२. NS. स्पन्नमानः ।
३. KSS. प्रह्लादनं तथा ।
४. KSS., NS. इति चारोहिणः (वारोहिणः) स्मृताः ।
५. NS. विधूतः स्यात् त्रिवर्णश्च । KSS. विधूमो मात्रवर्णश्च ।
६. NS. अहितश्च ।
७. KSS. वेणुः ।

सप्तरूपगता ज्ञेया अलङ्कारा बुधैस्त्विमे ।
[1]नैते (सर्वे)ध्रुवास्विष्टाः श्रुति(श्रोतृ) वर्णप्रकर्षणात् ॥२३॥

आश्रयमात्रोपयुक्तेष्वर्थप्रतिपत्तिसम्पादनात् । तात्पर्यविरहगात्रसमुच्चारणमात्रफलेषु पाठेषु यथेष्टमलङ्काराः ।

ननु वा(चा)र्थस्यैव हि तत्र प्राधान्यम् । वर्णे वा(चा)लङ्कारबलेन प्रकल्प्यमानार्थप्रतीतिविघटितेऽप्यतीतेष्वक्षरेष्वनुसन्धानसम्भावि । यतः श्रोतृणां वर्णे प्रकर्षणादिति च ध्रुवत्वं वर्णस्यालङ्कार्यतामाह । न च बर्णारिवेन (त्वेन) स्वादित्युच्यते । तस्य सकलपदविश्रान्तस्य गानक्रियासम्पत्त्यै प्रस्तुतरूपस्यैत्थं शोभाः कृता भवन्ति । यथोक्तश उक्तपूर्वं वैचित्र्यमभिधीयते यथा प्रस्तुतस्य वचनस्य चन्द्रोपमानेन । अत एव गीतिरलङ्कारहीना (भ० ना० २९-४५) इत्यत्र व्यतिरेकद्वारेण गीतेरेवालङ्कार्यता लक्ष्यते। गीर्वर्ण इति च पर्यायौ ।

अत्र चोदयन्ति । चत्वारो(रस्तु)ग(गु)णा युग्म (भा० ना० ३१.१०६) इत्यादिना तालकलाविषये पदमात्रापरिमाणनियमस्य लक्ष्यमाणत्वान् निमेषाः पञ्च मात्रा स्यात् (भ० ना० ३१.४) इति कलापरिमाणस्य कथमभिवर्णप्रकर्षणं शक्यम् ।

अत्राहुः । वर्धमानासारितविषयोऽयं पदमात्रापरिणामनियमो न प्रगीतिकादौ तन्नियमाभावात् । अत एव सप्तरूपगता इत्युक्तम् । तत्र यथेष्टं वर्णप्रकर्षणमिति लक्ष्येऽपि च जातिगीतादौ यथेष्टं प्रकर्षणमुपलब्धमेव ।

अन्ये त्वाहुः । आसारितद्वारेण सर्वविषयं यत्पदमात्रापरिमाणनियमोऽस्तिवर्णप्रकर्षणं प्रत्यक्षमहमिकयाऽलङ्कारपरम्परायोजनं तच्चेदमयुक्तमिव । न हि ध्रुवासु क्रियमाणं तदर्थप्रतीतिं विहन्ति । प्रत्युत सालङ्काररञ्जनायैव स्यात् ।

बिन्दुरेककलो ज्ञेयः कम्पितं तु(तश्च) कलाद्वयम् । (भ० ना०२९.३८) इत्यादि यदुच्यते त......रविषयं न......तथा दृश्यते इति प्राच्य एव परिहारो युक्तः ।

एत इति सर्वसम्भवो निषिध्यते । एते सर्वे नेष्टाः । यथापि वर्णः प्रक्षेपः कर्षिणः कम्पितादयो नात्र वहन्ति तथा । सर्वं इति । समष्टिरूपा इत्यर्थः । तत एकत्रैवाक्षरे बहवोऽलङ्काराः क्रियमाणा अतिप्रकर्षं कुर्वत इति नेष्टाः ॥२६॥

ननु यम(द)तिप्रकर्षिणस्तत्किमिति ध्रुवासु नेष्टा इत्याह । न हि वर्णप्रकर्षस्तु

---

१. NS. नैतेऽस्माकं......अतिवर्णप्रकर्षणे: KSS. नेष्यन्ते हि ध्रुवास्वेते जातिवर्णप्रकर्षणात् ।

[न हि वर्णप्रकर्षस्तु ध्रुवाणां सिद्धिरिष्यते ।
[1]श्येनो वाऽप्यथवा बिन्दुर्ये चान्येऽति(तु) प्रकर्षिणः] ॥२७॥

ते ध्रुवाणां प्रयोगेषु न कार्याः स्वप्रमाणतः[2] ।
[तद्ध्रुवाणां प्रयोगे तु(ऽपि) कार्या ह्यारोहिणः स्वराः] ॥२ ॥

ध्रुवाणामिति । के तस्यालङ्कारा इत्याह । श्येनो वाप्यथवा बिन्दुरिति । श्येन इत्यनेन तन्त्रान्तरलक्षितेन व्यवहारेणालङ्काराणां सङ्ख्यानियमं प्रत्यानादरं दर्शयति । तत्र श्येनलक्षणम् ।

श्येनश्चैकान्तरो जातः कलामात्रान्तरे स्थितः ।
तस्मिंश्चैव स्वरे वृद्धिं गृह्णात्येव विलक्षणम् ॥

अन्ये तु वेणिवेणि(:)श्येन इत्याहुः । ननु बिन्दुश्येनावेव निषिद्धौ । नेत्याह । ये चान्ये तु प्रकर्षिणः । तेऽपि (न) ध्रुवाणां प्रयोक्तव्याः । तुरपिशब्दस्यार्थे ॥२७॥

आरोहिणो वर्णस्य सम्बन्धिनः । अपिशब्दादवरोहिणोऽपि । ये स्वरा इत्यलङ्काराः । ते प्रयोक्तव्याः । यदि वाऽऽरोहिणः स्वरा इति सावरोहा न तु विश्रान्त्या प्रकर्षिणः प्रयोक्तव्याः ।

अन्ये त्वाहुः । स्वरा इत्यलङ्कारैकदेशाः प्रयोज्या येऽनुज्ञाताः ।

श्रीमदुत्पलदेवपादास्तथा मन्यन्ते । आरोहिणः स्वरा इत्यनेनातिप्रकर्षिणः स्वरूपमुक्तम् । प्रत्यक्षरमारोहो विद्यते येषां स्वराणां ते आरोहिणः । तेन प्रतिस्वरमक्षरं प्रत्यक्षरं स्वरमित्येवंरूपमतिकर्षणम् । यथा कुसुमव(प)राध(ग)पुञ्जपरि-(पि)ञ्जरहंस(दर्श)नीया इत्यत्र चञ्चत्पुटभङ्गेन (दर्श)नीयेत्यस्मिन्नक्षरेऽनेकस्वरआरूढः कर्तव्य इति यावत् ॥२८॥

अत्र हेतुमाह । यस्मादर्थानुरूपा हि ध्रुवा कार्येति । ननु क्रियतां नाम । तथाभूता प्रवेशाक्षेपनिष्क्रामणप्रसादनान्तरवैचित्र्यान्तरयुक्ता कविना सूच्या । अतिप्रकर्षणवर्जनं तु किमर्थमित्याह । अर्थदर्शिकेति । अभितो दृष्टार्थो गान्धर्व इवार्थबद्धोऽपि तु सामाजिकानां तत्प्रतीतिसिद्धये प्रकृतिभेदो विभावादिभ्यस्ततः साधारणीभूतस्तयावगतो रससम्पत्युपयोगी भवतीति यावत् ।

---

१. KSS बिन्दुर्वापि हि वेणुर्वा
२. KSS कार्या ह्यारोहिणः स्वराः ।

यस्मादर्थानुरूपा हि[1] ध्रुवा कार्याऽर्थदर्शिका ।
वर्णानां तु पुनः कार्यं कृशत्वं पदसंश्रयम् ॥२९॥

[2]येऽत्र प्रयोगे गच्छन्ति तांश्च वर्णान् निबोधत ।
प्रसन्नादिः प्रसन्नान्तः प्रसन्नाद्यन्त एव च ॥३०॥

नन्वेवमर्थमर्पणप्रधानत्वाद्येन केनचित् पदेनार्पणीयोऽर्थः । नेत्याह । **वर्णानां तु पुनः कार्यं कृषत्वमिति** । स्थाय्यादिशङ्कापरिहारार्थमाह । **पदसंश्रयमिति** । **कृशत्वमित्यस्थूलत्वं** बहुतरदर्शनसंयोगदर्शनहीनत्वमित्यर्थः । एतदुक्तं भवति । यथा हि गीतिरर्थार्पणमनवधारयन्ती कर्तव्या तथैव पदगतान्यक्षराण्यपि दुर्भणसंयोगादिहीनाङ्गान्यधिकानि कर्तव्यानि ' तेनौचित्येन पदगीतिः कर्तव्येति । **टीकाकारैस्तु श्लोकार्धस्यास्य प्रतिकर्षणत्वमस्य(त्वं)** व्याख्यातं पुनरुक्तप्रायमित्यास्ताम् ॥२९॥

ननु बिन्दुश्येनादयोऽलङ्काराः । तेषामियत्तालक्षणादि वक्तव्यमित्याशङ्क्याह ।

येऽत्र प्रयोगे गच्छन्ति तांश्च वर्णान् निबोधत ।

इत्यादि । येऽलङ्काराः स्वरा (ग्राम)मात्रारागस्वरूपोत्थापकाश्च त(ते)त्र पूर्वे (प्रयोगे) धातुवाद्यं वर्णाङ्गलक्षणादेव गम्यते । ये त्वन्ये गीतप्रयोगविषयास्तान् निबोधतेति । त्रिवर्णाश्रितत्वाद्वर्णा इति टीकाकृदभ्यधात् ।

परमगुरुश्रीमदुत्पलदेवपादा मन्यन्ते । वर्णानां पदनिबन्धनत्वे तदाश्रितालङ्कारा गीतप्रयोगरहितकेवलस्वरालापमात्रगामिन इति शङ्कापदानमेव । तत्रालङ्कारताप्रतिभासस्तत्संस्कारजो न मुख्यः । वक्ष्यमाणा एव गीतिप्रयोगोपयोगिनो नान्ये इत्यत्र लक्ष्यदर्शनादिप्रमाणं पश्यामः । श्येनादयश्च लक्षयितव्याः । प्रयोगोपयोगान्न चाग्रतो लक्षित(ता)इति ।

तस्मादेषोऽत्रार्थः । वर्णस्व(रूप)वर्णाङ्गैर्धातुवाद्यं चोभयमपि हि क्रियाविस्तारात्मकम् । जातावेकवचनम् । तदयमर्थः । ये स्थाय्यादयो वर्णा उक्ता यानि वर्णाङ्गानि धातुवाद्यादीनि वस्तूनि लक्ष्यन्ते तेभ्यः प्र(यो)ज्याः । अत्र ध्रुवाप्रयोगे ये गच्छन्त्युपयुज्यन्ते तान् निबोधत स्वयमूहध्वं वर्णलक्षणं तावत् । ऊहो व्याख्यातः । वर्णोऽत्र धातुवाद्यादिगतस्तत्रैव व्याख्यायते । ननु कुत्राप्यविवक्षितेनैव प्रवर्तत ऊह-

---

१. NS. रूपादि ।

२. KSS. ये तु प्रयोगं NS. यत्र प्रयोगे ।

[1]प्रसन्नमध्यमश्चैव बिन्दुः कम्पितरेचितौ ।
[तारश्चैव हि मन्द्रश्च तथा तारतरः पुनः ।]
[2]प्रेङ्खोलितस्तारमन्द्रौ मन्द्रतारः समस्तथा ॥३१॥

सन्निवृत्तः प्रवृत्तश्च प्रसादोऽपाङ्ग एव च ।
[3]ऊर्मिः प्र(प्रे)ङ्खोऽवलोकश्च इत्येते सर्ववर्णगाः ॥३२॥

स्थायिवर्णाहृते[4] चैषां सम्प्रवक्ष्यामि लक्षणम् ।
क्रमशो[5] दीपितो यः स्यात् प्रसन्नादिः स कथ्यते ॥३३॥

व्यस्तोच्चारित एवैष प्रसन्नान्तो विधीयते ।
आद्यन्तयोः प्रसन्नत्वात् प्रसन्नाद्यन्त इष्यते ॥३४॥

प्रसन्नमध्यो मध्ये तु [6]प्रसन्नत्वादुदाहृतः ।
सर्वसाम्यात् समो ज्ञेयः स्थितस्त्वेकस्वरोऽपि यः[7] ॥३५॥

शक्तिरित्याशङ्काशमनायात्रेति । चकारेण लक्षणमपि कर्तव्यमिति सूचयति । अत एवोद्दिशति प्रसन्नादिरित्यादि सर्ववर्णगा इत्यन्तेन । न प्रत्येकं मन्तव्यमपि तु समुदायापेक्षमेतत् । तेन यथायोगं कश्चिदेकत्र वर्णे कोऽपि द्वयोरित्यादि मन्तव्यम् ॥३०-३२॥

स्थायिवर्णाहृते चैषां सम्प्रवक्ष्यामि लक्षणम् ।

इति । स्थायी(ति) । यथारुचि श्येनादयः प्रयोज्या इति तात्पर्यम् । तत्रालङ्कारस्वरूपमेवमुक्तम् । अस्माभिः पूर्वग्रन्थेतु यदनुक्तं तद् व्याख्यायते । दीपनं तारता प्रसादो मन्द्रता । दीप्तिर्नाम श्रावकश्रोतृ(निष्ठो)विशेषो धर्म इत्युनक्तसमं स्वरसाधारणम् । सामवेदे च रामसासोमे इति च यदुच्यते तदिहानुपयोगीत्यास्तामेतत् । दीपनप्रसङ्गात् समः पश्चादुद्दिष्टोऽप्यत्र लक्षितः । सर्वसाम्यात् समो ज्ञेय इति । दीपनस्य सर्वत्र

---

१. KSS तथा प्रसन्नमध्यश्च बिन्दुकम्पितरेचिता ।
२. KSS प्रेङ्खोलितस्तथा तारमन्द्रस्तारः ।
NS. प्रेंखोलितस्तथा मन्द्रो...।
३. KSS. अवलोकस्तथा वेणुरित्येते ।
NS. ऊर्मिखोषावलोकश्च...।
४. KSS त्वन्ये सर्ववर्णाः प्रयोगिनः । NS इवैतेषां सम्प्रवक्ष्यामि...।
५. KSS. दीप्यते यस्तु ।
६. NS. प्रसन्नः स्यात् ।
७. NS. स्वरेऽपि यः ।

[आदिमध्यलयो यत्र स चोर्मिरिति संज्ञितः ।]
[1][श्रुतयोऽन्याद्(न्या) द्वितीयस्य मृदुमध्यायताः स्वराः (स्मृताः) ॥३६॥

आयतत्वं भवेन्नीचे मृदुत्वं तु विपर्यये ।
[2]स्वे स्वरे मध्यमत्वं च मृदुमध्यमयोस्तथा ।
दीप्तायते करुणानां श्रुतीनामेष निश्चयः ॥३७॥

बिन्दुरेककलो ज्ञेयः कम्पितश्च कलाद्वयम् ।]
गतागतप्रवृत्तो यः स प्रेङ्खोलित इष्यते[3] ॥३८॥

साम्यादिति यावत् । समस्यैव विशेषोऽनुगीतिरिति स लक्ष्यते । स्थितस्यं(स्त्वे)कस्वरे (रो)ऽपि यत्(य इति) ।

आदिमध्यलयो यत्र स चोर्मिरिति संज्ञितः ।
श्रुतयोऽन्या द्वितीयस्य मृदुमध्यायताः स्मृताः ।
आयतत्वं भवेन्नीचे मृदुत्वं तु विपर्यये ।
स्वे स्वरे मध्यमत्वं च मृदुमध्यमयोस्तथा ।
श्रुतीनां निर्णयो ज्ञेयः ॥ इति ।

विकल्पमनुस्वारं तमाहुः । गान्धारस्यैकाक्षरगतस्य नीचे ऋषभे परे आयता श्रुतिः कार्या । मध्यमे परे मृद्वी । गान्धार एव तु परतो मध्या ॥३३—३७॥

एवं प्रसङ्गादूर्मि लक्षयित्वोद्देशानुसारेण बिन्दुमाह । बिन्दुरेककल इति । एककल आयतो मृदुर्वा बिपर्यासेन वर्तुलीभाव एव बिन्दोर्लक्षणम् । आर्चिकस्वर-एककल इत्यनोक्ता । तदेव तु रूपं दीर्घस्वरनिस्ठं कम्पितम् । बिन्दु-लक्षणविषयतैककल कम्पितोभयलक्षणोपजीवित्वात् प्रेङ्खोलितं लक्षयति । गतागतप्रवृत्तो य सः प्रेङ्खोलित इति । बिन्दुकम्पितान्वोलनादित्यर्थः । मृद्वायतगमनाभ्यासादित्येके ।

---

1. KSS. विन्दुरेककलस्तारः । स्पृष्ट्वा तु पुनरागतः ॥ स्यान्निवृत्तप्रवृत्तश्च मन्द्रं गत्वा समागतः ॥ अक्रीडितलयो यश्च स वेणुः परिकीर्तितः ॥ कण्ठे निरुद्धपवनः कुहरो नाम जायते ॥ त्रिकला कल्पनात् तद्वद् रेचिताख्यः शिरोगतः ॥ उरोगतः कम्पितः स्यात् कम्पनात्तु कलात्रयम् ॥

२. NS. स्वस्वरे मध्यमत्वं च श्रुतीनामेव निर्णयः । दीप्यायते करुणानां मृदुमध्य-मयोस्तथा ।

३. KSS. उच्यते ।

[1]यस्तु कण्ठे स्वरोऽधः स्यात् स तु तारः प्रकीर्तितः ।
उरोगतस्तथा मन्द्रो मूर्ध्नि तारतरस्तथा[2] ॥३९॥

क्रमागतस्तु यस्तारः षष्ठ पञ्चम एव वा ।
तारमन्द्रप्रसन्नस्तु[3] ज्ञेयो मन्द्रगतः स च ॥४०॥

लङ्घयित्वा [4] परान् मन्द्रात् परां(त्) तारगतिं गतः ।
मन्द्रतारप्रसन्नस्तु विज्ञेयो ह्यवरोहणात् ॥४१॥

प्रसन्नान्तः स्वरो यत्र प्रसादः स तु संज्ञितः ।
अपाङ्गिकस्तु विज्ञेयः स्वराणामथ सञ्चरात् ॥४२॥

ऊहसिद्धव्यापकं लक्षणोपयोगितावद्रूपं वक्तव्यमित्याशयेन तारमन्द्रतारतराणां लक्षणमाह । यस्तु कण्ठे स तार उरसि मन्द्रोमूर्ध्नि तारतर इति ॥३९॥

एतत्त्रितययोजनेनान्येऽप्यलङ्कारा ऊहितं शक्या उद्दिष्टा इत्याशयेनाह । क्रमागतस्तु यस्तारः षष्ठः पञ्चम एव वा । तारमन्द्रप्रसन्नस्त्विति । न चायमप्युद्दिष्टो मन्तव्य इत्याह । ज्ञेयो मन्द्रगतः स चेति । मन्द्रशब्दनोद्दिष्टोऽयमिति यावत् । ऋषभस्तारषड्जस्ततो निषादस्ततः षड्जर्षभः पञ्चमो वा गान्धारः । एवमन्ये ॥४०॥

मन्द्रतारसमशब्देन तु य उद्दिष्टो मन्तारप्रसन्नस्तं लक्षयति ।

लङ्घयित्वा परान् मन्द्रात् परात्तारगतिं गतः ।

इति ॥४१॥

एतदलङ्कारद्वयेनान्दोलनात् त(स)न्निवृत्तप्रवृत्तस्य लक्षणमूहितं शक्यत इत्याशयेन तदुल्लङ्घ्य प्रसादं लक्षयति । प्रसन्नान्तः स्वरो यत्र प्रसादः स त्विति । आदौ स्वरस्य भर्त्सनरोधनदीपनवेदनकम्पनवलनलयननयनस्फुरणधर्मि मरणादि यथायोगं विधायान्ते दीप्तायतादिस्वरश्रुतिविशेष एव विश्रान्तेः प्रसादादपाङ्गं लक्षयति ।

अपाङ्गिकस्तु विज्ञेयः स्वराणामथ सञ्चरात् ।

इति । यथाऽपाङ्गनिरीक्षणमन्यैर्न लक्ष्यते तद्वद् यद्भ्रमणवैचित्र्येण दुरवधारस्वरूपः सोऽपाङ्गिकः । तथाविधप्रयोगेऽन्तर्भावे यदा विश्रान्तिविभ्रममयादन्तरवीक्षितं लौकिक इति प्रसादापाङ्गाभ्यां समं जनित इति पृथग् लक्षितः ॥४२॥

---

१. KSS. यस्य कण्ठे स्वरोऽधस्तात् । NS. यस्य कण्ठे स्वरोऽथ स्यात् ।
२. KSS. तारतरः स्मृतः । NS. मन्द्रप्रचरितः ।
३. NS. प्रसन्नेषु ज्ञेयो मन्द्रगतस्य च (KSS. मन्द्रगतिस्तु सः) ।
४. NS. मन्दात् परां । KSS. मन्द्रात् क्रमात् ।
५. KSS. ज्ञेयो ह्यारोहणात् बुधैः । इतोऽग्रे श्लोकत्रयस्थाने "एक स्वरादि" इत्यादि एकविंशश्लोका अधिकाः तत्रैव द्रष्टव्याः ।

रेचितः शिरसि ज्ञेयः कम्पितं तु (तश्च) कलात्रयम् ।
कण्ठे निरुद्धपवनः कुहरो नाम जायते ॥४३॥

एवमुद्दिष्टा लक्षिता अलङ्कारा ऊहसिद्धये । तत्र दीप्तायतादि मन्द्रतारादिकं वा कम्पादिस्थानभेदनिरोधनतोदनादिः कालदीर्घत्वादुद्दिष्टधर्मे अलङ्काराश्रितं त्त्वियदिति तत्र दीप्ताद्युक्तमन्यत्तु दर्शयितुमाह ।

रेचितः शिरसि ज्ञेयः कम्पितश्च कलात्रयम् ।
कण्ठे निरुद्धपवनः कुहरो नाम जायते ।

इति । ततश्चाति(श्च त्रि)श्रुतेरेव कम्पितमिच्छतः(न्तः) कलात्रयमिति श्रुतित्रयं व्याचक्षते । अन्ये तु चतुःश्रुतेरेव श्रुतित्रये कम्पनं कार्यमित्याहुः । इतरे तु सर्वस्वरविषयं कम्पनमिच्छन्ति । कलात्र न श्रुतिः । अपि तु कालकला । तत्र त्रित्वोपादानं परप्रकर्षसूचनाय सामर्थ्याच्च । उरसि कम्पनात् कम्पितो लक्ष्यत इत्याह । (कण्ठे निरुद्धपवन इति ।) एते च शरीरे प्राधान्येन लक्ष्यन्ते । धातुवाद्यं तु वीणायामित्याशयेन भेदेनाभिधानम् । वस्तुतस्तूभयत्रापि सर्वं तस्य योजनमिति लक्षणं निपुणमतीनां मत इत्य......मयं भरतग्रन्थे तु सञ्जात एवेति मन्तव्यम् । टीकाकृद्भिस्तु सदाशिवमतादिग्रन्थान्तरालिखितं त्रयस्त्रिंशदिमे प्रोक्ता अलङ्कारा इत्यादि तन्न लिखितम् । ग्रन्थान्तरपरिवर्तनं अनिष्टप्रसङ्गात् । स्त्रीवायुप्रोक्तादि तु स्वगुरुमतनारदमता (नारदीयशिक्षा)र्जुनमतादिषु श्रीसंहिता......न्योन्यदर्शनात् कियल्लिखनीयम् । न चापि किञ्चित् । तेन (न) किञ्चित् प्रयोजनम् । वर्णेभ्यः सर्वेषु सिद्धिरिति ह्युक्तं प्राक् । ये तु लक्ष्ये दृश्यन्ते तल्लक्ष्म पठमानम् (पठ्यते) ।

अवरोहारोहकृतो वेणुः पञ्चकलः क्रमात् ।

यथा-निधधनि रिससरिपसनिनिसा ।

एकस्वरेऽधिरोहात् प्रस्तारोऽन्यथा प्रसादस्तु ।

यथा—सगारिगागमपमधपनिगमा— प्रस्तारः ।

सधानिधापसापधामरिगसा—प्रसादः ।

तमनन्तरस्वरौ द्वौ (विचर)त्युद्वाहितस्तथा द्विकलः ।
आरोहत्येककलोऽसौ ॥

विधूतस्तु एकस्मिन् लघुवर्णे स्वरचा(द्व)यमिलिता(ते) लघुपरिमाणं प्रयुज्यते । तत्र च द्वयोः स्वरयोः शीघ्रकालोच्चारणेन सकलं पदं प्रयुज्यते । पुनस्तदुपरितनात् स्वरद्वये । एवमेवान्ये । कालकलाविधूतः स्वररूपविधूननात् ।

दीर्घाक्षरमारोहे तदनन्तरस्वरं कलान्तरयोः ।
कम्पौ प्रसन्नरूपौ (ज्ञेयः)पुनर्गात्रवर्णोयम् ॥

ससरिसासससंसारि—इत्येवं दीर्घमक्षरं पर्वगतं प्रयुञ्जीत । इति गात्रवर्णः ॥४३॥

एवमेते त्वलङ्कारा विज्ञेया वर्णसंश्रयाः ।
अथ गीतीः प्रवक्ष्यामि छन्दोऽक्षरसमन्विताः ॥४४॥

शशिना रहितेव निशा विजलेव नदी लता विपुष्पेव ।
अविभूषितेव च स्त्री गीतिरलङ्कारहीना स्यात् ॥४५॥

[1]प्रथमा मागधी ज्ञेया द्वितीया चार्धमागधी ।
सम्भाविता तृतीया तु चतुर्थी पृथुला स्मृता ॥४६॥

त्रिनिवृत्त(त्ति)प्रगीता या गीतिः सा मागधी स्मृता ।
अर्धतः सन्निवृत्ता च विज्ञेया ह्यर्धमागधी ॥४७॥

एवमलङ्कारा व्याख्याताः । अथ तानुपसंहरन् यत्र तेषामुपयोगस्तां गीतिं सूचयति । एवमेते इति । अथ गीतिरिति च । वर्णसंश्रया इति च वर्णानुक्रान्त्या गीतीनामन्तरेणैतेऽलङ्काराः प्रतिपद(दं) जन्मनां(ना) न वक्तुं शक्या इति भावः । गीतिशब्देन स्वराणां पदानां च यः परस्परमाश्रयाश्रयिभावः सा पृथग् गीतिः । ननु गीतिर्वर्णरूपैवेति पुनः कस्मादभिधानमित्याशङ्क्याह । छन्दोऽक्षरसमन्विता इति । पदाश्रया गीतिर्वर्णा इत्युक्तम् । पवं च प्रवृत्तनिरुद्धच्छन्दोमयं गद्यरूपं चाक्षरात्मकम् । तत्र यथा सम्यग् ग(गी)तयो भवन्तीति गीतीनां (लक्षणं) तथा वक्ष्यामीति यावत् ॥४४॥

अथालङ्काराणामुपयोगमाह ।

शशिना रहितेव निशा विजलेव नदी लता विपुष्पेव ।
अविभूषितेव च स्त्री गीतिरलङ्कारहीना स्यात् ॥

इति । कश्चिदलङ्कारो वर्णमुज्ज्वलयति कश्चित् सूत्रयति कश्चिद् स(सु)विकासयति कश्चिद् रञ्जयतीति दृष्टान्तचतुष्केण सूचिता(तम्) ॥४५॥

गीतिरुद्दिशति प्रथमा मागधीत्यादिना । तत्र यतिकालविभागेन वर्णालङ्कारनियमेन लयगानक्रियाविशेषो गीतिरिति सामान्यलक्षणम् ॥४६॥

तत्रासां क्रमेण विशेषलक्षणान्याह । सन्नि(त्रिनि)वृत्तिप्रगीता या गीतिः सा मागधीति । या पदानां निवृत्तिरावृत्तिस्तया प्रकृष्टं विततं गीतं गानक्रिया यस्यां सा गीतिः । विशेषसामान्यभावेन पत्ति(वृत्ति)पदार्थोऽस्य च विभागः । एतदुक्तम् । देवमिति पदं गीत्वा प्रथमकलां निर्वाह्य विलम्बितेन लयेन यदा द्वितीयां कलां मध्यमलयेन देवमिति (त्ये)तेन पदेन शर्वमिति शब्दसहितेन गायति ततोऽपि तृतीयां कलां द्रुतलयेन देवं शर्वमिति पदद्वयेन च वन्दे शर्वमिति पदान्तरसहितेन निर्वाहयति तत

---

१. KSS. varies absolutely.

सम्भाविता च विज्ञेया गुर्वक्षरसमन्विता।

[1]पृथुलाख्यः च विज्ञेया नित्यं लघ्वक्षरान्विता॥४८॥

एव देव इत्ययं शब्दः कलात्रयव्यापनात् त्रिनिवृत्तिनिर्वाह एव । एवं शर्वमित्यादयोऽप्युत्तरोत्तरकलाव्यापिनस्तदा मागधीनि गीतिः । मगधेषु तथा गाननिर्वाहोपलम्भात् । यदाह । विदर्भादिषु दृष्टत्वात् समाख्या इति । उदाहरणम् । समाससमा मासं समं ससम समसरिरीति । अर्धत इति । परस्य सम्बन्ध्यर्धपदाद्यदावर्तस्तदाऽर्धमागधीति । न चात्र पादार्धप्रवृत्तौ निवर्तनहेतुर्मन्तव्यः । यतः सामवेदे गीतप्रधाने आवृत्तिष्वर्धो नाद्रियते । एवमादि तु जातवेदसमिति (सामवेदसंहिता १.१.३.११) हि अत्र जाशब्दपर्यन्तमावृत्तिपर्यन्तपरम्परया गीत्वा तदेवसमिति गीयते । तत्र जातवेदसमिति पदस्य षड्जनादार्धभङ्गो भवत्यपि । अन्ये तु त्रिनिवृत्तिप्रवृत्तेति मागध्या लक्षणं पठन्तोऽर्धमागध्याः सपदावृत्तिं व्याचक्षणा अर्धं भञ्जनमपि परिहरन्ति ॥४७॥

एवं निवृत्तिकृतौ द्वौ गीतिभेदावभिधाय निवृत्तिहीनमपि गीतिद्वयं लक्षयितुमाह ।

सम्भाविता च विज्ञेया गुर्वक्षरसमन्विता ।
पृथुलाख्या च विज्ञेया नित्यं लघ्वक्षरान्विता ॥

इति च । नित्यशब्द आभीक्ष्ण्यवाची । उभयत्रापि सम्बन्धनीयस्तेन बाहुल्यतो यत्र गुरूणि । सम्भावितं सङ्क्षिप्तं पदानां भावानां यत्रेति । लघुप्रायत्वे तु **पृथुला** । भूयस्त्वात् पदग्रामस्य ॥४८॥

ननु कुत्र का गीतिः प्रयोज्येत्याशङ्क्याह ।

एतास्तु गीतयो ज्ञेया ध्रुवायोगं विनैव हि ॥

इति । ध्रुवाश्रयो योगस्तद्वर्जमेता गीतयो गान्धर्व एव प्रयोज्या न तु गान इति तात्पर्यम् । मागध्यर्धमागध्यौ सामनामध्रुवास्तु (सु) प्रयोजितौ(ते) । सम्भाविता-पृथुले......तेनापसारित्वेनैतद्ध्रुवासु हि करुणरौद्रादिम(रसा)नुसारेण गुरुलघ्वक्षर-विनियोगो गीतिषु यथेष्टमेवेति विशेषः । अत एव विनियोगवर्जमि(भ० ना० २९-

---

१. NS. लघ्वक्षरकृता या तु पृथुला सा प्रकीर्तिता । KSS. लघ्वक्षरकृतोनित्या पृथुला सम्प्रकीर्तिता ।

एतास्तु गीतयो ज्ञेया [1]ध्रुवायोगं विनैव हि ।
[2][गान्धर्व एव योज्यास्तु नित्यं गानप्रयोक्तृभिः]॥४९॥

[[3]गीतयो गदिताः सम्यग् धातूंश्चैव निबोधत ।]
विस्तारः करणश्च स्यादाविद्धो व्यञ्जनस्तथा ।
चत्वारो धातवो ज्ञेया [4]वादित्रकरणाश्रयाः ॥५०॥

---

४९)त्युक्तम् । हिर्यस्मात् गीतय एव गदिता न त्वसां विषयविशेष उक्तः ॥४९॥

अस्य गीत्यंशे भेदमाह । यदन्यैर्लक्षणं गीतीनामुक्तं तन् मह्यं न रुचितमिति तथा हि । यदन्यैर्लक्षिताः ।

द्विगुर्द्विनिवृत्ता च चित्रे गीतिस्तु मागधी ।
लघुप्लुतगता चैव तदर्धे चार्धमागधी ॥ (बृहद्देशी-मतङ्ग १७७)

सम्भाविता (पृथुला च) यथाक्रमं चतसृभिर्द्वादशभिश्च मात्राभिः प्रयोगादिति । अर्धमागधिर्हि (धी हि) कलचतुष्कलप्रयोगयोस्त्विति । एतच्च लक्षण(विरुद्धं न)स्फुटमेव व्याप्नुयात् । नान्यथैतदनुसारेणान्यत्रापि योजना तथापि मार्गोपयुक्तं भवति तद्गीतिवैचित्र्यमिति । यस्मात्त्वासां मार्गभेदाभिधानं तस्माद्युक्तं सम्यगिति ।

एवमलङ्कारप्रसङ्गेन गीतय उक्ताः । अलङ्कारानन्तरं च दारव्या कृता उद्दिष्टालङ्काराः सन्धातव्या इति धातुभ्यश्च दारव्या वा लक्ष्यमाणशोभातिशये अन्यो (न्ये) वैचित्र्योपजीवनेन शारीर्यामप्यलङ्काराः शक्ययोजना इत्यभिप्रायेणाह । धातूंश्चैव निबोधथेति । चकारेणालङ्कारत्वमप्येतेषां समुच्चिनोति । एवकारेण चतुष्प्रहरणं त्रिप्रहरणमङ्गुलीनां विभागो द्वे वृत्ती समलेखा चित्रलेखेत्यादिकं विशाखिलाचार्यप्रोक्तं सर्वथैव ध्रुवगानज्ञानवैकल्योपयोगान् मया नोक्तमिति सूचयति । दधत्यदृष्टं विशिष्टं दृष्टं रक्तिं च तरन्ति धारयन्ति च वीणावाद्यस्वरूपमिति धातवः । प्रहारविशेषजन्याः स्वराः । तत्समुदायोऽपि अन्यंशकल्पमानो धातुः । तत्रोद्देशमाह । विस्तार इत्यादि । वाद्यतेऽनेनेति वादित्रमङ्गुलीकोणादि । तस्य तत् करणं प्रयत्नम् (त्नः) । तदाश्रयाः प्रहारविशेषजन्या इति यावत् । अंशेन सामान्यलक्षणं धातूनामुक्तम् ॥५०॥

---

१. NS. ध्रुवयोगं ।
२. NS. does not read.
३. KSS. does not read.
४. NS. आद्यन्त...।

सङ्घातजोऽथ(जश्च) समवायजश्च विस्तारजोऽनुबन्धकृतः ।[1]
ज्ञेयश्चतुष्प्रकारो धातुर्विस्तारसंज्ञश्च ॥५१॥
[2]विधयस्तु(श्च) स्मृतास्तस्य पूर्वं विस्तार एव च ।
सङ्घातसमवायौ तु विज्ञेयौ तौ द्विकत्रिकौ ॥५२॥
पूर्वश्चतुर्विधस्तत्र पश्चिमोऽष्टविधः स्मृतः ।
करणानां विशेषेण [3]विज्ञेयौ तौ पृथक् पृथक् ॥५३॥

तत्र हि विस्तारधातोश्चतुर्दशविधत्वं निरूपयिष्यते । भेदान्तर्गतभेदचतुष्टयं तावदवतारयन् साधर्म्यनिबन्धनमुद्दिशति । **सङ्घातजा(ज)श्चेति** ॥५१॥

तत्र विस्तारजो नाम भेदो य उक्तस्तस्य भेदान्तरभावेन मितवक्तव्यतया प्रथमं विशेषलक्षणमाह ।

विधयश्च स्मृतास्तस्य पूर्वं विस्तार एव च ।

इति । चकार स्ववृत्तित्वमेवकारोऽन्वर्थतां सूचयति ।

तदयमर्थः । विस्तारो नाम यो विस्तार एव । विस्तीर्णत्वमेवास्य लक्षण मित्यर्थः । एतदुक्तं भवति । अनेकोऽपि स्वरप्रकरणे यथा पृथगनुपलक्ष्यमाणविभागो-विश्रान्तस्थानभूतपर्यन्तिकस्वररूपं (पमेकी)कुर्वन्नन्तरीभवच्चित्रवचनान्तरेणैव विनि-र्भासमानसूतत्व(स्वरत्व)विकीर्णस्तथासौ । अन्यत्र स एवं विस्तार उक्तः । तस्य च ये विधयो भेदास्तेषु पूर्वमुक्ता अलङ्कारनिरूपणावसरे विचित्रप्रकाराः सन्दर्शिता इति यावत् ।

अन्ये तु मन्यन्ते पूर्वमुक्ताः स्वरास्त एव । तेषां विधयो भेदाः स्वरान्तरोप-योगादेकविस्तारवाच्या इति । द्विकत्रिकाविति ॥५२॥

(सङ्घातजस्तूत्तरभेदद्वयेन) चतुर्धा । अन्यस्त्रिकः सोऽष्टधा । तदा वा पूर्वं चतुर्विध इति द्विकत्रिकौ द्वे तुल्ये । किं कृतो वोत्तरभेद इत्याह ।

करणानां विशेषेण विज्ञेयौ तौ पृथक् पृथक् ।

इति । क्रियाविशेषादवान्तरभेदा इति यावत् ॥५३॥

स च विशेषो हस्तस्व(स्थ)तन्त्रीभेदादित्याशयेनाह । अधश्चोर्ध्वं चेति । नात्र विकृतमौत्तराधर्यम् । किन्तु शरीरे यावदधरोत्तरजौ मन्द्रतारस्वरौ वीणायामधरोत्त-

---

१. KSS अनुबन्धश्च ।
२. KSS. विधिर्यस्तु स्मृतस्तस्य ।
३. NS. विज्ञेयौ वै । KSS. विधिश्चैव ।

अधश्चोर्ध्वं च विज्ञेयावधरोत्तरजौ स्वरौ ।
सङ्घातजो विधिस्त्वेष विज्ञेयो वादनं प्रति ॥५४॥

[1]द्विरुत्तरो द्विरधरस्त्वधरादिश्चोत्तरावसानश्च ।
ज्ञेयस्तथोत्तरादिः पुनरप्यधरावसानश्च ॥५५॥

समवायजस्तथा स्यात् त्रिरुत्तरस्त्रिरधरश्च[2] विज्ञेयः ।
[3]द्विरधरोत्तरा(रो)धरान्तो(न्त्यो)द्विरधरश्चो(रोऽथो)त्तरविरामश्च ॥५६।

रजौ । यथाह दत्तिलः । वीणायां त्वधरोत्तर (दत्तिलम् । ६) इति । एवमधरोत्तर-स्वरूपमभिधाय तत्कृतसङ्घातजस्य भेदचतुष्कं सूत्रयति सङ्घातज इति । विधिभे(र्भे)द इति । एष इति ॥५४॥

आर्यया वक्ष्यमाणं तदाह ।

द्विरुत्तरो द्विरधरस्त्वधर(रादि)श्चोत्तरावसानश्च ।
ज्ञेयस्तथोत्तरादिः पुनरप्यधरावसानश्च ।

पुनः शब्देनाभ्यावृत्या प्रयोगे हृद्यता भवतीति सूचयति ॥५५॥ इति ।

अथ समवायस्य भेदाष्टकमाह । समवायजस्तथा स्या(दिति) । तथाऽऽवृत्या यावद् द्विरधरश्च विज्ञेयः । स द्विरधरोत्तरोऽधराद्यः । अथेत्यानन्तर्यवाचिना सह समागमः । द्विरुत्तर उत्तरौ यत्रेति । द्विरधरश्चान्त(रोथोत्त)रविरामश्च । उत्तरमुखो द्विरधरादिः । द्विरुत्तरा प(द)शा द्विस्ठा व्युत्क्रमेणोत्तरावसाने तु यत्रेति प्राग्-बहुव्रीहिः ।

मध्योत्तरो द्विरधरः(रो) द्विरुत्तरोऽप्यधरमध्यश्च ।

समवायो विषयो रूढोऽनेक इति त्रिकः समवाय उक्तः । द्विकस्तु सङ्घात इति ॥५६-५७॥

अथानुबन्धमाह ।

अनुबन्धस्तु ज्ञेयो व्याससमासाच्च नियतमेषां हि ।

इति । व्यासो भेदानां मिश्रत्वेन प्रयोगः । तस्य पुनरपि सक्तं समूहनापीडनं न(निय)-त(तम्) एषामिति । स्वभेदपरभेदनिष्ठानामित्यर्थः । अनुबध्यते मिश्रीक्रियते भावो यत्रेत्यनुबन्धः । एवमुपसंहरति । एवं चतुर्दशविधो विस्तारो धातुरिति । एको

---

१. KSS., NS. द्वावुत्तरौ ।
२. NS. त्रिरुत्तरधश्च ।
३. NS. द्विरथोत्तरा...। KSS. द्व्यधरोत्तरावसानो द्विरुत्तरस्वाद्यरान्तस्तु ।

[1]उत्तरमुखो द्विरधरो द्विरुत्तरावसानश्च ।
मध्योत्तरो द्विरधरो द्विरुत्तरोऽप्यधरमध्यश्च ॥५७॥

अनुबन्धस्तु ज्ञेयो व्याससमासाच्च नियतमेषां हि ।
एवं चतुर्वंशविधो विस्तारो धातुराख्यातः ॥५८॥

रिभितोच्चयनीरिभितो(ता)ह्राद(द्यः)स्तु तथानुबन्धः स्यात् ।
पञ्चविधो विज्ञेयो वीणावाद्ये करणधातुः ॥५९॥

[2]त्रिकपञ्चसप्तनवकैर्यथाक्रमं संयुतो भवेद्वाद्ये ।
सर्वैरनुबन्धकृतैर्गुर्वन्तः स्यात् करणधातुः ॥६०॥

[3]क्षेपः प्लुतोऽतिपातोऽतिकीर्णम(र्णोऽ)नुबन्धसंज्ञितश्चैव ।
आविद्धो विज्ञेयो धातुर्वै पञ्चविध एव[4] ॥६१॥

विस्तारः सङ्घातश्चतुर्धा समवायोऽष्टधाऽनुबन्धश्चैक एव । एवं विस्तीर्णभेदयोगादुदात्ततानहृदयविस्तारणाच्च विस्तारधातुः ॥५८॥

अथ करणधातुभेदान् पञ्चोद्दिशति—

रिभितोच्चयनीरटि(रभि)तो(ता) ह्रादश्च(द्यस्तु) स्यात्तथाऽनुबन्धः (तथाऽनुबन्धः स्यात्) ॥

इति ॥५९॥

एषां क्रमेण लक्षणमाह । त्रिकपञ्चसप्तनवकैरिति । आदौ द्वौ प्रहारौ लघू तृतीयो गुरुरिति रिभितः । पञ्चम इत्युच्चः(च्चयः) । सप्तन इति नीर(रि)भितः । नवमो गुरुरन्ये लघवः । ह्राद्यो लङ्घ्य इति । एतद्भेदानुबन्धनादनुबन्धः इति । पञ्चधा क्रियाबाहुल्यात् करणधातुः ॥६०॥

अथाविद्धधातुभेदान् पञ्चाह ।

क्षेपः प्लुतोऽतिपातोऽतिकीर्णम(र्णोऽ)नुबन्धसंज्ञितश्चैव ।

इति ॥६१॥

एषां लक्षणमाह—

द्वित्रै(स्त्रि)श्चतुष्कनवकैः प्रहारैः क्रमशः कृतैः ।

---

१. NS. द्विरथोत्तरावसानोऽधरादिरुत्तरमुखो द्विरधरश्च । KSS. varies.
२. KSS त्रिकपञ्चसप्तकमवकैर्धातैर्युक्तो यथाक्रमं विहितः ।
३. KSS. NS. varies.
४. KSS. वाद्यप्रयोगे तु ।

[1]द्विस्त्रिचतुष्कनवकैः प्रहारैः क्रमशः कृतैः ।
आविद्धधातुर्विज्ञेयः सानुबन्धविभूषितः ॥६२॥

व्यञ्जनधातोः पुष्पं कलतलनिष्कोटितं तथोद्धृ(न्मृ)ष्टम् ।
रेफोऽनुबन्धसंज्ञोऽनुस्वनितं बिन्दुरवमृष्टम् ॥६३॥

कनिष्ठाङ्गुष्ठसंयुक्तं पुष्पमित्यभिसंज्ञितम् ।
अङ्गुष्ठाभ्यां समं तन्त्र्योः स्पर्शनं यत् कलं तु तत् ॥६४॥

वामेन पीडनं कृत्वा दक्षिणेनाहतिस्तले ।
सव्याङ्गुष्ठप्रहारस्तु निष्कोटितमिहोच्यते ॥६५॥

इति । क्रम(श) इति । लघुरिति द्विकं लघुश्चतुर्लघुरित्येके । एवं यावन्नवकः । अन्ये तु क्रमशब्दलक्षणलक्षणालघुसञ्चयरूपत्वमेव प्रहाराणां मन्यन्ते । लघुत्वप्रहारत्वादेव भास(त) आविद्धधातुः ॥६२॥

अथ व्यञ्जनधातोः सप्त(तोर्दश)भेदानाह ।

व्यञ्जनधातौ(तोः) पुष्पं कर(ल)तर(ल)निष्कोटितं तथोन्मृष्टम् ।
रेफोऽनुबन्धसंज्ञोऽनुस्वनितं बिन्दुरवमृष्टम् ॥

इति ॥६३॥

एतान् क्रमेण लक्षयति । कनिष्ठाङ्गुष्ठसंयुक्तं पुष्पमिति । त्रि (अत्र) विशेषाभावेऽप्यङ्गुष्ठौ । तेन क्रममे(मेणै)कस्यां तन्त्र्यां प्रहारत्रयात् पुष्पम् । यथोक्तं भट्टमातृगुप्तेन ।

पुष्पं च जनयत्येको भूयः स्पर्शात् स्वरान्वितः ।

इति । अङ्गुष्ठाभ्यां समं तन्त्र्यो तु (न्त्र्योस्तु) नानास्थानस्वर(राः) तन्त्रीद्वयं (ये) युगपज्जन्याः । अङ्गुष्ठद्वयेनेत्यर्थः ॥६४॥

वामेन पीडनं कृत्वा दक्षिणेनाहतिस्तले ।

वामेनाङ्गुष्ठेन तन्त्रीः पीडयित्वा दक्षिणेन हन्यादिति तलम् । सव्याङ्गुष्ठप्रहारस्तु निष्कोटितम् । ऊर्ध्वात्रिरहनेन कुटिलोऽयं प्रहार इति निर्वचनबलादित्युपाध्यायाः ॥६५॥

प्रहारो वामतर्जन्या तु तनु (द्रु)मृ(न्मृ)ष्टम् । तन्त्र्यां तथा प्रहरणयोगाद्घना-हतप्रायं मधुरनस्वरजनं तन्त्रीषु मार्जनामात्रमेव भवतीत्युन्मृष्टम् । सर्वाङ्गुलिसमा-

---

१. KSS. द्विस्त्रिचतुष्कैर्नवकैः प्रकारैः । इतोऽग्रे काशीसीरिज पुस्तके पाठक्रमो भिद्यते ।

प्रहारो वामतर्जन्या उद्धृ(न्मृ)ष्टमिति संज्ञितम् ।
सर्वाङ्गुलिसमाक्षेपो रेफ इत्यभिसंज्ञितः ॥६६॥

तलस्थानेऽधस्तन्त्रीणामनुस्वनितमुच्यते ।
गुर्वक्षरकृता तन्त्री बिन्दुरित्यभिसंज्ञितः ॥६७॥

कनिष्ठाङ्गुष्ठकाभ्यां तु दक्षिणाभ्यामधोमुखम् ।
तन्त्रीषु त्रिप्रहारं चाप्यवमृष्टं प्रकीर्तितम् ॥६८॥

व्याससमासादेषामनुबन्धः सार्वधातुको ज्ञेयः ।
इति दशविधः प्रयोज्यो वीणायां व्यञ्जनो धातुः ॥६९॥

इत्यत्र (त्येते)धातवः प्रोक्ताश्चत्वारो लक्षणान्विताः ।
तिसृणामपि वृत्तीनां येषु[1] वाद्यं प्रतिष्ठितम् ॥७०॥

क्षेपादकः । सर्वाभिनङ्गुलिभिरेकस्वरतादयः पर्यायेण विचित्रः । एकत्र विश्रान्तिः । रेफविस्तारे नन्वे(त्वे)ते(रा इ)ति विशेषः ॥६६॥

तलस्थानेऽधस्तन्त्रीणामनुस्वानितम् । तलनिष्पत्तौ सत्यां तदवच्छिन्नेऽवम-(न)तस्त्रि (तन्त्री) प्रहारपरम्परे(रा)ऽनुस्वनितम् । **गुर्वक्षरकृता तन्त्री बिन्दुः** । वंक्षरो विलम्बितकाल एकस्यामेव तन्त्र्यां प्रहार इत्यर्थः ॥६७॥

कनिष्ठाङ्गुष्ठकाभ्यां तु दक्षिणाभ्यामधोमुखम् ।
तन्त्रीषु त्रिप्रहारं चाप्यवमृष्टम् । इति ।

त्रिषु स्थानेष्वेकस्वरतन्त्रीत्रयं प्रत्येकं कनिष्ठाङ्गुष्ठद्वयेनाधोगतं कृत्वा हन्यादित्यव-मृष्टम् ॥६८॥

व्याससमासादेषामनुबन्ध इति स्पष्टम् । ननु **सार्वधातुको ज्ञेय** इति किमनेन । प्रतिधातुनिरूप(ण)तोऽप्यनुबन्धः सम्यक् । स तु प्रातिपदिकधातुभेद-मिश्रणात्मा दर्शितः । अनेन तुल्यः अ(न्योऽ)न्यधातुगतान्य(न)पि भेदान् धात्वन्तर-भेदैर्मिश्रीकृत्य प्रयोज्या(ज्य) इति कथ्यते । सर्वेषु धातुषु भव इति (सार्वधातुकः) ॥६९॥

उपसंहरति । इत्येत इति । **लक्षणान्विता** इति । शास्त्रोक्ततयाऽदृष्टोपयोगि-नोऽपीत्यर्थः । अशास्त्रान्विता हि तन्त्रीवाद्यभेदाः कियन्तो गण्यन्ते तेऽपि चैतत्पद एवांशभूता अवगन्तव्याः । तिसृणां लक्ष्यमाणानां वृत्तीनां सम्बन्धेन वृत्तिगतं यत्किञ्चिद्वाद्यं वीणावाद्यादन्यद् विपञ्चकालाबुवीणादि सरिकारावणहस्तादिगतं ततवाद्यादन्यदपि चावनद्धवाद्यजातं तद्येषु धातुषु भेदेषु विश्रान्तम् । एतत् प्रकृतिकं हि

---

१. KSS. यासु NS. यस्तु ।

तिस्रस्तु वृत्तयश्चित्रादक्षिणावृत्तिसंज्ञिताः ।
वाद्यगीतोभयगुणा निर्दिष्टास्ता यथाक्रमम् ॥७१॥

[1][तिस्रो गीतिवृत्तयः प्राधान्येन ग्राह्याः । चित्रा वृत्तिर्दक्षिणा चेमि । तासां तालगीतिलययतिमार्गप्राधान्यानि यथास्वं व्यञ्जकानि भवन्ति । तत्र चित्रायां सङ्क्षिप्तवाद्यतालद्रुतलयसमायतिरनागतग्रहाणां प्राधान्यम् । तथा वृत्तौ गीतवादित्रद्विकलतालमध्यलयस्त्रोतोगतायतिः समग्रहमार्गाणां प्राधान्यम् । दक्षिणायां गीतिचतुष्कलतालविलम्बितलयगोपुच्छायत्य(तिः।अ)तीतग्रहमार्गाणां प्राधान्यम् ।

सर्वासामेव वृत्तीनां ललिताद्यास्तु[2] जातयः ।
धातुभिः सह [3]संयुक्ता भवन्ति गुणवत्तराः ॥७२॥

सर्ववाद्यानाम् । तच्च पुष्कराध्याये (अ० ३४) वक्ष्यते । धातव इति प्रोक्ता एवं लक्षिता इति सम्बन्धः ॥७०॥

उक्तां वृत्तिं निरूपयति । तिस्रस्तु वृत्तय इति । वृत्तिर्गुणप्रधानभावात्मा व्यवहार इति सामान्यलक्षणम् । ततवाद्यप्राधान्ये गीतगुणतेति चित्रा वृत्तिः । गीतमुखेऽपेक्षताविरहितं हि वाद्यं यथाविधि वैचित्र्यचर्चितं क्रियते । एतद्विपर्ययस्तु दक्षिणा वृत्तिः । गीतं हि विशिष्टं(ष्ट)स्थानीयं प्रधानं तदनुकूलश्चायं व्यवहारः । यत्र सममेव द्वयोर्व्यवहारस्तत्र साम्येन वर्तनाद् वृत्तिर्नाम । वृत्तिसंज्ञितशब्दस्यायमाशयः । वृत्तिरिति सामान्ये विशेषे च प्रयुक्तोऽत्र । ब्राह्मणाख्या ब्राह्मण इति यथा । गुणशब्दोऽत्रोत्कर्षवाची न त्वप्रधानवाची तेन वाद्यस्य गीतस्य च गुण उत्कर्षो यत्र प्राधान्यमिति यावत् । तथा च दत्तिलाचार्यः ।

दक्षिणावृत्तिचित्राश्च वृत्तयस्तास्वयं विधिः ।
प्रधानं गीतमुभयं वाद्यं चेति यथाक्रमम् ॥ इति ।

(दत्तिलम्-४३)

अन्ये तु मन्यन्ते । द्रुतमध्यविलम्बितात्मकं यत्कालत्रयमानं तदेवानेन विशेषेणोक्तं वृत्तित्रयम् । तच्च स्वरगतो(तमु)पदिष्टस्वरमनेन विशेषेणाहेति आवापादियोगो हि तालो मुख्यतया । तथाह । आसारितोपर(व)हनमाद्यता [(तेष्वादावासारणानि) भत ना० ३१.१०३] तालादि । तत्र मुख्यया ध्रुवादेरेव नियमिता गान-

---

१. NS. does not read.
२. NS. संभक्ता ।

[¹एतेषां धातूनां समवायाज्जातयस्तु जायन्ते ।
स्यात् स्वादुदात्तललितरिभितघनसंज्ञाश्चतस्रस्तु ॥७३॥

तत्रोदात्ता विस्तारधातुविषया ह्युदात्तत्वात् ।
ललिता व्यञ्जनधातोर्ललितत्वादेव सम्प्रयोक्तव्या ॥७४॥

आविद्धधातुविषया रिभिता लघुसञ्चयाद् विनिर्दिष्टा ।
करणविषया च घनसंज्ञा गुरुलघुसञ्चयात्तु स्यात्]॥७५॥

मिति च वक्ष्यते । न चात्रापि सम्भव इति च तत एवेति च तालविधावुपदेक्ष्यमाणान् मार्गत्रयादिदं वि(भि)द्यत इत्यलमतिप्रसङ्गेन ॥७१॥

ननु कस्मादादौ चत्वारो धातव (भ० ना० २९.५०) इति निरूपिते तेषां चतुर्दश पञ्चदशेति भेदा निरूपिताः । त(क)स्मान् मूलत एव चतुर्विं(स्त्रि)शद्धातव इति नोक्तमित्याशङ्क्यावान्तरजातिविभागं तावद्भेदानुगतपरिहारान्तरं तेन दर्शयित सर्वासामेवेति । सर्वासां वृत्तीनां सम्बन्धिनः । ताः शुद्धाः । न तु सर्वे चतुर्विं(स्त्रि)शदपि । एवकारो यथासङ्ख्यमसम्भाव्यमे(ए)व । तैर्धातुभिस्त्रयद्वय......सम्भूय ललिता जायन्ते संयुक्ताः सम्बद्धा भवन्ति । गुणवत्तरा इति । व्यञ्जनधातावप्याविद्धत्वं क्वचिदस्ति तथापि ललिताप्रधानमेव । अन्यत्राप्यन्यदिति यावत् । वीणावाद्ये सौकुमार्यं प्रधानमिति पश्चान्निश्शेषव्यञ्जनधातुनिर्दिष्टापि ललिता जातिरिहादावुक्ता ॥७२॥

ननु कुत्र धातौ का जातिरिति वाच्यम् । किञ्चैकैकत्र धातुभेदे सामित्याद्यभिव्यक्तिरस्ति । तद् कथमिमा जातय इत्याशङ्क्याह ।

एतेषां धातूनां समवायाज्जातयस्तु जायन्ते ।
स्यात् स्वादुदात्तललितरिभितघनसंज्ञाश्चतस्रस्तु ॥

इति । एतेषां धातूनां मध्ये तस्यां तस्यां जातौ यश्चोचितस्त(स्माद्) एतज्जा(ता जा)यन्त इति । अभिव्यज्यन्त इत्यर्थः । तत्र विस्तारधातावुदात्ता जातिरौचित्यात् । तत्र ह्येकविस्तारादिप्रयोगे ईहादिबाहुल्याद् प्रयोगस्य चित्तवृत्ति(:) सुभगीभवति । व्यञ्जनधातौ ललिता सौकुमार्याद् प्रयोगस्य । अत एव च श्रीहर्षेणाङ्गनासमुचितं वाद्यमित्याशयेन व्यक्तिव्य(व्यं)ञ्जनधातुना दन(श)विधेनाज्ञ प्रलब्धात्म(मु)ना (नागानन्दम् १.१४ प्रियदर्शिका ३.१०) इत्युक्तम् । आविद्धधातौ रिभिता ल्ल(ल)घु-प्रयोगाद् रिभो(फे)र्हि वर्णप्र(व्य)त्यय एतद्रूपम् । रिभि(फि)श्च कत्थनयुद्ध (निन्दा)-

---

१. KSS. does not read.

[1]त्रिविधं गीते कार्यं वाद्यं वीणासमुद्भवं तज्ज्ञैः।
तत्त्वं ह्यनुगतमोघः स्थानैककरणसमायुक्ताः ॥७६॥

हिंसानादरेषु(हिंसादानेषु) पठ्यते। (पा० धातुपाठः—१३०६) अनादरश्चा (आदानं) विश्रान्ति.। युद्धादावपि च चातुर्योग एवोचितः। करणधातौ घना। गुर्वन्तरविश्रान्त्या निषिद्धत्वम्। अन्ये तु विपर्ययमाहुः। आविद्धे घना। लघुभिर्निरन्तरत्वात्। करणे लघूपक्रमत्वाद्गुरुविश्रान्तेश्चैकत्रानादरात्। यत्पुनरेतदुक्तमेकैकत्र भेदेन तज्जात्यभिव्यक्तिरिति तदेवमेतदाह समवायादिति। बहुभिर्भेदैर्युक्तैः सा जातिर्व्यञ्जनमिति यावद्भेदैरित्याशङ्क्याह। स्वादिति। यावती भेदकलाप्रयुक्ते तथाविधाभिव्यक्तिरिति यावद् ग्रामरागाभिव्यक्तिरुत्क्षेपणत्वादभिव्यक्तिश्चैवमेव दृष्टा वाद्यन्त एव ह्येऽव्यन्य एव (वाद्यान्तरेऽव्यप्यन्यैव)। अस्यापि शतधापि पुनस्तथोपकारिण इत्यर्थः।

अन्ये त्वित्थं योजयन्ति। यस्मात्ता जायन्त इति प्रश्न उत्तरमिदं समवायादिति। अथेत्याह नोदात्तादिकाया वार्ताया जायतश्चेति किं न वृत्तयस्तेन धातवो धातुभेदसञ्चयात् सा चित्तवृत्तिर्जायत इति तावतो भेदकलापस्यैककरणादेकरूपतया परिगणनं जातिश्च। स्पष्टार्थोऽत्र व्याख्याने। कस्मात्ताश्चित्तवृत्तयो जायन्त इत्यत्रैकैकंवोत्तरं जायत इति। यत इति रिभिते च चित्तवृत्तिरपि भवतो (ति) विश्राम्यत्वात्। प्रविभागनियमे जातिभेदनिमित्तमभिधाय दक्षिणादिवृत्तित्रयेऽपि साधारणं वाद्यविधिं त्रिविधमाह। त्रिविधं गीत इति। विधाशब्दो विधिवाची। तथा चाह। तत्त्वौघानुगताश्च वाद्यविधय इति। गीत इति। गीतविषयो वाद्यस्य मेलनप्रकारः स विधिरिति सामान्यलक्षणस्य वृत्तिः। स तु गुणप्रधानभाव इति भेदगुणत्वेऽपि हि तत्त्वादित्रयं प्रधानत्वेऽपि हि स्वातन्त्र्येऽपि ॥७३-७६॥

अथैषां विशेषलक्षणं क्रमेणोच्यते।

लयतालवर्णपदयतिगीत्यक्षरभावकं भवेत् तत्त्वम्।
गीतं तु यदनुगच्छत्यनुगतमिति तद्धि वेद्वाद्यम्।
आविद्धकरणबहुलं ह्युपर्युपरिपाणिकं द्रुतलयं च।
अनपेक्षितगीतार्थं वाद्यं त्वोघे विधातव्यम्॥

इति। लया द्रुतमध्यविलम्बिता वक्ष्यमाणलक्षणाः। तालश्चञ्चत्पुटादिकृतः साम्यविशेषो वा श(म्या)तालादि(स)हितवीणया शक्यप्रयोगः। वर्णः स्थाय्यादिः। पदं

१. KSS varies absolutely.

लयतालवर्णपदयतिगीत्यक्षरभावकं भवेत् तत्त्वम् ।
गीतं तु [1]यदनुगच्छत्यनुगतमिति तद्भवेद्वाद्यम् ॥७७॥

आविद्धकरणबहुलं ह्युपर्युपरिपाणिकं द्रुतलयं च ।
अनपेक्षितगीतार्थं वाद्यं [2]त्वोघे विधातव्यम् ॥७८॥

[3]एवं ज्ञेया वर्णे वाद्यविधाने तु धातवस्तज्ज्ञैः ।
वक्ष्याम्यतः परमहं निर्गीतविधानसमवायम् ॥७९॥

विरामरूपो विच्छेदः । यतिः स्रोतोगतादिः । गीतिग्रामविभागतः । जात्यंशविशेषोचितदशकभेदवैचित्र्यसम्भावितो(ता)वा गीतिः । अक्षराणि देवं शर्वमित्यादि (दीनि) । एतच्च समस्तं गीतं वीणायां शक्यप्रयोगः(गं) स्वरपदतालनिष्ठुर(निष्ठित) प्रपञ्चं दर्शयति । भू प्राप्तौ (पा० धातुपाठः—१८४५) । अत्र तेन लयादिभेदं भावयते प्राप्नोति स्वीकरोति यद्वान्यत्तत्त्वं न स्वभावव्यतिरिक्तत्वात् । तेन तथाविधगीतेन सह समवायः सम्मेलना स तत्त्वाख्यो वाद्यविधिः । एवमन्यत्र मन्तव्यम् । अनुगच्छति न सर्वं तद्रूपमनुहरत्यपि तु किञ्चिद्यथा विलम्बितेऽपि लसे नूनं प्रयोगं मध्ये करोति देवमिति । वर्णद्वये गीयमाने त्रिचतुरान् प्रहारान् करोति । यत्र पुनः समवायात् प्रत्यक्षमेवमनुसरणं न भागशब्दः स ओघः । आविद्धं चतुरं कृत्वा प्रहारक्रियानेन(तेन) बहुलम् । उपर्युपरीति समीप्ये । तेन निरन्तराः पाणयो घाता यत्र । गीतं (तस्य) च योऽर्थे(र्थः) प्रवृत्तिर्विदारीलक्षणो विच्छेदः सोऽनपेक्षितो यत्र । गीतविदारीष्वप्यविच्छित्तिमिति यावत् । अत एवौघ इवौघः । केचिदाविद्धकरणवदत्र धातू निर्दिष्टाविति मन्यन्ते । अन्ते तु निर्देशादेव पूर्वौ वाद्यविधिर्व्यञ्जनविस्तारधातुविध(ष)यो मन्यन्ते । तत्पक्षे न व्यक्तिव्य(व्यं)ञ्जनधातुनेत्युपक्रम(म्य)वाद्यविधयः सम्यक् त्रयो दर्शिता (नागानन्दम् १.१४ प्रियदर्शिका ३.१०) इत्यसमीचीनं स्यादिदम् । न तु वाद्यत्रिविधत्रयोपदेशेनादावपि केनचिद्विकारभेदेनावनद्धवाद्येऽपि । अत इत्थमुद्दिष्टम् ॥७७-७८॥

तन्निरूपयितुमुपक्रमते । वक्ष्याम्यतः परमिति । निर्गीतं वहिर्गीतं शुष्कमिति पूर्वरङ्गाध्याये (भ० ना० अ० ५ श्लो० ३०-५७) निर्णीतमेव । तस्य विधानादिभेदस्तेषां सम्यगवगमो येन भवति त समवायलक्षणं वक्ष्यामीत्यर्थः ॥७९॥

---

१. KSS. यदनुगच्छेदनुगतमित्युच्यते वाद्यम् ।
२. KSS. चौघं बुधैर्ज्ञेयम् । इतोऽग्रे काशीसीरिजपुस्तके श्लोकदशकमधिकम् ।
३. KSS. varies.

[1]आश्रावणा तथाऽऽरम्भो वक्त्रपाणिस्तथैव च ।
[2]सङ्घोटना तथा कार्यं पुनश्च परिघट्टना ॥८०॥

मार्गासारितमेत्त तु[3] स्याल्लीलाकृतमथापि च ।
आसारितानि च तथा[4] त्रिप्रकारकृतानि तु ॥८१॥

एतानि तु बहिर्गीतान्याहुर्वाद्यविदो[5] जनाः ।
[6]सतालानि ह्यतालानि चित्तवृत्तौ कृतानि तु ॥८२॥

प्रयोजनं [7]च विज्ञेयं पूर्वरङ्गविधिं प्रति ।
एतेषां सम्प्रवक्ष्यामि लक्षणं सनिदर्शनम्[8] ॥८३॥

तत्राश्रावणामेव लक्षयति । विस्तारधातुविहितैरिति । विस्ताराख्ये धातौ यानि विहितानि शास्त्रकारेणेति । एकविस्तारादयश्चतुर्दश प्रभेदास्तैः प्रविभागश इति । एकैकं द्विरभ्यस्तैर्वारद्वयं प्रयुक्तैः । पुनर्भेदान्तरेऽपि तथैव द्विः प्रयुक्तो(क्तै)द्वि(द्वि)रावृत्तैस्तस्यां च पुनरावृत्तैः । करणस्य स्वगतायाः क्रियाया अपचयाः पूर्वयुक्तिमुज्झितभेदेनान्तरनिमज्जन(त)या तेषां तैरेवंविधैरुपलक्षिता स्यादाश्रवणा नामेति । सन्निवृत्तः(त्तैः) । तद्यथा । एकविस्तारो द्विः प्रयुज्यते ततो वा द्विरधर इत्ययं भेदो द्विः । पुनरेकविस्तारो द्विरुत्तर इत्यत्र भेदे गुणनयापि लापितस्वरूपो द्विस्ततो द्विरत(धर)इत्ययं भेदो द्विः । ततो द्विरुत्तर इत्ययं भेदो द्विरधर इत्ययं भेदः । द्विरधर इत्यत्र भेदनिमग्नस्वभावो द्विरित्येवमेतदप्यनुसर्तव्यम् । विशाखिलमतानुसारिणस्तु(प्राहु)-रंशस्य स्वरविस्तारणेऽस्यापचयातालप्रभेदेषु तैर्वस्तु (त) एकविस्तारान् मात्राभेदः

---

१. KSS. आश्रावणारम्भविधौ ।

२. KSS. परिघट्टना च विज्ञेया तथा संघोटनैव च ।

३. NS. अन्यत् ।

४. KSS. त्रिप्रमाणानि वै तथा ।

५. KSS. NS. आदौ योज्यानि योक्तृभिः ।

६. KSS., NS. सत्त्वान्यलापतालानि चित्तवृत्तौ स्मृतानि च । (का० चित्तवृत्तगतानि) ।

७. KSS हि पूर्वोक्तं पूर्वरङ्गविधौ मया NS च तज्ज्ञेयं...।

८. KSS , NS. दर्शनानि यथाक्रमम् ।

तत्रैषामुद्देशमाह । आश्रावणेत्यादि ॥८०-८३॥

आस्रावणा नाम ।

विस्तारधातुविहितैः करणैः प्रविभागशो द्विरभ्यस्तैः ।
[1]द्विश्चापि सन्निवृत्तैः करणो(णा)पचयैः क्रमेण स्यात् ॥८४॥

[2]गुरुणी त्वादावेकादशकं चतुर्दशं सपञ्चदशम् ।
सचतुर्विंशकमेवं द्विगुणीकृतमेतदेव स्यात् ॥८५॥

[3]लघुनी गुरु चैव [4]स्यादथाष्टमं गुरु भवेत्तथा च पुनः ।
षट् च लघूनि [5]ततोऽन्त्ये गुर्वाद्याश्रावणायां तु ॥८६॥

कर्तव्यः । तस्यानेकस्वरकलानुपदेश्यमानत्वात् ॥८४॥

एवं वीणावाद्यमुक्त्वैतद्गतं शुष्कध्रुवाकर्मप्रस्तारमाह । गुरुणी त्वादाविति । गुरूणि शेषाणि भवन्ति । न च लघ्वक्षरम् । इदृशमेव द्वितीयखण्डम् । ततः पञ्चदशाक्षरे तृतीयखण्डे त्रयो गुरवोऽन्ये लघवः । लक्षणरक्षणार्थं सार्थकपदोदाहरणानीह लिख्यन्ते । खण्डप्रस्तारकं लक्षणपूर्वकम् । तनोजयनोस(तननजयननसाः ॥२॥) सनजनस(साः) । समस्तमात्रा (आ)श्रावणानुसार(रेण) इति त्रिखण्डा । (यथा) ।

शम्भुं प्रणमत मम किल मानसमाश्रावणा(ण)मिह कृतहृदये ।
भद्रं वसति (पदकमलपूजन)योगादितिसुतनतमकुटे ।
वरदं स हि शरणं भवति वनपद(मु) ॥

(इति) ॥८५-८६॥

अत्र तालविशेषमाह । त्रिःशम्योपरिपाणाविति । एवमेवेति । न सोऽपि त्रिरुपरिपाणी च तेन शम्यात्रये आदौ वीणादिवाद्येऽनुगतं गीतम् । एककवानिति । एकया विदार्या इयद्वक्ष्ये । तालत्रयपर्यन्ते गीते विच्छेद एकः कर्तव्य इत्यर्थः ।

अन्ये तु एककवानिति न पठन्ति । एवमेवार्थे(र्थं इ)ति ते पठन्ति । तेषामाशये उपरिपाण्यभिधानादेव शम्यात्रयं विदारीविच्छेदो(द उ)पलब्ध एव । तेनादौ वीणावाद्यप्रयोगः शम्यावाद्यमतोऽपि वीणावाद्यं ततस्तालत्रयमिति तद्वक्ष्यते । लयस्योपरि यद्वाद्यं पाणिस्तस्योपरीति । ततो वाद्यस्य (द्येन)समं गीतिः । द्वे शम्ये ।

---

१. KSS. बिश्वापि NS. द्विस्यपि ।

२. KSS. गुरूणि त्वादावेकादशकचतुर्दशकपञ्चदशकम् । NS. गुरूणात्यदावेकादशं...।

३. KSS., NS. लघु गुरुणी च ततः ।

४. KSS. स्यातायथाष्टमं गुरु भवेत्तदा च ।

५. KSS., NS. तथाऽन्त्यं गुरु बाह्याश्रावणायां तु ॥

त्रिःशम्योपरिपाणौ [1]तालावप्येवमेव चैकि(क)कवान् ।
समपाणौ द्वे शम्ये तालावप्येवमेवाथ[2] ॥८७॥

योजनावपाणौ तालोपरीति प्रयुक्तम् । **समे** चेति । प्रयुज्यमाने(न इ)ति । **असमे च** प्रयुज्यमाने तालावप्येवमिति । **द्वौ** समपाणौ तेन शम्या तालद्वये च गीतवाद्ययोः सङ्ग्रहः ॥८७॥

ततश्च यो शम्यातालो तत्र पूर्वं गीतं ततो वाद्यमित्यवपाणिः । **उत्तरस्तथा चैवेति** । तेनैव रक्षणे(लक्षण)प्रकारेण उत्तरः पञ्चपाणिः षट्कलः । **चच्चत्पुटः** षट्चतसृभिः कलाभिरिति द्वाविंशतिकलाः । **द्विस्तत्र तथा चैवेति** वचनात् पञ्चपाणौ च चच्चत्पुटे चार्धपाणिरेव । तेन सप्त विदार्योऽत्र द्वयोरुपरिपाणिर्द्वयोः समपाणिस्तिः सृष्ववपाणिः । वाचनिकश्चायं तालविशेष इति युग्मौजविभागापेक्षणं मनःखेदमात्रम् । **अन्ये तूत्तरस्तथा द्विकल** इति पठन्ति । तेऽष्टाविंशतिकला(मा)श्रावणामाहुः । **अपरे चच्चत्पुटस्तथेति** (भ० ना० २९-८८) वचनात् सोऽपि द्विकल एवेति व्याचक्षाणा द्वात्रिंशत्कलामिमां मन्यन्ते । द्वात्रिंशति(त्)कलत्वमेव सूचितं पूर्वापरविचारेण लक्ष्यते । तथा हि । **चत्वारस्तु गुणा युग्म** (भ० ना० अ० ३१-१०६) इति वक्ष्यते । खण्डद्वयान्ते च मात्राद्वयं कलायां यद्वक्ष्यवि । **एककलापि मात्रेति** । एवं खण्डद्वयेऽष्टादशकला । तृतीये चतुर्दश । अन्त्ये गुरुर्द्वयोश्चतुष्कलयोः । वक्ष्यते हि । **निवृत्तौ हि कला न्यूना यदा वस्तुवशाद्भवेत् । आकलापातमात्रेति ॥** (भ० ना० ३१.२२८) ॥ स्पष्टः क्रमः ।

अन्यैस्तु ध्रुवा त्रिखण्डा कृता तालस्त्रिखण्डः कृतः । तत्र प्रथमखण्डे उपरिपाणियोगाच्च तस्य कला पदशून्या शेषास्वष्टासु पदानि । द्वितीयेऽवपाणियोगाद् द्वौ गुणौ तु ताले तु प्रवेशेन लभते(भ्येते) शेषः पदग्रामः षष्ठ(ट्सु)कलास्विति पञ्चपाणिः । तृतीये तु खण्डे चतस्रः कला इति पृथगेव खण्डत्रये तालयोग इति । कतमदेतत् । अतन्त्रमिति न चोद्यम् । न ह्यत्र समुदायाश्रयं मानम् । अपि तु प्रतिखण्डभेदे च भवति गानवैचित्र्यमिति लक्ष्यते ध्रुवाध्याये (भ० ना० अ० ३२) । **एकवस्तु ध्रुवा ज्ञेया** इत्युपक्रम्य **द्विवस्तु परिगीतिका** (भ० ना० अ० ३२.७) इत्यादि । चतुर्विंशतिकलात्मकेऽर्धयोगादेकादशकलिकत्वात् सङ्कीर्णं मानं तच्च तालाध्याये (भ० न० अ० ३१) सङ्ग्रहीष्यते **कलाः पञ्चेत्यादिनेति** (भ० ना० अ० ३१.२४) व्याचक्षते तदसत् । तत्र योगेऽत्र विच्छेदाभावात् खण्डत्रयेणैवापृथक् तालः । तदुप-

---

१. NS पित्वोववाममेव...KSS. तालोऽप्रि ह्येष निर्दिष्टः ।
२. NS. स्यात् ।

[1] भूयः शम्यातालाववपाणावुत्तरस्तथा चैव ।
चच्चत्पुटस्तथा स्यादेवं ह्याश्रावणातालः ॥८८॥

[2] [अत्रोदाहरणम् ।
झण्टुं जगति यवलितक जम्बुक झण्टुं तिति च लघु च झण्टुं (तिति चा) ।
दिङ्गले गणपतिपशुपतिजम्बुक दिङ्गले वरभुज दिगिनिगि चा ।
तिति चादिनि निगिचा पशुपति नीतिचा ॥]

अथारम्भः ।

दीर्घाण्यादावष्टौ [3] द्वादश च लघूनि नैधनं चैव ।
चत्वारि गुरूणि तथा ह्रस्वान्यष्टौ च दीर्घं च ॥८९॥

भङ्गचतुर्लब्वादि यदिति मान .....पि स्फुट एव । तदर्थमेव खण्डत्रयविभागो मुनिना कृतः । ताले पदेषु च प्रथमखण्डे च सङ्कीर्णः ताले तद्वक्ष्यते कलाः पञ्च तथा सप्त पुनर्नव च कीर्तिताः ।। दशैकादश चैवेति (भा० ना० अ० ३१.२४) एवं च गीततालविषयः पदेषु यो गुणविभागो वक्ष्यते तालाध्याये चत्वारश्च गुणा युग्म (भ० न० ३१.६८) इत्यादिना सोऽपि नात्यन्तायेहापि न भवतीत्यलं बहुना । इत्याश्र(श्रा)वणा ॥८८॥

अथारम्भः । आरम्भे तावद्गीतपदं प्रस्तारमाह । दीर्घाण्यादावष्टावित्यादि । नैधनं गुर्वित्यर्थः । चत्वारि लघूनीति । निधनमिति । गुरु चान्ते गुणीकृतानि । यच्च द्विगुणं पुनर्गुरुद्वयम् । मो त्नो नौ स इति । म्भो नो म्सो इति । म्भो नो ग (इति) । आरम्भे तृतीयखण्डः ।

तं वन्दे नाथं त्वामारम्भ इह निधनविरहितमहसम् ।
गौरीकान्त(न्तं) हुतवहरविशशिय (दृक्)त्रितयमिदं(मम्) ।
नेत्रं त्व(त्राध्य)स्तं हृदि विदलितत(मस)म् ॥

अत्रापि त्रिखण्डत्वमेव । गीततालयोर्दश कला आद्यखण्डद्वितीये षट्कलाः......यमे खण्डे......मैथुनग्रहणादेकविंशतितमे गुरोर्विश्रान्तिकलाप्रयोगः पुनः......शतितमे इति पञ्च । ८९-९०॥

---

१. KSS., NS. varies absolutely.

२. कोष्ठकबद्धपाठः काशीसीरिजपुस्तके नास्ति । अन्यत्र च सर्वथा भिद्यते ।

३. KSS. द्वादशं ।

लघुसंज्ञानि [1]चतुर्धा निधनं द्विगुणीकृतानि दीर्घे द्वे ।
अष्टौ लघूनि नैधनमित्यारम्भेऽक्षरविधानम् ॥९०॥

[[2]अत्रोदाहरणम् ।
झण्टुं झण्टुं झण्टुं झण्टुं जगति यवलितक दिगिनिगिचा ।
दिङ्ग्ले दिङ्ग्ले तिति झझलकुचझ(कुझ)लजम्बुक तितिचा ।
गणपति (झण्टुं झण्टुं) सुरपति पशुपति चा ॥]
अस्य तु वाद्यम् ।
[3]कार्यं त्रिपर्वर(वि)हितैरुद्वहनैरप्यथ समवरोहैः ।
तलरिभितह्लादयुतैः[4] करणैर्विस्तारभूयिष्ठैः ॥
अपचययुक्तैर्द्विस्त्रिस्तथा निवृत्तैर्द्विरभ्यस्तैः ।
आरम्भोऽप्यवतरणस्त्रिपर्वयुक्तैश्च कर्तव्यः ॥

(अ)क्षरेषु द्वादश कलास्तासां तालविधिमाह । तालश्चिकलश्चादौ । तृतीयस्यां कलायां तालमेकस्यां शम्या द्वितीयस्यां तालः । द्वितीयस्यां शम्या द्वितीयस्यां तालम् । अन्येऽपि तालोऽपि ह्येकका(कला)त्मकः स्यादिति वदन्ति । ते शम्यामन्तरमेव तालमाहुः । तृतीयस्यां सन्निपातं शेषं तु विप्रा इति परिपाट्या । द्विकलपादभागानुसारेण युता (पुनः)पितापुत्रकश्चषट्पूर्वं (भ० ना० २९-९२) इति द्विकल एव पञ्चपाणिः । चच्चत्पुटस्तथा द्विकल एव । के(ते)न तीरवताप्रशतादसतानि प्रतिसप्रसतिस इति केचिद् व्या(च)क्षते । अत्र क्रमादयः शब्दा पूरणार्थे वर्तयितव्यास्तावन् न्यायोऽस्ति यत्र मध्यं च त्रिकलोचितेन पूर्यन्ते(ते) ।

ननु चच्चत्पुटश्चतुष्कलोचितेनेति प्रमाणाभावः(:) षट्पितापुत्रगो(को)ऽत्र द्विकल (भ० ना० २९-९२) इति प्रकरणं प्रमाणमिति चेदन्योन्याश्रयः । द्विकलो द्विः पञ्चपाणिरिति चारित्र (च त्रि)कलं ज (लश्च)सन्निपात (भ० ना० २९-९२) इत्यतोऽनन्तरं भूय एवमिति बाधकत्वे त्रिकलं च (लश्च) सन्निपात (भ० ना० २९-९२) इत्यतोऽनन्तरं पितापुत्रकं च (कश्च) षट्पूर्वं (भ० ना० २९-९२) इति वचनप्रयोजनं तथा चासारितेषु चञ्चत्पुटपरिवर्तस्य शम्यादि(दी)द्वे(द्वौ) च पञ्चपाणि-

---

१. KSS. च चत्वारि द्विगुणीकृतानि दीर्घे च ।
२. ग्रन्थान्तरेषु श्लोकद्वयानन्तरं वर्तते स च भिद्यते ।
३. KSS. varies.
४. NS. तद्भेदयुतैः ।

तालस्त्रिकलस्त्वा(श्चा)दौ शम्यैककला कलाद्वये तालः ।
द्विकला च पुनः शम्या तालो द्विकलश्च कर्तव्यः ॥६१॥
त्रिकलश्च सन्निपातः पुनः पितापुत्रकश्च षट्पूर्वः ।
चञ्चत्पुटस्तथा स्यादारम्भे तालयोगस्तु ॥६२॥

युताविति (भ० ना० ३२-६५) वक्ष्यति । द्वात्रिंशति(तु)कलास्तद्द्वारतेयपदगण-विभागास्तस्मात् का(ता)लत्रि(स्त्रि)कल (भ० ना० २६-६१) इत्यादौ त्रिःशम्यो-परिपाणाविति (भ० ता० २६-८७)। निरन्तरा ये च काला द्वादशिकपाताः ताता-संताताः संसंता(ता) संसंता । तालो द्विकलकश्चेति (भा० ना० २६-६१) तु पाठे सन्नि(पात)द्वयम् । अत्र त्वन्ये तु तमेकेनैव सन्निपातेन भाव्यते(वयन्ते) ।

ननु प्राची कल्पनेति चेदेकेनैव भाव्यमिति वचनादृते किमत्र प्रमाणम् । तथापि च तद्द्विकलत्वे चतुष्कलत्वपरिहारे वा प्रमाणमस्ति । एकेन सन्निपातेन भाव्यम् । प्राथमा(म्या)च्चतुः का(ष्का)रणभूतो द्विकल एव विधिरित्यपि यदुच्यते तत्रापि चाचपुटः प्रथम इति तदीयचतुष्कलविध्याश्रयेण सर्वं युक्तमित्यलं बहुना ।

सर्वथाऽऽश्रवणादिवद् द्वाविंशतिकल एवारम्भः । प्रथमखण्डे केवलं पातभेदः स च दर्शितः । द्वितीयखण्डे यथाक्षर(:)पञ्चपाणिः । तृतीये चच्चत्पुटोऽपि यथाक्षर एव । स ता ता ता स स ता ता । न च शास्त्रान्तरप्रामाण्यादपि द्विकलादिविभागाश्रयं-(यत्वं) युक्तमेव । तादात्म्ययोगेऽत्र न स्यादारम्भश्च......ति विशाखिलाचार्यः ॥६१-६२॥

अस्य तु वीणावाद्यविधिः प्रदर्श्यते । कार्यं त्रिपर्वविहितैरित्यादिना उद्वहन (नैरपब्ध समव)रो (हैः) । एकविस्तारसङ्घातसमवायात्मिकानि त्रीणि पर्वाणि । अस्य(त्रयो)भेदा यस्येति विस्तारधातुस्त्रिपर्वा । अनुबन्धभेदस्व चंच्चत्पुट(स्य) पृथग्भावात् । तेन त्रिपर्वणा विस्तारधातुना विहिता ये आरोहावरोहास्तेऽपि च व्यञ्जनाविद्धोरधावु(विद्धैरध उ)क्तैस्तलरिभिड(त)ह्लादभेदैर्मिश्रीभूतास्तथा करण-धातुभेद एकविस्तारबहुलेनापचययुक्ता न्यग्भूता इव ते च द्विस्त्रिरावर्तमानाः पुनरित्य-न्तरप्रयोगव्यवधानेऽप्यागताः ते च द्विरभ्यस्ताः प्रयुक्तास्तैरुपलक्षित आरम्भः । व्यव-धानेनावृत्तिनिवर्तनाभ्यामितीह वृत्तिविशेषो मन्तव्यः । प्रसङ्गाल्लाघवेनावतरणं पूर्वमनुक्तमाह । आरम्भ इति । अपिशब्द इवशब्दस्यार्थे । आरम्भवदवतरणेऽप्यङ्गै-स्त्रिपर्वयुक्तैर्विस्तारधातुभेदैर्वाद्यविधिः कर्तव्य इति यावत् ।

नवस्य शुष्काक्षरैर्विधिस्तालविधिश्च कस्मान्नोक्तः । तत्रैके मन्यन्ते । चकारौ-

---

१. KSS. द्वि कृत्या च निर्वर्तितैर्द्विरभ्यस्तैः । आरम्भे वाद्यविधिः कार्यस्त्वेवं प्रयोगशैः ।

ऽवधारणे। तेनास्य वाद्यविधिनैव प्रयोगः। तथापि पुष्कराध्याये (भ० ना० अ० ३४) (प्रत्याहारायां)सावतीर्णकोटी(टिः): तत्र वाद्यं सार्वमर्जितं सार्वभाण्डिकं सकलस्त्री-बालमूर्खादिरञ्जनं प्रयोक्तव्यमिति। तदेवमवतरणं वाद्यप्रधानमेवेति तावन् मुनेः।

तन्त्रान्तरे तु तस्य रूपं सप्तरूपात्मकमुक्तम्। तदपि दृश्यते।

चच्चत्पुटोत्तरैर्मिश्रा सुगत्यास्तु यथाक्षरौ।
सुगधि...मुत्तरांशमुपाश्रिता॥
विकटोत्तरयुग्म(ग्मा)भ्यां रौद्री स्याद्विंशतिः कलाः।
पञ्चदश्यास्तु कर्तव्या वार्तिके द्विकलेन च॥
चच्चत्पुटे चतुष्षष्टिव(र्व)र्तनेत्यर्ध-...।
उद्घट्टचच्चत्पुटयोः पाञ्चाली सप्तका चतुः॥
दक्षिणे चोत्तरेण स्याच्चैव...।
शुष्कयोगो दक्षिणेऽत्र चतुष्कलः...॥
युजाश्विनी दक्षिणेन ध्रुवासप्तकमित्यथ।
सूर्यादितो षडङ्गेयं षड्जग्रामादिसप्तकम्।

इति। एवमगस्त्यादिचतुष्केण गुरुलघुर(धवो)न्यक्रमेण यथाक्रमं सप्तसु ध्रुवासु गीतास्वपरिग्रहात्माऽवतरणप्रयुक्तं भवति। अव्यवधानेन भवतीति कीर्तिधराचार्येण लिखितम्। प्रत्याहारोऽपि यस्त्रिसाम स्यात् षट्कल इति वक्ष्यते। तत्रैककलादिना गुरुस्त्रिकले(ल इ) ति प्राहुणं साम। सा नि नि सा आ (सा) नि वि (नि) सा। चैककला चैककला द्विकला चतुष्कलना(लात्रा)पि पिण्डीकरणम्। अत्र क्रमेण चित्र-वार्तिकदक्षिणानां द्रुतादीनां च विधिः पञ्चकलाद्वयमाने सं सां स सां स सा नि सा नि ता ता स नि वि सं। एवं तिस्रः। सौरउद्घटे(ट्टे)न चाचपुटो वि(द्वि)कलो-ऽथ चतुष्कलः। श श श नि स मा नि सा नि सं भा नि वि स आ नि वि स सं। एतदुक्तम्।

प्राह्णमेककलं साम द्विकलं वह्निजं तथा।
चान्द्रं तु द्विकलं शुष्कं पूर्वयोः सार्थकं पदम्॥

इति कीर्तिधराचार्यः। तदेतदपि पुष्कराध्याये (भ० ना० अ० ३४) निरूपयिष्यते। तत्र त्रिपर्वाभिधानमेव ज्ञापयति पूर्वरङ्गाध्यायं (भ० ना० अ० ५) पुष्कराध्यायं (भ० ना० अ० ३४) चोपजीव्य पूर्वरङ्गरचना कार्या। आस्तां तावत्। नन्वारम्भः पूर्वरङ्गाध्याये (भ० ना० अ०) प्रथममुद्दिष्टः। इहत्वाश्रावणेति किमेतदुक्तम्। तत्रैव

[अस्य तु वाद्यम् ।

कार्यं त्रिपर्वर(वि)हितैरुद्वहनैरप्यथ समवरोहैः ।
तलरिभितह्लादयुतैः करणैर्विस्तार भूयिष्ठैः ॥९३॥
अपचययुक्तैर्द्विस्त्रिस्तथा निवृत्तैर्द्विरभ्यस्तैः ।
आरम्भोऽप्यवतरणस्त्रिपर्वतुक्तैश्च कर्तव्यः ॥९४॥]

अथ वक्त्रपाणिः ।

गुरूणि पञ्च ह्रस्वानि षड्गुरुश्च चतुर्गुणः ।
गुरुणी द्वे लघु त्वेकं चत्वार्यथ गुरूणि हि ॥९५॥
चत्वार्यथ लघूनि स्युस्त्रीणि दीर्घाणि चैव हि ।
लघून्यष्टौ च दीर्घं च वक्त्रपाणौ भवेद्विधिः ॥९६॥

[अत्रोदाहरणम् ।

दिङ्गले झण्टुं जम्बुक जगति य झण्टुं दिङ्गले ।
घेन्दूं(च) घेटो घाटो मट्टु(ट्टु)नकिटि इनं (टीनं) दुङ् ।
घदुगदुकिटमटनम् ।]

वैकल्पिकमनयोः प्राथम्यं समकालत्वाद् द्वयोः ॥९३-९४॥

अथ प्रकृतं वक्त्रपाणिं लक्षयितुमाह । गुरूणि पञ्चेत्यादि । गुरुणी द्वे लघू (घुनी)द्वे इति केचित् पठन्ति । अन्ये लघु त्वेकमिति । प्राच्यं तु युक्तं मन्यन्ते यति-शोभाकरत्वात् । म त न लघु गुरु नयनं गुरु । ननलं गुरु ।

वक्त्रे गौर्या

स्म दादह (दान्दहो) तु दुरितभरम् ॥

तत्र र च च इत्यर्धे चच्चत्पुटो द्विकल (भ० ना० अ० ३१.१४२-१४५) इति वक्ष्यते । शेषः पञ्चपाणिरेककलस्तस्यात्तेत्यपरिषत्तता ॥९६॥

अथास्य वीणावाद्यविधिरुच्यते । आविद्धकरणयुक्त इति । आविद्धधातुना करणधातुना सर्वथैव च युतो वक्त्रपाणौ वाद्यविधिः स्यादिति सम्बन्धः । तत्र च द्वे अङ्गे वक्ष्येते । मुखं प्रतिमुखं चेति वर्णाङ्गावत्र । एकं विदार्यात्मकम् । अपरं षट्पद-विदारीकम् । यद्वृत्तं तस्यावरोहित्वलक्षणोऽयं प्रवृत्ताख्यो भेदोऽपि वक्ष्यते तं वा कुर्यात् । एवं तावदङ्गं स्यात् । एकप्रवृत्तो(त्तो) वेति पाठे व्याख्या । यदा तर्ह्ये-केनोपयोक्तव्य इति पाठस्तदा विवक्ष्यमाणैकविधैकप्रवृत्तमध्याद् द्वे एकमङ्गमस्मिन्

अस्य वाद्यम् ।

आविद्धकरणयुक्तो व्यङ्गः स्यादेकप्रवृत्तौ(त्तो) वा ।
अल्पव्यञ्जनधातुर्वाद्यविधिर्वक्त्रपाणौ तु ॥६७॥
द्विकले मन्द्रके (मन्दके द्विकले) यत्तु[1] शम्यातालादिपातम्[2] ।
तत्सर्वं वक्त्रपाणौ तु कार्यमष्टकलान्वितम्[3] ॥६८॥
[4]तस्याधस्तात् पुनः कार्यं पञ्चपाणिचतुष्टयम् ।
वक्त्रपाणेरयं तालो मुखप्रतिमुखाश्रयः ॥६९॥

[इति ।]

प्रयोक्तव्यमिति व्याख्या ॥६७॥

अथास्य तालविधिमाह । मद्र(न्द)क इति । कलाकालपरिच्छेदं येन तत्पादनं ......शम्यादिना परो द्विकलापरिच्छेद्यं गीतस्यैकेन्द्रियग्राह्यतयाऽवधारयति । चत्वार्यावापादिना परं प्रत्यस्य चक्षुर्ग्राह्यत्वात् स्वात्मन्यवधानकलातिशयेनाक्षरत्रयगणनाया इवादृष्टमात्रमुपयोगः । तत एव कालत्वेन स्वस्यादेः स्वकलोपयोग इति न । नास्तीति कलात्वमपि न तु द्विकलमद्रकगतः । किमत्रान्या (त्रान्य)सप्ततालेनेत्याह । अष्टकलान्वितमिति । अनु पश्चाद्भागमितं प्राप्तम् । तेन द्विकलमन्द्रकस्या......त मात्रा गतः । अत्र तालविधिः । श ता ता श ता (सम्) । ध्रुवाया अन्ते चास्य ताल इति दर्श्यते ॥६८॥

तस्याधस्तादित्यष्टकलस्य मुखस्य पश्चात् पञ्चपाणिचतुष्कं प्रतिमुखात्मकं कुर्यात् । तस्य पुनरप्यन्ये(न्यस्ये)त्यर्थः । न तदेव गीतं चतुरंशकं (रावृत्तं) गेयमिति कथयति ।

वक्त्रपाणेरयं तालो मुखप्रतिमुखाश्रयः ।

इति । मुखमष्टकलं शिष्टं प्रतिमुखम् । एकदा ह्यत्र तालः केवलं परिवर्तमात्रभेद इति भावः । अन्ये त्वष्टकलामात्रा त्रिरावृत्या......। अत्र तालस्तताववनद्धयोः स्ववाद्याक्षरसात्म्यमिति मन्यन्ते ॥६९॥

अथ सङ्घोटनामाह । गुरुणीत्यादिना । नैधनमिति । गुर्वित्यर्थः । तेन सङ्घोटना त न न य ज न न न ग (स इति) । विधिभावातत्तु(वात्तु) द्विधा । ये

१. NS. यत्र ।

२. NS. योजितम् ।

३. KSS., मुख्ये ह्यष्टौ कलाः स्मृताः । NS. कार्यमष्टकले मुखे ।

४. अस्य स्थाने काशीसीरिजपुस्तके "शम्याताला" वित्यादि श्लोको दृश्यते । अनन्तरं सार्धत्रयपद्यमधिकं च ।

अथ सङ्घोटना ।

गुरुणी लघून्यथाष्टौ[1] दीर्घं द्विगुणं तथा च कर्तव्यम् ।
लघदीर्घे लघु च पुनश्चतुर्गुणं सम्प्रकर्तव्यम् ॥१००॥

पुनरष्टौ [3]ह्रस्वानि स्युरिह तथा नैधनं च कर्तव्यम् ।
[2][सङ्घोटनवस्तुविधौ ह्रस्वगुरुविधिः समुद्दिष्टः ॥१०१॥

सङ्घोटनाया उदाहरणं प्रकल्प्य कृतम् ।
दिङ्गले जगति य वलति कतेचातिचःतिभ्रू लघु चझल पशुपतिचा ।]

[4]अस्या वाद्यविधिः ।
[5]अधिदण्डं हस्ताभ्यां वीणां विनिगृह्य दक्षिणाङ्गुल्या ।
अङ्गुष्ठाभ्यां च तथा कार्यं सङ्घोटनावाद्यम् ॥१०२॥

सङ्घोटयेत् स्वरं वादिना तु संवादिना तथाधिबलम् ।
समवायिभिश्च शेषैरनुवादिभिरल्पकैश्चांशैः ॥१०३॥

तु.........। यदि वा मतान्तरे प्रस्तारः सङ्घोटना म(तः) ॥१००-१०१॥

अथ वीणावाद्यविधिः । अधिदण्डमिति । वीणाशब्देनेह तन्त्री । अधि समीपे। यथा बिन्दुर्वाद्यते तथाऽऽपीड्य दक्षिणतर्जन्याऽङ्गुष्ठाभ्याम् । वादिनां संवादिनः(ना) तेन च सहाधिबलं वादिनोंऽशस्वरं च खोटयेत् चन्द्रचामेप्रये (बिन्दुं मेलयेत्) । अनुवादिस्वरास्तत्र मेलनायां समवायिनो गुणभावेन निर्भासमानाः प्रयोज्याः । एतत्त्रयापेक्षया ये चापि वादिनस्तेऽल्पका अल्पगानादितरस्वरापेक्षयाऽल्पा इव नातिपुनरुक्ताः । तन्मेलनान् मध्ये प्रयोक्तव्याः ॥१०२-१०३॥

केन धातुभेदेनेत्याह । विस्तारचित्रकरणैरिति विस्तारधातुजा ये विचित्रा यथा तुल्यरूपामिश्रणया करणा(ण)भेदास्तैः । द्विस्त्रिर्निवर्तितैश्चाभ्यस्तैः । त्रिरावृत्या(त्त्य)भ्यासयोर्व्यवधानैर्वा प्रधानीकृतो विशेष इत्युक्तं प्राक् । उपचययुक्तैरन्यथा भेदविस्तारधातुमग्नैरिति यावत् ।

---

१. KSS. तथाष्टौ दीर्घद्वितयं ।
२. KSS. ह्रस्वाः स्युः ।
३. KSS. संघोटनं वस्तुविधौ विज्ञेयं गुरुलाघवाविधानम् ।
४. KSS., NS. अस्य ।
५. इतः परं ग्रन्थान्तरेषु पाठक्रमो भिद्यते । अत्र गायकवाडसीरिजपुस्तकानुसारेण श्लोकक्रमः । तत्रैव च भिन्नपाठक्रमवानपि षोडशोऽध्यायः ।

विस्तारचित्रकरणैर्द्विस्त्रिर्विनिर्वर्तितैर्द्विरभ्यस्तैः ।
उपचययुक्तैः क्रमशो वदन्ति सङ्घोटनावाद्यम् ।
तालोऽस्या गदितस्तज्ज्ञैः शीर्षवत् पञ्चपाणिना ॥१०४॥

अथ परिघट्टना ।

दीर्घाण्यादावष्टौ लघूनि कुर्यात् पुनर्द्विगुणितानि ।
ह्रस्वान्यपि चत्वारि द्विगुणानि स्युः सतीर्घाणि ॥१०५॥

षोडश लघूनि च स्युः सह तिधनेचैव कार्याणि ।
एष परिघट्टनायां गुरुलघुवस्तुक्रमः प्रोक्तः ॥१०६॥

अथास्यास्तालविधिमाह । तालोऽस्या गदित इति । शीर्षवदिति सिद्धे पञ्चपाणिग्रहणं शीर्षगतं परिवर्तनं व्यावर्तयितुम् । मद्रकरोविन्दकोत्तरेषु हि शीर्षकं लक्ष्यते । तत्रेह विशेषाभिधाने विशेषकवत् सर्वमतिदिश्यते । रोविन्दकशीर्षकमपि विशेषातिप्रवृत्तत्वमिति वक्ष्यते । पञ्चपाणिनेत्येतावता सिद्धे शीर्षकवदिति वचनं द्विकचतुष्कयोः प्रतिपत्यर्थम् ।

यथाक्षरस्य कर्तव्यं मद्रकस्य तु शीर्षकम् ।
चतुष्कलः पञ्चपाणिर्द्विकले द्विकलस्ततः ।
चतुष्कलस्तु कर्तव्यो मद्रके तु चतुष्कले ॥

(भ. ना अ. २३८-२३९)

इति । वक्ष्यत इति । अन्यथा प्राथम्यादेककल एव प्रतीयते । तत्र च ये च लय (या)-ल्लयनवेदगा इति ध्रुवामाहुस्तेषां द्विकलः । अन्येषां चतुष्कल इति ॥१०४॥

परिघट्टनाध्रुवाविभागमाह । दीर्घाण्यादावष्टावित्यादि । सो म न स सा न स र ना । परिघट्टना यथा ।

सर्वेषां पाशानामेव(वा)घटनमवघटनपरमलहक(ति)रसि ।
परिचितहृदय हतं(ता)निकृतनिऋंतिगु(ग)णकृतनुतित(ति)-
भगवन् ॥१०५-१०६॥

अथात्र वीणावाद्यविधिमाह । वाद्यं चास्यमिति । अस्य त्विति । शुष्कभेदस्येति योज्यं । सोद्वहनमिति । आरोहप्रधानम् । हस्तलाघवादिति । तत्तद्धतिरूपपारुष्यं न भाति केवलमनाहतैः पदलक्षणमात्रं श्रूयत इति यावत् । तथा चाह । व्यञ्जनधातोरुत्थित(धातुसमुत्थ)मिति । तस्य च ललिता जातिरित्युक्तम् । नानाप्रकारा ये

[एतस्यामप्युदाहरणं प्रकल्प्य कृतम् ।

दिङ्गले दिङ्गले दिङ्गले दिङ्गले जगति य वलति क ।
तितिझलकुचझलदिगिनिगि गणपति चा ।
चलति क गणपति पशुपतिसुरपति चा ।]
वाद्यं चास्यास्त(स्यां त)ज्ज्ञैः सोद्वहनं हस्तलाघवात् कार्यम् ।
व्यञ्जनधातुसमुत्थं नानाकरणाश्रयोपेतम् ॥१०७॥

करणधातोर्भेदा उक्तास्तेषां यदाश्रयणं व्यञ्जनभेदप्रःधान्यापादनं एतेनोपेतम् ॥१०७॥

सम्पिष्टकवच्चास्यातालः करणैस्तु धातुसंयुक्तैरिति केचित् पठन्ति । सम्पक्वेष्टकवच्चास्यास्ताल इति यावत् । तथा चाह ।

निष्क्राममादितः कृत्वा शम्यास्तिस्रः प्रयोजयेत् ।
तालत्रयं ततश्चैव शम्यातालौ ततः परम् ॥
शम्यातालौ ततः कार्यो सन्निपातोऽन्त्य एव च ।
ओवेणके तु सप्ताङ्गे सम्पिष्टकमिदं मतम् ॥
द्विः शम्यातालयोगेन द्वादशाङ्गे(ऽपि चेष्यते) ।

(भ. ना. अ. ३१ श्लो. २८९-२९१।१)

इति तत्र शीर्षकवदिति प्रकरणाद् द्वादशकं सकलम् । एवं हि सम्पिष्टकताल इत्याचक्षते । अन्ये तूभयमिति द्वाविंशतिकलत्वं परिघट्टनाया आहुः । नी स स ता ता सं ता सं (१२) नि स स ता ता सं सा सा स ता सा सा (ऽ ऽ ऽ ऽ ऽ ऽ ऽ ऽ ऽ ऽ ऽ ऽ) अत्र च पक्षे वत्करणवाचकमित्युक्तं पूर्वरङ्गाध्याये (भ. ना. अ. ५) । सम्पक्वेष्टकस्य लक्षणं वक्ष्यते ।

तालादिस्त्र्यश्रभेदोऽन्यः सम्पक्वेष्टकसंज्ञितः ।
गुरुपञ्चाक्षराद्यन्तप्लुतमात्रासमन्वितः ॥

(भा. ना. अ. ३१-२१)

अन्ये पठन्ति । अन्ते चतुर्मात्राद्वयान्विता(तः) इति । ता स ता स ता यदि वा सो स ता सो ता । अन्ये तु द्वादशकलं चासाविति । विकलीकृत्य निष्क्रामप्रवेशयोर्योगेनात्र सम्पक्वेष्टकश्च योज्यते । ता प्र सं प्र ता प्र स ता प्र सा प्र नि सं । वत्करणं चात्र पक्षे न वाचकम् । यथाक्षरं विकलं मिश्रीकृत्य सम्पक्वेषकमष्टेच्छन्ति । ते चाष्टादशकलत्वमासामाहुः । एवं ह्यनुसृतं भवतीति । गुरुलघुयोगादेवं विहिताः कार्यो बुधैर्विधेय(नित्य)मिति च ग्रन्थो वाचको भवति । गुरुशब्देन यथाक्षरं लघुशब्देन विकल-

सम्पिष्टकवच्चास्यास्ताल: करणैस्तु धातुसंयुक्तैः ।
गुरुलघुयोगादेवं विहितः कार्यो बुधैर्नित्यम् ॥१०८॥

मार्गासारितवाद्यं विस्ताराविद्धकरणसंयुक्तम् ।
सकलै: सतलै: करणैरथ गुरुलघुसञ्चयश्चायम् ॥१०९॥

चत्वारि गुरूणि स्युर्लघूनि चत्वारि च द्विगुणितानि ।
गुरुणी लघून्यथाष्टौ गुरुणी चेत्येतत् त्रिधा योज्यम् ॥

[अथवा ।

चत्वारि तु गुरूणि स्युर्ह्रस्वान्यष्टौ भवन्ति हि ।
गुरुणी नव ह्रस्वानि दीर्घमन्त्यमथापि च ॥

द्विकलो योगशब्देन प्लुतः सङ्गृहीतः । सम्पक्वेष्टकपक्षे तु गुरुलघुयोगात् ध्रुवागत-वीणाप्रतिगतो वा मन्तव्यः ॥१०८॥

अथ मार्गासारितं वक्तव्यम् । तस्य च चित्रपूर्वरङ्गपक्षे ताण्ववाद्युपयोगेऽपि सर्वत्र पक्षे तन्त्रीवाद्यप्राधान्यं

तन्त्रीभाण्डसमायोगात् मार्गासारितमिष्यते ।

(भ. ना. अ. ५-२०)

इत्यन्तं प्रतिपादितम् । तदेव वक्तुं प्रथममस्य वीणावाद्यविधिमपि विधत्ते । मार्गासारितवाद्यमिति । व्यञ्जनधातुवर्जं धातुत्रयमप्यत्र प्रयोज्यम् । व्यञ्जनधातुभेदौ तु तालकलौ प्रयोज्यावित्याह । सकलैः सतलैः करणैरिति । उक्तैर्धातुभेदैरित्यर्थः । अन्ये तु करणधातुभेदा एवं कलतलाभ्यां मिश्रीणीया इत्याहुः । वीणावाद्यविधिमभिधाय तत्र प्रत्याहारभेदोपयोगि गुरुलघुवैचित्र्यसम्पादकध्रुबाभिधेयायोपक्रमते । अथ गुरुसञ्चयश्चायमिति । वक्ष्यति इति शेषः ॥१०९॥

तमाह । चत्वारि गुरूणि स्युरित्यादि । म्भौ नौ त्नौ सलग अशेषमार्गः । द्विधा यदि वा ऽ ऽ ऽ । एतच्च त्रिधा योज्यमेकलचच्चत्पुटे द्वौ पञ्चपाणौ । यक्षैर्या(यो)य स्तुतिपर इति हि र(हर)कृत्यार्थं विरचयसि शिवपुरान् । अर्वाग्भात-त्रिभुवनभयकरहेतुत्रिपुरसदन(वि)दलना-।

न्त(न्तः)पाश(शांस्ते) वि(द)लयतु (हि) शिवमार्गं(र्गे)रणघटितनिजमनसः ॥

अस्य तालविधिमाह । बालासारितवदिति । कनिष्ठासारितस्य तालो वक्ष्यते ।

षच्चत्पुटपरिवर्तः शम्यादि द्वौ च पञ्चपाणिकृतौ । अन्ते च सन्निपातः ॥

(भ. ना. अ. ३१-९५)

अत्रोदाहरणम् ।

दिङ्गले झण्टुं जगति य ।
थलितक झण्टुं तिति ।
झलकुच झलतितिचा(लति चा) ।]
बालासारितवच्चैव तालोऽस्य परिकीर्तितः ॥११०॥

इति सप्तदशकलः सोऽत्रापि मन्तव्यः । स ता सं सा ता स ता स मा स तं सा स ता स ता साः ॥११०॥

अथ लीलाकृतमुद्दिष्टं तल्लक्षणं वक्तव्यम् । ननु पूर्वरङ्गाध्याये (भ. ना० अ० ५)-ऽस्य नामापि नोक्तम् । तत्र वैकल्पिको मार्गासारितलीलाकृतयोः प्रयोगः आसारितमध्य एव चास्य सङ्ग्रह इति तस्य लक्षणमाह । श्रवणमधुराणि लीलाकृतानीति अभिसृतं परिसृतं चासारितभेद एव । आसारिततालयोगेनैव गीयमानं वार्तिकमार्गगतत्वाद् द्विगुणाक्षरं षड्जग्रामगीतजात्यंशकगीयमानमभिसृतम् । तदेव ग्रामान्तरे परिसृतम् । अन्ये त्वभिसृतमपदान्तकं माषघातादितालरचितं सप्ताङ्गं त्र्यश्रम् । परिसृतं तु (द्वि)युजमन्ये(न्य) प्रदानादिनवाङ्गमित्याहुः । अन्तरशब्देनात्र लयान्तरम् । तच्च कनिष्ठासारितापेक्षया द्विगुणपदलयमार्गवाद्याक्षरम् । तदीयशक्त्या तालादि । उक्तमेवोपक्रमं तल्लयद्वैगुण्येन मध्ये मध्ये गीयमानं भवति । तैरभिसृतान्तरैर्बालासारितैर्यानि वाद्यानि कृतानि । लीलया सौकुमार्यधुर्यरूपया कृतानीति लीलाकृतानि । तथा तैरपसारितैः कृतानि प्रयुक्तानि गीयमानपदानि नियमस्य वा तालात्मकानि वस्तूनि ।

चत्वारस्तु गणा युग्मे ओजे षट् परिकीर्तिताः ।
द्वितीये पञ्चपाणौ तु सार्धाः षट् परिकीर्तिताः ॥
(भ० ना० अ० ३१-१०६)

इति । तथा ।

चच्चत्पुटपरिवर्तः शम्यादि द्वौ च पञ्चपाणिकृतौ ।
अन्ते च सन्निपातः ॥ (भ० ना० अ० ३१-९५)

इत्येवंरूपाणि तैः कृतानि लीलाकृतानीति त्रीण्येतानि भवन्ति । इह चोद्देश एतानि पृथग् गीतानि । उद्दिष्टं तत् कथमेतदित्याशङ्क्याह । तान्यप्यर्थवशादिहेति । शुष्केऽपि प्रा(प्र)यो(ग)विधौ अपक्रान्ते अर्थमर्थ्यमवलम्ब्य तान्यपि प्रयोज्यानि । अपिशब्दाज्ज्येष्ठाद्यपि । तेन द्विरेषां प्रयोग इत्युक्तं भवति । एवमासारितविधाविस्त्यवगन्तव्यम् । तानि यद्यपि अर्थ......व(अर्थवन्ति) पदानि तथापि बहुप्रयोगनिर्वहण-

श्रवणमधुराणि लीलाकृतान्यभिसृतपरिसृतान्तरकृतानि ।
तान्यप्यर्थवशादिह कर्तव्यानि प्रयोगविधौ ॥१११॥

अथासारितानि ज्येष्ठमध्यकनिष्ठानि तालप्रमाणनिर्दिष्टानि तानि तालविधाने वक्ष्यामः ।

एवमेतत् स्वरगतं ज्ञेयं वीणाशरीरजम् ।
विपञ्चीवाद्ययुक्तानि करणानि निबोधत ॥११२॥

कर्तव्यतासामर्थ्याकर्तव्यासारितविधावप्ययमेव मार्गः । तत्र सतालानि चित्रवृत्तौ कृतानीत्युद्देशान्तर(रं) निरूपितम् ।

तत्र केचिद्वीणावाद्यप्रयोगस्तालशून्यो ध्रुवाप्रयोगस्तु सतालो वीणावाद्ये शम्यात्मकतालयोगेऽपि शम्यातालानि विध्ययोगादिति मन्यते । अन्ये तु विशाखिलाचार्यमतानुसारतः सर्वथैव तालम(लाद)न्यत्र वीणावाद्यमाहुः । अपरे तु ध्रुवागानमेवोभयथा तालयोगाभ्यामत्रेच्छन्ति ॥१११॥

अथासारितानां तन्त्रयुक्त्या ता(ल)गतावेक्षणया लक्षणया लक्षणमाह । ज्येष्ठमध्यकनिष्ठानि तालविधान इति । वर्धमानात् त्रिविधैककलादियोगादासारितानि । नात्र लयान्तरस्य नामापि गृहीतम् । वर्धमानान्तर्भावे हि तदिति केचित् ।

उपाध्यायास्त्वाहुः । बहिर्भावेऽपि तात्कालिकापेक्ष(क्षा)भावे हि वर्धमानान्तर्गतरूपप्रतिज्ञा स्वतन्त्रेऽपि भवति । बहिर्गीतेऽप्यस्ति लयान्तरस्य लीलाकृत एवानुप्रवेशात् त्रीण्येवात्र मन्तव्यानि न नु चत्वारि । यथा कीर्तिधरोऽभ्यधायत्(धात्) । प्रत्याहारादीनि यानि पञ्चमेऽध्यायेऽन्तर्यवनिकान्तानीत्युक्तानि तत्प्रत्याहारावतरणयोः पुष्कराध्याये (भ. ना. अ. ३४) लक्षणं भवति । शेषाणां त्विह लक्षणं कृतम् । एवमनन्तरं तु यानि बहिर्यवनिकाङ्गानि तेषामस्माभिः पञ्चमेऽध्याय यथास्वागमं स्वरूपं प्रदर्शितम् । यत् कीर्तिधरेण नन्दिकेश्वरमतागमित्वेन दर्शितं तदस्माभिः साक्षान्न दृष्टम् । तत्प्रत्ययात्तु लिख्यते सङ्क्षेपतः ।

तत्र मार्गासारितप्रयोगे नर्तकीचतुष्कं पटान्तर्हितं पुष्पपिण्ड्या पुष्पाञ्जलिमादाय प्रविश्याष्टाभिः षोडशभिर्द्वादशभिर्वा(ऽङ्गहारैः) प्रतिक्षेपो(प)गीयमानस्थितलयेन तदर्थं भावयेत् । अवकृष्टे तु पदे स्थितलयेन परिवर्त्यपूर्वरङ्गमध्ये पुष्पं त्यक्त्वा मध्यगतलयं परिवर्तद्वयमङ्गहारैः कुर्यात् ।

तत्र प्रथमं पञ्चकलमुपोहनं पुष्पपिण्ड्या सूचया भावयेत् । एतदेव समङ्ग-हारैः कुर्यात् । ततः प्रथमवस्त्वभिनयेत् । ततः सर्वा मिलित्वा तदेव देवताराधकं पिण्डीबन्धं कुर्युः । तच्चोपोहनमङ्गहारैर्नर्तयेयुः । ततो द्वितीया प्रागवदुपोहनं प्रयुज्य द्वितीयवस्तुनश्चच्चत्पुटात्मकेनार्थमुपनयेत् । तदेव चास्य प्रतिक्षेपेना(णा)ङ्गहारं पर्यस्तकाख्यं कुर्यात् । ततः सर्वाः शृङ्खलां कृत्वा पुनरुपोहनं कुर्युः । ततः आद्या प्रति-क्षेपं कृत्वा प्रथमवस्त्वर्थं पुनरभिनयेत् । द्वितीया चाङ्गहारं कुर्यात् । ततः प्रथमपिण्ड-स्योपोहनं कुर्युः । ततस्तृतीया प्रविश्योपहारं कृत्वा तृतीयवस्तुनः पञ्चपाणेरर्थम-भिनयेत् । आद्येऽङ्गहारौ कुर्याताम् । ततो लतापिण्डीस्थमुपोहनं कुर्युः । ततो द्वितीया द्वितीयस्यार्थमभिनयेत् । ततोऽङ्गहारान् कृत्वा शृङ्खलया सोपोहनं कुर्युः । प्रथम(त) आद्यस्याभिनयं कृत्वाऽऽद्या पिण्डीबन्धं कुर्यात् । ततः सर्वा नार्य उपोहनं कुर्युः । पुन-श्चतुर्थी यावत्तुर्यवस्तुनः पञ्चपाणेरर्थमभिनयेत् । ततः सर्वा भेद्यकस्थास्तृतीयोपोहनं रचयेयुः । पुनस्तृतीया तदेव भावयेत् । ततो लतास्था द्वितीयोपोहनं सूचयेयुः । पुनर्द्वितीया द्वितीयस्यार्थमभिनयेत् । अन्याङ्गहारं कृत्वा शृङ्खलयोपोहनं कुर्यात् । आद्या प्रतिज्ञेयार्थमभिनयेत् । अन्या अङ्गहारं कृत्वा विदध्युर्यदाचतुर्थवस्त्वन्तरम् । तृतीयद्वितीयप्रथमवस्तूनि केवलैरेवाङ्गहारैः कुर्युः । तदेव हि पुनर्वस्त्वन्याश्रयेण । तेन प्रतिक्षेपान्ते ताद्या(ः) पिण्डीबन्धं कृत्वा रङ्गपीठं परीत्य पुष्पपिण्ड्या पुष्पाणि कृत्वाऽपसरेयुः । एवमन्याश्चतस्रो द्वितीयमासारितं प्रयुञ्जीरन् । एवं चतस्रश्चतस्रो यावच्चतस्रः । उक्तं हि । एवं पदे पदे कार्यो विधिरिति । पिण्डीबन्धकाले तु द्वादश-पुष्पमालाभिर्विकिरेयुः । तत्र षोडश सम्भूय शैवमन्यं वा पिण्डीबन्धं कृत्वा पुष्पवीथ्यां पुष्पं प्रतिक्षिप्य निष्क्रामये(मे)युः । अभावे त्वासादितचतुष्कं ता एव चतस्रस्तत्र प्रतिक्षेपार्थवद्भिः पदैर्दर्शितमुपोहनं चच्चपुटपञ्चपाणिद्वयसन्निपाताश्चेति तालाध्याये (भ. ना. अ. ३१) पदैः सह भविष्यति । एवमासारितक्रिया ततो वर्धमानं प्रयुञ्जी-रन् । एकप्रघट्टकेन चतुर्भिर्नयैः परिवर्तं प्रयुज्य पटेऽपकर्षिते पुष्पवीथ्यां चतसृणां नर्तकीनां प्रवेशः । ततो ब्राह्मीपरिवर्तेन पुष्पाञ्जलिं क्षिपेयुः । तत एका ब्राह्मीम-भिनयेत् । ततः सर्वाः शिवपिण्ड्या आसीरन् । तद्यथा । एकस्या आलीढमर्धवन् मण्डलिवत् खटकामुखेन तत्पार्श्वगतयोर्वा षोडशकला(ः) सम्भाविता(ः) गीतको ………शम्यातालैश्चतुःषष्ट्या करणं तुर्या चाहुः ।……समपदा तिष्ठेत् । ततो-ऽत्रस्था एव द्वितीयखण्डिकाङ्गेन सूचयेयुः । ततस्तुर्या चतुर्थमभिनयेत् । तिस्रो नर्तक्यः सशैलपिण्ड्या तृतीयार्थं भावयेयुः । ततः सर्वास्तृतीयामङ्गहारैः प्रयुज्य तया द्वितीयार्थं भावयित्वा नृत्तेन प्रदर्श्य शृङ्खलया प्रथमा (मां) सूचयित्वाऽङ्गहारैस्तदर्थं प्रयुज्य शिवपिण्डीं कृत्वा परिक्रम्य पुनः प्रागवदासारितानि प्रयुञ्जीरन् । ततः पादान्तवर्ध-

मानप्रतिक्षेपमतः पुष्पपिण्ड्यां प्रतिक्षेपस्य द्वितीयगानं प्रयुज्य पुष्पाणि क्षिप्त्वा तृतीये तुरीये तद्गानेनान्त्येनोदन्त्यपुष्पपू... ...स्या(:) कृत्वा पुष्पाणि क्षिपेयुः । तत एकान्तमुपोहनं नृत्तेनोदन्त्यविशालार्थमभिनयेत् । ततः पिण्डीबन्धेन सङ्गतोपोहनं सर्वाः । ततो द्वितीया तदेव दृश्येन स्यात् सङ्गतामभिनयेत् । ततः शृङ्खलायाः सुनन्दोपोहनं कुर्यात् । ततस्तृतीया तन्नृत्तेन प्रयुज्य सुनन्दार्थमभिनयेत् । ततो लताबन्धेन सुमुख्योपोहनं कुर्युः । तुर्या नृत्तेन स्वसुमुख्यर्थमभिनयेत् । ततः सर्वाः पिण्डीबन्धं कृत्वा नृत्तेन सर्वा एव पिण्डिकाबन्धं कृत्वा भेदकेन तृतीयोपोहनं कृत्वा तृतीया नृत्तेनायोज्य लताया द्वितीयोपोहनं प्रयुज्या द्वितीया नर्तिका शृङ्खलयान्त्योपोहनं सूचयित्वाऽऽद्यार्थमङ्गहारैः प्रयुज्येष्टदेवतापिण्डिकां कृत्वा परिक्रम्य रङ्गे पुष्पपिण्ड्या पुष्पाणि क्षिप्त्वा पटान्तरिता निष्क्रामेयुः । इति वर्धमानप्रयोगो यथोक्तमेकादिप्रथम......खण्डिकातालं चाऽदूरत एव तालाध्याये (भ. ना. अ. ३१) भविष्यतीति न लिखितम् ।

तमो गीतकविधिः । तत्र च ध्रुवे प्रावेशिकीमादिकां च प्रयुज्याङ्गहारविधिः । ततो वाद्यचतुरस्रकम् । ततः पुष्पपिण्ड्या ध्रुवकस्यैकं गीतम् । द्वितीयतृतीययोरङ्गहारक्रमः । ततो वस्तुप्रयोगः । शीर्षकान्ते वन्दनेन नैष्क्रामिकीवस्तुनिबन्धेषु तद्वदङ्गहारेषु वा गीतेषु वा......षोढा......चाड्डिता प्रत्येकं चास्याः प्रावेशिकी आक्षिप्ता ध्रुवा नैष्क्रामिकीति चतुर्धा विधिः । तत्र नन्दिभद्रा चौक्षषाडवेन । पिण्डीकृता चौक्षपञ्चमेन । भुसुण्डिनी चौक्षकौशिकेन । कपिलोद्भवा चौक्षपञ्चमेन । दाक्षी चौक्षकैशिकमध्यमेन । पौष्पदन्ती चौक्षसाधारणेन । सर्वासामुपरञ्जनं भिन्नवक्त्रेण । षड्भिर्नर्तकीभिरयं प्रयोगः कार्यः । तत्रार्धा......वृत्तपाठस्यान्तराले शुष्कवृत्तं विद्युद्भ्रान्ताऽतिक्रान्तनिशुम्भितादिकरणैः कुर्यात् । ततः परिवर्तनी प्रावेशिका आक्षिप्तिका ध्रुवा अन्तरगीतमिति विधिः । दिग्देवतानामभिध्यायि च शार्दूलविक्रीडितादिवृत्तशुद्धगीत्यादिगानम् । एवं नान्द्यामपि चित्रत्वे प्रावेशिक्यादि । एवं रङ्गद्वयेऽपि वैष्णवबालक्रीडादियोगेन तत्र च क्रमेण नर्तकीनां प्रवेशेन सिद्धिः । ईर्ष्याविरहशोकविस्मयादिविचित्रं काव्यं गीतं च नृत्ततालं......चार्यामपि प्रावेशिक्यादिविधिः । तत्र..... व्यसनेर्ष्याकोपादिकाव्यार्थगानं चौक्षसाधारणेन रञ्जनं हिन्दोलकेन महाचार्यामुद्धतकैलासोद्धरणं..... विजनितरोषसत्वप्रकृतिरर्थे रावणे शक्तिरूपः । प्रावेशिक्यादि तु प्राग्वदेव । शुद्धा च गीतिरूपरञ्जना पाटाक्षरात्म(त्मि)का आवापादियथोचितकालस्य मानेन चतुष्पदादिगीतक्रमात्मकेनोपरञ्जनम् । तत्र च

रूपं कृतं प्रतिकृतं प्रतिभेदो रूपशेषमोघश्च ।
षष्ठी वै प्रतिशुष्का त्वेवं ज्ञेयं करणजातम् ॥११३॥

प्रावेशिक्यादिविधिः प्राग्वदेवेत्येव(वं) नन्दिकेश्वरमतानुसारेणायं चित्रपूर्वरङ्गविधि-रिति न बद्धः ।

अथ प्रकृतमनुसरामः । इह वीणावाद्यविधिः प्रस्तुतः । तत्प्रसङ्गेन पूर्व-रङ्गाङ्गानि तत्प्रधानानि दर्शितानि । तत्रेह मुख्यैव वीणा । अङ्गास्तदभेदास्तु प्रत्यङ्गानि । अन्यत्र च ।

वक्रा कूर्मा ह्यलाबूश्च वीणाद्या त्रिविधा मति(ताः) ।
विपञ्ची वल्लकी मत्तकोकिलेन्द्री सरस्वती ॥
गान्धर्वी ब्राह्मिका सप्त वक्र्यास्तन्त्र्यः (न्त्र्याः)कला नव ।
एकद्वित्रिचतुरिति चतुर्धा दश वा कलाः ॥
संवादिनी च तन्त्री च किन्नरी परिवादिनी ।
वैशेषिका पञ्चकलाश्चतुरस्त्य(स्त्र्य)श्रमङ्गले ॥
पिञ्जनो नकुलश्चेति द्विधाऽलाबूः प्रकीर्तिता ।
एकया पिञ्जनस्तन्त्र्या परो द्वाभ्यां सुमङ्गला ॥
वितन्त्रीका विशोकेति चेश्वरी परिवादिनी ।
सदाशिवागमाज्ज्ञेया यथागमनिदर्शनम् ॥
शततन्त्री विशोकाख्या सप्ततन्त्रीश्वरा तथा ।

इति। तत्र मत्तकोकिला प्रधानभूता। एकविंशतितन्त्रीकत्वेनान्यूनाधिकं त्रिस्थानगस्वर-सारणाजातिगीतिवीणाशरीरमुच्यते । तद्गतश्च धातुप्रयोग उक्तः । तदुपजीवकत्वे-नापरा भवन्तीति तदेनद् दर्शयति ।

एवमेतत् स्वरगतं ज्ञेयं वीणाशरीरग(ज)म् ।
विपञ्चीवाद्ययुक्तानि करणानि निबोधत ॥

इति । विपञ्चीति प्रत्यङ्गोपलक्षणम् । तेन विपञ्च्यो वाद्यन्ते यान्युक्तरिभितादि-करणमुख्यवीणावाद्योपरञ्जकानि वादनवैचित्र्याणि तानि बुध(ध्य)ध्वमिति सम्बन्धः ॥११२॥

तान्युद्दिशति । रूपमित्यादि ॥११३॥

वीणावाद्यद्विगुणं गुरुलाघववादनं भवेद्रूपम् ।
रूपं प्रतिभेदकृतं प्रतिकृतमित्युच्यते वाद्यम् ॥११४॥

युगपत्कृतेऽन्यकरणं प्रतिभेदो दीर्घलाघवकृतः स्यात् ।
कृतमेकस्यां तन्त्र्यां प्रतिशुष्का नाम विज्ञेया ॥११५॥

वीणावाद्यविरामेऽप्यविरतकरणं तु रूपशेषः स्यात् ।
आविद्धकरणयुक्तो ह्युपर्युपरिपाणिकस्त्वोघः ॥११६॥

तारक्रमेण लक्षणमिति वीणावाद्यद्विगुग(ण)मित्यादिना यदैकेन वीणायां गुरुः प्रयुज्यते तदैव पञ्च(वैपञ्चि)केन (विपञ्च्यां) लघुद्वयं यदा लघुस्तदा द्रुतद्वय-मित्येवं समवायवैचित्र्येण प्रायो रूपमुच्यते । तद्वदेव अनु पश्चाद् यद्यु(दु)च्यते तत्सम-कालं तदा(था) कृते सति तत्प्रतिबिम्बतया प्रतिकृतमिति ॥११४॥

युगपत्कृत इति । प्रतिकृतसमकालः प्रयोग एवान्यत्वेन प्रकारः प्रतिभेदः । स च गुरुलघुकृतो न तु लेख्यादिस्वरप्रयोगप्रतिभेदनकृत इति तेन गानवैचित्री । यदा लघुद्वयं प्रयुङ्क्ते तदा स गुरुः । यदा वैणिको गुरुद्वयं तदा स प्लुतलघुरूप इत्यादिरूपे तु भञ्जनमुक्तम् । इयति विपर्यय इति विशेषः । तदेव पुनर्वैचित्र्यं वैपञ्चिको यदैक-स्यामेव तन्त्र्यामंशसंवादिन्यां सालपतादि करोति तदा (प्रतिशुष्का ।) प्रतिशुष्क-पदस्यैषाऽवस्थे त्वन्ये ॥११५॥

यदा तु वैणिको क्षणे विदारीवशाच्छेदं करोति तदा छिद्रे वैपञ्चिको यदा तद्रूपशेषम् । विभक्तितल(य) एवमपि वैचित्रिकप्रयोगे हस्तचातुर्यादो(यंतोऽतिद्रुतो वैपञ्चिकप्रयोगः स ओघः । एवं विपञ्चीध्रुवास्वपि वक्तव्यम् । नियमोऽदृष्टसिद्धय एव । गान्धर्वे विपञ्च्येवोपरञ्जिका ध्रुवागाने त्वनियमः ॥११६॥

विपञ्चीवाद्यस्य प्राधान्यमाह । कार्यं ध्रुवाविधाने प्रायेण हि कोणवादन-मिति । केचिदाहुः । पूर्वरङ्गगतोत्थापनाध्रुवाविधावुत्थानस्यातोद्यरञ्जनार्थमिति वा । प्रवृत्तिविभागार्थमाह । तन्त्र्योजस्क(तच्चौघतुल्यक)रणमिति । वाद्यवृत्तिविभागार्थं-मि(भ ना. ५-१६)त्यादिना कथितस्य प्रयोजनस्य द्वयोर्वीणयोरुत्तराधरस्थित्या सर्वा एव वीणा कोणवाद्येन वादयेदिति । तदिदं न विद्मः कोणवाद्ये का स्थान-प्राप्तिः । कोणवाद्ये (द्या) विपञ्ची स्यादिति च वक्ष्यमाणत्वात् कथं सर्वासां कोण-वाद्यतेति । तस्मादेवमेता इह ध्रुवाविधाने वाद्योपरञ्जनध्रुवागानमित्युच्यते(न्ते) । तत्राल्पेन बाहुल्येन वा कोणवादनं कर्तव्यम् । प्रायोग्रहणाद् द्व्यङ्गुलिवादनमुभय-

कार्यं ध्रुवाविधाने प्रायेण हि कोणवादनं तज्ज्ञैः ।
स्थानप्राप्त्यर्थंचेद्यत्तत्र भवेदयं नियमः ॥११७॥

[तच्चौघतुल्यकरणं वाच्यं कार्यं विपञ्च्यास्तु ।]
सप्ततन्त्री भवेच्चित्रा विपञ्ची णु भवेन्नव ।
कोणवाना विपञ्ची स्याच्चित्रा चाङ्गुलिवादगात्(ना) ॥११८॥

ततवाद्यविधानमिदं सर्वं प्रोक्तं समासयोगेन ।
वक्ष्याम्यतश्च भूयः सुषिरातोद्यप्रयोगं तु ॥११९॥

इति भारतीये नाट्यशास्त्रे ततातोद्यविधानं नामाध्याय एकोनत्रिंशत्तमः ।

वादनं च । वाद्ये हि त्रिप्रकारके सव्याङ्गुष्ठकनीयस्योः स्थाने वादकं भवेदिति कोणोऽत्र प्रहारम(रोऽ)ङ्गुल्यगुष्ठप्रहरणतया चतुष्प्रहरणं कोणाङ्गुलिप्रहरणं ध्रुवासु वाद्यं कुर्यात् । यदा तु करणं तु लीनं भवति तत्र लीनानामलङ्काराणां कोणवादनेन सम्यक् स्थानप्राप्तिः । मर्दनमोदनधारणकम्पनावर्तनादि कोणस्य भवतीति नियतिः । तथाभूतस्थानप्राप्त्यर्थं वीणावाद्यं तदा यत्रोचितमेकतन्त्र्यादिप्रान्तं तत्रायमेव नियमः कोणैकवाद्यप्रयोग इति ॥११७॥

अथ त्रिप्रकारवाद्यविषयमाह ।

सप्ततन्त्री भवेच्चित्रा विपञ्ची तु भवेन् नव ।
कोणवाद्या विपञ्ची स्याच्चित्रा चाङ्गुलिवादना ॥

इति । चकारेणोभयवादनमुभयोरुक्तम् । अन्ये तु चकार ए(मे)वार्थे वर्णयन्तः कोणं विपञ्च्यामाङ्गुलीं च चित्रायां नियमयन्ति । अन्ये तु कोणाङ्गुलिवाद्या विपञ्ची अङ्गुलीमात्रवाद्य चित्रेत्याहुः ॥११८॥

एतदुपसंहरति । ततवाद्येति । सर्वमिति । गान्धर्वं गानविषयमङ्गप्रत्यङ्गगतं चेति यावत् । भाविनोऽध्यायस्यार्थमासूत्रयति । वक्षाम्यतश्चेति । भूयश्शब्दस्यायमाशयः शारीरेणैव वैणविधौ भणिते तु चिरप्रयोगो वैतावदुक्त एव तत्राभ्यधिकं तद्वक्ष्यते पूर्णीकरणायेति शिवम् ॥११९॥

परमेश्वरचन्द्रचूडनित्यस्तुतचिन्तामणिलब्धिदप्रकाशः ।
स्फुटमभिनवगुप्तनामधेयस्ततवाद्ये कृतवान् विचारमित्थम् ।

इति महामाहेश्वराभिनवगुप्ताचार्यविरचितायां नाट्यवेदविवृतावभिनवभारत्यां ततातोद्यविधानमेकोनत्रिंशोऽध्यायः ॥

एकोनत्रिंशोऽध्यायः ।

[1]भिन्नपाठक्रमः ।

षड्जोदीच्यवती चैव षड्जमध्या तथैव च ।
षड्जमध्यमबाहुल्यात् कार्यं(र्ये) शृङ्गारहास्ययोः ॥१॥

आर्षभी चैव षाड्जी च षड्जर्षभस्वरग्रहात् ।
वीरेऽद्भुते च रौद्रे च रसे कार्ये प्रयोक्तृभिः ॥२॥

निषादवत्यद्भुते च निषादांशपरिग्रहात् ।
गान्धारांशोपपत्त्या च करुणे षड्जकैशिकी ॥३॥

धैवती धैवतांशा च बीभत्से सभयानके ।
ध्रुवाविधाने कर्तव्यं जातिगानं प्रयत्नतः ॥४॥

रसं कार्यमवस्थां च ज्ञात्वा योज्या प्रयोक्तृभिः ।
षड्जग्रामाश्रिता ह्येता विज्ञेया जातयो बुधैः ॥५॥

अतः परं प्रवक्ष्यामि मध्यग्रामसमाश्रयाः ।
गान्धारीरक्तगान्धार्यौ गान्धारांशोपपत्तितः ।
करुणे तु रसे कार्ये जातिगाने प्रयोक्तृभिः ॥६॥

मध्यमा पञ्चमी चैव नन्दयन्ती तथैव च ।
मध्यपञ्चमबाहुल्यात् कार्याः शृङ्गारहास्ययोः ॥७॥

मध्यमोदीच्यवा चैव गान्धारोदीच्यवा तथा ।
षड्जर्षभांशनिष्पत्त्या कर्तव्या (व्ये) वीररौद्रयोः ॥८॥

कार्मारवी तथा चान्ध्री निषादांशोपपत्तितः ।
अद्भुते तु रसे कार्ये जातिगाने प्रयोक्तृभिः ॥९॥

कौशिकी धैवतांशत्वात् तथा गान्धारपञ्चमी ।
प्रयोक्तव्ये बुधैः सम्यग् बीभत्से सभयानके ॥१०॥

एकैव षड्जमध्यात्र ज्ञेया सर्वरसाश्रया जातिः ।
तस्या ह्यंशाः सर्वे रसास्तु विहिताः प्रयोगविधौ ॥११॥

---

१. मतङ्गादिभिरुदाहृतोऽयं पाठक्रम अभिनवभारत्या न स्वीकृतः ।

यो यदा बलवान् यस्मिन् स्वरो जातिसमाश्रयात् ।
तत्प्रयुक्ते रसे गानं कार्यं गेयप्रयोक्तृभिः ॥१२॥

मध्यपञ्चमभूयिष्ठं हास्यशृङ्गारयोर्भवेत् ।
षड्जर्षभप्रायकृतं वीररौद्राद्भुतेषु च ॥१३॥

गान्धारसप्तमप्रायं करुणे गानमिष्यते ।
तथा धैवतभूयिष्ठं बीभत्से सभयानके ॥१४॥

सर्वेष्वंशेषु रसा नियतविधानेन सम्प्रयोक्तव्याः ।
काकल्यन्तरविहिता विशेषयुक्तास्तु बलवन्तः ॥१५॥

एवमेता बुधैर्ज्ञेया जातयो रससंश्रयाः ।
वाद्यप्रयोगविहितान् स्वरांश्चापि निबोधत ॥१६॥

हास्यशृङ्गारयोः कार्यौ स्वरौ मध्यमपञ्चमौ ।
षड्जर्षभौ च कर्तव्यौ वीररौद्राद्भुतेष्वथ ॥१७॥

गान्धारश्च निषादश्च कर्तव्यौ करुणे रसे ।
धैवतश्च प्रयोगज्ञैर्बीभत्से सभयानके ॥१८॥

अत ऊर्ध्वं प्रवक्ष्यामि वर्णानामथ लक्षणम् ।
आरोही चावरोही च स्थायिसञ्चारिणौ तथा ।
वर्णाश्चत्वार एवैते अलङ्कारास्तदाश्रयाः ॥१९॥

आरोहन्ति स्वरा यत्र आरोहीति स भण्यते ।
यत्र चैवावरोहन्ति सोऽवरोहीति संज्ञितः ॥२०॥

स्थिराः स्वराः समा यत्र स्थायी वर्णः स संज्ञितः ।
सञ्चरन्ति स्वराः यत्र स सञ्चारीति संज्ञिताः ॥२१॥

शारीरस्वरसम्भूतास्त्रिस्थानगुणगोचराः ।
चत्वारो लक्षणोपेता वर्णा ह्येते प्रकीर्तिताः ॥२२॥

एवं लक्षणसंयुक्तं यदा वर्णोऽनुकर्षति ।
तदा वर्णस्य निष्पत्तिर्विज्ञेया स्वरसम्भवा ॥२३॥

एते वर्णास्तु विज्ञेयाश्चत्वारो गानयोगतः ।
एतान् समाश्रितान् सम्यगलङ्कारान् निबोधत ॥२४॥

प्रसन्नादिः प्रसन्नान्तः प्रसन्नाद्यन्त एव च ।
प्रसन्नमध्यश्च तथा समोऽन्यः स्थिर एव च ॥२५॥

स्यान्निवृत्तिः प्रवृत्तिश्च कम्पितः कुहरस्तथा ।
रेचिताख्यस्तथा चैव प्रेङ्खोलितक एव च ॥२६॥

मन्द्रतारप्रसन्नश्च तारमन्द्रप्रसन्नकः ।
प्रस्वावश्च प्रसादश्च तथोद्वाहित एव च ॥२७॥

अवलोकितस्ततश्चैव निष्कूजितक एव च ।
उद्‍गीतो ह्लादमानश्च रञ्जितश्च तथा परः ॥२८॥

आवर्तकाख्यो विज्ञेयः परिवर्तक एव च ।
उद्घट्टितस्तथाक्षिप्तः सम्प्रदानस्तथाऽपरः ॥२९॥

हसिताख्योऽथ हुङ्कारः सन्धिप्रच्छादनस्तथा ।
विधूननाख्यश्च तथा गात्रवर्णस्तथैव च ॥३०॥

प्रसन्नादिः प्रसन्नान्तः प्रसन्नाद्यन्त एव च ।
तथा प्रसन्न एवं च समोऽनुचित एव च ।
प्रस्तारश्च प्रसादश्च स्थायिवर्णसमाश्रयाः ॥३१॥

अथ सञ्चारिजान् भूयः कीर्त्यमानान् निबोधत ।
मन्द्रतारप्रसन्नश्च बिन्दुः प्रेङ्खोलितस्तथा ॥३२॥

तारमन्द्रप्रसन्नश्च स्यान्निवृत्तप्रवर्तकः ।
कुहरश्चैव वेणुश्च रञ्जितो ह्यवलोकितः ॥३३॥

अ[illegible]र्तकपरावृत्तौ ज्ञेयाः सञ्चारिजास्तथा ।
निष्कूजितः सहुङ्कारं हासितं बिन्दुरेव च ।
प्रेङ्खोलितमथाक्षिप्तं विधूमोद्घट्टिते तथा ।
ह्लादमानः सम्प्रदानं सन्धिप्रच्छादने तथा ॥३५॥

प्रसन्नादिः प्रसन्नात इति चारोहिजाः स्मृताः ।
विधूमो गात्रवर्णश्च तथोद्वाहित एव च ॥३६॥

उद्गीतश्च तथा वेणुरित्येते ह्यवरोहिजाः ।
सप्तरूपगता ज्ञेया अलङ्कारास्त्विमे बुधैः ।।३७।।

नेष्यन्ते हि ध्रुवास्वेते जातिवर्णप्रकर्षणात् ।
बिन्दुर्वापि हि वेणुर्वा ये चान्येऽतिप्रकर्षिताः ।।३८।।

ते ध्रुवाणां प्रयोगेषु न कार्याः स्वप्रमाणतः ।
यस्मादर्थानुरूपा हि ध्रुवा कार्याऽर्थदर्शिका ।।३९।।

वर्णानां तु पुनः कार्यं कृशत्वं तु ध्रुवाश्रयम् ।
ये तु प्रयोगं गच्छन्ति तांश्च वर्णान् निबोधत ।।४०।।

प्रसन्नादिः प्रसन्नान्तः प्रसन्नाद्यन्त एव च ।
तथा प्रसन्नमध्यश्च बिन्दुः कम्पितरेचितौ ।।४१।।

तारश्च तारमन्द्रश्च तथा तारतरः पुनः ।
प्रेङ्खोलितस्तथा तारमन्द्रस्तारसमस्तथा ।।४२।।

स्यान्निवृत्तश्च प्रवृत्तश्च प्रसादोऽपाङ्ग एव च ।
अवलोकस्तथा वेणुरित्येते सर्ववर्णगाः ।
स्थायिवर्णादृते त्वन्ये सर्ववर्णाः प्रयोगिणः ।।४२।।

अत ऊर्ध्वं प्रवक्ष्यामि वर्णालङ्कारलक्षणम् ।
क्रमशो दीप्यते यस्तु प्रसन्नादिः स कथ्यते ।।४४।।

न्यस्तोच्चारित् एवैष प्रसन्नान्तोऽभिधीयते ।
आद्यन्तयोः प्रशमनात् प्रसन्नाद्यन्त इष्यते ।।४५।।

प्रसन्नमध्यो मध्ये तु प्रसन्नत्वादुदाहृतः ।
सर्वसाम्यात् समो ज्ञेयः स्थिरस्त्वेकस्वरोऽपि हि ।।४६।।

बिन्दुरेककलस्तारं स्पृष्ट्वा तु पुनरागतः ।
स्यान्निवृत्तप्रवृत्तश्च मन्द्रं गत्वा समागतः ।।४७।।

आक्रीडितलयो यश्च स वेणुः परिकीर्तितः ।
कण्ठे निरुद्धपवनः कुहरो नाम जायते ।।४८।।

त्रिकलं कम्पनं तद्वद्रेचिताख्यः शिरोगतः ।
उरोगतः कम्पितः स्यात् कम्पनात्तु कलात्रयम् ।।४९।।

गतागतप्रवृत्तो यः स प्रेङ्खोलित उच्यते ।
यस्तु कण्ठस्वरोऽधस्तात् स तु तारः प्रकीर्तितः ॥५०॥

उरोगतस्तथा मन्द्रो मूर्ध्नि तारतरः स्मृतः ।
क्रमागतस्तु यस्तारश्चतुर्थः पञ्चमोऽपि वा ॥५१॥

तारमन्द्रप्रसन्नस्तु ज्ञेयो मन्द्रगतस्तु सः ।
लङ्घयित्वा परान् मन्द्रात् क्रमात्तारगतिं गतः ।
मन्द्रतारप्रसन्नस्तु ज्ञेयो ह्यारोहणाद्बुधैः ॥५२॥

[एकस्वराधिरूढः क्रमशः प्रस्वारसंज्ञितो ज्ञेयः ।
प्रस्वारस्तु निवृत्तः शनैः प्रसन्नः प्रसादः स्यात् ॥५३॥

समनन्तरौ स्वरौ द्वौ विचरत्युद्वाहितो द्विकल एव ।
आरोहत्येककलां पुनरेककलां प्रसादयति ॥५४॥

उद्वाहित एव स्यादवलोकितसंज्ञितो द्विरभ्यस्तः ।
एकं द्वौ त्रीन् गच्छन् स्वरान् क्रमेण सङ्क्रमो ज्ञेयः ॥५५॥

एकान्तरमारुह्य प्रत्येत्येकान्तरं स्वरं यस्तु ।
निष्कूजितसंज्ञोऽसौ ज्ञेयोऽलङ्कार उद्गीतः ॥५६॥

क्रमयोगेनानेन तु सञ्चार्यैकान्तरस्वरो द्विकलः ।
द्वयवरः षट्पर एवं ह्यारोही ह्लादमानः स्यात् ॥५७॥

अथ रञ्जितमस्तु समनन्तरस्वरे द्वे कले पुनः स्थित्वा ।
अर्धकलामारोही पुनरेव तथावरोही स्यात् ॥५८॥

आवर्तकश्चतुर्षु स्वरेषु समनन्तरेषु सञ्चरति ।
आरोहणावरोहणविधिना चैकान्तरेष्वपि च ॥५९॥

ज्ञेयो निरन्तरकृतस्त्वष्टकलः सान्तरस्तथा कार्यः ।
तज्ज्ञैः कलाश्चतस्रस्त्वावर्त्या वर्तको भवति ॥६०॥

अधिरुह्य तु स्वरांस्त्रीन् स्वरान्तरं लङ्घयति यद् वृत्तौ ।
पुनरपि च परावृत्त्या स स्यात् परिवर्तकोऽष्टकलः ॥६१॥

यस्य स्वरावतीतौ तथा परं ह्यन्तरस्वरो भवति ।
एककलश्चैव तथा स भवेदुद्घट्टितो नित्यम् ॥६२॥

आक्षिप्तकस्त्रिस्वरजः कर्तव्यः षड्विधः कलामात्रः ।
एककलस्त्वधरः स्याद्विज्ञेयः षट्कलस्तु परः ॥६३॥

आक्षिप्तवच्चतुर्भिः स्वरैस्तु कालः कलान्तरोपेतैः ।
एकान्तरस्वरक्रम इह गदितः सम्प्रदानस्तु ॥६४॥

द्विरपि द्विकलं गदितं हसितमिवोच्चारितं तथा हसितम् ।
समनन्तरस्वरकृतं तज्ज्ञैराक्षिप्तकं ज्ञेयम् ॥६५॥

समनन्तरस्वरेषु तु हसिताद् द्व्यवरश्चतुष्परो वापि ।
आरोहत्येककलां हुङ्काराख्यः स विज्ञेयः ॥६६॥

स्थानान्तरमारुह्य प्रत्येति तमश्चतुष्कलं क्रमशः ।
नोर्ध्वपरिक्षेपः स्यात् सन्धिप्रच्छादनो नाम ॥६७॥

आदौ पदमुच्चार्य तु यत्र स्याद् द्विस्वरे लघुनि वर्णे ।
समनन्तरमारोहत्येककलं तद्विधूतं तु ॥६८॥

आदावरोही स्यात् प्रस्वारोऽन्तेऽवरोही तु ।
यत्राद्यन्तकलासु च वदन्त्यलङ्कारमुद्गीतम् ॥६९॥

ओङ्कारवदारोहेदनन्तरं तु स्वरात् कलान्तरयोः ।
द्वौ द्वौ प्रकम्पमानौ स्वरौ ततश्च प्रसन्नौ द्वौ ॥७०॥

एषोऽलङ्कारविधौ विज्ञेयो गात्रवर्ण इत्येव ।
एकारौकारकृते दीर्घाक्षरमन्यदपि योज्यम् ॥७१॥

गीतालङ्काराणां करणविधिरयं यथावदुपदिष्टः ।
एभिरलङ्कर्तव्या गीतिर्वर्णाविरोधेन ॥७२॥

स्थाने चालङ्कारं कुर्यान्न ह्युरसि काञ्चिकां बध्येत् ।
अतिबहवोऽलङ्कारा वर्णविहीना न योक्तव्याः ॥७३॥

अलङ्कारास्त्रयस्त्रिंशदेवमेते मयोदिताः ।
नोदिता ये तु तेऽप्यत्र प्रत्येतव्या मनीषिभिः ॥७४॥]

अथ गीतीः प्रवक्ष्यामि च्छन्दोक्षरसमन्विताः ।
शशिना रहितेव निशा विजलेव नदी लता विपुष्पेव ।
अविभूषितेव च स्त्री गीतिरलङ्कारहीना स्यात् ॥७५॥

अत ऊर्ध्वं प्रवक्ष्यामि गीतीनामपि लक्षणम् ।
प्रथमा मागधी ज्ञेया द्वितीया चार्धमागधी ।
सम्भाविता तृतीया च चतुर्थी पृथुला स्मृता ॥७६॥

भिन्नवृत्तिप्रगीता या सा गीतिर्मागधी मता ।
अर्धकालनिवृत्ता च विज्ञेया त्वर्धमागधी ॥७७॥

सम्भाविता च विज्ञेया गुर्वक्षरसमन्विता ।
लघ्वक्षरकृता नित्यं सा पृथुला प्रकीर्तिता ॥७८॥

एतास्तु गीतयो ज्ञेया ध्रुवायोगं विनैव हि ।
गान्धर्वं एव योज्यास्तु नित्यं गानप्रयोक्तृभिः ॥७९॥
अतः परं प्रवक्ष्यामि धातुवाद्यस्य लक्षणम् ।

विस्तारः करणश्चैव आविद्धो व्यञ्जनस्तथा ।
चत्वारो धातवो ज्ञेया वादित्रकरणाश्रयाः ॥८०॥

सङ्घातजश्च समवायजश्च विस्तारजोऽनुबन्धश्च ।
ज्ञेयश्चतुष्प्रकारो धातुर्विस्तारसंज्ञस्तु ॥८१॥

विधयस्तु स्मृतास्तस्य पूर्वं विस्तर एव तु ।
सङ्घातसमवायौ तु विज्ञेयौ तौ द्विकत्रिकौ ॥८२॥

पूर्वश्चतुर्विधस्तत्र पश्चिमोऽष्टविधः स्मृतः ।
करणानां विशेषेण विधिश्चैव पृथक् पृथक् ॥८३॥

अधश्चोर्ध्वं च विज्ञेयावधरोत्तरजौ स्मृतौ ।
सङ्घातजो विधिस्त्वेष विज्ञेयो वाद्ययोक्तृभिः ॥८४॥

द्वावुत्तरौ द्विरधरस्त्वधरादिश्चोत्तरावसानश्च ।
ज्ञेयस्त्वथोत्तरादिः पुनरप्यधरावसानश्च ॥८५॥

समवायजस्तथा स्यात् त्रिरुत्तरस्त्रिरधरश्च विज्ञेयः ।
द्व्यधरोत्तरावसानौ द्विरुत्तरश्चाधरान्तस्तु ॥८६॥

प्रागुत्तरो द्विर्द्विरधरस्त्वधरादिर्द्विरुत्तरावसानश्च ।
उत्तरमध्यश्च तथा मध्ये त्वधरः पुनर्ज्ञेयः ॥८७॥

व्यञ्जनधातोर्ज्ञेयं कलतलनिष्कोटितान्यथोन्मृष्टम् ।
रेफावमृष्टपुष्पानुस्वनितं बिन्दुरनुबन्धः ॥८८॥

अङ्गुष्ठाभ्यां तु तन्त्रीणां स्पर्शनं यत् कलं तु तत् ।
वामे निपीडनं कृत्वा दक्षिणेनाहतिस्तलम् ॥८९॥

सव्याङ्गुष्ठप्रहारश्च निष्कोटितमिहोच्यते ।
सव्यप्रदेशिनीघातमुन्मृष्टमिति संज्ञितम् ॥९०॥

सर्वाङ्गुलिसमाक्षेपाद्रेफ इत्यभिधीयते ।
कनिष्ठाङ्गुष्ठकाभ्यां तु दक्षिणाभ्यामधोगतम् ॥९१॥

तन्त्रीषु त्रिप्रकारं वाप्यवमृष्टमिति स्मृतम् ।
कनिष्ठाङ्गुष्ठसंयुक्तं पुष्पमित्यभिधीयते ॥९२॥

तलस्थानेऽधरन्यासस्त्वनुस्वनितमुच्यते ।
गुर्वक्षरैकतन्त्र्यां तु बिन्दुरित्यभिसंज्ञितः ॥९३॥

व्याससमासादेषामनुबन्धः सार्वधातुको ज्ञेयः ।
इति दशविधः प्रयोज्यो वीणायां व्यञ्जनो धातुः ॥९४॥

रिभिताह्लादश्च तथाऽनुबन्धसंज्ञः करणधातुः ।
पञ्चविधो विज्ञेयो वीणावाद्ये करणधातुः ॥९५॥

त्रिकपञ्चसप्तनवकैर्घातैर्युक्तो यथाक्रमं विहितः ।
सर्वैरनुबन्धकृतैर्गुर्वन्तः स्यात् करणधातुः ॥९६॥

क्षेपः प्लुतोऽतिपातोऽतिकीर्णानुबन्धसंज्ञिताश्चेति ।
आविद्धो विज्ञेयो धातुर्वाद्यप्रयोगे तु ॥९७॥

द्वित्रिचतुष्कैर्नवकैः प्रहारैः क्रमशः कृतैः ।
आविद्धधातुर्विज्ञेयस्त्वनुबन्धविभूषितः ॥९८॥

इत्येते धातवः प्रोक्ताश्चत्वारो लक्षणान्विताः ।
तिसृणामपि वृत्तीनां यासु वाद्यं प्रतिष्ठितम् ॥९९॥

तिस्रो गीतवृत्तयः प्राधान्येन ग्राह्याः । चित्रा वृत्तिर्दक्षिणा चेति । तासां वाद्यताललयगीतियतिमार्गप्राधान्यानि यथास्वं व्यञ्जकानि भवन्ति । तत्र चित्रायां सङ्क्षिप्तवाद्यतालद्रुतलयसमायतिरनागतग्रहाणां प्र(प्रा)धान(न्य)म् । य(त)था वृत्तौ गीतिवादित्रद्विकलातालमध्यलयस्रोतोगतायतिसमग्रहमार्गाणां प्राधान्यम् ।

दक्षिणायां गीतिचतुष्कलतालविलम्बितलयगोपुच्छिकायत्यतीतग्रहमार्गाणां प्राधान्यम् ।

सर्वासामेव वृत्तीनां ललिताद्या हि जातयः ।
धातुभिः सह संयुक्ता भवन्ति गुणवत्तराः ॥१००॥

त्रिविधं वैणं वाद्यं कर्तव्यं गीतसंश्रयं तज्ज्ञैः ।
तत्त्वं तथानुगतमोघश्चानेककरणसंयुक्तम् ॥१०१॥

लयतालवर्णपदयतिगीत्यक्षरभावकं भवेत् तत्त्वम् ।
गीतं च यदनुगच्छेदनुगतमित्युच्यते वाद्यम् ॥१०२॥

आविद्धकरणबहुलं ह्युपर्युपरिपाणिकं द्रुतलयं च ।
अनपेक्षितगीतार्थं वाद्यं चौघं बुधैर्ज्ञेयम् ॥१०३॥

स्थिते तत्त्वं प्रयोक्तव्यं मध्ये चानुगतं भवेत् ।
द्रुते चौघं प्रयुञ्जीयादेष वाद्यगतो विधिः ॥१०४॥

तत्त्वं तु प्रथमे गाने द्वितीयेऽनुगतः स्मृतः ।
ओघस्तृतीये कर्तव्यो लयतालविचक्षणैः ॥१०५॥

एवं तज्ज्ञैर्ज्ञेया वीणावाद्ये तु धातवः प्रोक्ताः ।
वक्ष्येऽधुना विपञ्ची वाद्यविधाने तु करणार्थम् ॥१०६॥

रूपं कृतं प्रतिकृतं प्रतिभेदो रूपशेषमोघश्च ।
षष्ठी च प्रतिशुष्का ह्येवं ज्ञेयं करणजातम् ॥१०७॥

वीणावाद्यद्विगुणं गुरुलाघववादनं भवेद्रूपम् ।
रूपं प्रतिभेदकृतं प्रतिकृतमित्युच्यते वाद्यम् ॥१०८॥

युगपत्कृतेऽन्यकरणं प्रतिभेदो दीर्घलाघवकृतः स्यात् ।
वीणावाद्यविरामेऽप्यविरतकरणं तु रूपशेषः स्यात् ॥१०९॥

आविद्धकरणयुक्तोऽप्युपरिपाणिकस्त्वोघः ।
प्रतिशुष्का विज्ञेया वाद्ये तु सहैकतन्त्रिकृता ॥११०॥

कार्यं ध्रुवाप्रयोगे प्रायेण हि कोणवादनं तज्ज्ञैः ।
द्वाभ्यामपि वीणाभ्यां गाने वा वादने वाऽपि ॥१११॥

स्थानप्राप्तं वा स्यात् तन्त्रीषु विभावयेत् समं गानम् ।
तच्चौघतुल्यकरणं वाच्यं कार्यं विपञ्च्यास्तु ॥११२॥

सप्ततन्त्री भवेच्चित्रा विपञ्ची नवतन्त्रिका ।
विपञ्ची कोणवाद्या स्याच्चित्रा चाङ्गुलिवादना ।
एवं वीणा तज्ज्ञैर्नानाकरणाश्रया विपञ्ची तु ॥११३॥

अत ऊर्ध्वं व्याख्यास्ये लक्षणयुक्तं बहिर्गीतम् ।
आश्रावणारम्भविधिर्वक्त्रपाणिस्तथैव च ॥११४॥

परिघट्टना च विज्ञेया तथा सङ्घोटनैव च ।
मार्गासारितमेव स्याल्लीलाकृतमथापि च ॥११५॥

आसारितानि च तथा त्रिप्रमाणानि चैव तु ।
एतानि च बहिर्गीतान्यादौ योज्यानि योक्तृभिः ॥११६॥

सतालानि ह्यतालानि चित्रवृत्तिगतानि तु ।
प्रयोजनं हि पूर्वोक्तं पूर्वरङ्गविधौ मया ।
तेषां चैव प्रवक्ष्यामि लक्षणं सनिदर्शनम् ॥११७॥

तत्राश्रावणा नाम ।
विस्तारधातुविहितैः करणैः प्रविभागशो द्विरभ्यस्तैः ।
द्विश्चापि सन्निवृत्तैः करणोपचयैः क्रमेण स्यात् ॥११८॥

गुरुणी त्वादावेकादशचतुर्दशकसपञ्चदशकम् ।
सचतुर्विंशकमेवं द्विगुणीकृतमेतदेव स्यात् ॥११९॥

लघुगुरुणी च स्यातामथाष्टमं गुरु भवेत्तथा च पुनः ।
षट् च लघूनि तथान्त्यं गुरु ह्याश्रावणायां तु ॥१२०॥

त्रिः शम्योपरिपाणौ तालोऽपि ह्येव निर्दिष्टः ।
समपाणौ द्वे शम्ये तालावप्येवमेव स्यात् ॥१२१॥

भूयः शम्यातालानुपाणावुत्तरस्तथा द्विकलश्च ।
चञ्चत्पुटस्तथा स्यादेवं ह्याश्रावणातालः ॥१२२॥

अथारम्भः ।
दीर्घाण्यादावष्टौ द्वादश च लघूनि नैधनं चैव ॥
चत्वारि गुरूणि तथा ह्रस्वान्यष्टौ च दीर्घं च ॥१२३॥

लघुसंज्ञानि चतुर्थां निधनं द्विगुणीकृतानि दीर्घे द्वे ।
अष्टौ लघूनि नैधनमित्यारम्भेऽक्षरविधानम् ॥१२४॥

अस्य तु वाद्यम् ।
कार्यं त्रिपर्वहीनैरुपवहनैरथ समवरोहैः ।
तलरिभितह्लावयुक्तैः करणैर्विस्तारभूयिष्ठैः ॥१२५॥

अपचययुक्तैर्द्विस्त्रिः कृत्वा च निर्वर्तितैर्द्विरभ्यस्तैः ।
आरम्भे वाद्यविधिः कार्यस्त्वेवं प्रयोगज्ञैः ॥१२६॥

तालश्चास्य ।

तालस्त्रिकलस्त्वादौ शम्यैककलाद्वयं यतो तालः ।
द्विकला च पुनः शम्या तालो] द्विकलश्च कर्तव्यः ॥१२७॥

द्विकलश्च सन्निपातः पुनः पितापुत्रकश्च षट्पूर्वः ।
चच्चत्पुटस्तथा स्यादारम्भे तालयोगस्तु ॥१२८॥

अथ वक्त्रपाणिः ।
आविद्धकरणयुक्तो ह्यधङ्ग स्यादेकक प्रवृत्तं वा ।
अल्पव्यञ्जनधातुर्वाद्येऽप्यथ वक्त्रपाणिस्तु ॥१२९॥

गुरूणि पञ्च ह्रस्वानि षड् गुरूणि चतुर्गुणम् ।
गुरुणी द्वे च लघुनि चत्वार्यथ गुरूणि च ॥१३०॥

चत्वारि च लघूनि स्युस्त्रीणि दीर्घाणि चैव हि ।
लघून्यष्टौ च दीर्घं च वक्त्रपाणौ विधीयते ॥१३१॥

द्विकले मन्द्रके यस्तु शम्यातालनिपातनम् ।
तत्सर्वं वक्त्रपाणौ तु मुख्ये ह्यष्टौ कलाः स्मृताः ॥१३२॥

शम्यातालौ तालशम्ये तेषु कुर्यात् क्रमेण तु ।
तालं शम्यां च तालं च सन्निपातं तथैव च ॥१३३॥

तस्याधस्तात् ततः कार्यं पञ्चपाणिचतुष्टयम् ।
वक्त्रपाणेरयं तालो मुखप्रतिमुखाश्रयः ॥१३४॥

अथ सङ्घोटना ।

अधिदण्डां(ण्डं) हस्ताभ्यां वीणामुपगृह्य दक्षिणाङ्गुल्या ।
अङ्गुष्ठाभ्यां च सदा कार्यं सङ्घोटनावाद्यम् ॥१३५॥

सङ्घोटने स्वराणां संवादिविवादिन(नो)श्चापि ।
सङ्घोटना त्वभिहिता शेषैरनुवादिभिश्चैव ॥१३६॥

विस्तारधातुकरणैस्त्रिभिश्च चित्रैस्तथा निवृत्तैश्च ।
त्रिभ्यश्चाभ्यस्तोपचयैर्वदन्ति सङ्घोटनावाद्यम् ॥२३७॥

गुरुणी लघून्यथाष्टौ दीर्घद्वितयं तथा च कर्तव्यम् ।
लघुदीर्घे लघु च पुनश्चतुर्गुणं चापि कर्तव्यम् ॥१३८॥

पुनरष्टौ ह्रस्वाः स्युस्त्वथ गुरु निधनं तथा कार्यम् ।
सङ्घोटनवस्तुविधौ विज्ञेयं गुरुलाघवविधानम् ।
अस्यास्तालः शीर्षकवत् पञ्चपाणिविहितः ॥१३९॥

अथ परिघट्टना ।

परिघट्टनासमुत्थं वाद्यं त्वथ हस्तलाघवात् कार्यम् ।
व्यञ्जनधातुसमुत्थं नानाकरणाश्रयोपेतम् ॥१४०॥

दीर्घाण्यादावष्टौ लघूनि च द्वे गुरूण्यपि च कुर्यात् ।
लघुनी द्वे सर्वाणि द्विगुणानि सहैव दीर्घेण ॥१४१॥

षोडश लघूनि च स्युः सगुरूण्यन्ते तथैव कार्याणि ।
एष परिघट्टनाया गुरुलघुवस्तुक्रमः प्रोक्तः ॥१४२॥

सम्पिष्टाकवदस्यास्तालः करणैश्च धातुसंयुक्तम् ।
सकलैः सतलैर्वाद्यं विस्ताराविद्धकरणसंयुक्तैः ।
मार्गासारितवाद्ये गुरुलाघवसंचयाच्चैव ॥१४३॥

चत्वारि गुरूणि स्युर्लघूनि चत्वार्यथ द्विगुणितानि ।
गुरुणी लघूनि चाष्टावन्त्यं गुरु चेति कर्तव्यः ॥१४४॥

गुरुणी लघूनि नव च स्युर्मार्गासारिते वस्तुनि ।
कनिष्ठासारितविधौ चास्य तालः (प्रकीर्तितः) ॥१४५॥

श्रवणमधुराणि लीलाकृतानि चाभिकृतपरिसृतानि ।
तान्यप्यर्थवशादिह कर्तव्यानि प्रयोगज्ञैः ॥१४६॥

अथासारितानि ।

ज्येष्ठमध्यकनिष्ठानि तानि च तालप्रमाणनिर्दिष्टानि तानि तालविधाने यथाक्रमं व्याख्यास्ये ।

एवं स्वरगतं ज्ञेयं वीणाशारीरसम्भवम् ।
अत ऊर्ध्वं प्रवक्ष्यामि सुषिरातोद्यलक्षणम् ॥१४७॥

इति भरतीये नाट्यशास्त्रे ततातोद्यविधानं नामैकोनत्रिंशोऽध्यायः ।

नाट्यशास्त्रम्

अथ त्रिंशोऽध्यायः।

आतोद्यं सुषिरं नाम ज्ञेयं वंशगतं[1] बुधैः।
वैण एव विधिस्तत्र स्वरग्रामसमाश्रयः ॥१॥

रागात्मकं स्थायिपदं नियच्छ-
न्नच्छिन्नवंशस्वरलब्धसारः।
कालात्मकोऽसौ परमेश्वरस्य
स्याद्विग्रहोऽस्मद्भवबन्धनाय ॥

एवं प्राक्तनेनाध्यायेन प्रस्तुतनाट्यविषयगान्धर्वोपयोगप्रतिपादनपरतया जातिविनियोगो वर्णालङ्कारादिलक्षणं ततातोद्यस्वरूपं प्रसङ्गतः शुष्कस्वरूपं प्रतिपादितम्। तत्र ततादनन्तरं यद्यप्यवनद्धस्यैवोद्देशो युक्तस्तताववनद्धयोर्गेयमानकक्षयोद्वहनहेतुत्वात्तथापि विनियोगे वैणानां स्वराणां वंश्यस्वभावमार्ग उपयोगं गच्छतीति ततानन्तरं सुषिरस्यैव लक्षणं युक्तमित्याह। आतोद्यं सुषिरं नामेति। नामशब्देनेदमाह। वंशातोद्यमिति पूर्वं भगवन्महेश्वराराधनसाधनं मतङ्गमुनिप्रभृतिभिर्वेणुर्निर्मितं ततो वंश इति प्रसिद्धम्। वस्तुतस्तु छिद्रात्मकसुषिराभिव्यक्तस्वरविशेषरूपतयैवास्योपयोग इति। खदिरादिनिर्मितोऽप्यसौ भवत्येव। तथा चोक्तम्।

वंशे सृष्टा यदा पूर्वं वंशसंज्ञा तु वैणवी।
वंशास्तु खदिरा रौप्याः कांस्यजा वा सकाञ्चनाः ॥

इति। अत एव सुषिरयोगात् प्राणसंयोगेनातोदनीयत्वादातोद्यं वाद्यम्। तोद्यते अतुद्यते हन्यते वाद्यत इति चतुर्णां वपुः। केवलमस्य तोदननिष्पन्नैः स्वरैस्ततसुषिरयोरुपकारित्वं वर्णानुसाम्ययोगेन त्ववनद्धघनयोः शरीरं तु संबद्धशक्तिक्रोडीकृतं समुल्लसितशक्तिकर्तृकमिति तत्तत्स्थानाभिघातजातस्वरद्वारलब्धो-

---

1. KSS. कृतं।

¹[नव वंशास्तु विज्ञेयास्त्रिस्थानस्वरगोचराः ।
तेषां चैव हि वंशानां स्थाने स्थाने त्रिकत्रयम् ।
यथा बन्धलयस्तेषां स्वरा ज्ञेयाः समासतः ।]

पयोगमपि तदातोद्यमुच्यते । तदा तुदति अभिहन्ति वादयति चेत्यकृतककर्मशक्ति-मुद्रितस्वातन्त्र्यमवभाति । ज्ञेयमिति । वीणातो विलक्षणतया । कक्ष्या च स्वरतत्त्वस्य मातो लाभात् ।

टीकाकारैः पूर्वरङ्गे वंशस्य फूत्करणवैकल्यादसंस्कार्यता तत्र चेह चानु-पयोग इति महता प्रयत्नेन पूर्वपक्षयित्वा पूर्वरङ्गे कुतपस्य तु विन्यास (भ० ना० अ० ५–१७) इत्यादौ वंशस्याप्यस्ति संस्कार्यत्वमित्युत्तरपक्षीचक्रे । तत् केवलं ग्रन्थभूयस्त्वकरणरसिकताविजृम्भितम् । अस्मभ्यो न खलु शुष्कवादेनाभि-रुचितमित्यास्ताम् ।

वंशगतमिति । वंशप्रकाररूपं (लोह)खदिरादेरपि संग्रहः । ननु द्व्यधि-ष्ठानाः स्वरा वैणाः शारीराश्चे(भ० ना० अ० २८–१२)त्यत्र वंशानां नामापि तत् किं न श्रावितं वंशाभिधानेनेत्याह । बुधैरिति । यथाश्रुतमेव तदन्यनिरोधन-परं वचः । किं च शारीरस्वरवैपरीत्यं वैणानामिति तथाभिधानमेतच्च तत्र व्याख्यातम् । ननु यदि ज्ञेयं तर्ह्यस्योच्यतां लक्षणम् । आह । वैण एव बिधि-स्तत्रेति । स्वरग्रामग्रहणमुपलक्षणार्थम् । यत् किञ्चिदुक्तं प्राच्येऽध्यायद्वये तत्सर्वं वंशेऽपि बोद्धव्यमित्यर्थः । तथाहि मतङ्गमुनिना चत्वारो धातवो वंश इत्यादिना धातु-विनियोगोऽपि प्रदर्शित एव ।

यत्त्वत्र टीकाकृता स्वगतपरगतत्वे धर्मस्यातिदेशस्य विकल्पलक्षणाभिधान-लाघवोपयोगित्वमतिदेशस्याभ्यधायि तदेवमेव । सर्वत्र ब्राह्मणवद्राजा द्रष्टव्य इत्यादा-बप्यतिदेशस्वरूपनिर्वाह इवेहापूर्वतया मन्तव्यम् । यत्त्वतिदेशेन न सिध्यति तत्प्राति-स्विकम् ॥१॥

अस्य लक्षणमाह । द्विकत्रिकचतुष्कास्तु ज्ञेया वंशगता इति । आननच्छिद्रे-ष्वाधारेषु गान्धारादि(बी)त्याशयेन स्वरोत्पादकस्वरूपमुक्तम् । कम्प्यमानार्थमुक्ताश्च

---

१. ग्रन्थान्तरेषु नोपलभ्यते । वृत्तिकारेणापि न व्याख्यातम् । तथाप्ययं मुनेरेवेति बहुभिरुक्तम् ।

द्विकत्रिकचतुष्कास्तु ज्ञेया वंशगताः स्वराः ।
कम्प(म्प्य)मानार्थं(र्ध)मुक्ताश्च व्यक्तमुक्तास्तथैव च ॥२॥

व्यक्तमुक्तास्त्वित्यनेन छिद्रोपरि दीयमानाङ्गुलिगतच्छिद्रनिवेशिताङ्गुलिना क्रियया तीव्रातीव्रमध्यरूपप्राणपूरणप्रभवो हि वंशे स्वरविभागः । तत्र गान्धारादितया मध्यमस्वरोऽन्त्यो भवति । तदपेक्षया गान्धारे द्वितीयम्(यत्वम्) । तत एव च सामसु गान्धारो द्वितीयो मध्यमो हि तत्र प्रथमः । आह च ।

य: सामगानां प्रथमः स वेणोर्मध्यमः स्वरः ॥

(नारदीयशिक्षा १.५.१)

इति ।

यद्यपि च न षट्सु क्रुष्टादिषु भव इति क्रमो युक्तस्तथापि षड्जस्य चतुःश्रुतित्वान् मध्यमत्वेन प्रत्यभिज्ञानम् । नन्वत्र वंशे कः स्वरविभाग इत्येवमाशयेनाह । द्विकत्रितचतुष्का इति । स्वरस्वरूपोपयोगिषु छिद्रेष्वत्र स्वरशब्दः । तेन सर्वतोऽत्र नवच्छिद्राणि । वर्गशोऽभिधाने वायमाशयः । मुखि(ख)गतमन्त्यं च यच्छिद्रं तत्तावत् पूरकतया पूर्यतया च मुखमारुतप्रवेशप्रतिघातोपयोगीत्येव नालच्छिद्रं स्वरविभागाय नोपयुक्तम् । ततसप्तकं तु स्वरविभागकृतम् । अत्रापि हि वर्गशोऽभिधानध्वन्यो भावः । वामहस्तेन त्रयः स्वराः । दक्षिणेन चत्वार इति । तथा चोक्तम् ।

षड्जस्त्वनामिकाङ्गुल्यामृषभो मध्यमाङ्गुलौ ।
निरङ्गुल्यां च गान्धारो मध्यमः कम्पितो यथा ।
वामहस्ते त्रयो ह्येते चत्वारो दक्षिणे पुनः ।
पञ्चमोऽनामिकायां तु धैवतो मध्यमाङ्गुलौ ॥
प्रदेशिन्यां निषादस्तु मध्यमः कम्पितो यथा ।

पञ्चमोऽनामिकायामिति वचनान् मध्यमस्वरे कनीयसीत्याह । निरङ्गुलीति । कनीयसी तर्जनी वा । स्थानं चाङ्गुलीनामुक्तम् । कर्कन्धूफलबीजवदङ्गुलीनां निवेशनमिति । अन्ये बहिरष्टमं कार्यं छिद्रादन्यादनन्तरमिति नवच्छिद्राणीच्छन्ति । तत्त्वेवं भवत च्छिद्राङ्गुलीयोजनम् । अङ्गुलीनां तु कः क्रियाभेद इत्याह ।

तत्रोपरि यथा ह्येकः स्वरो वैणस्वरान्तरे[1] ।
प्राप्नोत्यन्यत्वमेवेह[2] तथा वंशगतोऽपि हि ।।३।।

कम्प्यमानार्थ(र्ध)मुक्ताश्च व्यक्तमुक्तास्तथैव च ।

इति । नैव द्विकादिक्रमेण कम्प्यमानादियोगः । अपि तु तेनैव प्रकारेणार्धेन समत्वं येन तत्र व्यक्तमुक्ता इति पृथगन्तेऽभिधानादन्ते चतुःश्रुतौ तावदयं विनियोगः । तदुक्तम् ।

ये चतुःश्रुतयोऽप्येषां पूर्णा रन्ध्रात्तु ते स्वराः ।

इति । ततो द्विश्रुतेरवस्तादर्धमुक्ताङ्गुलित्वमध्यवस्यन् पारिशेष्यात् त्रिश्रुतेः कम्प्यमानाङ्गुलियोगः । तदुक्तम् ।

कम्प्यमानार्धमुक्ताश्च विज्ञेयास्ते त्रिकद्विकाः ।

इति । एवं वंशस्य स्वरः प्रथमोत्पत्तिक्रमश्च स्वराणां दर्शितः । यत्वन्येषां तु साङ्ग-लादिक्रमेणाङ्गुलीनिर्ह्लासदिशा च ब्राह्मणक्षत्रियादिजातिविभागस्तदनुसारेण चोक्त-प्रकृत्यादिविषयो नाट्योपयोगः कथितः स निस्वर इति हृदये गृहीत्वा मुनिना दर्शितः ।।२।।

नन्वेवं छिद्रेषु स्वराणां व्यवस्थितत्वमुक्तम् । दृश्यते चैवैकत्र स्वरसप्तकोप-लम्भः । तत्कथमित्येतदाशङ्क्याह ।

तत्रोपरि यथा ह्येकस्वरो वैणस्वरान्तरे ।
प्राप्नोत्यन्यत्वमेवेह तथा वंशगतोऽपि हि ।।

इति । शारीरे दारव्यां च यथैक एव स्वर आधारभूतः स्वरान्तरविषयमन्यत्वं प्राप्नोति यथोक्तं द्विविधैव मूर्च्छनासिद्धिरिति (भ. ना. २८-३४) यथा स्वराणां सततं मध्य-मस्वरा(मध्यस्वरं) विदुर्बुधा इति तथैव वंशगतस्वरोऽपि स्वरान्तरविषयमन्यत्वं प्राप्नोति । तथा च धैवतांशकृतोऽपि । गीयमानेऽपूर्णवाचः प्राहुः । धैवताद्वा निषादाद्वा स्थायो......वांशिका इति । पूर्णवाचस्तु षड्जर्षभगान्धाराः स्वराणामन्यतमात् । एतदाह । तत्र यथा वीणायां सार्यमाणायां प्रतिक्षणं मार्दवाय तत्त्वसम्पादनेन सैवान्या सम्पाद्यते । तेन तथावदिति दर्शयति । तत्रोपरि(रीति) । न सामानाधि-

---

१. NS. स्वरोत्तरे ।

२. KSS.; NS. मेवाह ।

द्विकस्त्रिकश्चतुष्को वा [1]श्रुतिसंख्यो भवेत् स्वरः ।
अनीरणात्तु शेषाणां स्वराणां श्रुति(मपि) संभवम्(वः) ।
[2][स्वराणां च श्रुतिकृतं चतुर्द्विस्त्रित्व(स्त्व)लक्षणम् ।]
[3]अङ्गुलीवादनकृतं तच्च मे सन्निबोधत ॥४॥

करण्यतया विभक्तिनिर्देश. । अन्यथा तस्योपरि तस्यां तेन तत्रैवोर्ध्वरूपतयाऽऽधेय-रूपतयाऽवस्थिते स्वरे सतीत्यर्थः । एतदुक्तं भवति । प्रथममभ्यासकाले शूत्कारपूरण-तया स्वरोत्पत्तिक्रमो य उक्तस्तत्रैव स्थिते सति स्वरान्तरस्यात्र वलनम् । यथा वचनादत्र विपञ्च्यामिव श्रुतिक्रमलाभः प्रस्फुटः । षड्जं वदन्ति(ति) मयूरा (र) (नारदीयशिक्षा १.५.३) इत्यादिवत् स्वगमकमध्यमवच्छारीरवदेव वा विशिष्टध्व-निस्वभावत्वात् । अत एव शारीरवद्वंशयानामारोहणमवरोहणं चेति विशाखिला-चार्यः ।

ननु यद्येवं इष्टं स्याद्वंशस्य पृथगभिधानं शारीरे(ऽप्येवमेव स्यात्तत्र स्वरैः) अन्यविधिः(धेः) स्वीकृतत्वादित्याशङ्क्याप्रकरत्वे(ङ्क्य प्रकारत्वे)नाह । तत्रोपरीति । शारीरविषयादप्यस्योपरिभाव उत्तीर्णत्वादनन्तर्भाव इति यावत् । यथा च वाद्यरूप-तयाऽत्र लालित्यं नाम स्वाभाविको धर्मो न स त्व(नु)षक्तः शारीरके भावाभावमार्द-वपारुष्ययोगात् । तथा हि वदन्ति । वंशे गीतमिति । ततः शारीरतोऽप्यस्योत्कर्षो वीणातश्च । उभयं ह्यनेन पूरय(यं)ते वंशेन गीतिं भावयतीति च व्यवहारः शारीर-मारुतस्यान्तरबाह्यप्रयत्नाच्च व्यापारयोगात् । शारीरे तु गायत्येवेति व्यवहारः । आन्तरस्यैवात्र प्रयत्नस्य भावात् । वंशच्छिद्रपूरणप्रयत्नो हि बाह्योऽसम्भवी । वीणायां तु वादयत्येवेति बाह्यस्यैव तन्त्रीहननकारिणः प्रयत्नस्य भावात् । इत्युभयविलक्षण-मुभयधर्मानुगतं च वंशस्य रूपमित्यवश्यं वक्तव्यमिति तात्पर्यम् ॥३॥

द्विकस्त्रिकश्चतुष्को वा श्रुतिसङ्ख्यो भवेत् स्वरः ।
अनीरणात्तु शेषाणां स्वराणामपि सम्भवः ॥

अस्यार्थं टीकाकारस्तावदाह । इह वंशस्य च्छिद्रपिधानं मुखवाय्वासंयोगाद-ङ्गुलिसंयोगक्रियायाश्चेति यत्तावत् स्वरनिष्पत्तौ कारणम् । तथा चाहुः ।

वांशी त्रिधा मूर्च्छना स्याद् द्विप्रयुक्ता हि सर्वतः ।
तारमन्द्रादिका चान्या मुखमारुतमूर्च्छना ।
तृतीया करशाखात्मा(त्म)स्वरोत्पत्तिप्रदायिनी ॥

---

१. KSS. स्वरः स्या च्छ्रुतिसंख्यया ।
२. इदमर्धं ग्रन्थान्तरेषु न वर्तते ।
३. KSS. स्वराणि च श्रुतिसुतं । NS. अङ्गुलीवादनकतः ।

व्यक्तमुक्ताङ्गुलिस्तत्र स्वरो ज्ञेयश्चतुःश्रुतिः ।
कम्प(म्प्य)मानाङ्गुलिश्चैव त्रिश्रुतिः परिकीर्तितः[1] ।
[2]द्विकोऽर्धाङ्गुलिमुक्तः स्यादिति[3] श्रुत्याश्रिताः स्वराः ॥५॥

इति । तत्रेयतापि स्वरजाताः प्रथमं न ग्रामविभागं भजन्ते । स हि च श्रुतिचर्चामपेक्षते । सा च प्रथमोत्पत्तौ नास्ति । अनेनैव क्रमेण यावता च गान्धार इति । एष चार्थ(:) फल्गुप्रायः । न हीयता वीणायां श्रुतिचर्चा काचिद्दर्शिता भवति । मुखवलनगतिस्वरतादि तु प्रयत्नबलेन भवदपि न श्रुतिभेदमाधत्ते......वीणादिष्वपि स किं न स्यात् । एतच्च श्रुतिनिरूपणप्रस्ताव एव वितत्यास्माभिर्विवेचितमित्यास्ताम् ।

तस्मात् प्राक्तनश्लोकोक्त एवार्थोऽनेन परिष्क्रियते । तत्र ह्युक्तं तत्रोपरिस्वरान्तरेऽन्यत्वमेवेति । तच्च कथं क्रियतामितीदमारभ्यते । यः स्वरो द्विक(श्)-त्रिक्(श्)चतुष्को वेति नियतः स्वरस्थापनया छिद्रविशेषः प्रसिद्ध इत्यर्थः । आधारतां वाशब्दोऽप्यर्थे । नयति व्युत्पादयति । तदयमर्थः । तत्राप्यन्यस्वच्छिद्रे शेषाणामेषामप्यर्धस्वराणामिव या श्रुतिसंख्या भवेत् । कथं सा भवेत् । आपूरणादानयनादीरण अनादररन्ध्रपूरणाच्च । तत्र नयनमुभयोस्तीव्रातीव्रतया । रणनं तु प्रपूरणेन शब्दोत्पादनम् । पूरणं वायोः शीघ्रस्थिरतोदेन वदनजात् । वाय्वनुसारसम्पादकतीव्राद्यापूरणादिशैघ्र्यादिनिषेधात् क्रियते । तत्रान्येषामपि स्वराणां तत्र नियतस्वरेऽपि छिद्रेऽस्ति सम्भवः । (तुकारेण द्विकत्रिकस्वराणामितरेऽप्येतत्पूर्यतया पूरणनिषेधः ।) न चेयतैव स्वरसम्भव इत्याह । अङ्गुलीवादनकृतं चेति । अत्र द्रष्टव्यः अङ्गुलीभिर्वादनं शब्दोत्पादनप्रकारः । सम्यगित्याह । तच्च मे संनिबोधतेति ॥४॥

व्यक्तमुक्ताङ्गुलिस्तत्र स्वरो ज्ञेयश्चतुः श्रुतिः ।
कम्प्यमानाङ्गुलिश्चैव त्रिश्रुतिः परिकीर्तितः ।
द्विकोऽर्धाङ्गुलिमुक्तः स्यादिति श्रुत्याश्रिताः स्वराः ॥

इति । स्वराणामनेन प्रागुक्त एव क्रम उक्तः । न च पुनरुक्तानां पूर्वनिष्पत्त्यभिप्रायेणाधारस्वरविषयत्वेन परमार्थतोऽस्यानि(स्त्यभि)धानम् । अधुना तु तत्रोपरीत्येत्प्रसङ्गायाततदुत्पतिस्वरविषयस्तत्र वीणायां यथा मूर्छनान्यत्वं तथा छिद्रेष्वङ्गुलिसारणाविशेषोत्कर्षेणैव छिद्रेष्वङ्गुलिवैचित्र्यात् स्वरसप्तकविभागो वर्णयिष्यते । अन्ये त्वङ्गुलिशब्देनात्रोर्ध्वमन्द्रमाहुः ॥५॥

---

१. त्रिश्रुतिश्च स्वरो भवेत् ।
२. KSS., NS. द्विकार्धा ।
३. KSS. स्तु एवं ।

एते स्युर्म(तु म)ध्यमग्रामे भूयः षड्जाश्रिताः पुनः ।
व्यक्तमुक्ताङ्गुलिकृताः षड्जमध्यमपञ्चमाः ॥६॥

[1]ऋषभो धैवतश्चापि कम्प(म्प्य)मानाङ्गुलीकृतौ ।
अर्धमुक्ताङ्गुलिश्चैव गान्धारोऽथ निषादवान् ॥७॥

ननु कुत्रायं श्रुतिविभाग इत्याह । एते तु **मध्यमग्राम** इति । मध्यमस्वरस्तावत् प्रसिद्ध इति तदपेक्षया चतुस्त्रिद्विसंख्यासारेण मध्यमपञ्चमधैवतनिषादानामेव सम्भवति । षड्जग्रामे तु न तारगत्या न मन्द्रगत्येति मध्यमादिश्रुतिसंख्याक्रमानुरोधाच्चादौ मध्यमग्राम उक्तः ।

अथ षड्जग्रामेऽप्याह । **भूयः षड्जाश्रिताः पुनरिति** । पुनःशब्दः पूर्वस्माद्विशेषद्योतकः । **भूय** इत्यनेनेदमाह । मध्यमग्रामे यदुक्तं तद्यथा द्विश्रुतिर्गान्धार इति तत् षड्जग्रामेऽपि न सुसङ्गच्छत इति तामाह ।

व्यक्तमुक्ताङ्गुलिकृताः षड्जमध्यमपञ्चमाः ।

चतुः श्रुतिरत्र पञ्चम इति यावत् । षड्जमध्यमयोस्तु दृष्टान्ततया विवक्षितसमकक्ष्यतया निर्दिष्टः(र्देशः) ॥६॥

ऋषभो धैवतश्चापि कम्प्यमानाङ्गुलीकृतौ ।

धैवतस्त्रिश्रुतिरित्यर्थः ।

अर्धमुक्ताङ्गुलिश्चैव गान्धारोऽथ निषादवान् ।

चकारेण मध्यमग्रामेऽपीत्थंभूतमनयोरित्याह । अत एव ग्रामोपेक्षया रूपान्तराभावादेव कात्स्न्येन । अथवा नोक्तगीतपञ्चककात्स्न्यंपरिग्रहात् । उक्तमन्यत्र ।

मध्यमं पूरयेत्तत्र सप्ताङ्गुलिविधानतः ।
पञ्चस्वरगतिं कुर्यात् पञ्चभेदविकल्पनात् ।
कम्पितां चलितां मुक्तामर्धमुक्तां निपीडिताम् ।
यत्र.......वंशमधरस्थं प्रकम्पयेत् ।

---

१. KSS., NS. धैवतश्चार्षभश्चापि (चर्षभः)

स्वरसाधारणे[1] चा(णश्चा)पि[2] काकल्यन्तरसंज्ञके(या) ।
निषादगान्धारकृते[3](तौ) षड्जमध्यमयोरपि ॥८॥

कम्पिता या गतिः प्रोक्ता वर्णालङ्कारगामिनी ।
अङ्गुल्याश्चलता यत्र स्वरसम्पादने यथा ।
सञ्चारिवर्णसंयुक्ता चलिता नाम सा स्मृता ।
स्वरमुक्तेन रन्ध्रेण मुक्ता नाम प्रवर्तते ।
अर्धमुक्तेन चाप्यत्वा(स्या)अर्धमुक्तानुजायते ।
सुषिरैः सर्वधानेकैः(पिहितैः सर्वैः)रङ्गुलीभिः समन्ततः ।
यदा पूरयते वंशं ज्ञेया सा तु निपीडिता ॥

इति ॥७॥

अथ स्वरसाधारणोत्पत्तिं दर्शयति ।

स्वरसाधारणश्चापि काकल्यन्तरसंज्ञया ।
निषादगान्धारकृतौ षड्जमध्यमयोरपि ॥

इह स्वरसाधारण......आधेयरूपतया पृथक्छिद्रता न संभवति केवलमाधारस्वररूपतया......भवेत् । तत्र वीणायां पूर्ववत् स्थितसाधारणायां स्वरसाधारणे क्रियमाणे गान्धारनिष्पादनतन्त्र्योरेव द्विश्रुतिकतायामायतत्वेन पीडनं क्रियते न तु मध्यमषड्जतन्त्र्योः । शैथिल्यमुपयोगि । गान्धारनिषादोत्कर्षा ए(दे)व त(द)पेक्षस्योभया(यो) । वंशे तु शरीरैरेव न पूर्वसिद्धा । कैश्चिन्न तन्त्रीष्विव स्वरा अपि तावतैव प्रयत्नेन निष्पाद्येस्यु(द्या इत्यु)त्कृष्ट गान्धारे निषादे हीयमानेऽवश्यं निकृष्टो मध्यमोऽयत्नेन निष्पद्यते । अन्यथा षड्विंशतिश्रुतयो भवेयुः । तेन व्यक्तमुक्ताङ्गुलिस्वरौ अर्धमुक्ताङ्गुलिश्च मध्यम इत्येवमन्तरस्वरो निष्पद्यते । एवं काकल्यामपि वाच्यम् । तदेतदाह । निषागान्धारकृतौ विकारकरणे षड्जमध्यमयोरपि चेद्विकारस्तत् साधारणं सम्पद्यते । चशब्दोऽप्यर्थे । नत्वेके त्वेकस्मिन् स्वरेण विकरणयोर्द्वयोः किमर्थं विकृतिरित्याशङ्क्याह । न स्वरसाधारणत्वेन तस्य काकल्यन्तरत्वमात्रस्वरद्वयस्य सम्यक् स्थितिर्यतो भवति द्वयोर्विकारः । एतदुक्तं भवति । एतदेव च स्वरसाधारणत्वं यदेतस्माद्रूपाद्ध्वंसनं स्वरान्तररूपोपजीवनमिति ॥८॥

---

१. NS. साधारणं ।

२. NS. त्वन्तरस्वरसंस्थया ।

३. KSS. वंशाश्रिताः ।

विपर्यया सन्निकर्षे श्रुतिलक्षणसिद्धितः ।[1]
[2]वैणकण्ठप्रवेशेन सिद्धा एकाश्रिताः स्वराः ॥९॥
[3]यं यं गाता स्वरं गच्छेत् तं तं वंशेन वादयेत् ।
शारीर [4]वैणवंश्यानामेकीभावः प्रशस्यते ॥१०॥

ननु समन्द्रमध्यतारविभागः कथम् । ननु च स्वराणां न ह्येकविंशतिरत्र बीणामिव स्वराः स्थानत्रयं च शरीरवद्रुपलभ्येतेत्याशङ्क्याह—

विपर्ययः सन्निकर्षे श्रुतिलक्षणसिद्धितः ।
वैणकण्ठप्रदेशेन सिद्धा एकाश्रिताः स्वराः ॥

इति । सम्भावितस्ताबद्वर्णे चाविद्धगतिभावो यावदभ्यासान्तर्गतो धार्यस्तावदन्तस्वरं जनयति । प्रथमं छिद्रकस्य संस्कारमात्रं जायते । न स्वरः । तत्र......वस्थानेन यः स्वरो निष्पद्यते स तावन् मध्यमः । तदाह । सिद्धाः सन्तो ये स्वराः कण्ठाश्रिता मध्यमसप्तकरूपा इत्यर्थः । अत्र हेतुः । वेणुषु प्रधानसप्तककृतेषु मूर्च्छनानिर्देशकारिषु मध्यमेषु कण्ठेषु शारीरेषु मध्यमसप्तककृतेषु प्रदेशादेकीभावापत्तेरेव । वंशे बन्ध इति लक्ष्यवतां व्यवहारः । तारमन्द्रसप्तकं तु कथमित्याह । तच्चासाधारणे स्फुटत्वं तस्य सिद्धिर्यतो भवति स श्रुतिलक्षणसिद्धिः ओष्ठमुद्राविशेषः । तमवेक्ष्य यो वंशस्य सन्निकर्षो......तेन छिद्रान्तर्गतमावरणं वंशस्य स्वोत्कर्षत्वेन छिद्रस्य स्पष्टत्वं तस्मिन् सति विपर्ययः कण्ठचसप्तकान्तर्गतलक्षणमुखसंयोगेन सङ्कटे छिद्रे विकारोदयो विकटे-नामन्द्रसम्पत्तिरिति यावतैवं (यावत् । एवं) त्रिस्थानसिद्धिपादे त्रिवंशे । अतः शारीर-वैणस्वरविषयलक्षणपोषणमनेन सम्यक् क्रियताम् ॥९॥

यं यं गाता स्वरं गच्छेत् तन्तद्(तं तं) वंशेन वादयेत् ।
शारीरवैणवंशा(श्या)नामेकीभावः प्रशस्यते ॥

गच्छेदिति । यं गमिष्यति यो न च गच्छति स च गतवानिति कालसामान्येन दर्शितम् । अतो वंशस्य प्रदर्शकत्वं पूरकत्वादयो धर्मा दर्शिताः । गातेति । ध्रुवागान-स्याप्यत्र प्राधान्येनोपयोग उक्तः । शारीरवैणवंश्यानामिति । तद्धितेनाप्यनावेक्षेऽप्ये-कत्र स्वरनिष्पत्तिर्दर्शिता । इतरेतरयोगभूतभेदत्वं सूचयता पृथगुपयोगो दर्शितः तथा च श्रीमन्मतङ्गमुनिना वंशवाद्यस्य स्वरसाम्याश्रयो विनियोग उक्तः ।

अध्वन्यागमने चैव कामिन्या निर्जितस्य च ।
शोकार्तस्य प्रकुर्वीत मध्यमं मृदुमिश्रितम् ॥

---

१. NS. सिद्धिदः ।

२. KSS. वेणुदण्डप्रवेशेन — NS. वैणकं तु प्रवेशेन सिद्धाः कण्ठाश्रिताः स्वराः ।

३. NS. येयं गीता । KSS. यं यं गता ।

४. KSS. वंशवैणानां ।

अविचलितमविच्छिन्नं[1] वर्णालङ्कारसंयुतं विधिवत् ।
[2]ललितं मधुरं स्निग्धं वेणोरेवं स्मृतं[3] वाद्यम् ॥११॥
[4]एवमेतत् स्वरगतं विज्ञेयं गानयोक्तृभिः ।
अतः परं प्रवक्ष्यामि घनातोद्यविकल्पनम् ॥१२॥

इति भरतीये नाट्यशास्त्रे सुषिरातोद्यलक्षणं नामाध्यायस्त्रिंशः ॥

शृङ्गा(ङ्गा)रे वा वियोक्तव्यमत्यन्तललितं द्रुतम् ।
क्रोधे चैवाभिमाने च स्फुरितद्रुतकम्पितम् ॥

इत्यादि । एकीभाव इति । अनेकरूपस्यैव शारीर्यादिरस्ति रूपस्यैव स्वरत्रयस्य निपुणनिर्मितसचित्रपानगन्धवदेकतयावभास इत्ययं तत्र भावशब्देन दर्शितः । प्रशस्यत इति । दृष्टादृष्टविभवसिद्धिप्रदत्वादिति भावः ॥१०॥

अथास्य वंशवाद्य(स्य) सर्वथोपयोग इति दर्शयति ।

अविचलमविच्छिन्नं वर्णालङ्कारसंयुतं विधिवत् ।

अविचलितमिति । स्थिरो ह्यत्र स्वर इत्युक्तम् । अविच्छिन्नमिति । वीणातन्त्रीवद्दुष्प्रहतार्थसम्भावनेन साधारणक्लेशाभावेन निर्विघ्नम् । वर्णालङ्कारः सर्व एव...... शारीरान्तर्गतैः संयुक्तम् । अत एव सर्वान् वाद्यविधीन् तत्त्वानुगतान् लययतिप्रभृतीनर्हतीति विधिवत् । एवं तावद्गीतिभागोऽनेन पूर्यत इत्युक्त्वा हृद्यतमं त्वेतदेवेत्याह ।

ललितं मधुरं स्निग्धं वेणोरेवाश्रितं(वं स्मृतं) वाद्यम् ।

इति । ललितमिति । स्वभावतो हर्षोद्दीपनेन रसचर्वणोपयोगि । मधुरमिति । गात्रप्रयुक्तं परुषमपि स्वरं स्वावस्थापनया हृद्यतामापादयतीति । वेणोरिति सुषिरोपलक्षणम् ॥११॥

अध्यायत्रयार्थमुपसंहरन् भाविना सह सङ्गतिं करोति । एवमेतत् स्वरकृ(ग)तमिति । शारीरवैणवंश्यादिस्वरा एवेति तैर्गानं स्वरपूर्णमिति । स्वरगतस्यैवोप-

---

१. NS. अविकृष्टं ।
२. KSS. मन्दं विधिललितमधुरं वेणोरेव स्मृतं वाद्यम् ।
३. NS. विधं ।
४. KSS. एवमेतत् सुषिरस्वरकृतं...वंशयोक्तृभिः ।
५. NS तालवाद्यविकल्पनम् ।

संहारः। गानप्राधान्याच्च गानयोक्तृभिरित्युक्तम्। रूपे च स्वरे निरूपिते मनस्यनिरूपणावकाश इत्याह। अतः परं घनातोद्यविकल्पनं प्रवक्ष्यामीति शिवम्।

आक्षेपयोजनवचस्करकल्पमेव
यद्वंशरन्ध्रचरणं तदुपास्य सम्यक्।
स्पष्टीकृतोऽभिनवगुप्तपदाभिधेन
तस्यैव लक्षणविधिः स गम्भीरभावः।

॥१२॥

इति महामाहेश्वराभिनवगुप्ताचार्यविरचितायां भारतीयनाट्यवेदविवृतावभिनवभारत्यां सुषिरातोद्यविधिरध्यायस्त्रिंशः॥

नाट्यशास्त्रम्

अथैकत्रिंशोऽध्यायः

[1]वाद्यं तु यद्घनं प्रोक्तं [2]कलापातलयान्वितम् ।
कालस्तस्य प्रमाणं हि विज्ञेयं तालयोगतः ॥१॥

॥एकत्रिंशोऽध्यायः॥

यस्यां कलाकाललया(य)प्रभावात्
साम्यं परं भाति जगत्क्रियाणाम् ।
मायात्मिकां तां तनुमष्टमूर्ते-
र्वन्दे त्रिधा भोगपदं दधानाम् ॥

ननु स्वरकृतं रूपं वीणांशयोरिवावनद्धेप्युपलभ्यते तद्ध(द्द घ)नेऽपि । नादात्मना स्वरस्य शब्दत्वेन नित्यव्याप्यत्वात् । अतश्चैवं तदाऽवनद्धे मार्जनानां स्वरविशेषयोजनात्मना वक्ष्यमाणत्वात् । सत्यम् । अनुहारेण परं स्वराणामवभासोऽत्र न स्फुटो नाक्षरात्मना । तथात्वे हि रसभावाद्यभिव्यक्तिरपि न भवेत् । तेन ह्यनुहारमात्रेण केवलमत्र स्वरात्मका(कता)ऽक्षरषोडशवत् । अक्षराणां हि यद्यपि स्फुटत्वं स्यात् करन(ज)करततकरथ(ट)गतकरिकरटकतटकटकाभरणकेलिकाल इति श्रूयमाणानां च यथा वाद्यप्रतिपत्तिर्भवति तथा वाद्यमानादपि स्यात् । तस्मादनुहारमा-(स्या)त्मवृत्तित्वादन्यत्र स्वराणां वंशनिरूपणानन्तरमेवोपसंहारो युक्तः । तदुपसंहारानन्तरं चोक्तम् । **घनातोद्यविकल्पनं वक्ष्यामीति** (भ० ना० अ० ३०-१२) । तत्र हन्यत इति घनः कठिनतैकरूपः । तत एव नमनोनम(न्म)ननु(न)मै(शै)थिल्यादियोगाभा(वा)दक्षरवैचित्र्यं स्वरवैचित्र्यं चानुरुध्यमानमात्रेणोपयोगी कांस्यतालिकादिरुच्यते । **मूर्तो घन** इति मूर्तिकाठिन्यमिति युक्तम् । तस्य घनस्य यदातोद्यं तोदनं हननं तस्य विधिवच्चरतः शीघ्रत्वसमत्वादिरूपं यद्विकल्पनं विभागस्तत्र चच्चत्पुटादिगतद्रुतलघुगुरुविभाग एव निमित्त इति स एव चातोद्यविकल्पनशब्देनोक्तोऽत्राध्याये वक्ष्यमाणतया प्रक्रान्तः । तस्य सङ्गतिं कर्तुमाह ।

---

१. KSS. ताले घन इति प्रोक्तः । NS. वाद्यं तूर्यायनं प्रोक्तं ।
२. KSS. कलपात. . . . .

वाद्यं तु यद् घनं प्रोक्तं कलापातलयान्वितम् ।
कालस्तस्य प्रमाणं हि विज्ञेयं तालयोगतः ॥

इति । अत्र क्रिया च तालः कालो वा । ताल इत्याक्षिप्य गान्धर्वनाट्यभेदेन यो विषय-विभागः कृतः स तुच्छ इत्यस्मभ्यं न रोचते । इदमत्र । न कालः क्रियाव्यतिरेकः अपि तु सर्वेषां परिच्छेदहेतुः काल इत्युच्यते । परिच्छेदश्च क्रियैव । क्रियैव क्रियान्तरस्य कालाभ्युपगमेऽपि वा कालावच्छिन्नेन कालं द्रव्यमिति । तदभावेन चापि क्रिया-विच्छित्तिः । तेन घनेनेति किमत्र निबन्धे(न्धने)न । सर्वथाऽभावे ह(गा)ने गान्धर्वे वा क्रियया बिना परिच्छेदो न सम्भवत्येव । एतावांस्तु विशेषोऽत्र सङ्गच्छते यद्गान्धर्वे कुत्रचित् परिच्छेद्ये परिच्छेदविधेयस्य साम्येऽप्याकुञ्चनाद्यन्यतमा काचिदेव क्रिया कस्मिश्चदेवाङ्गुल्यादिप्रवेशे वर्तमाना परिच्छेदहेतुत्वेनाश्रीयते तथैवादृष्टसिद्धे गाने तत्परिच्छेदमात्रस्य साम्यादायातं तद्वारेण सम्पादनस्योद(त्त)रनिदानस्य साध्यत्वाद् या काचित् क्रिया गानवादनसंवादिनी परिच्छेदहेतुरुपादीयत इति । तत एवाह । तल प्रतिष्ठाकरण इति । अप्रतिभापरिच्छेदाद्रागालपनगत्यादिक्रियाविच्छेदभावेनारम्योऽप वर्ग इवाभिनेयोऽन्योन्यं च विशीर्णविश्वरूपतया एकपरिच्छेदात्मकसाम्यादाशा-(काङ्क्षा)भावे शास्त्रस्य प्रतिष्ठामविशेषेण यत् प्रतिष्ठानसम्पादनं तत्र हेतुः क्रिया-खण्डस्ताल इति तात्पर्यम् । तत्र च घनातोद्यमिति(रि)च्यत इति । यद् घनं नाम वाद्य-मातोद्यं प्रोक्तमुद्दिष्टं तस्य तालेन भाविना शम्यादिसशब्दावापनिःशब्दक्रियाविशेषण-योगेन सति यस्तालः परिच्छित्त्यात्मककालखण्डे क्रियारूपो द्रव्यात्मा स एव गीत-क्रियाप्रमाणपरिच्छेदोपायः । एतदुक्तं भवति । कांस्यनालिकारणक्रियायाः प्रसिद्धाया आवापशम्यादीनां साम्ये तदेतदावापादिपरिच्छिन्नं गीतं गेयमिति न तत्रावापादयः सत्परिच्छेदकाः । किं चास्य तालयोगेनेत्याशङ्क्याह । कृताभिप्राये सविशेषमाह । कलापातेति । कलाऽऽतोद्याऽऽत्मना न विषयतया । कालः परिच्छद्यते आवापादि-क्रियया सा कला । पात्यते शब्दश्रवणादिको(तो)ऽपरत्र चाड्डितादिष्वागमगोचरी-क्रियते स कालविशेषो येन शम्यादिपाते...। लीङ् श्लेषणे (पा० धा० ११३९) इत्यस्य लय इति रूपम् । तेन स्वरो वर्णोऽन्यो वा यस्यापादितस्तत्रैव वा लीनता विश्रान्तिः तत्सम्पादनेऽप्यन्तेऽपि तदनु रसानुरूपवैकृतध्वनिसम्भवासम्भवकृतः स लयः। यथाह । अशक्त्या पादन्यासं विधाय मध्ये विश्राम्यतीति विलम्बितं गच्छतीत्युच्यते । एवं च कार्न(शब्द)मुच्चार्य तदनुरणने तावन्तमेव कालं विश्रम्य यस्तु शब्दमुच्चारयति स विलम्बितं वक्तीत्युच्यते । यस्तु तद्वर्णकालं विश्रम्य स समलयेन वक्तीति । यस्तु वर्णमुच्चार्यानुरणे(णने)ऽविश्रम्यैव वर्णान्तरोच्चारणं करोति स द्रुतलयेनेति । अत एव द्रुतायां वृत्तौ यत्र न च तालिकास्तत्र मध्यमायां द्वादश विलम्बितायां षोडशेति

या(सा) लौकिकी कला काष्ठा निमेषश्च स्मृता[1] बुधैः ।
न सा तालकला ज्ञेया ह्यन्यैषां [2]तालगाः(गा) कलाः(ला) ॥२॥

पादान्ताधिकत्वं जानीयादिति । वृत्तानामशेषं तु तत्त्वेदी भगवानेवाह भाष्ये । द्रुत-मध्यविलम्बितेषु तत्र सर्वत्र तत्परम् (मानं(नं)भेदेषु अध्यायान्ते च प्रकर्षातिशयेन वक्ष्यते । स तु मध्यलयं प्राप्य सन्निपातद्वयम् । (भ० ना० अ० ३१।३६७) इति । एतदपि तत्पार्श्वे वक्ष्याम इत्यस्तां तावत् ।

तदेवमेतेषु कलापातलयेषु अन्वितमनुयातीत्युपयोगी । ततो गानवाद्यस्य तालेन योग इत्याशयः । तेषां तथापि प्रतिष्ठारूपत्वात्तालव्यपदेशः । अत एव तालयोगोऽभि व्यङ्ग्यः । तले भवस्ताल इत्यपि निरुक्तमुक्तम् । येन प्रधानेनैव । एतदुक्तं भवति । यथा पूर्वरङ्गादावदृष्टसिद्ध्यै संयतगीतकवर्धमानादि प्रयुज्यते । यो गायको यतीनामा-(वा)पविक्षेप्रयोगं करोति । नर्तकवादकादयस्तदबलोकनं विना तत्परिमाणसमं च लयं कथञ्चिच्चरति(न्त) । प्रयोगस्य साम्यं न स्यात् । सशब्देऽपि पाते करशब्दस्य तथा स्फुटमाकर्णनं न भवति यथा घनशब्दस्य । एकलयविधौ निरनुपातयोगेऽपि द्विकल-चतुष्कलविधौ तु कालव्यवहितपातयोगे परिच्छेदकारी । पतदूर्जत इति सर्वपरिच्छेदो घना......उक्तं प्रयोगसाम्योपयोगीति च । अनेन च गीतकादिनाना(गान)प्रवृत्तादन्य एव कालपरिच्छेदकारी कांस्यतालघट इति धर्मि(ध्वनि)तम् । ध्रुवागाने तु दृष्टफले गायनस्येव सोऽस्तु व्यापारः । आवापादीनां तत्रानुपयोगात् । गीतकादौ गानात् कांस्य-तालिका क्वचिदुपयुज्यते । दक्षिणपातादयश्चोटिका या हस्ततलाभिघातेन वा सम्पन्न-त्वान्नोपयुज्यन्ते । कनिष्ठाङ्गुलिनियमितं गीतेन चावापादेः सम्यक् सम्पादनं तद्धस्ते-नाशक्यमेव । वाद्यनृत्तगीतादिप्रयोगानुभावेऽनुगामिदृष्टफलसिद्धौ गीतके गायकैश्च यथा न प्रमाणतयावापिनएव(पेनैव) प्रयोगसिद्धिः । तत्र घनापेक्षयायुतैव । विशाखिला-चार्यादयोऽस्यानुवृत्ति तालसाम्यं सुसम्पादमित्याशयेन कुत्रापि पृथगेव तालकलानां विच्छेदे लये वाऽवधानवत्तामात्रक्रियाया आवापादिक्रियया च सम्पादनया प्राणीभूतस्य गातुः प्रसादपरीक्षणप्रयोजनं कांस्यतालं मन्यन्ते । इत्यलं बहुना । अत एव तद्विशेषं तदवधानैकसारत्वं क्रियान्तरावधानव्यग्रत्वात् सूचयति । हि यस्मादर्थः । यस्मादेवमुप योगि घनातोद्यं तस्मात् तद्विकल्पनं वक्ष्यामीति युक्तमुक्तम् ॥१॥

तत्र कलाहिते तत्रत्यकालस्वरूपजिज्ञासायामाह । सा लौकिकीति । लोके

---

१. KSS. निमेषाश्च स्मृतो ।
२. KSS., NS. तालजा ।

[1]त्रिविधा सा च विज्ञेया त्रिमार्गनियताद्बुधैः[2] ।
चित्रे द्विमात्रा कर्तव्या वृत्तौ सा द्विगुणा स्मृता[3] ॥३॥

चतुर्गुणा दक्षिणे[4] स्यादित्येवं त्रिविधा कला ।
[[5]निमेषाः पञ्च मात्रा स्यात् मात्रायोगात् कला स्मृता ।]
निमेषाः पञ्च विज्ञेया गीतकाले कलान्तरम् ॥४॥

ततः कलाकालकृतो लय इत्यभिसंज्ञितः ।
त्रयो लयास्तु विज्ञेया द्रुतमध्यबिलम्बिताः ॥५॥

तावद् या कालस्य काष्ठा परा सौक्ष्म्यसमा सा कला । सा च कियतेत्याह । **निमेष** इति । स एव हि लोकेऽतिसूक्ष्मः कालः । न च सा यदि तालकला । अपि त्वन्यैव ॥२॥

शास्त्रीया (अ)स्या न निमेषा (अ)तिप्रसिद्धा निमेषषट्काष्ठकदशकं कलेति वा स्यादित्याशङ्क्याह । **निमेषाः पञ्च** इति । गीतकालस्य परिच्छेदकालान्तरं प्रमाणं पञ्च निमेषा ह्रस्वाक्षरपञ्चकं यावत् । कखगघङ इति व्यञ्जनकालस्य पृथगवभास इति प्रतिपादनात् कलाविशेषत्वमेवेत्याशयेन तदन्तर्वर्तित्वात् पुनः पुनः (नल)क्षणमिति ॥४॥

कलापातलयान्वित इ(मि)त्यत्र (भ० ना० अ० ३१.१) यो लयशब्दः स व्याख्येय इत्याशयेन कलाया एव च लयं विना न स्वरूपलाभो लय एव हि ताल (भ० ना० ३१.३७०) इत्यग्रे वक्ष्यामीत्यभिप्रायेणाह । **ततः कलाकाले**ति । ततो विस्तीर्णः कलानां कालकृतो विलम्बितादिकालभेदसम्पादकः सोऽभिसंज्ञितः । ततो विश्रान्त्या संज्ञासमज्ञानं रूढिगतोऽर्थो लयानां मध्यविश्रान्तिः । तदवस्थमेव विरामिति यावत् । अथ लयानां विभागमाह । **त्रयो लया** इति । न च विशेषलक्षणमेषां वक्तव्यमित्याह **विज्ञेया** इति । लोकत एव । विभागश्चानिर्व्याख्यात एव । अग्रतो लक्षणं तालसामान्यलक्षणप्रसङ्गे वितत्य भविष्यति । इह तु कलापातलयान्वित इति सूत्रार्थोद्भेदकमात्रमेतदित्यपौनरुक्त्यमात्रम् ॥५॥

---

१. ग्रन्थान्तरेष्वयं सार्धद्वयश्लोकानन्तरं पठितः ।
२. KSS. त्रिमार्गा नियता बुधैः । NS. त्रिमार्गनियमा बुधैः ।
३. KSS. वार्तिके द्विगुणा तु सा ।
४. KSS. दक्षिणा ।
५. NS. does not read.

यस्तत्र तु लयो मध्यस्तत्प्रमाणा कला भवेत्[1] ।
कलाकालप्रमाणेन ताल इत्यभिसंज्ञितः ॥६॥

[त्रिविधा सा च विज्ञेया त्रिमार्गनियताऽद्भुतैः ।
चित्रे द्विमात्रा कर्तव्या वृत्तौ सा द्विगुणा स्मृता ।
चतुर्गुणा दक्षिणे स्यादित्येवं त्रिविधा कला ।][2]
[3]त्र्यश्रश्च चतुरश्रश्च स तालो द्विविधः स्मृतः ।
द्विविधस्यापि तालस्य त्वेका प्रकृतिरिष्यते ।
तथा योनिद्वयं [4]चात्र कीर्त्यमानं निबोधत ॥७॥

लयान्तरेण कलापातप्रयोगार्हत्तत्र विशेषाभिधाने प्राथम्याद्रुतलयप्रसङ्गादिदमाह । यतस्तत्र(यस्तत्र तु)लयो मध्यः । तत्प्रमाणकालमितेषु लयेषु मध्ये स्थातेति । लोक एवं प्रसिद्धिरित्यर्थः । तालयोगत (भ० ना० ग्र० ३१.१) इत्यत्र यस्ताल उक्तः स चेह कलाभ्योऽन्यस्तथा तद्योगे सति कलादिषु चान्वितं घनमिति कालं ब्रवति । अथान्यः शब्दस्तालशब्देनाधिकं किञ्चिदित्युक्तमित्याशङ्क्याह । कलाकालप्रमाणेन ताल इति । कलानां यः कालो लयत्वसंज्ञितस्तस्य यत् प्रमाणं परिच्छेदस्तेनोपलक्षितस्तालः । एतदुक्तं भवति । घनपरिच्छेदव्याप्तकलासमूह एव चञ्चत्पुटादिस्तालो नान्य इति समूहाभिप्रायेण प्रथमसूत्रे (लक्षित)स्तालशब्दः । उपात्तकालशब्देन सङ्ख्योपादानम् । मानाधिक्येऽपि कलासङ्ख्या कालादन्यत इति दर्शयितुं प्रमाणशब्देन व्यवच्छेदं सूचयता षोडशकलाचञ्चत्पुटोत्कर्षहेतुस्तालयोग इति स एवावधार्यते । एवं सूत्रे तालशब्दस्यार्थः । पुनरुपादानं समर्थयतश्चिन्तितं सामान्यलक्षणं तत् तालस्य(स्या)ध्या(या)न्ते स्थापयिष्यते । क्रियाविशेषावच्छेदाद् यो नियमोऽनुवर्तमानः स्थिरशीघ्रमध्यरूपो लयस्ताल इति । इति ॥६॥

एवं कलैवात्र क्रियासमूहरूपतां गता ताल इति प्रसङ्गादुपपाद्य कलामेव तेव (न) विभागान्तरितां विभजति । त्रिविधा ना(सा)चेति । चकाराल्लयत्रयभेदोऽपि समुच्चरतस्तस्य त्विह तावन् मार्गनियमो न दर्शितः । मार्गत्रयेण यो नियमात् त्रैविध्यहेतुरुक्तस्तमाह । चित्रे द्विमात्रा कर्तव्येति । मात्राशब्देन तत्रोक्तनियमपरिमाणमुच्यते । यथा तैलस्य स्तोकं स्तोकं पततः षोडशबिन्दुपातकालः । इयं......मा

---

२. NS स्मृता ।
२. टीकानुसारेणाऽयं श्लोकक्रमः ।
३. KSS. चतुरश्रश्च त्र्यश्रश्च तालो द्विविध एव हि ।
४. KSS. चास्य NS. चान्या (स्य?)

[1]चञ्चत्पुटश्च(स्तु) विज्ञेयस्तथा चाचपुटो बुधैः ।
[2]चतुरश्रस्तु विज्ञेयस्तालश्चच्चत्पुटो बुधैः ॥८॥

......हुतिजापादीनामागमेषु यतिमाहेति । इतश्च नियतं परिमाणमुक्तम् । पञ्च-लघ्वक्षरं तदेव द्विगुणं तद्द्विगुणं क्रमेण मार्गत्रयमाविर्भावयति । तेन मात्रा-संज्ञा कर्तव्येति नाशङ्कनीयम् । यत्र तु न द्वैगुण्यांशमूलभूतत्वाद् ध्रुवकमार्गमुच्यते तत्र पञ्चलघ्वक्षरद्वैगुण्यं खण्डकलया गान्धार्यामन्यत्र च दृश्यते । घकहि दुहिंगि दुहिंगि तुहिगिमत्यभ्यस्य गुरुत्वाद् केवलं द्रुतचतुष्कविभागतो गान्धार्याः सिद्धये पञ्चमं विश्रान्ताऽप्यस्य विदारित्वेनोपकल्प्य चतुर्भिः स्वरैस्तावद्भिश्च ह्रस्वै-र्वर्णाङ्गताल इति व्यवस्थामकार्षुरिति सैव व्यवस्था (ना)न्या लोके प्रसिद्धा । तथापि च द्विपदीवर्णाङ्गादौ पञ्चस्वरैव कला वक्ष्यते वर्णलेख्येषु नोपलभ्यते ।

एवं कलां विभज्य तत्समूहात्मकं तालं विभजति । त्र्यश्रश्चेति । त्र्यश्रा या भागा यत्रेति । यस्य मत्वर्थीयोऽकारः । स इति पूर्वपक्षितः । द्विविधस्यापि तालस्य त्वेका प्रकृतिरिति । अनेनेदमाह । यदि कश्चिद् द्वयोरप्यनयोश्चत्वार एव भागा भविष्यन्ति तत् कथमेतद् वक्ष्यति । तत्रोत्तरम् । एकाप्रकृतिरिति । गुरुरूपो यो भेदः सोऽत्रैकस्वभावे लघुप्लादिच्छेदविभागशून्यः सोऽत्र प्रकृतिर्मूलभूतः । तदपेक्षया च त्र्यश्रेतरविभागम् । विशाखिलाचार्यस्त्वाह । द्वयेऽपि पादानामक्षराणां च सङ्ख्या-साम्यादेवात्र प्रकृतिरिति ।

ननु यदि गुरुद्वयं गुरुचतुष्कं चात्र मूलप्रकृतिर्वक्ष्यमाणं तर्हि रूपं न प्रधान-मित्याशङ्क्याह । तथा योनिद्वयं चेति । चोऽप्यर्थे । तथेत्यन्तरम् । तथापि योनिरूपम-दृष्टविशेषस्य हेतुभूतं कीर्त्यमानमागमे प्रसिद्धं यद् वक्ष्यमाणभेदद्वयमत एव प्राधान्यं तदेव मूलप्रकृतितयेह निरूप्यमाणं गुरुलघुप्लुतद्रुतबिन्दुवैचित्र्यादीनां सङ्ख्याभेदस्य द्वैगुण्यादिना च तालभेदस्य योनिभूतं जानीत यद्यपि मूलभूतं गुर्वेकघनप्रस्तारे इत्यर्थः ॥७॥

तदाह । चञ्चत्पुटे(ट)त्वि(स्त्व)ति ।
देवश्चतुर्भिर्निश्वासैरक्षराणां चतुष्टयम् ।
उदीर्य तस्यातीते तु विश्रान्तो गिरिजापतिः ॥
प्लुतान्तन्यासतो नायमुत्तमानां विधीयते ।
द्वितीयो न तथा तेन ह्यधमानां प्रतीयते ।

---

१. NS. चञ्चूपुटस्तु । KSS. चञ्चत्पुटस्तु विज्ञेयस्तथा चापपुटोऽपि चा ।
२. KSS. चतुष्कलोऽथ द्विकलस्तालो यस्मात्प्रवर्तते ।

[1]त्र्यश्रश्चाचपुटः[2] प्रोक्तो गुरुलघ्वक्षरान्वितः ।
आदौ गुर्वक्षरं ज्ञेयं लघुनी गुरु चैव हि ।
त्र्यश्रः स खलु विज्ञेयस्तालश्चाचपुटो बुधैः ॥९॥

आदौ द्वे गुरुणी यत्र लघु च प्लुतमेव च ।
स विज्ञेयः प्रयोगज्ञैस्तालश्चच्चत्पुटाश्रयः ॥१०॥

सन्निपातस्ततः शम्या तालः शम्या तथैव च ।
एवमेककलं(लः)शुद्धो(द्धो)योज्यश्चच्चत्पुटो बुधैः ॥११॥

चतुरश्रस्तु विज्ञेयस्ततश्चाचपु(स्तालश्चच्चत्पु)टो बुधैः ।
त्र्यश्रश्चाचपुटः प्रोक्तो गुरुलघ्वक्षरान्वितः ॥
आदौ गुर्वक्षरं ज्ञेयं लघुनी गुरु चैव हि ।
त्र्यश्रः स खलु विज्ञेयस्तालश्चाचपुटो बुधैः ॥
आदौ द्वे गुरुणी यत्र लघु च प्लुतमेव च ।
स विज्ञेयः प्रयोगज्ञैस्तालश्चच्चत्पुटाश्रयः ॥
सन्निपातस्ततः शम्या तालः शम्या तथैव च ।
एवमेककलः शुद्धो योग्य(ज्य)श्चच्चत्पुटो बुधैः ॥

इति । पुराणे चागमादौ भगवतो महेश्वरस्य वक्त्रचतुष्कोद्भूतमेतदक्षरचतुष्कमेतदावर्त्यमानमभ्युदयदायीत्युक्तम् । तदभिप्रायेण चच्चत्पुटचा(श्चा)चपुटे(ट इ)त्याचार्यैर्निर्दिष्टम् । तत्प्रस्तारमार्गसिद्धये तस्यान्यतो लाभात् तत्स्वरूपं वितत्य निरूपयति । चतुरश्रस्तु विज्ञेय इत्यादिना तालश्चत्पुटाश्रय इत्यन्तेन श्लोकत्रयेण । ततश्चाचपुट इत्यक्षरोदीरणमभ्युदयाय । चच्चत्पुटस्यात्र प्लुतस्वभावस्तद्वक्तव्यताप्रसङ्गेन गुर्वादिनिरूपिते चाचपुटेऽपीति शङ्काशमनार्थं पुनस्तन्निरूपणम् ॥८-१०॥

अथानयोर्भेदेन प्रत्येकं त्रैविध्यमुपयोगं सन्निपाताद्युद्देशनिदेशाभ्यामाह । सन्निपातस्ततः शम्येत्यादिना चाचपुटे पृथ (ग)त्यन्तेन सार्धचतुष्टयेन । शम्यादिचाचपुट-(चच्चत्पुट)भेद आसारितप्रयोगेषु शिष्टे सन्निपातादिरित्युपयोगकथनम् ।

---

1. KSS. पञ्चमं गुरुणी कृत्वा लघुचान्त्यं प्लुतं तथा । कुर्यात् चच्चत्पुटश्चैव बुधश्चाचपुटस्य तु । इत्यादि पठितः ।
2. षट्पितापुत्रकश्चैव ।

शम्यातालौ द्विरभ्यस्तौ तालः शम्या तथापि वा ।
सन्निपातादिके ज्ञेयः शम्यादिश्च तथा परः ॥१२॥
[1]तालादिश्च त्रिभिर्भेदैर्युतश्चच्चत्पुटो भवेत्[2] ।
शम्यादिकस्तु विज्ञेयस्तज्ज्ञै रासारितादिषु[3] ॥१३॥
तालादिकस्तथा प्रोक्तो विद्वद्भिः पाणिकादिषु ।
[4]चच्चत्पुटस्य ये भावाः सन्निपातादयश्च ये[5] ।
त एव भेदा विज्ञेया बुधैश्चाचपुटे पृथक्[6] ॥१४॥
सन्निपातादिकस्त्वस्य बलवानितरौ तथा ।
[[8]षट्कलोऽष्टकलश्चैव तालो ह्यस्मात् प्रवर्तते ॥१५॥

एककल इति । एका असहाया निष्क्रामादिकनिःशब्दविहिता कला पातात्मिका । यः शुद्ध इत्युकृष्टो नाम्नाऽपि निरूप्ये(प्यत इ)ति यावत् । तेन मात्राविशेषोपादानम् । तद्यथा । चच्चत्पुटपरिवर्तः शम्यादि (भ० ना० ३१-६५)रित्यादौ । तत्रैककलस्यैव ग्रहणमित्युक्तं भवति । द्विरिति वा अभ्यस्ताविति केवलोपादाने प्रत्येकमपि द्विर्भावः । शता शता ताल इत्येवं रूपोऽस्या इत्यनयो(रु)पादानम् । अभ्यस्तो यथाक्रमं समुदितो द्विरित्यर्थः ॥११-१४॥

एवं च सन्निपातशम्यातालादिभेदानां नि(वि)धानं चच्चत्पुटचाचपुटप्रस्तारः । स ता सा सं ता सं सं ता संता संता सं सं सं ता संताता सं सं तासम् । द्विकः । तस्य द्विकः । तस्य सन्निपातादिकस्त(स्त्व)स्य बलवानिति । चाचपुटः सन्निपातादि(दे)रेव भेदः प्रचुरप्रयोगः । तत्रैव निष्क्रामप्रवेशौ । एवं भेदत्रयसम्भवेन चाचपुटस्येतरेण साम्यमुत्पाद्य विशेषं दर्शयति । सन्निपातादिविक्षेपैर्द्विकलचतुष्कलसिद्धिः । तथाऽऽचार्यविशाखिलादिभिः स एवास्य भेदो दर्शितः । एक ओजः प्रथमवारो द्विविधकृतो युग्मेति यदुक्तं चच्चत्पुटचाचपुटयोर्भेदान्तरप्रसूतित्वं दर्शयति । षट्कलोऽष्टकलश्चेति । चकारो विशिष्टभेदान्तरसूचकः । अस्मादिति । द्विविधादिति सम्बन्धः ॥१५॥

---

१. KSS तथा तालादिभिर्भावैर्युग्मश्चच्चत्पुटो भवेत् ।
२. KSS. सन्निपातादिके नाद्ये चतुरश्रो भवेदयम् । इत्यधिकम् ।
३. KSS. रासादितेषु च ।
४. NS. चञ्चूपुटस्य ।
५. KSS. सन्निपातादयस्त्रयः ।
NS. सन्निपातादयस्तु ये ।
६. NS. चञ्चूपुटस्य च ।
७. NS. न्नेतर । KSS. नितरेऽपि च ।
८. KSS. does not read.

द्विःप्रकारः पुनश्चायं निःशब्दः शब्दवांस्तथा ।
अनयोर्मिश्रभावात्तु मि स्तालः प्रकीर्तितः]॥१६॥
शम्यातालप्रवेशेन त्र्यश्रोऽन्योऽपि विधीयते ।
षट्पितापुत्रककृतः पञ्चपाणिरुदाहृतः ॥१७॥
आद्यं प्लुतं द्वितीयं च लघु यत्राक्षरं भवेत् ।
तृतीयं च चतुर्थं च गुरुणी पञ्चमं लघु ॥१८॥
प्लुतान्तः षट्पितापुत्रो गुरुलाघवसंयुतः ।
[पञ्चपाणिः स विज्ञेयः षट्पाता(त)स्तु षडक्षरः] ॥१९॥
[1]सन्निपातस्ततस्तालः शम्यातालस्तथैव च ।
शम्या चैव हि तालश्च षट् पातास्तस्य कीर्तिताः ॥२०॥
तालादिस्त्र्यश्रभेदोऽन्यः सम्पक्वेष्टकसंज्ञितः[2] ।
[3]गुरुपञ्चाक्षराद्यन्तप्लुतमात्रासमन्विता(तः) ॥२१॥

निःशब्द इति । आवापादियोगादेतेन तु न किञ्चित् सं(गृ)हीतं भविष्यतीत्याशयेनोपाध्याया मन्यन्ते । शब्दवानिति । गीतवाद्याङ्गत्वेन ।........स्वकण्ठेनादशि(र्शि)तः । भेदश्च प्रेक्षणकादितालभङ्गलयकलानिष्क्रामादियोगेऽपि सूच्यते ॥१६॥

षट्पितापुत्रक इति । अक्षरे या संख्या क्रियत इति । षट्पात इति यावत् । उदाहृत इति । संज्ञामात्रम(त्र)ध्येत्य(य)म् । नत्वत्र प्रपञ्चनार्थो नापि ना (चा)न्व(या)र्थं इति ॥१७॥

शम्यातालप्रवेशेनेति यत् सूत्रं तदेव स्पष्टयति भाष्येण श्लोकत्रयेण आद्यन्त(द्यं)प्लुतमित्यादिना षट्पातास्तस्येत्यन्तेन । षट्पितापुत्रकोऽन्वर्थः । संताशताशता ॥१८-२०॥

भेदान्तरं त्र्यश्रस्याह । तालादिस्त्र्यश्रभेदोऽन्य इति । सम्पक्वेष्टा(ष्ट)क इति । संज्ञामात्रमेतदित्याह । संज्ञित इति । सम्पक्वा इष्टताला(ष्टका) अत्रेति । सम्पक्वेष्टक इत्यत्राक्षराणीत्येके । अन्ये पाकश्चात्र मिश्रित इति । तथाहि ।

१, KSS अस्यादौ सन्निपातः स्यात् तालशम्ये ततः परम् ॥ तालशम्ये च तालश्च षट्पातश्च प्रकीर्तिताः ।

२. NS. सम्पत्केष्टकसंज्ञितः । KSS. संपर्केष्टाकसंज्ञितः ।

३. KSS. गुरु सर्वाक्षरो यस्तु प्लुतादन्तः प्रकीर्तितः ।
सन्निपातः ततः शम्या तालः शम्यैकतालकः ॥
इति पद्यमत्र श्लोकार्धस्य स्थाने ।

अथश्रं सर्वगुरुं कृत्वा निष्क्रामं त्वत्र योजयेत् ।
शम्याद्वयं ततस्त्वेष [1]उद्धट्टः कथितो बुधैः ॥२२॥
[2][व्युदस्य युग्ममोजश्च पञ्चताला भवन्ति हि ।
मिश्रा गीताङ्गसंयुक्ता ज्ञेया ह्युद्धट्टकादयः ॥२३॥
कलाः पञ्च तथा सप्त पुनर्नव च कीर्तिताः ।]
दशैकादश चैवैते सङ्कीर्णाः समुदाहृताः ॥२४॥

पञ्चपाणौ लघ्वात्मनाभश्लिष्टात्मत्वं यदभूत्ततस्तदभिहितं ययोर्गुरुषु पञ्चस्वक्षरेषु स्थितेष्वाद्यन्तयोः प्रथमपञ्चमस्थानयोः प्लुतकारिण्या मात्रया समन्वितः । गुरुपञ्चग्रहणात् पञ्चपाणिपदं सन्निपातभेदेनेति तावत्या(ता) मात्राभिधाने असन्निपातनियमो लब्धः । तेन तासं तासं ता तालस्यैव भेदः ॥२१॥

तमाह । अथश्रं सर्वगुरुं कृत्वा । पक्षद्वये चाचपुटस्यैकं......गुरुभूतं कृत्वेत्यर्थः । यद्यप्येकक गोचितो निष्क्रामस्तथाप्यत्र यथाक्षरेऽपि तं कुर्यादिति तुशब्दस्यार्थः । योजयेदिति । निष्क्रामं यद्यपि न स्वमार्गोक्तं तथापि प्रकर्षाक्षेप एव प्रथममार्गे चित्र एवोक्तो यथा हि तथा निर्वपयेदित्यर्थः । प्रस्तार उद्धट्टस्त्रिगुरुभराद्वायमक्षरौघः । अतश्च गुरुत्रयात्मना वाद्योपभेद इति ॥२२॥

उद्धट्टसंज्ञस्य व्युदस्य युग्ममोजश्चेति कलाःपञ्चेति चास्य श्लोकद्वयस्य केचिदर्थमाहुः । चच्चत्पुटचाचपुटयोरुक्तं गुर्वादिसन्निवेशं त्यक्त्वा कलासङ्ख्यान्यामिश्रणया वक्ष्यमाणप्रवृत्ताङ्गस्य सप्त पञ्च नव दशैकादशेति पञ्च ये तालास्ते उद्धट्टयो(का)दय इति प्रत्येकं संज्ञां परित्यक्तुं विभज(ज्य)न्ते इत्येतन्न मनोज्ञं तद्विदाम् । तथाहि । पञ्चानामिति संज्ञाकरणे प्रयोजनं न किञ्चित् । आवर्तिन्यो हि संज्ञाः । न चानया क्वापि व्यवहारः । पञ्चकले कथं मिश्रता । न हि द्विकले तालकर(ण)स्य किञ्चिदुपयुक्तम् । सङ्कीर्णा इति चाभिधानं न समर्थितमेव । उक्तं च न ह्येषामुपयोग इति । न क्वचित् प्रयोजनमस्य स्यात् । तस्मादनयोः श्लोकयोर्भिन्न एवार्थः । तत्र गम्यस्तावदयमर्थः । चच्चत्पुटचाचपुटपञ्चपाणीनां तावद् गीतकेषु बहुलप्रयोगः । तद्द्वारेण ध्रुवास्वपि । सम्पक्वेष्टाकस्यापि पूर्वरङ्गे विनियोग उक्तः । उद्धट्टप्रयोगस्य क्वेत्याशङ्क्याह । व्युदस्य युग्ममित्यादि । इहोल्लोप्यको नाम यो

---

१ NS. उद्बद्धः ।
२. KSS. does not read.

गलाद(गीतविशेषस्त)स्य त्र्यश्रचतुरश्रभेदेन त्रित्वम् । त्रिष्वपि च प्रकारेषु प्रवृत्तकम् । त्रीण्यङ्गानि स्थितं प्रवृत्तं माहाजनिकमिति । तत्र चतुरश्रके प्रवृत्तं नाम यदङ्गमष्टकलं तस्योद्धट्टाख्यकलात्रयमादौ वक्ष्यते ।

आवावुद्धट्टकः कार्यः परिवर्तक एव च ।

(भ० ना० अ० ३१-२६५)

इति । आवेणकेऽपि द्वादशकलान्तरेऽन्यत(र)लक्षणस्याङ्गस्याभ्यनुज्ञानं भविष्यतीति । चत्वारस्तावदेते प्रवृत्ताख्याङ्गतां गतास्तालभूतमवेक्ष्यन्ते । उद्धट्टकादयश्चतुरश्रकाख्यं च यदङ्गं तस्य चतुरश्रान्तर्गतप्रवृत्ततालक्षणमेवातिदेक्ष्यते ।

अन्तरस्य चतुरश्रस्य प्रवृत्ते यो विधिः स्मृतः ।
विविधाङ्गेन तेनैव चतुरश्रकमिष्यते ॥

(भ० ना० अ० ३१-२८७)

इति । एवं पञ्चडा(ता)न उद्धट्टकादयो भवन्ति ।

ननु

सप्ताङ्गे द्वादशकं(कलं) द्वादशाङ्गे दशैव तु ।
निष्काममादितः कृत्वा शम्यास्तिस्रः प्रयोजयेत् ॥

(भ० ना० अ० ३२-२७७.२८६)

इति वक्ष्यते । तेन तत्राप्यायातमुद्धट्टकादित्वमित्याशङ्क्याह । व्युदस्येति । यत्र कथञ्चिदपि युग्मोजभेदो नानुप्रविशति तत्कलापसरणे उद्धट्टमा(का)दित्वं वक्तव्यम् । मा भूदनन्तर्भाविकृता लक्षणावाच्यत्वेनासाधुत्वांशकेन सम्पिष्टके च कलात्रये व्य(व्या)प्तास्ते सप्ता(ङ्गा)नां मिश्रत्वं नवाद्यानां त्र्यश्रत्वं च तासां भाव्यमिति । न तत्रोद्धट्टादित्वेनोक्तेन किञ्चित् । प्रवृत्ते(षु) चतसृषु पृथक् क्रियासु पञ्चकलांशकि(श)कस्य पुनर्भावनामर्हतीति स्यादसाधुत्वाशङ्का । न त्वेवमस्तु । न तथाप्युद्धट्टि(ट्ट)पृथक्त्वातीते स(ति) स्यादाशङ्का । तस्यैव पुनरुद्धट्टस्य पृथक्कालता किमर्थम् । उक्तौ प्रवृत्तो ह्यष्टकल एव विशेषः स्यादित्याशङ्क्याह । मिश्रा इति । यथा हि पुनरुद्धट्टकेनाभिधास्यते तदेकरसा वा । असावष्टकलस्ताले गीयते । यदा पृथगुक्तं तथापि ध्रुवां च कलां पञ्चधा विच्छिद्य तत्र सामान्याभावाय यद्भिन्नसङ्गतं तं मिश्रीकृत्य प्रयोगार्हता कर्तव्या ।

ननु भवतु विशेषलक्षणबाह्यत्वाशङ्का । ततः को दोषः । सम्यग्रूपता तु सामान्यलक्षणेन सङ्गृहीतत्वादित्याशङ्क्याह । गीताङ्गसंयुक्ता इति । गीतेषु यद्

न ह्येषामुपयोगोऽस्ति सप्तरूपे ध्रुवासु वा ।]
[1]प्रवृत्तादिषु कर्तव्या एते भूयः प्रयोक्तृभिः ॥३५॥

द्रव्यं वृत्तं तत्रैते शम्या उक्ताः (संयुक्ताः) । न च तालसामान्यलक्षण(णं) सङ्गृहीतं विशिष्टोपयोगवस्तुप्रयोगार्हं यथा वाचकसामान्यलक्षणयोटक्तो(योक्तो)पि तत्कर्ता सा(सो)पि पात्रं वैदिकेषु कर्मसु । ततो विशेषलक्षणेनावश्यं सङ्गृहीतव्योऽयमर्थं इति तात्पर्यम् । तत्रैव त्रिपञ्चसप्तनवदशैकादशचतुर्दशेत्येवंरूपताभावे (विशाला) यां च सप्तकलं मध्यमे सुनन्दायां चोपोहनं नवकलं विशालाख्यबन्धमातोद्यकण्डिका दशकला सम्पिष्टकमेककलं मद्रके द्वादशकले द्विर्भावादौ वस्तुन्येककलत्वात् प्रत्युपोहनस्य तच्छिष्टमेकादशकलं तालरूपमास्थितम् । तस्यापि विशेषलक्षणं चच्चत्पुटादिवच्च पृथक् संज्ञा कस्मान्न कृतेति चोद्यत्वे प्रथमं परिहरति । कला पञ्चेत्यादि । समुदाहृता इति । सम्यग् लक्षणक्रमेणोदाहृताः । ननु नोक्ताः । यच्चात्रावसरे कस्मान्नोक्ता इत्याशङ्क्याह सङ्कीर्णा इति ॥२३-२४॥

न ह्येषामुपयोग इति । नात्रैवोपयोगिनः । तल्लक्षणस्यामिश्रत्वेनैव तेषां कल्पिता इति । न विशेषसंज्ञाकरणं तेषां नोपयोगीति । न ह्येषां वस्तूपयोगोऽस्तीति संज्ञाकरणं व्यवहाराय यदि कल्पितं विषयादन्यत्रापि चच्चत्पुटादीनामिव गीतकेषु सम्पिष्टकवेण्यादीनां ध्रुवासु तव(त्वावा)पयोः शम्यालाघवेन येणि(वेणी)लक्षणोपयोगितया पृथक् संज्ञाः क्रियेरन् । तत्त्वेन न तदस्ति तत् किं विशेषसंज्ञाभिः । एतदेव व्यतिरेकेणाह । प्रवृत्तादिषु कर्तव्या एते भूय इति । आदिशब्दः प्रकारे । गीतकवर्धमानासारितपाणिकागाथा(था)च्छन्दकनिर्गीतादिषु भूयः कृत्वैते च चच्चत्पुटादयः कर्तव्या इति । भूयो भूयो(य उ)पयोगादतस्तेषां व्यवहाराय विशेषसंज्ञाभिः प्रयोजनमिति । भट्टसुमनसा तु श्लोकद्वयस्यायं वाक्यैकवाक्यतया महता प्रबन्धेनार्थो व्याख्यातो मिश्रणामिश्रणात् । तद्यथा । तिस्रो द्वे इति पञ्चधा ह्यत्र त्र्यश्रजातीयमिति तैर्विवक्षिता । चतस्रस्तिस्र इति सप्त । तिस्रस्तिस्रस्तिस्र इति नव । यद्वा तिस्रः सप्त इति दश । अष्टौ तिस्र इत्येकादश । तत्र प्रवृत्तस्योद्घट्टकादयो नोद्घातस्य । दशकलस्य तद्योगे सप्त । । द्वादशकलस्य नव । यद्यपि दशानामेकादशानां चोद्घटादिकत्वं नास्ति तथापि बहुवचनात् तावत् सिद्धत्वात् द्वादशकलावधि च तद्भावाद्भेदावेकादशेत्युक्तम् । एके च गीतकेषु ध्रुवा नोपयुज्यते तदा..... केषु प्रवृत्तादिषूपयोगिन आरम्भका इत्यर्थः । सम्पिष्टकस्य दशकलस्य गीतकध्रुवोपयोगो यद्यस्ति तथाप्युद्घट्टकादितया सप्तकल एवासौ । सा नाम(मा)स्मदुक्तया व्याख्या विवेकार्यैवेयं तुलयतेत्यलम् ॥२५॥

---

१. KSS. एवमेककलो ज्ञेयः शुद्धश्चञ्चत्पुटादिकः ।

यथाक्षरोऽथ द्विकलस्तथा[1] चैव चतुष्कलः ।
(एवमेककलो ज्ञेयः शुद्धाश्चच्चत्पुटा बुधै(दिकः) ।
त्रयो भेदा हि तालस्य द्विगुणाः स्मृताः ॥२६॥

एके(ते) न भूयसोपयोगिन इत्याह ।

यथाक्षरोऽथ द्विकलस्तथा चैव चतुष्कलः ।

इति । एककलशब्देन चच्चत्पुटस्यैव व्यवहारो युक्तः । एकैव साधारणी कला यस्येति । चाचपुटस्यापि पादभागकल्पाना(या)मपि कलाद्वयचतुरष्टादिरूपतयाद(द्वि)युगरूपत-येव स्फुरति । तत एव चच्चत्पुटस्य प्राधान्यं प्रथमं निर्देशः । तथा हि । एक(व)-**मेवैककलः शुद्धच(श्च)चच्चत्पुट** इति । शुद्धशब्दोऽत्र **यथाक्षरशब्दः** । स सर्वत्र साधारणात्(णः) । **चच्चत्पुटश्चाचपुटः षट्पितापुत्रको(क उ)द्घट्टः सम्पक्वेष्टक** इति सर्वत्राक्षर सङ्ख्या तु तुल्या । अर्थात् पातानाम् । **चच्चत्पुट** इति । अमुना च गुरुद्वयेन कलाद्वयलक्षितचच्चत्पुटरूपं द्विर्यत्र **चच्चत्पुटः । चाचपुट** इत्यनेनाप्येवं कला लक्षिता सा चाचपुटरूपेण द्विरिति त्रिकलः । अक्षरशब्देन प्रकृतिरूपा अतस्ताश्च कला लक्ष्यन्ते ।.. ...ति स तथा । तस्यैव पञ्चपाणिरिति हि तालः । तथा हि । करतल-परिच्छेदरूपत्वात्तले भवतीत्यपि तालशब्दः कैश्चिन्निरुक्तः ।.......दत्तिलोऽप्याह । **तत्र तालं च पाणिं च प्राहुरेकार्थमिति** (दत्तिलम्—१५३) । ते पञ्च ताला यते(था)। तथाहि । षड् द्वादश चाष्टचत्वारिंशत् षण्णवती(तिरि)ति त्र्यश्रस्य भेद एषः । एवं प्रकारषट्केऽपि षट्कलत्वं सन्निधीयते । इयतीत्यसला...इति तस्य व्याप्तिगु(र्गु)रुत्र-यरूपे च घट्टनं प्रकृतिरूपत्वात् पूर्वभावोत्युद्घट्टमानत्वादुद्घट्टनं वाद्यम् ।

नन्वेवं सम्भाव्यस्त्र्यश्रभेदः पूर्वं वाच्यश्चतुरश्रभेदस्तु गुरुचतुष्टयरूपं(पः) परं वाच्यमि(इ)ति । अत्रैके ब्रु(ब्रु)वते । इह पातविभागस्यैतत् प्रयोजनम् । यावन्तः पातास्तावन्त्य एव कला वाद्याक्षराणि परिमाणेन भवन्तीति । तेन यावन्त्येव वाद्याक्ष-राणि चच्चत्पुटगतानि चाचपुटे तावन्त्येव । अतो यावन्त्येव गुरूणि तावन्त्येव लघूनि पाताश्चेति ।

नन्वेवं च त्र्यश्रचतुरश्रविभागो गुरुलघुप्लुतविभागश्च विगलित इत्युच्यते । लयभेदकृतो ह्यसौ । बिलम्बिते प्लुतो मध्यमे गुरुर्द्रुते लघुरिति । चच्चत्पुटे च प्राधान्य-मुक्तं वक्ष्यते च । तत्र चेत्थं सत्यप्रधानता निर्व्यूढा भवति यदि समस्तं तालसर्वस्वं तत्रैव झटिति प्रदर्शितं भवेत् । तालसर्वस्वं तालसारमात्रा । अत्र मध्यलयस्य सम्प्र-

---

१. NS. तथैव च ।

तिष्ठानत्वात् प्राथम्यम् । प्राधान्याच्च द्विरुपादानमिति । प्रथमं गुरुद्वयं प्लुतस्य च च्छन्दोमध्याप्रसिद्धत्वाद् गुरुलाघवामिश्रणे लभ्यत्वाल्लघुस्वरूपमिति । पूर्वं(वज्)ज्ञेयमिति । गुरुद्वयानन्तरं तत् । ततो हि द्रुतलयविलम्बितप्लुता इति । ते चच्चत्पुटे । पादाक्षराणि घिघिटघिसघिघिगुघिङ् । मध्यलयेन गुरुद्वयं करजद्रुतेन लघुः । रहघिङ्घिट । लघुबिलम्बितेन प्लुतः । एवं चच्चत्पुटे चतुष्पाते तदनुपपत्तिः । अट्टभेदोऽपि चतुष्पात एव पूर्वमुक्तः । तेनोद्घट्टकस्यादौ नाभिधानादपि गुरुचतुष्कात्मकस्य चतुरश्रस्य तच्च(त्र) चाद्याक्षरजातो ध्रुवकमार्ग इति । एतदपरेऽलक्ष(क्ष्य)मित्याहुः । दर्शनान्तरसमुन्मिषितेन पुनरेवमाहुः । लय एक एव चच्चत्पुटस्य वाद्याक्षरान्न्यूनाधिकतया गुरुलघ्वादिविभागः ।

अत्र प्राधान्यमित्थं प्रदर्शितं भवति । यदि सर्वसम्भवी प्रकारस्तत्र सूत्रेण शास्त्रेण दृश्यते । असम्भवी यदीयानेव प्रकारो गुरुलघुप्लुता इति । द्रुतो नाम लयपातः । तस्य यथाक्षरमूलभूतेन मानमात्रेण प्रदर्शनम् । अस्य प्लुतः कथं धर्मस्त्विवति संस्थित एव । ननु हल्मात्रस्य ..(त्वं) न द्विलघुपरिमाणत्वाद् यथाक्षरेऽप्यस्ति द्रुतः मैवम् । हल्मात्रं सन्निधीयमानं पूर्वस्याधो गुरुपरिमाणं दर्शयति ।

ननु स्वात्मीयं कालं ज्ञाने वाचि व्यञ्जनमिति उकाराकार(रादय) एव गुरुकाले लघ्व(भ्य)न्ते । अत एव भगवत्(वान्)भाष्यकारस्तत्रभगवद्भर्तृहरिप्रभृतयः स्वरकालानतिरिक्तावभासत्वं व्यञ्जनकालस्य तत्र कथयन्तीति गुरुलघुप्लुतानामंशभवो यथाक्षर इति शिष्टप्राक्पक्षेण समानत......तलभग्ना लघु......तावन्य(न्तो)क्षरभेदाः अथेत्यानन्तर्ये । एतद्धि यथाक्षरारम्भकमूलतयावलम्ब्य तद्द्विगुणकालतया लयभेदादिकालभेदः । द्वे कला(ले) यत्रेति (द्विकलः) । तत्रैव च यथाक्षरप्रकारेण लयभेदाच्चतुर्गुणभूतेन चतुष्कलो भेदः । (न वा)द्व्यष्टगुणादिभेदत्वेनानवस्था कस्मान्न भवतीत्याशङ्क्याह । त्रयो भेदा हि तालस्य । तालस्य (द्विगुणाद्) द्विगुणा इति ।

अयं तावद् वाक्यार्थः । यत्र या(ता)वदन्यप्रकारो नास्ति विलम्बं शीघ्रमिति हि तत्तद्व्यवहारो लोके । न च मध्यापेक्षः । तत्र शीघ्रताद्रुतत्वानुग्राहकतेनापेक्ष्यै-(तापेक्ष ए)ककलः । मध्यापेक्षो द्विकलः । विलम्बितापेक्षश्चतुष्कलः । न चास्य लयरूपस्य मार्गत्रयात्मकत्वमेव । न हि लये तूत्तरोत्तरद्वैगुण्यम् । त्रिभागाधिकत्वमस्य तत्र दर्शितत्वात् । मार्गभेदे तु द्वैगुण्यमेव केवलम् । तत्र तद्वेव इति वीप्सा । तद्यथाक्षरस्यापि द्वैगुण्यं प्रसक्तम् । न च त्रिषट्प्रकारस्तु कर्मधा(र)यत्वादिगुण इति पठितव्यः ।

चतुरश्रस्त्रिभिर्भेदैस्तालस्तु परिकीर्तितः ।
चतुष्कलो ह्यष्टकलः कलाः षोडश नैव हि[1] ॥२७॥

तत्र केचिदाहुः । द्विगुणास्तु गुणाः (स्मृता इ)ति । द्विगुणा द्विगुणाः । तत्राक्षेपः । सङ्घाते व्यपदेशः । तद्यथा । अक्षा भक्ष्यन्तामिति । तत्र हि प्रथमप्रकारास्तावद् द्विगुणः । अन्यो क्रमद्विगुणो । एवं सति सर्वे गुण(णा)द्विगुणा इत्युपक्रमः ।

उत्पलदेवपाद(दा)स्त्वस्मत्परमगुरवो व्याचक्षते । तालस्य यस्मात् त्रयो भेदास्त्रिगुणा इति त्रिगुणपरस्परलक्षणधर्माणस्तस्मात् त्रयः स्मृताः । द्विगुणत्वे हेतुर्द्विगुणा इ(दि)ति । यथाक्षरस्य व्याख्या गुणगुणनीयत्वाद् द्विकलत्वम् । तस्यापि द्वाभ्यां गुण्यमानत्वाच्चतुष्कलत्वम् । चतुष्कलत्वाद् भेदाभावाच्च नास्य पुनर्गुण्यमानत्वमस्तीति ।

वयं तु मन्महे । वीणायामपि यथाक्षरे द्वैगुण्यस्यासम्भवाभावः । असम्भवस्यापेक्षितत्वाद् द्वैगुण्यस्येति ।

नन्वासारितवर्धमानगीतकपाणिकाच्छन्दकप्रभृतीनां तावत् तालात्मकत्वम् । तालस्य चामी त्रयो भेदा इति । सर्वं यथाक्षरत्वं वक्तव्यम् । ध्रुवागुरुप्रस्तारवर्धनाद् द्विकलचतुष्कलादिचच्चत्पुटादिवदक्षरकल्पना कस्मान्न कृतेत्याशङ्कामवधूय त्रयो भेदा हीति । आसारितादयस्तावच्चच्चत्पुटादिपाताः । परमार्थतस्तत्र पुनर्यथाक्षरक्लृप्त्या तस्यैव च द्विगुणकालत्वेन द्विकलचतुष्कलादुदित(वुदिता) इति तयोरपि नान्याक्षरकल्पनावकाशः । एतच्चाग्रे वितत्य भविष्यतीत्यास्तामेतत् ॥२६॥

अथ प्रयोगाभिप्रायेण तालयोर्व्याप्तिमाह । चतुरश्रै(श्र)स्त्रिभिर्भेदैरिति । तानाह । चतुष्कलो ह्यष्टकलः कलाः षोडश चैव हीति । नियते कलाद्यभिप्रायेण मन्तव्यम् । पुनरुक्तं हि स्यात् । वक्ष्यमाणत्र्यश्रभेदद्वादशेभ्योऽभ्यधिकस्य भेदत्रयस्याभिधानमसङ्गतं स्यात् । वक्त्रपाणा(ण्या)द्यपेक्षया चतुर्विंशतिकल एव चतुष्कलो भेदः स्यात् । न द्विगुणः । भेदद्वयोपादानं त्वसङ्गतमेव । तस्मात् प्रयोगाभिप्रायमेतत् । प्रयोगश्च न सर्वसमुदायात्मकतया । असौ वाक्यस्थानीयैरवान्तरसमुदायैरारब्धतया प्रकरणशब्देन जात्यध्याय (भ० ना० अ० २८) उद्दिष्टः । एवं ह्यासारितेषु द्वात्रिंशच्चतुःषष्टिकलायोगोऽप्युक्तः । सन्निपातः सचिवोऽस्तीति षोडशादेव विरतिर्न स्यात् । प्रकर्याः षण्णवतित्रिगुणिताद्यर्थानि चत्वारि वा वस्तूनि वपुरिति समावसमावेव । कथं विरतिः । शीर्षकान्ते अङ्गव्यामिश्रणतयाऽऽसारितकण्डिका दशपरिवर्ता-

---

1. KSS. कलषोडशकः पुनः ।

त्र्यश्रस्तालस्तु षड्भेदस्त्रिकलः षट्कलस्तथा ।
कला द्वादश चैव स्यात् चतुर्विंशतिरेव च ॥२८॥

चत्वारिंशत्तथाष्टौ च तथा षण्णवतिः कलाः ।
तालो [1]नवविधश्चायं समासात् परिकीर्तितः ॥२९॥

दिव्याकलनया च पिण्डीकरणेन कश्चित् सङ्ख्याया नियम इति कस्मादवान्तरसमुदायरूपः प्रयोगाभिमतः। तेनेदमुक्तं भवति। चतुरश्रषोडशकलाविभागो यावच्च सम्भवति ताले तावदवश्यं चतुरश्रभेद एव कल्पनीयः। तेनाष्टकलोऽपि तावत् प्रयोगे चतस्रः कलाश्चच्चत्पुटे। न बाह्यानुक्तिका त्वेका कलैव चकारेणावगृहीता। एवं नवकले द्विकलच(श्च)च्चत्पुटः। सप्तदशकले चतुष्कलः। ततो द्विगुणे चतुष्कलस्यैव द्वैगुण्यमिति मन्तव्यं नान्यताइ(थे)त्येवकारेणोक्तम्। हिहेतो(हेतु)पर(रः)। एवं तालस्य त्रयो भेदा इति तावच्चतुरश्रस्य व्याप्तिः ॥२७॥

त्र्यश्रस्य तूच्यते। त्र्यश्रतालंतु(लस्तु)षड्भेद इत्यादिना तथा षण्णवतिः कला इत्यन्तेन। तथेति। द्विकलतयेत्यर्थः। कला द्वादश चेति। यथा चाचपुटस्य चतुष्कलो भेदान्तरं समुच्चिन्नेति चकारेणैवकारेण(च)। तत्र व्याप्ति समापयति। चतुर्विंशतिरिति। चकारेण पञ्चपाणिश्च षट्कलभेदान्तरं समुच्चिनोति। एवकारेण तस्यापि परिसमाप्ति दर्शयति। अष्टचत्वारिंशत्ताला इति। तालस्तु यो मद्रकस्य प्रस्तुतः प्रयोगः। तत्र लयस्यावान्तरविभागे षोडशकलात्मनि मात्राभिधाने चतुरश्रयोग एव। एवं हि पादभागमात्रादिति चेद् भेदस्य चतुरश्रपर्यवसानाच्चतुरश्रस्यैव प्राधान्यम्। तथापि तादृशैस्त्रिभिः खण्डैरवान्तरविच्छिन्नः। तत एवम्भावस्य विदारीविच्छेदे(दै)रारब्धो यः सोऽपि माननीयः। विदार्या अवश्यमेव विधेय इति तस्य समुदायस्य भागतया कृत्वाऽष्टचत्वारिंशत्कलत्र्य(स्त्र्य)श्रभेद इत्युक्तम्। एवं षण्णवतिकले प्रकर्याः प्रयोगे बहिरवान्तरभागैः षोडशकलाभेदैरारम्भ इति सोऽपि त्र्यश्रभेद एवेत्यवान्तरे चतुर्विंशतिकला वस्त्ववति तावद्वस्तुनिबन्धेषु नाधिका व्याप्तिः। चतुर्विंशतिरेव द्विगुणा द्विगुणे कस्तुत्वाद्विक्षेपणत्वं मार्गाश्च तिसृणां षण्णां द्वादशानां चैककलद्विकलचतुष्कलोचितानां चतुर्विंशत्यष्टचत्वारिंशत्षण्णवतिकलासु निष्पत्तये त्र्यश्रभेदतैव युक्तेति षण्णवतिकलावधित्वात् त्र्यश्रस्य व्याप्तिरिति युक्तमुक्तम्। अङ्गनिषिद्धेऽप्युल्लोप्यकोत्त(र)रोविन्दकत्रयेणाङ्गेऽपि व्यवहार इति वक्ष्यते। तावन्मात्रा च

---

1. KSS. नवविधिश्चायमयुग्मः परिकीर्तितः।

[1]तत्रावापोऽथ निष्क्रामो विक्षेपोऽथ प्रवेशनम् ।
[2]चतुर्विकल्प इत्येव निःशब्दः परिकीर्तितः ॥३०॥

षोडशकला। ततो यदि यथास्वमङ्गविभाग एव कलातिरिक्तः पूर्वे(र्वै)रेवेति। प्रोवेणकेऽपि चतुर्विंशतिकलः पादस्ततश्चैतदुक्तरूपतालातिरेकेण न क्वचित्ताले कश्चिदस्तीत्युपसंहरति ।

तालो नवविधश्चायं समासात् परिकीर्तितः ।

इति । चो भिन्नक्रमः । नवचतुरष्टषोडशत्र्यश्रेति षड्द्वादशचतुर्विंशत्यष्टचत्वारिंशत्-षण्णवतिरूपो नवविधश्चच्चत्पुटचाचपुटषट्पितापुत्रकाणां त्रयाणां द्विकलचतुष्कलरूपः **परिकीर्तितश्च नवविधः । समासादिति** सङ्क्षेपात् । शिष्टत्वेन द्विषमष्टात्मकं तालवैचित्र्यमित्युक्तं भवति । अत एवैतेषामेव प्रकीर्यमाणतया प्रक्रियमाणतया च मन्द्रकादित्वेन स्थितिरिति मन्द्रकादिप्रकरणं श्रुत्योद्दिष्टपूर्वकं मात्राप्रकरणाङ्गानीति (भ० ना० २८.२९) । तेन दक्षिणमार्गेण षण्णवतेः कलानामन्ते त्र्यश्ररूपेऽपि ततात्मनि द्वादशकलासङ्ख्यापर्यवसानमिति कृत्वा यदि त्र्यश्रस्य षण्णवत्यन्ता व्याप्तिरुक्ता तर्ह्यष्टाविंशच्छतान्ता चतुरश्रस्यापि व्याप्तिर्वक्तव्येति ॥२८-२९॥

तन्निराकरोति तत्रेत्यनेन । स्थिते प्रयोग इत्यर्थः । एतदुक्तं भवति ।...... मानवैर्गन्धर्वैः स(सा)र्वलौकिकः । इत्युक्तानुसारेण

दूराद् दूराभिगन्तव्या नियमात् ताल(गाः)कलाः ।

सङ्ख्याया अनियमाद् गान्धर्वस्य वेदवदनादिसिद्धत्वेन नियतप्रयोगाङ्गत्वात्तत्र च षण्णवतिकलावान्तरसमुदायः षोडशकलात्मकपादभागसमुदायान्तरभागषट्कलप्रधान-प्रत्ययाख्यमहता तालरूपसंहृताऽन्तरान्तराऽऽरम्भको यथाऽस्ति तदेवमष्टाविंशत्युत्तरशतात्मक इति ।

एवं नवविधस्ताल इति तावत् तालस्वरूपे व्यवस्थिते तदुपयोगि यत्तालगत-मुद्दिष्टं भवति गेयाधिकारारम्भेऽष्टाविंशत्यध्याये

**ध्रुवस्त्वावापनिष्क्रामौ विक्षेपोऽथ प्रवेशनम् ।
शम्यातालः सन्निपातः परिवर्तः सवस्तुकः ॥
मात्राप्रकरणाङ्गानि विदारी यतयो लयाः ।
गीतयो लयमार्गं(ऽवयवा मार्गाः) पादमार्गाः(मार्गाः)सपाणयः ॥
इत्येकविंशतिविधं ज्ञेयं तालगतं बुधैः ।**

---

१. इतः पूर्वं का० पुस्तके "द्विप्रकारस्त्वय' मित्यादि श्लोकमधिकम् ।
२. NS. चतुर्द्विकल इत्येवं ।

शम्या तालो ध्रुवश्चैव[1] सन्निपातस्तथा परः[2] ।
इति शब्देन संयुक्तो विज्ञेयोऽपि चतुर्विधः ॥३१॥

एतेषामेव[3] वक्ष्यामि हस्ताङ्गुलिविकल्पनम् ।
[4]उत्तानाङ्गुलिसङ्कोच आवाप इति संज्ञितः ३२॥

इति । (भ० ना० अ० ३८-१८-२०) तन्निर्णेतव्यम् । तत्र क्रिया चात्र परिच्छेदोपयोगिनीत्युक्तमस्माभिः । सा च गान्धर्वे विशिष्टैवेति दर्शनात् । यथाक्षरद्विकलचतुष्कलविभागोपयोगि तनुद्दिष्टानुवादकपूर्वकमाह । अ(तत्रा)वापोऽथ निष्काम इत्यादि ।

एतेषामेव वक्ष्यामि हस्ताङ्गुलिविकल्पनम् ।

इत्यन्तम् । ध्रुवस्य सर्वकलान्तर्गतत्वादुद्देश(शे)पूर्वोपादानमिति वामदक्षिणकरान्यतरप्रयोज्यत्वात् सशब्दत्वाच्च तज्जातीयशम्यातालान्तरमुपादानं पातमार्गयोश्च वस्तुत उद्देश एवेत्याख्यास्यते । संज्ञासाम्य......लोकस्य तावत् क्रमहेतुकलानां चतुष्कलमार्गस्यैव प्रचुरप्रयोग इति तदुपक्रमवादित(न).....प्रयोगस्य तस्यैव प्राधान्यमित्यावापादीनामानन्तर्यमथेत्युक्तम् । दत्तिलाचार्योऽपि

अनादेशे तु सर्वत्र कर्तव्यः स चतुष्कलः ।
(दत्तिलम् १५६)

इति परिभाषे । चत्वारो विकल्पा भेदा अस्येति (चतुर्विकल्पः) । तालात्मकक्रियासामान्यरूपो ह्यस्य पदार्थः । निःशब्द इति । शब्दशून्य एव । एते चत्वार इति प्रयोज्या इतिकर्तव्यान्तं निरूपणम् । शब्देन संयुक्त इति । अनेनापि शम्यादेश्चतुष्टयस्येतिकर्तव्यताशेष उक्तः । तत्र हस्तक्रियेति परिच्छेदसुलभ उपायः । तयोर्हस्तयोः क्रियैव ताल इति सामान्यलक्षणं तले भव इति कृत्वा । तत्र चाष्टावेव विभागरूपा(श्चित्रादि)दक्षिणमार्गपर्यन्तोचिता इति भावः । स चावापादिभिरेव क्रियाभिः सकलाभिर्भवति । (यथा)ध्रुवकापेक्षया हि चित्रवार्तिकदक्षिणानां क्रमाद् द्वैगुण्यादष्टगुणत्वम् । दक्षिणस्यैकक्रिया सकलात्मकतालकला विषयश्च ध्रुवकमार्गो ध्रुवस्थानीयत्वादिति वक्ष्यते । अत एवात्रापि चतुष्टयसङ्ख्येति क्रियाकलापेन परिमिततालकालकलितमेव दर्शितम् । तत्र केवलमदृष्टप्राधान्यभावाभावाद्यनादरेणाङ्गतोदनाविरह्योपनतं सुकरललितरुचिरकरक्रियात्मकत्वं दर्शितम् ।

---

१. KSS. चेति ।
२. NS. परे ।
३. KSS. अथ NS. चैव ।
४. KSS. सर्वाङ्गुलिसमाक्षेप... ।

ध्रुवकापतिता चित्रे ध्रुवकासर्पिणी यथा ।
पताकापतिता चेति वार्तिके गुरवः स्मृताः ॥

ध्रुवकासर्पिणी कृष्या वर्तिन्यथ विसर्जिता ।
विक्षिप्ता च पताका च पतिता चेति दक्षिणे ॥

इति । तथाऽन्यत्र ।

अङ्गुलिप्रथमावापो विक्षेपस्तर्जनीकृतः ।
प्रसारणं कनीयस्या विक्षेपः स्यास्त्व(त्व)धोगतिः ॥
क्षेपः प्रो(त्)क्षपणं त्वन्या......वामके ।
अधोगतिस्तु विक्षेपस्तर्जन्यां तिसृणां समम् ॥
निष्क्रामस्त्वथ . . . प्रवेशस्तदधोगतिः ।
एवमष्टौ समासेन मात्र(त्रा)भेदास्तु दक्षिणे ॥
आद्यद्वयं तथान्त्ये वृत्तौ नित्यं चतुष्टयम् ।
आद्यन्तद्वितयं चात्र... ... ... ॥

इति । गान्धर्वे त्वदृष्टप्रधानतया शम्यातालगणनायानामिकाङ्गुलिसन्निदेशवामदक्षिण-करविभागादभ्युदयिनी(दयी)ति नियता एवावापादयो दर्शिताः । हस्ताङ्गुलेः क्रियात्मकताल इति तद्विशेषाभिधानमेवावापादीनां विशेषलक्षणमित्युक्तम् । हस्ताङ्गुलि-विकल्पनम् । तद्गतायां क्रियायां हस्ताङ्गुलिशब्द उपचरितः । हस्तस्य हस्तयोः अङ्गुलेः अङ्गुल्योः अङ्गुलीनां चेति समासः । एवकारेण ध्रुवकासर्पिण्यादीनामदृष्ट-हेतुकत्वाभावान्न लक्षणं वाच्यम् । परिच्छेदमत्र हि शिरःपरिवाहादिनाऽपि गाने सामान्यस्य च सम्यादिसिध्युदयात्मना क्रियतां को दोष इति भावः । तेन यत् टीका-कारैर्गानैव तत्पूर्वकत्वात् सर्पिण्याद्यपि सङ्गृहीतं भवतीत्युक्तं तत्प्रयासमात्रमेव । अत्र तद्विशेषलक्षणमाह । उत्तानाङ्गुलीति । जात्येकवचनान्तेन समासः । तेन सङ्ख्याया अनैयत्यम् । उत्तानपदेनोर्ध्वादि(ध)स्तिर्यक्त्वा(क्त्व)व्युदासः । संज्ञितमि(त इ)त्यनेनेद-माह । यत्रोत्पत्तिक्रमे यथाक्षरे द्विकलः ततश्चतुष्कल इति व्यवस्था तत्र (चित्रे) इति व्याप्तिमर्यादा वा । ततोऽपि वृत्ते रूपमाह । तेन द्विकलान्तरव्याप्त्यर्थमपि तदधिक... वचनम् । अत्र प्रयोगवशात् सम्पादकतया बीजतया सन्तननतुल्यनिरूपणम् । तदेवं भूतया करक्रियया दर्शनीय इति समयोऽदृष्टसिद्धि इति ॥३०-३२॥

निष्क्रामो[1]ऽधोगतस्य स्यादङ्गुलीनां प्रसारणात् ।
तस्य दक्षिणतः क्षेपो[2] विक्षेप इति संज्ञितः ॥३३॥

निवर्तनं च हस्तस्य प्रवेशोऽधोमुखस्य तु ।[3]
यदा चतुष्कलो योगस्तदा त्वेष विधिः स्मृतः[4] ॥३५॥

निष्क्रामोऽधोगतस्येति । अनागतावेक्षणं तन्त्रयुक्तिरिति वा सूत्रेषु सम्भाव्य लौकिकन्यायो(वा) वेदितव्यम् । व्यवस्थया वर्तितं च । हस्तस्येति । अधोहस्तस्येहापेक्षणीयम् । तेनाधोगतस्य हस्तस्य या अङ्गुल्यस्तासां साम्यमर्थान् मुष्टीभूतानां यत् प्रसारणं स्वावयव...तलिकासंयोगकारणभूतपूर्वोक्तसंकोचनक्रियाविपरीतरूपं कर्म स निष्क्रामः स्यादिति । अस्यायमाशयः । यक्षाक्षरगताया एव कलाया यद्वैतत्यद्विकलसम्पादनमुक्तं तन्निष्क्रमणमुच्यते । निष्क्रान्ता नटतीति यथा । तच्च समुचितेनैव तेनांङ्गुलिनिष्क्रमणेन यद्यो(द्योत्य)त इति । तस्य दक्षिणतः क्षेप इति । तस्येति । प्रसारिताङ्गुलीकस्योत्तानभूतस्येति । तस्य ग्रहणं दूरस्थोत्तानत्वाद् वामस्यान्यथा निष्क्रान्ताङ्गुलीकस्याधोमुखस्य स्वदक्षिणपार्श्वेन विक्षेप इति स्यात् । द्विकलगता कला क्षिप्यते विस्तार्यतेऽत्रेत्यनेन सामयिकेनाभिधनेन सूच्यत इति संज्ञित(त)ग्रहणम् ॥३३॥

निवर्तनं च हस्तस्य प्रवेशोऽभि(धो)मुखस्य तु ।

अङ्गुलीनामिति वर्तते । अधोमुखग्रहणेन निष्क्रामवैपरीत्यं प्रवेशनस्य प्रकाश्यते । अन्यथा दक्षिणतो निवर्तनं प्रतीयते । तनेत्थं प्रयोजनम् । निष्क्रामकालेऽधोमुखस्य हस्तस्य या अङ्गुल्यः प्रसारिता अभूवन् तासां यन्निवर्तनं सम्प्रवेशनं तत्पूर्वस्याव्यतिरिक्तसूचनायेदं सामयिकं विक्षेपवत् संज्ञामात्रं विक्षेपाभिधानमित्याह। यदेति । योऽधिकायाः कलाया अनुप्रवेशः तत्प्रवेशेनैवोचितमित्यौचित्यमस्ति । चतुर्णां कलाभिनयानां विषयमाह । चतुष्कलो योगस्तदा त्वेष विधिरिति । एकैव कला गुरुरूपा चतस्रः कला विततीभाववशाद् यदा सम्पद्यते, तदा एष अ(आ)वापनिष्क्रामविक्षेपप्रवेशात्मको यथाक्रमं कलाप्रमाणाभिव्यञ्जकश्चतुर्धा विधिरिति सामान्यरूपलक्षण इत्यर्थः ॥३४॥

---

१. KSS. अधोगतः स्यादङ्गुलीनां प्रसारणम् ।

२. KSS क्षेपात् विक्षेपः परिकीर्तितः ।

३. इतोऽग्रे काशीसीरिज पुस्तके 'कुर्यादङ्गुलीनां' पद्यमधिकम् ।

४. KSS. भवेत् ।

निष्क्रामश्च प्रवेशश्च द्विकले परिकीर्तितौ ।
[[1]आवापनिष्क्रामकृतो द्विकलो योग इष्यते] ॥३५॥
एषामन्तरपातास्तु पातसंज्ञाः प्रकीर्तिताः ।
[2]शम्या तालस्तु विज्ञेयः सन्निपातस्तथैव च ॥३॥

निष्क्रामश्च प्रवेशश्च द्विकल इति । या त्वेकैव गुर्वात्मका वा कलाद्वयपरिमाणं वैतस्यमेवैति तदा प्रथमकलाकालो निष्क्रामेण द्वितीयकलाकालप्रवेशेन व्यङ्ग्य इति सामान्यलक्षणम् ।

अन्ये पठन्ति ।

अ(आ)वापनिष्क्रामकृतो द्विकलो योग इष्यते ।

इति । तत्र व्याख्यातम् । पार्यन्तिको वितर्को भवेत् चतुष्कलात्मकशङ्काभावादावाधो-(पो) यदाऽतिव्याप्तस्तदाऽऽवापोऽन्योऽत्र युक्तः । तथाभूतपार्यन्तिकविततीभावसूचिते चात्रापनिक्षेपकलेऽत्र पार्यन्तिकमवधिकं सूचयतः । तत आवापशब्देनोक्ते तयोर्निष्क्रामोऽपसरणं तदोपलक्षितमेष यदा विधिर्भवतीति तदा द्विकलो योग इति ।

अन्ये तु पूर्वशेषत्वेन श्लोकार्थमाहुः । यो द्विकलगतो योगो निष्क्रामरूपः स एवाहितो यतः समाङ्ग्न्यायतया च प्रवेशो विक्षेपसहितः । ततो द्विकलद्वैगुण्याच्चतुष्कलोऽयं विधिरिति । अत्र तु निष्क्रामो द्वे कले इति । ततो विशेषोऽनुवादाभावेऽपि स्यात् । प्रवेशस्य नामाऽपि न श्रूयत इति । न किञ्चिदेतत् ।

अन्ये त्वेककले आयते यथा निष्क्रामस्तथा द्विकलनायामपि भवत्वावाप इति मन्यमाना यथाश्रुतमेवावापनिष्क्रामात्मकद्विकलं मन्यन्ते । तेऽपि पूर्वापरशास्त्रान्तर गुरुपरम्परालक्ष्यविरोधादुपेक्ष्या एव ॥३५॥

अथ सशब्दताविषयप्रदर्शनं तावत् करोति ।

एषामन्तरपातास्तु पाठ(त)संज्ञाः प्रकीर्तिताः ।

इति एतच्छेषा ये प्रकीर्तिताः शम्यादयस्तेषाम(मा)वापादीनामन्तरे समये प्रसङ्गे मध्ये च । एतदस्यापवादरूपतयेति । अतः पाता उच्यन्ते । अनेन द्विकलचतुष्कलविषयेऽप्येतेऽपवादत्वाद्भवन्तीत्युक्तम् । तथा येषामावापादीनां यदन्तरं कालपरिमाणं तत् पात्यते ऊनाधिकभावं गम्यते येषु गुरुलघुषु तेषु ते पाव(त)संज्ञाः पादैः(तैः)व्यवहार उभयकरनिपतनस्वभावात् संज्ञा अत इति द्योत्यते(न्ते) मानीन्यन्त इति

---

१. KSS., NS. do not read
२. NS. do not read.

[1]सव्यहस्तनिपातः स्याच्छम्या तालस्य वामतः] ॥
हस्तयोऽस्तु समः पातः सन्निपात इति स्मृतः ॥३७॥

यावत् । आवापादीनां चतुर्णामभिनयानामेकरूपैव कला परिच्छेदनीया द्विकलचतुष्कलमार्गयोः सर्वत्र कलापरिच्छेदस्य सम्मतत्वाद्यथाक्षरे तु नैवमिति यथाक्षरात्मा एककलः पातानामेवेत्युक्तं भवति । यथा य एते पातास्ते द्विकलस्य चतुष्कलस्य वा यदि योगः शाश्वतो नास्ति तत्रेयं परिभाषा । तदुपपत्तिलिङ्गत्वं चास्याः पाठे द्विकल इति तदाऽनन्तरपाताः । एषां निष्क्रमादीनां मध्ये पतन्तीति ज्ञेयमिति परिभाषेयम् । तेन

शम्या तु द्विकला कार्या तालो(ऽपि)द्विकल एव च(लः स्मृतः) ।
(भ० ना० प्रा० ३१-२६२)

इत्यादौ पूर्वरङ्गोक्ते भाविनि निशनिता इन्यादिप्रस्तारे लभ्यते । यत्र द्विकलचतुष्कलोपपत्तिर्नास्ति न तत्रेयं परिभाषा । तदुपपत्तिलिङ्गत्वं चास्ये आद्ये पाठे द्विकल इति चेति । चतुष्कलमूलकस्यानुवृत्या द्विकलो योग इति पाठेऽपि योग इत्यनुवृत्यै तत् । त्रिशम्योपरिपाणौ इति (भ० ना० अ० २६-८७) तथा तालस्त्रिकलस्त्वा(श्चा)द्वौ शम्यैककला (भ० ना० अ० २६-६१) इत्यादौ च तदुपपत्तिर्नास्ति । तत्रेदमान्तरपातत्वम् । एतच्च दर्शितं दर्शयिष्यते च ॥३६॥

एवं पातानां विषयमुक्त्वा लक्षणमाह । सव्यहस्तः सन्निपात(स्तनिपातः स्यात्) इत्यादि । सव्योऽत्र दक्षिणो वामशब्दसन्निधानात् । निपात इत्यधोगमनम् । अत्रेदमुच्यते तत्र सशब्दमानागतेऽपि लक्षणादपिनोक्तपूर्वाच्च शब्देन संयुक्त इति वचनात् । तत्र संयोगश्चोटिकापातस्यैवासाधारणो भवति । मुख्यतया सा एव ग्राह्यो हस्तान्तरसंयोगतो ह्यसौ भवेद् द्वयोरपि साधारणः स्यात् । अन्ये तु सव्यस्योतानत्वाधारतोचिते शब्दहेतुसंयोगकारणत्वसन्निपातनमिति व्याचक्षते । एवं तालोऽपि द्विविधः शम्बाव्याप्यः शम्यःाप । यद्यपि तालो हस्तलनिर्वर्त्यत्वाद् दक्षिणदिशोऽमङ्गलसूचने शम्यायाः । यद्वा शमीत्यत्रार्थे साधुः । शम्येति व्युत्पत्तिकृतेन शब्देन तस्या अभिधानात् तलद्वयनिपातनस्य चासाधारणेन सन्निपतनादिति निर्वचनादनेन सन्निपातेन शब्देनाभिधास्यमानत्वात् परिशेषाद् वामहस्तसन्निपात एव तालः । सम इति । तुल्यकालमधोगमनम् । अनधोगतयोस्तिर्यक् स्थितयोः सम्मुखयोरुभयकर्मजशब्दहेतुः संयोगः । समः पात इति संशब्दः समार्थे ॥३७॥

---

1. KSS. does not read.

¹कला या त्रिविधा प्रोक्ता तस्याः पातो ध्रुवः स्मृतः ।
यथाक्षरस्य तालस्य स च गुर्वक्षरः(रे) स्मृतः ॥३८॥

तत्र ध्रुवपातस्य मूलभूतत्वं संज्ञाध्यायोद्देशे (भ० ना० ३२-२) प्राथम्याद् दर्शितम् । एतदध्यायपठितानुवादश्लोके तु शम्यातालादनन्तरमभिधानाद् वामदक्षिणान्यतरकरप्रयोज्यता न तूभयसंवाद्यत्वं प्रयोजनाभावादिति सूचितम् । सर्वपश्चाल्लक्षणकरणेन तु यथाक्षरद्विकलचतुष्कलविषयोक्तपूर्वशम्यानिष्क्रामावाहिपा(वापा)दिमध्यपातित्वमस्य नास्ति । अपि तु तद्विविक्त एव । उपोहनध्रुवागतिरस्य विषय इति सूचितम् । तथा च वक्ष्यते ।

अथ तत्र मुखप्रतानं(खं तालं)ध्रुवपातैरेव नियमितात्मा(त्मा)नम् ।
(भ० ना० ३१-१००)

इति । ध्रुवत्वं यत्र गच्छति तद् ध्रुवे(वमि)त्यादि च वदन्ति । दत्तिलाचार्येणापि

उपोहनत्वाद्वैतस्याः (नं च तत्राद्यं)स्मृतं ताल(चार्थं)विवर्जितम् ।
(दत्तिलम् १९६)

इत्युक्तम् । अतो ध्रुवस्य लक्षणमाह ।

कला या त्रिविधा प्रोक्ता तस्याः पातो ध्रुवः स्मृतः ।

इति । इव(ह) तावत् कालस्य यस्य विपरिमाणो(णामो) परिमाणान्तरोद्देशाद् देशाद्यपसर्पणं तदभिव्यङ्ग्योपलक्षणो नाम स एव प्रयत्नपरिच्छेदरूपत्वात् समुदायात्मकत्वाच्चान्यस्य कलापरिच्छेदव्यवहारस्य प्राधान्यादनपेक्षितातज्जातीयत्वेन च स्थैर्यात् परमास्थितो ध्रुवकस्तथापि नासौ व्यवहार्य इति न तेनास्माकं प्रयोजनम् । ह्रस्वस्य तु व्यवहार्यत्वमतज्जातीयत्वं च निरंशत्वात् । यथोक्तम् । अल्पीयसाऽपि यत्नेन शब्दमुच्चारितमिति । यदि वा नैव गृह्णाति वर्णं वा सकलं स्फुटमिति । वर्णाश्च ह्रस्वा एव । दीर्घादियान्ति धर्मत्वादिति । तथापि न तस्य ध्रुवत्वम् । संयोगादिपरस्य तत्कालेन यस्य प्रतिभासाभावात् व्यञ्जनवल्लघुकालेन नास्ति व्यवहार इति गुरुकाल एव ध्रुवः । तदाह । कला या त्रिविधेति । यस्याः कलाया द्विगुणक्रमेण चित्रवार्तिकदक्षिणामार्गगतत्वेन त्रैविध्यमुक्तं तस्या इति । लघुरेव(क)कलात्मकत्वात् कालपरिच्छेदमयीं समाश्रित्य यः पातश्छोटिकापूर्वकमधोगमनं तस्या लक्षणभूता(या) ध्रुवो

---

1. KSS कला याः त्रिविधाः प्रोक्ताः तासां पातो ध्रुवः स्मृतः ।

नाम लक्ष्यभूतः स्यात् । अतो ध्रुवं स्थैर्यं (पा० भा० पा० १४०१) इति स्मृतिलक्षण-भावो ह्रीत्थमेवावतिष्ठते । सामानाधिकरणनिर्देशात्तु लक्षणप्रायेण छोटिकाशब्देनास्य पुनरुक्तिरित्यतो लभ्यते । पूर्वत्वं चास्य विशेषणत्वादेव गम्यते । शाक(साकं)ज्ञानाव-लम्बनत्वेऽपि विशेष्ययोरेकविकल्पग्राह्यत्वे वृत्तेरौचित्यस्य च विशेषणस्य पूर्वनिपातात् तस्यैवोचितं पूर्वत्वं युक्तमिति छोटिकाशब्द एवोचितोऽत्र न तालशब्द इत्यभियुक्ताः । अन्ये तु दिग्योगे तु पञ्चमीप्रकरणात्तच्छब्दग्रहणमाहुः । पातात् पूर्वं यः शब्दः स ध्रुव इति । सर्वं चैतद् व्यक्तम् । या लघ्वक्षरकालमध्ये छोटिका शब्दपूर्वकं हस्त-पतनमाश्रित्य वामदक्षिणविभागो ध्रुवपात उच्यत इति ।

ननु यत्तु लघुपरिमाणत्वात् कथं ध्रुवत्वम् । गुरुकालो ध्रुव इत्युपपादित इत्याशङ्क्याह ।

यथाक्षरस्य भालस्य स च गुर्वक्षरः(रे) स्मृतः ।

इतीह गुरुरेव ध्रुवः । तस्य केवलमर्धमात्राविश्रान्त्या विना प्रयोगान्तरगमनं न सम्भवति । सर्वत्र हि विशेषान्तरावगाहेन मध्यै(ध्ये) तदुभयविशेषशून्यविश्रान्ति-सम्भवो विशेषस्ताले तदवधानादेवोच्यते । तालज्ञश्चाप्रयासेन मोक्षमार्गमिति (याज्ञ-वल्क्यस्मृतिः ३-११५)। तेन गुरुद्वये मात्राचतुष्कात्मनि संमील्य मात्राकालो विश्रान्तिरिति । एवं कालपरिमाणकला व्याख्याता । सा च पञ्चमी मात्रामध्ये श्वासविरामादिविश्रान्तिसिद्धये शून्यरूपैव तावद्गीता(ते) वाद्ये (च) क्रियते । चतुर्भिः स्वरैश्चतुर्भिरेव च मात्राविशेषैर्गानं वाद्यं च विदधते । गीयमानं यदवगन्तव्यं व्यञ्जनयोगाद् वाद्याक्षरमवश्यम्भावि हकारादिव्यञ्जनवशाच्च । तत्रापि सा पञ्चमी मात्रा चतुष्कलात्मस्फुटतयाऽन्तर्वाहित्वेन भात्येव । स्फुटा न च । सा हि व्यञ्जन-कालानवभास उच्यते । न त्वनवभासपूर्वा । अस्य मार्ग इत्यनयोरभ्युच्चारणे वादने वा स्वसंवेद्य एव कालभेदः । अत एवास्फुटावभासविलक्षणस्फुटाभासतत्स्वरूपलाभाय लक्ष्ये स्फुटा एव । क्वचन पञ्च मात्रा वाद्याक्षरेषु लक्ष्यते(न्ते) । यथा खण्डकेट टिटुटु चचुचाचां गिगिगिनिगि इति । यद्यपि त(ता)नप्रसा(स्ता)रे लघुत्वमस्य तथापि चित्रापेक्षया म । ध्रुवकाश्रयं तु गुरुत्वमेव केवलमत्र विश्रान्त्यभावात् । प्राणायाम-वन्निरन्तरवाहित्वाद् गात्रवादकयोः प्रयत्नविशेषोपयोगः । खण्डके टटिटुटी इत्यत्र विश्रम्यैव द्वितीयो लघुः प्रयुज्यते । मुट्टिटटिहसनीति विश्रान्तिकालस्यैव...पलक्षण-सिद्धये चटु..यां निगिनिगगि इत्येतल्लघुप्रस्तारादिकामात्रलघुद्वयोचितं कालविशेषा-वधि शून्यकलोपक्रमं गिगि इतीयता मात्रान्तरेण लघ्वन्तपूरणं ततो विटत् इति गुरुत्वे मात्राद्वयं विश्रान्त्या च मात्रे त्रिमात्रायोगिभिन्ना वी इति(रिति) मात्रा-सम्पर्केण मात्रादशरूपं भवति । एवं तु चतस्र एव वाद्याक्षरमात्राः । तत्र स्फुट एव

विश्रान्तिकालः । यथा हेलाकुटिलादौ ग्रं विश्रम्भमम्य... तुङ्गहिडुममङ्व्ययस्मटिकषिद इत्यादौ । एवं स्थिते गुरुरेव यद्यपि ध्रुवस्तथापि गुरौ ग्रं इत्युदिते गीयमानेऽवश्यं गीतवशादेवाकर्षणेन भाव्यम् । आकर्षणं च सृष्टः(ष्टि)प्रलयवदवुच्चारणसमकालमेवेति शक्यं नियन्तुम् । अ(आ)वापादीनां कियदा(द)पकर्षणं शम्यादेः कियत्पातं चित्रादिवशादित्युक्तौ किं चित्रै(क)कला वार्तिके दक्षिणे वेति मूले पर्येष्यमाणे ध्रुवागान एवोपलक्षितकान्तत्वान्न नियमे हेतुः । अत एव ध्रुवपातनियन्त्रितकलाकलास(लित)-स्वाभावत्वात् तन्मार्गोऽपि ध्रुवक इत्युक्तो मूलभूतश्च । दत्तिलादिभिः प्रथममार्गायोद्दिष्टमूलं तेषां (यत्र मार्गा य उद्दिष्टास्तेषां मूलं) ध्रुव इति (दत्तिलम् २४०) । तेन ध्रुवकद्वयं चित्रेत्यादिनियमलाभः । मुनिना चैतद्ध्रुवकाभिधानमूलमार्गसिद्धये निमेषाः पञ्चे (भ० ना० ३१-४) त्युपक्रम्य । द्विमात्रा स्यात् कला चित्रे (चित्रे द्विमात्रा कर्तव्या) (भ० ना० अ० ३१-७) इत्येवमाद्युक्तम् । अत्रान्यथा निमेषदशमात्रा स्यात् कला चित्रे द्विगुणा वार्तिक इत्यादि ब्रूयात् । निमेषाः पञ्चे—(भ० ना० ३१-४)त्यादिनिबन्धनमूलादेव ध्रुवत्वं लब्धमिति मार्गचतुष्कं सिद्धम् । तदनुसारेणैव बिन्दुद्रुतलघुगुरुप्लुतव्यवहारो लक्ष्यवेदिभिः कृत एव । एतदाह । यथाक्षरस्येत्यादि । (द्वितीय) चच्चत्पुटचाचपुटेत्यादेर्यथाक्षरस्य तालस्य ये द्वे गुरुरूपलक्षिते अक्षरे चच्चदिति पुट इत्याद्येव स ध्रुवकः । तत्काल...लित्वा त्रिवेद्यर्थमात्रा ध्र इत्यत्रापि । अत एव तु ह्लपरत्वाद् द्वे मात्रे । एवं द्वितीयेऽपि चकारे तस्य च ध्रुवस्थानकस्य न पृथक् कला । साहित्येन हि पूर्वो लघुर्गुरुत्वं प्राप्त इत्येव । अन्तर्यामिस्थानीयत्वात् मुक्तस्फुटाश्चतस्रो ह्यमात्रा ध्रुवकलाः । तत्रेह कलेति परिच्छेद्यापरिच्छेद्येषु त्रिष्वपि मुनिना प्रयुज्यत इति दर्शयिष्यामः । नियतकालकलासम्पातश्च मार्ग उच्यते । परिच्छेदोपयोगिक्रियामात्रपात इति ध्रुवाया आतोद्य एव मार्गाद् ध्रुवकादि । एतस्मिन् गुर्वक्षरे सति गीयमानक्रिये कियद्विश्रम्यतामिति पुनरपि ध्रुवकस्य मूलमात्रपात्र(त) इत्याशङ्क्याह । स्मृत इति । स्मरणं स्मृतं तत्रास्तीति । एतदुक्तं भवति । यथा (चित्रतो) वार्तायामतश्चतुर्गुणं देहीत्युक्ते स्फुटस्मरणं न भवति । एतदेव त्वन्यद् देहीति स्फुटमेव स्मरणं भवति । एवं नियता छोटिकाशब्दं कृत्वैतावदेव पातनं हस्तस्येति स्फुटमेव स्मरणं भवति । ध्रुवो मूलभूत इत्युच्चारण एव त्रिगुणम् । एतत् सप्तगुणम् । एतेन पञ्चगुणम् । हस्ताङ्गुल्या कृत्वा ना(दा)दिकं कुर्वीतेत्युदन्तमनुस्मरणं भवतीति ध्रुव एव मूलभूतः । तेन परमार्थत एको गुरुर्ध्रुवो भवति । अत एकगुरुकालनिरन्तरचोटिकापातपरम्परात्मा बलीति कदापि च ध्रुवपात एवोच्यते । अक्षरानुसारि-

यथाक्षरकृतैः पातैस्तालो[1] ज्ञेयो यथाक्षरः[2] ।
गुर्वक्षरैश्च विश्लिष्टैः स एव द्विकलो भवेत्[3] ॥३९॥
[4]द्विर्भावाद् द्विकलस्यापि विज्ञेयोऽथ चतुष्कलः[5] ।
त्र्यश्रश्च चतुरश्रश्च षट्कलोऽष्टकलः स्मृतः[6] ॥४०॥

त्वाच्चात एव यथाक्षरत्वं भवति । एव(ष) एव च गभीराभिप्रायो मुनिना गुर्वक्षर इति प्रथमाद्विवचने सप्तम्येकवचने च श्लिष्टं प्रयुञ्जानेन प्रकटित इत्यलं प्रकटितलक्ष्यलक्षणोपलक्षणमित(र)जनहृदयावर्जकेन बहुना प्रसक्तानुप्रसक्तप्रसङ्गेन । गुर्वक्षरः स्मृत इत्यन्ये पठन्ति । गुर्वक्षरस्मृतस्मरणं यत्र तु नानुभवपूर्वकं च तदिति द्वितीयमनुभूयमानमपि लभ्यत एव ॥३८॥

एवं कलापातस्वरूप इति निर्णीय यदर्थमेतदुक्तं तद्यथाक्षरादिपूर्वोद्दिष्टं लक्षयितुमाह । यथाक्षरकृतैः पातैरिति । यावन्त्यक्षराणि तावत्सङ्ख्याकैस्तथाऽक्षरसदृशकलोपेतैरिति बाहुल्याभिप्रायेण । उद्घट्टे हि यथाक्षरे निष्क्रामोऽप्यस्ति । अनतिवृत्तौ सादृश्ये च यथाशब्देनाव्ययीभावः । तेन चच्चत्पुट इति चतुर्भिः पातैर्गुरुद्वयलघुप्लुतकृतकालैर्यथाक्षरं चच्चत्पुट आस्तेहत्र परत इत्युक्तम् । एवं चाचपुट इति वाच्यम् ।

गुर्वक्षरैश्च विश्लिष्टैः स एव द्विकलो भवेत् ।

केचिदक्षरकृतस्य विश्लिष्टत्वं स्यादित्याशङ्क्य कलासगुरुप्रस्तारात्मककलमभिप्रेत्य तदुक्तमिति व्याचक्षते । तेन गुरुषु चचर्षु त्रिषु षट्सु पञ्चसु स्थापितेषु विश्लेषो यदा क्रियते तदा सप्तकलनवद् द्विकलनवद् द्विकलविरामस्य प्रकृतितादात्म्येनावभासो यथा तदेवेदं काष्ठं भस्मेत्याशयेन स एवेति निर्देशः । स तु कथम् । विश्लिष्टैरित्याह । विभावातीतैः श्लिष्टैरिति । यावद् द्विकपञ्चकमतीते वैगुण्यं द्विर्भावशब्देनोपलक्षितं तस्यैकस्य पुनरावृत्तिरेकद्विकलस्यापि गुर्वक्षरे विभागाद् द्वैगुण्येन विततया श्लिष्टैः स एव यथाक्षरश्चतुष्कलः । अव्यवहिते कार्येऽपि कारणतादात्म्यकापदेशात् तदेवेदं क्षीरं तक्रमितिवदेकैव कला द्वे चतस्रश्च यत्र भवति स द्विकलश्चतुष्कलश्च ॥३९॥

एतदाह ।

द्विर्भावाद् द्विकलस्यापि विज्ञेयोऽथ चतुष्कलः ।

इति । अन्ये त्वाहुः । विशिष्टैर्द्विकलस्तत्र विश्लेषो विभागपदेन दत्तश्चतुर्गुरुप्लुतविषयमेव

---

१. NS. ताले ।
२. KSS. यथास्थितः ।
३. NS. स्मृतः ।
४. NS. द्विर्भावा द्विकलस्यात्र KSS. द्विकलस्यैव ।
५. इतोऽग्रे सार्धचतुष्टयश्लोकमधिकं का० पुस्तके ।
६. NS. तथा ।

सम्भवति। तयोरल्पीमसेति न्यायेन विभागासम्भवादनेन गुरोवि(र्वि)भागे द्वौ लघू प्लुतस्य त्रयो लघुरविभक्तः स एव। तदुक्तं दत्तिलेन।

गुरुप्लुतादि हित्वाथ द्विमात्रान् परिकल्पयेत्।

(दत्तिलम् १३०)

पादभागादीनि त्रीणि हित्वैव मात्राकालत्वद्विकलचतुष्कलं न प्राप्तमिति। (अथ) ये च ते विश्लिष्टात्मानो लघवस्ते गुर्वक्षरस्वभावकलापरिमाणाः कर्तव्याः। लघुर्यद्यपि स्वात्मनि विभावाभावान् न विश्लेष्यस्तथापि समयन् नत एवासौ विश्लिष्टरूपत्वेऽस्यापि गुरुत्वमेव लब्धम्। एवं द्विकलस्य चतुष्कलतापादनेऽपि मन्तव्यम्।

ननु स्पष्टमेव कस्मान् नोक्तमेताभिर्गुरुकलाभिः षड्दशभिश्चतुष्कल इति। मैवम्। विभागसिद्धेर्ह्येवं भवति। तया च मात्राविभागाः। चकारपदेनागममात्रेऽपीति वचनं वस्तुविभागश्च। एतच्च गीतकलक्षणे स्पष्टयिष्यामः।

किञ्च गत्यध्याये (भ. ना. अ. १२) गतेर्विचित्रकत्वेनोक्तत्वात् तदनुसारेण लक्ष्ये प्लुतगुरुलघुद्रुतकल्पना या चतुर्धा साप्यनेन विशेषेण सूचिता तथापि यथाक्षरे तावद् गुरुलघुप्लुतानां सम्भवः। ततो द्विर्भावाद् द्विकलाद् द्रुतो लभ्यते। योगाक्षराणी-ष्टलब्धपूर्वं ततोऽपि द्विर्भावाच् चतुष्कलाद् बिन्दुर्नाम द्रुतार्थभूतो लभ्यते। य आद्याख्यां न लब्धः स एतदर्थमेव। यं चाहुः स्वा कलेति ध्रुवकेऽपि विभक्तः। एको हि मात्रे विश्रान्तावित्युक्तम्। तेन मात्राकालो बिन्दुः द्रुतकालो द्रुतः तद्द्वयकालो लघुः चतुष्कलकालो गुरुरिति चेष्टसिद्धिः। एतदाह।

त्र्यश्रश्च चतुरश्रश्च षट्कलोऽष्टकलः स्मृतः।

ध्रुवाणां च भवेत् तालः।

इति। त्र्यश्र इति। यत्राश्रित एव यत्र त्रयः पाताः। षट्कल इति। द्विकद्विगुण-लघुपातः। चकाराद् द्वादशकलः। तद्द्विगुणद्रुतपातश्चतुर्विंशतिकलश्चतुर्द्विगुणपातः। तत एव नास्ति भञ्जनं पञ्च। चतुरश्रोऽपि स एवंविधस्तालः प(प्र)सादाक्षेपान्तर-निष्क्रामादिगानेष्वस्ति। तत्र क इति चेदाह। तं च वक्ष्यामि तत्त्वत इति ध्रुवाध्याये।

ध्रुवाणां च भवे[1]तालस्तं च वक्ष्यामि तत्त्वतः ।
कनिष्ठाङ्गुलिनिष्क्रामः शम्या चैव ततो भवेत् ॥४१॥

कनिष्ठानामिकाभ्यां तु निष्क्रामोऽतो विधीयते ।
ततश्च तालः कर्तव्यः शम्या चैव तु पञ्चमी ॥४२॥

प्रवेशो[2] मध्यमाषष्ठः कर्तव्यस्तर्जनीकृतः ।
निष्क्रामः सन्निपातोऽन्ते[3] नित्यमष्टकलो भवेत् ॥४३॥

एष युग्मे [4]कलापातविकल्पोऽङ्गुलिभिः कृतः ।
कनिष्ठाङ्गुलिनिष्क्रामः प्रथमा तु कला भवेत्[5] ॥४४॥

शम्यापातो द्वितीया च तृतीया ताल एव च ।
शम्या [6]ततश्चतुर्थी तु पञ्चमी तर्जनी क्रमात् ॥४५॥

षष्ठश्च सन्निपातः स्यादेष वै षट्कलो विधिः ।
[एष त्र्यश्रे कलापातविकल्पोऽङ्गुलिभिः कृतः ॥४६॥

एवं प्रसङ्गतो.........द्विकलचतुष्कलविषयो यः पूर्वमुक्तक्रमो निष्क्रामश्च प्रवेशश्च द्विकले इति (भ. ना. २१.३५) यदा चतुष्कलो योगस्तदा त्वेष विधिरिति (भ. ना. ३१.३४) च (य)देवं विभक्तं ग्रन्थान्तर............स्तु निष्क्राम इति तत्प्रयोज्य इति यावत् ।

अन्ये तु त्र्यश्र(श्च)चतुरश्रस्ये(श्चे)त्यस्यामुमर्थमाह(हुः) । यस्त्र्यश्रो द्विकलत्वात् षट्कलश्चतुर(श्र)श्च द्विकलत्वादष्टकलः स ध्रुवाणां गीतकादिसमुदायारम्भकाणां वर्गाणाम् । यस्यास्तालो भवति तस्यास्तं कनिष्ठाङ्गुलिनिष्क्राम इत्यादिना वक्ष्यामि । प्रसङ्गतश्चतुष्कलमपि हेतुरत्र......ध्रुवत्वात् स्थैर्येण या कला क्रिया ध्रुवमुच्यते । अङ्गिन्यवयवविभागेनावयवरूपमेव यदङ्गं परमाणुवदित्याशयेन ध्रुवमङ्गमुच्यते । तदङ्गं ताले युक्ते गीतकादीनि व्याप्तानि न तद् द्विकलं वक्तव्यम् । तत्र त्र्यश्र इति सामान्यलक्षणम् । द्विकले यावद्भागचतुष्काख्यां च चतुरश्रस्तत्र प्राथम्यं कनिष्ठयाऽभिव्यङ्ग्यं पादभागस्येत्यादौ यद्यपि मुख्यं नियमादङ्गुष्ठजपाङ्गुलिपर्य(न्त)कमपि शेषवत्तया न्यायादत्राङ्ग इ(मि)त्याहुः । कनीयसी हि प्रथमा लोके गणनायां वे(वै)दिके...... यणीया यजुंषि ऋचि वा स्वरितप्रदर्शने, कनिष्ठात् आरभ्य स्वराणां कुर्वते । एवं याव-

---

१. KSS. तालं NS. तालैः ।
२. NS. ह्यष्टमो षष्ठः । KSS. मध्यमाङ्गुष्ठे ।
३. NS. संनिपातान्ते । KSS. संनिपातेऽन्त्ये ।
४. KSS. NS., कलापाते ।
५. NS. प्रथमे तु कलो भवेत् । KSS. प्रवेशश्च तथा भवेत् ।
६. NS. तत्र अत्र सार्धं पद्यमधिकं च ॥

कनिष्ठाङ्गुलिनिष्क्रामः प्रवेशश्च ततो भवेत् ।
कनिष्ठानामिकास्थानं ततस्तालस्तृतीयकः ॥४७॥

शम्या तालश्चतुर्थी तु निष्क्रामो मध्यमाकृतः] ।
षष्ठस्तालस्ततो[1] ज्ञेयो निष्क्रामस्तर्जनीकृतः ॥४८॥

शम्याष्टमी ततस्तालो नवमी तु कला स्मृता ;
कनिष्ठिकाप्रवेशस्तु[2] दशमी तु कला भवेत् ॥४९॥

निष्क्रामश्चैव तर्जन्या तदनन्तरमिष्यते ।
सन्निपातस्तथान्ते ग कलाद्वादशके भवेत्[3] ॥५०॥

स्वयं(व)त्वेनान्यत्वं पादभागस्य तर्जन्याऽभिव्यज्यते पादभागत्रयं चच्चत्पुट इति प्राथम्यं कनीयस्यत् द्वितीयमनामया नान्यतस्तृतीयत्वेन न कश्चिदर्थं इत्यत्राभिव्यक्तोऽदृष्टसामर्थ्यात् तर्जन्येव गृह्यते । मध्यमा तु त्यज्यते । पञ्चपाणौतु षट् पादभागाः । तत्र चतुर्थंतर्जनीभिरङ्गुलीभिर्द्योत्यते । पुनः पुनः प्राथम्यात् पञ्चमे कनीयस्येवाङ्गुल्यन्त-राभावात् प्रतिष्ठेति । एके वदन्ति(मध्यमां)त्यक्त्वाऽन्यत्वाभिव्यक्तो........तदुक्तं दत्तिलाचार्येण ।

आद्या द्वितीयमाद्यन्तात् पादभाग(गा)द्विदुः क्रमात् ।
कनिष्ठानामिकाय(यु)क्तमध्यमाद्दे(दे)शिनीकृतान् ।
अयं मध्यमहीनः स्यादाद्यन्ताधिक उत्तरः ॥
(दत्तिलम् १३६)

इति । विदुरिति क्रमादिति स्यादिति पदैरेवदान्तिमत्वं सूचितम् । यत्र तु पातोपपादत्वेन गच्छति तत्र साङ्गुलिर्व्यज्यते ।

अन्ये तु तदङ्गुल्यङ्गुष्ठस्य हस्तान्तरस्य वा संयोगाच् छम्यादिपातो विधेय इत्याहुः । एवं चतुष्कलेऽपि मन्तव्यम् । तदेतदाह । कनिष्ठाङ्गुलीत्यादिना प्रागुक्ताङ्गुलिभिः कृत इत्यन्तेन । तत्र भाविपातानुसारेणावापनिष्क्रा(मा)दिषु वामदक्षिणविभागः । तद्यथा । शम्यायां भाविन्यां दक्षिणेनैव निष्क्रामो मध्याङ्गस्तुल्यप्रयोगे स्तु(तु)ल्य इति मध्यमपदलोपी तर्जनीनिष्क्राम इति सम्बन्धः ।

[उपसंहरति । पञ्चस्वेवं कलानां निष्क्रामादीनां पातानां च शम्यादीनां विकल्पं प्रथमादिरूपत्वमङ्गुलीभिरुपलक्षणभूताभिर्निरूप्य द्विकलचच्चत्पुटद्वितीयरूपेण प्रवेशन-

---

१. NS. तथा ।
२. KSS. प्रदेशस्तु ।
२. KSS. कलद्वादशके विधिः । NS. कलाद्वादशकं भवेत् ।

एष त्वावापविक्षेपव्यवधानेन[1] पण्डितैः ।
विधिश्चतुष्कलो ज्ञेयः प्रागुक्ताङ्गुलिभिः कृतः ॥५१॥

[द्विकलश्चतुष्कलश्च पादभागः प्रकीर्तितः ।
चत्वारः पादभागास्तु मात्रेति परिचोद्यते ॥५२॥

सूचिका कला शम्यापातरूपा कार्या प्रवेशनं तथैव सूच्यमित्यर्थः] एवं सर्वत्र । पञ्चमी तर्जनीक्रमादिति । क्रमप्राप्तो(प्ते) निष्क्रामे तर्जन्यत्र युक्तेत्यर्थः । उपसंहरति । एवं त्र्यंश(त्र्यश्र) इति । प्रस्तारः निश नाश निशं इति द्विकलं चाचपुटम् । कलाद्वादशैरि-(शक इ)ति द्विकलपञ्चपाण्युपसंहारः । तदयं प्रस्तारः—निप्र ताश निश ताप्र निसं इति ॥४०-५०॥

एवं चच्चत्पुटचाचपुटपञ्चपाणीनां द्विकलस्वरूपमुक्त्वा तत्रैवादिमध्ययोर्यथा-सङ्ख्यमावापविक्षेपौ यदि क्षिप्येते तच्चतुष्कलत्वं भवतीति संक्षेपेणाह । एष त्वावाप-विक्षेपव्यवधानेनेति । एष त्विति । एष एवेत्यर्थः । यो(यौ) निष्क्रामप्रवेशादिको तत्स्थानिको वानिप्रश प्रनिताताप्रेत्यादीनामन्यतयोपाधिरितिरि(ती)होक्तः स पादः । यदाऽऽवापविक्षेपाभ्यां व्यवधीयते स्थानादपसार्यंते तदा पण्डितैः पूर्वानुसन्धानकुशलै-श्चतुष्कलविधिर्ज्ञेयः । ततश्चावापेनान्यस्थानमाक्रम्यता निष्क्रामोऽपसार्यंते द्वितीय-स्थानं नीयत इति व्यवधानार्थः । प्रयोगस्य च व्यवधानं विस्तरीकरणमिति । अदा-(आ)वापयोगेन निष्क्रामस्य विक्षेपप्रयोगेन प्रवेशस्य च प्रयोगो व्यवहितः । कार्यः । आवापविक्षेपाभ्यां तयोश्च व्यवधानमिति व्याख्यातम् । सर्वथा नावापविक्षेपौ निरन्तरौ निष्क्रामप्रवेशयोर्मध्ये(अन्ते आदौ वा क्षेप्यौ) इति मन्तव्यम् । तथा च दत्तिलाचार्यः स्पष्टमवोचत् ।

विन्यस्य मध्ये विक्षेपमादावा(वा)पमेव च । (दत्तिलम् १३४)

इति ॥५१॥

ननु द्विकले चच्चत्पुटे चत्वारः पादभागा इत्युक्तम् । प्रोक्ताङ्गुलिविभागे तु चतुष्कले तद्द्वैगुण्यमतः कथमुक्तं प्रागुक्ताङ्गुलिभिः कृत इत्याशङ्कां शमयन् पादभाग-लक्षणं व्याकरोति । द्विकलच(श्च)तुष्कलश्च पादभाग इति । तेन चतुष्कलेऽपि चत्वारः पादभागा इति यावत् ।

ननु पादात्मा भागः । पादश्चतुर्भागः । [?] तस्य....विति निर्णीय त्र्यश्रेऽपि चतुरश्रस्यैव प्राधान्यं दर्शयति । मात्रालक्षणं चत्वारः पादभागास्तु मात्रेति ।

---

१. NS. व्यवधानश्च ।

चच्चत्पुटस्य तालस्य तथा चाचपुटस्य च ।
पञ्चपाणेश्च विहिता भेदा ह्येते पृथक् पृथक्] ॥५३॥
एवमेष[1] कलातालः समासात् परिकीर्तितः[2] ।
आसारिते वर्धमाने [3]गीतेष्वपि हि(तकेषु च)यः स्मृतः ॥५४॥

तेनाष्टौ द्विकले चतुष्कले च षोडशकला इति मात्रा । तस्या अयं तुर्यो भागः । त्र्यश्रेऽपि च प्रकर्षादौ मात्रा षोडशकलैव भवतीति । तस्याश्चतुष्कलविधिना स्वरूपलाभात् । गीतकाधिकस्त्वात्मनैककलद्विकलाभावे प्रकरीगीतकत्वचतुष्कलत्वव्यवहार उपपन्नगानः । त्र्यश्रत्वं च तत्र तथाभूताङ्गषट्कायोगादित्युक्तचरम् ॥५२॥

न चैवं त्र्यश्रचतुरश्रयोः साङ्कर्यादिभेदस्वरूपो भेदस्योक्तत्वादित्याशयेन समर्थयितुमाह ।

चच्चत्पुटस्य तालस्य तथा चाचपुटस्य च ।
पञ्चपाणेश्च विहिता भेदा ह्येते पृथक् पृथक् ॥

इति । यथाक्षरनिरूप(प्या) इत्यर्थः । उद्घट्टोऽपि यथाक्षरस्य चाचपुटस्यैव रूपं क्वचित् प्रयोगाद् रूपभेदेनोक्तः । एवं सम्पक्केष्टाको भेदः पञ्चपाणेरेव । इत्येवं च तयोर्न पृथग् द्विकलभावो लक्षणे लक्ष्ये च दृश्यते । इत्येवमेतत्तालाभिधाने सर्वमध्याहारेणोक्तं भवति । तेन यदन्यत्राप्युक्तम् ।

ऋचो वै ब्रह्मगीताश्च ब्रह्मणाभिहिताः किल ।
दक्षेण पाणिकाश्चापि गाधा(था)वै कश्यपेन तु ॥
मातृभिश्च कपालानि सामान्युक्तानि नन्दिना ।
गीतकाधि(दि) तु सप्तैव नारदेनोदितानि वै ॥५३॥

तदिदं रूपसप्तकमत्रापि नासङ्गृहीतं भवतीत्याह । **एवमेव(ष) कलातालः समासादिति** ।

षष्ठाष्टगुणपर्यन्तं द्वात्रिंशच्चतुरादितः ।
ऋग्गाथा ब्रह्मगीताश्च कपालानि त्रयोदश ॥
षण्णवतिपादं साम तद्भेदेनापि च क्वचित् ।
मुखं प्रतिमुखं चैव द्वात्रिंशत् समुदाहृतम् ॥

---

१. KSS. एव ।

२. KSS. समुदाहृतः ।

३. KSS. गीताङ्गेषु च ।

गीतं द्वादशकं प्रोक्तं द्विगुणाविग्रहे यतः ।
अष्टषष्टिकलोपेता ह्येकैका पाणिका स्मृता ॥

इत्यनेनैव सङ्गृहीतं सर्वम् । जातिताला अप्यनेनैव स्वीकृताः । यथा च—

स्याद् द्वादशकला षाड्जी षड्जोदीच्यवती तथा ।
मध्यमा रक्तगान्धारी कैशिकी षड्जकैशिकी ॥
इतरा षोडशभिश्च यथाऽऽन्ध्री दैं(धै)वती तथा ।
गान्धारोदीच्यवा चान्या तथा गान्धारपञ्चमी ॥
मध्यमोदीच्यवाच्या(न्या)ऽपि तथा कार्मारवी मता ।
आर्षभी चैव गान्धारी तथाऽन्या षड्जमध्यमा ॥
द्वात्रिंशत्कलिका चापि नन्दयन्ती प्रतिष्ठिता ।
अष्टाभिः पञ्चमी ज्ञेया कलामानं तु जातिषु ॥

तेषु च स्वररूपत्वेऽपि क्वचिदन्योऽसौ प्राग्वददृष्टकलविहित इत्याशयेन य(प)दप्रक्षे-(प)वत्तालयोजनं कार्यं गान्धर्वरूपतासिद्धयर्थमिति (न) केवलं सत्रस्वरूपमवधिकम-दृष्टोपयोगि । यथोक्तम् ।

सकृत् प्रयुक्तो(क्ता)ऽपि हि नन्दयन्ती
यथाविधि ब्रह्महणं पुनाति ।
यतश्च तालोऽनुकलाङ्गमात्रः
... ... ॥

तेन विना गान्धर्वत्वमिति समनीचकलाधिक्येऽपि न तालस्य हानिः । सप्त(कल)-दशकलासारि(त)वत् । तत् सर्वमनेन सङ्गृहीतम् । तत् कथमिदमाह—

आसारिते वर्धमाने गीतकेषु(च)यः स्मृतः ।

इति । न ह्यनेन ब्रह्मगीतादि व्यावर्तयितुं शक्यम् । ननु युक्तम् । न चेह शास्त्रमेता-वल्लक्षणीयमात्रम् । अत्रा(त्र ताला) देरपि लक्षणदर्शनमुपलक्षणार्थमेव । अन्यतमस्यो-पादानं युक्तं न त्रयाणामिति । उच्यते । यावदिदं जगति कालविजृम्भितं तत् सर्वमुक्तं पूर्वादेव तालमार्गात् । तत्र तथा परमाणुचतुष्कात् गुणत्रयादन्यतोऽप्यवश्यमेव । आवर्तकादिक्रमेणान्योन्याभिभवादिक्रमेण वा प्रसृतमिति स एव क्रमः प्राधान्यात्

[1][अथासारितकानां तु सम्प्रवक्ष्यामि लक्षणम्]
छेदश्च(भेदं च)च्चत्पुटस्यादौ कृत्वा तु गुरुलाघवम्[2] ॥५५॥

स्वकण्ठेन बचनार्हः । इहाऽपि तथाविधसन्निवेशेनावस्थानं विधातव्यमधिकप्रक्षेपणा-दासारमित्युच्यते । आङ्मर्यादाभिविध्योः (अष्टा. २.१.१३) । स च वैततयात् तया सारणं स्थापनं मर्यादायां च क्षेपणं......नाधिक्यमिति न तदासारितदिशा दर्शितम् । चच्चत्पुटपञ्चपाण्योर्मर्यादया स्थापनं मार्गभेदादिना चैतत् प्रागुक्तस्य चाधिक्यस्य क्षेपात् । षट्कले च सर्वान्तर्भावः परिवर्तितादीनां च वृद्धिगमनमिति वर्धमानेन सूचितम् । अत्राऽपि चासारणं स्थितमेव । तथा विजातीयसजातीयबहुप्रकारविचित्र-शकलक्रमोत्तानभेदरूपवैचित्र्यं गीतकमार्गेण प्रकटितम् । एवममुना त्रिशाखेनासारित-क्रमेण समस्तजगद्वर्ति भेदसूचनमित्याशयेन त्रयाणामेव प्राधान्येनोपादानं कृतम् । प्राधान्यादेव च वृत्ते पूर्वरङ्गतया तस्यैवोपयोग उक्तः । गीतानां मद्रकादीनाम् । (भ. ना. ५.१३) इत्यादि । वर्धमान एवासारितं प्रविष्टमिति त्रितयं तावदिह लक्ष्यते निर्गीतस्य पूर्वरङ्गे प्रयोगात् । लक्षणं पाणिकादिषूपयोगो वक्ष्यत इति त्रयस्यो-पादानं कृतम् । यथा च पार्थिवपरमाणुतया घटपटनीरग्रावाण इति नैषामस्य रूप-साङ्कर्यमवान्तरभेदात् त्रिभेदभिन्नता । त्रित्वेऽपि गीतकवर्धमानासारितादीनामिति सर्वं सुस्थम् । किञ्च त्र्यश्रचतुरश्रावेककलाभिन्नौ (अनुगतिकालं) केवलमाह्व । करणात्मक्रियासारितेष्वासारकृत्यं स्थानेऽन्यस्य सञ्चारणं चतुष्कले चच्चत्पुटे षोडश-कलधूते एककलतालसञ्चारणरूपमासारणमात्रमिति सकलतालानुप्रवेशसहिष्णु-चतुष्कलचच्चत्पुटमात्ररूपत्वप्रधानमेतदिति । तदलं बहुना ॥५४॥

तत्र ताण्डवे(वं)यत्र युज्यते (भ. ना. ५.१३) इति वर्धमानप्रयोगस्य प्राधान्यात् तदुपयोग्यासारितलक्षणं पूर्वमिह वक्तव्यम् । दत्तिलादिभिस्तु गीतकलक्षणानन्तरं तल्लक्षणमुक्तमवयत्यव(वावयवि)भेदत्वादिति । तल्लक्षणं निजानीते । अथासारित-कानां त्विति । वर्धमानानां बहिर्भूतानां चेत्यर्थः । प्रकर्षेण व्याससमासादिना तदाह । भेदं चच्चत्पुटस्येति । इदं ननु वर्धमानाद्बहिर्भूतस्य कनिष्ठासारितप्रसृतेरासारित-त्रयस्य लक्षणं वर्धमानबहिर्भूतं किं लयान्तरं न सम्भवतीति वक्ष्यामः । तत्र चच्च-त्पुटस्यैव प्राधान्यं पूर्वमुपदिष्टम् । तस्य यो विततभावः स एवातातिरिच्य विततभाव-श्चतुष्कलत्वेनेति षोडशकले तावदायातः । तासां च सकलस्वरूपसन्निवेशमहत्वप्रति-पादनं कर्तव्यं नान्यदिति भेदं चच्चत्पुटस्येत्यादिना दर्शितम् । तथाहि । चच्चत्पुटस्य तावद्भेदो विभागश्चतुष्कलरूपः षोडशकलात्मकः । स हि छेदः । एवं तत्र

---

१. KSS. does not read.
२. NS. तथा गुरुलघुप्लुतैः ।

पञ्चपाणिं ततः कुर्याद् द्विरभ्यस्तं प्रयोगवित्[1] ।
यथाक्षरं तु सर्वत्र[2] यथावद् विनिवेशयेत् ॥५६॥

शम्या तालः(लं)पुनश्चैव शम्यातालमथापि च ।
[3]आद्येऽक्षरे सन्निपातं पञ्चपाणेश्च योजयेत् ॥५७॥

द्विकलविभागान्तरे सम्भवाच्छेद्योऽपि । तस्य च षोडशकलस्य षोडशकलागुरुप्रस्तारात्मनाऽऽविष्टमध्रुवं तदित्याह तच्छेदम् । तत्कथमष्टौ । अष्टासु चतसृषु कलासु गुरुभ्यां लघुना पातेन चोपलक्षितं कुर्यात् । चच्चत्पुटशब्दस्य प्रस्ताराच्चतस्रः कला लभ्यन्ते । आदाविति सामान्योक्तावपि समये पतितेऽपि च गुरुशब्दे(न) मध्यपतितत्वात् सङ्ख्यालाभः । एवं षोडशानां मध्यादन्यासु चतसृसु कलासु गुरुभ्यां विकारः कृतः ॥५५॥

शिष्टासु द्वादशसु तत् करोति । पञ्चपाणिं ततः कुर्याद् द्विरभ्यस्तं प्रयोगवित् । यथाक्षरं त्विति । तद्विशेषे चाचपुटः पाणौ सत्यपि त्र्यश्व(श्र)त्वे चान्यो न य इति तेन हि चाचपुटः स्वीकृतोऽधिकात् । अयमर्थः । यद्यपि षोडशकलासु तावत्तालद्वयात्मा विकारो दर्शनीयः । तत्र चच्चत्पुटादि...मितत्र्यश्रः पञ्चपाणिरेव दर्शनीयः । उक्तचतुष्कलात्मा(त्मिका)सु द्वादशकलासु यथाक्षरपञ्चपाणिगतप्लुतलघुगुरुद्वयप्लुतात्मा(त्मकः)सन्निवेशः । ननु तेन षण्णां विकारः कृतो भवतीत्याशङ्क्याह । द्विरभ्यस्तमिति । स्थानीयासु गुरुकलासु प्राप्तास्वतिव्याप्त्यादेशत्वेन षष्ठाक्षिप्तोऽयं पञ्चपाणिस्तद् द्विः कुर्यादिदि सम्बन्धः । तेन द्विशब्दस्याभ्यस्यशब्दस्य च न पुनरुक्तार्थत्वम् । अभ्यस्तग्रहणेन स्थान्यादेशभावमभिदधन् मूलो(ल)भूतोऽयं चतुष्कलचच्चत्पुटो मात्रारूप इति दर्शयति । एवं चतुष्कलमात्रस्वभावत्वादस्य प्रकर्याः षोडशकलात्मिकात्वस्य प्लुतस्य त्रिमात्रै(त्रमे)व केवलमेतत्तालयोगीति लभ्यते । एतच्च प्रकरीलक्षणे तत्र व्याख्यास्यामः ।

कनिष्ठासारितेनास्याः कार्यं संहरणं तथा । (भ. ना. ३१.२८१)

इत्यत्र प्रयोगविदिति । प्रकृतिविकारा(र)भावा(व)ज्ञाने यत्नः कार्यः । लक्षणज्ञानं न ह्यत्रोपयुज्यते दृष्टलक्ष्यं लक्षणसम्पत्त्येति । यथाक्षरग्रहणं शिष्टद्वादशकलोचितस्य द्विकलपञ्चपाणिहस्तस्याविशिष्टगुरुकत्वस्य प्रत्यापत्तये शङ्क्यमानाभिधानस्य निवृत्त्यर्थमेव तावत् । षोडशानां कलानामादेशाद् गुर्वादयःकृताः । तत्र लोके प्रकृतिधर्मके विकारस्य दृष्टौ......। सर्वत्र यथावद् विनिवेशयेत् । शम्यातालमि-

---

१. KSS. द्विरभ्यस्तप्रयोगवित् ।
२. KSS. पूर्वत्र ।
३. NS. अधिक्षरे ।

[1]तालं शम्या(म्यां)च तालं च शम्यातालौ ततः परम् ।
एष एव द्वितीयेऽपि पञ्चपाणौ विधिः स्मृतः ॥५८॥

[2]प्लुतच्छेदे तु तस्येष्टः सन्निपातः प्रयोक्तृभिः ।
एवं यथाक्षरं ज्ञेयं कनिष्ठासारितं बुधैः ॥५९॥

त्यादि । सर्वत्रग्रहणं स्थानिवद्भावप्राप्तकलानामेतावच्छम्यादिकलाभिर्विकल्पसमुच्चयगमनार्थं सर्वेष्वेतेषु षोडशत्वम् । यथावदिति । पाठक्रमेण चेदमित्थं निवेशयेत् । किं तदित्याह । शम्यातालमित्यादि । पुनश्चैवेति । यस्यापि मुख्ययथाक्षरावस्थायामयं विधिरुक्तस्तथापि वस्तुदशायां न प्राप्नोतीति पुनरस्याभिधानम् । न च क्रमान् नामये (मानी) त्येवकारः । अथापि चेति । अथ अनन्तरं पञ्चपाणेरादेशत्वेन न कृतस्तस्य यदाऽन्यमक्षरं प्लुतरूपमत्र सन्निपातं योजयेदिति सम्बन्धः ॥५६-५७॥

शिष्टासु पञ्चकलास्वपि तालं शम्यां चेत्यादि । द्वितीयेऽपि पञ्चपाणाविति । विकाररूप इत्यर्थः । एष एवेति । यः प्रथमे वस्तुन्याद्याक्षरे सन्निपातमित्यादेः ॥५८॥

एवं षोडशैव कला आसारितस्य स्वरूपम् । या तु सप्तदशकला सा अधिका वा पातः । तस्मात् तत एव मध्यमज्येष्ठदशायां तासामेव द्विगुणानामिति न त्यागा इति दर्शयति । प्लुतच्छेद इति । छेदे ग्रहणं प्रयोक्तृभिरिति प्रयोगः । अयमितिकर्तव्यतातच्छरीरमाक्रामति । यथा परमेश्वरवन्दनप्रयोगे एवं क्रमः । तच्चरणोपरि निजशिरोनिवेशनम् । न तु तावता तच्छिरस्तदङ्ग मे(वे)ति । एवमपोहनमप्यक्रमरूपोनेतिकर्तव्यतारूपं मन्तव्यम् । येनोपक्रमोपसंहारवज्र:(द्य:) षोडशकलाधर्मं एवं मन्तव्यः । एतदुपसंहरति । एवं यथाक्षरं ज्ञेयमिति । एवमिति । परिदृश्यमानविकाररूपयोगम् । यथाक्षरं प्रकृतिदशोचितचतुष्कलरूपम् । तत्प्रकारभूतए(मे)तत् कनिष्ठासारितम् । अन्यद् द्विकलचतुष्कलरूपसम्भवत्वाद् बालमल्पं च भवति । प्राकृतरूपोचित्यादासारः । तदासर एवमङ्गत्वादितः सरति । ज्ञेयं लक्षणमात्रमथोपयोगि च । यतस्तस्यायं प्रकारः कनिष्ठासारिते ।

अत्र केचित् शम्यातालं च इत्यादिकं यथाक्षरस्याक्षरैः इत्यन्तं ग्रन्थमुपेक्षन्तेऽस्य दर्शनपरमार्थत (तो) वर्धमानेऽन्तर्भाविनोत्तानतया पौनरुक्त्यं मन्यमानाः । तत्र प्रथमो ग्रन्थः शम्यातालमित्यादिरपुनरुक्त एवेति व्याख्यातम् । ग्रन्थान्तरं तु योज्यते ।

---

१. KSS. शम्यातालं च तालं च शम्यातालयतः परम् ।
२. KSS. प्लुतस्यान्ते कृतस्येष्टः ।

इह तावत् परमार्थतस्त्रीण्येवासारितानि भवन्ति । तथाप्येककलद्विकलचतुष्कल-प्रयोगोपपत्तिर्नियाता । अत एवान्यनालमध्येऽनुप्रवेशान्तं सत् सम्भवतीत्येव तावत् त्रिषैवासारितक्रिया । तथा च पूर्वरङ्गे बहिर्गीतलक्षणे स्वकण्ठेन त्रयाणामेव नाम-ग्रहणम् । लयान्तरं तु रागप्रयोगवैचित्र्यमात्रसम्भवम् । तच्च प्रयोगवैचित्र्यं तात्का-लिकप्रयोगान्तरापेक्षया समाश्रयितुं युक्तम् । अन्यथा द्विगुणत्वमक्षरलयादीनामवश्यं ध्रुवापेक्षया चित्र इत्यादि लघ्वपेक्षया गुरोरित्यादिना च न्यायेन सर्वमस्तीति सर्वं-(वँ)लयान्तरं भवेत् । तात्कालिकत्वप्रयोगान्तरं यदपेक्षणीयं तद्वर्धमानान्तर्भाव एव भवतीति तदपेक्षया यदि नाम तथाप्यप्रत्ययेन वा मनसश्च नाम्योन्यविक्रियमाणेन वा व्यवहारयोगेन बहिर्भावेऽपि लयान्तरव्यवहारः । अर्थतस्तु वर्धमानमुख्यस्तद्व्यवहारो युक्तः । अत एव वर्धमानमासारितानां कारणमिति प्रतीयते । तथापि नवकला-विशालाचित्रगतार्थकलाऽन्त्यवर्जं ध्रुवकप्रयोगवैचित्र्यं यदि नान्तभं(रभ)विष्यत् ततः कनिष्ठासारितं स्यात् । तदभावेऽष्टकलो द्वितीयाप्रथमाकण्डिकासाहित्येन । अत्रापि त्रिखण्डत्वमेव गीततालयोः । द्वादशकला आद्यखण्डे । द्वितीये षट्कलाः । तृतीये चतस्रः कलाः । आसां तालविधिमाह । तालस्त्रिकलश्चेति (भ. ना. २९-६१) । आदौ तृतीयस्यां कलायां तालम् । एकस्यां शम्याम् । द्वितीयस्यां तालम् । द्वितीयस्यां शम्याम् । द्वितीयस्यां तालम् । अन्ये तु तालोऽपि ह्येककात्मकः स्यादिति पठन्ति । ते शम्यानन्तरमेव तालमाहुः । तृतीयस्यां सन्निपातम् । शेषं तु विप्रा इति परिपाट्या द्विकलपादभागानुसारेण युता । पितापुत्रकश्च षट्पूर्वं (भ. ना. २९-६२) इति द्विकल एव पञ्चपाणिः । चच्चत्पुटस्तथा द्विकल एव । तेन नीप्रताप्रशतादसतानिप्रतिस-प्रसतिस इति केचिद्व्याचक्षते । अत्र क्रमादयः शब्दाः मा(सा)रणार्थे वर्तयितव्या-स्तावन्त्यः यो(तेष्वन्तिमो)ऽस्ति तत्र मध्यं च विकलोचितेन पूर्यते । ननु चाचपुटच-(श्च)तुष्कलोचितेनेति प्रमाणाभावः । षट्पितापुत्रकोऽत्र द्विक (भ. ना. २९.६२) इति प्रकरणं प्रमाणमिति चेदन्योन्याश्रयः । द्विकलो द्विः पञ्चपाणिरिति च त्रिकलश्च सन्निपात (भ. ना. ३१.१६६) इत्यतोऽनन्तरं भूय एवमिति बाधकत्वे त्रिकलश्च सन्निपात (भ. ना. ३१.१६६) इत्यतोऽनन्तरं पितापुत्रकं च(कश्च)षट्पूर्वं (भ. ना. २९.६२) इति च न प्रयोजनम् । तथा चासारितेषु चञ्चत्पुटपरिवर्तः शम्यादी द्वे(द्वौ)च पञ्चपाणियुताविति (भ. ना. ३१.६५) वक्ष्यति । द्वात्रिंशति(त्) कला-स्तद्वारतीये यव(दा)पदगणविभागाः । तस्मात् तालस्त्रिकरण(ल) (भ. ना. २९.६१) त्यादो त्रिशम्योपरिपाण्यविति (भ. ना. २९.८७) निरन्तराये कलाद्वादशके पाताः ।

यथाक्षरस्याक्षरैश्च तालपातान्निबोधत ।
[1]चत्कारे तु भवेच्छम्या द्वितीये[2] ताल एव च ।।६०।।

तानांताशं ताताशंशं ताताशंशम् । **तालो द्विकलश्चेदिति(श्चेति)तु** (भ. ना० २९.६१) पाठे संनि(पात)द्वयम् । अत्र त्वन्ये तु तमेकेनैव सन्निपातेन भार्य(व्य)-मिति । यदि सा विशालपरिवर्तक्रमेण न स्यात् कुतो लयान्तरम् । एवं द्वितीया-चतुर्थीभ्यां साहित्यात् तत्पूर्वकण्डिकाप्रयोगे मध्यमषष्ठयोरुद्भव इति । तथाऽऽसारि-तानि यदि भवेयुस्तस्य परिणामापेक्षया कण्डिकाविभागस्य तदभावेऽष्टकलः । द्वितीया च(श्च) कथं दश परिवर्ताः । एकस्मिन् मूलवृद्धिकृतः कलापरिवर्तकलावृद्धिभ्यां साहित्यात् कृतं वर्धमानमित्यनयोर्बीजाङ्कुरवदन्योन्यकार्यकारणतः सातिशयस्य वर्ध-मानस्य... ..अनयोर्वर्धते । इह तदेवं स्थिते वर्धमानान्तर्गते आसारितविधावुत्पत्ति-सिद्धये तावद्वर्ण्यते ।

> प्रथमां कण्डिकां कृत्वा बालतालप्रयोजनम्(जिताम्) ।
> अन्तिमार्धकलाहीनं (कुर्यादेवं) कनिष्ठिकम् ।।
> द्वितीयां कण्डिकां कृत्वा(प्रथमा सकला यदि) ।
> योज्यते पूर्वतालेन तदा(तत्)स्याल्लयान्तरम् ।।
> (भ. ना. ३१.८१.८२)

इत्यादितश्चैतावतैव कनिष्ठलयान्तरितरूपसिद्धिः । बालस्य हि यस्तालः शम्या चच्चत्पुट इत्यादि । स एवाष्टासु चित्रगतासु । ध्रुवकाद्या षोडशीकृताश्च तेन गुरुरूपेण युक्तासु न पुनर्गुरुलघुप्लुटकोट(द्धट्ट)ने ।।५९।।

नियममाह ।

यथाक्षरस्याक्षरैश्च तालपातान् निबोधत ।

इति । च एवकारार्थे । तदयमर्थः । **यथाक्षरस्य** कनिष्ठलयान्तरितात्मन आसारितस्यैव बालतालप्रयोजितामित्यादौ (भ. ना. ३१.८१) **तान्**(ल)शब्दवाच्या पाता वक्ष्यन्ते तानक्षरैश्च चच्चत्पुटभृत्यक्षरगतगुरुलघुप्लुतैरेव संयुक्तान् **निबोधत** । न तु केवलं गुरुरूपकलामात्रेण प्रदर्शयितव्याः । अक्षरैश्च संयुक्तास्तेऽपि च प्रयोज्या इत्युक्ते चच्चत्पुटचाचपुटषट्पितापुत्रकोद्धट्टसम्पक्वेष्टाकाक्षरणां च बहूनामसम्भव इति न निश्चयः कश्चित् प्रकरणात् चच्चत्पुटषट्पितापुत्रकयोर्लाभेऽपि......न्याय्यः ।

ननु पादस्याप्रामाण्यादिरेव प्रापकत्वेन प्रामाण्यादिति यदि क्रमव्यत्ययो भवती-

---

१. KSS., NS. चकारे तु ।
२. KSS. द्वितीयस्ताल एव च ।

पुकारे तु पुनः[1] शम्या र(ट)कारे ताल एव च ।
एवं [2]चञ्चत्पुटो ज्ञेयः पञ्चपाणिरतः परम् ॥६१॥

[3][षट्कारे सन्निपातः स्यात् पिकारे ताल एव च ।
[4]ताकारे तु भवेच्छम्या [5]पुकारे ताल एव च ॥६२॥

त्रकारे तु भवेच्छम्या ककारे ताल एव च ।
द्वितीयोऽप्येवमेव स्यात् सन्निपातस्ततः परम्] ॥६३॥

गुर्वक्षराणां [6]विश्लेषादेवमेव तु मध्यमम् ।
[विश्लेषितानामेषां तु द्विर्भावे या कला भवेत् ।
पातान्ते सा प्रयोक्तव्या यथावदनुपूर्वशः] ॥६४॥

त्याशङ्क्य वचनेनैव क्रममाह । चका(त्का)रे तु भवेच्छम्येत्यादिना द्वितीयोऽप्येवमेव स्यादित्यन्तेन । द्वितीय इत्यवशिष्टे कलाषट्क इत्यर्थः ।

ननु सप्तावशिष्यन्त इत्याशङ्क्याह । सन्निपातस्ततः परमिति । एवमासारितस्यापि लक्षण(ण)कृतं भवतीति केवलस्वकण्ठेनास्याभिधानं वर्धमानान्तर्भाव एव । तदुभयस्य स्फुटत्वं यदुक्तन्यायादित्यलं बहुना ।

तुरेवकारार्थे । चका(त्कार)र एवेयमनुक्रान्ता शम्या गुरावेवेत्यर्थः । एवं तावद् द्वितीये गुरावेव शम्या । पुनः प्रकारे । पुनः शब्देन पूर्वतो विशेषो द्योतितः । तालस्त(ष्ट)कार एव प्लुते । एवमेवेत्यन्योन्यं योज्यम् । अन्ये तु

चका(त्का)रे तु भवेच्छम्या द्वितीये ताल एव च ।

इति पठित्वा चञ्चत्पुटसम्बन्धिनश्चतुरः पातान् पठित्वा एवं चाचपुटे ज्ञेय इति पठन्ति । पञ्चपाणेस्तु पुटशब्दानन्तर चतुष्पातानाहुः । ते विशालाया आद्यत्वं मध्यमानामेव पठन्ति । लयान्तरमेव केवलमभिप्रेत्य तत्र द्वितीयस्यां कण्डिकायामष्टकलायां च चच्चत्पुटषट्पितापुत्रक इत्यक्षरयोजनया समाप्तया प्रथमं विशालतो गृह्यते । तत्र च (चच्चत्) इत्याद्यक्षरद्वयम् । तेन चच्चत्पुटशेषभूतमेव कृतमिति पूर्वकस्तु पाठः । कनिष्ठलयान्तरोभयानुग्राहिप्रयोगमेवोचितं चेत्यलं बहुना ॥६०-६३॥

एवं कनिष्ठे लक्षिते मध्यमस्य लक्षणमाह ।

गुर्वक्षराणां विश्लेषादेवमेव तु मध्यमम् ।

---

१. KSS., NS.
२. NS. चञ्चुपुटे ज्ञेयः पञ्चपाणेः ।
३. NS. षडारे ।
४. NS. तकारे ।
५. NS. एकारे ।
६. KSS. विक्षेपात् ।

[1]द्विर्भावान् मध्यमस्यैव ज्येष्ठमित्यभिधीयते[2] ।
मध्यमस्य विधानेन न्यसेच्च द्विगुणाः कलाः ॥६५॥

इति । आदौ तावद् विश्लेषः कार्यः । स च योग्यत्वाद् गुरुप्लुतगत एव ।- तत्र गुरुणो द्विधा विश्लेषणम् । प्लुतस्य त्रिधा । तत्र विश्लेषणं(णे) कृते द्विर्भावाद् द्विकलोचितेन पादभागविभाग (उक्त) दिशा कार्यः । कृते च पादभागविभागे द्विर्भावे द्विकले चोचिताऽनुपूर्वंशः परिपाट्याऽऽयाता निष्क्रामकला प्रवेशकला सा (चादौ) पादस्य यथाक्षरतालश(स)म इति तस्यान्ते प्रयोक्तव्या । यथावदनुपूर्वंश इति । तत्रेदं मध्यमं गुरूणां सम्बन्धि । विश्लेषकलाः सर्वा अविश्लिष्टगुरुरूपा इति यावत् । अन्ये सन्निपातश्चानन्तर्भावाद् यथास्थित एव । एवं च श्लोकयोजना । विशेषाद्धेतोर्मध्यमन्तं च गुर्वक्षराणां सम्बन्धि । एवमेवेति विकारे प्रकृतिरूपप्रत्यभिज्ञानात् तत्र च तालविधिः । द्विर्भावे द्विकलविभागे भागरूपे कृते द्विर्भावे वा कलादेः शब्दरूपा सा पातस्यान्ते प्रयोज्ये ते(ति) । तदयं प्रस्तारः । शनितानिशतासनिप्रनिताशनितानिशातप्रनिसंनि प्रतासंनितासताप्रनितंप्रतासम् । सन्निपातोऽन्त इति वचनाच्च । सामान्येन प्रनि इत्यादि प्रस्तीर्य विशेषतयान्त आदौ प्रयोज्य इत्येतदाह यथावदिति । ज्येष्ठे च प्रआनिवि इति पादभागे प्रस्तारः ।......। ततो विशेषपातः । गुरुणि च पादभागो लघुन्यथ पादभागः । प्लुते सार्धं इते स्थिते पादे चेबा(चैवे)तस्ततः कला एवं च क्रमम्रु(म उ)त्तरत्रानुवादे स्पष्ट इति ।

ये पूर्वमङ्ग(ङ्ग)लिकृताः प्रवेशनिष्क्रामसंज्ञया गदिताः ।

(भ. ना. ३१.१६८)

इति व्याख्यास्यते चैतदग्र एव ॥६४॥

अथ ज्येष्ठं लक्षयति । द्विर्भावान् मध्यमस्येति । एवं तेषामित्यभिधीयते । गुर्वक्षराणाम(मि)तिवर्तते । मध्यलयानि गुरूणि तेषां द्विर्भावात् ज्येष्ठमभिधीयते इति । अतो हेतोश्चतुष्कलत्वादिति यावत् । अस्य तालविधिमाह ।

मध्यमस्य विधानेन न्यसेच्च द्विगुणाः कलाः ।

द्विकलापेक्षया द्विकलश्चतुष्कलो विधिः । तद्विषयाश्च कला अपि द्विगुण(णा) इत्युक्ताः । ताश्चावापनिष्क्रामविक्षेपप्रवेशात्मिका उत्सर्गतः । ताश्च मध्यमस्य । यद्विधानक्रमः पातास्ते सम्प्रयोक्तव्ये (व्या इ)ति तेन क्रमेण न्यसेत् । तदयं प्रस्तारः ।
...................................॥६५॥

१. KSS. द्विभावो ।
२. KSS. ज्येष्ठ इत्यभिधीयते ।

सन्निपातैर्निपातैश्च तेषां वस्तु प्रकीर्तितम् ।
[1][समासलक्षणं चैव गदतो मे निबोधत] ॥६६॥

[अष्टौ तालास्तु षट् शम्या(:) सन्निपातास्त्रयस्तथा ।
आसादि(रि)ते विधिह्येष एकैकं परिकीर्तितम् ॥६७॥
चत्वारस्तु गुणा युग्मे ऽयश्रे षट् परिकीर्तिताः ।

द्वितीये पञ्चपाणौ तु सार्धाः षट् परिकीर्तिताः ।
अन्ते च सन्निपातः स्यात् सर्वेषामप्ययं विधिः] ॥६८॥

अत्र विभक्तभङ्गे सन्निपातस्य मुक्तकमार्गरूपत्वे चच्चत्पुटे चतुर्भिः पञ्चपाणिवन्न षड्भिः पातैरिति(त्यासारे) विंशतिः पञ्चपाणौ शम्ये(म्यै)वेति पुनः प्रथमशम्यायामुक्तकल्पनां व्रजन्त्यां पञ्चपाण्यां(णौ)च सन्निपातयोश्च पूर्वपूर्वं तालविशेषत्वं व्रजतोर्मुक्तके च पञ्चपाणिशेषभुते सा प्रवेशकला षड्भवा तत्वात् पञ्चपाणेरिति वक्ष्यते । ननु कनिष्टं(ष्ठं)मध्यमं ज्येष्ठमिति च या सप्तांशी निरूपिता निःशब्दा कृताऽन्या कनिष्ठकेवला मध्यमज्येष्ठयोर्निपातसहिता । वस्त्विति विशेषरूपलक्षणमित्यर्थः । सप्तांशेन सामान्येन यं(यल्)लक्षणं तन् निबोधत ॥७६॥

अष्टौ तालास्तु यच्छ(षट् श)म्याः सन्निपातास्त्रय इति । एवं तैस्वयंरूपं तद्रूपमिति यावत् । संख्यावत्वाद् बलवत्त्वमिति न्यायादेष क्रम आश्रितः । नात्र चच्चत्पुटपञ्चपाणिबुद्धिः कर्तव्या । अपि तु वर्तनविधिः कार्यो यथा । अष्टौ ताला इत्यादिना क्रमेणासारितरूपसिद्धिरित्युक्तमप्यन्येन ॥६७॥

केचि(केश्चि)दत्र(त्रा) स्थितं(म् ।) चत्वारस्तु गुणा युग्म मि(इ)ति (भ. ना. ३१.१०६) श्लोके आसारि(त)पदविधिः स्पष्टस्मरणार्थं विधीयते । तत्तु स्वस्थान एव व्याख्यास्यामः ।

---

1. NS. समानलक्षणां । KSS. does not read.

आसारितानां संयोगो वर्धमानकमुच्यते।
उत्पत्ति लक्षणं चास्य गदतो मे निबोधत] ॥६६॥

अन्ते च सन्निपातः स्यात् सर्वेषामप्ययं विधिः।

इति केचिदर्धश्लोकमप्यत्र सन्निपातस्यौत्सर्गिकमन्त्यत्वं दर्शयितुं पठन्ति ॥६८॥

ननु नृत्तोपयोगे प्राधान्याद् यदुद्देशेभ लक्षणं तद् वर्धमानस्यैव प्रथमलक्षणं वाच्यम्। अथासारितानां समूहात्मकं तदिति। एषामादौ वर्धमानस्य कथं पृथगुपादानम्। पूर्वमकारिते आसारिते वर्धमानाहितैव च चित्रतेत्याशङ्क्याह। **आसारितानां संयोगो वर्धमानकमिति।** इह न प्रत्येकमासारिते वर्धमानरूपता। न समुदितेषु। तथाहि। त्रीण्यासारितानि सप्तदश त्रयस्त्रिंशत् पञ्चषष्टिरिति पञ्चदशोत्तरं शतम्। कलानां वर्धमानं तु दशपरिवर्तक्रमेण चतुर्विंशत्युत्तरं शतम्। नवाष्टौ ततो नवाष्टौ नव षोडश द्वात्रिंशत् षोडशाष्टौ नवेति। यथा(दा) परिवर्तविहीनकण्डिकामात्रगणनं तदा यद्यपि पञ्चषष्टिकला त्वाद्येष्वा(आद्यास्वा)सारितरूपता ,सम्भाव्यते तथापि नवाष्टौ षोडश द्वात्रिंशदित्येवम्भूतस्य विच्छेदस्यात्राभावात् त एव रूपतायाः पाताः केवलज्येष्ठासारिते। अभग्नपदकल्प्यमानरूपविशेषे वैचित्र्याश्रयभावन्यायेन खण्डिकाश्रयत्वाद् वर्धमानाश्रयत्वं स्यात्। नन्वेवमासारितानां किमादौ लक्षणेनेत्याशङ्क्याह। सम्यग् विचित्रेण प्रयोगेणायोगः। परस्परसङ्गतिः। तत्प्रमाणं **वर्धमानम्।** तथाहि कनिष्ठे गीयमाने कण्डिकाद्वयं संयुक्तं भाति। तस्मिन्नेव कला.. ...नान्या खण्डिका। मध्यमे च त्रयम्। ज्येष्ठे चतुष्टयम्। एवं परिवर्तदशखण्डिकासम्मितिर्याऽऽसारितेषु भाति गगनतलभ्राम्यदभ्र(भ्रां)शकसंस्थानसिंहव्याघ्रादिवैचित्र्यन्यायेन ततोऽद्भुतत्वादासारितानामादौ लक्षणं कृतम्। वर्धमानस्य च पृथगेव वक्तव्यम्। तत्र नृत्ताश्रयत्वेनास्य भगवदुपज्ञमेव प्रवृत्तिरिति पूर्वमुत्पत्तिर्वाच्येति दर्शयति। **उत्पत्ति लक्षणं चास्येति।** तत्रोत्पत्तिस्ताव(दा)दौ नवमिति ताण्डव [प्रयोगो]........ऽस्माभिस्ताण्डवाध्याये (भ० ना० अ० ४) दर्शित इत्यर्थः ॥६६॥

ननु नृत्तं यद्युपपादितं वर्धमानस्य किं तत इत्याशङ्क्याह। **अथ भूतचरै(गणै)**रिति। अनुचरगणैरित्यर्थः। **तस्मिन् काल इति।** नृत्यप्रयोगकाले। इदमि-

[1]निहत्य दानवं घोरं रुद्रेणामिततेजसा ।
नृत्तमुत्पादितं पूर्वं चित्रं ताण्डवसंश्रितम्[2] ॥७०॥

अथ भूतगणैः सर्वैस्तस्मिन् काले महात्मभिः ।
वर्धमानमिदं [3]हृष्टं पिण्डीबन्धैर्विभूषितम् ॥७१॥

परितुष्टश्च तद् दृष्ट्वा सपत्नीको वृषध्वजः ।
प्रददौ च वरं श्रेष्ठं सह देव्या गणाधिपैः[4] ॥७२॥

लक्ष्यलक्षणसम्पत्या[5] मार्गयुक्तिविधिक्रमैः ।
वर्धमानप्रयोक्तारो यास्यन्ति शिवगोचरम्[6] ॥७३॥

त्युक्तपूर्वासारितसङ्गतिप्रयोजनात्मकं दृष्टमालोचितम् । आलोचने हेतुः पिण्डीलब्धं-(बन्धं)रिति । तदुत्थाननिदानभूतकरणाङ्गहारप्रयोगसहे(हिते)ष्विति यावत् । एतदुक्तं भवति । भगवा(न् वि)द्यया विचित्रं नृत्तमकार्षीत् । न चानुचरवर्गसमुचितं विचित्रं गीतमुत्प्रेक्षाञ्चक्रे । विचित्रत्वादेव परिवर्तादिवैचित्र्यमुक्तम् । तत्र वैचित्र्यो-त्प्रेक्षणेऽङ्गपरिवर्तादिवैचित्र्यमेव पर्यालोच्यमानं हेतुरिति भगवता वस्तुतो वर्धमान-मुत्पादितम् न तु.........॥७०-७१॥

किमिदानीं तदत्र प्रयोगेण । यदुक्तं

वर्धमानमथापीह ताण्डवं यत्र युज्यते । (भ. ना. ५-१३)

इत्याशङ्क्याह । परितुष्टश्च तं (तद्) दृष्ट्वेति । सपत्नीकः सगणश्च परितुष्टः सन् तादृशमेव वरं ददौ ॥७२॥

कथमित्याह । लक्ष्यलक्षणसम्पत्त्येति । मार्गाश्चित्रादयः । युक्तिर्योजनम् । परिवर्तात्मिका(त्मको) विधिः । यथाक्षरद्विसङ्ख्यातत्रिसङ्ख्यातरूपक्रमपरिवर्तनेष्वा-सारितोत्पत्तिलक्षणाः(णः) । एतैर्लक्षणस्य च सम्पदा घटितैरुपलक्षणं वर्धमानं ये प्रयुञ्जते ते शिवगोचरं दृष्टादृष्टपरःश्रेयःप्राप्तिलक्षणं यास्यन्ति । भविष्यप्रयोगेण विविधफलानां धियः फलमुन्नतत्वकारणमित्याह । बहुवचनप्रयोगेण गातृवादकनर्त-कानां तुल्यफलत्वमाह ॥७३॥

---

१. इतः पूर्वं काशीसीरिजपुस्तके "अतः परं प्रवक्ष्यामि लवान्तरितलक्षणम्" इत्यादि १२५ श्लोका अधिकाः ।
२. KSS. संज्ञितम् ।
३. KSS. सृष्टं ।
४. NS. देवगणाधिपैः ।
५. NS. सम्पन्ना ।
६. KSS. वर्धमानं प्रयोक्तारो यास्यन्ति शिवगोरवम् ।

एवमेतन् [1]मया दृष्टं पिण्डीबन्धनिमित्ततः ।
अधुना तु प्रवक्ष्यामि लक्षणं शृणुत द्विजाः ॥७४॥

वृत्तिदक्षिणचित्रेषु मार्गेषु विनियोजितम् ।
द्विविधं वर्धमानं स्यात् स्वप्रमाणविनिर्मितम् ॥७५॥

अतालं च सतालं च वर्धमानं द्विधा स्मृतम् ।
चतस्रः कण्डिकाश्चैवं तावन्त्यासारितानि तु ॥७६॥

एवमेतदिति । यतो भगवद्धरदारादेव(वं)भूतं नृत्तमतो हेतोः **पिण्डीबन्ध**स्याङ्गहारप्रयोगवैचित्र्यात्मनस्ताण्डवस्य निमित्तेन तत्पूर्वेण रूपसमुत्पत्तये **मयेति** भरतमुनिनैतन्नृत्तं **दृष्टम्** । पूर्वरङ्गे मयाऽऽलोचितमित्येवमुत्पत्तिमभिधाय लक्षणस्यावकाशमाह । **अधुना तु प्रवक्ष्यामि लक्षणमिति** । जाते पूर्वरङ्गे योगे युक्तमस्य लक्षणमित्यधुना(नेत्य)स्याभिप्रायः । तुर्भिन्नक्रमः । यद्यपि सम्पत्तिरप्युपयोगिनो(न्यु)क्ता तथापि साध्याकारेण प्रतिनियोजितम् ॥७४॥

द्विविधं वर्धमानं स्यात् स्वप्रमाणविनिर्मितम् ।

मार्गानुभवसूचने आसारितानामाधाराधेयभावस्तावदस्ति । सा (स)च न स्वतन्त्राणाम् । अपि तु वर्धमानरूपं गतानाम् । तथाहि । वर्धमानरूपादुन्मीलिते पञ्चषष्टिकले ज्येष्ठासारितान्तरमासारिते आधारभूते कनिष्ठाधि(ष्ठि)ताऽऽधेयताऽवतिष्ठते ॥७५॥

नन्वेवमासारितानां द्वैविध्यमाधाराधेयभावेन वर्धमानमित्याशङ्क्याह । यस्मिन् वर्धमानरूपत्वे यत्प्रमाणप्रक्षेपोऽन्तर्भावः कण्डिकाङ्कलाशम्याविभागश्च तेन यतो विनिर्मितमिदं द्वैविध्यं ततो वर्धमानस्यैव चतूरूपम् । न हि वर्धमानरूपत्वानासादने पञ्चषष्टिकले ज्येष्ठे आसारितान्तरमाधीयते । तस्य विशिष्टतालयुक्तत्वादन्यरूपासहिष्णुत्वात् ।

ननु वर्धमानतायामपि कथं तस्यैवाधारत्वम् । आधेयतश्चोपाधिकृताद्भेदादित्याह । **अतालम्** । **चो** हेतौ । चेत्यादि । यतस्तस्य वर्धमानस्य यतः प्रमाणं कालविभागस्तदतालम् । केवलसङ्ख्याभेदपरिच्छिन्नस्वशम्यादिविहितकण्डिकाचतुष्कमात्रं रूपं **सतालम्** । शम्या तालं पुनः शम्या (भ. ना. ३१.१४४) इत्यादि वक्ष्यमाणस्वरतालयुक्तं श्रुतम् । तस्मादाधाराधेयभावोपपत्तिः । एतदुक्तं भवति । **कण्डि** खले(कडि भेदने पा-धातुपाठः १५८३) **कण्डिका** । चतुष्कलमात्रे पञ्चषष्टिकलेऽनु-

---

1. KSS. पुरा सृष्टं पिण्डीबन्धाय शम्भुना ।

ध्रुवकेण कलाभिश्च कण्डिका देवकल्पिताः ।
वर्धमानशरीरे तु क्रियते मार्गयोजना ॥७७॥

आद्या नवकला तु स्यादष्टाभिस्तत्परा स्मृता ।
दश षट् च तथा चैव तृतीया कण्डिकेष्यते ॥७८॥

चतुर्थी कण्डिका चैव द्वात्रिंशत्तु कला[1](:) स्मृताः ।
कलाभिरेवं निर्दिष्टाः कण्डिका वर्धमानके ।
केवलं मार्गसम्भूतास्तालयोगाङ्गवर्जिता(:) ॥७९॥

श्लिष्टितस्वकतालवैचित्र्ये अभग्नपदभित्तिप्रख्ये चत्वार्यासारितानि पूर्वोक्तस्वकताल-योगेन प्रयोगे योग्यानि । तेन कण्डिकामात्रत्वाधारताऽऽसारिततालप्रयोगसहितया-ऽवधे(ताऽऽधे)यता । अन्ये तूपोह्नाङ्गस्याथ तत्र मुखतालमित्या(त्य)तालत्वमेक-त्वात् प्रतिमुखादेकसतालत्वादङ्गवैचित्र्याद् द्विविधमित्याहुः एतत्तु न युक्तमित्यत्रैव वक्ष्यामः । तत्र यवतालरूपं तालं दर्शयति । चतस्रः कण्डिकाश्चैवमिति । कण्डानां नियतविभागात्मिका कण्डिका । अन्ये तु काण्डमवान्तरप्रकरणमिति मन्यमाना दीर्घं पठन्ति काण्डिका इति । कण्डिकैव केवला न तु तद्गतशम्यादि । चतस्र एव नाडिकाः । अतो हेतोस्तावन्त्येव चत्वार्यासारितानि तत उपपन्नाधाराधेयतेति यावत् । तुर्विशेषं द्योतयति । वर्धमानान्तर्गतानि यदि तानि तदा चत्वार्यन्तर्बहिर्भूतानि पुनस्त्रीण्येव । एतच्च प्राग् दर्शितम् ॥७६॥

न च कण्डिकानां स्वकतालाभावे स्वरूप एव लोप एवेत्याशङ्क्याह । ध्रुवकेण कलाभिश्चेति । देवेन कल्पिता भगवता योजिताः । कण्डिका इति तावन्मात्रमासां रूपम् । ततो ध्रुवपातयोगः शम्यादिकलाविशेषयोगो वा ।

एतदुक्तं भवति । नियतकालकला कला चास्य......कण्डिका धर्मरूपा धर्म-स्थानीयं(यः) तत्र पातयोग इति ॥७७॥

ननु शम्याद्यभावे रूपसंयोजनबलेनोत्पत्तिः क्रियते । किं तत् कण्डिकात्मकं वर्धमानशरीरं यत्रैवं मार्गयोजनेत्याह । आद्या नवकला तु स्यादिति । दशपरिवर्त-दशाहा(द्या)सारितरूपतायां यद्यप्यनियतमादित्वमासां तथापि कण्डिकारूपे प्रयोगे-ऽयमेव क्रम इति दर्शयितुमाद्येति तत्परेति चोक्तम् । तृतीया तथैवेति । तत्परे-त्यर्थः ॥७८॥

चतुर्थी कण्डिका चेति । तत्परेति यावत् । एवकारः क्रमं नियमयति । एवं नवाष्टौ षोडश द्वात्रिंशदिति चतसृणां स्वरूपम् । एतच्चासारिते । आसां स्वरूपमुप-

---

1. KSS., NS. द्वात्रिंशत्कलिका ।

एकद्वित्रिचतुर्योगात्ताभिरासारितानि तु ।
वर्धमाने प्रसूयन्ते मार्गतालाङ्गयोगतः ॥८०॥

[1]प्रथमां कण्डिकां कृत्वा बालतालप्रयोजिताम्[2] ।
अन्तिमार्धकलाहीनं कुर्यादेवं कनिष्ठकम्[3] ॥८१॥

संहरति । **कलाभिरेवमिति** । एवमित्युक्तसंख्याभिः कलाभिर्लक्षिता **मार्गेषु** चित्रादिषु **सम्भूतानां** सम्भाव्यमानस्वभावं केवलं कृत्वा निर्दिष्टाः शब्देन स्वेन रूपेणोक्ता(:) । अत एव तालयोगेन स्वैरङ्गैश्चासारितमुखप्रतिमुखदेहसंहरणविभागयोगैरासारिततालैर्वर्जितास्तत एतदवस्थाया माधारूपता उक्ता इति भावः ॥७९॥

नन्वाधेयत्वं तर्हि कथमित्याह ।

एकद्वित्रिचतुर्योगात्ताभिरासारितानि तु ।
वर्धमाने प्रसूयन्ते मार्गतालाङ्गयोगतः ॥

इति । **ताभिः** कण्डिकाभिर्हेतुभूताभि**रासारितानि** जायन्ते । कथम् । **योगात्** । योगो **मार्गतालाङ्गतः** । ततो हेतोः ।

एतदुक्तं भवति । एकयोगा त्रिमात्राश्रिता कनिष्ठासारितोत्के(तके) ते(ता)लेऽङ्गेषु च योजितेषु कनिष्ठासारितं प्रसूयत एव । द्वियोगान्तेष्वेव तालेषु लयान्तरम् । क्रिया(त्रि)योगात्तु वार्तिकाश्रितमध्यासारितोचिततालयोगयोजने मध्यः । **चतुर्योगाद्** दक्षिणता स्वोचिता । तालाङ्गनिवेशने ज्येष्ठम् । बहुस्वभावेत्यनया त्वव्यवस्थेत्याह । **वर्धमान** इति । प्रयोगापेक्षा गगनतलविचरज्जलदशकलघटनसिंहादिबुद्धिवदद्भुतफुल्लकल्पां(ल्पा) तदानीन्तना चेयमासारितबुद्धिरिति चेत्(च) प्रसूयत(न्त) इत्यनेनोक्तम् । प्रसूय(न्ते) प्रयोगक्रमे सत्येवं ज्ञायते(न्ते) इति यावत् । अत एव लक्ष्यमेव प्रधानं न तु लक्षणम् । नेदं सुष्ठुतमं बुद्धावारोहतीति लक्ष्यसम्पत्तिरुक्तपूर्वाऽपि पुनरत्र सूचिता ॥८०॥

नन्वेकयोगान्न कस्यचिदासारितसंवादं पश्यामः । एकत्र च कीदृशो योग इत्याशङ्क्याह ।

प्रथमां कण्डिकां कृत्वा बालतालप्रयोजित(ता)म् ।
अन्तिमार्धकलाहीनं कुर्यादेवं कनिष्ठकम्॥

इति । नात्र द्वित्रि(द्विस्त्रिः)षट्कृत्वा कुर्यादिति वचनार्थितप्रयोग(:) । किन्त्वयमर्थचि-

---

१. KSS. प्रथमं
२. NS. प्रयोजितम् ।
३. KSS. बालमासारितं तु तत् ।

द्वितीयां कण्डिकां कृत्वा प्रथमा[1] सकला यदि ।
[2]योज्यते पूर्वतालेन तदा तत् स्याल्लयान्तरम् ॥८२॥

(श्चि)त्रमार्गेण । नत्वहि(त्वादिमा)भिरकला हि कार्या । प्रथमा(मां)ख(क)ण्डिकानां-(कां) कृत्वेति बुद्धौ गृहीत्वाऽऽश्रयत्वेनालम्ब्य । कस्येत्याह । बालेति । कनिष्ठासारिते यस्ताल उक्तश्चच्चत्पुट(:) पञ्चपाणिर्वेत्येवंरूपां चे(चै)वंरूपः । ध्रुवकानि मार्ग-चतुष्कदशाबा(बाला)द्यान्यवस्थाभिर्व्यव(प)देशः । ततश्च बाले ताले ध्रुवकतालः । एवं चित्रमार्गगा न च कला प्रतिकलद्रुतमात्रेण द्वाभ्यां पाताभ्यां योज्यं शब्दकालत्वं यथा हि बालदशायां कनिष्ठकमभूत् । तद्वद् वर्धमानान्तर्भावे । एवमिति । इमा ध्रुवकमार्गाश्रयलक्षणावस्थां(स्था) प्रा(ह्रा)सं कुर्यात् । तत्रान्तिमां कलां चित्रमेव केचिदाहुः । अन्ये मार्गभेदमसहमाना न शम्या अधे(र्धे) सन्निपातोऽर्था(र्धा)न्तरे च पातस्यानुक्तत्वादर्थः(र्धः) स्यादित्याह(हुः) । एवात(अत एव) एवमित(एव)मित्या-चक्षते । अत एव तत् कनिष्ठासारित(ते) यच्चित्रमभूत् तदस्यां दशायामर्थ(र्ध)-भूताभिः कलाभिर्हीनं न भवति । विचित्रस्य ध्रुवकवैगुण्यात् तथा विकलानां मद्य(ध्य) माद्यभागत्वे शम्यादिरूपेण स्थितमेवैतत् । पृष्ठरूपं मन्त्रिमत्रे(पमन्तिममे)व कलानाथं-(र्धं)हीयते । ततोऽप्याह । अन्तिमार्थ(र्ध)कलाहीन(म्) इति । सादिमाभिरर्थ(र्ध)कलाभिः कलानामर्थ(र्ध)हीनमित्यर्थः । एवं च बालशब्द(:) कनिष्ठ एव व्याख्येयो न ध्रुवके । तेन व्यस्तस्य द्रुत एव लब्धत्वात् । एवमेकस्यामपि कण्डिकायां योजनात्मकयोग उपपादितः । तथा हि । चित्रे तावद् हीयमाने एकस्मिन् पादे यदं तदेवात्र ध्रुवका-श्रितो(ते)पातद्वये इत्येकयोगात् कनिष्ठप्रसवो व्याख्यातः ॥८१॥

अतियोगः कीदृक् ततश्च कस्योत्पत्ति(त्तिः) कथं चेत्याशङ्क्याह ।

द्वितीयां ख(क)ण्डिकां कृत्वा प्रथमा सकला यदि ।
योज्यते पूर्वतालेन तदा तत् स्याल्लयान्तरम् ॥

बाल इति वर्तते । बालश्च कनिष्ठ एवेत्युक्तम् । वक्ष्यति च बालं नवकलं ए(ये)षाम् (भ. ना. ३१.६६) इत्यत्र । एवं कनिष्ठस्य यस्ताल उक्तश्चच्चत्पुटपञ्चपाणिद्वयात्मा स सन्निपातः । तन्मध्यावद(ध्याद)ष्टासु कलासु साभि चच्चत्पुटःषट्पितापुत्र इत्यन्तो-ऽक्षरपातो विद्धि(धिः) । तावता बालतालेन प्रयोजिता स्थिता यामष्टकलां ख(क)ण्डिकां प्रयुज्य प्रमाणव(त्) कला अभग्नाभिरेव नवभिः कलाभिर्युक्ता यदि पूर्वेणोपक्रान्ता समाप्तेन तालेनावशिष्टेनात्र षट्पितापुत्रकमुक्तं सन्निपातं चेत्येवं रूपेणोपोह्यते । तदेति । तस्यामेव दशायां न हि बहिर्भावयेदिति कनिष्ठं यदभूत् तल्लयकृताद्विशेषा-ल्लयान्तरवाच्यं सम्भाव्यते । तदाह । स्यादिति ॥८२॥

---

१. KSS. प्रथमं ।
२. KSS. पूज्यते ।

[वर्धमानं बिना चित्रे न हि वृत्तौ लयान्तरम् ।
बहिर्वा वर्धमाने वा कनिष्ठं न हि दक्षिणे] ॥८३॥

नन्वक्षरपातविधौ तावन्न कश्चिद्विशेष उक्तः । कण्डिकाऽपि भावोऽपि यः पूर्व(र्वं)द्वितीयप्रथमेति सोऽप्येकासारितप्रयोगत्वे ह्रस्ताभावाल्ललितकल्पं(ल्प)तत्कनिष्ठत्वभेदेन नैतुर्वाच्य इत्याशङ्क्य तयोर्भेदं

वर्धमानं विना विचि(चि)त्रे न हि वृत्तौ लयान्तरम् ।
बहिर्वा वर्धमाने वा कनिष्ठं न हि दक्षिणे ॥

टीकाकृत् तावदाह । लयान्तरमिति । कनिष्ठमेवोच्येत तदाश्रयत्वादुपचारेण । तदयमर्थः । वर्धमानं विना ततो बहिर्भावे कनिष्ठं चित्र एव भवति । ननु का(कदा)-चिद्वृत्तौ वर्धमाने लयान्तरत्वं धर्मा(न्तर)वति(र्ति)बहिर्भावेन कदाचन लयान्तर-मिति तात्पर्यम् । कनिष्ठं तत् स्वतन्त्रं वा वर्धमानगतं वा न जातु दक्षिणे ध्रुवयति । किं ने......स्या स कनिष्ठादपि ज्येष्ठस्य व्यक्तिः स्यात् । चातुर्गुण्यसहत्वान्न त्वेव । सा हि मध्यमासारितादिति । अन्ये तु शेषवृत्ति(त्ती)श्चान्यथा व्याचक्षते । कनिष्ठं स्वतन्त्रं वा वर्धमानस्यान्तरं च । अन्तरत्वं दक्षिणेनापि वृत्तेः । वर्धमानं तु विना चित्रम् । चित्रं तु वर्धमानान्तर्गतध्रुवकेणैव च । स्वातन्त्र्येण तु चित्रमार्गेण भवनी-यम् । लयान्तरं च स्वतन्त्रवर्धमानगतं वा चित्रेण दक्षिणे किन्तु वार्ता एव वेल (वृतिरेव वा लय) एव त्र मध्यमज्येष्ठयोर्मार्गत्रयविधेयत्वमित्युक्तं भवतीति । एवं च मार्गभेदावनयोर्भेद इति तात्पर्यमिति ।

गुरवस्तु स्पष्टमेव व्याचक्षते । एको हिशब्दश्चार्थे । अपरः शब्दार्थे । इत्थं च योजना । लयान्तरं नाम तद् वर्धमानं विना न चित्रे च वृत्तौ न दक्षिणे भवति । मार्गत्रयेऽपि स्वतन्त्रं तत्रास्ति । वर्धमानान्तर्गतं हि चित्रेऽपि हि भवति यदा चित्रा-ऽऽश्रिता नवकला विशालध्रुवकेण कनिष्ठं व्यनक्ति । वृत्तावपि भवति यद्वा(दा) सद्वृत्तिमार्गाश्रिता चित्रेण कनिष्ठाभिव्यज्य(ञ्ज)का । दक्षिणेऽपि भवति यदा सा दक्षिणमार्गाश्रिता वार्तिकेण कनिष्ठं व्यनक्ति । न हि कण्डिकानां मार्गभेद-नियमः कश्चित् । तथा हि सामान्येनोक्तम् । वृत्तिदक्षिणचित्रेषु विनियोजितं वर्ध-मानमिति (भ. ना. ३१-७५) । एवं विना चित्रे वृत्तौ लयान्तरं नापि दक्षिणे । कनिष्ठं बहिर्वा भवति वर्धमाने वा भवतीति पारतन्त्र्यनियमादनियतस्य कनिष्ठस्य सिद्धौ लयान्तरादभेद इति ॥८३॥

द्विगुणाक्षरसंयोगादन्यमार्गनियोजनात्[1] ।
[2]नृत्तकालविशेषाच्च बालादन्यल्लयान्तरम् ॥८४॥

तृतीया स(च)द्वितीया च प्रथमा चैव तत्कला[3] ।
द्विकलं योगमाश्रित्य मध्यमासारितं तु तत् ॥८५॥

ननु भवत्वेवं तथापि यदा वर्धमानान्तर्भावदशाकृता(त)पारतन्त्र्यं तवातो भेव इत्याशङ्क्याह ।

द्विगुणाक्षरसंयोगादन्यमार्गनियोजनात् ।
नृत्तकालविशेषाच्च बालादन्यल(ल्ल)यान्तरम् ॥

यावन्त्यक्षराणि पदसम्बन्धीनि कनिष्ठासारितकलायां तलो(तो) द्विगुण(णानि) लयान्तरगतायाम् । ध्रुवके यदि कनिष्ठलयान्तरश्चित्रे नृत्ते च विशेषोऽस्ति । यत्रा-न्तरे गीयमाने न द्विकलाय(याः) कनिष्ठाया आवृत्तिर्भवतीति । यदा गीतवशादङ्ग भूयो निवृ(व)त्त(र्त)ते नत्राद्यमभिनेयं स्वाच्छेषं नृत्ते तद्योजयेदिति । यथाक्षरवैगुण्या-(न्) मार्गभेदाच्च कोऽन्या(न्यः) कालविशेषः । अक्षरद्वैगुण्यमपि लयवशात् । स एव कालो न तु मार्गभेदे तस्मात् कालोऽत्र नर्तकीप्रवेशवाद्यग्रहणादिरवसरः ॥८४॥

अथ कथं स्त्रि(त्रि)योगः किं च ततं प्रयोगत इत्याशङ्क्याह ।

तृतीया च द्वितीया च प्रथमा चैव तत्कृता(त्कला) ।
द्विकलं योगमाश्रित्य मद्य(ध्य)मासारितं तु तत् ॥

गुर्वक्षराणां त्रिस्तेयामि(विश्लेषावि)ति (भ. ना. ३१-६४) पूर्वं(वं) यो द्विकला-(लो) योगा(ग) उक्तः समाश्रित्य षोडशाष्टौ नवेति यदि काकुतालमद्य(ध्य)मासारितं तेन सनिसासनिशादनि इति चच्चत्पुटम् । शनिप्रताशनितामीति पाणिगता यन्ता इत्येवं षोडशकला(य)त्यादौ कण्डिका । ततः षट्काल(कला)दिशयां(या) शताश्रम् इति प्राच्या वि(वी)चिषु का(क)लाश्च । चतुष्कं पञ्चपाण्यन्तरगतं च कलाचतुष्कं शनिव्रता इति ततो नवकलायां शनिव्रतानि शनिशानि प्राप्यवशिष्टं कलाष्टकमुपूहकं च सन्निपात इति ॥८५॥

---

१. KSS अन्यमाद्य प्रयोजनम् ।

२. KSS. वृत्तकालविशेषाश्च बालताललयान्तरम् । इतोऽग्रे 'कनिष्ठासारिते' त्यादि पद्यमेकमधिकम् ।

३. KSS. तद्भवेत् ।

[1]चतुर्थीमादितः कृत्वा चतस्रः कण्डिका यदा[2] ।
चतुष्कले नियोज्यन्ते ज्येष्ठमासारितं तु तत्[3] ॥८६॥

प्रयोगस्तु यदा त्वेषां पिण्डीबन्धैर्विकल्प्यते ।
प्रत्येकं ह्यङ्गविन्यासस्तदा[4] तेषां पृथक् पृथक् ॥८७॥

अथ चतुर्योगबालं चाह ।

चतुर्थां(र्थी)मपा(मा)तिनं(दितः) कृत्वा चतस्रः कण्डिका यदा ।
चतुष्कले ति(नि)यु(यो)ज्यते(न्ते) ज्येष्ठमासारितं तु तत् ॥

चतस्र एव कण्डिकाश्चतुर्थद्वात्रिंशत्कलाका(क)ण्डिकादित्वेनाश्रित्य षोडश(शा)ष्टादशेत्यनयाऽऽनुपूर्व्या चतुष्कलातालेन

द्वितीयमत्र(द्विर्मात्रान्)मद्य(मध्य)मस्यैव ज्येष्ठमित्यभिधीयते ।
(भ. ना. ३१-६५)

इत्यत्र निरूपितेन प्रयुज्यते । तथा ज्येष्ठस्व व्यक्तिकते(व्यक्तित्वे)न स ग्रानिवि ग्राव्रनिवि स ग्रानिव इति चच्चत्पुटः । सप्रानिः सवि ग्राता शग्रानिविश सग्रानिवि इति पञ्चपाण (णिः) । षोडशेति द्वात्रिंशत्कला तुर्यां(स्तुर्यायां) कण्डिकायामादौ प्रयुज्यमाना(नः) पातविविस्ततोऽपि षोडशकलायां सग्रातावविश सग्रानिव इति प्राप्य पञ्चपाण्यवशिष्टं कलाष्टकं शग्रानिविव ग्रातावित्यपरपञ्चपाणिगतं कलाषट्कं प्रयोज्यम् । ततो षट्कलां कण्डिकायामारो(प्य) प्रयुज्यमानायां तस पञ्चपाणिविशिष्टमध्या कलाष्टांश(शेन) न्विता ग्रनिविनिजो नवकलायां विशिष्टं कलाषट्कमुक्ते(क्त)कऽपन्निरानश्च शग्रातावित्रग्राव्र ग्रनिविश एवं मार्गताला(ल)योगः । आसारितानि(नि) प्रयुयन्न (भ. ना. ३१-८०) इति यदुक्त तस्य मार्गस्यैककलास्ता(ता)लस्य च शम्यादेर्योन(ग)शानमङ्गयोगं च विशिष्यते ॥८६॥

तत्प्रयोजनं तत्स्वरूपं च दर्शयितुमाह ।

प्रयोगस्तु यदा त्वेषां पिण्डीबन्धैर्विकल्प्यते ।

इत्यादिश्लोकत्रयम् । तत्र मुखमित्यङ्गना(म) । ता(त)मिति । उपोहन(नं)मुखमित्यादि । स्वरूपमप्रयोगस्थिप्यादि अप्रयोजनं तम् । इदमत्र तत्त्वम् । यद्यपि मुखादीनामाविर्भूतत्वेने(नै)वान(त्र न) कश्चिद्विशेषस्तथापि नृत्तेऽस्त्येव विशेषः । तत्र तूरयोग(ज)न कृत्वा तन्त्रीगानमनन्वितमिति यो विधिरुपायोऽ(य उ)पोहने

१. KSS. चतुर्थमादितः ।
२. NS. यथा ।
३. का० पुस्तके मार्धपद्यमधिकम् ।
४ KSS. सर्वेषां च ।

मुखं प्रतिमुखं चैव देहं संसरणं[1] तथा ।
अङ्गान्येतानि चत्वारि सर्वेष्वासारितेषु च[2] ॥८८॥

उपोहनं मुखं तेषां युग्मं प्रतिमुखं भवेत् ।
ओजः शरीरसंहारा[3]वयमङ्गविधिः(धि)क्रमः ॥८९॥

इत्येवं चतुरङ्गानि ज्ञेयान्यासारितानि तु ।
[चतुरासारितैर्बद्धं विज्ञेयं वर्धमानकम् ॥९०॥

समूहसंज्ञाया गा(कया)प्यभिनेयपदार्थवत्यार्थगते(:) । स खल्वित्यादिवशादिति प्रकटितमुपक्रम उपत्वाद्धि मुखमिव मुखम् । प्रतिमुखसंज्ञे चञ्चत्पुटे वैशाखस्थानकेनेति यो नर्तकीप्रवेश उक्तः सोऽपि च विचित्र एवाभिनयोपक्रमः । प्रथमं पञ्चपाणेस्तु शरीरसंज्ञाया प्राधान्याभिनयभूयस्त्वं सर्वथैव तन्मयीभावात् । द्वितीये तु यथा पाणौ संहरणरूपत्वम् । अत्यन्तवत्यभि(न)यतोऽभिनयन्यूनतापादने नृत्तप्राधान्यमिति । तदाह । प्रयोगस्त्विति । एषामासारितानां पिण्डीबन्धे(न्धैः)नृत्ताङ्गहारैरुपलक्षितो यः प्रयोग(:) पूर्वोक्तः स यतो हेतोर्विचित्रया पृथक् पृथक् कल्प्यते ततो हेतोः प्रत्येकमङ्गविन्यासस्तेषामुच्यत इति शेषः । इति हे(ही)ति वर्धमानान्तर्गततया नृत्ताश्रयत्वे एतान्यङ्गानि न तु स्वातन्त्र्येण प्रयोगः । तेन तत्रोपोहनाभाव एवान्ये । तत्रालि तञ्च ध...... त्येव तदर्थ एतदभावाय इति हि वते (उक्ते) पृथक् पृथगिति सर्वं स्वरवाचकीकृतं भवति । अङ्गचतुष्काभिप्रत्यङ्गनर्तकीप्रवेश इत्यादिक्रमोऽवतिष्ठते । ताण्डवाध्याये (भ. ना. अ. ४) च स्वतन्त्रासारितेष्वपि प्रयोगोऽतिदिष्टः । एवमेतेष्विति गीतेष्वासारितेष्विति (भ. ना. ४-३०२) ग्रन्थेन वर्धमानं तथापीति (भ. ना. ४-१३) चापिर्वै(रा)सूयाश्रितमपि प्रयोगस्थानत्वेनोक्तमिति । एतच्चात्र विचारयिष्यते युग्मद्व(मि)ति । चञ्चत्पुटः ओज्ञावि.. ...च पञ्चपाणि(:) । ओज(:) शब्दोऽकारान्ते(न्तो) विषमार्थश्चतुरङ्गतायां च । वस्तुमत्र मयात्यनिविष्टसन्निपातचञ्चत्पुटादिका नीयते(न्ते) कनिष्ठे । अन्ययोस्तु पञ्चास्यादिभूत इति स्वरूपेऽप्यस्ति विशेषः ॥८७-८९॥

एतदुपसंहरति । इत्येवं चतुरङ्गानीति । उक्तपूर्वेण प्रयोजनेन प्रत्येकमासारितप्रयोगेष्विव की एकातंत(किमेकताल)स्ततो योगे(ग)तो कण्डिकाचतुष्कम् । दश तु......परिवर्तते ते प्रसारितप्रसादा वर्धमानतेति स्पष्टरा(का)यत्वं दर्शितम् ॥९०॥

---

१. NS. देहसंहरणं ।
२. NS. आसारितेष्विह ।
३. KSS. वेवमङ्गविधिक्रमः ।

वर्णतालल्यग्रथवा[1]द्यादिनयवर्धनात् ।
पात्राणां वृद्धियोगाच्च वर्धमानकमुच्यते ॥६१॥

[2]वर्धमानशरीरस्य भवेदासारितस्य च ।
कार्यकारणभावेन परस्परविकल्पनम् ॥६२॥

यथा वृक्षाद्(क्षो) भवेद् बीजं(जाद्) बीजाद्वृक्षस्य(वृक्षाद्बीजस्य) सम्भवः ।
अन्योन्यहेतुसंयोगात्[3] प्रत्येतव्यस्तथेह तु ॥६३॥

ननु यदि नाम चतुरासारितैर्निर्वहन् न णीयता (निर्वहणीयता) वर्धमानता [सा का]र्या कुत इत्याशङ्क्याह । वर्णतालेति । सा तत्र दशा येयमासारितानां तदपेक्षया वर्धमानीभावदशायां वर्णादिवृद्धियोगः । तथाप्युपयोग[त्वे]न योगान् नृत्तवृद्धिरिवाभिनयवृद्धिः । अक्षराणां नर्तकीनां वृद्धियोगश्च । चतुर्थेऽध्याये वर्धित-मेऽका तु प्रथमं युज्याद्(योज्या)द्वे (भ. ना. ४.२८६) इत्यादिना । वर्धमानकमिति संज्ञायां कः ॥६१॥

एवमियन्त्या(ना) यत् फलं सम्पन्नं तद्दर्शयति । वर्धमानस्त(न) शरीरस्येति । वर्धमाने कण्डिकानां सर्वासामेव चतुरस्रतालयोगेन कदाचित् प्रयोग इति वर्धमान-शरीर चतुरस्रमासारितशरीरमत्येव । पञ्चपाणि हि(हि) त्रिविकारया कृतोपवस्तु षोडशकलत्वमस्य रूपमित्युक्तम् । प्रागासारितस्येत्येकवचनभूमौ चतुःषष्टिरिति न परमार्थभेद इति दर्शयति । स एव हि निष्क्रामकलया विकलीभवतीत्युक्तमेव । ज्येष्ठासारितमध्ये च सर्वमेतत् स्थितमिति । अतोऽप्येकवचनम् । एवमासारितस्य वर्धमानस्य देहस्य योऽन्योन्यकार्यकारणभावस्तेन वैचित्र्यरूपकल्पना जायते । तथा हि । वर्धमानदशाप्रभावादासारितं अङ्गचतुःषष्टिरिति न परमार्थभेद इति दर्शयति । स एव हि निष्क्रामकलया वर्धमानदशायाः प्रभावादासारितमङ्गं चतुष्कला(ल)-शाङ्गयोगनृत्तं प्रयोगवैचित्र्यादासारितं भवति । आसारितप्रयोगरहितसन्धानबलाच्च परिवर्तयोर्द्वन्द्वान्तता जायते । अन्यथा कण्डिका चतुष्कलया मात्र(त्रा)रूपमेवेति रस-भावगतपरस्परभाव्यभावकभाववदत्रापि मन्तव्यम् ॥६२॥

अन्योन्याश्रयदोषानुभयासिद्धिरित्याश्रयदृष्टान्तद्वारेणापवादयति । यथा वृक्षो भवेद्बीजादिति । यावन्मात्रानुप्रविशति वृक्षमेव बीजमेव स्थितेरेव पूर्वसिद्धमासारित-मपेक्ष्य वर्धमानता जायते । वर्धमाने च निरूप्यमाणे पुनरासारितवृद्धिर्जायते ॥६३॥

---

१. NS. वाचाभिनय ।
२. NS. वर्धमाने शरीरस्य ।
३. NS. संयोगः प्रसर्तव्यस्तथैव तु ।

योगादेककलात्(लां) सूचे(ते) कनिष्ठकलयान्तरे ।
द्विकलान्मध्यमं चैव ज्येष्ठं चैव चतुष्कलात् ॥९४॥

चच्चत्पुटपरिवर्तः शम्यादि द्वौ(द्वौं) च पञ्चपाणिकृतौ ।
अन्ते च सन्निपातः पात(काल)विधिरयं कनिष्ठस्य ॥९५॥

आसारितात् सन्धा(वर्धमा)नमपि यं(यज्) जनयति सैव । तृतीयवृद्धेर-भावादन्यहेतुकत्वमुक्तमिति तदेव दर्शयितुमाह । योगादेककलामित्यादि । एतद् पुनरुक्त(त)योपकारकरूपमिति केचित् । युक्तम् । पूर्वं हि वर्धमाना(दा)सारितप्रसू-(वृ)त्तिरुक्ता । प्रथमां कण्डिकामिति । (भ. ना. ३१.८१) तृतीया सद्वितीया चेति (भ. ना. ३१.८५) चतुर्थीमादितः कृत्वेति (भ. ना. ३१.८६) च । अनेन त्वासा-रिता(द्) वर्धमानोत्पत्तिरुच्यते । कथम् । यथा प्रजावता(ती) प्रसूके(ते)ति पुत्रवत प्रमुच्यते । एवमिहापि ।

तदयमर्थः । कनिष्ठकं कलां च सूते फले कृतो त......प्राह । योगा-देककलामिति । एककला आधारभूतं (ता) यस्य योगस्य पातपतद्द्वन्द्वसम्बन्धरूपस्य तत्कार्यभूताद्धेतोः ।

एतदुक्तं भवति । यदि सप्तदशकलि(क)कनिष्ठासारितं प्रयक्ति(युक्त)तमन-(म)भविष्यं(ष्यन्) न च कलाकण्डिकासप्तदशपादयोगलक्षणं(णा) वृद्धिना(र्ना)-ऽभविष्यद् यदि च लयान्तरम् । यो(लया)ऽन्तरं नाभिसन्धीयेत कण्डिका प्रथमकण्डिका नाना भा(भ)वेदिति प्रथमकण्डिकायां परिवृद्धिलक्षणे कथं वृद्धिर्भवेदिति । एवमेते(षु) वृद्धिरासारिताभ्यां सङ्घातैर्द्विश(श्च) कलात्का(त्का)र्यभूताद्धेनोर्मध्यासूक्त सफल(म्) । एवं चतुष्कं कलाज्येष्ठम् । इदमत्र(त) त्वम् । यद्यत्र मध्यम(मा)-सारितस्य प्रयोगे(गो) नाभीष्टो भवे(द्) द्विकलं योगमाश्रित्य (भ. ना. अ. ३१.८५) यदुक्तं सतृतीया द्वितीया च प्रथमा चेति (भ. ना. अ. ३१.८५) द्वितीयाप्रथमयो-रेकद्वितीयपराद्विलक्षणः कुतो वृद्धिः स्यात् । ज्येष्ठानभिसन्धौ च कथं चतुष्कलं योगमाश्रित्य कथितं चतुर्थीमादितः कृत्वेति (भ. ना. ३१.८६) । तृतीयाद्वितीया-प्रथमानामेकद्वित्रिपरावृद्धिरूपत्वं सत(:) स्यादिति सा वृद्धिराभ्यां जाता द्विकल चतुष्कलशब्दवत् सहचारिण्याम्(ण्यां वृ)द्धौ मन्तव्यौ ॥९४॥

अतो वर्धमानान्तर्भूतानां यद्यपि स तत्र दशाविहित एव वान्तवि(वि)धिस्तथा-प्यस्ति कश्चिद् विशेष इति दर्शयितुं कनिष्ठासारितस्य तावदाह । चच्चत्पुटपरिवर्त

अयमेव तालयोगो विशेषसिद्धिस्तु पूर्वनिर्दिष्टा ।
भवतीह लयान्तरिते शब्दाद्भेदो लयाच्चैव ॥९३॥

उत्तरता(का)लात् कृत्वा द्वौ(त्वादौ) तिस्रः संकलाः(कलाः)
परित्यज्य ।
एतत्पातविधानं मध्यमकासारिते प्रोक्तम् ॥९७॥

इति । च शब्दो यद्यपीत्यत्रा(स्या)र्थे । तेन यद्यपि कनिष्ठस्यायमेव कालविधिस्तथाप्यस्ति कश्चिद्विशेष इति दर्शयितुं कनिष्ठासारितस्य वक्तव्यप्रतिमुखदेहसंहाररूपाङ्गविभागेन नृत्तविशेषसिद्धये विदारि(री)विच्छेदस्तत्कालविरामे वर्णाङ्गसमृद्ध्युचितस्वापन्यासं(स)योजनं पृथक् स(स्वी)कार्यमिति यावत् । तथा चोदाहरणादेवम् । देवैः संस्तुतनमितमित्येको विच्छेदश्च उञ्चत्पुट(टे) । दैत्यैर्यक्षैर्नागैः पितृभिः प्रणमितचरणमिति पञ्चपाणौ । त्रैलोक्यहेतुमीशं रुद्रं शरणमहमुपगत इति समुद्गके । तत्र यारि(चा)सारिते नानियम इत्युक्तं भवति ॥९५॥

लयान्तरेऽप्येव(वं) दर्शयति । अयमेव तालयोग इति । परिच्छ(च्छि)न्नरूपवृद्धिरिति यावत् । कस्तर्हि अनयोर्भेद इत्याह । विशेषसिद्धिरिति । द्विगुणाक्षरसंयोगादित्यत्र (भ. ना. ३१.८४) श्लोकार्धमेवं संक्षिप्य च । शब्दाद् भेदो लयाच्चेति । अस्यापि यः शब्दपातस्तत्कृतो भेदः कनिष्ठेऽभ्य(ध्य)र्धकलायां शम्यां(म्यायां) लयान्तरे तु कलायामेव । अत्यन्तलयान्तरितं कस्मादित्याह । लयाच्चेति । लयकृताद्भेदाल्लयान्तरितमित्यर्थः । एव कारेणेदमाह । लयान्तवंशादेव कनिष्ठ दक्षिणप्रयोगाभावो लभ्यते ततो गुणालयस्य मार्गान्तरस्याभावो लयान्तर इव स्यादुभयापत्तेरिति ॥९६॥

एवं कनिष्ठस्य स्वतन्त्रभेदमुपदर्श्य मध्यमस्यापि दर्शयितुं उत्तरकाला(त्) कृत्वा तिस्रः कलाः परित्यजेदिति । (त)मन्तरा द्विकलपञ्चपाणिबहुवचने प्राथम्यात् त्रित्वक(कत्वम)पि नालभेद्(त) इतिवद् द्विकलपञ्चपाणित्रयादाद्यकलात्रयमपास्य त्रयः खण्डाः करणीयाः । ते नवकलो आद्यखण्डो द्वितीयो द्वादश तृतीयोऽपि द्वादश ततश्च(श्च)ञ्चत्पुटो......निष्ठा(क्रा)मादि सन्निपातान्त एव । आद्या केवलमधिका शम्या गुरुकसन्निपातकला । अन्यावविट्वा(द्धा) र(के)वलो खण्डनिष्क्रामादिसन्निपातान्तावेव । अत एककलद्विकलौ(लो) विधिरनुगृहीतो भवति । तत्र निष्क्रामस्याद्य-

ज्येष्ठस्य भवति नियमादादौ सैका चतुष्कला चात्र ।
मात्राद्वन्द्वयुताऽन्यत् कृत्वा तौ द्वौ च परिवर्तौ ॥६८॥

बालं नवकलं येषां न तेषां साधु सम्मतम् ।
[1]सन्निपाताङ्गविन्यासो घटेत(टते) न हि शास्त्रतः ॥६६॥

त्वेन दर्शनात् स्वातन्त्र्ये तु शम्यादिनिष्क्रान्तावखण्डौ द्वौ । सन्निपातादिनिष्क्रामादितामन्तकं च(कश्च) सन्निपात इति विशेषतो न सन्निपाताः । अत्र त्रयाच्छेदार्या-(र्थात्) सन्निपातादौ(दु)च्चभाण्डाहे न(देर्न)तंकीप्रवेशादेरपि भेद इति ॥६७॥

अतः स्वातन्त्र्यावस्थातो नव(निय)मान्तर्भूतस्य ज्येष्ठस्य विशेषमाह । ज्येष्ठा-(ष्ठस्य) भवति नियमादादौ सैका चतुष्कला । सा चेति चतुष्कला या मात्रा चतुष्कलरूपा षोडशकलेति यावत् । स ता (सैका) भवति । सारसंघरेके(संग्रहे)ण न वर्तते । कला चैकपात इत्याहादौ ।

एतदुक्तं भवति । आवापादिसन्निपातः षोडशकलारूपोऽत्र । चतुष्कलचञ्च-त्पुटादौ तु शम्या मुक्तककलयाऽन्तरवद् द्वौ परिवर्तौ चतुष्कलामात्रा(त्रौ) नो(तौ)-षोडशकलावै(वेव) कुर्या(त्)। तौ च कृत्वा तयोर्मात्रा अस्याः(स्यां) क्षेपणीयाः सा तु सकला । कथमित्याह । द्वन्द्वेन परिवर्तद्वयेन युक्ता ।

एतदुक्तं भवति । क्षुत्(क्षिप)क्षेपे (प्रेरणे) पा. धातुपाठः ११२१, १२८६, १६४२) (इ) त्याद्याह । आदावष्टकला(:) क्षेपा इति । नो कं वीथी शंकिनि(नी) । एवं नु विंशत्कलः । आत्रा(त्रा)द्यादौ सन्निपातो द्वावन्यो खण्डाविद्युक्तं भवति । स्वतन्त्रेषु तु ज्येष्ठासारिते शम्यादिविक्षेपतश्चञ्चत्पुटखण्डसन्निपाताद्विधिक्षेपान्तो तु पञ्चपाणिखण्डो मुक्तकश्च सन्निपात इति विशेषः । पात्रादस्वे(दिष्व)यता स्यादिति पातै(र)था(थ) कार्यादित्यध्याहार्यम् । अन्यथा कृत्वा तदन्तेन तुल्यकर्तृकं स्यादिति । एवमयं ग्रन्थः सर्वथैवापुनरुक्तार्थो लक्ष्मलक्षणपरिचयवर्जितो(तैः) पुनरुक्त इत्युपेक्ष्य नङ्प्रडीकृतः स्मारकीकृतो न च पुनरुक्त(क्ती)कृत इत्यास्तां तावत् । एवं कार्यकारणता च दर्शिता ॥६८॥

अधुना कनिष्ठस्य यद्रूपं प्रथमां कण्डिकां कृत(कृत्वा) (भ. ना. ३१.८१) इत्यनेन दर्शितं तदेव पूर्वपक्षशङ्काशमनद्वारेण स्फुटीकर्तुमाह । बा(बा)लं त(न)वकलमिति । तत्रेयं पूर्वपक्षशङ्का । कश्चिद्धि ब्रूयात् । इह चतुरासारितो बली(बालं)-

---

१. NS. Varies.

पुनश्चैवाङ्गविन्यासः कलानियमतः कृतः ।
अथ तत्र मुखं तालध्रुव(यति)पातैरेव नियमितान् मानम्] ॥१००॥

वर्धमानं चतस्रः कण्डिकाश्चैव । वर्धमान एकद्वित्रिचतुर्यामान्तान्यासारितानि ।

प्रथमां कण्डिकां कृत्वा बालतालप्रयोजिताम् ।
अन्तिमार्धकलाहीनं कुर्यादेव(वं) कनिष्ठकम् ॥
(भ. ना. ३१.८१)

इत्युक्तम् । तत्र स्पष्टमेव यथासङ्ख्ये(ङ्ख्यमि)ति नाश्रीयते । नवकण्डिकाकनिष्ठमिति सप्तदशपातानां षोडशद्धत्रिम(शार्धहीनं) पातयित्वा म(न)वपातमिह कनिष्ठमुख्य-(मूह्य)तामिति । अत्राह । न तेषां साधु सम्मतमिति । अत्र हेतुः । सन्निपातेति शब्देन वस्तूच्यते । भूयसा तस्य सन्निपातान्तत्वात् । तेन वस्तुनो विन्यासस्त्रिस्त्वेऽ कल्पनं तत्र घटते । अङ्गविन्यासश्च प्रतिमुखादिरूपो न घटते ।

ननु किं तेन घटितेनेत्याह । शाश्वतं हि लक्षणं मन्त्रमधमाणोग्र(णमत्र वर्धमानमिव) कर्तव्यम् । तत्र चतुर्द्वन्द्वमु(यु)क्तमिति ।

ननु कलैका द्वे तिस्रः समुद्गका(ता) इति । क्रियतां विभाग इति । नेत्याह । पुनश्चैवेति । अङ्गविन्यासोऽपि पुनः शास्त्रत एव कलानियमेन कृतो नाम विभागे न स्वेच्छा प्रमाणमिति यावत् ।

केचित् घटते तत्र शास्त्रत इथि पठन्ति । तेन बालान्न(लं न)वकलं ए(ये)षां ते [नै] ह्य(त्य)त्र च्छेदं कृत्वा ते(ए)षां साधु सम्मतमित्यभ्युपगम्यते । तदिदमत्र हेतुः । सन्निपाताङ्गविन्यासो न घटते । तत्र शास्त्रत इति व्याचक्षते ॥९९॥

उपोहनं मुखं तेषामिति (भ. ना. ३१.८९) यदुक्तं तदिदानीं वक्तव्यम् । अङ्गविन्यासो हि शास्त्रेण चतुर्थः कृत(:) । तन्त्रीण्यन्यानि ज्ञातानि । चतुर्थं तु ज्ञातव्यम् । तदाह । अथ तत्र मुखं ना(ता)लयति- । तालोऽत्र मुखः(ख्यः) । षोडश-कलं तत्रान्तर्भूतत्वात् तालमुखम् । तत्र ध्रुव एताः शम्यादिविशेषहीनाः । यद्योगेऽपि च ध्रुवकमार्गेण कृताः ॥१००॥

तस्य [1]कलामात्राक्षरगुरुलघुवर्णस्थितिं वक्ष्ये ।
ज्येष्ठस्य कला ह्यष्टौ मुखं भवेत् मध्यमस्य सप्तकलम्[2] ॥१०१॥

षड्भिर्लयान्तरे स्यात् पञ्चैव कलाः कनिष्ठस्य ।
आदावन्ते गुरुणी मध्ये च लघूनि बालतः[3] प्रभृति ॥१०२॥

अष्टौ द्वादश षोडश विंशतिरपि चाक्षराणि स्युः ।
आसारितोपवहनेष्वादावा(सा)रणानि युक्तानि ॥१०३॥

तान्यक्षराणि वक्ष्ये यानि पुरा ब्रह्मगीतानि ।
[4]झण्टुं जगति यदि गिनिगि ... प्रथम(मे)लयान्तरं(रे)वा(चा)पि ।
तितिझल कुचझल मध्ये तितिकुचवृद्धं भवेज्ज्येष्ठे ॥१०४॥

तस्य मुखस्य का(क)लादि वक्ष्ये । तत्र कलानां प्राधान्यात्ताल एव तावदाह । ज्येष्ठस्य कला ह्यष्टावित्यादि । अष्टा(ष्टौ) सप्त षट् पञ्चेति । क्रमेणोपोहनं कलानां ध्रुवनमाने(वानुपाते) सति ज्येष्ठ(स्य) पञ्चषष्टिः क(ष्टिक)ल(ला)स्तच्च कण्डिका-चतुर्षु रूपवर्धमाना शरीरान्तर्गतस्य चैव चा(वा)चासारिता चास्याङ्गविभागो नृत्तो-पयोगादेव स्वतन्त्र(त्रा)सारितेषु नोपवहनमिति कथयितुं ज्येष्ठात् प्रभृत्युपक्रान्तम् । तालमालामात्रासङ्ख्येयाक्षरोपयोगोऽस्ति ॥१०१॥

तालप्रथमे(प्रमे)यं गीत्याधारत्वादक्षरेषु च लघुभेदादिति आश्राक्षराश्रयगत-गुरुलघुवैचित्र्यमाह । आदावन्ते गुरुणीति । एतच्चतुर्ष्वपि । आदौ सिद्धम् । अच(न्ते) रुद्रः । मध्ये त्वक्षराणि कियन्तीत्याह । बालतः प्रभृति ॥१०१॥

अष्टौ द्वादश षोडश विंशतिरिति । तालकलायां चतुर्मात्रो गण इत्यनया स्थित्या मात्र(त्रा)विभागोऽन्त्ये तु कलाद्वयेनार्धत्वम् । एका कला द्विरुक्तीया । एव-(वं) सर्वत्र । अथ दुष्प्रविशेषेऽपि हेतवो ब्रह्मप्रोक्ता वर्णा एषां पङ्क्तिक्रमो वक्तव्य इत्यत आह । आसारितेषु आदावासारणानि युक्तानि ॥१०३॥

तान्यक्षराणि वक्ष्ये । आसारितोपवहनेषु यान्य(नि)कर्तव्यान्यक्षराणि तानि वक्ष्ये । कानीत्याह । आसारणे आसमन्तात् स्वररूपविकारो लाघवेन भविष्यति । उप(व)हनं तदर्थं यानि नियुक्तानि । तथा चोक्तम् । उपोह्यन्ते स्वरा येनेति ।

नन्वेवं भिन्नाकारादिरपि क्रियतामित्याशङ्क्यानादिशास्त्रं बन्धप्रसिद्धय-

---

१. KSS., NS. कलापा...।
२. NS.समूललकम् ।
३. KSS. साद्यतः ।
४. KSS., NS. vary absolutely.

इत्यक्षरपतनकलागुरुलघुवर्णस्थितिविभक्तः[1] ।
आसारितमुखसंज्ञित उपवहनविधिर्विनिर्दिष्टा(ष्टः)[2] ।
[एवमेतत् सविस्तारं कथितं वर्धमानकम्[3]] ॥१०५॥

चत्वारस्तु गु(ग)णा युग्म ओजे षट् परिकीर्तिताः ।
[4]द्वितीये पञ्चपाणौ तु सार्धाः षट् परिकीर्तिताः ।
कनीय एवं कर्तव्यमक्षरैस्तालमानतः ॥१०६॥

शिष्टाभ्युदये हेत्वर्थं केषाञ्चिदेवेत्याह । यानि पुरा ब्रह्मणा गीतानि । ब्रह्मरूपत्वेन च वेदमन्त्रवद्गीतानि । क्रमोऽपि चैषां नियतो वेत्याशयेनाह । झण्डं(ण्टुं) जगति यदि शिरि(गिनिगि) झण्डुं(ण्टुं) प्रथमे कनिष्ठे लयान्तरे चापि । इदमेव विशेषं त्वाह । तो(ति)तिकुचवृद्ध(द्धं) सम्य(ग)धिकीभूतम् । मध्ये च लघु(घू)नीत्युक्तत्वाद्वसि ....न्यनन्तरं सहि(ही)ति मचेति लयान्तरे । तदन्तरं रु(कु)चच्छ(झ)-लेति मध्ये मध्यमासारिते वृद्धं तद(न)न्तरं तीति कुचेति ज्येष्ठवृद्धं सर्वत्र त्वन्ये कलाद्वये संघटितुमिति ॥१०४॥

एतदङ्गरूपसंहरति । इत्यक्षरपतनकलेति । अक्षरेषु पतनं प्राप्तिर्यासां कलानां तन्निमित्ते गुरुलघपूरेणोपलक्षिता ये वर्णा झण्ड(ण्टु)मादयस्तेषां या स्थितिर्नियत-क्रमतया प्रविभक्ता । प्रत्यासारितमन्येन्यरूप उपोहनविनियु(विरु)क्तो यस्यासारितेषु मुखसंज्ञेति सम्बन्धः । न चासारितानां लक्षणं चञ्चत्पुटपरिवर्ते (भ. ना. ३१.६५) (तं इ)त्यादिना कृतं येन पुनरुक्तं स्यादपि तु वर्धमानस्यैव विद्धि(धि)प्रतिपादनमित्थं कृतमिति दर्शयति । एवमेतदिति । सविस्तारमिति । वृद्धा(विधि)युतमित्यर्थः । वर्धमानस्ये(स्या)यं विधिरुक्तेति(क्त इति) यावत् ॥१०५॥

नन्वत्र वर्धमानलक्षणस्योपसंहारोऽयमन्यस्य समाप्तवा(त्वा)त् । अथाऽत्र पदगतं भेदं दर्शयितुमाह । चत्वारस्तु गु(ग)णा युग्म इति । तुर्विशेषद्योतकः यद्यप्य-न्यत्र सामगीता(दा)वपवादगतो नियमस्नाबा(स्थाना)नन्दमस्यां सो(स) इत्यक्षरेण बहुतरं व्याप्तम् । तथापि नृत्ते अभिनयस्य कर्तव्यतां तस्य च गीत्या च गीत्यर्थे भाविते प्रवृत्तेरर्थस्य चातिप्रकर्षविगमाभावादत्याधत्तो च भि(न)त्ययं(लं)कारवैधुर्या-पत्तेरयं मध्यमक्रमो हृदयहारी सहा(दा)नुग्राहको नु स(से)व्यन्ते(स्ते)न प्रतिकलं

---

१. KSS., NS प्रतिविभक्तः ।
२. KSS., NS समुद्दिष्टः ।
३. NS परिमाणकम् ।
४. NS. पञ्चपाणौ द्वितीये तु सार्धपट् परिकीर्तिताः ।

यथा ।

देवं देवैः संस्तुतनमितम्[1] ।
दैत्यैर्यक्षैर्नागैः[2] पितृभिः प्रणमितचरणम्[3] ।
त्रैलोक्यहेतु[4]मीशं रुद्रं शरणमहमुपगतः ॥१०७॥

अष्टावेव गु(ग)णाः कार्याः पूर्वं(र्वं)ताले यथाविधि ।
द्वादशैव तु कर्तव्याः [5]षट्पितापुत्रके गणाः ॥१०८॥
अर्धत्रयोदश[6] गणास्तृतीये वस्तुसंज्ञके[7] ।
एवमक्षरविन्यासो मध्यमासारिते स्मृतः ॥१०९॥

चतुर्मात्रो गु(ग)णः अन्या(न्त्या)यां तु कलायां विश्रान्तियोगात् स(द गान्) सर्वगुण-त्वामासादयति । अस्मान्ते(न्नैव) लघुरिव गुरुत्व(त्वं) छन्दा(न्दो)व्यवस्थाया(ः) । तदाह । द्वितीये पञ्चपाणौ तु सार्धमि(र्धा इ)ति । षोडे(ढे)वेत्युदाहरणान्निरुक्तन(त्वा)दपोहनवन्नियताक्षरनियम इत्याह तदुदाहरणा(नि) ॥१०६॥

देवमित्यादि । भगवान् महेश्वर एवात्र स(से)व्यस्तत्परिवारत्वेन तत्प्रवणतया च देवान्तराणां वर्णनम् । येन पिण्डीबन्धानां तार्क्ष्यपिण्डी भवेद् विष्णोरित्येवमादीनां (भ. ना. ४.२५४) सर्वेषां निवृत्तः(त्त)प्रति(ज्ञ)तां च(चा)वान्तरविच्छेद इति तथाविधान्यक्षराणि रचनीयानीत्युदाहरणानीत्य(स्या)भिप्रायः । उदाहरणादेव गणविभागे सिद्धे किं लक्षणेनेति चेद् गुरुलघुनियमोऽपि वर्णवृत्तवद् सम्भाव्येत । स स्वराविष्टः । मात्रागणनयैवेष्टत्वा(त्) । न चोदाहरणादियती प्रतिपत्तिर्भवति । कियति भागे कियत्यो मात्रा इति लक्षणमपि करणीयमेवेति ।

ननु मुक्तकसन्निपात आद्ये चञ्चत्पुटखण्डेन तस्य सन्निपातान्यत्वाद् वस्तुत्रयस्य । तत्कथमुक्तं द्वितीये पञ्चपाणौ सार्धाः षडिति (भ. ना. ३१-१०६) । अत्राह तालविभागभेदसिद्धये ग(एता)वदेव चैदमवश्यकर्तव्यम् । अनन्तरं तु गीतनृत्तादिवशा(ः)सन्तु वीदरस्ता(न्तु) त्वितराः । (तालविभागस्य चेदमुदाहरणम् । अन्त्या च कला विश्रान्तिनाहरणीयकला प्रकर्षव(त्)सम्भाव्यमानपरिपूरणेनार्धगणेन कर्तव्या इयतीति तात्पर्यमत्र ॥१०७॥

एवमेककले निरूप्य द्विकले यतिर्विधि सोदाहरणमाह । अष्टावेव गणा इति ।

१. NS. संस्तुतं नमितम् । KSS. संस्तुतमीशम् ।
२. KSS. omits.
३. NS. नमितचरणं ।
४. KSS. हितं हरं शं शरणमहमुपगतः ।
५. KSS., NS. कथिता ।
६. KSS. तथा ।
७. KSS. वस्तुसंज्ञिनि । NS. वसुसंज्ञिताः ।

यथा ।
भूताधिपतिं भगनेत्रहरं देवैर्वन्द्यं [1]सुरमखमथनम् ।
रौद्रं भयदं गजचर्मपटं[2] शम्भुं त्र्यक्षं ज्वलननिभजटम् ।
[3]भुजगपरिकरं त्रिदशगणवरं[4] दैत्यैर्नित्यं परिपठितचरितम् ।
[5]उमापतिं नमितमभिमतसुखदं शरणं सुरनुतमहमिह[6] समुपगतः ॥११०॥

कार्याः षोडश युग्माख्ये ताले तु प्रथमे गणाः ।
चतुर्विंशतिरोजाख्ये द्वितीये वस्तुसंज्ञके[7] ॥१११॥
चतुर्विंशतिरर्धं च तृतीये वस्तुसंज्ञके ।
ज्येष्ठेऽप्यासारिते कार्यं एवमक्षरसञ्चयः ॥११२॥
यथा ।
अमरं प्रवरं मदनाङ्गहरं भुवनैकनाथमभयप्रदम् ।
त्रिपुरनाशकरं देवं तमहं प्रणमत(णत)सुरपितृगण,नतचरणम् ।

पूर्वताले चञ्चत्पुटे । अर्धत्रयोदशमेषां ते गणा इति बहुव्रीहिगर्भकर्मधारया(द्) त्रयोदशानां गणानां च गणयतः स तथा ॥१०८-११०॥

अथ चतुष्कलगणलक्षणमुदाहरणं चाह । कार्याः षोडशेति । वस्तुसंज्ञक इत्यनेनेदमाह । एष तावत् सर्वत्र विभागकलायां गणो न्यायान्त(न्ता)र्धंग इति तत् त्रयोदशत्वाद्वस्तुनश्च सन्निपातान्तत्वात् । आद्ये भागेऽभ्यधिको यः सन्निपातात् प्रणमत । तद्बलाच्चात्रैकैको गुणः प्रविशति । तेन दैत्यैरित्यन्तम् । चञ्चत्पुटांशमध्यमे विभक्तुमित्यन्त(म्) । ज्येष्ठेति पृथिवीत्यन्तम् । स्वतन्त्रेष्वासारितेषु यथास्थित एव क्रमः ॥१११-११२॥

स्वतन्त्रपूर्वकं च पारतन्त्र्यमिति स्वातन्त्र्ययोरभिप्रायेणैतमप्युदाहरणम् । अमरमित्यविद्यमानम्...। प्रवरमुत्कृष्टम् ।...तत् । पृथिवीमित्यादि व्योमाख्यमित्यन्तो द्वन्द्वेऽपि ज्वलन इत्यादावलुठः(क्) ब्रह्मगीतत्वात् । अन्ये त्वसमस्तमेव वदन्ति । यजमानो व्योमाख्यः कार्यो यस्येति । विद्या(निलयं) चन्द्रार्धधरमि-

---

१. NS. सुरवर...।
२. NS. गजचर्मवृतं ।
३. KSS. भुजङ्ग ।
४. NS. गणवृतं KSS. परिगणं ।
५. KSS., NS. अमरपति ।
६. KSS. NS. चरणमहमुपगतः ।
७. KSS., NS. संज्ञिते ।

[1]पृथिवी सलिलं ज्वलनं(न:) पवनं(न:) सूर्यश्चन्द्रो यजमानो
व्योमाख्य: कार्य: ।
मुनिभिर्यस्य प्रोक्तस्त्रैलोक्यगुरुं तमचिन्त्यमजं (तमजं) विद्या-
निलयं भैरवरूपम् ।
खट्वाङ्गकपालधरं(खट्वाङ्गधरं)स्थित्युत्पत्तिप्रलयनिमित्तम् ।
चन्द्रार्धधरं तिलकार्धधरं मुण्डार्धधरं रशनार्धधरम् ।
बहुभिर्विकृतै: विविधैर्विकटैर्वेद्यं त्रि(विधैर) विमुखै:(खैरपि)तै: ।
प्रमथै: परिवृतमहमीशं(तमीशं) सुखदं सततं प्रणत: ॥११३॥

आसारितानां सर्वेषां [2]त्रयो भेदा: प्रकीर्तिता: ।
यथाक्षरं द्विसंख्यातं त्रिसंख्यातमथापि च ॥११४॥

[3]तालच्छेदाद् द्विगुणितै: [4]समवर्णगणै: कृ(णैर्हृ)तम् ।
अनिवृत्ताक्षरपदं यथाक्षरमिति स्मृतम् ॥११५॥

त्यादिना गौरीश्वररूपत्वमस्य । अत एवोक्तं सपत्नीको वृषध्वज: सह देवगणाधिपै-
रिति । पूर्वं चोक्तम् ।

वर्धमाने प्रयुक्ते तु रुद्रस्तुष्यति सानुग: ।

इति । अत एव गणानां स्तुतिर्बहुभिर्विकृतैरेति । इयमेव चैषां स्तुतिर्यत् परमेश्वर-
प्रकरणम् (णे) स्तुत्यन्त(न्ते)गणान(गण)प्रकाशनं हि स्तुति: । अत्र देवै: सन्स्तुतनमि-
(संस्तुतमि)त्यादौ (भ. ना. ३१.१०७) देवानामपि स्तुतिरेव कृत्या(ता)मन्तव्येति ।
विकृतैरिति दिगम्बरैरित्यर्थ: ॥११३॥

अस्यैव पदगतं विशेषान्तथं वक्तुमुपक्रमते । आसारितानामिति । न केवलं
वर्धमानान्तर्भाव इदं त्रैविध्यं किन्तु स्वतन्त्रेऽपीत्युक्तं सर्वेषामगीति ॥११४॥

तालच्छेदादित्यादि । इह(हा)निवृत्तिरावृत्तिरुच्यते । सा च पदैकदेशस्य पदस्य
तत्समुदायस्य वा । सर्वथा यत्र सा नास्ति तद (अ)गीताक्षराणां नातिक्रमणवर्तमान-
त्वाद् यथाक्षरम् । तदाऽनिवृत्तौ(त्ताक्षर)पदमिति । अक्षरं द्वे त्रीणि । एवं पदा-
न्तनिवृत्तमावृत्तिशून्यस्य । अत एव स(अ)वर्णगणैर्हृतम् । गणाश्चतुर्मात्रास्ते

---

१. KSS., NS. vary absolutely.
२. NS. ये भेदा: परिकीर्तिता: ।
३. NS. तालच्छेदो ।
४. KSS. समवर्णै: गुणै: कृत: ।

निवृत्या यत् समायुक्तं द्विसंख्यातं तदुच्यते ।
निवृत्तिद्वयसंयुक्तं[1] त्रिसंख्यातम[2]पीष्यते ॥११६॥

चतुष्कादौ चतुर्मात्रा यथोक्तगुरुलाघवाः ।
यथायोगं [3]गणाः कार्या गीतेष्वासारितेषु च ॥११७॥

अक्षरैर्या चतुर्मात्रा द्विमात्रा वर्णतस्तु सा ।
चित्रे कला बुधैर्ज्ञेया वृत्तौ सा द्विगुणा स्मृता ॥११८॥

सर्वे समवर्णाः । सम(मा)स्तुल्यास्थाल्या(ख्या)दिवर्णा येषु । तुल्यं(ल्यत्वं)तस्य षदशाक्षरत्वात् ।

नन्वेतन्न ज्ञायते कियति तालभागे कियदक्षरयोजनमित्याह । तालच्छेदाद् द्विगुणितैरिति । तालश्चञ्चत्पुटादि(:) तस्य छेदो भागो गुरुलघुप्लुतादि(:) तमु(म)-पेक्ष्य द्विगुणितानि यान्यक्षराणि तैरुपलक्षिता ये गणाः ।

एतदुक्तं भवति । वदन्ति या(यो) गुरु(:)स्तो(सो)त्र गुरुद्वयम् । एवं द्वितीये ए(रे)कार(रे) लघुद्वयं गकारे प्लुतद्वयम् । एवं पञ्चपाणौ वाच्यम् । एवं तालभाग-द्विगुणितवर्णोपलक्षितैर्गु(ग)णैर्हं(र्हं)तमिति वाह्नीति(द्विहृतं) स्वरूपं यथाक्षरमिति तात्पर्यम् ॥११५॥

अथ द्विसंख्याने(तं) लक्ष्यते । नि(वृ)त्या यत् समायुक्तं तद् द्विसंख्याता-(तम्) । निवृत्तिद्वयसंयुक्तमिति । निवृत्तिरावृत्तिः । तया युक्तं द्विसंख्यात(म्) । तथा(द्वा)भ्यां त्रिसंख्यातम् ॥११६॥

ननु तालच्छेदाननुगुणैरित्युक्ते गुरुद्वयं लघुनी प्लुतद्वयमिति प्राप्तम् । तच्चै-तन्न दृश्यत इत्यत आह । चतुष्कादाविति । चत्वारस्तु गुणा इति (भ. ना ३१.१०६) चतुष्कमधिग्रहः । ओजे षडष्टावेव गणा इत्यादि च । तत्र चतुष्कादौ ये गणा उक्तास्ते चतुर्मात्राः कार्याः । न तु गुरुलघुनियमोऽत्र । तदाह । यथोक्तेति । उक्तेन विवक्षा बध्यते । यथाभीष्टगुरुलघुभावा इति यावत् । तच्च यथायोगं चञ्चत्पुटादि-ताले योज्यम् ॥११७॥

यथायोगमित्युक्तं तन्मार्गत्रयेऽपि स्फुटीकर्तुमाह । अक्षरैरित्यादि । अक्षरैर्या चतुर्मात्रा द्विमात्रा वर्णतस्तु सा । चित्रे कलेति छेद उच्यते । तेनाक्षरं-

---

१. NS. सम्पन्नम् ।
२. NS. मिती ।
३. KSS. कला ।

वृत्तौ या [1]वर्णमात्राभिश्चतुर्मात्रा प्रकीर्तिता ।
द्विगुणा दक्षिणे सा तु कला ज्ञेया प्रयोक्तृभिः ॥११९॥

न मार्गभेदोऽक्षरेषु कश्चिदप्युपपद्यते ।
वर्णमात्राद्विगुणना[2]द्वर्णभेदः प्रकीर्तितः ॥१२०॥

यथाक्षरेषु भूयिष्ठं गीतेष्वासारितेषु च ।
विधिरेष समुद्दिष्टो वर्णतालसमाश्रयः[3] ॥१२१॥

मात्राचतुष्कोपलक्षितो योगो भवति । स एव गीतात्मकवर्णमवेक्ष्य द्विमात्रो भागो भवति । चतुर्मात्राक्षरांशे दशलध्वक्षरपरिमाणगुरुवाद्यस्तदर्धरूपो लघुस्तदर्धे वर्णमात्रात्मके तु भागे प्लुत इति यावत् । चतुर्मात्र एवं त्यक्षरभागे विंशतिलघुपरिमाणो गुरुभाग एव लघ्वादिषु । यथायोगमिति वार्तिके चतुर्मात्रे चत्वारिंशल्लघुमिति(त)-तालगुरुसार्धप्लुतमित्येवं सर्वत्र तदाह । वृत्तौ सा द्विगुणेति । साक्षा(क्षर)योगाक्षिके-(प्त)चतुर्मात्राकालवृत्तौ तालकला चित्रापेक्षया द्विगुणा(णां)बिभर्तीत्यर्थः ॥११८॥

या च सा चतुर्मात्रकलावृत्तौ वर्णमात्राभिरुपलाक्षिता कृता सैव वार्तिकापेक्षया द्विगुणां कलां दक्षिणां बिभर्ति । तदाह ।

वृत्तौ यावद्(या) वर्णमात्राभिश्चतुर्मात्रा प्रकीर्तिता ।
द्विगुणा दक्षिणे सा तु ॥

इति ॥११९॥

तदव स्थिरीकरोति । न मार्गभेदोऽक्षरेषु कश्चिदपि इति । मार्गेषु सर्वेषु च तावन्त्येवाक्षराणीति यावत् ।

ननु तावत्स्वेवाक्षरेषु कथं प्रतिमार्गं कालभेद इत्याह । वर्णमात्राद्विगुणना द्वर्णभेद इति । वर्णाक्षरस्य भेद इत्यादेः । मात्रास्वरूपा येऽकारादिकाः । तस्या द्विगुणनात् । वर्णस्येति । गीते भेदो मार्गवैचित्र्यमिति यावत् । स तेन दैवेदिति चिते(त्रे) ए एति वृत्ते(त्तौ)देएएएएएएए इति दक्षिणे ॥१२०॥

तदुपसंहरति । यथाक्षरेषु भूयिष्ठमिति । बाहुल्येनायं विधिः । अन्यथाऽपि कश्चिदस्तु मध्यमस्तावदयं प्रकार इति भावः । एतच्चोक्तं प्राक् ॥१२१॥

---

१. KSS. वर्णमात्रा तु ।
२. NS. द्विगुणितात् ।
३. NS. पदाश्रयः ।

द्विसङ्ख्याते निवृत्तिस्तु कार्या यस्यार्थ(र्ध)योगतः ।
द्विसङ्ख्यातार्थ(र्ध)योगेन त्रिसङ्ख्यातेऽपि चेष्यते ॥१२२॥

[1]न चित्रे द्वित्रिसङ्ख्यातं कदाचिदपि योजयेत् ।
न च वृत्तौ त्रिसङ्ख्यातं गीतं वासारितं बुधः[2] ॥१२३॥

त्रिसंख्यातं दक्षिणे स्याद् द्विसंख्यातं च वार्तिके ।
चित्रे यथाक्षरं प्रोक्तमिति मार्गविनिश्चयः ॥१२४॥

यथाक्षरं तु सर्वेषु मार्गेषु परिकीर्तितम् । इति केचित् ।
दक्षिणेनैव गत्वादौ निवृत्तौ वृत्तिवद् व्रजेत् ॥१२५॥

एवं यथाक्षरस्य परीक्षां कृत्वा द्विसंख्यातत्रिसंख्यातयोरत्तामाह ।

द्विसंख्याते निवृत्तिस्तु कार्या यस्यार्धयोगतः ।
द्विसंख्यातार्धयोगेन त्रिसंख्यातेऽपि चेष्यते ॥

इति । आद्यस्य यथाक्षरस्यार्धयोगे द्विसंख्याते निवृत्तिरावृत्तिः । तस्यार्धयोगेन त्रिसंख्यातेन(पि) । देवं देवैः संस्तुतमिति (भ. ना. ३१.१०३) यथाक्षरे चतस्रः कलाः । द्विसंख्याते देवमेका कला देवं देवैरिति द्वितीया सम्लुते तृतीया संस्तुतमिति चतुर्थी । एवं यावता चतस्रः कलास्तावत्तत्र वर्ध(मान)योगः । यदा तु देवं देवैः संस्तुतनतमित-मित्यनेनैककलापाते यावता द्विसंख्या द्वे कले तदा त्रिसंख्यापाते द्वे संख्याने त्रीणि च त्रयस्तथा ॥१२२॥

कियन्त्यक्षराणि तालकलायामित्याशङ्क्याह । न चित्रे द्वित्रिसंख्यातमिति । चित्रमार्गे यथाक्षरमिति । वार्तिके तु यथाक्षरं द्विसंख्यातम्(म) च । तत्र तु त्रिसंख्यातं न मा(भा)ति । दक्षिणे तु त्रयमपि । तदा तत् त्रिसंख्यातं दक्षिणे स्यादिति ॥१२३-१२४॥

तत्र त्रिसंख्यातस्य स्वरूपं स्फुटयति । दक्षिणेनैवेति । दक्षिणमार्गोचितं देव इत्यस्य शब्दस्य वर्णप्रकर्षं कृत्वा वृत्तो(त्तिः) कर्तव्या । तस्यैव देव इति शब्दस्य ततोऽर्धप्रकर्षं कुर्यात् । तदाह । वृत्तिवत् पुनरावृत्तौ च ॥१२५॥

---

१. KSS. न च वृत्तौ त्रिसंख्यातं ।
२. KSS.; NS. गीतेष्वासारितेषु च ।

चित्रवच्च यथान्यायं त्रिसंख्याते विधिः स्मृतः ।
अनेनैव विधानेन द्विसंख्यातमपीष्यते ॥१२६॥

वृत्तौ वा दक्षिणे वापि प्रयोगस्य सदैव तु ।
वस्त्वादौ वस्तुमध्ये वा वस्त्वन्ते वा निवृत्तयः ॥१२७॥

प्रयोक्तव्या [1]बुधैर्नित्यं विचार्याङ्गबलाबलम् ।
निवृत्तौ तु कला न्यूना यदा वस्तुवशाद् भवेत् ॥१२ ॥

[2]अकलापातनात्तस्या वर्णः कार्यो निवृत्तिमान् ।
वर्णालङ्कारसौभाग्यं विच्छेदं करणस्य च ॥१२६॥

ततोऽप्यर्धप्रकर्षस्तदाह । चित्रवच्चेति । अनेनैव विधानेनेति । यथान्यायमिति । तेनैवात्रैक एवातिदेशः । वार्तिकेनैव गत्यादौ निवृत्तौ चित्रवद् भ(व्र)जेदिति वार्तिके । दक्षिणेनैव गन्धा(त्या)दौ निवृत्तौ वृत्तिवदिति दक्षिणे । केचिद् ध्रुवकमार्गापेक्षया चतुस्संख्यातमपीच्छन्ति । तत्तु मुनिना देहावृतमार्गत्रयस्यैव बाहुल्येन प्रयोज्यत्वात् तेन देव इति देवैरिति देवं देवैरिति देवं देवैः संस्तुतनमितमिति त्रिसंख्यातम् । देवमिति तं देवैरिति संस्तुतेति द्विसंख्यातम् ॥१२६॥

ननु चित्रे तावता द्विसंख्यातं नास्ति । यत्र स्व(त्व)रित तत्र निवृत्ताश्रयरूपम् । निवृत्तिश्च तस्मिन् स्थाने कार्येति निरूपयति । वृत्तौ वा दक्षिणे चेति । प्रयोगस्य गीतकासारितादेर्यद्वस्तु तस्यादौ मध्येऽप्यन्ते वा निवृत्तयः कर्तव्याः ॥१२७॥

अङ्गानां विवधादीनां बलाबलं विचार्यम् । विदारीवशाद्धि निवृत्तयो भवन्तीति यत्र विविक्तो विशेषन उपदिष्टस्तत्र सामुद्गसिद्ध्यै आदावन्ते चावश्यं निवृत्तिः । तत्र निवृत्ताश्रयं (तद्रूप निवृत्तिश्च कस्मिस्थाने कार्येति निरूपयति । (वृ)) उपवर्तने मध्यनिवृत्तिरिति । अथात्रोपदेशान्तरमाह । निवृत्तौ तु कला न्यूनेति । निवृत्ताविनिवृत्तौ च चतुर्थः । अस्य प्रयोगस्यालङ्कारादेर्वा सामर्थ्याद् यदा चतुर्मात्रा भवन्ति तदा न्यूनभाग एव कालप्रकर्षवर्णस्वरो निवृत्तिमानावर्तमानः कयो(र्यो)ऽवतील(शिष्ट)कलायां पूर्णता वर्णव्यवस्था (का)र्या (य)दि का(त)स्य निवृत्तिस्तत्रैव । न्यूनो(ना)व्यङ्गेऽवस्थानात्मनि वृत्तिर्निर्वा(मा)निवृत्तिः । तामेव न्यूनां कलामाश्रित्य यत्

---

१. KSS., NS. प्रयोगज्ञैः ।
२. NS. अकाल...।

तत्त्वादीनां प्रयोगश्च निवृत्तीनां प्रयोजनम् ।
वर्णतालाक्षराणां तु संयोगोऽयं मया स्मृतः ॥१३०॥

आसारितेषु गीतेषु वर्धमानेषु चैव हि[1] ।
[[2]वर्धमानं तु विज्ञेयं चतस्रः कण्डिका बुधैः] ॥१३१॥

कला(लो)नताल कलपूरणं तद्द्वाप्यवर्णस्याय्यादिनिवृत्तिमान्न परिसपाप्ति(प्त.) कर्तव्य इति । तद्यथा चञ्चत्पुटे दाक्षिपवणांदोळइआ (दक्षिणपवनान्दोलिता) इत्यत्र योगाल्ल(घु:) इत्यनेन सहितः (तं)प्लुतः (तं)पूरयति । तुल्यार्थे अनिवृत्तिमपि समुच्चिनोति ।

ननु यथाक्षरे पाठे सौकर्यम् । अर्थावबोधसौकर्यं च द्विसंख्यातात् । धौ(धा)-तुको गुण उक्त एव दोषा न्य(श्र)त इत्याशङ्क्याह । वर्ण्यो(र्णा)लङ्कारसौभाग्यमिति । गीतिशोभाकरणस्य तदनुसारिणस्तन्त्रीपाठ्यादेर्विच्छित्तिवि(वि)चित्राच्छेदास्तवतो सानुगतानां चोत्क्र(ष्ट)लक्षणानां प्रकृष्टयोजनानिवृत्तीनां द्विविस(त्रेध)स्तग(र्ग)तानां प्रयोजनं यथाक्षरे हि वैचित्र्यान्तरं न किञ्चिद् ग(गी)तवाद्ययोरिति ।

ननु पादयोजनया किमत्र प्रयोजनमित्याशङ्क्याह । वर्णतालाक्षरन्तु(राणां तु) संयोगोऽयमिति । वर्णः स्थाय्यादिः । अक्षराणि पदानीति । संयोग इति सम्यग् योजना । स्वरतालपदात्मकं गान्धर्वमिति । प्रागुक्तमिति भावः ॥१२८-१३०॥

गीतेष्विति संयोगादुक्तम् । वर्धमानेष्विति बहुवचनम् । यथाक्षरं द्विसंख्या-(ता)पेक्षया । तथाहि । चित्रे यथाक्षरं वर्तते । द्विसंख्यातं तच्च दक्षिणे । त्रीण्यधीति षोढा वर्धमानम् । एवमासारितस्य वर्धमानान्तर्भूतस्य स्वरूपं वर्धमानशरीरमेव तु वाच्यम् । किञ्च वर्धमानपदासारितान्यासारितेभ्योऽपि वर्धमानोत्पत्तिर्व्याख्येया । तत्र ज्येष्ठा वर्धमानशरीरमन्वेति । तद्द्वारेणेतरेभ्यः । ज्येष्ठान्या(स्वा)सारितानामनु-प्रवेशात् । तत्र कीदृश्यो ज्येष्ठस्य खण्डनया तज् ज्ञायत इति वाच्यम् ।

ननवतं चतस्रः कण्डिकाश्चैवेति (भ. ना. ३१ ७६) । सत्यं तनु(त्तु)ध्रुवके हि कलादिभिश्चेत्याद्या न च काले......द्या चतुर्भिर्न प्रायमेवोक्तमिति प्रस्फुरयितुं ग्रन्थान्तरं वर्धमानान्त(नं तु)विज्ञेय चतस्र इत्यादि । चतुर्धावितः खण्डनमतश्चतस्रः ख(क)ण्डिकाः ॥१३१॥

---

१. इतोऽग्रे का० पुस्तके पद्यमेकमधिकम् ।

२. KSS अत्र 'निहत्य दारुणं घोर' मित्यादि पाठः समधिकः ।

विशाला [1]सङ्गता चैव सुनन्दा सुमुखी तथा[2] ।
उपोहनं विशालायाः कलाः पञ्च भवेदिह[3] ॥१३२॥

षट् सङ्गताया विज्ञेयाः सुनन्दायास्तु सप्तकम् ।
सुमुख्याश्चोपवहनं नित्यमष्टकलं भवेत् ॥१३३॥

आदौ गुरुद्वयं कार्यं चतुर्दश लघून्यथ ।
उपोहने विशालायाः पुनरन्ते गुरुः स्मृतम् ॥१३४॥

यथा ।
[4][झण्टुं जगति यवलितकदिगिनिगिकुचकुलतिति(गिगितिति) चा ।
चतुर्भिरधिकेर्ह्रस्वैर्गुरुत्रयसमन्वितैः ।
सङ्गतायास्तु विज्ञेय उपोहनविधिः क्रमात्] ॥१३५॥

यथा ।
झण्टुं जगति य वलितकदिगिनिगितितिझलतितिचा ।
चतुर्भिरधिकैरेवं लघुभिर्गुरुसंयुतः ।
सुनन्दाया अपि ज्ञेयो ह्युपोहनविधिर्बुधैः ॥१३६॥

यथा ।
झण्टुं जगति यवलितकदिगिनिगिततझलकुचझलतितिचा ।
षट्त्रिं(विं)शतिर्लघूनि स्युः सुमुख्याश्च गुरूणि तु ।
उपोहनविधाने तु ज्ञेयानि मुनिसत्तमाः] ॥१३७॥

तत्र दशपरिवर्तं आद्यायाश्चतुराधृत्तिरिति सा विशाला । द्वितीया ततः प्रभृति संगते रूपक्रमात् संगमे वात्र लयान्तरनिवृत्तेः संगता । विततिं हाहाभावात् ससमृद्धि-कला उपक्रम्यते हि कला-तालप्रमाणं च मध्यमासारित(त)स्तृतीया न...सा सुनन्दा । चतुर्दशपरिवर्तप्रमुख एवास्त्विति सुमुखी । तासां चासारित(व)देवो(पो)हना । पञ्च षट् सप्ताष्टौ कलाक्षराणि त्वत्रान्यानि । तदाह । उपोहनं विशालाया इत्यादि वाक्यम् । नाकं वा गुरुत्रयमाद्यम् । झण्टुं अन्त्यं वा । गुरुसंयुते(त) इति गुरुणी(रूणि) च । एतान्येव गुरुणी(रूणि) ॥१३२-१३७॥

---

१. KSS. संमता ।
२. का० पुस्तके त्वत्र "ततः पूर्वा नव......" इत्यादि श्लोकत्रयात्मकः पाठः समधिकः ।
३. KSS. कलापञ्चकमेव हि ।
४. NS. varies. KSS. does not read.

¹[यथा ।
झण्टुं जगति यवलितकविगिनिगितितिजलकुचजलतिति (झलतिति)
चा ।

उपोह्यन्ते स्वरा येन तेन गीतं प्रवर्तते ।
तस्मादुपोहनं ज्ञेयं शुष्काक्षरसमन्वितम्] ॥१३८॥

²अथवोपोह्यते यस्मात् प्रयोगः सूचनादिभिः ।
तस्मादुपोहनं ह्येतद्गानभाण्डसमाश्रयम् ॥१३९॥

शम्यातालौ द्विरभ्यस्तौ सन्निपातोऽन्त्य एव च ।
उपोहने विशालायास्तालोऽयं परिकीर्तितः ॥१४०॥

नन्द(तत्र) किमर्थमुपोहनं कस्मान्नो वचनमुच्यत इत्याशङ्क्याह । **उपोह्यन्ते स्वरा येनेति** । गात्रवीणायां येन वा का(क)रणमात्रेण स्वरा उपोह्यन्ते भाविनीत्युपारम्भिण ऊहविषयाः क्रियन्ते ऊह्यन्ते च धार्यन्ते उत तदुपोहनमुपवहनइ(मि)त्यापि दृश्यते । व्यवहारा येऽत्र च । दारव्यां वीणायां **गीतं प्रवर्तते** । तस्माद् व्यक्तवाक्करणानुकाररूपे गीतप्रतिपत्तिः ।

ननु व्यक्तार्थरुद्रादिपदद्वारेणैवेत्येवं गात्रदारुवीणागतं यद्वावकरणमात्रं तदेवोपोहनम् । तच्च हरेति ष्ट(ह)काराद्यन्यतमाऽव्यक्तार्थवर्णयोजनाय प्रक्रम्ये(मे) प्राप्तेऽभ्युदयसिद्धौ न यतते । झण्डु(ण्टु)मादिभिर्योज्यते । न तु ताद्येव । तदाह । **शुष्काक्षरसमन्वितम्** ॥१३८॥

एवं गात्रदारुवीणाभिप्रायेण सप्रयोजनं निर्वचनमुक्त्वा ग्रन्थ(थ्य)मानं नृत्यमाश्रित्याह । **अथे(थ)वोपोह्यते यस्मात् प्रयोगः सूचनामिति(दिभिः)** । सार्थवेदविषयोऽयम् । प्रयोगमाश्रित्यैवेत्यादिसूचनाभिनयेन शुष्काक्षरगाने भाण्डसहिते यदुक्तं

येऽपि चान्तरमार्गाः स्युस्तन्त्रीवाक्करणैः स्मृताः ।
तेषु सूचा(ची) प्रयोक्तव्या भाण्डेन सह ताण्डवम्(वे) ॥
(भ. ना. ४-३१८)

इति । तेनोपोह्यते प्रयोगसूचनाभिनयद्वारेण सूचि(च्य)ते यत्र तदुपोहनम् ॥१३९॥

अथवा विधिमाह । **शम्य(म्या)तालाविति** । द्विरित्युक्तेऽभ्यस्तावि(त्रि)कयुक्तेऽपि प्रत्येकं स्यादिति । ससता इति स्यात् तदर्थमाह । **अभ्यस्तौ** समुदितौ ।

---

१. KSS., NS , omit.
२. KSS., NS. vary absolutely.

द्विकलः सङ्गतायाश्च तालश्चाचपुटो भवेत्[1] ।
[2]त्रिकलो युक्ततालादिः सुनन्दायास्तथैव च ॥१४१॥

चच्चत्पुटश्च द्विकलः [3]सुमुख्याः स्यादुपोहने ।
उपोहने द्विरभ्यस्तैस्ततः कार्या तु कण्डिका ॥१४२॥

एतान्युपोहनानीह चत्वारि गदितानि तु ।
आनुपूर्व्यात्(र्व्या) प्रयोगं तु कण्डिकानां निबोधत ॥१४३॥

[4]शम्या तालौ(लः) पुनः शम्या ततस्तालो यथाक्रमम् ।
त्रिकलः सन्निपातश्च विशालायाः प्रकीर्तितः ॥१४४॥

द्वित्रिकाल उद्घट्टतालादिर्युक्त(क्तश्)चञ्चत्पुटः । तथैव चेति । न विशालायां शम्यादिचञ्चत्पुटगतगुरुलघ्वादिविभागः । अत्र तु तद्गतो गुरुलघुप्लुतविभागो न स्वरगुरुप्रस्तारं कलासप्तकमिति यावत् तदयं प्रस्तारः । शंतंशंताशंनिशिताश निशनिताशप्रश । अथ विप्रयोगमाह । न द्विरभ्यस्त इति सूच(यन्) नृत्यप्रयोगभेदद्वारा वृत्ति(:) । घतालसतालभेदादित्यन्ये । कथं खण्डो(कण्डिका) कार्येत्याह । आनुपूर्व्येति । न त्वासारितसम्पाद इव व्युत्क्रमेणेति ॥१४०-१४३॥

तत्र गुरुकण्डिकारूपत्वे योग्यतापरं वर्धमानशब्दवाच्ये तालविधिमाह—

शम्या तालो पुनः शम्या ततस्तालो यथाक्रमम् ।
त्रिकलः सन्निपातश्च ।

इति इसनितानि इसताप्रनि इस इति तापनकलायां प्रस्तारः । यथाह ।

मध्यमासारितान्यस्य वस्तुनो यदुदाहृतः ।

इति । अक्षरार्थस्तु इह कलादिकद्विकलयुग्मता दृश्यते । तत्र सिस्र इदि प्रस्तारे प्राप्ते आह । प्रकीर्तित(:) । प्रस्तारस्य प्रवेशश्च कीर्ति(तः) । प्राधान्यमादित्वं प्रतीति । तत्राष्टासु कलासु नृत्तापवादौ शम्यतालौ किमविच्छेदेनेत्याह । पुनरिति । विच्छेदः

---

१. NS. चञ्चुपुटः स्मृतः ।
२. KSS. तस्यैव सन्निपातोऽन्त्ये ।
३. KSS. सुमुख्यां ।
४. अत्र श्लोकत्रयस्थाने का० पुस्तके श्लोकचतुष्टयात्मको भिन्नः पाठः ।

चच्चत्पुटस्य(श्च) द्विकलः सङ्गताया अपि स्मृतः ।
चतुष्कल्पः(लः) सुनन्दायाः स एव गदितो बुधैः ॥१४६॥

सन्निपातद्वयोपेतो द्विमात्रस्तु प्रयोक्तृभिः ।
कार्यश्चतुष्कलो युग्मः सुमुख्याश्च यथाक्रमम् ॥१४५॥

वर्धमानस्य तालोऽयं [1]कण्डिकानां पृथक् पृथक् ।
मया प्रोक्तः [2]पुनश्चैव संहतानां निबोधत ॥१४७॥

पुनरर्थस्य दर्शनम् । ततेह(त इह) कण्ठोक्तशम्यातालान्तरबाधितेन विच्छेदो लक्ष्यते । तेन विच्छिन्नौ तावित्यर्थः । ते सनिता पुनरस्ति काकाक्षिवत्तेन प्रनिशम् । एवमर्थं केचिदक्षरारूढं कर्तुमशक्ताः प्रकरणादिबलादमुमेवार्थमाहुः ॥१४४॥

चञ्चत्पुटश्च द्विकलः सङ्गत(ताया) इति । चतुष्कलः सुनन्दी(न्दा)यः(याः) स एवेति । चञ्चत्पुट एवेत्यर्थः । आनिविश आनिवित आसविव आनिविशं सन्त चतुष्कलत्वात्मकसा(स)मृद्धियोगः । टुनदि समृद्धाविति (पा. धा. ५७) हि स्मृतः । दयमेव द्विगणि...ख्यारोपमत एव द्वौ सन्निपातौ भवतः ॥१४५॥

षोडशकले तावद् द्वे मात्रे सम्पद्येते । तदाह—

सनिपातद्वयोपेतो द्विमात्रस्तु प्रयोक्तृभिः ।
कार्यश्चतुष्कलो युग्मः समुख्य(सुमुख्या)श्च ।

इति । किमिति द्वि(:) सुनन्दा इति । सुमुखीति सन्देहप्रयोगस्य प्रागुपक्रान्तखण्डिकात्मन उपोहनस्य च भेदादपसार्यते तदा प्रयोक्तृभिरिति ॥१४६॥

एतदुपसंहरति । यथाक्रमं

वर्धमानस्य तालोऽयं कण्डिकानां पृथक् पृथक् ।
मया प्रोक्तः ।

---

१. KSS. कर्णिकायाः ।
२. NS. मुनेश्चैव ।

पूर्वं विशाला कर्तव्या सङ्गता तदनन्तरम् ।
सङ्गताया ग्रहं कृत्वा विशाला पुनरिष्यते[1] ॥१४८॥

[2][कनिष्ठासारिते तालो यो मया परिकीर्तितः ।
स एव सर्वः(सर्व एव) कर्तव्यः प्रथमे कण्डिकाद्वये ॥१४६॥

इति । वर्धमानस्य वृद्धियोगस्य पञ्चषष्टिकलस्य याः कण्डिका भागास्तेषां पृथक् पृथगेवायं तालविधिरुक्तो न चैक(त्र) स कदाचिदेताः प्रयोगार्हा इति । यथाक्रममिति क्रमेण चतुष्टयप्रयोग इत्यर्थः । तत्र पञ्चषष्टिकलत्वाज्ज्येष्ठासारितवदवभाति । अत्र तदनु प्रविष्टानि चासारितान्तराणि तन्नात्तरीयकानि च भवन्ति । एवमासारित-चतुष्टयोचितकलासंख्ये चोभये चाहृतचतुष्के प्रयुज्यमाने स्फुट एव तन्निरासः । एवं कण्डिकारूपं वर्धमानमासारिताभासवर्धमानं चोक्तम् । अथ वर्धमानासारितस्य स्वरूपं वक्तुमुपक्रमते । पुनश्चैव संहृतानामिति । संहृतविषयः पूर्वविधिरुक्तः । प्रथमां कण्डिकां कृत्वा (भ. ना. ३१.८१) ।......द्वितीयां कण्डिकां कृत्वेत्यादिना (भ. ना. ३२.८२) । अधुनाऽपि तद्विषयोऽपीति पुनर्ग्रहणम् । न च पौनरुक्त्यमात्र-माशङ्क्यम् । अनवगतपूर्व इहात्रार्थो यथोच्यते तदाह । निबोधतेति ॥१४७॥

संहृतत्वे चान्योन्यापेक्षवृत्तित्वे दशपरिवर्तयोगे इहोच्यत इत्याशयेनाह । पूर्वं विशाला कर्तव्येति । तस्यां च पञ्चकलोपोहनयोग(गो)वतनिष्ठासारितधीस्तावयुङ्क-(दङ्कु)रीभवति । तदनन्तरं न केवलेऽपि प्रयोगकलायां कलाद्वयं पिण्डीकृतनून(तनू)-मयं कनिष्ठासारितप्रयोग इति धीर्भवति । दृढरूढप्राच्यप्रत्ययप्रभावानुवर्तिनि हि दृढ उत्तरप्रत्यये प्रसारितधीनाशकबाधाविशेषो दृश्यते । इह पुनः संवर्तो तद्रूपोपरिगत-स्तद्विशेषो दृश्यते बुद्धौ । अत एव वक्ष्यते । बालं नवकलं ज्ञेयमिति (भ. ना. ३१. १५५) । एवं षट् परिवर्तास्ततोऽपि सङ्गता । तद(न)न्तरं किमित्याह । सङ्गताया ग्रहं कृत्वेति । आदौ गृह्यमाणत्वाद्ग्रहः उपोहनम् । तेन षट्कलमुपोहनं कृत्वा तदनन्तरं सङ्गता प्रयोज्या । तत्समनन्तरमेव च विशालेति । लयान्तरमेतत् क्रियापा(सा)र्वकाल्यमात्रे प्रतीयते । न तु समनन्तर्य(र)मिति तदनन्तर्य(र)मित्युक्तम् ॥१४८॥

ननूक्त एवायं परिवर्तविधिरित्याशङ्क्याह ।

कनिष्ठासारिते ताले(लो) यो मया परिकीर्तितः ।
स सर्व एव कर्तव्यः प्रथमे कण्डिकाद्वये ॥

---

१. KSS. सकला यदि ।
२. का० पुस्तके श्लोकचतुष्कस्थाने सार्धं पद्यषट्कम् ।

सुनन्दा सङ्गता चैव विशाला च यथोदिता ।
सुनन्दाया ग्रहं कृत्वा ततश्चैवं प्रयोजयेत् ॥१५०॥

मध्यमासारिते तालो यो मया परिकीर्तितः ।
[1]सोऽस्य त्रयस्य कर्तव्यः सुनन्दाद्यस्य योक्तृभिः ॥१५१॥

[2]सुमुखी च सुनन्दा च सङ्गता प्रथमा तथा ।
सुमुख्यास्तु ग्रहं कृत्वा यथोक्तं सम्प्रयोजयेत्] ॥१५२॥

इति । कनिष्ठासारिततालः कण्डिकाद्वयतालविषयस्तदवबन्धस्तद्रूपत्वं प्राप्तः कर्तव्यः । तेन सङ्गताविशालातालकृत्येऽन्यया(नेन) चायं(चेदं) लयान्तरम् । अत एव वर्धमानरूपाङ्कुरितत्वाद्वर्धमानासारितमिदमुच्यते । कण्डिकाद्वयशब्देन तज्जातस्तालः । अन्ये(ने)न प्रथमे कण्डिकाद्वये यो मया ताल उक्तः स सर्व(ः) कनिष्ठासारिते कार्य इति योजयति ॥१४९॥

एवं त्रयः परिवर्ता उक्तास्ततोऽपि

सुनन्दा सङ्गता चैव विशाला च यथोदिता ।

इति षोडशाष्टौ नवेति यावत् । क्रममात्रनेतदुक्तमित्यत्र प्रयोगमाह । **सुनन्दाया ग्रहमिति** । सप्तकलमुपोहनं कृत्वैवं तूक्तक्रमं यत्र का(कु)र्यादिति ॥२५०॥

अत्र.........तालविधिमाह । **मध्यमासारित** इति । **मध्यमासारिते यस्तालः सोऽस्य सुनन्दाद्यत्रयस्य** सम्बन्धिनस्तदधितिष्ठतस्तदाक्रान्तस्तालः कार्यं इति । शम्यादिरत्र स्थानीयः सम्पद्यते । यदि वा ताल इति तत्स्थानभूतकलास्वस्याधारो भवति । यदि वा ज्स्य(य)त्र यत्र ताल उक्तस्तेषु मध्यमः कार्य इति ॥१५१॥

एवं षट् परिवर्तास्ततस्तु सुमुखी चेत्यादि । **प्रथमेति** । विशालाक्रममुक्त्वा प्रयोगमाह । **सुमुख्यास्त्विति** । ग्रहः उपोहनमष्टकलं कृत्वा चतस्रः प्रयोज्यन्ते । ज्येष्ठासारितं निष्पाद्यते । उचितोपवहनसिद्धय एव चेत्थं क्रम उक्तोऽप्युपोहने तु कर्तव्ये

---

१. KSS. सोऽन्यत्र यस्य कर्तव्यः सुनन्दां न्यस्य योक्तृभिः NS. शम्यात्रयस्य...।

२. KSS. varies.

[1]ज्येष्ठासारितके तालो निःशब्दः शब्दवांस्तथा ।
स सर्व एव कर्तव्यो बुधैश्चतसृणामपि ॥१५३॥

[2]संयोगे कण्डिकानां तु तालोऽयं परिकीर्तितः ।
एवमासां समायोगाद् वर्धमानकमिष्यते ॥१५४॥

बालं नवकलं ज्ञेयं [3]दशसप्तलयान्तरम् ।
[4]मध्यमं तु त्रयस्त्रिंशत् पञ्चषष्टिस्तथोत्तरम् ॥१५५॥

सुमुख्या आदिभावो यस्मादेव येन षष्ट्यष्टसंख्यापूरणं त्वन्यथापि सम्भवत्येव । एवं पूर्वत्रापि मन्तव्यम् ॥१५२॥

अत्र तालमाह । ज्येष्ठासारितेक इति । ज्येष्ठतालस्य(श्च) तिसृणां सम्बन्धीत्ययत्नः कायो(र्यः) । यद्वा चतसृणां तस्ताल उक्तः स ज्येष्ठासारितके कार्य इति प्रागु(ग्व)द्योजना ॥१५३॥

अत एवाह । संयोगे कण्डिकानां तु तालोऽयमिति । तुरवधारणे । आसारितात्मनि संयोगे योजनाविशेषाधीने प्रयोगे कण्डिकानामेव सम्बन्धी ताल उक्त इति दश परिवर्ताः । आद्ये कनिष्ठमत एव रूपान्तरेणासारितात्मना परिवृत्तिसहिष्णु-(व)त् प्रथमे परिवृत्तिव्यवहारः । न तु केवलमावृत्तिबलोचितव्यपदेशद्वितीयादिपरिवृत्तिसाहचर्यमात्रादेवैकत्वाभ्यावृत्तिकृतसकृच्छब्दव्यवहारवद् द्वयोर्लयान्तरम् । त्रिषु मध्ययं चतुर्षु ज्येष्ठमिति विभागः । ततोऽपि समुदिता वर्धमानोत्पत्तिरित्याह । एवमासामिति । एवमिति दशसु । आसामिति कण्डिकानाम् । प्रधानमत्र तत्तालयोगः । सर्वत आसमन्ताद् योजनया दशरूपिपरिवर्तरूपाया वर्धमानं चतुर्विंशत्युत्तरकलाशतात्मकमित्यर्थः ॥१५४॥

दशसु परिवर्तेष्वासारितविभागं स्फुटयति । बालं नवकलमिति । नवकले प्रयोगे सम्पिण्डिततद्रूपप्रतिपत्तिरूपोपोहनयोगादभूताद् भविष्यतश्च प्रयोगौचित्यादित्येतदाह ज्ञेयमित्यनेन । तदनन्तरप्रयोगोपस्कारादेव सप्तदशकलयानान्तरं कण्ड... (कण्डिका)रूपं ज्ञेयमित्यत्रापि प्रयोज्यम् । अन्यथा पूर्वानपेक्षायां कनिष्ठमेव स्याद् ।

---

१. KSS. ज्येष्ठत्वं सारिते ।
२. KSS. संयोगे कण्डिकालोपः...परिकीर्तितः । इतोऽग्रे श्लोकसप्तकमधिकम् ।
३. NS. दशशब्दलयान्तरम् ।
४. NS. पञ्चषष्टिकलं ज्येष्ठं त्रयस्त्रिंशत् मध्यमम् ।

कलानां वृद्धिमासाद्य त्वक्षराणां च वर्धनात् ।
लयस्य वर्धनाच्चापि वर्धमानकमुच्यते ॥१५६॥

आसारितेषु गीतेषु वर्धमानेषु चैव हि ।
द्विगुणस्तालयोगेन कार्यो ह्य(यंस्त्व)क्षरजो विधिः ॥१५७॥

[1]समाप्तावन्तरचितः सन्निपातो यदा भवेत् ।
अन्त्या कला द्विमात्रा तु तदा ज्ञेया प्रयोक्तृभिः ॥१५८॥

मध्यमं तु त्रयस्त्रिंशत् । परिवर्तत्रयेणेत्यर्थः । तुर्विशेषं द्योतयति । पूर्ववदपेक्षाऽस्तीति । **पञ्चषष्टिस्तथोत्तरम्** । ज्येष्ठं परिवर्तचतुष्केणेत्यर्थः । तथेत्यपेक्षाविरहोऽत्र मध्यमादेव ॥१५५॥

ननु कण्डिकाचतुष्कमात्रमेव वर्धमानमस्तु । किमनेन परिवर्तक्रमेणेत्याशङ्क्याह । **कलानां वृद्धिमासाद्य** त्विति । तालस्वरूपविशेषो वर्धमानं तालस्य च कलात्मकमिति तद्वृद्ध्यैव मुख्यं वर्धमानत्वम् । तद्रूपान्तरमाह सहिष्णुत्वमात्रादेव । सा चेत्थं प्रदर्शितेन यथा भवति । चतुर्विंशत्युत्तरशतरूपतापत्तेः । तद्वृद्धेरेव च प्राधान्यम् । क्रियादर्शितसामान्येति तदायत्ता चाक्षराणां पदवाक्योभयात्मनां वृद्धिः । तद्वृद्धौ यस्य वृद्धिरिति तद्वृद्धिरिति ॥१५६॥

नन्वासारितेषु पदविधिरुक्तः । चत्वारस्तु गुणा इति (भ. ना. ३१.१०६) । अत आसारितवर्धमानद्वि(वि)भागे कण्डिका न लभ्यतां नाम । पदविधिकण्डिकाप्राधान्ये तु कथमसावित्याशङ्क्य पदविधेर्व्यापकं लक्षणमाह । **आसारितेष्विति** । सर्वत्र बहुवचनम् । उक्तवक्ष्यमाणभेदात् **तालयोगेन द्विगुणाक्षरविधिस्तेन** । तालमात्रायाः पदमात्रे द्वे । तालमात्राद्वयोर्न(न)रूपोच(पश्च)तुर्मात्रो गणः । अक्षरग्रहणं समर्थानर्थकसर्वसंग्रहार्थम् ॥१५७॥

अत्रापवादमाह । **समापा(प्ता)वन्तरचित** इति । तालकलायां चतुर्मात्रो गणस्तावदिति सर्वस्योत्सर्व(र्ग)स्तस्याहं(यं)विशेषोऽपवादः । **अन्त्य(न्त्या)** असमस्तस्य गीतकासारितवर्धमानपाणिकाकण्डिकादेर्गेयस्य या परिसमाप्तिस्तत्काले **कला** सा द्विमात्रे(त्रा)त्विति द्विमात्रैवेति चेत्येवमादिरूपपदगते(ति)र्यस्यां सा **तादृशी ज्ञेया । तुश्चार्थे** । योऽसावन्तरचित इत्यन्ते मध्ये चितः......दितः **सन्निपातः** ।

---

1. KSS., NS. समाप्तायान्तरयिनः ।

एवमेतन्मया प्रोक्तं वर्धमानस्य लक्षणम्[1] ।
आसारितानां वक्ष्यामि विस्तरं[2] लघुलक्षणम्[3] ॥१५६॥

तद्यथा । आसारिते प्रथमार्धपञ्चपाणावाद्यस्य यदा समाप्ता भवेद् मुख्याङ्गविभाग-परिकल्पने तदा चासा......सन्निपातकलान्तरसमाप्तगताविति मात्र इव भवति । अपरथा विभक्ताङ्गस्य विभक्ताङ्गविशेषो दुरुपलक्ष एव स्यात् । मुनिना तूदाहरणं देवं देवैरित्यादि (भ. ना. ३१.१०७) यदुक्तं तदविभक्ताङ्गमाङ्गमाद्यम् । अन्त्य-(न्त्या)कला द्विमात्रेति मन्तव्य इ(व्ये)त्युपाध्यायाः । टीकाकृतस्तु सन्निपातव्युत्पत्त्या शम्यादिव्याख्ययाऽवान्तरतालसमाप्तौ नायं विशेषविधिरिति प्रतिपन्नाः । तेषामन्त्या-(न्त्या) कला द्विमात्रेतीयता सिद्धेः शिष्टश्लोकभागो व्यर्थ एवेत्यलमनेन । प्रयोक्तृ-भिरिति । प्रयोगविश्रान्त्याऽऽयासविदलीभावे सति शेषप्रयोगसौकर्यमिति भावः ॥१५८॥

एवमेतदिति । अपौनरुक्त्यमाह । एवमिति पूर्वोक्तेन प्रकरणेन वर्धमानस्य लक्षणं विच्छित्त्यन्तरेणेति यावत् । अथेदानीं ध्रुवकासारितलक्षणं वक्तुं ध्रुवकस्य सकलमार्गभूतस्य स्वरूपे तालतत्त्वमार्गान्तरस्वरूपं च सुज्ञातं भवति । किन्तु तथा-ऽऽसारितरूपेण साकं वर्धमानस्य कार्य .ारणभावाधाराधेयताभिज्ञातेयं वर्धमानस्य ध्रुवकमार्गस्याधारात् । उक्तं हि प्राक् ।

वृत्तिदक्षिणचित्रेषु मार्गेषु विनियोजितम् ।
(भ. ना. ३१.७५)

अत आधेयभावाद् वर्धमानलक्षणमुपसंहृत्य ध्रुवकासारितलक्षणमासूत्रयति । आसा-रितानामिति । वस्त्वादयो वृत्तौ भावप्रधानाः । आसारितानां ध्रुवकलापातानां ज्ञापकं ध्रुवकमार्गस्य लक्षणं वक्ष्यामीति । नित्यसापेक्षत्वादसमासः । तच्च लक्षणं विस्तरं कृत्वा वक्ष्यामि । प्रतिपदं शम्यादिपाते निष्क्रामावापादिमाङ्गुलिविभागस्तु विस्तीर्णता । अत्रैव सकलं निरूपितम् ।..............त्याशयेनासारितानां च वर्धमानबहिर्गीतानां ताण्डवाध्याये । (भ. ना. ४१.४) प्रदर्शितः प्रयोगविधिरित्य-तिदेशेन—

एवं प्रयोगः कर्तव्यो(एवमेषविधिः कार्यो) गीतेष्वासारितेषु च
(तेष्वपि) (भ. ना. ४.३९२)

इति । तेनाऽयं ध्रुवासारितविधिः स्वतन्त्रोऽप्युपदेश्य एव । सकलमार्गमूलभूतत्वा-(स्य) चाऽस्याभिधानार्हता ॥१५६॥

१. KSS., NS. वर्धमानकलक्षणम् ।
२. NS. विस्तारं ।
३. KSS. omits 29 verses.

अन्यूनायां कलायां तु ध्रुवं प्राज्ञो निवेशयेत्[1]।
[2]अथ तालाक्षरवशाच्छेषान् पातांश्च योजयेत् ॥१६०॥

प्लुते लघ्वक्षरे चैव ध्रुवे साम्यं न विद्यते।
न विद्यते त्रिभिः पातैः समत्वमुपनीयते[3] ॥१६१॥

तालैश्च सन्निपातैश्च शम्याभिश्च ध्रुवेण च।
कनिष्ठासारितं कार्यं मध्यमं ज्येष्ठमेव च ॥१६२॥

द्विगुणोत्तरया वृद्ध्या ह्रास्यैव तु मध्यमं विधातव्यम्।
प्रस्तारेण कलानां शम्यातालान्तरोपेतम् ॥१६३॥

तत एव न्यूनाधिकतालकलाप्रयोगोऽत्र कलासाम्यलाभे तदर्धादिभेदलाभात् तदाह। अन्यूनायां कलायां तु ध्रुवमिति। तुरेवार्थे। ध्रुवमार्गेऽन्यूनायामेव कलायां कुर्यात्। एवं हि कलामाने लब्धे तद्द्वैगुण्यादिना चित्रादिमार्गविभेदो ज्ञातुं शक्यस्तदाह। प्राज्ञ इति।

ननु यद्येकरसगुरुप्रस्ताररूपता तर्हि चच्चत्पुटादिरूपत्वम्। यदासारितप्राणि-(ण)त्वेनोक्तं तद्वत् सुज्ञानमित्याशङ्क्याह। अथ तालाक्षरवशाच्छेषान् पातानिति। यद्यपि परः प्लुतादिविभागोऽत्र नास्ति तु चच्चत्पुट-इत्यादि-तालाक्षरकृतस्तदापि तदाया(य)ता येऽत्र पाताः शम्यादयः शिष्यन्ते ताने(त ए)व योज्यन्ते न च चञ्च-त्पुटादिक्षिप्तः(प्ताः)। अथेति यद्यपीत्यर्थे। चोऽवधारणे ॥१६०॥

एतेष्वपि शेषं स्फुटयति। प्लुते इत्यादि। ध्रुव इति गुरुः। तेन प्लुते लघ्वक्षरे गुरुणि च प्रयुज्यमाने साम्यं न विज्ञायते। ते शम्यादिभिस्त्वेभिः पातैरुपलक्षितं समत्वमुपनीयते बुद्धौ निवेश्यते। अनेन ध्रुवकमार्गेणेदि भावः ॥१६१॥

एवं हि सत्येवंभूतोऽयमासारितप्रयोगो भवतीत्याह। तालैश्चेत्यादिध्रुवेण चेत्यन्तेन। एकरसगुर्वात्मना ये शम्यातालसन्निपाताश्चकारव्यावृत्तिस्तत्र कण्डिको-पोहनगमितो ध्रुवश्च तैः कन्निष्ठमध्यज्येष्ठादि कर्तव्यम्। एवशब्दो ध्रुवेणेत्यन्तो(तो)-ऽनन्तरं द्रष्टव्यः। चकारोऽस्य वृत्ति द्योतयति। विशेषाश्चकाराः समुच्चये ॥१६२॥

ननु कनिष्ठे तु योगक्षेमता कथमितरयोरित्याशङ्क्याह। द्विगुणोत्तरयेति। द्विगुणोऽप्यन्तादेव द्विगुणत्वं गुणः पु(पू)ज्य अण्वन्तानामिति। भिन्नं मुनीनां मतम्।

---

१. NS. निवेदयेत्।
२. NS अथ तालाक्षरवशास्त्वेषां ये तांश्च योजयेत्।
३. NS. उपदिश्यते।

पूर्वं शम्या कार्या [1]द्विगुणस्तालः कलाद्वये शम्या ।
पुनरेककलस्तालस्त्रिकलः स्यात् सन्निपातश्च ॥१६४॥

त्रिकलोऽन्यस्मिंस्तालः शम्यैककला कलाद्वये तालः ।
द्विकला च पुनः शम्या तालः कलिकश्च कर्तव्यः ॥१६५॥

त्रिकलश्च सन्निपातो भूयो विधिरेष एव कर्तव्यः ।
द्वादश कलास्तृतीये तस्यान्ते सन्निपातश्च ॥१६६॥

प्रथमस्त्वष्टकलः स्याद् द्वादशकलिका(कौ) तथा परे(रौ)ज्ञेये(यौ) ।
अन्त(न्त्य)श्च सन्निपातो मध्यस्यासारितः प्रो(तस्यो)क्तः ॥१६७॥

ये पूर्वमङ्गुलिकृताः प्रवेशनिष्कामसंज्ञया गदिताः ।
ते सर्वे कर्तव्या मध्ये त्वासारिते तज्ज्ञैः ॥१३८॥

भाभ्यां गुण्यन्ते नोत्तरा प्लवमाना वृद्धिमनुधावन्ति । या वृद्धिस्तयोपलक्षितः । यस्मान् मध्यमं विधेयं तस्माच्छम्यादयो ह्युक्ताः ।

नन्वेवमेकशम्यास्थाने द्वे शम्ये स्यातामित्याशङ्क्याह । प्रस्तारेणेति । कलानां निःशब्दरूपाणां यः प्रस्तारो विकल्पविधौ प्रवेशनिष्कामात्मा तेनोपेतं शम्यातालयोरन्तरे मध्ये ॥१६३॥

ततश्चायं प्रस्तारो भवतीत्याह । पूर्वं शम्या कार्येत्यादि । द्विगुणस्ताल इति । द्विकले यस्याधिष्ठेये । तेन द्वितीयस्यां कलायां स स्वयं तालस्तिष्ठति । पूर्वस्यां निष्क्रामं निवेशयति स्वरतालेनाधितिष्ठत इति वामहस्तेन भवति । एवं त्रिकल.षट्कल इत्यादयोऽपि मन्तव्याः ॥१६४-१६५॥

एवं ज्येष्ठेऽप्यन्यस्मिंश्चेत्यनेन सन्निपातस्य चञ्चत्पुटशेषता ध्रुवेण विभक्ताङ्गत्वेन सन्निपातान्तवस्तुत्रयोपेतत्वमस्याह । त्रिकलश्च सन्निपात इति । एते द्वितीयवस्तुपञ्चपाणिना । भूयो विधिरेष एवेति । तृतीयं तु । तदेव स्पष्टयति । द्वादशकलास्तृतीय इति ॥१३६-१६७॥

ननु प्रथमपञ्चपाणेराद्या सन्निपातकला प्रथयवस्तुनापहृता पञ्चपाणिना च द्वितीयस्येति कथं द्वादश कला भवन्तीत्याशङ्क्याह । ये पूर्वमङ्गुलिकृते(ता इ)त्यादिना

---

1. NS. द्विकलस्तालः कलाद्वयम् ।

अथ ज्येष्ठे तु कर्तव्यं शम्यातालकलान्वितम् ।
शरीरं हि बुधैर्नित्यं पञ्चषष्टिकलान्वितम् ॥१६९॥

तस्यावापोऽथ निष्क्रामो विक्षेपोऽथ प्रवेशनम् ।
अङ्गुलीनां तु कर्तव्यं कलामानं चतुष्कलम् ॥१७०॥

पूर्वं शम्या कार्या चैतुष्कलोऽन्त्यो भवेत्ततस्तालः ।
शम्या चतष्कला स्यात्तालो द्विकलस्तथा चैव ॥१७१॥

कार्यस्य(श्च) सन्निपातोऽपि षट्कलः षट्कलश्च तालः स्यात् ।
द्विकला च पुनः शम्या चतुष्कलः स्यात् पुनस्तालः ॥१७१॥

प्रवेशो निष्क्रावो(म) इत्यन्तेन क्रमेण ये गदितास्ते पूर्वं कृत्वा क्रमेण कनीयस्यां दद्वङ्गुलीभिः कृताः सम्पादिताः कर्तव्याः । तेनाविभक्ताङ्गे चच्चत्पुटे द्विकले पादभागे प्रथमे कनीयसीति यावत् । अन्त्ये तर्जनीं प्रति पञ्चपाणौ आद्ये कनीयसीं स-(प्र)ति चतुर्थे तर्जनी(नि)कादि(दी)नि । पञ्चमे कनीयसी शता । शष्ठे तर्जनीं प्रतीति । एवं द्वितीये मुक्तसु(क)सन्निपातः । विभक्ताङ्गे तु आद्या शम्या मुक्तिकास्थानीया । ततो नितानिशता प्रनिशता प्रनिश इति पादभागः । चतुष्के कनीयस्यादयस्तर्जन्यन्ताः निप्रनाशनितानिप्रतिशिसं पादभागषट्कः पञ्चपाणौ कनीयस्याश्चतस्रः पुनः कनीयसी तर्जनी चेति ॥१६८॥

एवं ज्येष्ठे । एवं द्विधा चाङ्गुलिविभागो मन्तव्यः । तदाह । अथ ज्येष्ठे कर्तव्यमिति । प्रनीति । एवं द्वितीये मुक्तस्ततसन्निपातः । विभक्ताङ्गे ज्येष्ठेऽप्येकमेव द्वैविध्यं कर्तव्यमिति यावत् ॥१६९-१७०॥

तत्र विभक्ताङ्गं तावत् प्रस्तारद्वारेण स्वकण्ठोक्तेन दर्शयति । पूर्वं शम्या कार्येति । कृतविभक्ताङ्गे शम्याद्या मुक्तप्राये(या इ)ति । प्रथमवस्तुन्यष्टकले पञ्चपाणेराद्यः सन्निपातः प्रविशति । तत्र पञ्चपाणौ द्वितीयस्याद्यः सन्निपातोऽत्यन्तं भजते । द्वितीये तु मुक्त इति शम्याद्वयेन..........न्त्या बोध्यते । तेनायं प्रस्तारः । स आनिविता आनिवस्स आताविप्र आनिवसं आनिबिप्र आताविश आनिविता आनिविश आताविप्र आनिविशम तदाह । पूर्वं शम्येत्यादिना कार्यश्च सन्निपातोऽपि षट्कल इत्यन्तेन ॥१७१-१७२॥

शम्या चतुष्कला स्यात्तालो द्विकलस्ततश्च कर्तव्यः ।
पुनरेव सन्निपातश्च षट्कलः संविधातव्यः ॥१७३॥

विधिरेष एव कृत्स्नः पुनस्तृतीयेऽपि सन्निपाते तु ।
पुनरेवंषामङ्गुलिविक्षेपान् सम्प्रवक्ष्यामि ॥१७४॥

पूर्वं शम्या तथाऽऽवापो निष्क्रामश्च ततः पुनः ।
विक्षेपोऽथ पुनस्तालः पुनरावाप एव च ॥१७५॥

अनामिकाकनीयस्योर्निष्क्रामश्च पुनस्तयोः ।
[1]द्वाभ्यां सहैव विक्षेपः शम्या चावाप एव च ॥१७६॥

मध्यमायां ततस्तालो विक्षेपोऽथ प्रवेशनम् ।
आवापश्च ततः[2] कार्यस्तर्जनीनिष्क्रमः पुनः ॥१७७॥

विक्षेपश्च पुनः कार्यः सन्निपातस्तथैव च ।
कलाः सप्तदशोपेताः[3] सन्निपातो भवेदयम् ॥१७८॥

प्रथमं वस्तूक्तं सन्निपातश्च षट्कः(ट्कलः)संविधातव्य इत्यन्तेन । द्वितीयं विधिरेष एव कृत्स्नः पुनस्तृतीयेऽपि सन्निपाते तु इत्यन्तेन । द्वितीयं सन्निपात इति । सन्निपाते त्विति यावत् । अत्र स्वकण्ठेनाङ्गुलिविभागो नोक्तः स नो(चो)-हनीयः । तेनाद्या शम्या मुक्तमेकीकृत्य पादभागव्यवस्था । तदनुसारेण कनीयस्यादि-विभागः । एतच्च सूचितं तच्चा(स्या)वापोऽथेत्यादिना (भ. ना. ३१.१७०) । अथ विभक्ताङ्गेऽपि प्रकारान्तरमस्ति । यत्र शम्या मुक्ता क्रियते अपि तच्छम्यान्त एव प्रतिभागविभागः । प्रथमवस्तुन्येव यस्तु सन्निपातो मुक्तमेकीक्रियते स च सपञ्चपाणि-सम्बन्धेऽत्र कल्पनीय इति पञ्चपाणासावापादिक एव पादभागकल्पनेति तदेतत् प्रकारान्तरमङ्गुलीद्वारेण दर्शयति । पुनरेवंषामिति । एषां विभक्ताङ्गानामिति कला-नामङ्गुलीनां विक्षेपो विभागेन न्यासः शम्यादि ॥१७३-१७४॥

विक्षेपान्ते कनीयसीति छेदकारिणा अथशब्देनाह । एवं द्विकलात्मनि चतु-ष्कलात्मनि पादभागे आद्याङ्गुलिः । द्वितीये यावच्चतुर्थे च तर्जनी । ततो मुक्तक-त्वात् पादभागगणनायामनुप्रविष्ट एव सन्निपातः । तदाह । कलाः सप्तदशेति । सन्निपात इति । द्विकलेऽपि । एवंविधकल्पना सन्निपातान्त एव कार्य इ(र्ये)ति यावत् ॥१७५-१७८॥

---

१. NS. ताभ्यां ।
२. NS पुनः ।
३. NS. दशैवैताः ।

आवापश्च पुनः कार्यः कनीयस्या च निर्गमः ।
विक्षेपश्च प्रवेशश्च त्वावापश्च ततः पुनः ॥१७९॥

अनामिकाकनीयस्योस्ततस्तालो भवेत् पुनः ।
विक्षेपश्च पुनस्ताभ्यां ततः शम्या प्रकीर्तिता ॥१८०॥

आवापश्च पुनः कार्यो मध्यमानिष्क्रमात् पुनः ।
विक्षेपश्च पुनः कार्यस्ततस्तालं नियोजयेत् ॥१८१॥

आवापश्च पुनः कार्यस्तर्जनीनिर्गमः पुनः ।
विक्षेपश्च (पःपञ्चदशकः शम्यया सह कीर्तितः) ॥१८२॥

आवापश्च कनीयस्यास्ततस्तालं नियोजयेत् ।
विक्षेपश्च प्रवेशश्च पुनरावाप एव च ॥१८३॥

प्रदेशिन्या च निष्क्रामो विक्षेपश्च पुनः स्मृतः ।
सन्निपातस्तत[1]श्चैव चतुर्विंशतिको भवेत् ॥१८४॥

तृतीयः सन्निपातस्य त्वेष[2] एव विधिः स्मृतः ।
एवं ज्येष्ठस्य विज्ञेयस्तालोङ्गुलिविकल्पितः ॥१८५॥

प्रथमः षोडशकलश्चतुर्विंशतिकस्तथा ।
द्वितीयश्च तृतीयश्च सन्निपातकलाधिकः ॥१८६॥

अथ पञ्चपाणौ पादभागषट्कविभागमाह । आवापश्च पुनरित्यादिना । **निर्गमो** निष्क्रामः । चतुर्षु पादेषु भागेषु चतस्रोऽङ्गुल्यः । कनीयसी (अनामिका मध्यमा) तर्जनीति तात्पर्यम् ॥२७९-१८५॥

अथाऽविभक्ताङ्गेऽङ्गुलिविभागं सूचयितुं पादभागविभागमाह । **प्रथमः षोडशकलः** । तेन चतस्रोऽङ्गुल्यः । चतुर्विंशतिकस्तथा द्वितीयश्च । तेन तत्र सन्निपातादि । । एवं पादविभागः । तत्रैकविंशतितमा शम्यैव भवति षट्पातत्वात् । **स च** पञ्चपाण्यात्मा द्वितीयश्च । तथेति । स्वोचितेन पादभागविभागेनाङ्गुलिषु संविभक्तव्य इत्यर्थः । तृतीयश्च सन्निपातादेव । तस्य त्वन्ते मुक्तकलेत्याह । **सन्निपातकलाधिक इति** ॥१८६॥

---

1. NS. पुनः ।
2. NS. एष ।

प्रत्येकं पतनान्येषु दश सप्त भवन्ति हि ।
शम्यातालकृतानीह सन्निपातकृतानि च ॥१८७॥

षट्शम्यमष्टतालं त्रिसन्निपातं त्रिवस्तु चाप्येवम् ।
सप्तदशयुग्म[1]युक्तं विद्यादासारितं सर्वम् ॥१८८॥

आसारितानामित्येवं गदितं लक्षणं मया ।
गीतानां वस्तुकानां च प्रयोगपरिकल्पनम्[2] ॥१८९॥

नन्वेवं श्रयसि वैचित्र्येऽन्यदेव किमपि गीतकपाणिकादिवक्तव्यमेकरसमासारितरूपत्वमित्याशङ्क्याह । प्रत्येकं पतनान्येषु दश सप्तेति । हि यस्मात् सर्वे सप्तदश पातास्तस्मात् सामान्यकृतमेकरसामासारितत्वं वैचित्र्यान्तरयोगेऽपि । एवं ज्येष्ठादिभेदेऽपि वक्तव्यम् ।

ननु सप्तदशपाताः शास्त्र एव न श्रुता इत्याशङ्क्याह । शम्यातालकृतानीति । त्रय एव । वृत्या वस्तुत्रितये साप्तद(ड)श्यं तत् पूरयति ॥१८७॥

तात्पर्यं कथमिति चेदङ्गषट्कत्वमष्टतालत्वं त्रिसन्निपातं चेति । सर्वमिति । कनिष्ठादिभेदभिन्नं स्वतन्त्रं वर्धमानतालयोगेन सप्तदशपातत्वम् । तत्र स्वतन्त्रासारितं त्रिधा । लयान्तरमपीति चतुर्धेति । अन्येषां प्रत्येकं मार्गे चतुष्टयभेदाच्छोडशत्वम् । तत्राप्यविभक्तविभक्ततया द्वात्रिंशत् । वर्धमानं तु मार्गभेदेन षोढा कृतम् । तत्र चासारिततालेन विभक्ताविभक्ताङ्गतया द्वादश भेदाः । एतदासारितवर्धमानम् । आसारिताभासवर्धमानमप्येवं द्वादशधा । एवं वर्धमानासारिते विभेदाः । कण्डिकावर्धमानं चेति सप्तपञ्चाशदमी भेदा भवन्ति । उक्तं च पुराणे ।

आसारितं वर्धमानं सप्तपञ्चाशदात्मना ।
सन्ध्यासु प्रमथैर्देव्या सह नृत्यति शङ्करः ॥

इति ॥१८८॥

आसारित एकपाणिश्चेति सप्तकलस्तालमार्गं आसारितानामेव । इतिकर्तव्यताविशेषाद्वर्धमाननिष्पत्तिरित्यासारणायाः प्राधान्यात् कनिष्ठमेवोपसंहरन्नाह । आसारितानामित्येवमिति । इतिः समाप्तौ । एवं शब्देन भेदात् प्रयोगे वैचित्र्यं चाह । कस्मादेषामादौ लक्षणमुक्तमित्यतोऽत्र हेतुमाह । गीतानां वस्तुकानामिति । गीतानां

---

१. NS. पात ।
२. NS. प्रयोगः परिकल्प्यते ।

अतः परं[1] प्रवक्ष्यामि गीतानां वस्तुकेष्वपि ।
विवधैककवृत्तानि त्रीण्यङ्गानि समासतः ॥१६०॥

[2][सर्वेषामेव गीतानां वस्तुष्ववयवेष्वपि ।
विवधैककवृत्तानि त्रीण्यङ्गानि भवन्ति हि] ॥१६१॥

मद्रकादीनां यानि वस्तुकादीनि षण्मात्रादीनि चकारादङ्गादीनि येषां प्रयोगस्ताल-वैचित्र्यपरिकल्पितेनासारितलक्षणेन । आसारितपूर्वं हि तालवैचित्र्यमित्युक्तमसकृत् । एवं केवले ताण्डवे प्राधान्ययोगादासारिताभिधानः । तस्मादिति हेतावित्युक्तं भवति । अन्ये तु वस्तुकशब्देन पाणिकालास्यगानादीनां संग्रहमाहु ॥१८६॥

अथ वक्तव्यान्तरमाह । अतः परमिति । गीतका(ता)नां वस्तुकेषु अपि-शब्दादङ्गेषु च कर्माणि । त्रीण्यङ्गानि यद्वशाद्गीतिकल्पनमिति व्यज्यते तानि वक्ष्यामि । विवि(व)धस्य प्रथमोपादानमाद्ये मद्रकगीते प्राधान्यात् । तथा च वक्ष्यति ।

विवधैक(क)योपायो (योः प्रायो) मद्रके तु प्रयोजनम् ।

(भ. ना. ३१.१६३)

इति । यद्यपि चोद्देशविधावुद्देशो विधा(दा)री यतयो लयाः (भ. ना. २८.१६) इति प्रकरणोपयोगात् तदन्तरमङ्गानां विदा(र्या)द्या(दे)श्चे(श्चो)द्देशः । तथापि लक्षणा-वसरेऽङ्गनिरूपणपूर्वमङ्गिनिरूपणं वक्तव्यमिति प्रोक्तं तन्निरूपणम् । ततो ये स्थूला आरम्भकविभागास्ते विदारीत्वे वक्ष्यन्ते ।

त्र्यपरैकादशपरा विदार्यः परिकीर्तिताः ।
चतुर्विंशतिरेतासां प्रमाणं परमं स्मृतम् ॥

(भ. ना॰ ३१-१६७-१६८)

इति । अत्र वस्त्वारम्भकानामत्यारम्भो विदारीभेदः सोऽङ्गत्वेनेह निर्दिष्टः । अङ्गसंज्ञा च प्रयोजनगीतकरूपतासिद्धिप्रतिपादनमेव । तथाहि । स्थाय्यादयो ये वर्णास्तन्निष्प-(ष्पा)द्यमानं गीतं गीतकमिति तदनुवर्ती विच्छेदः कर्तव्यः । परिच्छेदस्य परिच्छेदतनु-त्वाद्विदार्यश्च साम्यात्मतया परिच्छेदनरूपत्वम् । अत एवेयं तालगीतैर्निर्दिष्टा । एवं च वर्णानुवृत्तित्वादेव वर्णाङ्गकमिति तालाङ्गेभ्यः पृथगेव गीतिवैचित्र्यात्मनाभिधानेन प्राधान्यतयोक्तम् । तदवधारणेन व्यपदेशेन गीतकमित्युच्यते । तत्र तु तालभिघात

---

१. NS. उर्ध्वं ।
२. NS. does not read.

[1]एककं तु विदार्येका ते चोभे विवधः(धं) स्मृतः(तम्) ।
षट्परं ऽथवरं वृत्तं द्व्यङ्गं संहरणं च तत्[2] ॥१६२॥

विवधैककयोः प्रायोर्म(म)द्रके तु प्रयोजनम् ।
प्रकर्याश्चापि वस्त्वर्धे पादे रोविन्दकस्य च ॥१६३॥

ग्रासारणाप्रसादादेवेत्यङ्गत्वादेव गीतकत्वसिद्धिः । ग्रारम्भकाणां च वस्तूनां मुख-प्रतिमुखादीन्येवमप्यङ्गसंज्ञा एव(मेव) लभते(न्ते) । तथा च दत्तिलाचार्येणोक्तम् ।

वक्ष्यमाण(णं) मुखाद्यङ्गं विज्ञेयं तच्चतुर्विधम् ।

(दत्तिलम् १४३)

इति । वस्तुनिबद्धानां वस्तुषट्निबद्धानां वा द्वयं वायव(वयव)षट्केषु यतो भवन्ति तत एतान्यङ्गानि । ग्रत एवंविधेन संविद्यते किं द्वावेककौ द्विवि(व)धौ वेति । ग्रङ्गसंस्था विदारी तद्विवि(व)ध एवेति निश्चयात् । ग्रस्मिन् विषये तावता(ता)नि भवन्ति सम्भाव्यन्ते यद्य(द्व)पह्नदो(देशे)नोच्यत(न्त)इति यावत् ॥१६०-१६१॥

ग्रथैषां विशेषलक्षणान्याह । एककं तु विदार्येकेति । एको विच्छेदः । एककं दौ(द्वौ)विवधं विशिष्टो वधो हननं विभक्ततापादनमिति यावत् । त्रयश्चत्वारः पञ्चविधेष्वपि छेदावृत्तं वर्तते । भूयानेव भेदो यत्रेति वृत्तम् । षट्परं ऽयप(व)रं वृत्तमिति । तस्य त्रावान्तरभेदद्वयमित्याह । द्व्यङ्गं तच्चेति । त्रिविधमपि संहरणं कर्तव्यम् । संह्रियते परिसमाप्यते गतिरत्रेत्यत एव वर्णाङ्गत्वम् । स्वगीतिपरिसमाप्तिश्चान्या । सस्वरेण तन्द्या वाद्येषु वाद्य(द्या)न्तरेण न्यासापन्यासेन विन्यासेनेति तत् स्वरान्तरमुक्तं भवति । संहरणमिति । न्यासापन्यासौ तदन्तत्वात् संहरणमित्यन्ये ॥१६२॥

ग्रथैषां विशेषतो विनियोगमाह । विवक्षया युज्यन्त(त) एव व्यपदेशः । प्रकर्या ग्रपि षण्मात्रं वस्तु । तत्र तत्रापि षडेककानुवृत्तमिति वा यदुच्यते तदङ्गिनः सम्भवत्येव । प्राग्वत् तेनापि विवधैकके तिसृषु तिसृषु मात्रासु विभज्यते । तदाह । प्रका(क)र्याश्चापि वस्त्वर्थं(र्धे) इति । एवं षण्मात्रे रोविन्दकपादे वाच्यम् । तदा पादे रोविन्दकस्य चेति । एतच्च सम्भवमात्रेणोक्तम् । न चैष नियमः कश्चित् । ग्रत ये(ए)वापरान्तस्यो(स्यौ)वेणकस्य योऽति(चाभि)धानेऽपि न दोषः कश्चित् ॥१६३॥

---

१. KSS. varles.
२. इतोऽग्रे का० पुस्तके श्लोकद्वयी समधिका ।

रोविन्दकोत्तराभ्यां तु वृत्त[1]मुल्लोप्यके तथा।
पाणिकायां बहिर्गीते[2] लास्ये चैवं प्रकीर्तितम्[3] ॥१६४॥

प्रवृत्तमवगाढं च द्विविधं वृत्तमुच्यते।
आरोहित्वादवगाढं प्रवृत्तमवरोहतः ॥१६५॥

आरोहणं च द्विविधं प्रवृत्तमवरोहतः।
आरोहणं च द्विविधं तथा चैवावरोहणम् ॥१६६॥

न्यासापन्यासविहितं मार्गान्तरकृतं तथा।
अवरैषा दशवरा(कादशपरा)विदार्यः परिकीर्तिताः ॥१६७॥

अपवृत्तस्य विषयमाह। रोविन्दकशरीरे पादोऽङ्गी। तस्य विवर्धककयोक्तः। तेन रोविन्दकशरीरेणोत्तरशरीरेण च सहोल्लोप्यके वृत्तं प्रयोज्यम्। तथा पाणिकायां बहिर्गीते। आरम्भादावुक्तलक्षणे लास्य इति च लास्यगाने उक्तवक्ष्यमाणलक्षणे वृत्तमेव। पाणिकालास्यगानोपयोगादिहो..... ता गीतकमध्ये तत्परिगणनाद्वा गीतकसमानयोगक्षेमत्वज्ञापनार्थम्। मद्रकादीनामिति (भ. ना० ५.१३) वचसा पूर्वरङ्गे पाणिकाऽपि प्रयोज्यत्वेनोपदिष्टा। तत एवासो(सौ) ऋग्गाथा(था)दिपरिहारेण वक्ष्यते। ध्रुवोपयोगसूत्रकलक्षणेऽभिधाने प्रयोजकस्य ऋग्गाथा(था)दिभिन्या... ......॥१६४॥

प्रवृत्तमिति यदुक्तं तदिदानीं बिभजति। प्रवृत्तमवगाढं चेति। आरोहणे गात्रसङ्कोचनमित्यवगाढव्यपदेशः। अवरोहणे सुखा(त्) प्रवृत्तिरिति प्रवृत्तसंज्ञा ॥१६५॥

आरोहणावरोहणे च प्रत्येकं द्विधा ॥१६६॥

न्यासयोगेनेत्येक(:) प्रकारः। अपन्यासो विन्यास एवेति तन्मध्य एव निक्षिप्तो न तु पृथक् सङ्ख्यया गणितः। अनन्तरमार्गेण संज्ञाद्यनुवाद्य(वि)बलयोगेनेति द्वितीयः। न्यासापन्यासावंशस्य वादिनो वारोहणावरोहणं चेति यावत्। मार्गान्तरमन्तरमार्गो जात्यध्याये (भ. ना. अ. २८) सञ्चारांशे(ख)बलस्थानां (भ. ना. २८.७५) इत्यत्रोक्तम्। एवं वृत्तस्येत्यादि षडवरविदारीकस्यारोहणेन प्रतिकल(विच्छेदेन) चतुर्विधेनावरोहणेन भेदात् त्रिंशद्भेदा भवन्ति। अत्र कश्चिद्विशेष उक्तः।

---

१. NS. मुल्लोपके। KSS. मुल्लाप्यकस्य हि।

२. NS. गीता।

३. KSS. लास्ये चैव प्रकीर्तिते NS. लास्ये वै परिकीर्तितम्।

चतुर्विंशतिरेतासां प्रमाणं परमं स्मृतम् ।
अध्यर्धाच(र्धं)[1] तृतीयाश्च सन्निपाताः प्रमाणतः ॥१६८॥

शुद्धास्वंशबलात्तत्र ज्ञेयमन्तरमार्गतः ।
न्यासापन्यासयोगेन विकृतासु च जातिषु ॥
(दत्तिलम् १४७-१४८)

इति दत्तिलाचार्यः । एवं वस्तुनिबद्धेष्वङ्गनिबद्धेषु स(श)म्याव्यापेक्षया वान्तरविदारीं समभिधाय ततो गीतिवैचित्र्याद्वर्णाङ्गभेदो निरूपितः ।

नन्वेवं सर्वेऽङ्गनिबद्धा एव स्युः । सत्यम् । किन्तु तेषां वस्तुकल्पनात्मनि भागयोगे तदाश्रयाण्यङ्गानि निवेश्यन्ते । वा(व)स्तुप्राधान्यं वात इति तत्कृतो व्यपदेशे-(शो)युक्तः । उल्लोप्यकादौ तु वर्णाङ्गनिबन्धनैव भागपरिकल्पनां । तथा हि । संहरणादीनां तालसाम्येऽपि वर्णाङ्गभेदादेवान्यत्वमित्यङ्गान्येव प्रधानानीति तन्निबन्धनताऽप्यानीयेत । इत्येवं वर्णाङ्गकृतमङ्गनिबन्धनत्वमिति मन्यन्ते । अन्ये तु तालाङ्गकृतमङ्गनिबन्धनत्वं न वर्णाङ्गकृतमित्याहुः । तदेतदिह तावदास्ताम् । प्रकृतं तु ब्रूमः ।

अवान्तरविदारीस्वरूपं तावदुक्तम् । अधुना महाविदारीस्वरूपं वस्तु निबन्धेऽध्वर्धश्लोकेनाह । त्र्यवरैकादशपरा इति । अत्र वस्तुन्येका महाविदारी तत्र त्रिवस्तुत्वं गीतकानां......। तद्यथा । मद्रकस्य प्रकर्या वा तावत्तत्र तिस्रो महाविदार्य इत्यनुयोगः । भूयोवस्तुत्वं त्वर्थं(र्धं)चतुर्थवस्तुत्वप्रभृति यावत् साप्तवस्तुत्वं यदपरान्तके । तत्र प्रतिवस्तु विदारी सप्त विदार्य इति शाखा । अर्थ(र्धं)चतुर्थेषु वस्तुषु प्रतिशाखेति । तद्गताश्चतस्रो विदार्य इत्येकादशेति परयोगः । तेन चत्वारि (एका)दशान्तमत्र मध्यमयोगेन संगृहीतम् ॥१६७॥

मतान्तरमप्याह । चतुर्विंशतिरेतासां प्रमाणमिति । अनेनेदमुच्यते । त्रिमात्रे वस्तुनि मात्रार्धे यावद् विदारी कर्तव्या । येन चतुर्थवस्तुके मद्रके पिण्डीकृत्य चतुर्विंशति(ः) । प्रतिवस्तु षडिति गणनया । षण्मात्रे तु प्रकृते वस्तुनि नार्धमात्रायां विदारी कार्या । एवं हि त्रिवस्तुके षड्विंशद्विदारिकाऽधिकत्वेऽधिकविदारिकाऽपि प्रकरी स्यात् । एतस्मान्नियमात्तु न भवतीति ज्ञातमात्रायां तत्र विदारीत्युक्तं भवति ।

अपरे सामान्यकालाभिप्रायेण यथासम्भवं विच्छेदसंख्याप्रतिपादनं श्लोकार्धस्य

---

१. KSS. तृतीया च सन्निपातप्रमाणतः ।

[1]उल्लोप्यके विदारी तु स्मृता वैहायसे तथा ।
विवधेन च[2] ताः कार्या युग्मवृत्तेन[3] चैव हि ॥१९६॥

तात्पर्यमाहुः । तथाहि । चच्चत्पुटे समुदायविच्छेद एका विदारी । प्रतिकलविच्छेदे चतस्रः । कलार्थविच्छेदेऽष्टौ । तदर्धेऽपि च त्रिचतुष्कलदक्षिणादियोगेऽपि चित्रेऽपि च ह्रस्वमानमित्युक्तम् । तेन कलार्धार्धापेक्षया षोडश । एवं त्र्यश्रे वाच्यम् । यावत् पञ्चपाणौ चतुर्विंशतिः । एवं......या......त्येव कला..... तावत्स्वेव पदेषु वर्णानुकर्षाद् द्विकलचतुष्कलयोगः शम्य(म्या)प्रि(प्रा)यः(शक्यप्रायः) । यथा रु....द्र ....इत्येकस्यामपि कलायां चत्वारो विच्छेदाः । यावद्वर्णानुकर्षणेति चतुष्कलयोगेऽपि यदेव परं भवतीति गणाधिक्याभावेऽपि द्विकलत्वादिप्रकारान्तरमुक्तं भवतीति ।

अथोल्लोप्यके विदारीस्वरूपमाह ।

अध्यर्धार्धतृतीयाश्च सन्निपाताः प्रमाणतः ।
उल्लोप्यके विदारी तु स्मृता वैहायसे तथा ॥

इति । इहोल्लोप्यकमपरतः सप्ताङ्गं प्रकर्षं पुनर्विंशत्यर्थे तत्रोल्लोप्यकमिति मात्रैवाङ्गीति कथ्यते । न च षोडशकलासु तावन्ति वर्णाङ्गानि निवेशयितुं शक्यानि । परिमिते हि तत्र मात्रारूपे कथमेककादीनि पौनःपुन्यनिवेशनया प्राप्तामनेकसंख्यामनुवर्तितुमुत्सहन्ते । एवं वैहायसे द्वादशकले कथमङ्गानां निवेशनमिति । तत्रानेनोपाय उच्यते । तत्र यथा सप्ताङ्गत्वं चिकीर्षितं भवति तथा षोडशैव कलाः । तथा वर्णप्रकर्षेण कला सार्धकलारूपेत्यनेन येन गातव्या यथा फलतश्चतुर्विंशतिः कला भवन्ति । तत्र सप्ताङ्गानि निवेशनीयानि । कलात्रयेऽङ्कके चतुष्कलाषट्क इति कृत्वा यथा तु विंशत्यन्तो विधिः स्मृतस्तथा षोडशसु कलास्वेका कलाऽत्यर्थं(ध्यर्धं)कलाद्वयमिति । इयता वर्णप्रकर्षेण गानं कर्तव्यम् । यथा मात्रैवमध्यर्धतृतीया मात्रा फलतश्चत्वारि षट्कलारूपाणि भवति । तत्र कलाद्वयेऽङ्गमिति विंशतिर्मात्राः परा ....स्तीति । तथाऽध्यर्धार्धतृतीयाश्च सन्निपाता इति । सन्निपातोऽत्र मात्रा । तत्कृतविच्छिन्नरूपत्वात् । तेनाध्यर्धश्च सन्निपातः । अध्यर्ध(अर्ध)तृतीयश्च सन्निपात इति द्वन्द्वः । एवं सप्ताङ्गं च परापरयोगेन व्याख्यायते । सपादो सन्निपातत्वमित्यादिरपि भेदो लभ्यते । अन्ये तु प्रतिकलमङ्गमित्यध्यर्धसन्निपातेऽप्यस्ति विंशत्यङ्गतेत्याहुः । एवं वैहायसेऽपि वाच्यम् ।

१. KSS. उल्लोल्यते ।
२. NS. तु तत्कार्यो ।
३. KSS. वृत्तेषु ।

[1]न ह्यर्धसन्निपातेऽस्या भवेदङ्गसमापनम्[2] ।
(गीतानि सप्त ।)
[3]मद्रकोल्लोप्यके चैव तथा चैवापरान्तकम् ॥२००॥

एवं महाविदारीमुक्त्वा यदर्थमयं विविरुक्तस्तान्यङ्गान्यधिकरोति ।

विधि(वृ)त्तेन च ताः कार्या युग्मवृत्तेन चैव हि ।

इति । ता इत्यर्धसन्निपातप्रमाणाः अर्धतृतीयसन्निपातप्रमाणाश्च महाविदार्यः ॥१९८-१९९॥

न ह्यत्र(र्ध)सन्निपाते(ऽ)स्या द्भु (भ)वेदङ्गसमापनम् ।

एकैव तावन् मात्रा मुखप्रतिमुखरूपतयोल्लोप्यके विभज्यते । तत्रार्धमात्रायां मुखरूपायां कथमङ्गानां समाप्तिः । विंशतीनां समाप्तिर्विंशतिरूपत्वम् । अर्धसन्निपात इत्यर्धमात्रा । अन्ये त्वर्धसन्निपाते चेत्याहुः । अकृत इति चाध्याहरन्ति । तेनार्धतृतीयमात्रत्वेऽङ्गेनाङ्गसमाप्तिर्भवेदित्यर्थः ।

केचित्तु युग्मवृत्तिसमाश्रयणे हेतुमाहुः । त्रिविदारीकत्वे चाससच्छेदो न भवतीति तात्पर्यम् । अस्या विदार्याः सन्निपाते विषमे विच्छेदाङ्गसमाप्तिरूपं समापनं भवेत् । अर्धकेनात्रापूर्णतावैषम्यं लक्ष्यते । अर्धस्य सन्निपातैर्विच्छेद इति षष्ठीसमासः एवमेतेनावान्तरमहाविदारीभेदेन यत् फलं तदाह । गीतानि सप्तेति । विदारीवैचित्र्यशून्ये हि गीतव्यवहारे स्वरालापः पुस्तकवाचनादाविव । तत्र

मद्रकोल्लोप्यके चैव तथा चैवापरान्ति(न्त)कम् ।

इति । तथा चैवेति । एककलारूपमेतेषां त्रयाणामिति । एवकारेण प्रातिस्विकं नियतमेषां रूपमित्याह ॥२००॥

प्रकर्यो वेणकं चैव रोविन्दकमथोत्तरम् ।

इति । तत्र चतुष्कलत्वमेव । अत्र च कानिचिद् वस्तुनिबद्धानि । अपराण्यङ्गैरिति

---

१. NS. नह्यर्धसन्निपाते तु KSS. नह्यर्धे सन्निपातस्य ।
२. का० पुस्तके इतोऽग्रे श्लोकाष्टकमधिकम् ।
३. KSS. ज्ञेयानि सप्त गीतानि मद्रकश्चापरान्तकम् । प्रकर्यो वेणुरोविन्दा ह्युल्लोढ्यक्षोत्तरं तथा ।

प्रकर्योवेगु(वेण)कं चैव रोविन्दकमथोत्तरम् ।
द्विविधं मद्रकं ज्ञेयं[1] चतुर्वस्तु त्रिवस्तु च ।२०१॥

शीर्षकेण समायुक्तं तत्तु ज्ञेयं त्रिवस्तुकम् ।
पञ्च षट् सप्त तानि[2] स्युः शीर्षकं चापरान्तके ॥२०२॥

प्रकर्यामथ चत्वारि त्रीणि चाभ्यधिकानि वा ।
प्रकर्यास्तु प्रकीर्णत्वात्ताद्रूप्यमिति वर्णितम् ॥२०३॥

[3]रोविन्दकं तु सप्ताङ्गं षोडशाङ्गं परं स्मृतम् ।
पादौ द्वौ [4]समवर्णौ तु एककावत्र कीर्तितौ ॥२०४॥

ताण्डवाध्याये (अ. ४) सूचितम् । तत्र तालाङ्गमेवाङ्गम् । तत्र महाशरीरत्वे वस्त्विति व्यवह्रियते । अल्पायां (विदार्यां)त्वङ्गमिति केचित् । अन्ये तु वर्णाङ्ग-प्राधान्यलब्धविभागैस्तालैरारब्धान्यङ्गनिबद्धान्याहुः । तत्रैकं त्वङ्गविभागं विवक्षु-र्वस्तुनिबन्धादि सूचयति । द्विविध मद्रकमिति । संज्ञयैव मद्रकांशग्रहत्ववस्तुना लभ्यते गीतकमिति ॥२०१॥

शीर्षको यद्वदसंकीर्णरूपज्ञप्तिहेतुस्तद्वत् पञ्चपाणिः । असंकीर्णं त्र्यश्रकत्वं मद्रस्यावेदयत इति शीर्षकत्वेनोक्तम् । शीर्षकस्तु त्रिवस्तुक एव । न चतुर्वस्तुकत्वेऽपरान्तके पञ्चवस्तुनि षट् सप्त वा । अन्ते शीर्षकोऽपरो द्वितीयोऽन्तोऽवयवः प्रति-शाखात्मा यत्रेत्यपरान्तकम् ॥२०२॥

प्रकर्यास्त्रीणि सार्धानि वस्तूनि चत्वारि । प्रकीर्णत्वाद् विक्षिप्तत्वात् । विक्षिप्तत्वं च वस्तुनः षण्मात्रमेव क्रियत इति । प्रकरी गौरवादि. . . . . . .ङीषः (गौरादित्वात् ङीष्) (पा. अ. ४.१.४१) । वस्तुनिबन्धेषु वस्तुविभागः ॥२०३॥

अथाङ्गनिबन्धेष्वङ्गविभागमाह । रोविन्दकस्त्वि(कं त्वि)ति । इहाङ्गनिबद्धेषु क(कि)ञ्चिदेव तालरूपं प्रधानं वस्तुनिबद्धेष्विव वस्तु तावत् । व्यवस्थितेन रोविन्द-कशब्देन प्रस्तारात्मकं शरीरम् । प्रकृष्टस्वराणां वर्णानुकर्षरूपं च प्रस्तारं च

---

१. NS. तत्र ।
२. KSS. वापि NS स्युः ।
३. KSS. रोबिन्दकस्तु । NS. रोविन्दकं तु सप्ताङ्गे ।
४. KSS. समवर्णेन एकैकस्तत्र कीर्तितः ।

प्रवृत्तं विवधश्चापि [1]तस्य चादौ प्रयोजयेत् ।
[ततो देहं ततोऽङ्गानि यथायोगं नियोजयेत् ॥२०५॥
आकारश्चास्य मध्ये स्यादाकारश्चान्ततः स्मृतः ।
अविकल्पितमङ्गेऽस्य शीर्षकं सम्प्रयोजयेत्] ॥२०६॥
सप्ताङ्गं द्वादशाङ्गं वा [2]प्रोक्तमा(मो)वेणकं बुधैः ।
तत्र [3]द्व्यन्तं तु सप्ताङ्गं [4]त्र्यन्तं द्वादशकं स्मृतम्[5] ॥२०७॥
पादः सन्धिर्माषघातो वज्रं सम्पिष्टकं तथा ।
[6]एककं चतुरस्रं च तथा चैवोपवर्तनम् ॥२०८॥

जीवितम् । तेन रसनं शब्दनम् । रसनस्य विन्दे लब्धे रसे वक्षिकपिविन्देषु(शः) । ततः समासात् संज्ञायां कन् (पा. अ. ५.३.८७) । एवमेतद् रोविन्दकं सप्ताङ्गमपरत। षोडशाङ्गं यथायोगमित्युच्यते ॥२०४-२०५॥

न कला द्वादशकले य इति सप्तपराणि षोडशपराण्यङ्गानि......स्याशङ्क्य वर्णानुकर्षेण कालभूयस्त्वसिद्धार्थमाह । आकारश्चेति । आकरणं विततीकरणम् । आकारः शुष्काक्षररूपः । आकार(श्चा)स्य मध्ये चेति । शीर्ष(र्ष)कं शिर इव प्रधानम् । तत एवाविकल्पितम् ॥२०६॥

अथोवेणकाङ्गविभागमाह । सप्ताङ्गं द्वादशाङ्गं चे(वे)ति । तत्र माषघात एवात्र प्रधाम् ! तथा च दत्तिलाचार्यः ।

असमानत्वनित्यत्वे तस्य प्राधान्यकारणे । (दत्तिलम् २०३)

इति । स च द्वादशकल इति कलयाङ्गमासूत्रयन् द्वादशाङ्गानि यावत् क्रोडीकृत्यावतिष्ठते । तत एव माषेण द्वादशभागात्मना हननं गुणनं यास्य(यस्ये)ति स माषघातः । स एव चौवेणकम् । अस्यते इत्यसमाङ्गमसुभेदात् । असु वेणयति वेणीरूपा या नेकसन्धारूपाः करोतीति असोःक्विप् । वेणी प्रातिपदिकार्थजणिजन्तात् ण्वुल् षष्ठोसमासः । तत्र यदा सप्त तस्य या एककादीनि तदा द्विविधोऽन्तः । तत्र यदा द्वादश तदा त्र्यश्रचतुरश्रमिश्रात्मना त्रिविधः ॥२०७॥

तत्र पाद इत्यादीन्यप्येवं द्वादशाङ्गादीनि । तालाङ्गवादिन एत एव । एतन्मध्यात् संपिष्टकमुपपातं प्रवेणीद्वयमुपवर्तनं च हित्वा स(प्ता)ङ्गता कार्येति । नर्णाङ्ग-

---

१. NS. तस्मात्पादौ KSS. तस्य त्वादौ ।
२. NS. प्राक्षमो...।
३. KSS. द्व्यङ्गं ।
४. KSS. त्र्यङ्गं
५. NS. तथा ।
६. KSS. शीर्षकम् । NS. varies.

उपपातः प्रवेशो(ण्यौ) च द्व्यङ्गं संहरणं तथा ।
अङ्गानि द्वादशाङ्गस्य स्मृतान्योवेणकस्य च[1] ॥२०९॥
[2]सम्पिष्टकोपपाताभ्यां [3]प्रवेणीभ्यां च वर्ति(र्जि)तम् ।
[4]उपवर्तनहीनं च सप्ताङ्गं परिकीर्तितम् ॥२१०॥
निवर्तनं [5]च सप्ताङ्गे तुल्यवर्णपदं स्मृतम् ।
अन्तयोर्द्वादशाङ्गे तु तथान्यपदमिष्यते ॥२११॥
उल्लोप्यकेऽपि चाङ्गानामेष एव विधिः स्मृतः ।
अवगाढं प्रवृत्तं च माहाजनिकमेव च ॥२१२॥
[6]त्र्यङ्गोऽन्तः स्यात्तथा द्व्यङ्गो माहाजनिकवर्जितः ।
[7]स्थितप्रवृत्तसंयोगादेकाङ्गो वापि कीर्त्यते ॥२१३॥

वादिनश्च तालाङ्गच्च । पादद्वययोगेनान्तादभेदगणनया चाधिक्यसंख्ययान्तर्भावे वा ऊनत्वं मन्यमाना वर्णाङ्गान्येकप्रतिपत्तिबन्धनीयानि । तानि च द्वादश सप्त वा । तालाङ्गानि तु तदाश्रयभूतानि सम्पिष्टकादीनि । वर्जनं च वर्णाङ्गेषु सप्तसु विधीयते न तु तस्मादेव सप्ताङ्गमित्याहुः । एककं चतुरस्रमिति । एकाश्रयभूतं चतुरश्रमित्यनियमः । यद्यन्तर(रं) (द्व्यङ्गं)संहरणमिति । अन्ताहरणेनान्तेन च युक्तमिति यावत् । एवं द्वादशाङ्गे पादादयः सप्ताङ्गे त एव सम्पिष्टकतालांशा इति विशेषः ॥२०८-२१०॥

विशेषान्तरमप्याह ।

निवर्तनं च सप्ताङ्गे तुल्यवर्णपदं स्मृतम् ।
अन्तयोरिति ॥

अन्तयोरिति यदावर्तनं तत्र गीतिः पदादि चेत्याह । यत्तुल्यसप्ताङ्गद्वादशाङ्गे तु गीतात्मा वर्णपरः । तुल्यपदानि त्वन्यानि । तदाह । द्वादशाङ्गे तु तथान्यपदमिति । एवमन्ते विचारयितुं प्रक्रान्ते तस्यान्यमपि विशेषमाह ॥२११॥

तत्प्रसंगादुल्लोप्यकेऽप्यतिदिशति । उल्लोप्यकेऽपीति । तदेवैकप्रकरणमेव

---

१. KSS. न्यावेणकस्य तु ।
२. KSS. संविष्टको ।
३. KSS. प्रवेण्या च विवर्जितम् ।
४. NS. उपवर्तनहीनं च सप्ताङ्गपरिवर्जितम् । KSS. उपवर्तविहीनं च सप्ताङ्गमपिकीर्तितम् ।
५. KSS. तु सप्ताङ्गम् ।
६. NS. आगात्तस्यात्तथा द्व्यङ्गो
७. NS. स्थितिप्रवृत्तं ।

एकाङ्गे संविधातव्यं माहाजनिकमेव तु (च) ।
[1]द्व्यङ्गं स्थितं प्रवृत्तं वाऽप्येकाङ्गं वा प्रकीर्तितम् ॥२१४॥

[2][द्व्यङ्गे व्याससमासाभ्यां [3]बहुधा तु विधिः स्मृतः ।
ओवेणकस्य संहारो व्यङ्ग एकाङ्ग एव च ॥२१५ ॥

एकको विवधो वापि कार्यो द्व्यङ्गे ततः सदा ।
उल्लोप्यके तु चान्तानामेष एव विधिः स्मृतः ॥२१६॥

स्थितं प्रवृत्तं च तथा माहाजनिकमेव च ।
त्र्यङ्गोऽन्तः स्यादथ द्व्यङ्गो माहाजनिकवर्जितः ॥२१७॥

अवगाढं प्रवृत्तं च माहाजनिकमेव च ॥
त्र्यङ्गोन्तःस्यात् ॥

पुनरिदं मन्तव्यम् । अङ्गानामित्यन्तसम्बन्धिनाम् । एष एव य ओवेणके । तत्र तावत् को विधिरित्याह ।

इति । अन्त अवगाढमिति वर्णाङ्गस्थिततालाश्रयम् । अन्येषां पाठः । स्थितप्रवृत्तं च तदेति । तथा व्यङ्गो माहाजनिकवर्जितः स्थितप्रवृत्तसंयोगाद् । रूपस्याह । एकाङ्गो वेति ॥२१२-२१३ ॥

कथमित्याह ।

एकाङ्गे संविधातव्यं तथा (माहा)जनिकमेव च ।

इति । अथैषां त्रयाणां वर्णानामङ्गविधिमाह । व्यङ्गं स्थितमिति । वापीति भिन्नक्रमेण । तेन स्थितं प्रवृत्तं च व्यङ्गमेकाङ्गं चेति ॥२१४॥

के ते तयोरर्थे अंशाङ्गा इत्याह । व्यङ्ग व्याससमासाभ्यामिति । यदा एकक-द्वयं तदा समासा(सो)ल्पत्वात् । यदा प्रवृत्तं विविधं तदा व्यासो विदारीणां बहुत्वात् । माहाजनिकत्वनियमादङ्गानां स्थित एवार्थत्वमेककं नामेत्युक्तं भवति । एवमन्तविधि-स्तावद् व्यपोदितम्(तः) । इदानीं प्रकृते ओवेणके उपदिशति । ओवेणकस्येति । योऽयं संहारोऽतः स उक्तः । ओवेणके यदा क्रियते तदाऽऽभ्यामङ्गाभ्यामेककेन व्यङ्गेन व्यङ्गे । एकद्वयं विवधद्वयं चैकाङ्गत्वनियम इत्युक्तं भवति । एवमोवेणक उपदिश्य प्रागुपक्षिप्तमनुदेशमनुसन्धत्ते । उल्लोप्यके तु चान्तानामित्यादिना चतुरश्रस्तदा(था)-त्र्यश्रो मिश्रश्चान्तः प्रकीर्तित इत्यन्तेन । कस्मादयमन्त उच्यत इत्याह । ओवेणकस्य

---

१. N.S. द्व्यङ्गं चित्तप्रवृत्तं वा चैकाङ्गं वापि कीर्तितम् ।
२. NS. does not read.
3. NS. ध्रुवाघातुविधिः स्मृतः ।

एकाङ्गोऽपि विधातव्यो माहाजनिकसंयुतः ।
एवं व्याससमासाभ्यां बहुधाङ्गविधिः स्मृतः ॥२१८॥

चतुरश्रस्तथा त्र्यश्रो मिश्रश्चान्तः प्रकीर्तितः ।]
[1]आवेणकस्य संहारो व्यङ्ग एकाङ्ग एव च ॥२१९॥

नादौ न मध्ये संहारे नित्यं चैव प्रयुज्यते ।
[2] एकको विविधो वापि कार्यो ह्यन्ते प्रयोक्तृभिः ॥२२०॥

उल्लोप्यकं षडवरं विंशत्यङ्गं परं स्मृतम् ।
[3]तच्च संहरणे कार्यं मुखप्रतिमुखाचितम् ॥२२१॥

[वैहायसकसंयुक्तं तेनापि च विवर्जितम् ।
त्रिष्वङ्गेष्ववरं ज्ञेयं परं स्याद् द्वादशस्वपि] ॥२२२॥

संहार इति । आदौ मध्ये वायमन्ते न प्रयुज्यते । अपि तु नित्यं संहारे । अतेनायमन्तः संहार(उ)क्त इत्यर्थः ।

नन्वन्तः कस्मादङ्गानि । वर्णाङ्गमध्योऽयं पठित इत्यत आह ।

एककं(को)विवधं(धो)वापि कार्यं(र्यो)ह्यन्ते प्रयोक्तृभिः ।

इति । हिर्यस्मादर्थे । अङ्गाश्रयत्वादङ्गमेतदिति यावत् । अन्ये त्वतिदेशात् सन्धानग्रन्थं (स्थितमित्यादि) चतुःश्लोकात्मकं प्रयोक्तृभिरित्यन्तं नाधीयते । अन्ये द्विपाठत्वेन पाठः । एके श्लोकं विभज्य उल्लोप्यकेऽङ्गानि विभजन्ति । उल्लोप्यकं षडवरं विंशत्यङ्गं परमिति । वर्णाङ्गानामियं परतोक्ता । तत्रोल्लोप्यमिति मात्रा लुप्यते । ऊर्ध्वं शून्यतारूपेण यतः । एतच्च वक्ष्यामः । तच्च मात्रारूपं संहरणान्ते कार्यम् । तावन्मात्रमेवोल्लोप्यकं कार्यमिति यावत् । तत्र मात्रारूपं मुखमर्धतः प्रतिमुखमर्धत इति विभजनीयः (यम्) । अत एवोर्ध्वं यद्वैहायसकादि तद्यतो लोप्यकमतोऽपि भवति ततोऽप्युल्लोप्यकम् ॥२१५-२२१॥

तच्च द्विधा वैहायसकेन संयुक्तं रहितं च । प्राक्पक्षे त्रीण्यस्याङ्गानि वैहायसकेन संयुक्तानि । द्वादशैककानीत्यावृत्या वैहायसके एकमङ्गं षट्परं कार्यमिति यावत् । अस्य स्थानमाह । अस्य चाङ्गत्रयेऽतीत इति । टीकाकारास्तावद् व्याकुर्वन्ति । इह चतुरश्रेऽस्मिन् प्रधानाङ्गो न वैहायसिकेन तादृश(शं)भाव्यं । द्वादशकलाश्रितं तत्कृतं

---

१. KSS. आवेणकस्य ।
२. KSS. एकैकोविवविधोवापि कार्योऽप्यङ्गैर्बुधैः सदा ।
३. KSS. तत्र संहरणं ज्ञेयं मुखाप्रतिमुखान्वितम् ।

एकाद्यं(ङ्गं) षट्परं ज्ञेयं वैहायसिकमेव च ।
अस्य चांश(चाङ्ग)त्रयेऽतीते प्रयोगमुपपादयेत् ॥२२३॥

"उल्लोप्यकोत्तराभ्यां तु मुखप्रतिमुखे स्मृते ।
ततोऽङ्गानां समासो वा विस्तरो वा विधीयते[1] ॥२२४॥

मुखप्रतिमुखे चैव ज्ञेये विवधसंज्ञके[2] ।
वृत्तं प्रतिमुखे च स्यादनयोस्तु समासतः ॥२२५॥

उल्लोप्यके [3]तथा शाखा सोत्तरा सापरान्तके ।
प्रतिशाखा तथा चैव [4]सवर्णाऽन्यपदा स्मृता ॥२२६॥

चतस्रः कलामात्रान्तरशून्यप्रयोगेन वर्णानुकर्षणान्निर्वाह्यम् । तत्र चैककान्यङ्गत्रयम् । तदाह । अस्य वैहायसिकस्याङ्गत्रये ततः शून्यरूपे प्रयोगं कुर्यात् । अत एव विहायसि शून्ये भवमिति वैहायसमिति लक्ष्यं चेत्थं वक्तव्यम् । यत्तु तत्र हितं तत्तालान्तराद् द्रष्टव्यमिति मन्तव्यमिति ।

अन्ये लक्षणमित्थं पश्यतो(न्तो)ऽङ्गत्रय ईति । तन्मर्यादामाश्रायामतीतायां वैहायसकं कुर्यात् । कच्च द्वादशकलत्वेऽपि चत(तु)रश्रमेवेति द्विकलैककलत्वं चच्चत्पुटप्राधान्यात् । अत एव तु द्वादशकलतोक्ता । न वा तच्चातुरश्र्यमावृतमस्य । तस्या नानारूपमपारमार्थिकम् । तत एव शून्ये भवमिति वैहायसकमिति मन्यते(न्ते) ॥२२२-२२३॥

प्रसङ्गादुत्तरस्याप्येतद्रूपं तुल्यकक्ष्यात्वलक्षणभङ्ग्याऽतिदिशति । उल्लोप्यकोत्तराभ्यां तु मुखप्रतिमुख इति । चतुर्थीयं तादर्थ्ये । तत इति । मुखप्रतिमुखरूपाया मात्राया परतोऽङ्गानि(नां) वैहाय(स)कान्ताहरणादीनां संक्षेपेण विकासेन वा प्रयोगः ॥२२४॥

ननु मुखप्रतिमुखाङ्गविभक्तमात्रत्वे त्र्यङ्गत्वमुक्तं त्र्यङ्गोऽववरमिति (भ० ना० ३१.२२२) वचसा । तत्र कानि त्रीण्यङ्गानीत्यत आह । मुखप्रतिमुखे (इ)ति । मुखे विवधः प्रतिमुखे स च वृत्तं चेत्यङ्गत्रयम् ॥२२५॥

उल्लोप्यके शाखाप्रतिशाखा(खे) विधातुमपरान्तरयोश्चातिदेष्टुं तुल्ययोगित्वेनाह । उल्लोप्यक इति । शाखैव प्राधान्यात् । शाखातुलना तु प्रतिशाखा च । सा

---

१. KSS. उल्लाप्यको...वापि ।
२. NS. विविधसंज्ञिते ।
३. KSS. तु शाखाख्यं सोत्तरे . . ।
४. KSS. समवर्णपदा ।

उत्तरं द्वादशपरं षडङ्गोऽ(ङ्गा)वरमिष्यते ।
[1]आकारपाद(त)हीनेन [2]समं रोविन्दकेन च ॥२२७॥

अन्ते [3]चाप्यविशेषेण स्याप्यमस्य तु(प्यं मध्ये च) शीर्षकम् ।
एवमङ्गविधिः कार्यः सप्तरूपे प्रयोक्तृभिः ॥२२८॥

अतः परं प्रवक्ष्यामि गीतानां वस्तुकल्पनम् ।
[4]गुरुच्छेद्या(दा)ष्टकं कृत्वा न्यस्येल्लध्वष्टकं पुनः ॥२२९॥

तत्रोपवहनं कार्यं प्रथमे तु गुरुद्वये ।
गुर्वक्षरे तृतीये तु ततः स्यात् प्रत्युपोहनम् ॥२३०॥

सवर्णशाखा(ख)या तुल्या गीतिः । अस्याः पादानि तु गीत्याधारभूतान्यानीति वृद्धैः स्मृतम् ॥२२६॥

उत्तरमङ्गं विभजति । उत्तरं द्वादशपरं षडङ्गावरमिति । आकारपातौ च वर्जयित्वाऽन्यद्रोविन्दकतुल्यमत्र ॥२२७॥

अन्ते च मिश्रादीनां(अन्तादीनां) अन्यतरेऽविशेषेण स्थिते सतीति वाक्यशेषः । शीर्षकं चास्य कार्यम् । अत एव मध्य इति । अन्यो(न्ये)ऽङ्गनिबद्धे च क्वाप्यत्र न शीर्षकम् । अत्र तदस्तीति वैलक्षण्यादुत्तरव्यपदेशो लोकोत्तरोऽयमिति यथाऽत्रोत्तरं सर्वपश्चादस्य लक्षणम् । यतः पूर्वोपजीवकत्वेनेत्यत आह । तच्चासत् लक्षणस्वे(स्ये)-च्छाधीनत्वेन पौर्वापर्यानियमात् । अत एव तमुपसंहरति । एवमिति । सप्तस्वङ्गानि यद्यपि तथाऽङ्गकृते तावद्वैचित्र्ये तन्निबद्धता(ल)व्यवहारो न सर्वत्रेत्युक्तम् ॥२२८॥

एवं यथाश्रयगीतत्वं तद्वर्णाङ्गवैचित्र्यमुक्त्वा वर्णाङ्गेन यद्गेयं तन्नियत-प्रमाणावच्छिन्नं निरूपयितुं प्रतिजानीते । अतः परमिति । असति(वसतो) वर्णाङ्ग-तानाङ्गे क(य)स्मिन्निति वस्तु । तस्य कल्पनं परिमाणवैचित्र्यं वक्ष्यामीति । तत्र मद्रकस्य तावत् प्राथम्यादेककलस्वरूपमाह । गुरुच्छेदाष्टकमिति ; छेदो भागः ॥२२९॥

आद्ययोर्गुरुणोरुपोहनम् । तृतीये प्रत्युपोहनमिति । प्रत्युपोहनं नाम प्रथमवस्तु-व्यतिरिक्ते वस्त्वन्तरे प्रसिद्धः(द्धम्) । तत्र त्रिभिश्चतुर्भिर्वा मद्रकमिति पूर्वमुक्तम् ।

---

१. KSS. आकारवादहीनेन ।
२. NS. तुल्यं ।
३. NS. चाथ विशेषेण KSS. चास्याविशेषेण ।
४. NS. गुरुवेदाष्टकं कृत्वा KSS. आदौ गुर्वष्टकं कृत्वा ।

गुर्वक्षरे चतुर्थे तु शम्या कार्या तु पञ्चमे ।
षष्ठसप्तमयोस्तालः शम्या गुर्वक्षरेऽष्टमे ॥२३१॥

ततोऽर्धकलिकान्[1] पातान् कुर्याल्लघ्वक्षरेषु तु ।
गुर्वक्षरे [2]तालगते पातास्तु कलिका मताः ॥२३२॥

शम्यातालौ तालशम्ये तेषु कुर्यात् क्रमेण तु ।
तालं शम्यां च तालं च सन्निपातं तथैव च ॥२३३॥

एवमेककले ज्ञेयं [3]कलायोगस्तु मद्रके ।
[4]गुरुविश्लेषणादेतद् द्विकलं परिकीर्तितम्[5] ॥२३४॥

[6]विश्लेषणे कला यत्र पूर्वं पूर्वं निवेशयेत् ।
द्विकले [7]मद्रके चैव त्रिकलं स्यादुपोहनम् ॥२३५॥

तदेककलेऽपि भवतीति द्वितीयवस्त्वादो प्रयुपोहनं गुरुमात्रमित्युक्तम् । अनेन तद्धि प्रथमवस्तुगतोपोहनापेक्षया तृतीयं भवति । प्रथमस्य प्राधान्यात् तदपेक्षयैव व्यवहार इति तृतीयतुरीयेऽपि तृतीय इत्युक्तमिति चेदन्ये तु तृतीये वस्तुनि यद् गुर्वक्षरं तत्प्रत्युपोहनमिति वैयधिकरण्येन व्याचक्षाणा द्वितीययोस्तन्नेच्छन्ति । केचित्त्वेकस्य सङ्कोचस्वभावत्वादेकवस्तुकमेव । तत्रैव तूपोहनं कलाद्वयम् । चतुष्कले तस्य तावत्-कलत्वात् प्रत्युपोहनं चतुष्कलं तावदवश्यं भवति । चच्चत्कलाचतुष्टयवस्तुपर्यन्तं तच्चेह तृतीयाया कलाया आसूत्रितम् । गर्भाधानस्थानीय एककले यन्नास्ति तच्च चतुष्क-लेऽपि कृतं(कथं)स्यात् । तेन फलतस्त्रीणि स्याद् गुरूणी इ . . .षेरित्युक्तं भवति । तत्रैवोपोहनप्रत्युपोहनव्यवहार इति प्रतिपन्नाः । लघूनि कलार्थं(र्धं)गुरूणि कलेति ये ते प्रमाणम् । प्रस्तारोऽस्य प्रदर्श्यते । ऽ ऽ ऽ शशताशशशताताशतासम् । एवं द्वादश-कलोऽयं मद्रकतालः । एतद्द्विगुणस्तु द्विकल इति दर्शयति । गुरुविश्लेषणादेकं(तद्)-द्विकलमिति ॥२३०-२३४॥

गुरुणा विभिन्नेन द्वितीयेन गुरुणाऽऽश्लेषणं सम्बन्धः । स चादौ निवेश्यते । तदुचिता निःशब्दा कला प्रथमं भवतीति यावत् । अतश्च विशेषवचनाल्लघुना मिश्री-भूतेन सम्बन्ध इत्युक्तं भवति । द्विकलसामान्यान् द्विलघूनामत्र कलिकत्वमेव । तेन चतुर्विंशतिकला इत्युपोहनम् ॥२३५॥

---

१. K.SS. कलितान् ।
२. KSS. तालगीते NS. तालगीतपातास्तु ।
३. KSS. तालयोगस्तु ।
४. KSS., NS. गुरुविश्लेषपादेन ।
५. KSS. परिचक्षते ।
६. NS. विशेषेण कलास्तत्र ।
७. KSS. मन्द्रके ।

[1]कलिकं द्विकलं वापि नैव वा प्रत्युपोहनम् ।
[2]द्विर्भावाद् द्विकलस्यैव विज्ञेयं तु चतुष्कलम् ॥२३६॥

सप्तमे लघुनि त्वन्ते द्विर्भावोऽस्मिन् विधीयते ।
चतुष्कलेऽत्र विहितः कलाष्टकमुपोहनम् ॥२३७॥

एका द्वे वा(च)चतस्रो वा(स्रश्च) तथा स्यात् प्रत्युपोहनम् ।
यथाक्षरस्य कर्तव्यं मद्रकस्य तु शीर्षकम् ॥२३८॥

चतुष्कलः पञ्चपाणिर्द्विकलः द्विकलः स्मृतः ।
चतुष्कलस्तु कर्तव्यो मद्रके तु चतुष्कले ॥२३९॥

द्वे एका वा नैव वा । त्रिषु गुरुषु पातो नोक्त इति पादभागत्रये तदभावः । ऽऽऽ प्रनि. . . . . .इति द्विगुणो द्विकलमन्द्रकः । अथैतद् द्विगुणं चतुष्कलमाह । द्विर्भावादिति । अत्रैवावापविक्षेपाः । यतो विश्लेषणे कला यत्र पूर्वं पूर्वं निवेशयेदिति (भ० ना० ३१.२३५) वचनादादौ साऽधिका कला योज्यते ॥२३६॥

अनया परिभाषया सप्तमे एककलादर्शनदर्शितकलाच(तुष्टय)योगे लघुन्यादावावापप्रयोजना न प्राप्ता आयता इति । अतोत्थम्रमे सन्निपातलघुन्यादौ विक्षेपकलेत्यन्ये(न्ते) पादभागे अताविशमिति प्राप्ते तदपवादमाह । सप्तमे लघुनि त्वन्ते द्विभावोऽस्मिन्निति । द्विर्भवतीति द्विर्भावोऽसाव्य(व)धिक आगतः स चास्य इति चतुष्कले ह्याद्य आवापस्तदपेक्षयान्त्यो निष्क्रामः स विधीयते । सोऽपि किं तालात् पूर्वं निवेश्य(:) । नेत्याह । अस्मिन्निति । अङ्ग एव स्थान इति यावत् । तेन तानि विंशतिपादभागोऽन्यो जायते । अन्ये तु द्विर्भावशब्देन तालं व्याचक्षते । सोऽन्त्यः प्राप्त आवापस्थाने विधीयते । तदनन्त(र)न्त्वर्धान्निष्क्राम इति । फलादेवाद्यमित्यन्ये स्पष्टमेव पठन्ति । अष्टौ कला आद्ये वस्तुन्युपोहनम् ॥२३७॥

शेषेषु यथाक्रममेका द्वे च चतस्र इति । अन्ये च-स्थाने वाशब्दं पठन्तः प्रत्युपोहने सर्वेषु वस्तुष्वेकद्विचतुःसंख्यां विकल्पितामाहुः ॥२३८॥

एककले मद्रके चतुष्कलेन पञ्चपाणिना द्विकलमिति विश्लेषणमिति । चकाराच्चचतुष्कलेन मिश्रेण वा । अन्ये त्वेककले एककलेन द्विकले द्विकलेन चतुष्कले चतुष्कलेन । एवं संकुलवद् रूपस्फुटीकरणात् सुष्ठुतः शीर्षरूपतां निर्वहतीत्याहुः ॥ २३९॥

---

१. KSS. कलिका द्विकलं चापि भवेच्च . . .NS. न वा स्यात् ।
२. KSS., NS. vary absolutely.

[1]त्रिवस्तु त्रिप्रमाणं च [2]त्र्यश्रतालसमुद्भवम् ।
इत्युक्तं मद्रकं पातैस्त्रयोदशभिरन्वितम् ॥२४०॥

गुर्वक्षराणि चत्वारि चत्वारि च लघून्यथ ।
[3][तृतीये च चतुर्थे च शम्यातालौ लघून्यपि ॥२४१॥

तालं शम्यां च तालं च सन्निपातं च योजयेत् ।
लघ्वक्षरैककलिकैः पातैः सम्यक् प्रयोजयेत् ॥२४२॥

यथाक्षरं बुधैरेतद्विज्ञेयमपरान्तकम् ।
आदौ कलोपवहनं विश्लेषाद् द्विगुणं भवेत् ॥२४३॥

एतदुपसंहरति । त्रिवस्त्विति । चतुर्थमपि हि वस्तु तच्छीर्षकाङ्गसन्निविष्टम् । तथा च दत्तिलाचार्यः । भवेद्वस्तु कलासंख्येत्याहुः (ह) (दत्तिलम् १६५) । इहापि मिश्रकत्वेन तदुक्तमेव । चतुर्वस्तुकत्वेन शीर्षकं शीर्षकमन्यत् प्रागेव निषिद्धम् । तेन त्रिवस्त्वित्युक्तम् । त्रीणि प्रमाणानि (इति त्रिप्रमाणम्) । ननु तालान्तराण्येवैतानि सन्तु किं तदनुयायिरूपं यतो मद्रकलेत्याशङ्क्याह । पातैस्त्रयोदशभिरिति । मद्रैतरीत्यैतत् त्रिष्वनुरूपेष्वङ्गानि वस्तुनो रूपं तदेव च मद्रकमिति यावत् ॥२४०॥

अथापरान्तकम् । अथ गुर्वक्षराणि चत्वारि । चतुर्णां गुरूणां तृतीये तुर्ये च शम्यातालौ । लघुचतुष्टये तालशम्यातालसन्निपातानचक्षाण आद्यं गुरुद्वयमुपोहनप्रत्युपोहनबीजकध्रुवप्रयोज्यमिति दर्शयति । लघ्वक्षरा एककलिकापाता यत्रेति स्मारयन् गुर्वक्षराणि ताश्च कलिका इत्यपि स्मारयति ॥२४१-२४२॥

एतदुपसंहरति । यथाक्षरं बुधैरेतदिति । एककलमिति यावत् । अपरान्तकनिर्वचनलब्धा च प्रतिशाखा सर्वत्रेति लक्ष्यविदः । एतदपि च त(म)द्रकषट्कलत्र्यश्रतालमेव । प्रस्तारःउडशंताताशंताशम् । अथैतद् द्विकलीकर्तुमाह । आदौ कला(लो)पवहनं विश्लेषाद् दिगुणमिति । तत्र त(म)द्रकवदेव गुरूणां द्विभावं लघूनामेव कलारूपत्वं विश्लेषणे कलाश्चात्र यथापूर्वं निवेशयेत् (भ० ना० ३१.२३५) इति सर्वं पूर्वोक्तमनुस्मरेत् । आदौ यावच्छायत्वादुपोहनत्वेनोक्ता ध्रुवा वा पातत्वेनैव कार्या । तेन प्रथमे पादभागे न विश्लिष्टा कलेत्युक्तं भवति ॥२४३॥

---

१. KSS. चतुर्थंस्तु ।

२. NS. त्रस्रताल . . .

३. KSS. varies.

द्विकले कलिकं ज्ञेयं द्विकलं चाप्युपोहनम् ।
कलिकं कलिकं चेष्टं तथैव प्रत्युपोहनम् ॥२४४॥

एतदेव द्विगुणितं विज्ञेयं तु चतुष्कलम् ।
लघ्वक्षरे तृतीये(द्वितीये) तु द्विर्मावेऽन्त्या कला स्मृता ॥२४५॥

त्र्यश्रतालसमुद्भूतं पातैः षड्भिर्विभूषितम् ।
चतुःशाखाख्यमित्येतद्गदितं चापरान्ति(न्त)के] ॥२४६॥

यथा शाखा तथैवास्य प्रतिशाखा विधीयते ।
पश्चिमार्धसमा सा तु तथैवान्यपदा स्मृता ॥२४७॥

शिरश्चैककलेनापि कर्तव्यं पञ्चपाणिना ।
[1][वृत्तौ निवृत्तयोगश्च गते वस्तुचतुष्टये ॥२४८॥

तत्र द्विकले कला द्वेधा । उपोहनं कलिकम् । कलिकं प्रत्युपोहनमिति । व्याविस्तु भूयस्त्वात् । एवं द्विकलस्य प्रस्तारः । डडनिप्रनिशनिसाताशंताशतासम् द्विकलमपरान्तकम् ॥२४४॥

अथ चतुष्कलमाह । एतदेव द्विगुणितमिति । अ(आ)वापविक्षेपयोजनयेति भावः । अत्रापि मद्रकवदन्त्यः पादभागः प्राप्तः । पूर्वं पूर्वं निवेशयेदिति (भ० ना० ३१.२३५) वचनात् । तदपवादमाह । लघ्वक्षरे द्वितीये तु द्विर्मावेऽन्त्या(न्त्या)कलेति । तेन तानिविशसमित्यमिन्त्यापवादो न तु अनिविशमिति । एतच्च श्लोकार्धं प्राग्वदेव व्याख्येयम् । तदयं प्रस्तारः । अनिविद्रअनिविश आनिविता आताविश तानिविसम् ॥२४५॥

गणयन्तस्तस्यापि प्रतिशाखामाहुः ॥२४६-२४७॥

गते च वस्तुचतुष्टये पञ्चमस्यारम्भेन निवृत्तिरावर्तनं कार्यम् । सा च वृत्तौ मार्गे चकारात् पञ्चपाणिना ।

एतदुक्तं भवति । चतुर्थवस्त्वन्ते यान्येव द्वादशकलासु गीयन्ते पादानि तान्येव शीघ्रोच्चारणेन पञ्चमवस्त्वादिभूतकलाषट्के गेयानीति तत्र च न्यासोऽर्धसमाप्ति-श्चेत्याचार्याः ॥२४८॥

---

१. KSS. does not read.

शाखायां प्रतिशाखायां विशेषः पश्चिमे त्वयम् ।
षट्कलापातसंयुक्ते तालिके तु ततः स्मृते ॥२४९॥

तथैककलयुक्तेऽस्ति विधिवत् पञ्चपाणिना ।]
[1]यथाक्षरेणैव भवेदनयोरुपवर्तनम् ॥२५०॥

उपोहनं च वस्त्वर्थे(र्धं) द्विकलं प्रत्युपोहनम् ।
[2]दक्षिणे तु तथा वृत्तौ चतुष्कलमपोष्यते ।
(द्विकलं दक्षिणे कार्यं वृत्तौ चैव चतुष्कलम्) ॥२५१॥

[त्र्यश्रतालसमुद्भूतं पातैः षड्भिर्विभूषितम् ।
चतुःशाखाख्यमित्येतद् गदितं चापरान्ति(न्त)के ॥

पञ्चमस्य विशेषमुक्त्वा द्वे वस्त्वित्याह । शाखायामिति । शाखायां यत् पश्चिममन्त्यं वस्तु प्रतिशाखायां च द्वयोर्वस्तुनोर्या अन्त्याः षट्कला विशतानिविस-मित्येवंरूपास्तास्तु(सु)संताशताशता इति पञ्चपाणिपाताः । अन्ये तु पाणिपातास्त एव पञ्चपाणिगतस्तु प्लुतं च प्लुतलघुगुरुद्वयलघुप्लुतरूपतात्र केवलपरिवर्ते पञ्च-पाणिग्र(णिग)तः पातविधिरिति मन्यन्ते । अज्ञातस्तालस्तालिकाज्ञाता च वस्तुरूप-ग्रासीकारात् पञ्चपाणि(रुन्ने)न(त)व्यः ॥२४९-२५०॥

अथोपोहनविधिमाह । उपोहनं च वस्त्वर्धमिति । आद्ये च वस्तुनि द्वादशसु कलास्वन्येषु द्वयोर्यदि दक्षिणमार्गे वार्त्तिकेषु चतसृष्वपि । अन्ये तु वस्तुनिबद्धपश्चिमे समाप्ते पृथग्भूतामेव षट्कलां तालिकामाहुः । दत्तिलादयस्तु द्वितीयं पादविभागं आनिविशरूपं चतुर्थं आनिविप्ररूपमाहुः ।

अष्टमी विंशिका चैव द्वे अन्ये परिकीर्तिते ।
द्वादशाष्टादशौ तालावेकविंशस्तथैव च ॥
(दत्तिलम् १७२-१७३)

इति वदन्तः । एवञ्चेत्यर्थः । ॥२५१॥

वस्तु भवतीत्याह । त्र्यश्रतालेत्यादिना वस्त्वित्यन्तेन । वस्तुन एव च भाविप्रतिशाखापेक्षया शाखेति व्यपदेशः । प्रतिशाखायां च स एव प्रस्तार इत्याह ।

---

१. KSS. यथाक्षरे तु ।
२. KSS. varies.

यथा शाखा तथैवास्य प्रतिशाखा विधीयते ।
पश्चिमार्धसमा सा तु तथैवान्यपदा स्मृता ॥
शिरश्चैककलेनापि कर्तव्यं पञ्चपाणिना ।
वृत्तौ निवृत्तयोगश्च गते वस्तुचतुष्टये ॥]
उल्लोप्यकं तु द्विगुरु द्विलघ्वन्तेऽथ गुर्वथ ।
[1]शम्या तालो द्विरभ्यस्तो सन्निपातोऽन्त्य एव च ॥२५२॥

प्रत्यक्षरकृतैः पादैः(तैः) पञ्चभिः समलङ्कृतम् ।
चतुरश्रं सुविच्छेदमेतज् ज्ञेयं यथाक्षरम् ॥२५३॥

यथा शाखेति । प्रतिशाखात्वेन च प्राधान्यात् कदाचिद् भागोऽप्यस्या इत्याचार्याः । प्रतिशाखायाः स्वरूपमाह । पश्चिमार्धसमेति ।

विशाखिलाचार्याः प्राहुः । पश्चिमं वस्तु सप्तकादिरूपत्वमिति तस्यैव यत् पश्चिममध तत् पृथक् प्रतिशाखात्वेन चतुर्विंशतिकलं वस्तुगत्या तद्गतान्त्यद्वादश-कलात्मा प्रतिशाखेति वस्तुनि मन्तव्यम् । अत्र च लिङ्गं यदोवेणके एककेन पादे लक्षितव्ये आद्यः पादः समः शाखायाः परस्तु प्रतिशाखाया इति वक्ष्यति (भ० ना० २८१-२८२) । उपपातस्य प्रतिशाखातालाः षट् द्वादश कलातालिका मध्यपतितेऽप्युप-पातो न ततोऽधिको भविमुमर्हति । तत्राद्यतुल्यगीतित्वे चान्यपदार्थमिति । अग्रे निर्णेष्यते चैतत् । यदि तदेवं तत् कथं साम्यमित्याह । (अन्य)पदेति । गीतितालाभावे चाक्षराण्यस्यामन्यानीति । अनन्तर ए(मे)ककलेन पञ्चपाणिना शिरः । केचित् तदपि शाखामध्ये ।

अथ शाखाप्रतिशाखाप्रसङ्गागतं वस्तुनिबद्धप्रकरीपरित्यागेनाप्युल्लोप्यकं वा-(व्या)चिकीर्षुराह । उल्लोप्यकं त्विति । अनेन पूर्वद्वयश्राभ्यामचातुरश्र्येणाविशेषं सूचयति । शताशता इति । यथाक्षरमुल्लोप्यकं यथाक्षरं वैहायसकादन्यन्न किञ्चिदिति तत्रोक्तम् । अत एवोर्ध्वं सर्वं लोप्यमत्रेत्युल्लोप्यकम् ॥२५२॥

एतदुपसंहरति । प्रत्यक्षरकृतैरिति । ननु यदि पञ्चभिः पादैरयं तर्हि कथं चतुरश्रता । आकारविच्छेदगुरुरेकोऽत्र लघुद्वयेन शोभते । तेनापूर्वेण चञ्चत्पुटपरिवृत्तौ विभक्त इति यावत् ॥२५३॥

---

१. KSS समं च्छेदं वस्तु ।

पूर्वोक्तेन विधानेन द्विचतुष्कलमिष्यते ।
[1]अस्य चाङ्गत्रयेऽतीते वैहायसकमिष्यते ॥२५४॥

तदेकाङ्गावरं ज्ञेयं द्वादशाङ्गपरं स्मृतम् ।
प्रमाणाद्(णं) द्वादशकलं [2]तथा पातमथापि च ॥२५५॥

अस्य तु द्विकला शम्या तालस्त्रिकल(द्विकलस्ताल) एव च ।[3]
द्विकला च पुनः शम्या तालश्चैककलः स्मृतः[4] ॥२५६॥

ततः शम्या ततस्तालः सन्निपातस्ततः पुनः[5] ।
शाखेयं प्रतिशाखा तु नित्यमन्यपदा स्मृता ॥२५७॥

अथ द्विकलचतुष्कलयोगमुपपादयति । पूर्वोक्तेनेति । द्वैगुण्येन कलाः पूर्वं निवेशयेदिति च । विधिनेत्यर्थः । तेन निशनिताशनानिसं द्विकलः । अनिविश चतुष्कलः । अस्य चेति । अस्यैव द्विकलचतुष्कलात्मनो वैहायसकम् । अङ्गत्रयेऽतीत इति टीकाकारः पठति व्याचष्टे च शून्यरूपे परं गीतमात्रात्मनि कलाचतुष्कनिष्ठे वर्णाङ्गत्रये प्रयुङ्क्त उपपादनमिति । लक्ष्यानुसारिणस्तु मात्रागत एव मुखप्रतिमुखगते वर्णाङ्गत्रयेऽतीतेऽस्य प्रयोग इत्युक्तवन्तः । वैहायसकत्वं तु यथाक्षरापेक्षया शून्ये स्थानेऽस्य परता ॥२५४॥

तदिति वैहायसकमेकाङ्ग(ङ्गा)वरं दादशपरं प्रोक्तम् । षडङ्गपरमित्युक्तं-(प्राक्) । तेन विकल्पोऽत्र व्रीहियववत् । अस्य स्वरूपमाह । प्रमाणं द्वादशकलमिति । तथा पातमिति । द्वादशपातमिति यावत् ॥२५५॥

पातानाह । अस्य तु विकला शम्या द्विकलस्ताल इति । त्रिकलत्वमनयोः । द्विकला शम्येति । निष्क्रामान्तरगा । तत्र द्विकलत्वे चच्चत्पुटे अन्त्या सन्निपातकला । अन्तस्थानादेव(क)कलश्च चच्चत्पुटगताद्यशम्ययाऽपसारितद्विकलैककलयोर्ह्ययं तत्र मध्ये सन्निपातः स्यात् । एकः संता एकोऽयं ताल इति न स्यात् । प्रशस्त......द्विकलगता सप्तकानन्तरं मध्ये शम्यादिरेककलचच्चत्पुटाक्षिप्तस्तदनन्तरं सा सन्निपातकला । अष्टम्यपि द्वादशसंस्थानता । तदेतदाह ।

---

१. KSS. अन्ते चाङ्गत्रयातीते । NS. अस्य चाङ्गत्रये गीते ।
२. KSS. सप्तपातमथापि च ।
३. NS. तालश्च द्विकलस्ततः ।
४. KSS. द्विकलः स्मृतः ।
५. KSS. अतः परम् NS. ततः परम् ।

[1]यदा त्वस्य भवेदन्तस्तदन्ता हरणं बुधैः ।
यथाक्षरेण [2]नियमात् संहार्यं पञ्चपाणिना ॥२५८॥

स्वतालेनान्तहीनस्य संहार्यः परिकीर्तितः ।[3]
त्रि(द्वि)प्रकारनिवृत्तस्तु(श्च) त्र्यङ्गोऽन्तस्त्रिविधः स्मृतः ॥२५९॥

त्र्यश्रश्च चतुरश्रश्च मिश्रश्च परिकीर्तितः ।[4]
स्थितप्रवृत्ते तस्याङ्गे माहाजनिकमेव च ॥२६०॥

द्विकला च पुनः शम्या तालश्चैककलः स्मृतः ।
ततः शम्या ततस्तालः सन्निपातः ॥

इति । (प्रस्तारः) निविशनिवितानिशताशता वैहायसम् । शाखेयमिति वैहायसम् । केचित् प्रतिशाखेति । यावत् । नित्यमिति यदि भवति तत् सर्वथैवान्यपदेति यावत् । अन्त्ये ती(त्वि)ह नित्यमिति लिङ्गं प्रतिशाखाया अन्यत्रानित्यत्वस्येत्याहुः ॥२५६-२५७॥

यदा त्विति विशेषो द्योत्यते । अन्तेन हि संहितेनान्ताहरणम् । तद्धि संहारमर्हतीति संहार्यम् । अन्तस्याहरणं सूचकमिति यावत् । तच्चैककलेन पञ्चपाणिना ॥२५८॥

यदि त्वन्तो न क्रियते तदायं विधिरित्याह । स्वतालेनेति । स्वतालो वैहायसम् । तेनैव संहारः समाप्तिः । तदपि यदा न क्रियते तदा स्वतालेन प्रथममात्रारूपैव न समाप्तिरित्यावेदयितुं स्वतालेनेति साधारणोक्त्या व्यवहृतः । यदा त्वस्य(स्या)न्त इत्युक्तं ततस्तदाह । द्विप्रकारनिवृत्तश्च त्र्यङ्ग इति ॥२५९॥

एतत् स्वयमेव निर्णिनीषुस्त्रिविधित्वं तावदाह । त्र्यश्रश्च चतुरश्रश्च मिश्रश्चेति त्र्यङ्गत्वमाह ।

स्थितप्रवृत्ते तस्याङ्गे माहाजनिकमेव च ।

इति ॥२६०॥

---

१. KSS. यदात्वस्य भवेदन्त्ये ।
२. KSS. कर्त्तव्यं संहार्यः ।
३. KSS. परिवर्त्यते NS. परिकीर्त्यते ।
४. NS. अथ त्रिविधस्तथा ।
५. NS. मिश्रश्चापि प्रकीर्तितः । KSS. मिश्रश्च द्विविधः स्मृतः ।

स्यात् पञ्चपाणितालेन तदन्ताहरणं यदा ।
[1]तदा स्थितं भवेद्युग्मं तस्य पातविधिस्त्वयम् ॥२६१॥
शम्याऽपि द्विकला कार्या तालोऽपि द्विकलः स्मृतः ।
चतुष्कलः सन्निपातः प्रवृत्तमत इष्यते ॥२६२॥
अस्य तु द्विकला शम्या [2]तथा चैककला पुनः ।
चच्चत्पुटस्तु तालादिः सन्निपातस्ततः परम् ॥२६३॥
[3]स्थितं तालेन कर्तव्यं माहाजनिकमस्य तु ।
निवृत्ततालः कर्तव्यः [4]प्रवृत्तस्यापि तत्त्वतः ॥२६४॥

त्रिविधस्य प्रयोगपौर्वापर्यमाह ।

स्यात् पञ्चपाणितालेन तदन्ताहरणं यदा ।
तदा स्थितं भवेद्युग्मम् ।

इति । यदेति यतः । तदेति ततः । यत्तद(यदातदोर)यमर्थः । आदौ युग्मस्थितं कार्यं चात्रान्ताहरणे पञ्चपाणिः । अयुग्ममिति परभागे न विच्छित्तिर्भवति ।

अन्ये तु यदेति यस्मिन् ताल इति व्याचक्षाणा अन्ताहरणमन्तेन नियतमपि तु विपर्यय इति । ततश्चान्ताहरणाभावे यदान्तस्तदायं नियमः । आदौ युग्ममिति स्थिरमिति नामबलात् स्थायिवर्णप्रधानमेतत् ।

अन्ये त्वेकस्याभेदत्वात् स्थितत्वमित्येकक्र(म)मुक्तमित्याहुः ॥२६१॥

शम्या द्वे चेति । द्विकलचच्चत्पुटोऽयम् । निशनिताशनि प्रनिसंस्थितम् । प्रवृत्तवर्णाङ्गयोगाच्च प्रवृत्तम् ॥२६२॥

अस्य तु द्विकलेति । निशताताशताशसं वृत्तम् ॥२६३॥

स्थितस्य तालः । स एव महाजनिकस्य किन्तु निवृत्तिरन्ते कर्तव्या । अत एव पुनः प्रवर्तनादपि प्रवृत्तम् । तदाह । अस्य तु निवृत्तस्तालः कर्तव्य इति । निवृत्तिरस्यास्तीति मत्वर्थीयः । अनि(नि)वृत्तस्ताल इति तालान्तो भागः कलाचतुष्टयात्मा स पुनरावृत्तः कर्तव्यः । आद्यासु चतसृषु कलासु यानि निष्पन्नानि तान्येव पातानि यावत् । न केवलं माहाजनिकमेव निवृत्या युक्तम् । यावदुक्तलक्षणं प्रवृत्तमपि । द्विप्रकारो निवृत्तोऽन्त इति । अत एव हि पूर्वमुक्तमित्येतदित्याह प्रवृत्तस्यापि तत्त्वतः ॥२६४॥

---

१. KSS. तथास्थितं भवेद्युग्मं प्रथमस्य विधिस्त्वयम् ।
२. KSS. तालश्चैककलः पुनः । NS. तथैवैककला पुनः ।
३. KSS. स्थिततालो न कर्तव्यो ।
४. KSS. निवृत्तस्यापि

[1]अत्र तालविधिश्चेष्ठः प्रायशस्तूपवर्तने ।
आदावुद्धट्टकः कार्यः परिवर्तक एव च ॥२६५॥

युग्मे हि मिश्रतालत्वाद् युग्मे(ग्मो)ह्यन्तः[2] प्रयुज्यते ।
विवधैककसंयुक्तः पूर्वं पश्चाद्विधिः स्मृतः ॥२६६॥

यथावदन्त(न्त्य)तालोऽयं युग्मो मिश्रश्च कीर्तितः ।
अतः परं प्रवक्ष्यामि त्र्यश्रमन्यविधिं पुनः ॥२६७॥

अत्रेति । अत्र यत् प्रवृत्तमुक्तं न तु वर्णाङ्गरूपं तस्यापि यस्तालविधिरुक्तः सोऽपि प्रायश उपवर्तने निवृत्तविषये कर्तव्यः । अन्यत्रभावो विषयार्थः । प्रायश इति । प्रकर्षगमनेनेत्ययमत्रार्थो विवक्षितमि(त इ)त्यभिप्रायमाविष्करोति । आदावुद्धट्टकस्तालः कार्य इत्यनयात्मनि युग्मरूपक्रमवशेन द्विकलचच्चत्पुटेऽपि । अत एव प्लुतलघुविभागहीनेऽपवादतयाऽकर्तव्यत्वेनोक्तः । परिवर्तकव्यपदेशश्च द्विकलेऽपि परिवृत्त्यागतत्वादन्यस्तालादिश्चच्चत्पुटतालः कर्तव्यत्वेनोक्तः । चकारात् सन्निपातश्च नोपवर्तने प्रयुज्यत इति प्राच्चेन सम्बन्धः । तत्र पृथक् सामान्येन चोपवर्तनमिति बहवो भेदाः ॥२६५॥

ननु तालसमुदायरूपं प्रवृत्तं पश्यामः । तत्र कथमेकरसच्छलमुपवर्तनमित्याशङ्क्याह । युग्मो ह्यन्त इति । अन्ताङ्गप्रवृत्तमात्रान्तःसकलचच्चत्पुटत्वादेक एव ताल इति यावत् । विशेषे किं प्रमाणमित्याह । युग्मे हीति । हि यस्माद्युग्मोऽन्त्लविधिरत्रोपक्रान्त इति । प्रकरणमात्र इति यावत् । तच्चैकरसो यद्ययमष्टकलस्तालः । कथं तर्ह्युद्धट्टकादिव्यपदेशो भवता न व्यधायीत्याशङ्क्याह । मिश्रतालत्वादिति । उद्धट्टकचच्चत्पुटोचितव्यामिश्रतामात्रमत्रेति यावत् ।

अन्ये तु परिवर्तकमित्यनेन चच्चत्पुटसङ्ग्रहविशेषसन्निपातोऽन्तः प्रयुज्यत इत्यनेन स्वीकृत इत्याहुः । एवमयं श्लोकः प्रवृत्तस्योपवर्तनमिति विधिपर्यवसायी यद्र(उद्भ)टादिभिस्त्वेकमर्थमबुध्यमानैरुक्तः । स श्लोकपाठविप्रलब्धैः सर्वत्रैवाष्टकलस्योक्तः । प्रस्तारस्य वृत्तस्यादौ पृथग्भूत उद्धट्टः । कर्तव्ये नाम्ना तदा तत्तु लक्ष्ये चिरन्तने न दृश्यते प्रक्रान्तयुग्मायुग्मविभागं च विध्वंसयतीत्यनपेक्ष्यमेव । विवधैककसंयुक्तः पूर्वं पश्चादिति । उपवर्तनस्येति विशेषः ॥२६६॥

एवं चतुरश्रमुपसंहरति । यथावदन्त्यतालोऽयं युग्म इति । अथ मिश्रः संकीर्ण इति यावत् । उद्धट्टयोगेन संकीर्णतायां शक्यत्वे साप्यपसारितेति भावः । अन्ये

---

१. KSS. स्थितमाहाजनिकयोः प्रायः शस्त्रप्रवर्तकम् ।
(NS. प्रायः समुपवर्तनम् ।)

२. KSS. अप्यन्तः ।

शम्या तु द्विकला पूर्वं ततस्तालो विधीयते ।
त्रिकलः सन्निपातश्च प्रवृत्तं वाप्यतः परम्[1] ॥२६८॥

प्रवृत्तमस्य कर्तव्यं यथावत् परिवर्तनम् ।
[2]यथाक्षरप्रयुक्तेन नियमात् पञ्चपाणिना ॥२६९॥

अस्या(त्रा)पि स्थिततालेन माहाजनिकमिष्यते ।
[3]निवृत्ततालः कर्तव्यस्तथाऽत्रापि निवृत्तिमान् ॥२७०॥

[युग्मौजमिश्रतालत्वान् मिश्रोऽप्यन्तः प्रयुज्यते ।
विवधैककसंयुक्तः सर्वश्चान्तविधिः स्मृतः] ॥२७१॥

व्यङ्गमेकाङ्गमपि वा स्थितं कार्यं समासतः ।
तत्र युग्मं भवेद् व्यङ्गं त्र्यश्रमेकाङ्गमेव च[4] ॥२७२॥

त्वकारप्रश्लेषं नेच्छन्तो यद्यप्यन्तालेन मिश्रस्तथापि उक्तयुक्त्या युग्म उक्त इति व्याचक्षते ॥२६७॥

त्र्यश्रे स्थितमाह । शम्या त्विति । निशताप्रनिसंस्थितम् । प्रवृत्तमतः परमिति वचनात् स्थितमेतदिति ज्ञायते ॥२६८॥

परिवर्तनमिति । परिवर्तनयोगात् तत्र चैककलः पञ्चपाणिः ॥२६९॥

स्थिततालेनैव निवृत्तियुङ् माहाजनिकम् । तदाह । अत्रापीत्यादि निवृत्त-तालः कर्तव्यस्तथेत्यन्तम् । एवं प्राधान्यादादौ युग्मस्ततस्त्र्यश्रोऽन्तः कर्तव्य इत्युक्त्वा तद्द्वयपूर्वकत्वात् सर्वपश्चात् कर्तव्यमिश्रान्तमाह । अत्रापि निवृत्तिमान् ॥२७०॥

युग्मौजमिश्रतालत्वादियुग्मौजरूपाणां स्थितादीनां वैचित्र्याद्बहुप्रकारमिश्र इत्यर्थः । सोऽपि च पृथक् प्रयुज्यते । न तु पौनरुक्त्याऽशङ्कया न प्रयोज्य इति । अत्रापि निवृत्तिस्थाने आवृत्तिरित्यत्रापीत्यर्थः । अथ तस्याङ्गान्याह । विवधैककेति । स्थितादि त्रयेऽप्येतद् । उत्सर्ग इत्यर्थः ॥२७१॥

विशेषं त्वाह । व्यङ्गमेकाङ्गमपि वेति । व्यवस्थितविभाषाविषयमिति दर्शयति । तत्र युग्मं व्यङ्गं त्र्यश्रमेकाङ्गमिति ॥२७२॥

---

१. इतोऽग्रे पद्यमेकमधिकं का० पुस्तके ।
२. NS. यथोकरप्रवृत्तेन विधिवत्... KSS. यथाक्षरप्रवृत्तेन समासात् ।
३. KSS. प्रवृत्तः कालः कर्तव्यस्तथास्यान्तनिवर्तिते ।
NS. ...तथात्र विनिवृत्तिमान् ।
४. KSS. इष्यते ।

प्रवृत्तमपि विज्ञेयं त्र्यङ्गमेकाङ्गमेव वा ।
माहाजनिकमेकाङ्गं [1]त्र्यङ्गं संहरणं स्मृतम् ॥२७३॥

स्थितादिकः [2]प्रवृत्तान्त एवमन्तविधिर्बुधैः ।
उल्लोप्यके समायोज्य ऊहापोहविशारदैः ॥२७४॥

[3]प्रकरी वस्तु षण्मात्रं पाताश्चैकान्न(कोन)विंशतिः ।
वस्तु प्रमाणं कर्तव्यं तथैव च चतुष्कले ॥२७५॥

न यथाक्षरयोगेन न चापि द्विकलं स्मृतम् ।
आद्यमात्राद्वयस्यान्तः शम्यातालान्वितो भवेत् ॥२७६॥

मात्रात्रयस्य [4]चान्तस्य शम्यैकैकान्ततः स्मृता ।
चतुर्थ्यां द्वादशस्तालः पञ्चम्यां चाष्टमो मतः[5] ॥२७७॥

प्रवृत्ति(त्त)विशेषमाह । प्रवृत्तमपीति । प्रवृत्तेऽपि पूर्ववद्व्यवस्थितविभाषैव मन्तव्या । महाजनिकस्तू(कं तू)भयमप्येकाङ्गं संहरणरूपं सर्वसमाप्तिकालेऽयं माहाजनिकः । तद् व्यङ्गं मध्यवर्ति त्वेकाङ्गमेवेत्यर्थः । अन्ये तु संहरणमित्याहरणं त्र्यङ्गमिच्छन्ति ॥२७३॥

एतदुपसंहरति । स्थितादिकः प्रवृत्तान्त इति । यावदङ्गानां विवधादीनां चैकव्यादिरूपतया भूयांसोऽत्र सन्ति प्रकारा इति सूचयति । ऊहापोहेति । ऊहनमनुक्तस्योपवर्तनभेदादेः कल्पनम् । अपोहनं तूक्तस्यान्तविध्यादेरपसारणम् ॥२७४॥

एवं वस्तुनिबद्धमपरान्तकमभिधाय शाखाप्रतिशाखाप्रसङ्गबद्धमुल्लोप्यकमुक्तम् । अधुना तु यथाप्रस्तुतां प्रकरीमाह । प्रकरी वस्तु षण्मात्रमिति । प्रकर्या वस्तु प्रकरीरूपं वाऽत(व)स्त्विति समान(ना)कृतौ भाषितपुस्तकत्वमिति यावत् । पाता एकोनविंशतिः । अन्यं(न्त्यं) तु चतुष्कलमात्रासमुचितमाहित्यपादी(व इ)त्युक्तम् ॥२७५॥

पातानाह । आद्यमात्राद्वयस्यान्त इति । षोडशी कला शम्या मात्रायामाद्यायां द्वितीयस्यां तु तालः ॥२७६॥

अन्यत्र त्रयेऽपि षोडशी शम्या । तुर्यमात्रायां द्वादशतालः । पञ्चम्यामष्टम इति पञ्च मात्रास्तावदुक्ताः ॥२७७॥

---

१. KSS. व्यङ्गं संहरणं भवेत् ।
२. NS. प्रवृत्ताङ्ग एवमन्तर्विधं बुधैः । KSS. प्रवृत्तान्तमेवमन्तं विदुर्बुधाः ।
३. अस्य स्थाने का० पुस्तके श्लोकत्रयी पठिता ।
४. NS. चान्यस्य शम्यैका तु ततः स्मृतः । KSS. चान्त्या स्यात् शम्यैका च पुनस्तथा ।
५. KSS., NS. चाष्टमः स्मृतः ।

षष्ठयां तु द्विकला शम्या तालश्च द्विकलो भवेत् ।
पुनश्च द्विकलस्तालः शम्या च द्विकला पुनः ॥२७८॥

शम्या तालश्च तालश्च शम्या तालस्तथैव च ।
शम्या तालः सन्निपात इति वस्तु प्रकीर्तितम्[1] ॥२७९॥

यदा त्वर्धचतुर्थानि वस्तूनि प्रकरी भवेत् ।
पश्चिमार्धपदस्यैव तदर्धं प्राङ् निवेशयेत् ॥२८०॥

षष्ठयां तु चतुष्कलत्वोचितौ प्राप्तावावापविक्षेपौ न कार्याविति दर्शयति । षष्ठयां त्वित्यादि । द्विकलेति । द्विकलोचिताधिनिष्क्रामानन्तरभाविनीत्यर्थः ॥२७८॥

इति वस्त्विति । मात्राषट्कमिति । यावत् । तेनायं प्रस्तार आनिविप्र आनिविप्र आनिविप्र आनिविप्र आनिविप्रता आनिविता आनिविता आनिवा आनिविप्र आनिवि...आनिविप्र आनिविप्र आनिविता आनिवित निशता निता नितानि शाता शता (२८) ॥२७९॥

एतदुक्तमन्यैरतो द्विकलमद्रक्य इति यदा त्वर्धचतुर्थानीति सार्धवस्तुत्रयपक्षे प्रागित्याद्यं यदर्थं वस्तुनो मात्रात्रयरूपं तत् पश्चिमाद्यन्तद्वितीयेनार्थेनान्येन मात्रात्रयेण तुल्यं निवेशयेत् । तेन चतुर्थ्यां मात्राया यस्तालः प्रथमाया पञ्चमीगतो द्वितीयायाः षष्ठयास्तु यस्तालः स एव तृतीयस्या इत्येवं वस्तुत्रये गीते ततो वस्त्वर्धं पश्चिमार्धरूपं प्राग्भान्यादित्यर्धचतुर्थवस्तुमित्यमुं केचिद्ग्रन्थमनैषुः ।

टीकाकारास्तु पश्चिमार्धं यन्मात्रात्रयं तदादौ कुर्यात् । तस्य चोपोहनमन्तेन(न्तरेण) द्विकलमद्रकीभिर्युक्तं यन् मात्रात्रयं तस्य चोपोहने(नं) कुर्यात् । यदाऽर्धचतुर्था(र्था)नि वस्तूनि प्रकरी तदर्धमिति । तेनाऽर्धचतुर्था(र्था)नि यदा तदादौ कुर्यात् । तस्य च यस्तालविधिरा(ह)पश्चिमार्धशब्देन तत्तालस्तमर्हतीति । अत्र तु पक्षे उपोहनत्वं यदुक्तं तत् कथमिति न विद्मो मुनिनोक्तत्वात् । दत्तिलादिभिरेव हि

उपोहनं च तत्राद्यं स्मृतं चार्धविवर्जितम् ।
(दत्तिलम् १६६)

इत्युक्तम् । तेनाधिकं यद्वस्त्वर्धं तस्य स्थाने तालविधिः (उपोहने)नोच्यत इत्येतावदेतत् ॥२८०॥

---

1. KSS. प्रकीर्त्यते ।

कनिष्ठासारितेनास्य(स्याः) कार्यं संहरणं ततः ।
पादः पूर्वः समः कार्यस्त्वपरान्तकशाखया ॥२८१॥

ओवेणके द्वितीयेऽ(यो)पि तस्यैव प्रतिशाखया ।
अनित्यः शीर्षके तालो माषघातस्ततः परम् ॥२८२॥

[3]षट्पातो द्वादशकलस्त्वस्य पातविधिस्त्वयम् ।
कर्तव्या द्विकला शम्या [4]तालो द्विकल एव च ॥२८३॥

कनिष्ठासारितेति । अस्या इति । चतुर्थवस्तुकायाः सार्धवस्तुरूपायाश्च प्रकर्या संहरणं नामाङ्गं कार्यम् । कनिष्ठानासा(ष्ठासा)रितेति । ग्रा(ब्र)ह्मदत्ते ब्रह्मदत्त-व्यवहारवत् । वस्त्वर्धोऽत्र य(ग)म्यते । तेन तदीयसा(ता)लोऽतिदिश्यते ।

ननु गुरुलघुप्लुतविभागेनाप्युपोहनमन्त्यसन्निपातस्य च मुक्तत्वादत्रानतिदेश एव । आद्यमात्रावत् षोडशकलामात्रैवेयमिति...मत्रार्धेन प्रकर्या......सङ्गता । एषा च मात्रा द्वैकलमद्रकतालः षष्ठमात्रास्थाने कार्येति केचित् । अन्ये त्ववस्तुनि सप्तम्यैवेयं मात्रेति मन्यन्ते च पञ्चपाणितालानुप्रवेशात् त्र्यश्रत्वसूचिकाप्रकर्या इयमेव शीर्षकरूपेत्याहुः ।

अथोवेणकं लक्षयति । पादः पूर्व इति । अपरान्तकं यद्वस्तु सैव शाखाय-(खा तया)चोक्तं वस्तु शाखाख्यमिति । तेन चतुर्विंशतिकलाः पादः ॥२८१॥

द्वितीयोऽपि तस्यैव प्रतिशाखयेति । विशेषवचनं तुल्यगीतित्वे अन्यपदत्वा-भावः । यथाह दत्तिलः ।

अथ नान्यपदौ पादौ तुल्यगीत्यादिलक्षणौ ।
पृथगोवेणकस्यावापरान्तकवस्तुवत् ॥
(दत्तिलम् २०१-२०२)

इति । अनित्यमिति । शीर्षकमस्य भवति वा न वा । माषघातस्ततः परमिति । उद्घट्टस्तत एव चाविकल्पित इति यावत् ॥२८२॥

तस्य स्वरूपमाह । कर्तव्या द्विकला शम्येति । तानि तानि शता प्रविशसम् ॥२८३॥

---

१. KSS. तालः संवरणे गतः ।
२. KSS. स एवं पातविन्यासो मासघातयतः परम् ।
३. NS. माषघातो ।
४. KSS. गम्या च द्विकला पुनः ।

[पुनश्च द्विकलस्तालः शम्या च द्विकला पुनः ।]
[1]पुनश्चैककलस्तालः सन्निपातः कलात्रये ॥२८४॥

प्रायेण माषघातश्च विवधाङ्गः प्रकीर्तितः ।
[2]सन्निपातश्च(स्य) पश्चार्धे कदाचिदुपवर्तनम् ॥२८५॥

अस्य स्यात् कलिकेनैव तद्योज्यं पञ्चपाणिना ।
सन्धिर्यथाक्षरेणैव[3] दातंव्यं(व्यः) पञ्चपाणिना ॥२८६॥

[4]एककं विवधो वापि तस्याङ्गं समुदाहृतम् ।
[5]अन्तस्य चतुरश्रस्य प्रवृत्ते यो विधिः स्मृतः ।
[6]विवधो(धा)ङ्गेन तेनैव चतुरश्रकमिष्यते ॥२८७॥

सन्निपातस्येति । तदुपलक्षितस्यास्य माषघातस्य पश्चिमेऽर्धे पाक्षिकमुपवर्तनम् ॥२८४-२८५॥

तत्र चैककलः पञ्चपाणिस्तालः ।

अत्र केचिदाहुः । कदाचित् पूर्वार्धे कदाचित् पश्चिमार्धे । तेन माषघाते यान्यक्षराणि द्वादशकलासु तान्येव लयशीघ्रतया षट्कलासु प्रयोज्यानि । तच्चा-(तान्या)दौ पश्चाद्वा माषघातस्येति ।

अन्ये तु माषघातस्य षट्कलासु तैरेवान्तरैरन्याः षट्कलाः पञ्चपाणिगतप्लुतादिविभागेन गेयाः । तालस्तु माषघातीय एव क्रमायात इति ।

अपरे त्वाहुः । सन्धिस्तावदेककलेन पञ्चपाणिना कार्यः । तत्र माषघातीयानामेवाक्षराण्यन्यानि चेति कदाचिच्छब्दस्यार्थ इति ।

त्र्यश्ररूपे भाविन्यङ्गद्वये वा सन्धायत्वेन सन्धिः ॥२८६॥

तस्याङ्गमेकको विवधो वा । अन्तस्येति । चतुरश्रं तस्य यत् प्रवृत्तमङ्गं द्विकलचच्चत्पुटमुक्तं तदेव विवधाङ्गं चतुरश्रम् ॥२८७॥

---

१. NS. ततः ।
२. KSS. सन्धिश्चैव हि तस्यान्ते ।
३. KSS. यथाक्षरेणेव ।
४. KSS. एकैकं विविधो वापि तस्याङ्गे ।
५. NS. अन्यस्य ।
६. KSS. विधिनानेन ।

सन्धिवद् [1]वज्रतालश्च द्विधा सम्पिष्टकं मतम् ।
सप्ताङ्गे द्वादशकलं द्वादशाङ्गेदं(ङ्गे द)शैव तु ॥२८८॥

निष्काममादितः कृत्वा शम्यास्तिस्रः प्रयोजयेत् ।
[2]तालत्रयं ततश्चैव शम्यातालौ ततः परम् ॥२८९॥

शम्यातालौ ततः कार्यौ सन्निपातोऽन्त्य एव च ।
प्रोवेणके तु सप्ताङ्गे सम्पिष्टकमिदं मतम्[3] ॥२९०॥

द्विः शम्यातालयोगेन द्वादशाङ्गेऽपि चेष्यते ।
पाता नवैकादश वा सम्पिष्टकमुदाहृतम् ॥२९१॥

वज्रवत् सम्प्रयोक्तव्यमुपवर्तनमेव च ।
युक्ता विवधवृत्ताभ्यां प्रवेणी द्विविधा स्मृता ॥२९२॥

तन्नामाङ्गं पुनरपि च सन्धितान इव वज्रमेककाङ्गतं विवधाङ्गत्वं च । अत्र वज्रस्याग्लेनैककलैककमात्राङ्गम् । तत एवाभञ्जनीयत्वाद्वज्रत्वम् । चतुरश्रव्यवहिता त्र्यश्रधीः पुनर्वज्रलेपेनेवानेन वृद्धिकृतेऽपि वज्रम् । सप्ताङ्गे प्रोवेणके सम्पिष्टकं दशकलं द्वादशकलं वा ॥२८८॥

तत्राद्यस्य प्रस्तारमाह । निष्काममिति । निशशशससतातशताशसम् ॥२८९॥

सम्पिष्टकं चच्चत्पुटचाचपुटादिरूपस्य स(र्व)वासचूर्णं इवात्र द्विदलवाससम्पेषणमिव ॥२९०॥

द्वादशाङ्गे दशकलमाह । द्विःशम्यातालयोगेनेति । शम्यायास्तालस्य च यत् त्रित्वमुक्तं तदपसार्य द्वित्वं कार्यम् । अत एव नव पाता भवन्ति । निष्क्रामश्चाद्यः । प्रागेकादशपाताः । निशशताताशताश......दशकलसम्पिष्टकम् ॥२९१॥

सम्पिष्टकाक्षरैरेवैककलपञ्चपाणिनापवर्तनं वज्रवद्भावादेकाङ्गं तथा वज्रवदिति । आद्या प्रवेणीति विवधेन । अपरा तु वृत्तेन ॥२९२॥

---

१. KSS. वज्रकालस्- ।
२. KSS. तालस्तत्र ततश्चैव शम्याताल...।
३. KSS. संविष्टकमिति स्मृतम् ।

पञ्चपाणिस्तु कर्तव्यं(व्यः) प्रवेण्याश्च यथाक्षरः[1] ।
द्विकलो वापि मिश्रो वा प्रयोगो द्वाद(ऽङ्गव)शानुगः ॥२६३॥

[2]अन्ते चा(वा)स्याः प्रकर्तव्यं कदाचिदुपवर्तनम् ।
पञ्चपाणिविधानेन यथोक्तेनैव तद्भवेत् ॥२६४॥

[3]द्वितीयपादतालेन ह्यवपातश्च कीर्त्यते ।
वज्रतालेन कर्तव्य[4]मन्ताहरणमस्य तु ॥२६५॥

तत्राद्यायास्तालः पञ्चपाणिर्यथाक्षरः । अपरस्याः स एव द्विकलः । यदि वः मिश्र इति । एककलद्विकलचञ्चत्पुटसमुदायरूप इति लक्ष्यते । प्रकृष्टा वेणीति प्रवेणी । वेण्या शिरो लक्ष्यते । अनेन प्रधानमिदमङ्गम् ।

ननु यदि द्वयोरपि तालस्तुल्यस्तर्हि को विशेष इत्याह । प्रयोगोऽङ्गवशानुग इति । अद्यायां विवधोऽन्यस्यां च वृत्तमित्यङ्गभेदाद्भेद इति यावत् ॥२६३॥

पाक्षिकं भेदान्तरमप्याह । अन्ते वाऽस्या इति । द्वितीयस्याः पर्व(प्रवे)ण्या अन्ते उपवर्तनमावृत्तिः कार्या । कदाचित्तत्र च यथाक्षरः पञ्चपाणिः ॥२६४॥

द्वितीयपादतालेन ह्यवपात इति । अत्र वज्र इति द्वादशकलावधिकेन तावदनेन भाव्यम् । तथाभूतात् प्रकरणात् तन्त्रान्तरेषु च स्वकण्ठोक्तेनैवास्य द्वादशकलत्वोक्तेः ।

प्रवेण्या अवपातश्च द्विकले स्युरिहोत्तरे ।

इति । तदत्रान्तस्य द्वितीयपादस्य तावद् द्वादशकलत्वम् । तच्चापरान्तकप्रतिशाखाया द्वादशकलत्वे लिङ्गमिति तदेतत् प्रतिज्ञानं(न) सहन्ते । प्रकरणं द्वादशकलतां निश्चिन्वत् द्वितीयप(पा)दतालेनेत्यस्यैव विशिष्टे विग्रहे स्थापकम् । यतो द्वितीयं पादस्य द्वितीयपादः । अपरमर्थं द्वादशकलपादस्य । द्वितीयतृतीयेति (अष्टा. २.२.३) समासः । तत्र पञ्चपाणिना द्वितीयपादतालेन द्वादशकलेनेति सम्बन्धे द्विकलपञ्चपाणिताल एव लभ्यत इति । प्रताशनितानिशताप्रनिस उपपातः ।

अन्ये तु पञ्चपाणिग्रहणं नानुवर्तयन्ति । तत्राद्यपादद्वितीयार्धतालमुपपातं प्राहुः । अनिविता आताविशतानिविश उपपातः । तदुक्तं दत्तिलाचार्येण

---

१. KSS. यथाक्षरम् NS. यथाक्षरा ।
२. KSS. अङ्गं चास्य प्रकर्त्तव्यं ।
३. KSS. द्वितीया तालपातेन NS. द्वितीयपाततालेन ।
४. NS. क्रमं संहरणस्य तु ।

रोविन्दके तु षण्मात्राः पाताश्चैकान्नविंशतिः[1] ।
[2]अथार्धेऽन्ते च मात्राणां पञ्चानां पात उच्यते ॥२६६॥

[3]तालः शम्या च तालश्च शम्या तालस्तथैव च ।
पञ्चानामपि मात्राणां विधिरेष यथाक्रमम् ॥२६७॥

चतुर्वंशोऽपि पञ्चम्या मात्रायास्ताल उच्यते ।
चतुष्कलाऽन्त्यया तुल्या षष्ठी मद्रकमात्रया ॥२६८॥

उपपातद्वितीयस्तु तालः कैश्चिदुदाहृतः ।
(दत्तिलम् २०८)

इति द्वितीय इहान्यपातद्वितीयार्धनिविष्ट इत्यर्थः । एतदबबुद्ध्वा दत्तिले विवरणकृतो भ्रान्तास्तालं विशेषं व्याख्यातवन्तः । बज्रतालेनान्ताहरणग्रहणादेककलापञ्चपाणि-रेकाङ्गत्वं च लभ्यते । चतुर्विंशे यद्यन्तं चिकीर्षितं तदेवं कार्यमिति । अन्येऽपि नोच्यते नात्रान्ताहरणमित्ययमसौ विशेष इत्याहुः ॥२६५॥

अथ रोविन्दकं कक्षयति । रोविन्दके त्विति । षण्मात्रा इति । चतुर्वंशे(शो)-ऽपि पञ्चम्या (भा. ना. ३१.२६८) इति वक्ष्यमाणत्वात् । चतुष्कला त्रिमात्रा षोडशभिः कलाभिः । तत्र षट्सु पातानाह । अथार्धेऽन्ते चेति । यथाक्रममिति । तालोऽर्धोन्ते च । अन्यस्यान्ते द्वितीयस्तालः । द्वितीयस्यां मात्रायामर्धे । त्रिष्वेव चेति वचनाच्छम्यान्ते । एवं पञ्च चतुर्थ्यां पञ्चम्यां च । तथैव चेति यथाक्रममिति वचनात् सर्वासु मात्रास्वर्धे तालान्ते शम्येति । आचार्यान्तरमतानुसारेण व्याख्या चेति यत् टीकाकारेण कल्पितं तालोऽर्धोऽन्ते चान्यासां शम्यार्धेऽन्ते न तुर्यस्यां तालो-ऽर्धोऽन्ते पञ्चम्यामिति तदुपेक्ष्यमेव । तथा हि दत्तिलाचार्यः ।

तथाऽर्धेऽन्ते च मात्राणां तालः शम्ये यथाक्रमम् ।
(दत्तिलम् २११)

इति । पञ्चम्यां चतुर्वंशोऽपि ताल इत्येकादश पाताः । पञ्चसु षष्ठी त्वष्टपाता मात्रेत्याह ।

चतुष्कलाऽन्त्यया तुल्या षष्टी मद्रकमात्रया ।

इति । चतुष्कलमद्रकमन्त्या योक्ता मात्रा तुल्ल(ल्य)तालात्र षष्ठीति ॥२६६-२६८॥

---

१. KSS. पादभागैश्चतुष्कलैः ।
२. NS. अर्धातीते (च) KSS. अर्धेऽन्ते चैव मात्राणां ।
३. KSS. तालशम्या च तालश्च NS. ताल शम्यार्धतालश्च ।

[1]इति पाद(त)स्तथा चाष्टौ कला ह्याद्या ह्युपोहनम् ।
ततश्चैव प्रयोक्तव्यं द्विकलं प्रत्युपोहनम् ॥२९९॥

[2]घातश्चेत्(पाताश्च) सन्निपात(ता)श्च विबधैककयोजिताः[3] ।
वर्णानुकर्षोऽष्टकलस्त्वन्यः[4] प्रस्वार उच्यते ॥३००॥

तुल्यवर्णोपवहनो द्वितीयः पाद इष्यते ।
शरीरतालः कर्तव्यः प्रस्वारोऽस्य विशेषतः ॥३०१॥

पात इति षण्मात्रः । अत्राष्टकलमुपोहनम् । अङ्गनिबद्धकेन पातस्यैव प्राधान्यात् मात्राविभागस्य तत्सम्पादनकृतित्वेन गलितत्वात् । प्रत्युपोहनं द्विकलं यवन्यैः कल्पितं तन्नाट्यमतिक्रमतीति मुनेर्भावः ॥२९९॥

प्रतिपातमेकैम क्रियमाणे सति मात्रान्तात् सन्निपातः । स च विदारीकत्वाद्विवधनिबद्धो भवति । पातद्वयापेक्षिका हि मात्रा । अतस्तवाह—

पाताश्च सन्निपाताश्च विवधैककयोजिताः ।

इति । एतच्च बाहुल्यातिशये नोक्तम् । पञ्चम्या हीति पातत्वं षष्ठयाऽष्टपातत्वमिति कथं विवि(व)धयोगात् । तत्र पादेऽयं प्रस्तार । ओ ओ ओ ओ ओ ओ ओ ओ(८) आनिविप्र आनिविश आनिविप्र आनिविता आनिविप्र आनिविश आनिविप्र आनिविश आनिविप्र आनिविश आनिविप्र आनिविश आनिविप्र आनिविता आनिविप्र आनिविश आनिविप्र आनिविता आनिविप्र आनिविश आशालिता आतालिश आताविश तानिविश संता ।

अथ द्वितीयं पादं निरूपयिष्यंस्तस्याद्यं भागं तावदाह । वर्णानुकर्षोऽष्टकलस्त्वन्यः प्रस्तार इति । वर्णस्य गीतिवर्णस्य गीतिलक्षणस्यानुकर्षात् प्रत्यनयनप्रत्यासत्या प्राप्य पादान्त्यमात्रापर्यन्तं कलाष्टकनिविष्टस्य द्वितीयपादप्रथममात्राद्यकलात्मकोपोहनात्मनि पुनर्योजनं सोऽन्य इतर गीतकासाधारणः प्रस्वारो नामाङ्गम् । प्रकर्षेण स्वरणं शब्दस्येति । सामान्यत्वं हीति त्रिगीता(तो) भवति प्रथमपादस्यान्ते द्वितीयस्याद्यन्तयोरिति ॥३००॥

द्वितीयपादस्य स्वरूपमाह । तुल्यवर्णोपवहन इति । सैव गीतिस्तदेवोपोहनं स्तुतिपदानि त्वन्यानीति यावत् । एतत् पादद्वयं शकुनिशरीरस्येवावश्यं सञ्चारक-

---

१. KSS. तथा चाष्टौ कलाः कार्याः प्रथमायामुपोहनम् ।
२. KSS. पाताः स्युः संनिपातान्ताः ।
३. NS. विविधैकप्रयोजिता ।
४. KSS.; NS. स्वल्पः प्रस्तार इष्यते ।

द्विकलेनैव कर्तव्यो विशेषात् पञ्चपाणिना ।
कलाद्वादशनिर्दिष्टं प्रमाणं चास्य तत्त्वतः ॥३०२॥

रोविन्वकशरीरं तु षट्कलोपोहनं स्मृतम् ।
[1]विवधो वाऽपि वृत्तं वा तस्यादौ परिकीर्त्यते ॥३०३॥

[2]आकारवृत्तमस्य स्याच्चतुष्कं त्रिकमेव वा ।
त(अ)स्योपरि यथेष्टं स्यादधस्तादङ्गयोजनम् ॥३०४॥

आ(अ)विशेषनिवृत्तं तु शीर्षकं सम्प्रयोजयेत् ।
यथाक्षरेण तच्चैव कर्तव्यं पञ्चपाणिना ॥३०५॥

मिति शरीरं वक्तव्यम । तदाह । शरीरतालः कर्तव्यः प्रस्वार इति । प्राच्यगीतानुकर्षं इति यावत् । अस्य विशेषत इत्यसाधारणेनोक्ता(क्तः) ॥३०१॥

ननु कोऽसौ शरीरतालो यः पूर्ववर्णाकिर्षणेन प्रस्वाररूपः क्रियत इत्यत आह । द्विकलेनैव पञ्चपाणिना कर्तव्य इति । शरीरताल इति विशेषः । प्राच्यवर्णानुकर्षात् प्रस्वारक्रिया क्रियत इत्याह् । कलाद्वादशेति । अस्येति प्रस्वारस्य ।

एवदुक्तं भवति । द्वितीयपादस्य षष्ठयामलपासु द्वादशकलासु या गीत्या दादशकला द्विकलपञ्चपाणितालेन गीयमाना उपोहनं च षट्केन प्रागुक्ता । यतः प्रधानभूतास्ताः शरीरमित्युच्यत(न्त) इति ॥३०२॥

तदाह । रोविन्वकशरीरन्तु षट्कलोपोहनमिति । तस्या शरीरस्यादिरुपोहना-न्यस्तत्र विवधो वृत्तं वेति प्राक्तनं स्मारितम् ॥३०३॥

आकारवृत्तमिति व्याख्यातम् । वृत्ताख्यं वर्णं आ इत्येवंभूतैः स्तोभैस्त्रिश्चतुर्वा प्रयुक्तैः कार्यम् । यदाह । चतुष्कं त्रिकमेव चे(वे)ति । नातो न्यूनमिति यावत् । अस्येत्याकारवृत्तस्य मध्यस्थितस्याङ्गचतुष्कतस्योपर्यधश्चान्योन्यविशिष्टान्यङ्गानि कुर्यात् । शरीरे प्रस्वारः षोडशाङ्गता चेत्यवधानं सम्पाद्यमित्यत्रावन्या(श्यं) विधेयम् ॥३०४॥

तत्रैककलपञ्चपाणिना वर्णाङ्गैर्यथारुचि द्विस्त्रिर्वा या(आ)वृत्तमनावृत्तमेव कार्यम् । तदाह । अविशेषनिवृत्तं तु शीर्षकमिति ॥३०५॥

---

१. KSS. विविधो वा प्रवृत्तं वा NS. विविधं वापि वृत्तं...।
२. प्राकारवृत्तमन्यत्......इतः प्रारम्य ६२ श्लोका नि० मुद्रित पुस्तके न पठिताः ।

[1][आकारैककमस्यान्ते प्रवृत्तं नियमाद्भवेत् ।
इति रोविन्दकं प्रोक्तं स्यादुत्तरमतः परम् ॥३०६॥

मुखप्रतिमुखे(खौ)स्यातामुल्लोप्यकवदुत्तरे ।
उत्तरं संप्रवक्ष्यामि यथाविहितलक्षणम् ॥३०७॥

अस्यैवमुत्तरस्थाय मुखं प्रतिमुखं भवेत् ।
उल्लोप्यकवदस्यादौ मात्रा चैका चतुष्कला ॥३०८॥

रोविन्दकवदाकारगणवर्जं प्रयोजयेत् ।
शाखा षडङ्गाऽधरा स्याद् द्वादशाङ्गा परा स्मृता ॥३०९॥

षट्पाता द्वादशकला शाखा ज्ञेया प्रमाणतः ।
तस्यां तु द्विकलस्तालः शम्या चैककला भवेत् ॥३१०॥

पुनश्चै(तथै)ककलस्तालः सन्निपातः कलात्रये ।
शाखावत् प्रतिशाखा तु भवेदन्यपदा तु सा ॥३११॥

अस्य विशेषमाह । आकारैककमस्यान्त इति । वृत्तस्यावरोही प्रवृत्ताख्यो भेद उक्तः । सोऽस्य शीर्षकस्यान्ते नियमात् कार्यः । एकाकिन्याकारे स्तोभपदे आकार(रे) एकको यस्याकारस्तदाकारैककमिति बहुव्रीहिः । एककशब्दोऽशब्देन संख्येति नास्य पूर्वनिपातः ॥३०६॥

एतदुपसंहृत्यान्यदासूत्रिकं दर्शयति । मुखप्रतिमुखौ स्यातामुल्लोप्यकवदिति । उत्तरे आदो(दौ)मुखप्रतिमुखविभक्ता षोडशकला मात्रा ॥३०७-३०९॥

अनन्तरं द्वादशभिः कलाभिः शाखा । नत्र पाताःषडुच्यन्ते । तस्यां तु त्रि(द्वि)-कलस्ताल इति कला । द्वादशकलेन प्रकरणं द्विकलः पञ्चपाणिराक्षिप्तः । न ह्यत्र प्रकरणे चाचपुटचतुष्कलः क्वापि श्रुतः । तेनात्र त्रि(द्वि)कलं बिभागोपलक्षणमेव द्विकलत्वादिप्रकर्यन्तमात्रावदिति । चतुष्कलत्वव्याह । तथैवेति । प्रतिदिशनिशताप्रभिसं शाखा । प(पा)ठतोऽत्र वर्णाङ्गानि षट् परतो द्वादश । एवंभूतैव प्रतिशा(खा)न्यपदा । अत्र च रोविन्दकानन्तर्याच्छरीरत्वमुपजीव्यत इति वर्णानुकर्षात्मा प्रस्वारः प्रतिशाखायाः कार्य इत्याहुः ॥३१०-३११॥

---

१. इतः प्रा[illegible] कोष्ठबद्धैकत्रिंशश्लोकाः निर्णयसागरसंस्करणे न पठिताः । काशीसीरिजपुस्तके त्वध्यायान्तं पाठो भिद्यते ।

अविशेषनिवृत्तिश्चाप्यस्यान्तो नियतो भवेत् ।
अन्ते चास्य विशेषेण मध्ये चैव तु शीर्षकम् ॥३१२॥

तालोऽयं दक्षिणे मार्गे सप्तरूपस्य कीर्तितः ।
य एव दक्षिणे तालो वृत्तावपि स कीर्त्यते ॥३१३॥

कलार्धं तु कला तत्र विशेषोऽन्त्य(न्य)श्च कीर्त्यते ॥
अर्धयोगस्तु तत्कालादर्धकालः प्रकीर्तितः ॥३१४॥

तर्हि प्रस्तारस्यात्र कियत् मानमित्याह । अविशेषनिवृत्तिश्चाप्यस्यान्तो नियत इति । प्रतिशाखात्मक एवात्रान्तः संहरणकारित्वात् । स चाविशेषेण वर्णनिवृत्तिरूपवर्तनात्मा यस्यास्तादृक् कार्यः । स च नियतः । अन्ये तु दत्तिलाद्यनुसारिणो व्याचक्षते । शाखाप्रतिशाखात्माऽन्तः पृथग्भूतः सन्नियतः । चकारेणावृत्याऽन्तश्च स्थित आदिभूतो यदि भवेत् तन्नियतम् । अनियतोऽन्तस्त्व्यश्रादीनामन्यतमो यथारुचि कर्तव्य इति । अस्येति । शाखाप्रतिशाखमपश्यन्त इति प्रतिशाखायाः समाप्तौ । मध्य इति शाखाप्रतिशाखे । अन्तराशीर्षकमिति शीर्षकद्वयम् । अन्ये त्वेकमेव शीर्षकं तथा कार्यं यथा...ऽन्ते मध्ये च कृतं भवतीति व्याचक्षते । तेन शाखान्ते शीर्षकं कार्यमित्युक्तं भवति ॥३१२॥

अथाऽत्र मार्गवैचित्र्यनिरूपणार्थमाह । तालोऽयं दक्षिण इति । सप्तरूपतालः परिकीर्तितः । स दक्षिणे तावद् बाहुल्येन चतुष्कलत्वात् तद्गतत्वाच्च दक्षिणस्य दक्षिणेन चात्र विलम्बितो लयो वक्ष्यते । तेन बिलम्बिते लये तावदयं प्रयोगः । अथ मध्यद्वयमप्यनुजानीते । य एव दक्षिण इति । विलम्बितलयनिष्ठोऽयं ताल उक्तः । स वृत्तावपि । न तु दक्षिणेऽसौ तालः ॥३१३॥

तस्य तर्हि वृत्तविषयता विदग्धा । सा हि द्विकल एवोचितेत्याशङ्क्याह । कलार्धं तु कला तत्रेति । दक्षिणे यत् कलार्धं तत्तु वार्तिके कलारूपं कर्तव्यम् । न च सार्वत्रिकमेतदिति दर्शयति । विशेषोऽन्यश्च कीर्त्यत इति । वर्तमानसमीप्येऽपवादोऽत्र वक्ष्यत इति यावत् । कलार्धं तु कलेत्युक्तम् । तत्र स्तुतिपदवर्णाङ्गादेरङ्गीकरणं प्रतिकलमिति यो विपरीतं बुध्येत् तं प्रति बोधयितुमाह । अर्धयोगस्तु तत्कालादिति । योऽयमर्धयोगः प्रकीर्तितः कलार्धं तु कला तत्रेत्यमुना वचनेन स दक्षिणकलादर्धकालो मन्तव्यः । स्तुतिपदवर्णाङ्गादिसर्वखण्डमेव केवलं कालमात्रमेव भिद्यते । अत एव लयभेदमात्रमिति तात्पर्यम् ॥३१४॥

उल्लोप्यकोत्तरमुखे हित्वा युग्मैककं तथा ।
चतुष्कलं स्याद् द्विकलं त्रिकलं च यथाक्षरम् ॥३१५॥

रोविन्दकोल्लोप्यकयोर्मद्रकोत्तरयोस्तथा ।
शरीरेषु विधिर्ह्येष शेषेषु प्रकृतिर्भवेत् ॥३१६॥

अपवादो वक्ष्यत इत्युक्तम् । तमाह—

उल्लोप्यकोत्तरमुखे हित्वा युग्मैककं तथा ।

इति । इह परिमितेऽपि तालशरीरे यत्र वर्णाङ्गभूतस्वतन्त्रविलम्बितलयेन विना तत् संवादम् । एवं स्थिते उल्लोप्यकस्य यद्विशत्यङ्गपरत्वमुक्तं तत् प्राधान्यात् मुखे तावन्निवेश्य तच्च परिमितं मात्रार्धरूपत्वादुत्तरेऽप्युल्लोप्यकवद्भावादयमेव विधिः । युग्मशब्देनात्रीवेणकाङ्गं च चतुरश्रं नाम । तत्र च स्वरूपेण विविधाङ्गमुक्तं लक्षणम् । तस्य चतुरश्रस्य प्रवृत्ते यो विधिः स्मृतो(तः) । विविधाङ्गेन तेनैव चतुरश्रकमिष्यत (भ० ना० ३१.२८७) इति । तस्यैव च सप्ताङ्गं द्वादशपर(कल)मि । (भ० ना० ३१.२८८) त्यत्रोद्देशे पादः सन्धिर्माषघात (भ० ना० ३१.२०८) इत्यत्रैकं चतुरश्रं चेत्युक्तम् । तदेतदतीतग्रहेणावपाणिना पा तत्स्वरूपातिरिक्तं कार्यम् । तच्चेत् मध्यलये न क्रियेत तद्विषमीभवेत् प्रयोगः । तथाहि । प्रवृत्तसम्बन्धी तत्र तालः । प्रवृत्ते चोद्धट्टचच्चत्पुटयोगस्तालोपलक्षणमात्रम् । न तु त(य)थाक्षरम् । तथापि द्विकलमन्यथात्वेन चतुरश्रं स्यात् । द्विकलमपि तच्चतुस्कलत्वादङ्गिनस्तदोचित्याद्विलम्बितमेव प्रयुज्यते । एषा च सर्वाङ्गेष्वेककद्विकलतायोगेऽपि व्यवस्था । ने(ना)त्र यदोवेणकपादे मध्यमलयेन क्रियते तदेककं तल्लयानुवर्ति चेत् तदङ्गिनस्तदङ्गताङ्गस्येति । तस्मात् पूर्वोपात्तां च स्थितिं चेच(द)ज(मु)ज्झु(ज्झ)तीति । उल्लोप्यकं च भूयोऽङ्गानतीतशरीराणामुपलक्षणम् ।

उत्तरं तु तस्याङ्गान्यप्राप्यतिदेशादिकं स्पष्टमिदमुपात्तम् । युग्मैककमङ्गानामुपलक्षणम् । एवं विलम्बिते मध्ये च सप्तरूपं प्रयोज्यम् । तथाहि । यस्तत्र तु लयो मध्यस्तत्प्रमाण(णा)कलेति (भ० ना० ३१.६) तावन् मध्यमः । अत एव तत्र वर्तमानत्वाद्वृत्तिव्यवहारः । विधिरपि भर(व)तु । समस्तं वर्णतालपदादि(कं इष्टफले) केवलवैचित्र्या(या)यमस्य प्रयोगो न चादृष्टफले वैचित्र्यं शासितुमुचितमिति । अथान्यथा मार्गभेदमाह—

प्रकृतावपि नेयं स्याद् द्विकले तु(लेन) चतुष्कलम् ।
कालेनैवं भवेद्वृत्तावर्ध(र्थ)योगश्चतुष्कले ॥३१७॥

चतुष्कलं स्याद् द्विकलं त्रिकलं च यथाक्षरम् ।
रोविन्दकोल्लोप्यकयोर्मद्रकोत्तरयोस्तथा ।

शरीरेषु विधिर्ह्येष ॥ इति ।

केचित् यस्य येनार्थसम्बन्ध इतीत्थं योजयन्ति । रोविन्दकोत्तरयोः प्रस्वारात्मकं शरीरं द्वादशकलम् । तद् द्विकलमपि तद्यथाक्षरं स्यात् । स(प्रस्वारः)। उल्लोप्यकमद्रकयोस्तु चतुष्कलं शरीरं तद् द्विकलं स्यात् । न त्वेककलतां तन्नेयम् ।

नन्वेककलं तयोरुक्तमेव। सत्यम् । इदं त्वन्यद्रूपं यद्विका(रा)त्मकं नाम । चतुष्कलमतान्यन्यदे(दै)व हि वर्णाङ्गस्तुतिपदानि द्विकलीक्रियन्ते । तथाहि । देवं रुद्रं प्रणमामि सदा इति यश्चतुष्कलः पादभागः स एव । नैव गीत्यान्तरिकयोगेन द्विकलः पादभागः क्रियते ।

नन्वसावेककलीकर्तव्य इत्युक्तः । द्विकलं त्वेककलीकर्तव्यमित्युक्तमेव । रोविन्दकोत्तरयोस्तु विकाररूपमेककलमस्ति न तु प्रतिरूपमिति ।

अन्ये त्वाहुः । द्वादशकलत्वे चतुष्कलत्वमेव । यदाह ।

अनादेशे तु सर्वत्र कर्तव्यः स चतुष्कलः ।

इति । द्विकलता केवलतालपातोपलक्षणाय । तेन चतुर्ष्वपि चतुष्कलं यदुपरान्ते तु वाचनिक एवाविकारः । तदाह । शेषेषु प्रकृतिरिति । चतुष्कलत्वे चेत्यर्थः ॥३१५-३१६॥

ननु प्रकृतिर्नाम स्वरूपमुच्यते । तच्च माषघातस्य द्विकलं द्वादशकलत्वादा-(वा)वापविक्षेपाभावाच्च न चाचपुटगता येन चतुष्कला स्यादित्याशङ्क्याह । प्रकृतावपीति । द्विकलेन । अपिशब्दादेककलेन च । उपलक्षितायामपि प्रकृतौ चतुष्कलमेव नेयम् । निर्वाह्या स्यादिति न्यायत एव सम्भाव्यत एतत् । प्रधानानुविधानमङ्गानामिति ।

नन्वपादान्तप्रकर्षणमोक्षेणकेषु सर्वथैव वृत्तियोगो नास्तीति कथमविशेषणोक्तम् । य एव दक्षिणे तालः स एव । वृत्तावपि स इत्याशङ्क्याह । कालेनैवं

वृत्तौ चतुष्कलो योगो दक्षिणे स्यात् कदाचन ।
न मद्रकोल्लोप्यकयोर्मुखोपवहनेषु तु ॥३१८॥

यो दक्षिणे तालविधिर्वृत्तौ च समुदाहृतः ।
चित्रे व्यस्ते समस्ते वा तावुभौ परिकीर्तितौ ॥३१९॥

शाखानिवृत्तादन्यत्र चित्रं तूभयमार्गिकम् ।
इति मार्गत्रयेऽप्येतत् सप्तरूपं प्रकीर्तितम् ॥३२०॥

भवेदिति । चतुष्कले मार्गस्थितानामपरान्तकादीनाम(नां)वृत्तिविषयो योऽर्थयोगः । एवमिति पूर्वमुक्तः । सकलार्थात् थरणाद् भवेत् । एवं संख्या तु कलानामन्यूनैवेति न विकार योगः ॥३१७॥

केचिद्व्यान्तरमप्याह । वृत्तौ चतुष्कलो योगो दक्षिणे स्यादिति । चतुष्कलेऽपि प्रयोगे वचनेन यो वृत्तिमार्ग उक्तः । तद्यथा । अपरान्तके

वृत्तौ निवृत्तियोगश्च गते वस्तुचतुष्टये ।

(भ० ना० ३१.२४८)

इति । स कदाचिद् दक्षिणे स्यात् । यच्छेदमर्ष(र्थ)योगेन दक्षिणस्यापि वृत्तरूपत्व-मुक्तम् । तन्मुखनाम्न्यङ्गे उपोहनप्रत्युपोहनेषु च न भवतीति सोदाहरणं दर्शयतीति । न मद्रकोल्लोप्यकयोरिति । न मुखोपोहनेष्वयं विधिः । मुख उदाहरणमुल्लोप्यक-मुपोहनेषु मद्रकम् ॥३१८॥

अथ चित्रमार्गस्थितस्यैककलस्य विकारमाह । यो दक्षिण इति । दक्षिणे यस्तालविधिश्चतुष्कलवृत्तौ च द्विकलस्तौ चित्रे एककले क्रमेण युगपद्वा भवतः । एतदुक्तं भवति । एककले यान्यक्षराणि तान्येव द्विगुणतालयोगेन । तावत्ये(न्त्ये)व कलारूपे निष्क्रामप्रवेशने कदाचिद् द्विकलतया कदाचिदावापाद्यध्यावापेनचतुष्कल तया गेयानीति व्यस्तपक्षः । क्वचिद्भागे द्विकलतया क्वचिच्चतुष्क(ल)त्वेनेति समस्त-पक्षः । ए(अ)त एव चित्रमार्गेण ॥३१९॥

केचिद्यात् सामस्त्यस्यापवादमाह । शाखानिवृत्तादिति । शाखानिवृत्तं प्रति-शाखातन्त्रेण च निवृत्तमुपवर्तनं तेन प्रतिशाखायामुपवर्तने च चित्रमुभयमार्गयुक्तं भवतीत्यर्थः । उपसंहरति । इति मार्गत्रयेऽपीति । उक्तेन वैचित्र्येण सप्तापि वितस्ता-दिमार्गत्रयभाञ्जीति यावत् ॥३२०॥

द्विविधा प्रकृतिश्चास्य कुलकं छे(भे)द्यकं तथा ।
एकार्थं कुलकं तत्र पृथक् छे(भे)द्यकमिष्यते ॥३२१॥

निर्युक्तं पदनिर्युक्तमनिर्युक्तं तथैव च ।
त्रिविधं चापि विज्ञेयं सप्तरूपं प्रयोक्तृभिः ॥३२२॥

बहिर्गीताङ्गशाखाभियुक्तं निर्युक्तमिष्यते ।
बहिर्गीताङ्गहीनं चाप्यनिर्युक्तमिति स्मृतम् ॥३२३॥

बहिर्गीतविहीनं तु पदनिर्युक्तमिष्यते ।
इत्येतत् सप्तरूपस्य प्रकृतं त्रिविधं स्मृतम् ॥३२४॥

अष्टाङ्गात्(ङ्गा) षोडशाङ्गाच्च(ङ्गा च) युग्मौजो(जा) वा प्रमाणतः ।
इति युक्ते(स्तुतियुक्ता) तु कर्तव्या मात्रायुक्ता तु पाणिका ॥३२५॥

अथ भेदान्तरमप्याह । द्विविधा प्रकृतिश्चेति । अस्येति सप्तरूपस्य स्वभावः । एकार्थपरस्पराऽन्वितार्थवस्त्वङ्गयुक्तं कुलकम् विपरीतं भेद्यकम् ॥३२१॥

तत्रापि प्रत्येकं त्रयो भेदा इत्याह । निर्युक्तमित्यादि ॥३२२॥

बहिर्गीतेनोपोहनप्रत्युपोहनात्मनाऽङ्गैः शाखाप्रतिशाखाभ्यां च युक्तं निर्युक्तम् । निःशेषस्वरूपयोगाद्वस्तुशाखामात्ररूपमुपोहनान्तैरङ्गैश्च हीनमनिर्युक्तम् ॥३२३॥

उपोहनैरेव हीनं पदनिर्युक्तम् । अर्थप्रतीतिनिबन्धनपरिश्लेषतायोगात् । एतदुपसंहरति । इत्येतदिति । प्रकृतं प्रकारो भेद इत्यर्थः । ते सप्तानां भेदाः । तद्यथा मद्रकादिति(दीनि) चत्वारि त्रिधैककलादिभेदात् । प्रत्येकं पुनर्विकारभेदात् त्रिधा । पुनर्मार्गभेदात् त्रिधा । पुनर्नियुक्तादिभेदादिति त्रीणि शतानि चतुर्विंशत्यधिकानि वस्तुसंख्यया । अङ्गपरावरवैचित्र्यसङ्ख्यायाश्च भेदाद् भूयांसो भेदाः । ते त्वनुपयोगान्न प्रतिपदं लिखिताः । अन्येषु त्रिषु मार्गभेदाद्विकारभेदाः । सनिर्युक्तादिभेदास्त्वयस्त्रयो-(दास्त्रयो) भेदा इत्येकाशीतिः । तत्राप्युक्तवद् भूयांसः प्रकाराः । पञ्चाधिकानि चत्वारिंशतानि प्रधानभेदाः । ते च सर्व एवोपभेदा अप्यदृष्टोपयोगिनः । अङ्गभूयस्त्वं तु फलभूयस्त्वायेति न्यायः ॥३२४॥

अथ सुकुमारप्रायाल्लास्यद्वारेण पूर्वरङ्गोपयोगिनीं पाणिकां लक्षयति । अष्टाङ्गेति । अवरतः षोडशाङ्गेति परतः । अङ्गानि शीर्षकादीनि तालाङ्गानि चैक-

सर्वेषामपि गीतानामन्ते छन्दकमिष्यते ।

चतुरश्रस्तु सतू(स)त्र्यश्रो नवाङ्गो युक्त एव तु ॥३२६॥

कादीन्यङ्गगात्रेभ्यस्तु......देहावयववाचिनो ग्रहणान्निर्दिष्टम् । मुखत्वमस्याः शरीर-मात्रायाः षोडशकलायास्तदाह । मात्रायुक्तेति । सा च मात्रा ओजा भवति यदा सादयो युग्माः द्विगुणाः । एवमस्या असंख्या भेदाः ।

अन्ये त्वाचार्यास्तां (आन्तिकी चैव पाणिकेति पठन्तः भ० मा० N.S. Edition P. 521) सङ्कुचितमतयो व्याचक्षते । आदौ मात्रायुक्ता मात्रया युक्त(क्तं)द्वयमस्यां तेन रोविन्दकमात्रकलमुखं चेति द्वे मात्रे । ततो देहमाह । ओजस्त्र्यश्रो युग्मः षट्कल आद्यत्वात् पञ्चपाणिर्यस्याः । कियानसौ प्रमाणतः । प्रमाणानि चत्वारि न्यायप्रजा-पतेरक्षपादस्येति (न्यायसूत्रम् १.१.३) चत्वारः पञ्चपाणयो देह इति यावत् । अष्टा-ङ्गेत्यादौ वर्णाङ्गं षोडश पञ्चाङ्गे यस्यां तेनोवेणके पदे शीर्षकमाषघातप्रायस्त-तोऽवर्तनसन्धिचतुरश्रकवज्रानन्तरं यदष्टमं सम्पिष्टकं पठ्यते यस्मात् । षोडशं वान्ताहरणम् । कस्मादियं पाणिका । आह स्तुतियुक्ताः(क्ता) । तेन पा(प)णि स्तुतानि(वि)त्यतो (पा० धा० ४३९) भावे घुडि(ठक्)मत्वर्थाः(र्थः) । पठन्ति च रूपमिति । स्तुतियुक्तेत्यनेन च(क)क्षीयत्वमस्याः कथयति । सुकुमारप्रयोगे हि पूर्व-रङ्गे तदङ्गे वा नारीप्राये नियमे च प्रधानं सुकुमारत्वात् । एवं च गीतकतुल्यकक्ष्य-तयैवेयं लक्षयितुं युक्ता । एवं तावत् प्रधानयोगो व्याख्यातः । तदनन्तरं तदनुयायिन एव रञ्जनाप्रधानस्याप्रयोगेन भाव्यम् । तत्र यथाकथञ्चिदत्रै(त्रै)वाद्यानुषक्तमेव वीचक्य प्रायः । तत्र गीतकासारितादीनां छन्दकरूपमनुयायि । पाणिकायास्तु चतुष्क-लालास्याङ्गानम् ॥३२५॥

तथान्यस्य लक्षणमाह । सर्वेषामिति । आसारितवर्धमानगीतानामित्यर्थः । आसारितवर्धमानयोरपि हि वर्णाङ्गकृत(तो) योगम(गोऽ)स्त्येव । गीतत्वं केवलमा-मासारणवृद्धिभ्यां व्यपदेशः प्रयोगे प्राधान्यम् । अत एतन्नृत्तप्रयोगेशछन्द(गे छन्दत)-इच्छातः प्रवर्तितत्वाच्छन्दकम् । जातावेकवचनम् । तस्य च यदा यदा त्र्यंश शरीरं क्रियते तदा तालङ्गानां वर्णाङ्गानां चान्यतमानि चत्वार्यङ्गानि । अथ चतुरश्रमेव तत्र चैव कारेणानेनाधिकव्युदासः । चतुरश्रविशेषमाह (त्र्यश्र इति) । प्रधानत्र्यश्रचतुरश्र-भावस्यानुवर्तनं विशेषः ।

अन्ये तु वैचित्र्यातिशयेन वैपरीत्यं विशेष इत्याहुः । अन्यत्राप्युक्तम् ।

चतुष्पदा तथैकाङ्गा त्र्यङ्गा वा परिकीर्तिता ।
अङ्गैर्व्यस्तैः समस्तैर्वा युग्मौजा वा प्रमाणतः ॥३२७॥

एकस्या वा बहूनां वा द्वयोर्वाथ प्रयोजितम्(ता) ।
तथा शृङ्गारभूयिष्ठा त्रिविधा स्याच्चतुष्पदा ॥३२८॥

प्रवृत्ताख्या द्रुतलया स्थिताख्या तु विलम्बिता ।
स्थितप्रवृत्तसंज्ञा च ज्ञेया मध्यलया तथा ॥३२९॥

लास्यमित्येव यत् पूर्वं मया वः परिकीर्तितम् ।
लक्षणं तस्य वक्ष्यामि प्रयोगं च यथाक्रमम् ॥३३०॥

मुखपादाः शीर्षकसंहरणान्ता यथारुचि छन्दके पूर्वगीतानुवर्तिन्यथ विपर्यय इति ॥३२६॥

अथ सुकुमारप्रयोगोपक्रमप्रधानपाणिकानन्तर्भाविप्रयोगलास्यगानं दर्शयितुं चतुष्पदां लक्षयति । चतुष्पदा तथैकाङ्गा त्र्यङ्गा चे(वे)ति । तथेह स्वरुच्या तस्या एकमङ्गं त्रीणि वाङ्गानि च व्यस्तान्यनन्वितानि तावन्त्यन्तराभिधेयपदानि तस्या यदा छेद्रकरूपा यदा कुलकरूपा तदा विपरीतानि । तदाह । अङ्गैर्व्यस्तै(समस्तै)र्वेति ॥३२७॥

शरीरं चास्यां चतुरश्रं वा शृङ्गारभूयिष्ठमिति भूयिष्ठग्रहणात् कामावस्थादावपि परिग्रहो न हि तदेकरूपत्वे भूयिष्ठव्यवहारः । स्थितभूयिष्ठं भोजनमिति द्रुतादिलयशब्दाच्च वृत्यादिसंज्ञा । तत्करचरणप्रयोगभेदः पक्षे पा(स्या)त् प्रयोजनम् । तथाहि । द्रुतानां प्रयोगस्य प्रकर्षेण वर्तनं करचरणक्रियाबहुलत्वाद् विलम्बिता नाम विपर्यये मध्यमानां तु द्वयमिति । तत्र द्रुता त्र्यश्रा खण्डा । चतुरश्रा नकरग...कमध्यापये । आक्षिप्तिका परिगीतिके विचलितेऽपकृष्टोत्थित इति षोढाऽङ्गभेदा द्वादशधाभेद्यककुलकभेदाच्चतुर्विंशतिधा । पदे चतुष्कयोगाच्चतुष्पदीति । अनया च विशाखिलादिलक्षितं सर्वमेव लास्यगानं स्वीकृतमुपलक्षितं च ॥३२८-३२९॥

अन्ये तु चतुष्पदा तथेति (भ० ना० ३१.३२७) वचनाद्गीतककारि...... स्कन्दकप्रक...कादीनि मन्वते । न तु तत्र प्रयोगे चतुष्पदे युगपत् प्रयुज्यत इति मनसि कृत्वा तद्विषयं तद्वैविध्यं तत्काव्यबन्धं च दर्शयितुमुपक्रमते । लास्यमित्येवेति । यदिति यस्मादिति तस्मात् । एवकारो यथाक्रममित्यस्यानन्तरः । तदयमर्थः । यस्मा-

लसनाल्लास्यमित्युक्तं स्त्रीपुम्भावसमाश्रयम् ।
एकार्धं(र्थं)पृथगर्धं(र्थं) च तदङ्गं स्तु प्रकीर्तितम् ॥३३१॥

भाणवच्चैकहार्यं स्याद्रूह्यवस्तु तथा भवेत् ।
तत्र गेयपदं तावत् प्रथमं परिकीर्त्यते ॥३३२॥

ल्लास्यं पूर्वं कीर्तितं लक्षणं च तस्माद्यथाक्रममेव प्रयोगमधुना वक्ष्यामीति ॥३३०॥

तत्र पूर्वं यत्ताण्डवाध्याये (भ० ना० अ० ४) दशरूपके (भ० न० अ० १८) इह च तदेकीकुर्वन् स्मारयति । लसनाल्लास्यमिति । लसनं क्रीडा चित्तसंश्लेष: स्त्रियः पुंसि तस्य वा तस्यां भाव: । स्त्रीपुंसेत्यभिधाने तु शृङ्गार एव सङ्गृहीतो भवेत् । तेन लासमर्हति तत्र साधु लास्यम् । अनेन तुर्याध्यायोक्तं स्मारितम् । स्त्रीपुंसयोस्तु संलाप इति । एकार्थ: पृथगर्थश्चेत्येतदध्यायोक्तम् ।

ननु पृथगर्थत्वेऽन्योन्यसम्बन्धे वैरस्यं स्यादित्याशङ्क्याह । तदङ्गैः पृथगर्थ इति । वचनस्य पश्चात् परिपाट्या वचनान्तरमित्यनेन क्रमेण यद्यपि सङ्गतिर्नास्ति तथापि स्त्रीपुंसभा(पुंभा)वरूपे प्रधानेऽर्थे सर्वमन्वितमेव । तथा च डोम्बिकास्वेका-(कासु स एवा)र्थः प्रधानभूत इति चूडामणौ स्पष्टमेवोक्तम् । चोरिअमिकुणभवं महु सा कुकुहे मितइ (चौर्यमैथुनभवं मधु सा ककुदे मित्रे) इति । तथा च चिरन्तनोऽयं ......दयप्रवाद(दः)पढमचूडामणिया (प्रथमचूडामणिना) इति । (तदेतद्) भट्टतोतेन काव्यकौतुके वितत्य दर्शितं च आसारैस्तु न...व्यत इति श्लोके । शास्त्रान्तरे चैवं प्राधानाङ्गान(नां)प्रधानानुयायिनामन्योन्यमनुनय: सन्मत एवेति यावत् । तत्र स्त्रियाः पुंसि भावो यथा फलादि तरुणी अणसंछओ (फलादि तरुण्यनुसंक्षय:) इत्यादय: ॥३३१॥

पुंसि स्त्रिया अन्योन्यं यथा सिद्धा कटकेषु यथा वा सोल्लासा मल इत्यादौ । भाणवच्चैकहार्यं स्यादित्यनेन संध्यध्यायोक्तं (भ० ना० अ० १९) स्मारितम् । भाण इवैकप्रयोज्यमिति । एकेन पात्रेण हरणीयं निर्वाह्यमिति यावत् । ऊह्या(ह्य)वस्त्विति । स्वशब्दाभिहितव्यङ्ग्योऽर्थ: । प्रधानाभिद(ध)छेकोक्तिबहुलमिति यावत । तथा

सन्तउपचछ्इ विहुवि(पि)कअइवेच्च अळज्जिआए हुइ पञ्च ।
सन्तव करुणा कलजि(पी)अमकुविन्दोपउक्खेक्खाण ।
वेरणुलो अओ वासलति वेञ्भिमिमअरनयसरगुणिहतं महअम् ।।

[सन्तापपक्षे विधुपिकालिवच्चालज्जिताया भवन्ति पञ्च ।
सन्तापः करुणा कलपीतमधुवत् दोषोत्प्रेक्षणम् ।
वैरानलस्ततो विलसति वैरिणमिममनवसरगुणहतं महान्तम् ।।]

इति । अत्र हि दूत्याः स्वशब्देन भावी भाव उक्तः । छेकोक्त्या तु नायिकान्तरोद्भेदेन नायकस्य मूर्खत्वं स्वसख्याः अनुरागित्वं सौभाग्यं सुरक्षितत्वं चेति । यदिदं सोल्लासामला इत्यत्र सोत्प्रेक्षयाऽन्योन्यमवियोगः शोभावहत्वमौचित्यं च (चेति तत्) वस्तूत्पाद्य वस्त्विति वा । एकाहार्यमिति । पात्रान्तरमत्रोक्तं पूर्वं नेति भावः । अत्र दश लास्याङ्गानि सन्ध्यध्याये (अ० १९) वैचित्र्या(द्यङ्गोपजीवेन) नाट्यसंस्काराय निरूपितानि । इदं तेषां लक्षणम् । क्षेत्रमारुह्यासारितवर्धमानगीतिकवर्गस्योद्धतपूर्वरङ्गोपजीविकाभिनययोगिनो यथालक्षणमध्याये यथासुकुमारपूर्वरङ्गोपयोगिनो लास्याङ्गवर्गस्येति । न ह्यत्र गान्धर्वमात्रं लक्ष्म । सामकपाल देरलक्षणात् । सापि ध्रुवोपयोगी(गिनी) मागध्यादीनां लक्षणाभावात् । न च स्वतन्त्रं गान्धर्वमिव लक्षणार्हम् । न तु वेदत्वात् तत्र गेयपा(प)दं लास्यम् । पूर्वरङ्ग इत्यनुद्भिन्नतत्वं वाक्यं टीकाकृतः ।

इदं त्वत्र तत्त्वमुपाध्यायैर्निरूप्यते । इदं द्विविधं हि नाट्यम् । उद्धतं सुकुमारं च । वीरशृङ्गारयोरेव नायकगतयोरशेषपुरुषार्थसिद्धिषु व्यापारात् । तत्र प्रथमे समुद्धतः पूर्वरङ्गो महेशचरितप्राधान्येन । यथोक्तं पञ्चमे (चतुर्थे) । माहेश्वरैरङ्गहारैरुद्धतैरिति (भ० ना० ४.३.११) महेश्वरस्य चरितमिति (भ० ना० ४.३१९) च । शृङ्गारप्रधाने तु नाट्ये सुकुमार एव पूर्वरङ्गो यदि हि प्रायेण पञ्चमे लास्यं सूचितम् । तं वागङ्गनिरूपणेन तत्र ह्युद्धतः समवकारः सूचितः । पूर्वरङ्गो मुनिना भगवदग्रे प्रयुक्तः । तस्यैव परमेश्वरेण चित्रता कृता । तदभिप्रायेणाह । गीतानामि(ति)श्लोके (भ० ना० ५.१३) । इह समुद्धते गीतकं वर्धमानं तत्र सुकुमारमिति दर्शयितुमिहेत्युक्तम् । तेन साधारण्यं चारीमहाचार्योः समुद्धताङ्गानां निरूपणेनौद्धत्यं च वर्धमानादिप्रयोगेण पूर्वरङ्गस्य पञ्चमे निरूपितम् । तदुपयोगी चाङ्गसार्थस्तत्र तन्निरूपणे निर्णीतः । अधुना सुकुमारोपयोगि दर्शयितुं ग्रन्थान्तरमिति ।।३३२।।

स्थापिते भाण्डविन्यासे पटे चैवापकर्षि(सारि)ते ।
ब्रह्मणस्त्रिषु पार्श्वेषु चासने सम्प्रकल्पिते ॥३३३॥

मार्जितेषु मृदङ्गेषु प्रयुक्ते च त्रिसाम्नि तु ।
मार्गासारितकं कुर्यात् तन्त्रीवेणुविभूषितम् ॥३३४॥

भाण्डवाद्येन संयुक्तं ततश्चासारितं बुधैः ।
परिवर्तैस्त्रिभिर्युक्तमतश्चोपोहनं भवेत् ॥३३५॥

त्र्यश्रेण द्विकलेन स्यात् ततश्च परिधावन(नक)म् ।
प्रयोक्तव्यं प्रयोगज्ञैः परिवर्तनमेव च ॥३३६॥

तत्र गेयपदं तावदित्युपक्षिप्तस्य दर्शयति । स्थापित इति । पटेऽपसारिते सति भाण्डस्य त्रिपुष्करस्य विन्यासे यथास्थानं कृते ब्रह्मस्थानमवेक्ष्य पूर्वदिशि नर्तकीनां पार्श्वद्वये च वैणिकानां गायन्तीनां च ॥३३३॥

मृदङ्गेषु दत्तमार्गेषु चकाराद्वीणायामासारितायामितीयता प्रत्याहारादीनां दृष्टार्थानामवश्यकर्तव्यतोक्ता । यत् पुनरेव तत्परितोषार्थमदृष्टार्थं च बहिर्गीतविधानं तत् सङ्कोचयतीति त्रिसाम्नि प्रयुक्ते तन्त्रीवेणुयुतं मार्गासारितकं कुर्यादिति । आद्यन्त-प्रयोगेन मध्यप्रयोगपूरणमाह । अनेन च लास्यात् परमेश्वराधनेऽन्तरङ्गं समस्तादृष्ट-सिद्ध्यै विध्नक(घ्न)प्रशान्त्यै च पर्याप्तमिति सूचयति ॥३३४॥

ततो मध्यपातीय आसारितविधिः । तं कर्तव्यत्वेन दर्शयति । तस्य कलापातो-त्पत्तिमूलहेतुकत्वात् समुत्क्षिप्तस्य प्रयोग इत्याह । भाण्डवाद्येन संयुक्तमासारितमिति । ए(क)कलं विवक्षितम् । तत्र प्राथम्यात् कनिष्ठस्यैव प्रयोगः । बुधैरित्यनेन गीतक-विध्याश्रयस्यान्यस्य बहिर्यवनिकाङ्गन्यस्थ(स्त)स्य पाणिकाप्रयोगः । ललितैरङ्गहारैरिति तथैवाकृते-(तं)रङ्गहारैरित्याह (भ० ना० ४.३१२) । उक्तं हि पूर्वम् । गीतकेषु प्रयुक्तेषु देवास्तुष्यन्ति (भ० ना० अ० ५.४७) । वर्धमाने प्रयुक्ते तु रुद्रस्तुष्यतीति (भ० ना० अ० ५.४८) कीर्तनान् । देवतानां च यो ज्ञेयो (च ज्ञेयो) गीतविधिः (भ० ना० ५.२१) । इह चोक्तम् । स्तुतिप्रयुक्ता पाणिकेति (भ० ना० ३१.३२५) । तदेतद्वा-क्यार्थसंमितेन स्थान्यादेरन्तर्भावसम्बन्धत्वमिति ॥३३५॥

एवं गीतकविधिस्थाने पाणिकां तदनन्तरं गेयपदं संक्षेपेणोत्थापनपरिवर्तनयोः स्थानमित्यवसरमस्याभिधाय लक्षणमाह । त्र्यश्रेण द्विकलेनेति । चाचपुटेन द्विकलेन

परिवर्तनके चैव पुंवाक्यं प्राक् प्रयोजयेत् ।]
पुरुषोऽत्र त्रिवाक्यः स्याच्चतुर्वाक्यङ्गना[1] स्मृता ॥३३७॥

[2]कार्यं तथाऽवसानं च प्रत्यर्थं परिधानके ।
इत्येतत् प्रथमं त्वङ्गं लास्ये गेयपदं स्मृतम् ॥३३८॥

स्थितपाठ्यस्य वक्ष्यामि विधानं चाप्यतः परम् ।
वृत्तमेकमथ द्वे वा योजयेत् पञ्चपाणिना ॥३३९॥

परिधानकं नामाङ्गम् । परितो धीयते बुद्धौ धार्यते प्रतियोगोऽनेनेत्यर्थापन्नत्वं दर्शितम् । अनेन कैरपि परिधान(क)लक्षणं कृतम् । परिधानकं त्र्यश्रमपकृष्टमेकावरं चतुर्वस्तु वा द्विगुणलयोपबृहनमिति यावत् । अपरैस्तु अष्टचत्वारिंशत्कलं वस्तु द्वादशोपोह्नं मध्यो लय इति । तेनैवावर्तमाने दिग्वन्दनाय परिवर्तनं कार्यम् ॥३३६॥

ननु किं तत्र काव्ये गीयमाने निबध्यत इत्याह । पुरुषोऽत्र इति । स्त्रीपुंसयो-(सो)स्तावदत्र संल्लापो निबध्यते । तत्रादौ परिवर्तने पुंवाक्यं तत्प्रेरणारूपं ततः स्त्री-वाक्यं तदनन्तरं पुंवाक्ये द्वे स्त्रीवाक्यानि त्रीणि । त्रिभिः कैश्चिद्यङ्ङ्गैर्नर्मस्पञ्जो(न्दो) ह्यवसानात्मक इति मङ्गलप्रधानेऽत्र निबध्यते । निवृत्यावृत्युपवर्तनवाचोयुक्त्या गीता-वर्तनम् । न तत्र प्रसिद्धमपीह परिवर्तनमित्युक्तम् ॥३३७॥

परिवर्तनाङ्ग इत्यासूचनाय प्रत्यर्थमिति । वस्त्वन्ते निर्वहणमुत्थापनीयवस्तु-विषयाभिवन्दनविषयमवाक्यान्तरवाक्यार्थसिद्धिसमाप्तिरूपं कार्यं स्त्रीपुंभावसमा-श्रयत्वं न त्यजेत् । निर्वहणमन्ताहरणमित्यन्ये । गेयादिपदान्यत्रेति । पाठ्याशङ्कां व्युदस्य निर्वचनमेव । प्रथमग्रहणादङ्गाभिधानाच्च सुकुमारपूर्वरङ्गलास्यस्याङ्गित्वम् । अन्यथा किं तल्लास्यं यस्येदमङ्गं स्यात् । काव्यरूपं किञ्चिदिति चेत्ताव(द्) दृष्टार्थम् । तथात्वे प्राथम्यतालादिभेदं नियमस्यानभिधेयत्वात् । अदृष्टार्थत्वे तु पूर्वरङ्गद्वारं किञ्चित् त्यज्यते । अत एव वस्तुप्रधानत्वं परमेश्वरशृङ्गारवर्णनं चात्र प्रधानम् ॥३३८॥

स्थितपाठ्यस्येति । ततःपरमित्यनेन नान्दीस्थानिकत्वमस्य इह वृत्तमेकश-(कमथ)द्वे वा योजयेदिति पठेदिति यावत् । वृत्तस्य नान्दीस्थानकत्वात् तद्धर्मकवा-क्यार्थं मन्तव्यम् । एकं द्वे वेति दीर्घाल्पापेक्षया । अनन्तरं त......पञ्चपाणिना चच्चत्पुटेन वा गीयमाने अभिनयनृत्ताभ्यां वा योजयेत् ॥३३९॥

---

१. NS. चतुर्वाक्यं गता ।
२. NS. कार्यं तथा निर्वहणं प्रत्येकं परिधानके ।

ततः परं ते भूयोऽपि युग्मतालेन वा स्मृते ।
अवसानं च कर्तव्यं त्वरितं पञ्चपाणिना ॥३४०॥

द्विकलेनेति [1]विज्ञेयं स्थितपाठ्यं प्रयोक्तृभिः ।
उपोह्य तालं त्र्यश्रं तु बृहद्वृत्त समैस्तथा[2] ॥३४१॥

आसीनपाठ्यं युञ्जीत सर्वैर्भावैस्तु पौरुषैः ।
गेयं चतुर्भिः पादैस्तु समैरर्धं(र्थं)वशानुगैः ॥३४२॥

आसीनपाठये(ठ्यं) कर्तव्यं विधिवत् पञ्चपाणिना ।
अतीते युग्मतालेन श्लोकः कार्यस्तथाऽपरः ॥३४३॥

अनन्तरमवसानं तदर्थनिर्वहणं कार्यम् । द्रुतलयेन द्विकलेन पञ्चपाणिना गातव्यं नर्तितव्यम् ॥३४०॥

इति करोति क्रियासामान्यमिह विशेषनिष्ठीकरोति । अवसानमङ्गसमाप्ति-मन्ताहरणं च । इतीत्येके मन्त्रवर्णाङ्गम् । वाशब्दः समुच्चयार्थ इति केचित् । प्रविश्य स्थितयैव भूचारीस्थया नर्तक्या पठ्यतेऽत्रेति स्थितपाठ्यम् । अथान्यत् पूर्वरङ्गे प्रा-(प्र)धान्य(न)मिति तत्रैवान्तरङ्गमाह । उपोह्य तालमिति । चाचपुटेन शुष्कमुपोहनं कुर्यात् । प्रकरणाद् द्विकलेनेति केचित् ॥३४१॥

तेन चोपवहनेन स्थानके आसने वा आसित्वाऽऽसीनपाठ्यं युञ्जीत । पौरुषै-र्भावैर्लक्षणालङ्कारादिगीतस्पर्शैरिति यावत् । उक्तं हि पूर्वं पुरुषस्य पाठेऽत्रैव स्त्रिया गीतमिति । तत्पठेदित्याह । (बृहदिति) बृहतो न चाक्षरस्य छन्दसः समैः संवृत्तगतैः पादैरुपलक्षितम् । ततस्तत्समुचितार्थां चतुष्पदां (दीं) पञ्चपाणिना गायेत् । तस्याश्च नृत्ताभिनयादिप्रयोगः । तदाह । गेयं चतुर्भिरित्यादि ॥३४२॥

ततोऽपि चच्चत्पुटेनैकश्लोकेऽष्टभिर्द्वादशभिः पादैरवान्तरवाक्यैर्नात्यु(त्यनु)बितैयुक्तः प्रयोज्यः । सोऽतीत इत्यतीतग्रह उपरिपाणिः कार्य इति यावत् । अतीत इति वृत्ते पञ्चपाणाविति केचित् ॥३४३॥

---

१. NS. कर्त्तव्यं ।
२. NS. वृत्या तैस्तैः समैस्तथा ।

[1]अष्टौ दश द्वादश वा पदानि तु ततः परम् ।
कुर्यादुत्तरतालेन ततो निर्वहणं पुनः ॥३४४॥

एतदासीनपाठ्यस्य विधानं परिकीर्तितम् ।
स्यात् पुष्पगण्डिका नाम यदङ्गं तन्निबोधत ॥३४५॥

तत्रैकं पौरुषं श्लोकं समवृत्तं प्रयोजयेत् ।
चतुर्भिः सन्निपातैश्च ज्ञेयं [2]चच्चत्पुटाश्रयम् ॥३४६॥

पादे पादे तु तस्येष्टं वाद्यं नृत्तं तथैव च ।
अ(ग)तश्चान्ये स्मृतं(ते)वृत्ते खञ्जनकुटसंज्ञिते ॥३४७॥

अन्ते निर्वहणं चास्याः शीर्षकं पञ्चपाणिना ।
आविद्धचार्यङ्गहारैरुद्धतैस्तत्र योजयेत् ॥३४८॥

---

[3]दशग्रहणं मिश्रपूर्वरङ्गसूचनार्थमिति दीर्घदर्शिनः। अन्ये त्वष्टद्वादशान्तरालवर्तिनी दशसंख्यैवोभयानुग्राहिणी गृह्यते (इति) । एवमन्ये उपान्ते इत्याचक्षते। अपरे पृथगन्यरूपाण्येवैतानि पदानीति मन्यन्ते । ततः पञ्चपाणिना पाणिसन्धिप्रतिपादकं कार्यम् । लास्यप्रस्तावात् सर्वत्र स्त्रीपुंसयो(सो)स्तु संल्लाप इत्यादि योज्यम् ॥३४४॥

एवं नान्दीस्थानेऽङ्गद्वयमुक्त्वा शुष्कापकृष्टाप्रसङ्गे पुष्पिगण्डिकामाह । स्यात् पुष्पगण्डिकेति ॥३४५॥

समवृत्तं पुरुषभावाढ्यं जनस्तुतिसमुचितश्लोकं चतुर्भिः पादैः प्रतिपदं चच्चत्पुटेन युक्तमत एव चतुःसन्निपातं तावद् गायेत् । सामान्योक्तिः समासव्यासवशादाचार्यबुध्यैककलं(ल)द्विकलानां यथेच्छं प्रयोग इति सूचयति ॥३४६॥

अस्य प्रयोगमाह । पादे पादे त्विति । एकं पदमभिनीय तदनन्तरं तावदेव शुष्कगानम् । तत्र च विचित्रं वाद्यं नृत्तं च । एवं सर्वेषु पादेषु । अत एवोक्तं माल्यग्रथनवत् पुष्पगण्डिका इति (भ० ना० १९.१२६) । ततश्च खञ्जनर्कुटकवृत्ते प्रयोज्ये ध्रुवाध्याये (भ० ना० अ० ३२) लक्षणं भवति बहुभेदत्याग(त्वाद)स्यास्माभिरिह न लिखितम् ॥३४७॥

ते चान्ते शुष्कापकृष्टायास्ते रङ्गद्वारोक्तप्रयोगसूचके नर्तितगासव्ये इति यावत् तेन रङ्गद्वारमित्युक्तं भवति । एवं शुष्कापकृष्टा रङ्गद्वारेऽतिरसप्राया रसवति पुष्पगण्डिकाङ्गे निवेशिते ॥३४८॥

---

१. NS. अष्टादश ।
२. NS. चञ्चुपुटाश्रयम् ।
३. NS. आविद्धशर्याङ्गहारैरुद्धतैस्तत्प्रयोजयेत् ।

ज्योत्स्नायां मदिरायां वा सलिले दर्पणेऽपि वा ।
छायां सन्दृश्य कान्तस्य प्रहर्ष्या(हृष्या)थ विभूषितम् ॥३४६॥

नृत्तं प्रा(प्र)सादक्रीडार्थं हेलादिभिरलङ्कृतम् ।
[1]त्र्यङ्गं प्रच्छेदकं तत्र विद्याल्लास्यप्रयोगवित् ॥३५०॥

चच्चत्पुटस्य तालेन तस्य प्रक्रीडितं भवेत् ।
मात्रावृत्तसमैः पादैः श्लोकबन्धो भवेदथ ॥३५१॥

बह्वक्षरार्थसंयुक्तं तोटकं पञ्चपाणिना ।
द्विकलेन प्रकर्तव्यं मिश्रेणैककलेन वा ॥३५२॥

अथ चारीप्रस्थाने प्रच्छेदकमाह । ज्योत्स्नायामित्यादि । एतत् सम्भोगोचित-कालोपलक्षणं प्रत्येकं सम्बध्यते । प्रियतमप्रतिबिम्बदर्शनेन तदवियोग उपलक्ष्यते । तेन स्वाधीनभर्तृकोचितमत्र पानगोष्ठीजलक्रीडाऽन्योन्यप्रसाधनविषयमत्र गेयकाव्यमित्युक्तं भवति । निवृत्तार्थं तदवकाशसिद्धये यत् ॥३४६॥

प्रसादो मानभङ्गः । तत्र या क्रीडा भङ्गी तत् पाठ्यम् । उक्तं ह्येत(त) ।

यस्मिन्नङ्गे प्रसादं तु गृह्णीयाद् युवतिः स्वयम् ।
(भ० ना० ४.३१०)

इत्यादि । हेलादयः सामान्याभिनयोक्तः(क्ताः) । अङ्गजाः स्वाभाविका यत्नजाः सर्वे धर्माः । आदिशब्दो ह्यत्र प्रकारे ॥३५०॥

त्रीण्यङ्गान्यस्य व्याचक्षाण आद्यमाह । चच्चत्पुटेनास्य प्रक्रीडिताख्यमङ्ग-मन्वर्थात् काव्यलाभार्थलाभः । वृत्तमस्य मात्रावृत्तं समं च । नन्वत्र समविषमो(म)-पादग्रहणे(णं) आर्याद्यर्थनिवृत्यर्थम् ॥३५१॥

अथास्य द्वितीयं तोटकाख्यमङ्गमाह । बह्वक्षरार्थसंयुक्तमिति । अक्षरमिति तद्ग्रन्थोपलक्षणम् । बहुबि(वि)पुलो गम्भीरः । तेन गम्भीरोऽक्षरेषु योऽर्थो यथा । ....अत्र हि मितैरक्षरैः कपोतलसंक्रान्तसखीप्रतिबिम्बावलोकनपरत्वं गम्भीरार्थो दर्शितः । तेन संयुक्तं तोटकमिति भेदनाद्धर्षयोगादीर्ष्याप्रायेऽत्र काव्यार्थ इति मन्तव्यम् । तत्र द्विकलः पञ्चपाणिस्तालः । एककलमिश्रो वा द्विकलः । अन्ये तु द्विकलैकमिश्र एककल इति व्याचक्षते ॥३५२॥

---

1. NS. छायासदृशकान्तस्य
2. NS. भङ्गप्रस्वेदकं

नाराचकं च कर्तव्यं गुरुप्रायाक्षरान्वितम् ।
यथाक्षरेण त्र्यश्रेण सन्निपातैस्तथाष्टभिः ॥३५३॥

विवि(व)धैककसंयुक्तं कैशिकीजातिमाश्रितम् ।
त्र्य(श्र)ङ्गवि(प्र)च्छेदकं विद्याद्युक्तं प्रक्रीडितादिभिः ॥३५४॥

अनिष्ठुरश्लक्ष(क्ष्ण)पदं गान्धारीजातिमाश्रितम् ।
चच्चत्पुटेन योक्तव्यं त्रिमूढं द्विकलेन तु ॥३५५॥

नाराचकाख्यं तृतीयम् । शक्त्या शराभं नाराचरं(कं) चेत्यन्वर्थान् मदनशरः । प्राधान्येन मारपरं स्यात् ।..........इति लभ्यते । गुरुप्रायाक्षरं चात्र वृत्तम् । ताल एककलश्चाचपुटः । स चाष्टकृत्वस्तदाक्षरसन्निपातैरष्टभिरिति ॥३५३॥

विवधैजकावत्र वर्णाङ्गौ । कैशिकीजातिमि(मा)श्रितमिति । शृङ्गारप्रधाना वृत्तिरत्र गेयकार्याख्यमादिशति । केचिल्लास्यलक्षणादेतद्विशेषणाच्चैकार्थमेतदित्यभियुक्ताः । तेन कैशिकी जातिरत्र । तेन तदंशरूपेण मलवकैशिकेनात्र मानमित्युक्तं भवति । प्रकरणमप्यत्रार्थे साक्षी लक्ष्यते । अग्रे हि गान्धारीजातिमाश्रितमिति भविष्यति । यद्यपि च पूर्वरङ्गे षाडवेन गानं स्वरवाक्यकलां तथापि लास्येन यथा(दा) भवत्यपरितोषणं तदाऽन्यदेव प्रधानम् । रागविनियोगादि तु रञ्जनातात्पर्येण । तथा हि । स्वादकः स्वरुचितेन हृद्येर कुसुमधूम(प)विलेपनेनैवेत्यादिना भगवन्तं भवानीपतिमाराधयेदिति विधौ कण्टककुसुमकन्दुरिक(न्दलित)पूतिकेननखादीनां तु प र(रि)वर्जनं हृद्यनयाक्षेपात् । एवमिह लसनाल्लास्यमित्येवमाक्षिप्तो (प्तं) परं च कवर्गलास्यमेवादृष्टहेतुरिति मन्तव्यम् । अनेनैवाशयेन देवगृहेषु प्रेक्षणीयकयोजना परमेश्वरतोषणं सर्वत्र प्रसिद्धमिति । अयमेवोद्धतपूर्वरङ्गे विचित्रतया मन्तव्यः । उपसंहरति । अङ्गप्रच्छेदकमिति । अस्यान्वर्थतां व्याचष्टे । युक्तं प्रक्रीडितादिभिरिति । प्रकृष्टच्छेदोऽङ्गविभागस्येति । भावजिज्ञासोः पृष्ठस्थितस्य मविरावौ निपतितप्रतिबिम्बमवलोक्य नायिकायास्तन्मदनविकारवर्णनमप्यत्र काव्यार्थम् । तदेव प्रतिबिम्बयोगाद् प्रच्छेदकम् । प्रच्छेदो हि प्रतिबिम्बमप्याचित(चष्ट) इति ॥३५४॥

अथ महाचारीस्थानकं त्रिमूढकमाह । अनिष्ठुरेति । प्रयतोद्युक्तकान्तस्य पौरुषप्रधानं गुणनिकरं वर्णयेत् । यत्र काव्यार्थ उत्साहो वा स्या(द)थवेति रौद्रस्थानिकत्वकृतोद्धत्याल्लब्धम् । तत्र च कार्यं पुरुषानुप्रासप्रायं सम्बध्यत इति तत्परिहारार्थं-

---

१. NS प्ररोचकं । KSS. शीर्षकं ।

चतुष्षष्टिः सन्निपातास्तस्मिश्चैव प्रकीर्तिताः ।
यथामार्गंकलोपेता विदारीविवधान्विताः ॥३५६॥

अङ्गहारान् सविष्कम्भान् नैव चात्र प्रयोजयेत् ।
केवलं पौरुषैर्भावैर्वाक्यं नाटचायितेन यत् ॥३५७॥

नर्कुटं खञ्जकं चैव त्रिविधं न प्रयोजयेत् ।
सैन्धवीमाश्रितां भाषां ज्ञेयं सैन्धवकं बुधैः ॥३५८॥

मनिष्ठुरेत्यादि । श्लक्ष्णादि व्याख्यातुं माधुर्यश्लेषगुणप्रधानान्यत्र पदानि । तालोऽत्र द्विकलश्चचचत्पुटः ॥३५५॥

षोडशकृत्व आवृत्तश्चतुर्भिः पादैः । तदाह । चतुःषष्टिः सन्निपाता इति । ते च यथामार्गम् । ध्रुवकादिचतुष्कला......मार्गो गृहीतः । तदुचितेन पञ्चलघ्वक्षरा-विना कलामानेनोपनीताः ।

अन्ये तु यथोचितो मार्गो यथामार्गं इति विग्रहेण सुकुमारत्वाद् ध्रुवक एवा-त्रोह्य इत्याहुः । यथा हि भट्टगोपालेन स्वाभिप्रायेण ध्रुवके विधिरिति भेदः(प्रोक्तः) तेन भेदे विवधे विदारिकेना(णा)न्वितास्तु सन्निपाताः । तेन प्रतिपादं सन्निपाते विदार्यावित्युक्तं भवति ॥३५६॥

पौरुषोचितादुद्धाताअ(द)ङ्गहारा अर्थे ये प्राप्नुवन्ति तेषां कञ्चिद्विशेषमाह । अङ्गहारान् सविष्कम्भानिति । विष्कम्भो विस्तारः । तेनातिविस्तीर्णानङ्गहारानत्र न कुर्यात् । लास्यसामान्यलक्षणमनुवर्ण्यमनुगच्छेदिति ।

अन्ये तु विष्कम्भाख्यं करणमङ्गहारांश्चात्र न कुर्यादित्याहुः । तेन करणैरेव मसृणैरेतत् प्रयुञ्जीतेति ।

नन्वेवं पौरुषशङ्कि । आह । केवलमिति । पौरुषसूचका भावाः सात्त्विकाद-योऽत्र वाक्यार्थे योज्याः । तेन नाट्यायिता नाटचकल्पा न तु सर्वथा नाटचरूपा एव । प्रतिबिम्बप्राणप्रस्तावनाकल्पं हि नाटचस्य नृत्तगीतमित्युक्तं प्राक् । तन्नाटचाश्रितं वा । स्थेने(तेने) ध्रुवास्वभिनय इति तत्सादृश्याच्चात्र तद्व्यपदेशः । यथित्यभिनये नियप्रवृत्तिविधिमाह ॥३५७॥

नर्कुटं खञ्जकं चैवेति । नर्कुटखञ्जकवृत्तबन्धं काव्यम् । त्रिविधोऽभिनयो जायेत । आहार्यस्यात्राभावात् । भाव्यं तु किञ्चिद् भवतीति ज्ञापयिष्यते न पाठ्यं स्वल्पमित्यत्रेति (भ० ना० ३१.३८०) । तेन वाचिकोऽप्यभिनयोऽस्त्येव ।

रूपवाद्यादिसंयुक्तं युग्मतालकृतं तथा ।

वितस्ताऽऽलिप्तमार्गेण सैन्धवं वाद्यमिष्यते ॥३५८॥

उपाध्यायास्त्वाहुः । नर्कुटखञ्जके च नायकस्य व्यलीकवन् नायिकास्वेष्टा-(स्विष्टे) । बे(ई)र्ष्याप्रणयभङ्गलज्जादिस्त्रिविधोऽत्रो(त्र) वर्णनीयः । अत एव त्रयाणां मोहात् त्रिमूढसंज्ञः । नानारूपस्य शृङ्गाररसस्योपपत्तिरत एवेति लास्यसुकुमारत्वा-च्चारीलक्षणद्वयप्रधानं सरसत्वादित्याशयेन तद्गतमङ्गद्वयमन्यदाचक्षाणो मुनिश्चा-र्यङ्गसम्बन्धं तावत् सैन्धवकमाह । सैन्धवीमाश्रितां भाषामिति । सरसकुमारतावर्जि-तम् । भाषेति सैन्धवी । अत्रामिश्रिता । सैन्धवीशब्दान् मत्वर्थीयेति(ऽणि) सैन्धव-मिति रूपम् । एतदुपजीवनादेव लोके प्रेक्षणीयाख्यानि डोम्बिकावि(बी)जकप्रस्थाना-दीनि जात्यैव भाषया कविभिर्निबद्धानि । तत्र त्वङ्गानामेषां दशानां सम्बन्धि काव्यार्थवैचित्र्यमिति रूपकं तत् प्रकृतं प्रति......त्यादि यत् तादातोद्यविधौ निरूप्य च पुष्कराध्याये (भ० ना० अ० ३४) वक्ष्यति । तेन युक्ततालोऽत्र चच्चत्पुटः ॥३५८॥

पुष्करवाद्ये विशेषान्तरमप्याह । वितस्तालिप्तमार्गेणेति । वीरादभुतरौद्राणां वितस्तमार्गेण वाद्यम् । योज्यं त्वालिप्तमार्गेण इति वक्ष्यमाणत्वात् तदर्थबन्धोऽपि छाययाऽत्र योज्यः । तथा हि ।

रसालूणिकभ्रल्लि ण तु पइमुद्वहि चरु तुभ कपत्थी ।
रभरा मम रूपराइणिआ ताराअ सासराअ च ।
अत्वरमुपविजइ हण हणगणकारि विपरिपण्डि ।
[रसालनिर्मललहरि न तु पतिमुद्वहेश्चारु तव कल्पस्त्रि ।
रक्ताया मम रूपरागिण्यास्तारायाः स्वाश्रयाय च ।
सत्वरमुपव्रजामि श्रुणु धनगणकार्ये विपरिपन्थिनि ॥]

इत्यादि क्रोधशोकविस्मयोत्साहच्छायया निबद्धं गीतवाद्यप्रधानं च लास्यं न काव्यार्थ-प्रधानमिति । काव्यार्थः स्त्रीपुंभावाप्राधान्ये वितस्तालिप्तयोरविरोध इत्यभियुक्ताः । अन्ये तु सप्तमीं न प्रोचुः पठन्तः । उद्धतगोमुखगतमत्र वाद्यमिति मन्यन्ते ।

शृङ्गारहास्ययोगे वाद्यं योज्यं तथाऽड्डिते मार्गे ।
बीभत्सभयानकयोद्घाढयं(र्वाद्यं) कार्यं तु गोमुख्याम् ॥
॥३५६॥

नान(न) पाठ्यं स्वल्पमन्यत्र प्रकुर्वीत विचक्षणः ॥
मुखप्रतिमुखोपेतं तथा [1]चाचपुटाश्रयम् ॥३६०॥

यथाक्षरैः सन्निपातैस्तथा द्वादशभिर्युतम् ।
नैकयुक्तिविचित्रार्थं पौरुषं भावमाश्रितम् ॥३६१॥

एकाङ्गं शीर्षकं गत्या द्विमा(मू)ढं परिकीर्तितम् ।
उत्तमोत्तमके त्वादौ नर्कुटं सम्प्रयोजयेत् ॥३६२॥

[2]श्लोकं विचित्रार्थपदं तथा चैवोपपादयेत् ।
ततश्च वस्तुकं कार्यमपरान्तकशाखया ॥३६३॥

अत्र च मनागपि पाठ्यं न कार्यम् । अङ्गान्तरेषु स्वल्पं कार्यमिति भावः । तथा च लक्ष्येऽपि भाणकादौ तदल्पशब्दवाच्यं प्रसिद्धम् । अथ महाचार्यङ्गमाह । मुखप्रतिमुखोपेतमिति । मुखप्रतिमुखे अङ्गे सन्धी(न्धा)व इत्यन्ये । पादचतुष्कं चाचपुटकृतम् ॥३६०॥

त्रिरावृत्तं तालोऽत्र । तदाह । सन्निपातैर्द्वादशभिरिति । नैकशब्दः प्रतिपदिकान्तरमनेकपर्यायः । अनेककार्ययुक्त्या योज्यमानेन आन्तरछायाबन्धेऽलिविचित्रः प्रकृतोऽर्थो यत्र । प्राधान्येन च त्रिमूढ उत्साहः । उत्साहेनाप्त वर्ण इत्याह । पौरुषं भावमाश्रितमिति ॥३६१॥

एककेन वर्णाङ्केन च युक्तमत्र शीर्षकम् । तच्च गत्येति नाभिनयप्रधानम् । अपि तु परिवृत्तिप्रधानमिति गतिप्रमाणम् । तेन पञ्चपाणिरत्र तालः । प्रकरणात् प्रमाणमित्याहुः । द्वयोश्चात्र नायिकानायकयोर्व्यामोहाद्यम् । तद् त्रिमूढकमेव हि तालकाव्यवशात् स्वल्पशरीरं द्विमूढकम् । अथ त्रिगतस्थानिकमुत्तमोत्तमकमाह । आदौ नर्कुटमिति । वृत्तविशेषं तच्च नर्कुटवृत्तम् ॥३६२॥

शेषविचित्रेण वाऽन्यादिप्रधानेनार्थेन युक्तं कुर्यात् । तं च तथैवेति पाठमार्गेणोपपादयेत् । न तु गायेदित्यर्थः । अनन्तरं द्विपदीयोजनया यद्वस्तुकाख्यं वृत्तं तच्चतुर्विंशतिकलेन तालेन योज्यम् । तदाह । अपरान्तकशाखयेति । तेन तद्गत एव कलायोगोऽत्र ॥३६३॥

---

१. NS. चञ्चुपुटाश्रयम् KSS. चापपुटाश्रयम् ।
२. NS. स्तोकं ।

यथाक्षरेण कार्यं तु शीर्षकं पञ्चपाणिना ।
उत्तमोत्तमकं प्रोक्तं हेलावृत्तिविभूषितम् ॥३६४॥

कोपप्रसादबहुलं सविक्षेपैरुपक्रमैः ।
संलापरचितैर्नित्यमुक्तप्रत्युक्तमिष्यते ॥३६५॥

वज्रार्धेन प्रकर्यास्तु तस्य तालविधिः स्मृतः ।
ततस्तु शीर्षकं कार्यं संयुक्तं पञ्चपाणिना ॥३६६॥

उक्तप्रत्युक्तमेवं हि यथोक्तं परिकीर्तितम् ।
एवमेतद् बुधैर्ज्ञेयं गानं तालप्रमाणतः ॥३६७॥

ऋग्गाथापाणिकादीनां सप्तरूपं प्रकीर्तितम् ।
यस्तु तालं न जानाति न स गाता न वादकः ॥३६८॥

शीर्षकमेककलपञ्चपाणिना । उत्तमेभ्यो लास्याङ्गेभ्य इदमुत्तमं हेलादियोगे-
त्कृष्टतमत्वात् । अन्ये तूत्तमस्यान्त्यस्योत्तमं लास्यमित्येवमिति । यत्र भावा नियम-
(मे)नोक्त(क्ता)स्तत्र प्राथम्यात् संस्कृतैव । यथेच्छमित्यन्ये । स्त्रीपुंभावाश्रयत्वात्
प्राकृतभाषैवेत्यपरे । सैन्धव्येति प्रकरणादिति भट्टतोतः । तदाह काव्यकौतुके । न
भाषानियमः पात्रे काव्ये स्यात् सैन्धवी । मि(इ)ति । एवं लास्यपूर्वरङ्गोऽयम् ।
भेदान्तरमपि च पुष्कराध्याये (भ० मा० अ० ३४) भविष्यति । ताण्डवपूर्वरङ्गतः
पुष्करतालगतमनुसन्धीयते मुनिना । द्विरङ्गविधौ प्रकरणषट्कत्वं परिनिश्चीय कुशल-
मिति । साम्यं तावद् यच्चेदमासारितवर्धमानगीतकछन्दकलास्याङ्गरूपं तालवैचित्र्यं
तत् मानरूपत्वान् मेयरूपपर्यवसायीति दर्शयंस्तालगानस्य काल(रूप)तामाह । एवमेत-
दिति । एवं तालरूपप्रमाणमुक्तं तेन प्रमाणेन गानं स्वरात्मकं ज्ञेयम् । बुधैरिति
मान्ज्ञेय(ज्ञै)रिति ॥३६४-३६७॥

अथाऽत्र कमप्यधिकमृगादितालस्वरूपमस्ति । तत् कस्मान्नोक्तमित्याशङ्-
क्याह । ऋग्गाथापाणिकादीनां सप्तरूपमिति । ऋगादीनां यद्रूपं तत् सप्तैव । गीतक-
सप्तरूपानतिरिक्तमेवेति यावत् । त्र्यश्रचतुरश्रतालप्रकारातिरिक्तं हि(ऋगा)दिः ।
उक्तं हि प्राक् । षड्भ्योऽष्टगुणपर्यन्तमित्यादि । आदिर्येषामित्युपलक्षणाद्विनियुक्तेन
साम ऽपाला(लापा)दिना (ऋग्गाथा)पाणिकादि हि स्वरूपेणैव लक्षिते(तमि)ति ।

तस्मात् सर्वप्रयत्नेन कार्यं तालावधारणम् ।
अङ्गभूता हि तालस्य यतिप्रा(पा)णिलयाः स्मृताः ॥३६९॥

त्रयो लयास्तु विज्ञेया द्रुतमध्यविलम्बिताः[1] ।
छन्दोक्षरपदानां हि समत्वं यत् प्रकीर्तितम् ॥३७०॥

कलाक(का)लान्तरकृतः स लयो मान(नाम)संज्ञितः ।
श्रो(स्रो)तोगता च गोपुच्चा(च्छा)समा चात्र विधाय च ॥३७१॥

अथास्य ताल(विधेः) बहुमानास्पदत्व(त्वं)माशङ्कीत्याशयेनाह । यस्तु तालं न जानातीति । गायन्नपि न गाता । वदन्नपि(न) वादकः । प्रयोगो हि तालसूत्रस्यूतो हि नटप्रवेशयोग्यो भवतीत्युक्तमसकृत् । गेयादितालवद् गीतमन्योन्यविषयि । तालस्य प्राधान्यात् । असकृन् नटोऽप्यतालज्ञः । अत एव तालस्य सामान्यलक्षणं वाच्यम् ॥३६८॥

चच्चत्पुटादिभिर्विशेषस्तस्येत्याह । अङ्गभूता हि तालस्य यतिपाणिलया इति । यतिपाणिलयसमूह इति तालस्य सामन्यलक्षणम् । तत्र ताल एव तावत् क्रियाणा सर्वासां परिच्छेदक इति प्रसिद्धम् । अतो नटानामपि च क्रियाकालस्य चिरक्षेपणादिति परमार्थः । सोऽपि च (लयः) न (काल)स्य पारमार्थिकी(क्रिया) । अपि तु काल्पनिकी । तथात्वेऽपि चान्योन्यापेक्षया तत्कल्पने द्वयोरव्यवकल्पनं स्यादिति मध्योऽवधिभूतः । अत्र तृतीयोंऽशः प्रकीर्तनीयः । ते चैवं न त्रयो लयाश्चिरं बिलम्बितं शीघ्र द्रुतं मध्यं मध्यममेवेति ॥३६९॥

लया(य) एव ताल इति मनसि कृत्वा तस्यैव प्राग् लक्षणमाह । त्रयो लयास्तु विज्ञेया इति । लोकसिद्धत्वादिति भावः । उक्तो विभागो लयस्य लक्षण(णं)त्वान्न(त्वत्र) ।

छन्दोक्षरपदानां हि समत्वं यत् प्रकीर्तितम् ।
कलाकालान्तरकृतः स लयो नाम संज्ञितः ॥

इति । ह्रस्वरूपा तस्या(स्ये)यमुच्चारणा कला प्राकृतव्यपदेश्यतया । प्रसिद्धा । अन्योन्यमध्यवर्ती कालः । तत्कालानन्तरं तत्कृतः सम्पादितोऽत एव वैकृतस्वभावो लयो नाम संज्ञितोऽन्वर्थलब्धात्(ब्धः) । श्लेषविश्रान्त्यात्मार्थः स लयः । तस्य च स्थूलसूक्ष्मकार्यगम्यं स्वरूपमाह । छन्दोक्षर इति । यदिति । यस्माद्विश्रान्तिलक्षणाच्छन्द-

---

१. NS. विलम्बिते ।

[लयप्रवृत्तवर्णानामक्षराणामथापि वा(च) ।
नियमो या(यो)यतिः सा तु गीतवाद्यसमाश्रया]॥३७२॥

श्छन्दोन्तरेण समं तुल्यकालं प्रयुक्तमिति व्यपदेशो जायते तेनाक्षरगतः पदगतः सकलवाद्यगतश्च लय इत्युक्तं भवति । अनेन च यतिभेदस्यास्यावकाशो दत्तः । न च लयमात्रस्तालः । सकलक्रियासु तद्भावेऽपि तालाभिमान(ना)भावादिति । तद्विशेषणभूतां यतिं निरूपयति । स्रोतोगता च गोपुच्छा समा चात्रेति । त्रिधा यतिः । अत्र लये विशेषणतया या यतिः सा त्रिधा ॥३७०-३७१॥

ननु विभागोऽयम् । अस्या लक्षणं तु वाच्यमित्याह—

लयप्रवृत्तवर्णानामक्षराणामथापि च ।
नियमो या(यो)यतिः सा तु गीतवाद्यसमाश्रया ॥

इति । गीतवर्णानां स्थाय्यादीनां वाद्ये चाक्षराणां झुण्टुकटकथादीनां सम्बन्धिनां या लयप्रवृत्तिर्लयविशेषो द्रुतादिस्तयोपलक्षितो यो नियमः सा यतिः । क्रमेण गीताश्रया वाद्याश्रया च । पूर्वं यद्गेयाधिकार एवमुक्तं शिरःकर्मादिवर्तनाचार्यादीनां लयप्रवृत्या नियमो नित्यवाद्यमात्राश्च सा यतिरिति तन्मन्तव्यम् । एतदुक्तं भवति । लयस्य यः कश्चित्तालनियमोऽनुवर्तनं अत्र चरितप्रध्वंसित्वेन सा......लघुमपि गुरुमपि लघू......त्स विचित्रे नियमः । तत्र प्रथमभागे विलम्बितस्य यावदन्ते द्रुतस्य नियम इति स्रोतोवद्गमनात्तथा यतिरुक्ता । एतद्विपर्ययाद् गोपुच्छा ताद्रूप्यादेव । यस्तु प्रथमे तावद्यतिनिर्वाहपर्यन्ता स एव लयो नियमः सा समा । तत्रासां क्रमेण द्रुतविलम्बितमध्याः प्राधान्याशयेन विषय उच्यते । परमार्थतस्त्रिष्वपि तिस्र इति । एवं नियमविशिष्टो लयस्ताल इति तावत् । अत एव नियमांशस्यैव प्राधान्याल्लोके यतिरिति ताद्रूप्यव्यवहारः । एवं साक्षाद्यत्र साम्यं वक्ति फलं फलसाम्यद्वारेण दृष्टमपवर्गान्तमपि तस्य लौकिकस्यैव लक्षणं यद्यवच्छिन्नलयं तालमिति । यत्र तु साक्षाददृष्टमपि फलं तत्रान्यदपि रूपं वक्तव्यम् । तत्र चिरशीघ्रतादौ क्रिया यद्यपि या काचिदप्युपायस्तथा नियमादृष्ट(फल)सिद्धये विशिष्टहस्ताङ्गुलक्रियेवोपयोगिनी । सा च पाणिशब्देनोक्ता । तदाह दत्तिलः । तत्र तालं(च)पाणिं च प्राहुरेकमिति (दत्तिलम् १५३) । तद्गतया क्रियया क्रियान्तरमपि वीणापुष्करवादनानि(दि) स्वीक्रियते । तेन विशिष्टक्रियापरिच्छेद्यो यद्यवच्छिन्नो लयस्ताल इति गान्धर्वीयताललक्षणादेर्वीणावाद्यादेश्च क्रियायाः प्रदेशान्तरे लक्षितादिह न पाणेः सामान्यलक्षणं कृतं विशेषलक्षणं वा ॥३७२॥

समपाणिश्च विज्ञेयो ह्यवपाणिस्तथैव च ।
तथैवोपरिपाणिश्च गीतवाद्यसमाश्रय:(याः) ॥३७३॥

लयेन यत् समं वाद्यं समपाणिः प्रकीर्त्यते ।
ध्रुवाद् यदवकृष्टं स्यात् सोऽवपाणिः प्रकीर्तितः ॥३७४॥

लयस्योपरि यद्वाद्यं पाणिः स उप(सोपरि)इ(रि)च्यते[2] ।
ततः(त्र) स्थिति(त)लयो यो वै सन्निपातो विधीयते[3] ॥३७५॥

यस्त्वविशिष्टविशेषस्तमाह । सम(पाणि)श्चेति । ननु साम्यं पश्चाद्भाव्युपर्यु-परिभावित्वं च । एतदेवात्र विश्राम्यतीत्याशङ्क्याह । गीतवाद्यसमाश्रया इति ॥३७३॥

पृथग्विशेषलक्षणान्युच्यन्ते । लयेन यत्समं वाद्यमित्यादिना । काचिन्नियमा-दृष्टा रक्त्यतिशया वाऽन्या क्रियाऽवच्छेदिका तया गीतस्य समकालताऽऽगन्तुककालता वा । तत्रेह्वावापादिकाऽऽयात(काल)ता । तया सह यथायोगं समकालत पूर्वलकाताऽ-समकालत्वे मन्तव्ये । यथाह दत्तिलाचार्यः ।

समं वोपरि वा तस्य यद्वाद्यः संस्थितं भवेत् ।
वाद्यं पदाति(नि) पाणौ वा तदेवमभिधीयते ॥
(दत्तिलम् १५३-१५४)

इति । तत्र लय इति तात्पर्यत्वाद्गीतमुच्यते । तथा च त्रिशम्योपरि पाणौ (भ० ना० २९.८७) इत्याश्रावणकाले आदौ वीणादिवाद्यग्रह इति प्रदर्शितमभियुक्तैर्यथायोगं क्रियान्तरेण सह सामर्थ्यस्य चिन्तनात् । तेन गीतक्रियायां नाटचक्रियातुल्यकाला(लः)-समपाणिः । स चोद्वेजिन्यातममध्यमेव । यथा(दा) तु गीतक्रियाप्राधान्यात्...... तृक्रिया पश्चात् तथा(दा)(ऽव)पाणिः ॥३७४॥

द्रुतलयोचितो यस्यातिशीघ्रं गच्छति स प्रथममेव निर्याति स चापरमपि न प्रतीक्षते गीतक्रिया तु यदा न तावत् प्रवर्तते प्रथममेव वाद्यानि क्रियान्तरं तदोपरि-पाणिः । स चौचित्याविलम्बिते लये दीर्घसूत्रो हि सहचरेषु प्राङ्निर्गतेषु गतिमारभत इति । सोपरीति । सोऽचि लोपे चेत्पादपूरणमिति (अष्टाध्यायी ७.१.१३४) लोपः । एवं यतिपाणिभ्यामुपक्रियमाणो लय एव ताल इति तस्यैव प्राधान्यं दर्शयितुं पुनस्त-

---

१. NS. अर्धपाणिः
२. NS., KSS. उपकीर्त्यते ।
३. KSS. भवेदथ ।

[1]स तु मध्यलयं प्राप्य सन्निपातद्वयं भवेत् ।
[2]द्रुतं चापि लयं प्राप्य सन्निपातचतुष्टयम् ॥३७६॥

यावत् तत्रोन्त(त्त)रकृता (कला) द्रुतमध्य(एव) लयो हि सः ।
सोऽवपाणिस्तु विज्ञेयस्तज्ज्ञैर्द्रुतलयाश्रयाः(श्रितः) ।
अत ऊर्ध्वं प्रमाणं तु कलानां न विधीयते ॥३७७॥

द्विषयमेव वक्तव्यान्तरमाह । तत्र स्थितलयो यो वै इति । वैशब्दोऽतिशये । तदयमर्थः । इह द्रुतमध्यबिलम्बिताः क्रमेणाधिका इति तावदुक्तम् । तत्र यद्यतिशयो भवति द्वैगुण्यं न ततः परं वक्ष्यते । ऊर्ध्वं प्रमाणं तु कलानामिति (भ० ना० अ० ३१.३७८) । सन्निपात इति । हेयरूपकम् ॥३७५॥

तदेको यदा येन बिलम्बितेन लयेन गायतीति तदा तावतैव कालेन परो द्विर्गायति मध्यलयम् । तदाह । सन्निपातद्वयमिति । तृतीयस्तु चतुर्गायति स द्रुतलयः । तदाह । सन्निपातचतुष्टयमिति । ३७६॥

ननु तत्राऽपि किञ्चिदष्टकृत्वस्तदेव नि(यमरहिता)दित्यादिलयानवस्थेत्याशङ्क्याह ।

यावत्तत्रान्त(त्रोत्त)रकला द्रुत एव लयो हि सः ।

एवकारोऽभि(भिन्नक्रमः) । उत्तरैव या कला अहेत्या(आहत्य) स द्रुतलयाश्रयत्वाद् द्रुतो लयः । एतदुक्तं भवति । यत् कलावर्णाङ्गस्वरूपे सद्यतः परं न निर्वहति स एव द्रुतलय इति । तेन (न) काचिदनवस्था । अथात्र प्रसङ्गादवपाण्यौचित्यं दर्शयति ।

सोऽवपाणिस्तु विज्ञेयस्तज्ज्ञैर्द्रुतलयाश्रिताः(तः) ।

इति । लयादवकृष्टं स्यादिति यतो लक्षितः । एतच्च दिग्दर्शनं मन्तव्यम् । अन्ये त्ववपाणि बिलम्बिते (उ)परिपाणि द्रुते विनियुञ्जते । तत्तु वाद्ये प्रधाने गीते चानुयायीति मन्तव्यम् । तत्तु प्राधान्ये ।

अथ प्रकृतमेवाह । अत ऊर्ध्वमिति । द्वैगुण्यादूर्ध्वं बिलम्बितादिषु यत् प्रमाणं तत्र विधीयते विधिना शास्त्रेणोच्यते इत्यत्र वृष्टप्रधाने गान्धर्वे इति भागाधिकत्वादारभ्य द्वैगुण्यं द्रुतादीनामुत्तरोत्तरमित्युक्तं भवति । स्वच्छन्दप्रयोगो तु न नियमः कश्चिदिति यावत् । अतस्तत्र लययतिपाणिभेदानामन्योन्याश्रयानुगुणपौर्वापर्यस्य भावप्रसृतिर्लोष्टप्रस्तरेण भेदः । अत एव लयत्रयस्यैव परमार्थ(तः) प्लुतलघुगुरुलघुरूपताऽ-

---

१. इतः प्रभृत्याध्याय समाप्ति पर्यन्तस्य पाठः का० पुस्तके सर्वथा भिद्यते ।
२. NS. रुतं ।
३. NS. तत्रान्तरकृता ।
४. NS. अर्धपाणिस्तु ।

[इत्येष लक्षणविधिर्निर्दिष्टो गानयोक्तृभिः ।
अत ऊर्ध्वं प्रवक्ष्यामि ध्रुवाणामङ्गकल्पनम्]।।३७८।।

इति भारतीये नाट्यशास्त्रे तालाध्याय एकत्रिंशः ।

विलम्बितेऽपि त्रिभागाधिकत्वं प्लुते गुरौ च लघौ द्वैगुण्यमिति मूल एव सकलतालतान-प्रधानभूते भगवत्पार्वतीपतिवक्त्रचतुष्टयोद्गीते चच्चत्पुटे सुरचितमेव । तथा च गीत-कादावदृष्टफले तैरेव व्यवहारः साम्यमात्रोपयोगिता तालव्याप्ते तु लयवर्ध(ना)त्तेन तदर्थेन बिन्दुना सार्धेन वा द्रुतेन विरामवता सबिन्दुकेन वा सद्रुतेन वा गुरुप्लुताभ्या-मेवंभूताभ्यां वा भवन्ति विचित्रास्तालगतयः । तत एवापरिसंख्येयत्वान् मुनिना दर्शिताः । लक्षणकारेण प्रतिपदं लक्ष्यं कथं दर्शनीयम् । लक्षणेन [च ते गता(त्य)-ध्याये (भ० ना० १२) चतुरर्धेकक(धंक)लं (वा)स्यात्तथा(द)र्धकलं वा(लमेव च) (भ० ना० १२-३१) (इ)ति । अपराधानुसरण...धृतो तथा एतेष्वधगतिप्रज्ञविलक्षी-त्यादिना ।

[अपराद्धानुसरणे श्वापदानुगतौ तथा ।
एतेष्वेवं गतिं प्राज्ञो विकलां सम्प्रयोजयेत् ।।]

(भ० ना० १२.३९)

इत्यादिना] च संगृहीताः (पुष्करा)ध्याये (भ० ना० अ० ३४) च संग्रहीष्यन्त इत्या-स्तां तावत् ।।३७७।।

वृत्तमध्यायमुपसंहरन् भाविनमासूत्रयन् सङ्गतिं करोति । इत्येष लक्षणविधि-रिति । लक्ष्यतेऽनेनेति लक्षणं तालः । तत्र विधि(धिः)दृष्टोपयोगी सास्ति(म्य)त्वक्रम-मानता(स्ता)लः । अत ऊर्ध्वमिति । एतदध्यायोक्तवस्तुताया(ला)दे[व ध्रु]वा इति प्राप्तावसरत्वात्ताल(ला) इदानीं लक्षणीयाः । इति शिवम् ।

पोप्लूयन्ते यदुपरि[परे] पारलाभानवाप्ते
य(यं)त्प्रोक्तानां विमलमपि सन्देहमेवावहेत ।
मायोपाधिप्रकटगहनात्तालतत्त्वादमुष्मात्
प्रोत्तीर्णाः[स्मः]स्मरदमनममी संस्मरामो ध्रुवार्थम् ।।
।।३७८।।

इति महामाहेश्वराचार्याभिनवगुप्तविरचितायां नाट्यवेदवृत्तावभिनवभारत्यां तालाध्याय एकत्रिंशः समाप्तः ।।

अथ द्वात्रिंशोऽध्यायः ।

[1]ध्रुवासंज्ञानि यानि स्युर्नारदप्रमुखैर्द्विजैः ।
[2]गीताङ्गानि तु(नीह) सर्वाणि विनियुक्तान्यनेकशः ॥१॥

या ऋचः पाणिका गाथाः सप्तरूपाङ्ग एव च ।
सप्तरूपप्रमाणं हि तद् ध्रुवेत्यभिसंज्ञिमम्[3] ॥२॥

द्वात्रिंशोऽध्यायः

प्रावेशिक्यपवर्गन्तिमहाभागेषु या क्षेपिका
चित्रात् संसृतिरङ्गमण्डलतलादस्माच्च नैष्कामिकी ।
सम्भोगान्तरसंप्रसादसुभगश्रीशुद्धविद्यात्मिका
च्छन्दःसारमयी ध्रुवा विजयतां स्पर्धात्मिका सा तनुः ॥

उक्तं तावदनन्तराध्याये (भ० ना० अ० ३१) ध्रुवाणां लक्षणं वक्ष्यामीति । तत्र ध्रुवाशब्दार्थं व्याचिकीर्षुर्युगलकमाह । ध्रुवासंज्ञानि यानि स्युरिति । पूर्वं नारदाद्याश्च गन्धर्वा गानयोग इति (भ० ना० १.५१) । तदयं सम्बन्धः । नारदाद्यैर्यानि गीताङ्गानि वर्णाङ्गानि सप्तरूपाङ्गमात्रा मुखप्रतिमुखानि सप्तरूपप्रमाणं त्र्यश्रचतुरश्रादि याश्चर्चं ऋग्गाथाः(:) पाणिका इह नियुक्तानि तदेवं ध्रुवेति संज्ञितम् । नान्यत् किञ्चिदिति नपुंसकेन गीताङ्गसप्तरूपप्रमाणानां सम्बन्धः । या इत्य(ने)न ऋग्गाथापाणिकानाम् । इहेति नाट्ये । अनेकश इति व्यस्तसमस्तादिप्रकारवैचित्र्येण विशेषोपरञ्जनाय नियुक्तानि । तद् ध्रुवेति संज्ञितम् । कथं सर्वाणि सन्ति । सर्वशब्दः प्रकृतः कार्त्स्न्येन यावन्ति यथ रञ्जनातिशयान्नियुक्तानि तावन्ति तत्र समुदितान्येका ध्रुवा ।

ननु कस्मादेतत्समुदायो ध्रुवा । आह ध्रुवासंज्ञानीति । स्त्री(न)पुंसकैकशेषः । तदयमर्थः । गीताङ्गसप्तरूपाङ्गसप्तरूपप्रमाणस्य ध्रुवेति संज्ञा । ऋग्गाथापाणिकानां च ध्रुवा हि मूलप्रकृतिरुच्यते । एतावच्च गीतानुपदे सौष्ठवादौ जगद्वर्तिनि गेयमार्गे

---

१. KSS. ध्रुवेति संज्ञितानि स्युः । NS. ध्रुवासंज्ञानि तानि ।
२. KSS. यान्यङ्गानीह वृत्तेषु तानि मे सन्निबोधत ।
३. KSS. सा ध्रुवेत्यभिसंज्ञिता ।

एभ्यस्त्वङ्गान्यथोद्धृत्य[1] नानाच्छन्दःकृतानि तु ।
[2]ध्रुवात्वं यानि गच्छन्ति तानि वक्ष्याम्यहं पुनः[3] ॥३॥

मूलप्रकृतिः । तेन कारणेन गतेन ध्रुवेति व्यपदेशेन कार्यरूपं समुदायेऽपि भवितव्यम् । या ऋग्गाथा यानि गीताङ्गानीति । (ए)वेति भेदोपक्रम उपजीव्यांशस्य विनियोगभेदं ज्ञापयति । तं च यथावसरं दर्शयिष्यामः । अन्ये तु गीताङ्गानि यानि ध्रुवासंज्ञानि नियुक्तानि च तानि ध्रुवासंज्ञानीति तच्छब्दाध्याहारेण श्लोकं प्रथमं योजयित्वा या ऋच इति द्वितीयं पृथगेव योजयन्ति ।

ननु कारणे मूलप्रकृतित्वादुन्मीलिताद्यष्टके तावदस्ति ध्रुवाव्यपदेशम्(शः) । यथोक्तम् ।

उन्मीलिता मा(मृ)ता चैव विश(शा)लाविरले तथा ।
उत्सृष्टा विश्रुता चापि विप्रकीर्णा तथोद्गता ॥
एता ह्यष्टौ ध्रुवास्तत्र वर्णतालेन चित्रवत् ।
अक्षराणि यथाकुड्यं तद्विद्याद्गुरुलाघवम् ॥
... ... ।
... ... ।
... ... ।
... ... ।
शशिचूडामणिं विरचितशोभं वरदम् ।
शरणं गतोऽस्मि भगवन्तमीश्वरम् ।
पितृवनरङ्गमहानर(ट)मजितं शम्भुं नमामि सर्वोत्कृष्टम् ॥
शम्भुं नमाम्यखिललोकपतिम् ।
नमत महेश्वरपदयुगलम् ।
प्रणमाम्यहं शिवं वरदम् ॥

एता(इत्या)दयः ॥१-२॥

मलिप्रकृतौ ध्रुवाव्यपदेश(शो) दृष्टे कार्येऽपि भवतु नाम । कार्यस्य तु स्वरूपं वक्तव्यमित्याह । एभ्यस्त्वङ्गानीति । एभ्य इति सम्परामृश्यते । गीताङ्गेभ्योऽपि प्रथमस्य कस्यचिदंशोद्धारः । स एवेहाङ्गमित्युक्तम् । एतानि गीताङ्गादीनि समुदाय-

---

१. KSS. भङ्गेभ्य उद्धृत्य ।
२. NS. काव्यत्वं ।
३. KSS., NS. अहं द्विजाः ।

मुखं प्रतिमुखं चैव वैहायस(सि)कमेव तु ।
स्थितप्रवृत्ते 'वज्रं' च सन्धिः संहरणं तथा ॥४॥

प्रस्ता(स्वा)रो माषघातः स्यादुपर्वतनमेव च ।
उपघा(पा)तः प्रवेणी च चतुरथं सुशीर्षकम् ॥[२]॥५॥

रूपाणि या आलम्ब्य यत्क्रियन्ते उत्कभाजो भवन्ति । तथा ध्रुवामवं नानाप्रकारं रसभावप्रकृत्याद्यौचित्यात् प्रवृत्तं मात्रावृत्तविशेषमाधारमाश्रित्यार्थैव सङ्घातरूपता भजन्ते । यानि कार्यरूपाणि ध्रुवात्वं तद्व्यपदेशं गच्छन्ति अथ तानि वक्ष्यामीति वाक्यभेदेन सम्बन्धः । अथेति वाक्यभेदेन सूचकः । उद्धृत्येति । क्रियारूपमिति भिन्नकर्तृताभावः ।

एतदुक्तं भवति । यथाऽम्यूहात्मनि सङ्घातेन रसनायमङ्गानि पुरुषभद्य(ट)-गजादीनि केनचिदुत्कर्षेण स्थितानीति कृत्वा सङ्घातान्तरेण सम्पाद्यमानापूर्वदशा-वैचित्र्येण कारणकार्यात्मभावोऽभिव्यनक्ति तथा गीताङ्गादीन्यदृष्टप्रधाने गीतकादि-रूपसंघातोत्थितानि कुतश्चिद्रसभावकृतान्यौचित्यसमर्पणशात्मकरञ्जनायोग्यलक्षणा-दुत्कर्षादुचितगीयमाप्रवृत्तविशेषाश्रयेण संघात्मकरूपं प्रतिपन्नकारणत्वं प्रग्द(प्राग् द)-शाया अननुभूय कार्यमौत्तरकालिकं भजन्ते करणशब्दव्यपदेश्यानि च भवन्तीति ॥३॥

तानि यद्यपि तालाध्याये (भ० ना० अ० ३१)दर्शितानि तथा(ऽपि) विस्मरणशीलायोपलक्षणार्थं पठति । मुखं प्रतिमुखं चैवेत्यादिना । षट्कलाप्रमाणं पूर्वोक्तमिति (न)लिख्यते । न चात्रैतदीयमुपकरोति(तीति) लक्ष्यते । तथाऽष्टकलमानं सङ्गृहीतमिति किं प्रतिमुखादिना । एवं सन्धिप्रस्वारवज्रादौ पौनरुक्त्यं स्यात् । क(स्मिं)-श्चिदेवाङ्ग उपजीव्यत्वं वक्ष्यामः । संहरणमन्तम् । चकाराः परिगणनाशङ्कां व्युदस्यमाना गीताङ्गानि वर्णाङ्गादीन्यपि स्वीकुर्वन्ति ।

तदयमर्थः । गीतकानामृग्गाथापाणिकानामङ्गतो यत् किञ्चिदुत्कृष्टमङ्गरूपं लक्ष्यते तत् सामान्यानुगुणैः प्रावेशिक्यादिभिः पञ्चभिः सङ्घातैः स्थापयितव्यम् । स नास्ति सङ्घातो यत्र सप्रा(र्वा)णि तानि न व्याप्रियन्ते । रूपरसगन्धस्पर्शा इव...... भावेषु बाहुल्यादल्पवैचित्र्यकृतस्तु विशेषः । तथाहि । प्रधानार्थसूचना मुखात् । तदनु वस्तुसूचनं प्रतिमुखात् । पशुन्या(वस्तुन्य)लङ्कारयोजनं वैहायसात् । यथास्थितप्रस्थि-

---

१. KSS. वज्रश्च ।
२. KSS., NS. सुशीर्षकम् ।

[1]सम्पिष्टमन्ताहरणं माहाजनिकमेव च ।
ध्रुवाणामङ्गसंज्ञानि पञ्चानामपि नित्यशः ।।६।।

तानुबन्ध(:)स्थितानां(त्) । निवृत्तानां सन्धानं प्रवृत्तात् । अर्थापादनं वज्रात्मना(नो) ह्यनुसन्धानं सन्धेः । वाक्यार्थसमाप्तिः संहरणात् । वर्णानुत्कर्षः प्रस्वारात् । सम्पिण्डिततात्पर्ययोगो माषघातात् । पुनरावृत्या गीतमुपवर्तनात् । पूर्वार्थनिगमनमुपपातात् । एकस्यैवार्थस्य वैचित्र्ययोगो वेणीप्रवेणीभ्याम् । द्वैधीकरणं चतुरश्रकात् । प्रधानार्थविश्रान्तिः शीर्षकात् । छन्दःक्रमायातगुरुलघ्वादिसंपूर्णत्वेन गतिवैचित्र्यं सम्पिष्टकात् । भाव्यर्थान्तरसमाक्षेपोऽन्ताहरणात् ।..... मिति पूर्वोक्तं म(मा)हाजनिकात् । एवमन्येभ्यो वाङ्गेभ्यस्तद्रूपमनुसर्तव्यम् । तद्यथा । अङ्गिनोऽङ्गेभ्यो गीयमानमृग्भ्यः पदविच्छेदस्य गीतमध्यविघट्टनम् । तथा चोक्तम् । सामिग्रथितावस्थानेऽवग्रहो भवेत् इति । गाथाभ्यो हृदयाल्हादकवृत्तोपयोगः । यथोक्तम् । नानाच्छन्दःसंस्तुतानि । ह्लावनार्थस्य चछन्दे च्छ(छदेश्छ)न्द इति स्मरतः सौकुमार्यादिगुणगणयोगः । पाणिकायास्तालविभागः शम्यादिकमपि हीनसप्तरूपप्रमाणम् । तत्र हि तालोऽन्योन्यैः शम्यादिभिरुपनीयमानसंसर्गो दृष्ट इति प्रमाणमा(म)त्र एव ध्रुवासु निवेशयति । तदेवं प्रतिध्रुवं गीताङ्गादिभ्य एतदुपजीवितम् । गान्धर्वसंस्कृता नारदाद्या-(नारदीयशिक्षा १-२)गानयोगं(ग)चिकीर्षवस्तस्य गान्धर्वप्रकृतित्वेन व्यवस्थापयन्तो भोगोपयोगिनमुक्तपूर्वसंघातं नायमस्माभिः स्वमनीषिकाकृतः किन्तु प्रकृतावपि न दृष्ट इत्यागमप्रामाण्येनोपोद्बलयन्ना(न्त आ)गमानुरसा(नुसारि) हि दृष्टफलमपि भोजनादि प्राणा:(णायाम)सन्ध्याद्या इत्यागमानुसन्धानेनोपबृहयन्ति । नैतन्न वाच्यम् । किमिति एते साक्षाद्धर्मार्प(र्थ)साधनोपात्ताः । किमनया......कल्पनयेति । ये त्वेतद्गतं गत्याद्युपजीव्यमित्याहुस्ते किमत्र फलमिति प्रष्टव्याः । भोजनप्राङ्मुखतादिवद् दृष्टफलतायामप्यदृष्टमिति चेत् तत्समस्तानां युगपद्वा विकल्पनेन वेति सर्वसमञ्जसप्रयासम् । तस्मादुक्तधर्मोपजीवनमेव परमगुरुनिरूपितं युक्तम् । यथोक्तं श्रीमदुप्तलदेवपादैः ।

स्थितात् स्थायित्वसम्पन्नात् प्रस्तुतस्थेमयोजनम् ।
ध्रुवासु यद्यदन्येभ्यस्तद्वत् प्रज्ञोप(ज्ञः प्र)कल्पयेत् ।।

इति । भट्टमतेनापि ।

गाथानां पाणिकानां च गानमा(नं म)सृणसम्पदा ।।

इत्यादि ध्रुवकार्ये कारणवद् धर्मानुगमात् ।।४-६।।

1. NS. सम्पिष्टकान्ताहरणे महाजनिकमुच्यते । KSS. संविष्टकान्ताहरणे...

[1][एकवस्तु ध्रुवा ज्ञेया द्विवस्तु परिगीतिका ।
त्रिवस्तु मद्रकं ज्ञेयं चतुर्वस्तु चतुष्पदा] ॥७॥

[2]ध्रुवा वर्णास्त्व(ह्य)लङ्कारा यतयः पाणयो लयाः ।[3]
ध्रुवमन्योन्यसम्बद्धा(न्धा) यस्माद् तस्मात् ध्रुवा(:) स्मृता(ः) ॥८॥

ध्रुवेति सामान्यव्यपदेशे स्थितेऽपि तालप्रमाणगानगताद् विशेषव्यपदेशेनाह । एकवस्त्विति । यत्रैकेनैव तालेन वर्णाङ्गेन च निर्वहणं तत्र ध्रुवेत्येव संज्ञा । यत्र त्व-समवृत्तपादो (युग्मौज इति नि) यमे द्वाभ्यां तेन परिच्छिन्ना गीतिरत्रेति कृत्वा परिगीतिकेत्यपि संज्ञा । यत्र तु त्रिभिरपूर्वैर्वर्णाङ्गैः स्तुत्याङ्गानां निर्वाहे कृते तुर्यस्व भावस्य तन्मध्यादेव केनचिन्निर्वहणं त्र्यश्ररङ्गोचितपरिक्रमण इव वादिखण्डत्वमेव खण्डनेति ध्रुवासु नियमाभावात् तन्मन्द्रकगीतकवत् त्र्यङ्गत्वान् मन्द्र(द्र)कम् । विषम-वृत्तवत् तुर्येऽपि तालेऽन्यतालवर्णाङ्गयोगे चतुष्पा(प)देत्यपि संज्ञा ॥७॥

अन्ये त्वेकद्विचित्रिचतुःखण्डकृता एताः संज्ञा इत्याहुः । गीततालपदान्यत्र । एवं कारणानुगमाद् ध्रुवेति यो व्यपदेशस्तमन्यथाऽपि समर्थयतो ।

ध्रुवा वर्णा ह्यलङ्कारा यतयः पाणयो लयाः ।
ध्रुवमन्योन्यसम्बन्धा यस्मात् तस्माद् ध्रुवाः स्मृताः ॥

इति गीतकादौ......पातानां स्थाय्यादीनां (द्रुतादीनां) च ब्राह्मणाद्या(दिव)-न्योन्यमनुवर्ण्यानुवर्णकभावः कश्चिद् विनियोगमुखेन प्रकृत्या सर्वेषां तत्र भावात् । ध्रुवासु तु रसाद्यनुगुणो यो गीयमानस्य वृत्तस्यार्थस्तत्रानुगुणो यः प्राधान्यात् पाता-दीनामन्यतमः । तदौचित्येनान्येऽपि प्रवर्तन्ते । यथा रथगत्यौचित्याद् द्रुतरूपे पाते तदनुसारिणो वर्णवर्णाङ्गादयः । करुणरसोचिते वर्णाङ्गे तदनुगुणा गुरुप्लुतादिरूपेण पातादयः । एवं प्रत्येकं वाच्यम् । तत्र ध्रुवा इति पाताद्याः । एतेषां ध्रुवादीनामन्यो-न्यसम्बन्धेऽव्यभिचारितया ध्रुवरूपे निमित्तं पदम् । आधारत्वाद्यौ(दौ)चित्ययोज-नाच्च । न हि निराधारा वर्णादयो(य इति) । दर्शितं चैतत् ।

अन्येऽपि कुड्यचित्त(त्र)दृष्टान्तेन तेन ध्रुवाणामाधारः पदमिति पर्यायात् तद्विद्यते यस्यां वृत्तजातौ सा ध्रुवेति । अत एव लक्ष्ये गीयमानं रूपकमेव ध्रुवेत्याहुः । अक्षरयोजना(च्च)ध्रुवा द्रुताद्या लयाः । तस्या (वर्णा)द्यपेक्षामाश्रित्यान्योन्यसम्बन्धा भवन्ति(न्ति) । ध्रुवं पदं तस्माद्धेतोः प्रावेशिक्यादयो ध्रुवा इति ॥८॥

---

१. KSS does not read.
२. NS. वाक्यवर्णाः ।
३. KSS. लया यस्योपपाणयः ।

ध्रुवास्तुपञ्च विज्ञेया नानासंस्थानसंश्रयाः[१] ।
[२]एतासां सम्प्रवक्ष्यामि सप्तरूपाङ्गकारणम् ॥९॥
[३]उपवृत्तं प्रवृत्तं च प्रावेशिक्यां प्रकीर्त्यते ।
वज्रं च शीर्षकं चैव शीर्षिकायां विनिर्दिशेत्[४] ॥१०॥

तासां विभागा रसाध्याये (भ० ना० अ० ६) यद्यपि दर्शितास्तथापि तदवान्तरभेदसम्भवाभिधित्सया तदनुवदति । ध्रुवास्तु पञ्चेति । पञ्चैव प्रावेशिक्यादयस्ता एव...नाना...। अत्र विशेषणद्वारेण हेतुः संस्थाने तु गुरुलघुसन्निवेशोऽक्षरमात्रे यत्ता रसभावप्रकृतिभेदश्च तदाश्रयेण प्रकारनानात्वम् । तथाहि । प्रावेशिक्या एव रसादिवशात् स्थिताकारादिभेदान्तरात्......च्छन्दोवृत्तभेदाच्चासंख्यभेदाः । तासां त्वप्रत्येकं यद्यपि समस्तो रूपादियोगो दर्शितास्तथापि किञ्चिदङ्गं प्राधान्येन निवेशयितव्यमित्येतत् सूत्रयति ॥९॥

उपवृत्तमिति । उपवर्तनप्रवृत्ते प्रावेशिक्याम् । तथाहि ।

प्रविशति दयिताविरहजमतिमोहास्थानजगुरुकोपम् ।
जलद्र(द)तटि(डि)त्कृतलक्षणं कुञ्जरनाथो वनम् ॥

इत्यादिकं प्रवेशध्रुवया निमितानुसन्धिः क्रियते । प्रवेशके ह्युन्मत्तो भविष्यतीति तादृशश्चिरं भवति । ततः प्रविशतीति हि दूरस्थो सामाजिक(का)गोचरः प्रयोगामङ्गत्वात् तदीयं सर्वैव प्रावेशिकी निवृत्तानुसन्धानं प्रवृत्तावुपजीवति तदवकाशदर्शकस्तु ग्रन्थः ।......द्धि समस्तवस्तुगर्भाविनस्थानीया । (त)च्च वस्तुमात्राख्यशीघ्रता नावश्यमेव युक्तम् । अतिमग्नचित्तवृत्तेरपि सागरिकाया मनोरथकल्पितप्रियतमसमागमालापादेवौत्सुक्यप्रवृत्तस्वराविषयोऽस्त्येव (रत्नावली) । तथा चित्तद्रुतलयात्(त् तु) प्रायस्त्व्यंशकं प्रयुञ्जते । चलं हि गुणवृत्तमिति (ब्रह्मसूत्रशाङ्करभाष्यम् २.२.९ योगभाष्यम् २.१५) नीप्या चित्तव्यभिचारिभावानुसन्धिः स्थायिभावानामित्युक्तमसकृत् । (इ)ति तथाविधचित्रतासूचकः समस्तलय इत्यादिसिद्धये भाव्यं गानेन । तदुपवर्तनानीतमस्थि(स्वस्ति)पूर्वकैव सर्वा चेति । का गतिरिति दीप्ते बिलम्बितादिरेवोचितः प्रयोग इति सर्वा तावत् प्रावेशकी प्रवृत्तोपवर्तनाभ्याम् । अन्ये तु सुखावबोधाय तु विदारिकत्वं वृत्तावित्याहुः । तत्र

शीर्षका चोद्धता चैव अनुबन्धा विलम्बिता ।
अड्डिता चापकृष्टा च षट्प्रकारा ध्रुवा स्मृता ॥
(भ० ना० ३२.३२८)

---

१. KSS. नानावस्थासमाश्रयाः ।
२. KSS. एतासां चैव वक्ष्यामि सप्तरूपाङ्गकल्पनम् ।
३. KSS. उपपातः प्रवृत्तश्च प्रावेशिक्यां प्रकीर्त्यंते । NS. प्रावेशिक्यां स्मृतं तत्र प्रवृत्तमुपवर्तनम् ।
४. ध्रुवायां शीर्षकस्मृते । NS. शीर्षकार्धं विनिर्दिशेत् ।

प्रस्वारो भाषघातश्च माहाजनिकमेव च ।
प्रवेणी ह्युपपातश्च अड्डितायामथापि च[1] ॥११॥

[2][मुखप्रतिमुखोपेता ह्यव(प)कृष्टा विधीयते ।
वैहायसान्ताहरणे स्थितायां सम्प्रकीर्त्यते ॥१२॥

इदि प्रतिध्रुवं षड् भेदा विशेषरूपा रसभावप्रकृतिकथादिभिदा वक्ष्यन्ते । तेन प्रावेशिक्यपि षट्प्रकारा । तस्यां सर्वत्र तावत् प्रवृत्तोपवर्ण(र्ण)ने उक्ते । अधुना तस्या एव च शीर्षकभेदेऽधिकं कर्तव्यमाह । वज्रं च शीर्षकं चेति । चकारेण प्राक्तनोपजीवनं पृथक्कारेण प्रावेशिक्यामेव शीर्षकभेद इत्याह । तत्र यथाप्रथममन्यत्र पात्रमुपक्रान्तम् । यथा सूत्रधारस्य प्रवेशेच्छादेर्वा प्रवेशने शीर्षकं शिरःस्थानमेव । द्वितीयं तत्र वित(त)तया विभावादिव्याकीर्णनेन सोऽर्थो वर्ण्यमानो दृढीकर्तव्यः सामाजिकानां धियि तदेतदवज्ञाप्रधाने विश्रान्ति[मन्ति]मशीर्षकात् ।

अन्ये तु प्रावेशिकीभेद एव शीर्षकं ध्रुवायामेतदपि तु पञ्चानामपि शीर्षकभेदे विनियोगोऽयमित्याहुरुत्तरत्रापि च ॥१०॥

अथाड्डिताख्ये ध्रुवाणां भेदे विनियोगमङ्गानामाह । प्रस्वार इत्यादि । शृङ्गारप्रधानाड्डिता । तत्र वर्णानुत्कर्षाद्विभावादिसम्पिण्डीकरणमन्यार्थसमर्पणमर्थस्व वैचित्र्योत्प्रेक्षणपूर्वका (कं) चेत्यवश्यकर्तव्या । यद्वक्ष्यति ।

अड्डिता तूत्कटगुणा शृङ्गाररससम्भवा ।
यस्मात् स्थानप्रसन्ना च तस्मादेता(षा)ऽड्डिता स्मृता ॥
(भ० ना० अ० ३२.३३४)

इति । तदेतत् प्रस्वारादेरुपद्या(पा)तान्तात् ॥११॥

अथापकृष्टाख्ये भेदमाह । मुखप्रतिमुखोपेतेति । अपकृष्टमाकृष्टं वर्णं(न)म् । मिताक्षराण्येतस्यां प्रधानम् । तदनुगामि सूचनीयम् ।

अथ विलम्बिताभेदमाह । वैहायसान्ताहरण इति । वैहायसान्ताहरणे स्थितायां द्रुतविलम्बितायां शून्यालङ्कारयोगात् विलम्बितत्वादेव सवैहायसकात् । मध्यमानां च सा वक्ष्यते ।

मध्यमानां प्रवेशे तु ज्ञेया द्रुतविलम्बिता ।
(भ० ना० अ० ३२.३३९)

---

१. KSS. अड्डितायाः प्रकीर्तिताः ।
२. KSS. omits these.

संहारश्चतुरश्रश्च नकुटे खञ्जके(नकुटे) तथा ।
सन्धिः प्रस्वारसंयुक्ता अ(क्तस्त्व)न्तरायां स्मृता(तस्)तथा]॥१३॥

यान्यङ्गानि कलाश्चैव गीतकान्तर्गतानि तु ।
तानि छन्दोगतैर्वृत्तैर्विभाव्यन्ते[1] ध्रुवास्वथ ॥१४॥

इति । एषां च प्राधान्यात् प्रधानानुयायित्वमिति भाविक(त)प्रधानार्थस्याक्षेपः । अन्ताहरणात् सैव च द्रुतविलम्बिता । प्रासादिक्या भेदत्वमस्ति तस्याम् ॥१२॥

अङ्गविनियोगमाह ।

संहारश्चतुरश्रश्च खञ्जम नकुटे तथा ।

इति । हास्यप्रधानत्वात् तस्य च मितशरीरत्वाद्वाक्यार्थसमाप्तिः । शृङ्गारानुगमयोगाच्चार्थस्य द्वैधीकरणं ललितभावत्वाद्धास्यशृङ्गारयोग्य इति हि वक्ष्यते (भ० ना० अ० ३२.३४०) । तदेतत् संहाराच्च(रश्च)तुरश्राच्च(श्रश्च) । तथेति यथासंख्य उ(मु)पासनाय । उद्धतानुबन्धयोस्तु सामान्यविनियोग एव पूर्वोक्तः । एवं प्रावेशिक्या अतिसामान्यतो विशेषं चेति विनियोग उक्तः । आक्षेपिकाप्रासादिक्याऽन्तरानैष्क्रमिकीनां चातिसामान्यतो विशेषतश्चेति द्विधा । अन्तरध्रुवायास्तु तृतीयमपि सामान्यविनियोगमाह । सन्धिः प्रस्वारसंयुक्तस्त्वन्तरायामिति । भाविनोऽनुसन्धिर्वर्णानुत्कर्षश्चान्तरध्रुवाभेदेषु सर्वेषु प्राधान्येन योज्यः । यत्र पठिताङ्गविशिष्टतानुविशेषयोजनं रसभावप्रकृतिपरमार्थोद्दीपनमिति टीकाकारैरुक्तं तद्युक्तिमार्गगमातिपातं लक्ष्यते । विरुद्धं च तदुपेक्ष्यमेव ॥१३॥

ननु ध्रुवायास्तु(वास्तु)पञ्च विज्ञेया नाना संस्थानसंश्रयाः । भ० ना० ३२.६) इत्यत्र छन्दोवृत्तरूपं संस्थानं यत्सूचितं तत् कुत्रांश उपयुज्यत इत्याशङ्क्याह ।

यान्यङ्गानि कलाश्चैव गीतकान्तर्गतानि तु ।
तानि छन्दोगतैं(वृत्तै)र्विभाव्यन्ते ध्रुवास्वथ ॥

इति । अङ्गानि विवधादीनि कला गुरुलघुप्लुतद्रुताद्या नी(ना)तिवैचित्र्यात् कृतानीत्यनुसारेण वर्धमानादिगीतकान्तर्गतानि मुखं च (खं)प्रतिमुखं चेति (भ० ना० ३२.४) चकाराल्लययत्याद्यः । एवकारो भिन्नक्रमः । तुर्विशेषद्योतकः । तेन कलादयो यावच्छन्दोगीतैरेव वृत्तैर्विरच्यन्ते । निराधाराणां पदेन विना केषाञ्चिद्द दर्शयितुमशक्यत्वात् । तद्यथा । मुखप्रतिमुखाद्युपजीवितस्यार्थस्य केचित्तु शक्या अतिरसभावप्रकृत्यादिनिरूपकयोग्या न भवन्ति यथा विवधादयः ।

---

1. KSS. विभाव्यन्ते ।

त्र्यश्रश्च चतुरश्रश्च तालः कार्यो ध्रुवात्मकः[1] ।
षट्कलोऽष्टकलश्चैव यस्तु पूर्वं प्रकीर्तितः[2] ॥१५॥

[3]पूर्वेषामेव गीतानां यान्यङ्गानि स्मृतान्यथ ।
[4]तेषां वृत्तविधौ कार्यमेककं(को) विवधोऽथवा ॥१६॥

नन्वेवं पदमात्रमस्तु किं वृत्तेनेति तु शब्दवृत्तमपि स्फुटमेव रसभावादिव्यञ्जकमित्युक्तं पूर्वं वाचिकाभिनये (भ० ना० अ० १४.२)। वृत्तग्रहणं च्छन्दसो दण्डकादिगतगुरुलघुनिवेशात्मकवृत्तापाकरणार्थम्। लघुकन्याक्षरसंख्यामात्रस्या...गायत्र्यादिशब्दस्य व्याकरणार्थम्। मात्रावृत्तेष्वपि च्छन्दस्तदेव मात्रासंख्या। तथाहि। गायत्र्यादित एवोद्धृत्य च्छन्दोऽप्यभिप्रेत्य भेदसंकरेण मात्रावृत्तानि दर्शितानि। ध्रुवादिगणावि(ध्रुवास्वि)ति। षण्मात्रा यावत् षड्विंशतिमणीनामादौ कलहलितं चतुर्थाङ्गम्। अन्तरायास्तु हंसस्यादयो दण्डककल्पमात्रावृत्तभेदाः ॥१४॥

नन्वङ्गानि तु विविधानीति संज्ञातपूर्वकाणि। कलाः पुनरित्यभिप्रेत्य शम्याद्याशङ्कां परिहर्तुमाह। त्र्यश्रश्चेति। त्र्यश्रचतुरश्रौ यौ ध्रुवात्मकौ च मूलप्रकृतिभूतौ ये(यौ)च पूर्वं तद्विकलभेदौ षट्कलाष्टकलौ कार्यौ तालरूपौ। चकारात् मिश्रभेदौ। चतुष्कलमिति चैतन्यप्रदमिति दर्शितम्। अतिविततचतुष्कलप्रकारोऽपि चकारेण द्वितीयेन सङ्गृहीतः ॥१५॥

एवं कलास्वरूपमभिधाय गीताङ्गेषु वक्तव्यमाह। पूर्वेषामेव गीतानामिति। पूर्वेषां सामवेदतुल्यानां मद्रकानां यान्यङ्गानि तेषां मध्यादेकको विवधो वा। अथ शब्दाद् वृत्तं कार्यम्। एकमेव वर्णाङ्गं ध्रुवासु निवेश्यम्। न तु काव्येष्विव। आवृत्त्या विंशत्यङ्गपरत्वादिति तावदेको विशेषः। विशेषान्तरमप्याह। वृत्तविधाविति। गीतकेषु तालोचितवर्णाङ्गानुसारेण मात्रानियमात्मकं वृत्तम्। यथोक्तम्।

अक्षरैर्या चतुर्मात्रा द्विमात्रा वर्णतस्तु सा।

(भ० ना० अ० ३१.११८)

इति। चत्वारस्तु गुणा (भ० ना० अ० ३१.१०६) इत्यादि च। इह तु विपर्ययः। रसभावोचितं वृत्तमेव प्रधानम्। तथा तु गुणेन शय्या बन्धः स्थितो वर्णाङ्गतास्तो नियो(ज्य) इति। केचिद् वृत्तिविधौ कार्यमिति पठन्तो वृत्तौ वृत्तं वर्णाङ्गशब्दतालिकादिकमाहुः ॥१६॥

---

१. KSS. ध्रुवास्वथ।
२. NS. यः पूर्वं परिकीर्तितः।
३. KSS. सर्वेषां।
४. KSS. तेषां सविविधं एकैकं च भविष्यति। NS. तेषां मध्यात्तासु कार्यो मक्षकं विवधोऽथवा।

[एककं तु विदार्येका ते चोभे विवधः स्मृतः ।
षट्परं त्र्यवरं वाऽपि विदार्या वृत्तमिष्यते ।]
पदवर्णसमाप्तिस्तु विदारीत्यभिसंज्ञिता ॥१७॥

एतेषां [1]चापि वक्ष्यामि विधिं प्रकृतिसम्भवम् ।
ज्येष्ठानां वृत्तसंयुक्तं कुर्यादादौ तथैव च ।
विवधं चैव मध्यानां नीचानामेककं तथा ॥१८॥

विदा(री)तियोग:(:)कृत एककादिभिरिति सा वक्तव्या। नन्वतिक्रान्तेऽध्याये (भ० ना० अ० ३१)ऽङ्गलक्षण एवा(णा)वसर एव विदारीलक्षणं कस्मान् नोक्तम् । उच्यते । वेदे विच्छेदसम्भवात् । विदारी निवेश्यमाना शोभातिशयं पुष्णातीत्याशयेन ध्रुवाध्यायेन (भ० ना० अ० ३२) तल्लक्षणमाह । पदवर्णसमाप्तिस्तु विदारीति । अवान्तरवाक्यस्य समाप्तौ स्थाय्यादिवर्णस्याप्यपन्यासेन न्यासेन वा समाप्तिर्विदारी । विदारणं विदारी । विभाषाख्येन बहुना वृत्या इति कृदिकारान्तान् ङीषि (अष्टाध्यायी ४.१.४५) च रूपम् । तदाह । अभिसंज्ञिता अन्वर्थेति । तद्योगाच्च गीतखण्डो विदारी ॥१७॥

एवं प्रसङ्गाद्विदारीं लक्षयित्वाऽङ्गानां प्रवृत्तिभागेन विनियोगमाह । एतेषामिति । विधिर्विभाग: प्रकृतिषु सम्भवोऽस्येति । तत्र वृत्तं बहुवैदारिकम् । ज्येष्ठेषु तेषां हि प्राधान्यात् तदवान्तरार्थविश्रान्तिः सम्भवति । यत्र विश्रमोऽलङ्कारयोगः । विचित्रव्यभिचारिकत्वात् स्थायिता(नः) । यथा ।......रो अनुसरइ गुरु अइ चिछुज्ज हृण्णेण किणीवणे विणज्झि रइत्हिम् । [अनुसरति गुरुमपि शिष्यो दण्डेन केलिवने विनक्ति दृष्टिम्] (अत्र) वृत्तं च नियम्यते न तु ज्येष्ठाः । तेषु विवधैकयोरपि सम्भवात् । एकद्विखण्डादाविह तालस्य लक्ष्यते । अधमस्य त्वन्यत्र गुणीभावाद् बहुचेष्टाभाव इत्येकैव विदारी । यथा विदूषकस्य । यथा । महुअर इह सिरिअ [मधुकर इह श्रित्वा] इति । मध्यमस्य तु मध्यमादेकको विवधः सम्भवो । अत्र चोभयतोऽपि न नियमः । अत्र टीकाकारेणाक्षिप्तम् । वज्रं च शीर्षकं चेति (भ० ना० अ० ३२.१०) विनियोगः प्रागुक्तः । तत्र वज्रादिषु वर्णान्तराङ्गानां तालाध्याये (भ० ना० अ० ३१) बहुना बहुशाखि:(खी) पूर्वापरविरोध इति । तदेतदस्मदागमव्याख्यायां निरुद्धाम(रूपित)मेव । अन्यदेव हि वज्रादिभ्य उपजीव्यमिति दर्शितम् । तेनाऽपि न परि-

---

१. NS. सम्प्रवक्ष्यामि KSS. चैव वक्ष्यामि ।

त्र्यश्रं वा चतुरश्रं वा योगं ज्ञात्वा प्रयोगजम् ।[1]
तेन प्रमाणयोगेन ध्रुवा [2]कार्याऽवसानिकी ॥१६॥

गायत्र्याश्चा(त्र्यां चा)पि शक्वर्याश्चा(र्यां चा)न्तरे वा व्यवस्थिता ।
तेन [3]पादप्रमाणेन ध्रुवा कार्याऽवसानिकी ॥२०॥

हारमुत्प्रेक्षमाणेन प्रज्ञातयेयमेव दिक् सृष्टा । सदागमाभावात्तु न स्पष्टीकर्तुं पार्यते हि । तथाहि तेनोक्तम् । प्रकृतिविकारभावमात्रमेतत् । अन्यथा गीतकाङ्गमेवेदं गीयत इति भवेत् । लयभङ्गोत्थानबीजगतं चेदमेवेति ॥१८॥

अथ रसप्रसादनोपयोगकृतात् प्र(प्रा)धान्याद्वा प्रासादिकीं ध्रुवां विचारयति । त्र्यंशं(त्र्यश्रं) वेति । युज्यते योगो वाक्यम् । प्रयोग उक्तो वक्ष्यमाणो विनियोगस्तज्जम् । त्र्यश्रं चतुरश्रं वा पाठ्यं ज्ञात्वा तत्पदप्रमाणे च प्रासादिकी कर्तव्या । एतदुक्तं भवति । इह त्र्यश्रं चतुरश्रं वा भागेन तावच्छन्दोवृत्तविनियोगो वक्ष्यते । तदनुसारेणैव तत्सदृशवृत्तौ प्रासादिक्यां पाठ्यान्तरभाविन्यां कुर्यात् । एकं हि ध्रुवापाठ्यं योग्य(ग्या)ङ्गमौचित्येन । अवसायोऽवसानं निश्चयो रसः । तत्प्रयोजनमित्यस्या(मस्येत्या)वसान(नि)की ।

अपरे तु न वृत्तमनेन प्रासादिक्यामुच्यते तस्य वक्ष्यमाणत्वात् । अपि तु पद्योचितस्तालरूपश्च विनियोक्ष्यमाणत्वात् । अपि तु या त्र्यश्रा चतुरश्रा । उचितवृत्तपाठ्यानां तु चतुरश्रताल इत्याहुः । इदमेव युक्तमित्युपाध्यायाः । अन्ये तु त्र्यश्रं चेति प्रावेशिकी कार्या । अल्पीयोऽक्षरे च्छन्दसि न विभावानुभावाभ्यां स्फुटनिरूपणा ॥१९॥

अथास्य शब्दाङ्गस्याह । गायत्र्यां चाति(पि)शक्वर्यामिति । अन्तरग्रहणात् तयोरुपलक्षणमात्रत्वं न कार्ययोगात् । मैत्रचैत्रयोर्द्विजांस्तद्भोजयेति । तेन उष्णिगनुष्टुप्त्रिष्टुब्बृहतीपङ्क्तित्रिष्टुब्जगत्यतिजगतीशक्वरीच्छन्दःप्रमाणेन वानेककेन द्वाभ्यां त्रिभिश्चतुर्भिरधिकैर्वा प्रासादिकी कार्या । अल्पीयोऽक्षरे च्छन्दसि न विभावा...नि स्फुटरूपणा । अतिवितते च पाणिकात्वमपि तु योग्य(म)पि न चेदुभयं चैतत् प्रसिद्धिविरुद्धमित्येवम्परमेतत् । तासु यत् प्रमाणं तदुपचारात् सामानाधिकरण्येनोक्तं तेनेति ॥२०॥

---

१. KSS. श्लोकं ज्ञात्वा प्रयोजकः ।
२. NS. स्याद् ।
३. NS. प्रमाणयोगेन ।

[1]शक्वर्याश्चाति(र्यां चाभि)कृत्याश्च(त्यां च) येऽन्तरे चावसानिकी ।
[2]तेषां मात्रार्धविहिता[3] ध्रुवा पादमया (यी) स्मृता ॥२१॥

यतिच्छन्दोविधानेन गुरुलघ्वक्षरान्वितः ।
कार्यो मात्राप्रमाणेन ध्रुवापादोऽवसानिकः ॥२२॥

मध्यमोत्तमयोः [4]कार्या चतुरश्रावसानिकी ।
मध्याधमानां कर्तव्या त्र्यश्रा चैवावसानिकी ॥२३॥

एवं वर्णवृत्तैः प्रासादिक्यां तालव्यक्तिमभिधाय मात्रावृत्तैरप्याह । शक्वर्यां चाभिकृत्यां चेति । चतुर्दशाक्षरा शक्वरी । एकविंशत्यक्षराऽभिकृतिः । यदन्तरालं यानि मात्रावृत्तानि तत्पादयोगेन प्रासादिकी कार्या । मात्राभूयस्त्वेऽपि ह्यक्षराणि गुरुप्रवेशान्न भूयांसि भवन्ति । मात्रेति यात्रावृत्तादि । तदयं समन्वयः । शक्वर्यभिकृत्ययोरन्तरे मात्रा विहितेति मात्रावृत्तान्युक्तानि । तेषां ये पादास्तन्मयी अवसानिकी ध्रुवा स्मृतेति । ये इत्युपरितनशब्दोपक्रमः । तेषामित्युपचारविषयो यथा सब्रमारो या च ऋतकामाय यो मोदो(दः) तस्मादागत(म)वत् ।

अन्ये तु श्लोकद्वयेऽपि चकाराद्रुपलक्षणमपि संगृह्णते । छन्दोविनियोगमात्रमत्र । न तु अव्यतोपयोगिता । गुरुलघुयतिनियमे नात्र किञ्चित् कृत्यम् ॥२१॥

गीतवशादेव यत्याद्यवच्छेदाच्छ्रव्यत्वसिद्धिरिति यो मयोक्त (भ० ना० १४.६) इत्यत्र तं प्रत्याह । यतिच्छन्दोविधानेनेति । छन्दो विधीयते येन प्रयोजनेन तच्छन्दोविधानं श्रव्यत्वम् । तेन ध्रुवापादो यत्या विरामेणोचितेन शुद्धतया चोपलक्षितः कर्तव्यो वर्ण्यत्वे च नियमो गुरुलघुभिरन्वितः कर्तव्यो मात्रावृत्तत्वे यादृशमेव प्रमाणमागमोदितं रूपं यथा वैतालिकी यतिरन्तराणां वा समपादो......दत्तेन युक्तः कार्यः । एवं चावसानिको रसवृत्तिनिश्चयकृद्भवति । यथा गीतियोगेऽप्यवसानिको निश्चययुक्तः कार्यो न वृत्तं यत्यादिसमाच्छादकं कार्यम् । अपि तु तदनुवर्ण्यैव कार्यमिति पूर्वपक्षिकसम्मतं हेतुद्वयमप्यहेतुकृतम् । अवसानिक इति मत्वर्थीयःषच्(यण्ठन्) (अष्टाध्यायी ५.२.११५) ॥२२॥

एवं पाठ्ययोजनया प्रासादिक्यास्त्र्यश्रादितालविभागं निरूप्य प्रकृतिभागेनाप्याह । मध्यमोत्तमयोः कार्या चतुरश्रेति । गीतकेऽप्यवसानिको निश्चययुक्तः कार्यः ।

---

१. KSS. शक्वर्या चातिकृत्यां च ।
२. KSS. नत्वेवसानिके तेषां मध्यार्धविहिता ध्रुवा ।
३. NS. मात्रा द्विविहिता ।
४. KSS. ध्रुवा त्र्यश्रो ।

अथ पूर्णपदी या तु तस्या वृत्तं प्रवेशजम्[1] ।
तत्रेष्टवृत्तप्रामाण्याद् ध्रुवा कार्या प्रमाणतः[2] ॥२४॥

ध्रुवास्तु पञ्च विज्ञेया नानावृत्तसमुद्भवाः ।
यथास्थानरसोपेता ह्युत्तमाधममध्यमाः ॥२५॥

कनीयसीग्रहा काचित् सन्निपातग्रहाऽपरा ।
[3]तथाऽऽकाशग्रहा काचित् त्रिविधा तु ध्रुवा स्मृता ॥२६॥

एवमुत्तमस्य तावच्चतुरश्रतालेन मध्यमस्यापि तदनुगतस्य चतुरश्रैव । अधमस्य तु त्र्यश्रा तद्बाहुल्ये मध्यमत्वे च । एवमेव द्वित्रिचतुरश्रेति... पादयुक्तानां प्रासादिकीनां वृत्ततालविधिरुक्तः ॥२३॥

यासां तु नियमेन पादचतुष्कं तासां विधिमाह । अथ पूर्णपदीति । पूर्णं(र्णः) पादो यो द्वितीयपादस्तावच्चतुर्भाग इति पूर्णत्वमस्य । चतुर्वर्ष(ष्पद)त्वमनेन चतुष्पदी या प्रासादिकी सा प्रावेशिकी वृत्तेनैव कार्या । न तु तत्रैव...इष्टम् । कविप्रथमस्वीकृतस्य प्रवृत्तस्य प्रामाण्यात्(त्) प्रमाणीकृतच्छन्दोविशेषाद् ध्रुवा कार्या । न तदेव वृत्तमपि तु तच्छन्दकमिति यावत् । प्रमाणत इति चतुरश्रादिनेत्यर्थः ।

टीकाकार(रा)स्तु परिक्रमणैस्त्रिकोणचतुष्कोणरङ्गापेक्षया त्र्यश्रचतुरश्रतालविभागमाहुः । तदस्मद्गुरुभ्यो न रुचितम् । पादविभागेन बहिरङ्गविभागत्वात् । तत्त्रिकलचतुष्कलविभागेन चाचपुटेऽपि चुल्लवराश्रय्यज्जषाज्ज रसरणीश्रा (चोलपराजययशोऽद्य रक्षणीयम्) इति पादचतुष्टययोगे मुखचतुष्टयदर्शनात् ॥२४॥

एवं प्रासादिकीं विचार्य सर्वध्रुवाविषयं विचारमाह । ध्रुवास्त्विति । या एताः पञ्चापि ध्रुवा यथास्थानरसोपेताः स्थानं प्रवेशादि(दिं) रसं अनतिक्रम्योपेता उचिता(क्ता)स्तथा वक्ष्यमाणा नानावृत्तसमुद्भवास्ता उत्तमाधममध्यमास्तु ज्ञेया यथोत्तमादिप्रकृतिविषये स्वस्वप्रमुख एव ज्ञेयम् । तथा हि कर्तव्यमिति यावत् ॥२५॥

तत्रोत्तमविषयं कनीयस्या ग्रहणेन सूच्यते । कनीयस्याश्चाद्यपरिक्षेपप्रवेशात् । अन्यतमदर्शनेनोत्तमविषये यं ध्रुवेति दर्शयेत् कुशीलवानां तदुचितपुष्करवाद्यादिसंविधानावधानसम्पत्तिरित्थं कार्या । मध्यमध्रुवा तु हस्तद्वयसन्निपातेन ग्रहणकालप्रथम-

---

१. KSS. प्रवेशनम् NS. प्रयोजयेत् ।
२. KSS. अवसानिकी ।
३. NS. तथा कारेग्रहा ।

[1][प्रावेशिकी तु प्रथमा द्वितीयाऽऽक्षेपिकी स्मृता ।
प्रासादिकी तृतीया च चतुर्थी चान्तरा ध्रुवा ।
निष्क्रामिकी च विज्ञेया पञ्चमी वृत्तकर्मणि[2] ।
[3]आसामेव प्रवक्ष्यामि छन्दोवृत्तसमन्वितम् ।]
[4]गान्धर्वं यन्नु मया प्रोक्तं स्वरतालपदात्मकम् ।
पदं तस्य भवेद्व वस्तु स्वरतालानुभावकम् ॥२७॥

भाविना सूच्या । एतदुभयाभावेन शून्ये च ग्रहणमात्रेणाधमा ध्रुवा । अङ्गुल्यूर्ध्वतया गुणप्रकाशनमुत्तमेषु सन्निपातो मध्येषु शून्यत्वं गुणशून्यादधमेष्विति केचिद्व यथासंख्योल्लङ्घनेन व्याचक्षते । अन्ये तु कनीयसी प्रहारपातेनोत्तमध्रुवासु भाण्डग्रहः समहस्तप्रहारपातेन मध्यमध्रुवासु शून्यवर्तनामात्रोपक्रमेणाधमध्रुवास्त्वित्याहुः ।

उपाध्यायास्तु मन्यन्ते । कनीशब्देनाद्य एव पादभागः । तेनोत्तमध्रुवायां गानसमकालं पुष्करवाद्यमित्यर्थः । तेन ध्रुवातुल्यवृत्तत्वं भाण्डवाद्यवृत्तमुत्तमे येन गानं स्फुटमिति यावत् । सन्निपातः प्रथमपादान्ता कला । तथा प्रथमध्रुवासु भाण्डम् । मध्यमेष्वादावेव भाण्डग्रह इति ॥२६॥

ननु गान्धर्वमुखेन भागवद्गानमिह लक्षयितुमारब्धम् । गान्धर्वेऽपि तथैव च स्वरविधिरध्यायत्रयेण (अ० २८.२९.३०) दर्शितः । तालविधिरध्यायेन (अ० ३२) च । तत्रैव पदविधिरिति(रपि) दर्शितः । कुलकच्छेद्यादि नाप्रमाणमिति किमपि कथितम् । द्विगुणाक्षरसंयोगात् (भ० ना० ३१.८४) कार्यस्त्वक्षरजो विधिः (भ० ना० ३१.१५७) इति । तदभिनयाध्याये (भ० ना० अ० ८.९) ध्रुवाणां प्रवेशादिभेदो रा(र)साद्यौचित्यमात्रं च निरूपणीयम् । किमन्ये(ने)न विततेन च्छन्दोवृत्तिविचारेण । अथोच्यते पदमिह्न प्रधानं तद्गान्धर्वेऽपि तथैवेतदित्याशङ्क्याह । गान्धर्वं यन्नु मया प्रोक्तमिति । गान्धर्वं यत् कारकादिवत् प्रोक्तम् । अदृष्टप्राधान्यात्तस्य चापूर्वप्राधान्यं न भवेत् । अभ्युपगतमेतत् । किन्त्वन्यथा तस्य गाने प्राधान्यमन्यथा च गान्धर्वे । तत्र हि स्वरतालौ प्रधानम् । तौ चानाधारौ न शक्यौ प्रयोक्तुमित्याधारतया यदुपयोगि तदाह । स्वरतालानुभावकमिति ॥२७॥

---

१. NS. does not read.

२. KSS. ध्रुवा बुधैः ।

३. KSS. एतेषां चैव वक्ष्यामि छन्दोवृत्तनिदर्शनम् ।

४. NS. गन्धर्वं यन्स्मृतं पूर्वं ।

[1]यत् स्यादक्षरसम्बद्धं तत् सर्वं पदसंज्ञितम् ।
निबद्धं चानिबद्धं च येन तेन द्विधा स्मृतम् ॥२८॥

अतालं च सतालं च द्विप्रकारं तदुच्यते ।
सतालं च ध्रुवाऽर्थेषु निबद्धं सर्वसाधकम्[2] ॥२६॥

यत्तु वाक्करणोपेतं सर्वातोद्यानुरञ्जकम् ।
[3]अतालेन निबद्धं च पदतालं प्रकीर्तितम् ॥३०॥

नन्वर्थावगतिरत्र प्रधानं गान इव । अनश्चैतत् । अक्षराणि गान्धर्वे पदानीति यावत् । यत् स्यादक्षरसम्बद्धमिति । निबद्धमिति । स्फुटं दिग्लेत्यादि (भ० ना० २६.६६) । एवं हि प्राक्तना(प्राक् ता)न्यक्षराणि वक्ष्ये यानि पुरा ब्रह्मगीतानि (भ० ना० अ० ३१.१०४) इति । अनिबद्धं देवं शर्वमिति (भ० ना० ३२.४८) कविभिर्न(रा)देयत्वात् । निबद्धं पद्यमनिबद्धं गद्यमिति तु युक्तम् ॥२८॥

अतालमिति । अप्रतिष्ठं च । द्वयमन्योन्यसंगतौ । एवं गतं तावद् गान्धर्वे पदप्राधान्यं गाने स्थितं तदित्याह । सतालं च ध्रुवेति । सतालं परस्परसंगतिप्रधानः-(म्) । अर्थेषु च रसोचितेषु निबद्धं यदीदृक् पदं तद् ध्रुवा । अतो नादृष्टार्थं ध्रुवापदं गान्धर्वपदवत् । अत्र हि सम्भवत्पदे च स्तोत्रार्थापेक्षा । नागमापेक्षि देवतापरितोष-कृत् । स्तुतिसम्भवमात्रादेव तत्सिद्धेः । गाने तु तदवगमं प्रधानं सामाजिकं प्रति । तदाह । सर्वसाधकमिति ॥२६॥

ननु नाट्येषु स्वरालापप्रभृतिगानमनक्षरमेव दृष्टमित्याशङ्क्याह । यत्तु वाक्करणोपेतमिति । वाक्करणं वाक्क्रियामात्रस्वरालापे हुँकार इति तदुक्तं यद्गानं तदतालप्रतिष्ठं यावद्गति यावच्छक्ति च प्रयुज्यमानत्वादनिबद्धं च । स्वरयोजनेऽपि गान इव रसापेक्षकवर्णालङ्कारादिनियमाभावेन यथाकविस्वातन्त्र्यं तदेवंविधमतालं त्र्यश्रमात्रादिरूपविहीनं ध्रुवागानात्मकमेतच्च भवतीति यावत् । ननु किं तथाविधस्य प्रयोगेनेत्याह । सर्वतोद्येति । सर्वातोद्यानां ततसुषिरादीनामनुरञ्जकं स्वाद्यांशस्य भाविध्रुवारञ्जनोपयोगिनस्तद्वीणावंशादिवशात् पूरकमिति यावत् ॥३०॥

---

१. KSS. यत्किञ्चिदक्षरकृतं ।
२. KSS. तच्च वै स्मृतम् ।
३. KSS. अतालमनिबद्धं च पदं तु ज्ञेयमेव च ।

नियताक्षरसम्बद्धं छन्दोयतिसमन्वितम् ।
निबद्धं तु पदं ज्ञेयं सतालपतनाक्षरम्[1] ॥३१॥

अनिबद्धाक्षराणि स्युर्यान्य(नि) जातिकृतानि तु ।
[2]आतोद्यकरणैस्तेषां विधानमभिनिर्मितम्[3] ॥३२॥

अपदान्यनिबद्धानि तालेन रहितानि तु ।
आतोद्येषु नियुक्तानि तानि तानि तु रञ्जयेत्[4] ॥३३॥

ध्रुवाक(ङ्क)मेवंविधगानमिति दर्शयन्ति । नियताक्षरसम्बद्धमिति नियतानि प्रकृतरसाद्यौचित्याय त(द्)गुणालङ्कारसंघटनादीनि यान्यक्षराणि तैर्युक्तम् । च्छन्दसाक्षरपरिमाणे यस्या विरामेण युक्तम् । सह तालेन यत्राक्षराणि सह पतनेनावगमनवत् ॥३१॥

ननु लक्ष्ये वाद्ययोगेऽपि तालप्रधानमिति विगीतं ताल(ला)कारादिनार्थशून्यं दृष्टं तस्य कर्त्र्युपयोग इत्याशङ्क्याह । अनिबद्धाक्षराणि स्युरिति । अनिबद्धान्यर्थशून्यानि यान्यक्षराणि जात्या छन्दोरूपया विहितानि तेषां यद्विधानं तदातोद्यगतैः पुष्करवीणादिगतैः करणैः क्रियाऽभिनिर्मितं सम्यग् निर्णीतम् । एतदुक्तं भवति । उद्धतपरिक्रमणादौ भाण्डवाद्यमात्रे प्रधाने तन्मात्रोपदर्शनमात्रम् । तेन तच्चापि ध्रुवारूपं न भवतीति यावत् ॥३२॥

एवंभूतेषु च गायनसावधानत्वं यत्नेन विधेयमिति दर्शयति । अपदानीति । एवंभूतानि यान्यक्षराणि रञ्जयेद् यत्नेन रक्तियुक्तानि सम्पादयेत् । कथमित्याह । आतोद्येष्विति । वीणावंशस्वरादिमिश्रीकरणेन नियोजनेनेत्यर्थः ।

नन्वयमेव तत्र रञ्जनाप्रकार इति कुत इत्याह । अपदानीति । किं...... पदम् । अनिबद्धान्यर्थशून्यानीत्यर्थः । अत एव विद्यमानेऽपि ताले तत्कार्यकरणातच्छून्यानि विना ह्यर्थेन तालोऽपि परिक्रमणादिरूपत्वादकिञ्चित्कर इति यावत् ।

अन्ये तु ततसुषिरगतानां स्वराणां वैचित्र्यं यथा क्रियेत तदनेनोच्यत इति व्याचक्षते । तते सुषिरे च विपदवृत्तानुहीनानि यानि स्वरमात्राणां करणमात्रजनितानि

---

१. KSS. नानाच्छन्दसमुद्भवम् ।
२. KSS., NS. आतोद्यकरणं ।
३. KSS. विधानमपि निर्दिशत् ।
४. KSS. यानि तानि तु योजयेत् ।

यानि चैवं निबद्धानि छन्दोवृत्तविधानतः ।
[1]ध्रुवारूपाणि पूर्वाणि तानि वक्ष्यामि तत्त्वतः ॥३४॥

अत्युक्तं च प्रतिष्ठं च मध्यं गायत्रमेव च ।
एताः स्थिताव(प)कृष्टास्तु(सु)त्र्यस्रा ज्ञेयास्तु जातयः ॥३५॥

उष्णिगनुष्टुब् बृहती पङ्क्तिश्चेतीह जातयः ।
[2]एताः प्रासादिकीनां तु त्र्यश्रा ज्ञेया यथाक्रमम् ॥३६॥

अनुष्टुब् बृहती चैव जगत्यथ विलम्बिता ।
ध्रु(द्रु)ता च चपला [3]चैवमुद्गता कृतिरेव च ।
ध्रुवाणां जातयो ह्येताः प्रयोगेषु प्रकीर्तिताः ॥३७॥

रञ्जयेत् । आश्रित्येत्यध्याहारः । तानि तालपदवृत्तवन्त्यक्षराण्याश्रित्य तन्मेलनीयतां तदनुहारेणेति । अत एव गान्धर्वाद्धिकलक्षणमत्र पदप्रधानमिति स्थितम् ॥३३॥

तत. प्रकृति......यानि चैवमिति । वैचित्र्यमिति । पदानीति प्रकरणाद्विशेष्यम् । प्राधान्येन चारब्धानि ध्रुवारूपाणीति सामानाधिकरण्यम् । छन्दोवृत्तिविधानाद्धेतोर्यतो वक्ष्यति तत एव पूर्वाणि प्रधानानि । अवृत्तपदमात्रापेक्षया तानि रसाद्युपयोगीनीति विशेषत उत्क्रमसकृत् । अन्ये तु पूर्वाणीति पदं ध्रुवायाः शुष्काक्षराणीति तावन्त्येव पश्चात् कर्तव्यस्यार्थस्य संग्रहार्थमित्याहुः ॥३४॥

एकैकाक्षरैर्नार्थपुष्टिरिति द्विरादि(रक्षरैरि)ति । अत्युक्तादि गायत्र्यन्तं विलम्बिताद्य(स्व)पकृष्टासु च त्र्यश्रभेदः । उष्णिगाद्याश्चत्वारि(तस्रः) प्रासादिक्यां निरूपयति । अत्युक्तं चेति । चकारात् । सुप्रतिष्ठा । स्थितासु विलम्बितासु ध्रुवास्वपकृष्टासु छन्दः । जातय इत्युपचारात् सामानाधिकरण्येनोक्ताः । छन्दस्सु जातिशब्दप्रयोगो वक्तव्यः । तदनुयायित्वाद् वृत्तेषु जातिशब्दप्रयोगो ध्रुवाभेदेऽप्यनुगमात् । ध्रुवासु जातिव्यवहारो रसभावकृतभेदस्यान्वयात् । एवमि(म)त्य(त्यु)क्तादि गायत्र्यन्तं विलम्बितास्वपकृष्टासु च त्र्यश्रभेदे । उष्णिगाद्यानि चत्वारि प्रासादिकीषु त्र्यश्रभेदो-(दे) ॥३५-३६॥

अनुष्टुब् बृहती जगती प्रावेशिकेषु । तत्रैव विलम्बितादीनि वृत्तानि ॥३७॥

---

१. NS. ध्रुवासंज्ञानि...। KSS. ध्रुवासंज्ञानि वर्णानि तानि वक्ष्याम्यतः परम् ।
२. KSS. एताः प्रासादकीनां तु युग्मा ज्ञेयास्तु जातयः ।
३. KSS. चैव उद्गता ।

प्रावेशिकीनां [1]जातीनामुद्धतानां निबोधत ।
पङ्क्तिस्त्रिष्टुप् सजगती तथाऽतिजगती पुनः ।
शक्वरी चेति निर्दिष्टा उद्धतानां तु जातयः ॥३८॥

सर्वासामेव जातीनां त्रिविधं वृत्तमुच्यते ।
गुरुप्रायं लघुप्रायं गुरुलघ्वक्षरं तथा ॥३९॥

गुरुप्रायाऽव(प)कृष्टा स्याल्लघुप्राया द्रुता तथा ।
गुरुलघ्वक्षरप्रायाः शेषाः कार्या ध्रुवास्तथा ॥४०॥

वृत्तान्योजकृतानि स्युर्दुःखे[2] यानि भवन्ति हि ।
तानि द्रुतासु योज्यानि लघुयुग्मकृतानि तु ॥४१॥

यानि चाल्पाक्षराणि स्युरल्पच्छन्दःकृतानि तु ।
तानि स्थिताव(प)कृष्टासु कार्या ह्या(ण्या)क्षेपिकीषु च ॥४२॥

उक्तासु पङ्क्त्यादीनि पञ्च ॥३८॥

जातीनामिति । यस्वच्छन्दसामिति ॥३९॥

अपकृष्टेति । विलम्बिता(त)लयवती प्रायो गुरुप्राया । शेषे(षा इ)ति । मध्य-लयविषया (गुरुलघु)प्रायाः ॥४०॥

व्याप्ति शिक्षयितुमाह । वृत्तान्योजकृतानि । भवन्तीति शत्रन्त(म्) । युतानीत्यन्ते । तत्रार्थे तत्र दुःखे न तत्प्रधाने करणादौ । ओजकृतानि त्र्यश्रभेद-विषया(पकृष्टासु) युक्तानि स्युर्वृत्तानि । तानि द्रुतलययोग्यासूद्धतास्वप्यवान्तरेण गुरुस्थाने लघुयुग्मेन योजितानि योज्यानि । तद्यथा । अत्युक्तादीनि त्र्यश्रे स्थितानि स्वरभेदेन यान्युक्तानि तान्येव लघुयुग्मीकृतगुरुरूपाण्युद्धतासु । ईशं वन्दे । देवं शर्वम् । (इत्यत्र लघुयुग्मीकरणे) द्रुतगति गजपतिरिह किल विचरति (इति) ॥४१॥

एतद्विपर्ययेण व्याप्तिमाह । यानि चाल्पाक्षराणीति । ह्रस्वाक्षराणि यानि यानि वृत्तानि तानीति । छन्दोपेक्षयाऽल्पच्छन्दसि तथा स्थाप्यन्ते । युग्मस्य गुरुकरणा-त्तान्याक्षेपिकीषूद्धतासु द्रुतलयास्वप्युक्तानि । अनया भङ्ग्या स्थितापकृष्टया करणा-र्हाणि । चोऽप्यर्थे । यथा ।

---

१. KSS. जातिस्तु ।
२. NS. दुःखदानि ।

[गुर्वादिस्तु गुरुः कार्यो लघ्वादिश्च लघुस्तथा।
ये त्वोजच्छन्दसां युक्ता ज्ञेया ते क्षेपिकी तथा ॥]
[1]यान्योजयुग्मछन्दांसि ज्ञेयान्याक्षेपिकी तथा[2]।
लघुयुग्मकृता याऽस्या(ः) स्थिता साऽऽक्षेपिकी भवेत् ॥४३॥

[गुर्वादिषु गुरुः कार्यो लघ्वादिषु लघुस्तथा।
ये त्वोजच्छन्दसां युक्ता ज्ञेया ते क्षेपिकी तथा] ॥४४॥

पवणनछन्दोघत्तो भवणिवदे उपक्कम सोवुत्त।
[पवननछन्दोघात्तो भवानीपतेरुपक्रमः संवृत्तः]

लघुयुग्मस्य गुरुकरणे।

सेव्वणग्रकाग्ररा रूपाभाग संणेइ(ग्रा)।
[सेवानयकातरा रूपाभोगा संज्ञेया] ॥४२॥

अथाक्षेपिक्यां कीदृग् वृत्तं प्राधान्येनेत्याह। योन्योजयुग्मछन्दांसीति। वृत्तान्योजयुग्मगतपृथग्लक्षणत्वाद् योगो युग्मानीत्युच्यते। तेनार्थसमानि वृत्तान्याक्षेपिकेषु पूर्ववद् गुरोर्लघुद्वयस्थाने योजनया स्थितायां विलम्बितायाम्। अन्ये त्वोजे (ज इ)-ति सप्तमीं पठन्तश्चतुरश्रविषयाणि च्छदांसि भङ्ग्यन्तरेण त्र्यश्रेऽपि विधेयानीत्येवं वाक्यस्य तात्पर्यमाहुः ॥४३॥

गुर्वादिषु गुरुः कार्यो लघ्वादिषु लघुस्तथा।

इति। (न)क्वचिदपि लोके दृश्यते। सद्वृत्तलघुगुरुस्थाने यथासंख्यं तालोचितगुरुलघु-योजनं कार्यमिति।.......कतुं लयादितालजातं संगृह्णीतेत्यथ विरहे मग्रणो ग्रहिग्रं दहंद्व(हउं)। (विरहे मदनोऽखिलं दग्धुम्)। अनेन लघुद्वयगुर्वात्मना चर्चरीतालः संगृहीतः ॥४४॥

---

१. KSS. यान्योजः युग्म।
२. KSS. स्मृता।

[1]विषमांशाक्षराणि स्युः पदैरर्थवशानुगाः ।
शम्यातालेन ता योज्या वर्णेनाकर्षितेन तु ॥४५॥

जातीनां त्वथ सर्वासां छन्दो[2]वृत्तनिदर्शनम् ।
स्थानप्रमाणसंज्ञाभिर्गदतो मे निबोधत ॥४६॥

एव समार्थसमविषमविचारं कृत्वा विषमवृत्तविषयं तमाह । विषमांशाक्षराणि स्युरिति । विषमांशानि मात्रावृत्तानि । अंशो हि चतुर्मात्रादिः । विषमाक्षराणि च वर्णवृत्तानि विषमाणि वैषम्यसंख्ययाऽवान्तरसंख्यायोगेऽपि गुरुलघ्वात्मना वोभयथा वा ।

ननु तत्र प्रतिपादं तालस्य कथं समत्वेन योजनमित्याह । शम्यातालेनेति । अत्र यास्वित्यध्याहारः । यासु विषमाण्यक्षराणि च पादे हेतुभिस्ता ध्रुवासु चञ्चत्पुटादितालेन योज्यात्(:) । आकर्षितेन च वर्णेन । एतदुक्तं भवति । लघुस्थाने वर्णो वाकर्षणीयो गुरुस्थानेन क्रमणीय इत्येवं वा साम्यमापादयेदिति । शम्यादिताल ग्रहणेन चञ्चत्पुटादितालो लक्ष्यते । केचित्तु श्रमपरिहारार्थं भोजनप्राङ्मुखतान्यायेनादृष्टसिध्यर्थं शम्यातालौ ध्रुवातालेष्वावृत्या यावत्संभवं योज्यौ । तथा च भट्टवृद्धदत्ताधि(धीन)पाणितल(ल)यभङ्गलक्षणपुस्तकेषु सर्वत्र शता इति प्रस्तारो दृश्यते ।

ननु किं तथाविधैः पादैराश्रितैरित्याह । अर्थवशानुगा इति । अर्थो ह्यत्र प्रधानमित्युक्तम् ।

अपरः श्लोकस्यार्थः । अकल्पितेनापि विकारभाजा वर्णेनोपलक्षितम् । यच्च शम्यातालमिति तालविशेषः कश्चित् प्रतिपादमप्यभ्यस्तेन योज्यः । अर्थसमविषमेष्वयं ......भवति श्लोकः । तेन च चतुर्लयद्विलयचतुर्भङ्गे यदुपभङ्गादीनां लक्ष्ये दृश्यमानानामिव तद्बीजमिति साम्यापादनाय शम्यातालावत्र नादृष्टार्थमिति यद्यन्ते(मन्यन्ते) तदसत् । अन्यतरेणान्येनापि वा तत्रोक्तेन वा पा(प)द्यान्यतरेण वा ध्रुवकासर्पिण्यादीनामपि साम्यसिद्धेः ॥४५॥

जातीनामिति ध्रुवाणाम् । छन्दोग्रहणं दण्डकादिव्युदासाय । निदर्शनं ग्रन्थं वक्ष्यामीति । तेन ग्रन्थेन कथं छन्दो वृत्तं प्रदर्श्यत इत्याह । स्थानेति । स्थानं विनियोगविषयः स उदाहरणाल्लक्ष्यते । तदर्थमेवोदाहरणमिति वृद्धाः । यथा । सोऽर्दि

---

1. KSS. varies.
2. KSS. वृत्ति० ।

गुरुर्गाथांशको यत्(यः) स्यात् सर्वपादेषु दृश्यते ।
[1]श्रीरिति ख्यातनामा सा कीर्तिता प्रथमा ध्रुवा ॥४७॥

यथा ।

देवं शर्वमीशं वन्दे ॥४८॥

मध्यलघुनाथ [2]विद्युत्पादे पादे समं विभक्तेन ।
[3]आदिलघुना धृतिः स्याद्गणेन योज्या हि मात्रेण ॥४९॥

यथा ।

शङ्करः शूलधृ(भृ)त् पातु मां लोककृत् ॥५०॥

लधुः स्यात् पदादौ त्रिके या धृतिः सा ॥५१॥
यथा ।
उमेशः सुरेन्द्रस्तवायुः करोतु ॥५२॥

[4]लघुनि गुरु वा कथिता रजनी (त्रियामा) ॥५३॥
यथा ।
विरहे मदनः अधिकं दहति ॥५४॥

[5]एता नृत्ते च गीते च ज्ञेया वै गीतजातयः ।
प्रतिष्ठासुप्रतिष्ठाभ्यां भूयो वक्ष्यामि लक्षणम् ॥५५॥

[6]द्वितीयं लघु सर्वत्र चतुर्णां यत्र दृश्यते ।
सा प्रतिष्ठा बुधैर्ज्ञेया सुप्रतिष्ठा द्वयेन तु ॥५६॥

तारा अस्सु किलिण्णा (शोचति तारा अश्रुक्लिन्ना)। इत्युदाहरणम् । भूतलं तस्याः श्लोकविषये प्रयोग इति गम्यते । प्रमाणं लक्षणं(णम्) । संज्ञा श्रीरित्यादिका । तेनोदाहरणलक्षणसंज्ञाभिरिति यावत् ॥४६॥

तत्रायं ग्रन्थः स्पष्ट इति विषमस्थाने व्याख्यायते । सुखग्रहणार्थं इति निजेन श्लोकेन हि तासां संग्रहं ब्रूमः । उदाहरणाच्च पादं लिखामः । यतिविषयः श्रव्यत्वाद्विनिबोधसिद्धये ।

---

१. KSS. ह्रीरिति ।
२. NS. विद्युत्पादेन ।
३. NS. आदित्य लघुना वृत्तिः स्यादगणनायाज्योतिमात्रेण ।
४. KSS. लघुनि गुरु चेत् रजनी खलु सा ।
५. NS. एताच्छन्ते च एते च KSS. मध्येत्युक्ते च ज्ञेया सा एता वै वृत्तजातयः ।
६. KSS. varies.

प्रतिष्ठा यथा।

सोसअन्तो अङ्गआइं वादि वादो पुप्फवाही ॥५७॥

[शोषयन्नङ्गकानि वाति वातः पुष्पवाही।]

सुप्रतिष्ठा यथा।

एदिसुए ऊसइआ अज्जइं(ड) मां हंसवहू ॥५८॥

[ईदृशक उत्सुकिताचंति मां हंसवधूः।]

लघुनी प्राग् गुरुणी द्वे यदि पादे भ्रमरी(मत्तालिः)सा ॥५९॥

यथा।

वनसण्डे अदिमत्तो वणहत्थी परिखिण्णो ॥६०॥

[वनखण्डे अतिमत्तो वनहस्ती परिखिन्नः।]

[1]प्रथमं च तृतीयं च यस्याः स्याच्चतुरक्षरे।

पादे लघ्वक्षरे नित्यं सा जयेत्यभिसंज्ञिता ॥६१॥

यथा।

हिमाहए वणंतरे अअं गओ पविण्णओ ॥६२॥

[हिमाहते वनान्तरे अयं गजः प्रविष्टः]

*चतुर्णां यत्र पादानां तृतीयं च भवेल्लघु।

विज्ञेया सुप्रयोगज्ञैर्विजया नाम नाम्नतः ॥६३॥

यथा।

मारुल्लवो नज्जन्तओ मेहागमे संबद्दओ ॥६४॥

[मयूरा नृत्यन्तो मेघागमे समन्ततः।]*

पादे पादे तु स्यात्(स्युः) सर्वैर्दीर्घै(सर्वे दीर्घा)र्वृत्तेऽस्मिन् दृष्टा विद्युन्द्भ्रान्ता (विस्मया) ॥६५॥

मेहा गज्जन्ता लोअं छादन्तो तोयं मुंचन्ता संपत्ता मेहा ॥६६॥

[मेघा गर्जन्तो लोकं छादयन्तस्तोयं मुञ्चन्तः संप्राप्ता मेघाः]

---

१. KSS. लघुः गुरुः सदा पदे भवेन्तु या जया हि सा।

* [टीकाकारासम्मतः पाठः।] काशीसीरिजपुस्तके विजयालक्षणं तदुदाहरणं न स्तः। इतोऽग्रे समस्तेष्वपि लक्षणोदाहरणे पाठो भिन्नतयैवोपलभ्यते अतस्तत्रैव द्रष्टव्यः।

आद्यपरे द्वे यत्र तु ह्रस्वे ना(सा)खलु नाम्ना भूतलतन्वी ॥६७॥

यथा ।

मेहरिणरुद्धं पेक्खिअ चन्द्रं सोअइ(दि) तारा अंसुकिलिण्णा ॥६८॥

[मेघनिरुद्धं प्रेक्ष्य चन्द्रं शोचति तारा अश्रुक्लिन्ना]

यदि च गुरुः पदनिधने भवति हि सा कमलमुखी(पद्मिनी) ॥६९॥

यथा ।

पवनहदो सलिलघणो भमइ णहे उवकमसो ॥७०॥

[पवनहतः सलिलघनो भ्रमति नभस्युपक्रमशः ।]

प्रथमं च तृतीयं च त्वन्तं चैव यदा गुरु ।

दृश्यते प्रतिपादं तु सा ज्ञेया वागुरा यथा ॥७१॥

मेहणिरु(हरु)द्धओ णट्ठजोह्णओ णिच्चणिप्पहो एस चन्दओ ॥७१॥

[मेघरुद्धो नष्टज्योत्स्नो नित्यनिष्प्रभ एष चन्द्रः ।]

द्वितीयं नैधनं [यत्र दीर्घाणि सर्वतः ।

सुप्रतिष्ठाकृते पादे शिखा ज्ञेया तु सा यथा ॥७३॥

वळाहएहिं पगज्जिदेहिं णहं समंता परुण्ण अंव(व्व) ॥७४॥

[बलाहकैः प्रगर्जितैर्नभः समन्तात् पूर्णमेव ।]

लघुनि त्वादौ चरणे यस्या गदिता नाम्ना घनपङ्क्ति सा(ङ्क्तिका)
॥७५॥

यथा ।

तडिसंखुद्धं रवसम्बद्धं जलधाराहिं रुवदीव(दिव्व)ब्भम् ॥७६॥

[तडित्संक्रुद्धं रवसम्बन्धं जलधाराभी रुदतीवाभ्रम् ।]

एतास्तु जातयो ज्ञेया सुप्रतिष्ठाध्रुवास्वथ ।

अत ऊर्ध्वं प्रवक्ष्यामि गायत्रीपरिकल्पनम् ॥७७॥

श्रीगौ विद्युद्रो यो धृतिः स(सस्)त्रियामा ।

रगौ प्रतिष्ठा सभगौ मत्तालिः सगौ जया जगौ ।

विस्मया त(म)गगास्तन्वी भगगा(:) पद्मिनी शन्ल(नल)गाः ॥

वन्दे । शङ्करः । उमेशः । मदनो(नः) । वाति(दि) वातो(दो) । हंसवहू । वणहत्थी । पविण्णइ(ओ) । मेहा गज्जन्ता । सोअदि तारा । भमइ णहे ॥४७-७०॥

आद्ये पुनरन्त्ये पादे गुरुणी चेत् ।
ज्ञेया तनुमध्या गायत्रसमुत्था ॥७८॥

यथा ।

वज्जाहअकूटो धाउज्झरसोत्तो एसो गिरिरओ भूमिविस(पत)दीव-(विव्व) ॥७६॥

बज्राहतकूटो धातुझरस्रोता एष गिरिराजो भूमि पततीव ।]
आद्यं चतुर्थमन्त्यं च गुरूण्येतानि यस्य तु ।
गायत्र्यधिकृते पादे ज्ञेया सा मालिनी यथा ॥८०॥

दीसदि पुण्णओ पुव्वदिसामुहे ।
जोह्ला(ह्न)समागओ पुण्णिमचन्दओ ॥८१॥

[दृश्यते पूर्णः पूर्वदिशामुखे ज्योत्स्नासमागतः पूर्णिमाचन्द्रः ।]
गुरुयुगमन्ते यदि परमस्या इह कथिता सा मकरकशीर्षा ॥८२॥
यथा ।

इह सिसिरंमि(मी) मदजणणंमि(मी) पमदवणंमि(मी) विलसदि वादो ॥८३॥

[इह शिशिरे मदजनने प्रमदवने विलसति वातः ।]
लघुनी चतुर्थं चरणे तु यस्याः ।
भवतीह सा वै विमला तु नाम्ना ॥७४॥

कमलाअरेसुं भमरोण्णदेसुं सम सुद्धवत्ती विहआणव(म)त्ती ॥७५॥
[कमलाकरेषु भ्रमरोन्नदत्सु समं शुद्धवृत्तिविहगा नमन्ति ।]
यस्याःस्युश्चरणे त्रीण्यादौ निधनम् ।
दीर्घाणीह तु सा वीची(थिका) नाम ॥८६॥

यथा ।

गज्जन्तो जलदा णच्चन्ते सिहिणो गायन्ते भमरा रम्मे पाउसए ॥८७॥
[गर्जन्तो जलदा नृत्यन्ति शिखिनो गायन्ति भ्रमरा रम्ये प्रावृषि ।]
त्रिलघुरादितो यदि च पञ्चमं भवति पादतः प्रकथिता गिरा ॥८८॥
यथा ।

जलदनादअं सुणिअ कुंजरो णददि काणणे वड्डिगआउरो ॥८९॥

[जलदनादं श्रुत्वा कुञ्जरो नदति कानने प्रतिगजातुरः ।]
आद्ये चतुर्थकमन्त्ये(न्ते) तथा गुरु ।
यस्यास्तु पादतो ज्ञेया हि सा जला ॥६०॥
यथा ।
एसा हि वाउणा विक्खित्तसु(प)त्तग्रं ।
दट्ठूण पादवं हंसी परुण्णिग्रा ॥६१॥
[एषा हि वायुना विक्षिप्तपत्रकं दृष्ट्वा पादपं हंसी प्ररुदिता ।]
त्रीण्यादौ यदि स्युरन्ते द्वे च दीर्घे ।
ज्ञेया सा विधिज्ञैर्नाम्ना वै सुनन्दा ॥६२॥

यथा ।
एदे गज्जमाणा अब्भं छादयन्ता ।
भीमा काळमेहा उव्वेदं जणन्ति ॥६३॥
[एते गर्जन्तोऽभ्रं छादयन्तो भीमाः कालमेघा उद्वेगं जनयन्ति ।]
आद्यं चतुर्थे (थं) च त्वन्त्यमुपान्त्यं च ।
यत्र गुरूणि स्युः सुललिता (विद्योतिका) ज्ञेया ॥६४॥
यथा ।
साह सुसब्भावं किंसि पिह(ए) कुद्धा ।
मा चिरसम्बद्धं पेच्छसि सब्भावम् ॥६५॥
[साधय सुसद्भावं किमसि प्रिये क्रुद्धा ।
मा चिरसम्बद्धं प्रेक्षसे सद्भावम् ॥]
लघुनी गुरु च द्विगुणं यदि चेच्चरणे चरणे कथिता नलिनी ॥६६॥

वागुरा लंगा जगा(:) शिखा ।
सगा(:) पङ्क्तिका तयौ तु मध्यमे(मा) ।
भरौ मालिनी न्य(न्यौ) शीर्षिका च ।
निर्मला स्यौ तु वीथिका मसौ नरौ गिरा ॥

शि(णि)च्चणिव्व(प्प)हो । परुण्या(ण्णा) अव्व । रुदविव्वब्भम् । भूमिं पत्तदिव्व । पुण्णिमचन्दग्रो । विलसदि वादो । विहग्रा णमन्ती । णच्चन्ते सिहिणो । सुणिग्र कुंजरो ॥७१-८६॥

यथा।

पवणाहतका तरुणा तरुओ कुसुमागमए विअसन्ति विअ ॥९७॥

[पवनाहतास्तरुणास्तरवः कुसुमागमे विकसन्तीव।]

त्रीण्यादौ तु यदि चान्त्यं चाऽपि गुरु।

नाम्ना वै कथिता पङ्क्तिः सा तु यथा॥

यथा।

एषा हंसवहू विद्धा काणणदो कान्तं संगहुवा गन्तुं उत्सहिआ।

[एषा हंसवधूर्विद्धा काननतः कान्तं सङ्गन्तुं गन्तुमुत्सहिता।]

स्याद् द्वितीयं ह्रस्वं सर्वमन्त्यं दीर्घम्।

यत्र पादे पादे नीलतोया(नीला) वै सा ॥९८॥

यथा।

मेहवुन्दं वादो विक्खिरन्तो वादि।

दूसहो आवादि पादवाणं लासो ॥९९॥

[मेघवृन्दं वातो विकिरन् वाति दुःसह आभाति पादपानां लासः।]

गायत्र्या जातयो ह्येता विज्ञेयाः समवृत्तजाः।

अत ऊर्ध्वं प्रवक्ष्यामि उष्णिग्जातिविकल्पनम् ॥१००॥

गुरु निधनगतं यदि भवति सदा।

भवति हि चपला द्रुतगतिरपि सा ॥१०१॥

यथा।

सुरुचिरनयणं तव वअणमिदम्।

रमणि रतिकरं मम मदजणणम् ॥१०२॥

[सुरुचिरनयनं तव वदनमिदम्।

रमणि रतिकरं मम मदजननम्॥]

तृतीयं पञ्चमं चैव गुरुर्य(रु य)त्र तु नैधनम्।

सदा तूष्णिक्कृते पादे तन्वी(तनुः) सा नामतो यथा ॥१०३॥

यथा।

पिअवादिवादओ सुवसन्त काळए।

पिअकामुओ विअ मदणं जणेंतओ ॥१०४॥

[प्रियवादवादकः सुवसन्तकाले ।
प्रियकामुक इव मदनं जनयति ॥]
गुरुणा लघुना चैव समं नीता तु या ध्रुवा ।
छन्दस्युष्णिहि वृत्तज्ञैर्विज्ञेया कामिनी यथा ॥१०५॥

आद्यमन्त्यपञ्चमे स्यात् तृतीयमेव च ।
पादतो गुरूणि वै यस्य(स्याः) सा शिखा तु वा ॥१०६॥

इत्येके पठन्ति ।
पेक्खिऊण आअवं माहवं च इट्ठओ ।
पादवं वणोळळओ वादि वामवादओ ॥१०७॥

[प्रेक्ष्य आगतं माधवं च इष्टकः ।
पादपं वनोद्यतो वाति वामवातकः ॥]
आद्ये पुनरन्त्ये च यस्या गुरुणी पादे ।
ज्ञेया भ्रमरमाला(षट्पदिका) नाम्ना प्रकथिता सा ॥१०८॥

यथा ।
हंसागमनधीरं कासं सुभ्रविचित्रम् ।
एवं सरदिकाले रम्मं सरसि तोयम् ॥१०९॥

[हंसागमनधीरं काशं सुखविचित्रम् ।
एवं शरदि काले रम्यं सरसि तोयम् ॥]
आद्यचतुर्थगते अन्त्यतमं च गुरु ।
यत्र सदा चरणे सा खलु भोगवती ॥११०॥

तरी जला म्यौ तु सुनन्दिका ।
भमौ विद्योतिका सौ नलिनी मं(मौ)नीला ।
व्रुता गतिर्नौ सजौ गुरुस्तनुः ।
शिखाजंगा(:) षट्पदिका नसौ गुरुः ।।

हंसो पउण्णिआ । भीमा काळमेहा । किंसि पिए कुद्धा । कुसुमागमए । विक्खिरन्दो-(न्तो)वादो(दो) । रमणि रतिकरम् । पिअवादिवादओ । वादि वामवादओ । रम्मं सरसि तोअम् ॥९०-१०९॥

यथा ।

चक्कसना(णा)मवहू कान्तसहाइ णिश्रा ।
णिम्मळ अम्मि(स्सि) जळे हिंडदि संगदिश्रा ॥१११॥

[चक्रसनामवधूः कान्तसहायं नीता ।
निर्मलेऽस्मिन् जले हिण्डति सङ्गतिका ॥]

आदौ यदि गुरुणी अन्त्यं निधनगतम् ।
ज्ञेया मधुकरिका उष्णिह्यभिकथिता ॥११२॥

एसा पिश्रश्र लदा रम्मा भमरजया ।
काले मदजणणे जादा कुसुमवदी ॥११३॥

[एषा प्रियक लता रम्या भ्रमरजया ।
काले मदजनने जाता कुसुमवती ॥]

अन्त्यं च निधनं च गुरूणि स्युः ।
सुभद्रा(मनोज्ञा)नामतो यथा ॥११४॥

[द्वितीयं च चतुर्थं च अन्त्योपान्त्यं तथैव च ।
पादे यत्र गुरूणि स्युः सुभद्रा(मनोज्ञा) नाम सा यथा ॥]

वणम्मि सुक्खरुक्खे पणट्ठप(क्खि)तोये ।
करेणुमा विहूणो उवेइ मत्तहत्थी ॥११५॥

[वने शुष्कवृक्षे प्रनष्टपक्षितोये ।
करेणुकाविहीनः उपैति मत्तहस्ती ॥]

यदि तु भवन्त्येवं य(प)दि य(प)दि दीर्घाणि ।
त्रिगुरुरिह प्रोक्ता भवति तु मत्तेयम् ॥११६॥

यथा ।

जलभरसंभंतो खिदिधरमूलंमि ।
पिश्रजुवदीसत्तो पविचरिदो हत्थी ॥११७॥

[जलभरसम्भृतः क्षितिधरमूले ।
प्रिययुवतिसक्तः प्रविचरतो हस्ती ॥]

यदि हि गुरूण्यन्ते चरणविधौ त्रीणि ।
तत इह विज्ञेया कुसुमवती नामा(म्ना) ॥

[इति पाठान्तरम् ।]

द्वितीयं सतृतीयं तथाद्ये(न्त्ये) इह दीर्घम् ।
यदि त्रयं तु पादे भवेत् सा तु चित्रा(मुदिता) ॥११८॥

[द्वितीये गुरुणी द्वे तथाऽन्ते यदि स्याताम् ।
तदा सा मुदिताख्या ध्रुवेयं प्रतिमक्ता ॥]

यथा ।

महामेहविदाणं बलाकाकुलबद्धम् ।
महाभीमणिणावं पदिण्णं गगणम्मि ॥११९॥

[महामेघवितानं बलाकाकुलबद्धम् ।
महाभीमनिनादं प्रदत्तं गगने ॥
यदि चतुर्थमन्त्यं गुरु तथैव षष्ठम् ।
भवति सा तु नाम्ना निगदिता मनोज्ञा ॥
[चतुर्थं नैधनं चैव षष्ठं चैव गुरूण्यथ ।
यत्र तूष्णिक्कृते पादे नाम्ना साऽभिप्रकाशिनी ॥१२०॥

[इति व्याख्यातृपाठः]

यथा ।

कुसुमगन्धवाही सलिलरेणुपुण्णो ।

रमणि वादि वादो मणसिजं जणन्तो ॥१२१॥

[कुसुमगन्धवाही सलिलरेणुपूर्णः ।
रमणि वाति वातो मनसिजं जनयन् ॥]
द्वितीयं च चतुर्थं च अन्त्योपान्त्ये तथैव च ।
यत्र पादे तु दीर्घाणि उष्णिक् सा तु विलम्बिता ॥१२२॥

यथा ।

गइंदतोअखोआ पटीपरित्थहंसा ।
भमन्तचक्कवाआ नदी गआ समुद्दम् ॥१२३॥

[गजेन्द्रतोयक्षोभा प्रतीपरुद्धहंसा ॥
भ्रमच्चक्रवाका नदी गता समुद्रम् ॥]
प्रथमं यत्र पादे लघुनी पञ्चमं च ।
कथिता सा तु दीप्ता सततं चेद(य)मुष्णिक् ॥१२४॥

यथा ।

पवनो(णो) पुप्फहारी(वाही) अइसीदो समन्ता ।
सिसिरे वादि काले मम सोअं जणंतो ॥१२५॥

[पवनः पुष्पहारी(वाही) अतिशीतः समन्तात् ।
शिशिरे वाति काले मम शोकं जनयन् ॥]

आद्यमथ पञ्चमं दीर्घमथ नैधनम् ।
यत्र यदि नाम चेच्चञ्चलगतिस्तु सा ॥१२६॥

यथा ।

मेहमलमुत्थओ निम्मलगहाउलो ।
सोहदि णहंगणे णिम्मलकरो ससी ॥१२७॥

[मेघमलमुक्तको निर्मलग्रहाकुलः ।
शोभते न भोङ्गणे निर्मलकरः शशी ॥]

एतास्तु जातयो ज्ञेयाः स्थिताः प्रासादिकीष्वथ ।
अतःपरं प्रवक्ष्यामि त्वनुष्टुब्लक्षणं पृथक् ॥१२८॥

लघुनी गुरुलघुनी लघुनि गुरु च यदि ।
चरणे नियतगतौ कथिता विमलजला ॥१२९॥

यथा ।

विकचाम्बुजहसिरे भमरावलिमुहले ।
बहुणिम्मलसलिले विहगो सरदि(भमइ) सरे ॥१३०॥

भौ गो भोगवती (मधुकरिका तनगाः) ।
जरगि मनोज्ञा नरगी मत्ता ।
मुदिता यसगी प्रकाशी नरगा ।
जरगा विलम्बा सरिगी दीप्ता ।
भजगी चञ्चलगतिरमलाम्बु सनलगगणा ॥

चक्कसणामवहू । एसा पिअअलदा । करेणुआ अहूणो । पविचरितो हत्थी । महा-मेहबिदाणकु । रमणि वादि वादो । पडे(टी)परित्थहंसा । पवणो पुप्फवाही । सोहदि न(ण)हंगणे । विहगो भमइ सरे ॥११०-१३०॥

[विकचाम्बुजहसिते भ्रमरावलिमुखरे ।
बहुनिर्मलसलिले विहगो भ्राम्यति सरसि ॥]
पञ्चमं नैधनं चैव पादे स्यातां तु यत्र वै ।
नित्यमानुष्टुभे दीर्घे विज्ञेया ललितेति सा ॥१३१॥
यथा ।
कुसुमसुग्रंधिग्रए मणसिजदीवणए ।
प्रमदवणंगणए विलसदि हंसवहू ॥१३२॥
[कुसुमसुगन्धिते मनसिजदीपने ।
प्रमदवनाङ्गणे विलसति हंसवधूः ॥]
यदि च खलु षष्ठकाल्लघुगण इहादितः ।
पुनरपि च सप्तमं लघु भवति सा मही ॥१३३॥
यथा ।
बहुकुसुमसोहिए कमलवणसंडए ।
सहग्ररसहाइणी परिसरदि हंसिग्रा ॥१३४॥
[बहुकुसुमशोभिते कमलवनषण्डे ।
सहचरसहायिनी परिसरति हंसिका ॥]
लघुगण इव षट्के यदि भवति मुखे तु ।
चरणगतिविधौ सा मधुकरसदृशाख्या ॥१३५॥
यथा ।
विविधवणविचारी पमदवणसुग्रंधी ।
कुसुमवणविबोधो लसदि सरदि वादो ॥१३६॥
[विविधवनविचारी प्रमदवनसुगन्धिः ।
कुसुमवनविबोधो लसति शरदि वातः ॥]
यदि खलु पञ्चमकं पुनरपि चान्त्यतमम् ।
गुरु चरणे तु भवेद् भवति हि सा नलिनी ॥१३७॥

ललिता नजलगि नसलगि धरणी ।
मधुकरिका नौ गौ नजलगि नलिनी ।
छनगी (भ्नलगी) च नदी ॥
विलसदि हंसवहू । परिसरदि हंसिग्रा । लसदि सरदि वादो [पग्ररदि सारसिग्रा ।] हिण्डदि महुग्ररिग्रा ॥१३१-१४०॥

यथा ।

पुलिनतलंगणए कमलिणिवासणिआ ।

पजब हि वासगिहं पअरदि सारसिआ ।।१३८।।

[पुलिनतलाङ्गणे कमलनिवासिन्याः ।

प्रजवं हि वासगृहं प्रचरति सारसिका ।।]

प्राग् यदि निधनगतं स्यादथ गुरुस्त(रु त) तम् ।

यत्र हि चरणविधौ सा खलु भवति नदी ।।१३९।।

यथा ।

हंसकुलसंमुदिवे सारसरुदमुहळे ।

मत्तमहुअरगणे हिण्डति महुअरिआ ।।१४०।।

[हंसकुलसंमुदिते सारसरुतमुखरे ।

मत्तमधुकरगणे हिण्डति मधुकरिका ।।]

अनुष्टुब्जातयो ह्येताः प्रावेशिक्यः प्रकीर्तिताः ।

स्त्रीणामुत्तममध्यानामवकृष्टा निबोधत ।।१४१।।

आद्ये चतुर्थमपि चान्त्ये दीर्घाणि यत्र चरणे(तु) ।

प्रावेशिकी तु बृहती सा नाम्ना तथैव रुचिराख्या ।।१४२।।

यथा ।

राहु(हू)पराअहदसोहं चंदं णहिण्ण समिऊण ।

तारागणे(णो) विहदसोहो तेजस्सुएहि रुदिव्व ।।१४३।।

[राहूपरागहतशोभं चन्द्रं नभसि समीक्ष्य ।

तारागणो विहतशोभस्तेजोऽश्रुभी रुदतीव ।।]

यदि पञ्चमं हि सतृतीयं गुरुणी पदान्तेरचिते द्वे ।

प्रमितेति सा भवति नाम्ना ह्यवकृष्टजातिरिह पङ्क्तिः ।।१४४।।

यथा ।

घणगब्भगेहपरिखित्तो अरुणप्पहापिहिदसोहा ।

गअणंगणेऽपिहिदरस्सि ण विभादि जोह्लरहि इन्दू ।।१४५।।

अनुच्छेदा मध्यमोत्तमासु प्रावेशिक्याम् ।

अथ निकृष्टासु ।।१४१।।

घनगर्भगेहपरिक्षिप्तोऽरुणप्रभापिहितशोभः ।
गगनाङ्गणेऽपिहितरश्मिर्न विभाति ज्योत्स्नारहित इन्दुः ॥]
यदि खलु षष्ठमथान्त्ये भवतो गुरुणी चरणयोगे ।
स्थितिलयकृता नु जगतीयं भुवि निगदिता विगतशोका ॥१४६॥

यथा
जलहरविहा(आ)णपिहिअङ्गो रविकिरणजालहदसोहो ।
गहमुहविणिग्गअविवण्णो असु विसदि अत्थगिरिमिन्दू ॥१४७॥

[जलधरवितानपिहिताङ्गो रविकिरणजालहतशोभः ।
ग्रहमुखविनिर्गतविवर्ण आशु विशत्यस्तगिरिमिन्दुः ॥]
आद्यं चतुर्थमपि चाष्टममक्षरं चैकादशं यदि भवेत्तु गुरु ।
सा त्रैष्टुभे भवति पादविधौ विश्लोकजातिरवकृष्टगता ॥१४८॥

मेहत्थिओ रविकराभिहदो तारागणेहि विधुरे गमिदो ।
अत्थं उवेदि अरणाभिहदो चन्दो णहम्मि रअणीसहिओ ॥१४९॥

[मेघस्थितो रविकराभिहतस्तारागणैर्वैधुर्यं गमितः ।
अस्तमुपैत्यरुणाभिहतश्चन्द्रो नभसि रजनीसहितः ॥]
आद्यं चतुर्थे(र्थं) दशमं नैधनं ह्याष्टमं तथा ।
यत्र दीर्घाणि पादे स्युस्तद्वृत्तं ललितं स्मृतम् ॥१५०॥

यथा ।
एसो पमत्तगअदूमिदाणणो दीणो पफुळ्ळवनवादवचा(दचा)ळिदी ।
वासाभिबद्धचळणो गआणुगो रम्मं(म्मे)वणं(णे) गअवरो
पलाय(अ)दि ॥१५१॥

रुचिरा तभया(:) ।

प्रमिता सजसगि नसना गौ च विशोका ॥

तेजस्सुएहि रुदविव्व । ण विभादि जोह्लरवि(हि) इन्दू । जलहरविआणवि(पि)हिअंगो ॥१४२-१४७॥

तभजलगा विश्लोका ललितं तभजरि कथितमिदं वृत्तज्ञैः ।

अत्थं उव्वेदि अरुणाभिहदो । रम्मे वणे गअवरो पलाअदी ।
॥१४८-१५१॥

[एष प्रमत्तगजदूनाननो दीनः प्रफुल्लवनवातचालितः ।

पाशाभिबद्धचरणो गजानुगो रम्ये वने गजवरः पलायते ॥]

यदि पञ्चमं हि सत् तीयनैधनं नवमं द्वितीयमपि तस्य तादृशम् ।

चरणे गुरूणि यदि सातिपूर्विका जगती बुधैर्निगदिता सा

म(ता म)नोवती ॥

यथा

घणसन्तदायदविदाणमम्बरं अवलम्बिअऊ(न)रम(अ)णीमुहे ससी ।

गहगाहसंकुइदमन्दजोह्लओ ण विराजदे सवदि किं पधाविओ(ओ)॥

[घनसन्ततायतवितानमम्बरमवलम्बितुं न रजनीमुखे शशी ।

ग्रहगाढसङ्कुलितमन्दज्योत्स्नको न विराजते सपदि किं प्रधावितः ॥]

एतास्तु जातयो ज्ञेयाः स्थितानां हि प्रयोगजाः ।[1]

[2]आक्षेपिक्यवकृष्टानां सम्प्रवक्ष्यामि लक्षणम् ॥१५२॥

सुप्रतिष्ठादिकं छन्दस्त्ववकृष्टासु योजयेत् ।

[3]वृत्तान्यन्यानि यानि स्युर्देवस्तुत्याश्रयाणि तु ॥१५३॥

[4][अक्षराणां(णि) निवेशं तु (लया वर्णा) यतयः पाणयस्तथा ।

अवकृष्टास्तु यस्याः स्युरवकृष्टा भवेत्तु सा ॥१५४॥

एतदुपसंहरति ।

एतास्तु जातयो ज्ञेयाः स्थितानां हि प्रयोगजाः ।

इति अन्यथा सूत्रयति । आक्षेपिक्यप(व)कृष्टानां सम्प्रवक्ष्यामीति । आक्षेपिकीत्वे सत्यवकृष्टत्वं यासां ता आक्षेपिक्यवकृष्टयः(ष्टाः) । तेन रसाक्षेपकृतमाक्षेपिकीत्वमनुबध्यते । करुणादौ भवत्येवेति दर्शितम् ॥१५२॥

सुप्रतिष्ठादिकमिति । मिताक्षरम् । आस्ववकृष्टास्विति यावत् । न सकलध्रुवागाने नाट्योपरञ्जकेऽवकृष्टानामयं विधिर्यावत् पूर्वरङ्गगते गान्धर्वे कृष्टावकृष्टध्रुवायामिति दर्शयति । वृत्तान्यन्यानि यानि स्युरिति । देवस्तुत्याश्रयाणि निवृत्तान्युक्तानि ईशं वन्दे इत्यादीनि तान्यवकृष्टध्रुवाविधौ पूर्वरङ्गयोगे स्युः ॥१५३॥

अवकृष्टत्वं निर्वचनतो दर्शयितुमाह । अक्षराणि लया वर्णा इति ॥१५४॥

---

१. KSS., NS. प्रवेशनाः ।

२. KSS. आक्षेपिकापकृष्टानां NS. आक्षेपिकावकृष्टानां ।

३. KSS. अत्युक्तादीनि च तथा ।

४. कोष्ठबद्धश्लोकौ नि० सा० पुस्तके न स्तः ।

स्थायिवर्णा स्थितलया कलान्तरकृताक्षरा ।
समपाणियतिश्चैव ह्यवकृष्टा विधीयते] ॥१५५॥
[1]अवकृष्टध्रुवाणां हि कलान्तरकलासु च ।
अक्षराणां निवेशस्तु वृत्तजात्यां विधीयते ॥१५६॥
[2]अल्पवर्णान्तरा चैव ह्यवकृष्टा विधीयते ।
प्रावेशिक्यास्तु संक्षेपः क(का)रणानां परिग्रहात् ॥१५७॥

पाण्यवकर्षणादवकृष्टेति यदुक्तं तदेव स्फुटयति । स्थायिवर्ण(र्णा) इति वर्णस्य स्थायित्वमेवापकर्षणं लयस्य विलम्बितत्वं पाणेः समत्वं पातश्च ।

केचिदाहुः । समपाणेः समयतेश्च मध्ये यो विनियोगो विलम्बितलयायामवकृष्टायां संयोगात् सम उचितो यः पाणिः उचिता या यतिः साऽत्र मन्तव्येति ।

अन्ये तु यतिपाणिपरस्परापेक्षया समौ तुल्यौ परस्परानुबन्धाविति ईदृशं साम्यमाहुः ।

उपाध्यायाश्च मन्यन्ते । औचित्यं तन्त्रापेक्षया पूर्वमुक्तम् । मध्यमे लये समपाणिः समा च यतिरित्यादि । वस्तुतः सर्वत्र सर्वस्य विधेः सम्भव इति ॥१५५॥

कलान्तरकृताक्षरेति यदुक्तं तद्विस्पष्टयति ।

अवकृष्टध्रुवाणां हि कलान्तरकलासु च ।
अक्षराणां निवेशस्तु वृत्तजात्यामिति ॥

वृत्तजात्यां यान्यक्षराणि गुरुलघुरूपाणि तेषामक्षराणां कलान्तरे कलायां च यो निवेशः स सावकृष्टासु विधीयते । एषोऽसावकृष्टाक्षराणामवकृष्ट इति यावत् ।

एतदुक्तं भवति । गुरुणाक्षरेण स्वराधारभूता तालकलया व्याप्ता तदपेक्षया द्विकलाव्यापिनी या तत् कलान्तरमित्युक्तम् । लघुना त्वेकैककला निर्वाह्येति । एवमेव च लक्ष्ये करुणादौ द्विपदीभञ्जकादिप्रयोगो दृश्यते । यत्तु दक्षिणमार्गेण या कलान्तरमाम्रेति तदतिविततदर्शनाच्चोपेक्ष्यम् । चत्वारिंशल्लघुकालस्तालकलाध्रुवामनुलक्ष्य लक्षित इति ॥१५६॥

मिताक्षरच्छन्दो यद्यवकृष्टायामुक्तं तथापि विततमपि भवति तस्यानिबद्धत्वादिति यो मन्येत तं प्रत्याह । अल्पवर्णान्तरा चैवेति । वर्णविशेषा अल्पस्यान्ते दृश्यन्ते वाऽवकृष्टेति नियमः । भूयोऽक्षरत्वे च भेदातिशयसम्भवात् । एवं यदा क्षेपिक्यवकृष्टा भवति तद्दर्शयति ।

---

१. KSS. अपकृष्टा । NS. अवकृष्टा ।

२. KSS. अल्पवस्तुपदा नित्यमपकृष्टा विधीयते ।
प्रावेशिकाथ संक्षेपः करणाङ्गपरिग्रहात् ।

एवं ज्ञेयोऽवकृष्टानां जातीनां वृत्तसम्भवः[1]।
अत ऊर्ध्वं प्रवक्ष्यामि ध्रुवानामपि लक्षणम् ॥१५८॥

मुखे तु [2]दोधकं कृत्वा शेषं ह्रस्वैस्तु योजयेत् ।
युग्ममोजं विमिश्रं च तथैव लघुसञ्चयः ॥१५९॥

जगत्यादिर्भवेत् सा तु [3]तथाऽतिधृतिनैधना ।
[4]तथाभूता च च्छन्दोभिर्नानावृत्तसमुद्भवा ॥१६०॥

प्रावि(वे)शिक्यास्तु संक्षेपः कारणानां परिग्रहात् ।

इति । प्रावेशिक्या अपि संक्षेपो मिताक्षरत्वं भवति । कुतः । कारणानामवकर्षण-हेतुनामक्षरलयाद्यवकर्षणानां परिग्रहणान्या(दा)श्रयणात् ॥१५७॥

एतदुपसंहरति । एवं ज्ञेयोऽवकृष्टानामिति । एवं विलम्बितामभिधाय द्रुत-ध्रुवां प्रतिजानीते । अत ऊर्ध्वं ध्रुवानामिति ॥१५८॥

तत्र द्रुवध्रुवासु यावन् मात्रातस्तावत् साधारणं रूपमाह ।

मुखे तु दोधकं कृत्वा शेषं ह्रस्वैस्तु योजयेत् ।
युग्ममोजं विमिश्रं च तथैव लघुसञ्चयः ॥

इति । सन्धिर्मुखमत्रेत्यसत् अप्रकृतत्वात् । किंतु प्रारब्धप्रथमपादे दोधकं कृत्वा शेषं पादत्रयं ह्रस्वैः कुर्यात् । (युग्मं) चचत्पुटमोजं चाचपुटं मिश्रं वा सप्तकला तदिह योजयेदित्यावृत्या सम्बन्धः ।

ननु पादत्रये यानि ह्रस्वानि क्रियन्ते तानि कियन्तीत्याशङ्क्याह । तथैव लघुसञ्चय इति । दोधकमात्राणां पूरक एव लघुसञ्चयः पादत्रय इति यावत् । अन्ये तु

जगत्यादि भ(र्भ)वेत् सा तु तथाऽतिधृतिनैधना ।
(भ. ना. ३२.१६०)

इति वक्ष्यमाणत्वात् पदत्रये जगतीमारभ्यातिधृत्यन्तं यानि च्छन्दांसि तेन लघुसंख्यां कुर्यादित्याचक्षते ॥१५९॥

---

१. KSS. जातयः ।
२. KSS. तोटकं कृत्वा शेषं ह्रस्वं ।
३. NS. तथा च धृतिनैधना ।
४. KSS. तथाद्रुता च । NS तथा हृता च ।

अष्टावादौ यस्याः सान्त्यं स्यान्नवमं
दीर्घाणि स्थाप्ये शिष्टे च द्वे लघुनी।
वृत्तं ह्येतज् ज्ञेयं तज्ज्ञैर्वृत्तविधौ
गीते ह्येवं नित्यं विक्रान्ता जगती ॥१६१॥

यथा
एसो मेहो णाणद्दंतो धूमणिहो
विज्जुज्जुत्तो धाराएहिं भूमिदलम्।
जाबाबद्धो भीमुब्बिग्गो(हत्थिणिहो)
विण्णाकआविज्झो (विद्दभूद्दण्णो) पीणाअन्तो
णादिगओ ॥१६२॥

[एष मेघो नानदन् धूमनिभो
विद्युद्युक्तो धाराभिर्भूमिदलम्।
जालाबद्धो भीमविग्रहो हस्तिनिभो
विद्युद्वर्णः पीनान्तो नातिगतः ॥]
अष्टावादौ दीर्घाणि(दीर्घाण्यष्टावादौ) स्युस्त्वतिजगती।
अन्त्यं दीर्घं सा विज्ञेया मदनवती ॥१६३॥

यथा।
एसो मेहो णाणद्धं(द्दं)तो सबइ(अलक)णिहो।
सद्दारन्तो विज्जुज्जोआ भमदि दुदम् ॥१६४॥

[एष मेघो नानदन्नलकनिभः
संदारयन् विद्युज्ज्योत्स्नो भ्रमति द्रुतम् ॥]
पञ्च त्वादं(दौ) यत्र हि गुर्वष्टमनवमम्।
अन्त्यं दीर्घं सा खलु नाम्ना विमलगतिः ॥
यथा।
एसो अंसं अंसुसहस्सो पवणसखो
जाळाळोळो धूमसमिद्धो भमदि वणे ॥
[एषोऽस्मिन्नंशुसहस्रः पवनसखः।
ज्वालालोलो धूमसमिद्धो भ्रमति वने ॥]

एवं तावद् द्रुवध्रुवासु—सामान्यविधिमुक्त्वा विशेषमाह जगत्याविरिति। अतिधृत्यन्तादिवृत्तेन द्वादशाक्षरमप्येकोनविंशत्यक्षरं द्रुतासु च्छन्द इत्यर्थः ॥१६०॥

आद्यचतुर्थे पञ्चमषष्ठे नवदशमे
पादविमक्तौ यत्र तु दीर्घं निधनकृते(तम्) ।
तत्र तु बोध्या पञ्चदशाख्ये भुवि हि सदा
भूतलतन्वी वृत्तविधानेत्यभिविहिता ॥१६५॥

यथा ।

पादपसंडं कम्पअ(य)माणो पटु(ड्ड)णिणदो
सेलतडेसु पक्खलमाणो विसमवदि ।
रेणुसमूहं उद्धअमाणो रुणकविलो
वाअदि वादो चण्डपवाही गगणवले ॥१६६॥

[पादपखण्डं कम्पयमानो पटुनिनदः
शैलतटेषु प्रस्खलमानो विषमगतिः ।
रेणुसमूहमुद्धरमाणोऽरुणकपिलो
वाति वातो चण्डप्रवाही गगनतले ॥]

[आद्यचतुर्थे पञ्चमषष्ठे नवदशमे ।
अन्त्यमथो दीर्घाणि तु स्यात् कुसुमवती ॥ इत्यन्ये ।]

आद्यचतुर्थकसप्तममन्त्यं दशमपरे ।
यत्र गुरूण्यथ सा सुकुमारेत्यभिगदिता ॥१६७॥

यथा ।

मेहसमूहणिबद्धविदाणं जलमतिदम्(भरिदम्) ।
सोइ(इ) इंदधणुज्जलमज्झं गगणदलम् ॥१६८॥

यदि खलु पञ्चममष्टममन्त्यं दशमपरे ।
चरणगतानि गुरूणि तु माला भवति तदा ॥१६९॥

[मेघसमूहनिबद्धवितानं जलभरितम् ।
शोभत इन्द्रधनुरुज्ज्वलमध्यं गगनतलम् ॥]

एतस्थिति । द्रुतध्रुवा । तत्र जगत्याः प्रभृति वृत्तानि दृश्यन्ते । दीर्घाण्यष्टावित्यादि ।
मत्रयसा विक्रान्ता मद्वयतनगाश्च मदनिका तन्वी ।

भमसभसाः सुकुमारा त्रिभतनगा—

विभूवणो पीणाआन्तो णादिगओ । एसो मेहो णाणद्दन्तो अच(ल)कनि(णि)हो ।
पावपसंडं कम्पयमाणो पड्डणिणदो । मेहसमूहणिबद्धविदाणं जलमरिदम् ॥१६१-२६८॥

यथा

असणिरवाहदपादवकूडो धरणिधरो
पगलिअकंदरनिज्झरसानु(नू)रवो(व) मुहु(ह)लो ।
विवहविहंगमसेविअकुंजो जहजलदो
परहुअचंपअगीअसणाहो हसदि विअ ॥१७०॥

[अशनिरवाहतपादपकूटो धरणिधरः
प्रगलितकन्दरनिर्झरसानू रवमुखरः ।
विविधविहङ्गमसेवितकुञ्जो यतजलदः
परभृतचम्पकगीतसनाथो हसतीव ॥]

तृतीयं च चतुर्थं च सप्तमं चाष्टमं तथा ।
नवमं द्वादशं चैव नैधनं सत्रयोदशम् ॥१७१॥

यत्र दीर्घाणि पादे तु ध्र्(धृ)तिच्छन्दःसमाश्रये ।
सा ज्ञेया गीतकविधौ ध्रुवा स्खलितविक्रमा ॥२७२॥

दिवसं सूरसणाहं खे विअ चन्दो कुमुदवणे
उदिदो दीसदि एसो दप्पणबिम्बाकिदिसादिसो ।
गहणे मेहविमुख्खे(क्खे) सोम्मसहाओ रतिसुहगो
वहलं विकिखरमाणो सारवो(द)जोह्णं पजति दुदम् ॥१७३॥

[दिवसं सूर्यसनाथं खे इव चन्द्रः कुमुदवने
उदितो दृश्यत एष दर्पणबिम्बाकृतिसदृशः ।
गगने मेघविमुक्ते सोऽम्बुसहायो रतिसुभगो
बहुलं विकिरन् शारदज्योत्स्नां व्रजति द्रुतम् ॥]

पञ्चमं ह्यष्टमं यत्र त्रयोदशमथापि च ।
गुरूण्यष्टादशं चैव द्रुता वै चपला तु सा ॥१७४॥

यथा ।

पवणविघ(घु)ण्णिदपङ्कज(अ)कुसुमं सरसि जळं
कमलिणिवत्तपसाहिवसुभहं फलिहणिहं ।
वलदतरंतविदाहिदकुसुमं चलितगद-
क्खुभिदविहङ्गविकम्पिदमुहलं हसदि विअ ॥१७५॥

[पवनविघूर्णितपङ्कजकुसुमं सरसि जलं
कमलिनीपत्रप्रसाधितसुभगं स्फटिकनिभम् ।
चलतरङ्गविदारितकुसुमं चलितगत-
क्षुभितविहङ्गविकम्पितमुकुलं हसतीव ।।]

पादे पञ्चममन्त्ये(न्त्यं) च दीर्घं द्वादशमेव च ।
यदाऽतिवृत्यां सा ज्ञेया चपला मुखसंहिता ।।१७६।।

यथा

पिअसहि आइअगअणदले चपलतरमुही ।
पविचरदे मदसुरभिमुही सुरवरयुवदी ।।१७७।।

[प्रियसखि आयतगगनतले चपलतरमुखी ।
प्रविचरति मदसुरभिमुखी सुरवरयुवतिः ।।]

एता ह्यष्टौ [1]परित्याज्या ध्रुवाणां मूलजातयः ।
आभ्यो विनिस्सृताश्चान्या युग्मौजा विषमाः पराः ।।१७८।।

एतास्तु जातयो ज्ञेया द्रुतानां वृत्तसंश्रयाः ।
देवानां पार्थिवानां च ह्यौपम्यगुणसंश्रयाः(भवाः) ।।१७९।।

—(नज)जयनलगा माला ।
स्खलिता सभमसभसयुजि चपला नजजनभंसी च ।
मुखचपला नजनसननगा अष्टावेतानि द्रुतविधौ प्रयोज्यानि ।।

पसरिणरवाहदपादवकूडो धरणिधरो । गहणे मेहविमुक्खे सोम्मसहाओ रतिसुहओ-(गो) । पवणविघुण्णिदपंकअकुसुमं सरसिजक(ल)म् । पविचरदे मदसुरभिमुही सुरवरयुवदी ।।१६९-१७७।।

सर्वत्रात्र प्रतीयस्या(ता)अमूइति(ऽभूदिति)आसां विषयं निरूपयिष्यंस्ततो विषयान्तरेभ्य एव द्रुतध्रुवां कल्पयेदिति दर्शयति ।

एता ह्यष्टौ परित्यज्य ध्रुवाणां मूलजातयः ।
आभ्यो विनिःसृताश्चान्या युग्मौजविषमाः पराः ।।

---

१. KSS. तु विज्ञेया ।

सप्तदशद्वादशकैरेकादशपञ्चमाष्टमतृतीयैः ।
गुरुभिर्यस्याः पादः ता(सा) ज्ञेयाऽऽक्षिप्तिका नाम ॥१८०॥

गुर्वादिरथलघ्वादिर्युग्मौजावथवेतरा ।
एतद्द्रुतगता या तु विज्ञेया सा ध्रुवा द्रुता ॥१८१॥

इति । यावता जगत्यादावतिकृत्यन्ते च्छन्दसि विक्रान्ताद्या मुखचपलान्ता अष्टौ दर्शिताः । ताः परित्यज्य वर्जयित्वा परा इत्येता वक्ष्यमाणविषयव्यतिरिक्तविषयान्तरागता अन्या एता द्रुतध्रुवाणां मूलजातयः योनिः इति शेषः । कथमन्या........ इत्याह । आभ्यो विनिःसृता इति । कथमित्येवं युग्मौजत्वेन विषमाः । एतदुक्तं भवति । एतास्तावदुत्तमविषये अष्टौ तन्मध्यमाधमेषु योज्याः । एतदीयैरेव तु यथेच्छं पादौ(दै)र्मिलितैर्विषमवृत्तस्वभावान् मध्यमाधविषयाः कल्प्या इति ॥१७८॥

नन्वासामष्टानां कोऽसौ विषय इत्याह—

एतास्तु जातयो ज्ञेया द्रुतानां वृत्तसंश्रयाः ।
देवानां पार्थिवानां च । इति ।

उत्तमानामिति वृत्तवशादश्वरार्थानुसरणरथगमनादिद्रुतक्रियावतामेव विक्रान्ताद्यष्टौ द्रुतध्रुवा इति । देवपार्थिवादयोऽधिका वर्ण्यन्ते ध्रुवास्वित्याह । औपम्यगुणसम्भवाः । सादृश्यधर्मेण सम्भवो यासां ताः । सदृशं सुरगजहंसादि तत्र वर्ण्यमिति यावत् । देवपार्थिवग्रहणं प्रकरणात् मालविकादेः(मालविकाग्निमित्रम्) सागरिकादे(रत्नावली)श्चोत्तमत्वेऽपि नियमार्थम् ॥१७९॥

अथ मध्यमाधमविषयसाधारिणीं द्रुतध्रुवामाह । सप्तदशद्वादशकैरिति । सप्तदशाक्षरेयम् । मध्यमाधमसाधारण्येन मुनिनोदाहरणं नास्या दत्तम् । उदाहरणाद्धि विषयसंकोचशङ्का स्यादिति । सजजयनलगा मध्यमाधमयोर्द्रुतविषया साधारणी भवति प(प्र)वणा । आक्षिप्तिकेति प्रकरणादेतद्द्रुवेत्यर्थः ॥१८०॥

अथाऽस्यां बहुविषयत्वमेव यादृच्छिके तालयोजनया प्रकटयति ।

गुर्वादिरथ लघ्वादिर्युग्मौजावथवेतरा ।
एतद्द्रुतगता या तु विज्ञेया सा द्रुता ध्रुवा ॥ इति ।

आदौ द्वे गुरु(द्वे)निधने त्रीणि यस्याः पादेष्वथ चतुर्गुरूणियस्या
(थ गुरूणि) स्युः।
ज्ञेया वृत्ते खलु बृहतीसंस्था(स्थे) नाम्ना सा कथित(नक)लता ॥
यथा।
एसो मेहो सिहरिनि(णि)हो नीलो
धारापातैरतिमग्रगो(दो) भूमिम्।
आपूरन्तो पदुतरसन्नादो
तोयापुण्णे गगनतले आभादि ॥
[एष मेघः शिखरिनभो नीलो
धारापातैरतिभयदो भूमिम्।
आपूरयन् पटुतरसन्नादो
तोयापूर्णे गगनतल आभाति ॥]
आद्ये ह्यथ निधने त्रीणि पादेऽथ यदि गुरूणि स्युः।
ज्ञेया खलु बृहती नित्यं नाम्ना कनकलताऽऽक्षिप्तिका ॥१८२॥
यथा।
एसो गगणदळे मेहो
भीमो भअजणणो दिट्ठो।
भूमिं नवजलधाराहिं
सिञ्चन्तो(न्) भुवनतलं जादि ॥१८३॥
[सिंचेदिय सहि गज्जन्तो]
[एष गगनतले मेघो भीमो भयजननो दृष्टः।
भूमिं नवजलधाराभिः सिञ्चन् भुवनतलं याति [सिञ्चयित्वा सखि
गर्ज्जन्] ॥]

तालगतिरिहोच्यते। ध्रुवाबन्धस्यैव ग्रहचक्रस्य तालस्य गत्यनुबन्धस्य गीत-नृत्तवाद्यादिक्रिया(प्र)बन्धस्य (इति) विकटा शङ्का न (अभ्यूहनीया)। एतदुक्तं भवति। द्रुतविषयो गुर्वादिर्लघ्वादिः। अथशब्दात्तन्मध्यतो वा त्र्यश्रचतुरश्रो मिश्रो वा यस्तालविशेषः स एकस्मिंस्तूक्तलक्षणे सप्तदशाक्षरे वृत्ते योज्यमि(इ)ति। ताल-भेदश्च लोके भङ्गलयादिर्यः प्रसिद्धः सोऽग्रे मुनेरेव सम्मत इति स्फुटं स्वावसरे दर्शयिष्यामः ॥१८१॥

यदि खलु पञ्चममन्त्ये चरणविधौ च गुरूणि भवन्ति तु।
सा शशिलेखा भुवि बृहती प्रथिता सा ॥१८४॥

यथा।
गिरिव(च)रवा(वारणरूपं खुभिदमहण्णवसहस्सपणादम्
(वणादम्)।
पदु(डु)पवणेण विधूवं भमदि बलाहअजूह(थ)म् ॥१८५॥

[गिरिवरवारणरूपं क्षुभितमहार्णवनादम्।
पटुपवनेन विधूतं भ्रमति बलाहकयूथम् ॥]
यदि तु खलु षष्ठमन्त्यं(न्त्ये) गुरु(रूणि) भवति(न्ति) पादयोगे।
इति निगदितादिवृत्ते सततमविचालिता सा ॥१८६॥

यथा।
शशि(ससि)किरणलम्बहारा उडुगणक(कि)दावदंसा।
गहगणक(कि)दङ्गसोहा जुवदि विअ(य)भादि राई ॥१८७॥
[शशिकिरणलम्बहारा उडुगणकृतावतंसा।
ग्रहगणकृताङ्गशोभा युवतिरिव भाति रात्रिः ॥]
यदि खलु चरणविधौ लघुवसुगणकमिदम्।
भवति हि खलु बृहती मणिगुणनिकरकृता ॥१८८॥

यथा।
ऋदु(उडु)गणकुसुमवदी गहगणकिदतिळका।
रजनि(णि)करमभिमुखी च यदि(वजदि) विअ(य) अनु
णिसा ॥१८९॥

[उडुगणकुसुमवती ग्रहगणकृततिलका।
रजनिकरमभिमुखी व्रजतीवाशु निशा ॥]
चत्वार्यादौ गुरु निधनं ह्रस्वानि स्युर्यदि च तथा।
नाम्ना ज्ञेया जगति हि सा सिंहाक्रान्ता खलु बृहती ॥१९०॥

यथा।
आकम्पन्तो गगन(ण)वळं विक्खेवन्तो धरणिवळम्।
विज्जुज्जोदा अववहिवो एसो मेहो(हो)पावचरिदो ॥१९१॥

[आकम्पयन् गगनतलं विक्षिपन् धरणितलम् ।
विद्युज्ज्योत्स्नापविभव एष मेघः प्रविचरितः ॥]
बृहत्या जातयो ह्येता विज्ञेया वै प्रवेशजाः ।
अत ऊर्ध्वं प्रवक्ष्यामि पङ्क्तिजातिविकल्पनम् ॥१९२॥

आद्यचतुर्थे पर(ञ्चम)निधने यक्ष गुरूणि प्रतिचरणम् ।
गीतविधाने भवति हि सा पङ्क्तिकृता वै सुरदयिता ॥१९३॥

यथा ।
पङ्कअसण्डे विमळजले सारससंघं (केहिं)समणुगदो ।
कुन्दणिकासो ससिधवळो हंसजुवाणो परिभमिदो ॥१९४॥

[पङ्कजखण्डे विमलजले सारसकैः समनुगतः ॥
कुन्दनिकाशः शशिधवलो हंसयुवा परिभ्रमितः ॥]
दीर्घाणि ह्यथ निधनगतं त्रीणि स्युर्यदि चरणविधौ ।
सा ज्ञेया कुसुमसमुदिता पङ्क्तिश्चेदपि च कुमुदिनी ॥१९५॥

यथा ।
वाजन्तो कुमुमसमुदितो वाद(स)न्तो कुसुमसुरहिणो ।
सोसंतो पिअरहितजणं संपत्तो असु णवअ(स)रदो ॥१९६॥

[वीजयन्ती कुसुमसमुदिता वासयन्ती कुसुमसुरभिः ।
शोषयन्ती प्रियरहितजनं सम्प्राप्ताऽऽशु नवशरद् ॥]
सप्तममाद्यचतुर्थयुतं यत्र हि नैधनमेव गुरु ।
पादविधौ यदि पङ्क्तिकृता सा कथिता खलु दोधकवत् ॥१९७॥

यथा ।
एस समुण्णअमच्च(म्ब)रके मेहरवं सुणिऊण गओ ।
रोसवसेण समुज्जळिदो हिंडति काणणए कुविदो ॥१९८॥

[एष समुन्नतमम्बरे मेघरवं श्रुत्वा गजः ।
रोषवशेन समुज्ज्वलितो हिण्डति कानने कुपितः ॥]
त्रीण्यादौ तु गुरुणि यदा स्युः षष्ठं चान्त्यमुपान्त्यतमं च ।
सा ज्ञेया खलु पादविधाने पङ्क्तिः सा तु कृतोद्धतनाम्ना ॥१९९॥

यथा ।

अब्भं अम्बुधरेहि(हरेइ)पिणद्धं विज्जुज्जोअखणंतरदीवम् ।
वादाघण्णिदकंपिददन्तं उप्पा(म्मा)देदिव हत्थिसमूहम् ॥२००॥

[अभ्रमम्बुधरैः पिनद्धं विद्युद्योगक्षणान्तरदीपम् ।
वाताघूर्णितकम्पितदन्तमुन्माद्यतीव हस्तिसमूहम् ॥]
आद्यचतुर्थे नैधनके न(च) पञ्चषष्ठे यत्र तु दीर्घे ।
वृत्तसमुत्था सङ्कथिता सा पङ्क्तिरथैषा गीतकबन्धे ॥२०१॥

यथा ।

मेहसमूहं पीणबळाकं विज्जू(ज्जु)पळि(ळी)कं(वं) पेक्खिअ एसो ।
उट्ठिठतरोसो भीमणिणादो धावदि हत्थी रुक्खवणम्मि ॥२०२॥

[मेघसमूहं पीनगलाकं विद्युत्प्रदीपं प्रेक्ष्य एषः ।
उत्थितरोषो भीमनिनादो धावति हस्ती रूक्षवने ॥]
यदि खलु पञ्चममन्त्यं चरणविधावपि दीर्घं स्यात् ।
भवति तथाष्टममन्त्ये(नवमे) विपुलभुजा भुवि सा ज्ञेया ॥२०३॥

यथा ।

जलहरणादसमुव्विग्गो पगळितगण्ड्ड्डुमहाणादो ।
वणगहणं कुविदो हत्थी सरभसगव्विदकं याति ॥२०४॥
[जलधरनादसमुद्विग्नः प्रगलितगण्डमहानादः ।
वनगहनं कुपितो हस्ती सरभसगर्वितकं याति ॥]
एतास्तु जातयः प्रोक्ताः पङ्क्त्यामेव समासतः ।
अतःपरं प्रवक्ष्यामि त्रिष्टुब्जातिविकल्पनम् ॥२०५॥

आदाविह यदि खलु गुरुणी नित्यं निधनमपि च परतः ।
वृत्ते कविभिरपि निगदिता त्रिष्टुम् चपलगतिरिह सदा ॥२०६॥

यथा ।

एदे खिविधरवरसदिसा भीमा पडुपडहसमरवा ।
णीळासिदखगकिदरसणा मेहा णहवळमभिपडिदा ॥२०७॥

[एते क्षितिधरवरसदृशा भीमाः पटुपटहसमरवाः ।
नीलासितखगकृतरशना मेघा नभस्तलमभिपतिताः ॥]
यदि खलु मध्ये त्वथ गुरुणी पुनरपि चान्त्यं गुरु चरणे ।
भवति हि नित्यं रुचिरमुखी कमलदलाक्षीति हि कथिता ॥२०८॥

यथा ।

परिधुणमाणो किरणपडं अभिरुहमाणो उदअगिरिम् ।
उडुगणबन्धू कुमुदसहो उदयति चन्दो गगनदले ॥२०९॥
[परिधुन्वानः किरणपटमभिरोहमाण उदयगिरिम् ।
उडुगणबन्धुः कुमुदसख उदयति चन्द्रो गगनतले ॥]
यदि खलु पञ्चमकाष्टमके पुनरपि चान्त्यमकं(गतं)तु गुरु ।
चरणविधाविह वृत्तविधौ भवति हि सा द्रुतपादगतिः ॥२१०॥

यथा ।

गगन(ण)तलंगणहिंडणओ किरणसहस्सविहूसिदओ ।
बिहुणिअमेहपडं तमसू विसइ ससी गअणे विदुअम् ॥२११॥

गगनतलाङ्गणहिण्डनकः किरणसहस्रविभूषितः ।
विधूनितमेघपटं तमसि विशति शशी गगने विदूरम् ॥]
यदि खलु षष्ठं गुरुयुगलं निधनगतं चाप्यथ गुरुकम् ।
भवति हि सैवं चरणविधौ मुखचपला त्रिष्टु(ब)भिरचिता ॥

यथा ।

कुसुमसुअन्धी सुअपवणो विचरदि रम्मे णलिणिभने ।
तरुवरळासे पमदवणे वहुकुसुमे स्सिण्णवसरदे ॥
[कुसुमसुगन्धी सुखपवनो विचरति रम्ये नलिनीवने ।
तरुवरलास्ये प्रमदवने बहुकुसुमेऽस्यां नवशरदि ॥]
तृतीयमन्त्यं चतुर्थं च पञ्चमं षष्ठमेव च ।
गुरुणी(रूणि) त्रैष्टुभे पादे यत्र सा विमला यथा ॥२१२॥

यथा ।

कुसुमाकिण्णे णिम्मळसळिळे णळिणीसंडे छप्पदमुहळे ।
सबहूमज्झे सारसमुदिते समदो हत्थी सोम(एष)विचरिवो ॥२१३॥

[कुसुमाकीर्णे निर्मलसलिले नलिनीखण्डे षट्पदमुखरे ।
सवधूमध्ये सारसमुदिते समदो हस्ती एष विचरितः ॥]
चतुर्थं पञ्चमं पूर्वमन्त्योपान्त्ये तथैव च ।
गुरूणि त्रैष्टुभे पादे यत्र सा रुचिरा यथा ॥२१४॥

मेहविदाणं अवधुणमाणो कम्पअमाणो सगअवणाइम् ।
तोअसमूहं अवकिरमाणो वाअदि वादो कुविद इवासू ॥२१५॥

[मेघवितानमवधूनयमानः कम्पयमानः सकलवनानि ।
तोयसमूहमवकिरमाणो वाति वातः कुपित इवाशु ॥]
यदि खलु चरणे तु सप्तमं पुनरपि नवमं सनिधनम् ।
गुरु तदपरवक्त्रमुच्यते नियतमिति निदर्शनं यथा ॥२१६॥

गिरितडविवरे विघुण्णिदो असणिघनरवेण कम्पअम् ।
अभिपददि बुदं महीदळं पटुतरणिणा(ण)दो महारवो ॥२१७॥

[गिरितटविवरे विघूर्णितोऽशनिधनरवेण कम्पयन् ।
अभिपतति द्रुतं महीतलं पटुतरनिनदो महारवः ॥]
त्रिष्टुभो जातयो ह्येता जगत्यास्तु निबोधत ।
अष्टमं नैधनं चैव(नवमं नैधने द्वे च) गुरूणि चरणे यदि ।
वृत्ते तु जगती सा तु ज्ञेया कमललोचना ॥२१८॥
यथा ।

पूर्वं बृहत्याद्यान्यतिजगत्यन्तानि च्छन्दांसि त्रिविधाऽवकृष्टात्मध्रुवासङ्ग्रहे दर्शितानि । अधुना तु द्रुतध्रुवादिविषयाणि तानि दर्श्यन्ते । आद्ये इति ।

अथ कनकलता तनया(मा) शशिलेखा नजया ह्यविचलिता नसया ।
मणिकुन्नौ सः सिंहाक्रान्ता मभसाः सुरदयिता भतनगि ।
कुमुदा मननगि दोधकविषया भत्रयगयुता मससगि चोद्धतिका ।
भमसगि पङ्क्तिरथा नजयगि विपुलभुजा चपलगतिस्तनौ नलगा ।
चप(कम)लाक्षी नज(य)नलगा द्रुतगा नजजलगा समनलगा विमला ।•
रुचिरा भज(त)नगयुग्मा नौरलगापरवक्त्रा कमला नौससगौ ।
अतिचपला नचतुर्गुः(र्गा) नजनसगा मदकलिता ॥

दिअगणमुणिगणविव(एव)ड्ढिअतेओ
पवितत किरणसहस्सपिणद्धो ।
विधुणिअतिमिरपडं जगदीवो
उदयति गगणदळे असु सूरो ॥२१६॥

[द्विजगणमुनिगणवर्धिततेजाः
प्रविततकिरणसहस्रपिनद्धः ।
विधूनिततिमिरपटं जगद्दीप
उदयति गगनतले आशु सूर्यः ॥]

यदि खलु लघुगण इह निहितं
पदि यदि गुरु निधनगतम् ।
भवति हि खलु गतिरतिचपला
त्वरितगतिरधिकमतिजगती ॥२२०॥

यथा ।
विधुणिअ जळधरमसिदपडं
दिअगणमुनिवरपरिपडिदो ।
उदअगिरिसिहरतटमुकुटे
विचरदि गगणतळमसु रवि ॥२२१॥

[विधूय जलधरमसितबटं
द्विजगणमुनिवरपरिपठितः ।
उदयगिरिशिखरतटमुकुटे
विचरति गगनतलमाशु रविः ॥]

यदि खलु पञ्चमनिधनगते द्वे चरणविधौ भवति(तो)हि गुरुणी तु ।
अतिजगती भुवि कथितगुणा सा मदकलितेव निगदितनामा(म्नी)
॥२२२॥

यथा ।
गगनतलंगणमभिरुहमाणो रजतमहागिरिसिहररूवो ।
रजतमओ विअ पिअकळसोसू पविचरिदो विअ[दि हि]णिखि
चन्दो ॥२२३॥

[गगनतलाङ्गणमभिरहन् रजतमहागिरिशिखरसरूपः ।
रजतमय इव प्रियकलशोऽसौ प्रविचरितो वियति हि निशि चन्द्रः] ॥

एतास्तु जातयो ज्ञेयाः प्रावेशिक्यो द्रुतास्तथा ।
समवृत्तपदानां तु वर्धमानं निबोधत ॥२२४॥

एतासां लक्षणं पूर्वं सर्वमुक्तं विधानतः ।
प्रतिष्ठादि यथाच्छन्दः सम्यक् पदविभागतः ॥२२५॥

एताः प्रावेशिक्यो द्रुतलयविषयाः ।
एसो गगणदळे मेहो । पडुपवणेण विधूदम् ।
ससिकिरणलम्बहारा । उडुगणकुसुमवदी ।
आकम्पन्तो गगणदळम् । पंकअसण्डे विमळजळे ।
संपतो(त्तो) असु णवसरदो । मेहरवं सुणिउण गओ ।
अब्भं अम्बुहरेइ पिणद्धम् । पीणसमूहं पीणबळाकम् ।
जलहरणादसमुव्विग्गो । एदे खिदिधरवरसदिसा ।
परिधुणमाणो किरणपडम् । गगणतलंगण हिंडणओ ।
कुसुमाकिण्णे णिम्मळसळिळे । मेहविदाणं अवधुणमाणो ।
गिरितडविवरे विघुण्णिदो । पविततकिरणसहस्सपिणद्धो ।
विअगणमुनिवरपरिपडिदो । गगणतळंगणमभिरुहमाणो ।
॥१८२-२२३॥

एतदुपसंहरन् सहृदिशं शिष्याणां दर्शयति । एतास्तु जातयो ज्ञेयाः प्रावेशिक्यो द्रुता इति । एताः प्रावेशिकीनां जातयः । एतन्मध्यादेव चान्या अविशङ्क्योत्प्रेक्षाद्य(क्ष्या य)था विश्रान्तान्मुखचपला । पा(दगता)न्यक्षराणि गृहीत्वा वृत्तान्तरं निवर्त्यते । तथा च विक्रान्तायाः । विण्णविज्जो(विज्जुद्वण्णो) पीणा अंतो णादिगओ । (भ० ना० ३२.१६२) (विद्युद्वर्णः पीतान्तो नातिगतः) । इत्यत्राष्ट(ष्ट)भिरक्षरैराद्याश्चतुर्भिर्वृत्तान्तरं कल्प्यम् । तदाह ज्ञेया इति । अन्यदधुना प्रतिजानीते । समवृत्तपदानां तु वर्धमानमिति । समवृत्तेषु ये पादास्तेषां क्रमेणाक्षरे वृद्धि गते यद्रूपं तन्निबोधतेति । शानच् तदृद्धापरमभिदधद्वीप्सां सूचयति ॥२२४॥

तत्र चतुरक्षराणां या प्रतिष्ठाया आरम्य जगत्यन्तमक्षरस्योत्तराधिक्येन वृद्धिरुदाहरणे दर्शिता । तत्रोष्णिग्गतं वर्धमानं त्र्यश्रे । अन्यच्चतुरश्रे । एवं यान्ये-

यथा प्रतिष्ठा ।

मेहरवं णवसरदे ।

णिसमिअ कुद्धो भवइ गअवरो ॥२२६॥

[मेघरवं नवशरदि निशम्य क्रुद्धो भवति गजवरः ।]

सुप्रतिष्ठा ।

विज्जुकसाहि अभिहतं व ।

रुददिव गगअं पसमिअगहतारम् ॥२२७॥

[विद्युत्कशाभिरभिहतमिव ।

रुदतीव गगनं प्रशमितग्रहतारम् ॥]

गायत्री ।

मेघरवघातुकर(वातुरं)नट्ठगु(ग)हचन्दअं सकरं ।

रुददि किअ णहदळम्(सं) ॥२२८॥

[मेघरवातुरं नष्टग्रहचन्द्रकं सकलम् ।

रुदति किल नभः ॥]

उष्णिक् ।

पुल्लिअतरुसण्डे सुरभिपवणहदे ।

विअरदि पमदवणे हंसो सहअरिपरिवुदो ॥२२९॥

[फुल्लतरुषण्डे सुरभिपवनहते ।

विचरति प्रमदवने हंसः सहचरीपरिवृतः ॥]

वर्धमानं मयैवं तु त्र्यश्राणामपि कीर्तितम् ।

पुनश्च चतुरश्राणामेवमेवं निबोधत ॥२३०॥

अनुष्टुप् ।

ताराबन्धवसणाहो विक्खिरमाणो मेहपडम् ।

किरणसहस्सविहूसिदी उदयदि एसो रअणिअरो ॥२३१॥

[ताराबन्धवसनाथो विकिरन् मेघपटम् ।

किरणसहस्रविभूषित उदयत्येष रजनिकरः ॥]

बृहती ।

एसो सुमेरुवणत(क)म्मि दिअ देवसिद्धपरिगीदो ।

सुरहिसुअंधवणचारी पविचरदिवि णहंगणदूतवातो ॥२३२॥

[एष सुमेरुवनकम्बी देवसिद्धपरिगीतः ।
सुरभिसुगन्धवनचारी प्रविचरतीव नभोऽङ्गणदूतवातः ॥]
पङ्क्तिः ।
पादपसण्डं कम्पअमाणो सुरहिसुअन्धसुवासिदओ ।
उपवणतरुगणलासगओ विअरति वरतणु वणपवणो ॥२३३॥

[पादपखण्डं कम्पयमानः सुरभिसुगन्धसुवासितकः ।
उपवनतरुगणलास्यगतो विचरति वरतनु वनपवनः ॥]
त्रिष्टुप् ।
कुमुदवनस्स विहूसणओ विधुणिअतिमिरपडं गगणे ।
उदअगिरिसिहरमहिरुहन्तो रअणिकरो उदयदि विमळकरो ॥२३४॥

[कुमुदवनस्य विभूषणो विधूनिततिमिरपटं गगने ।
उदयगिरिशिखरमधिरोहन् रजनिकर उदयति विमलकरः ॥]
जगती ।
दिअवरमुनिगणसंवुदओ तविअसुवण्णपिण्डसमदेहओ ।
गगणदलंगणमभिरुहमाणो विअरदि एस दिवसकरो ॥२३५॥

[द्विजवरमुनिगणसंवृतकस्तप्तसुवर्णपिण्डसमदेहः ।
गगनतलाङ्गणमभिरोहन् विचरति एष दिवसकरः ॥]
एतास्तु जातयो ज्ञेयाश्चतुरश्रविवर्धिताः ।
अत ऊर्ध्वं प्रवक्ष्यामि गणमात्राविकल्पनम् ॥२३६॥

त्र्यश्रायां तु(यास्तु)गणाः पञ्च सन्निपातो विधीयते ।
अष्टौ च चतुरश्रायाः सन्निपातो भवेत्तथा ॥२३७॥

तानि वर्णवृत्तान्युक्तानि तेषां तालयोजनां त्रिभिरभिधाय मात्राविभागो वक्तव्य इति तमाह । अत ऊर्ध्वमिति । गणश्चतुर्मात्रः । मात्राग्रहणं द्वयत्रयादिसंग्रहार्थम् । गणद्वारेण विधानविभागार्थंकल्पनं वर्णवृत्तानामेव योजनं वक्ष्यामीति ॥२२४-२३६॥

तत्र त्र्यश्रायास्तालजातेः पञ्च गणाश्चतुमात्राः । सन्निपातः परिच्छेदः । चतुरश्रायां अष्टौ ॥२३७॥

द्वौ पादौ सन्निपातश्च ध्रुवाणां परिकीर्तिताः ।
द्रुतं च शीर्षकं चैव हित्वान्यानि भवन्ति वै ॥२३८॥

अक्षरपिण्डस्त्र्यश्रे पञ्चादिर्नवपरश्च विज्ञेयः ।
अष्टादिश्चतुरश्रे त्रयोदशपरस्तु विज्ञेयः ॥२३९॥

सर्वगुरुश्चाष्टादिस्त्रयोदशपरश्च सर्वलघुः ॥
एष त्र्य(त्व)क्षरपिण्डो विज्ञेयो वै ध्रुवाविधानज्ञैः ॥२४०॥

तत्र पञ्चाक्षरा सुप्रतिष्ठा । तदवसानं त्र्यश्रभेदो दर्शितः । तत्र सर्वगुरौ पादद्वये दश गुरवो भवन्ति । त एव मात्राविभागेन पञ्चगण इति पादद्वये तालसमाप्तिः । तदाह । द्वौ पादौ सन्निपातश्च ध्रुवाणामिति । अत्रापवादमाह । द्रुतं च शीर्षकं हित्वेति । तयोस्तु गणविधिरन्य एव वक्ष्यते । एवमेतद्गण्यम् । यान्यन्यानि वृत्तानि तान्यनेन क्रमेण भवन्ति । एवं वर्णवृत्तेषु मात्राविभागेन तालयोजने दिग्दर्शनं कृतम् । न त्विदमेव तावदेवेति मन्तव्यम् । तेनाष्टाक्षरायामनुष्टुभि सर्वगुरुणा पादद्वये गणाष्टकम् । भवति तावत् श्रिचतुरश्रतालः एवं गुरुलघुव्यतिकीर्णेषु वृत्तेषु गणविभागकल्पनया पादे वा द्वये वा त्र्यश्रचतुश्रयोजनं कल्प्यम् । तद्यथा । वसन्ततिलकं (भ॰ ना॰ १५.८७) मात्राविभागे पञ्चगणमिति त्र्यश्रे ॥२३८॥

एवं विभागेन तालच्छेदं वर्णविभागेनैवाह । अक्षरपिण्डस्त्र्यश्रे पञ्चादिर्नवपर इति । बृहत्यन्त इति यावत् । अष्टादिश्चतुरश्रे त्रयोदशपर इति । अनुष्टुभो जगत्यन्तः ॥२३९॥

ननु यदा पञ्चाक्षराणि त्र्यश्रे तालच्छेदस्तदा कीदृग् गुरुलघुविभाग इत्याह । सर्वगुरुश्चाष्टादी(दिरि)त्याह । पञ्चशब्देन पञ्चकोऽक्षरपिण्डः सर्वगुरुः । तेन देवं वन्दे शर्वं त्वामिति त्रिकले तालः । अन्यकला हि विश्रान्त्या गुरुणैकेनैव । पर इति । नवकपिण्डो यः परः सर्वलघुः । जय जय शशिमकुटा(ट) । तृतीया कला ह्रस्वेनैव विश्रान्त्या । चतुरश्रे तु गौरीदेहार्धम् तावत् वन्दे यावत् जय जय भुवननत शशिधर । एतदन्तरालस्थित्वत्यमेव गुरुलघुविभागेनोह्यः । यथा त्र्यश्रे षडक्षरे द्वौ लघू चत्वारो गुरवः.........मां त्वामिति । एतन्निगमयति । एष त्वक्षरपिण्ड इति । द्रुतं शीर्षकं च हित्वेति तद्विषयं रूपान्तरं सूचितम् ॥२४०॥

गणमात्रांशविकल्पं व्याख्यास्यामि द्रुतायाश्च(स्तु) ।
अर्धषष्ठगणैः(ण)पादैः(दः) सन्निपातो द्रुतास्वथ ।।२४१।।

मात्रा द्वाविंशतिश्चैव गुरुलघ्वक्षरान्विताः ।
शीर्षकाणामनियमो भवेत् पादविधानतः ।।२४२।।

नानावृत्तसमुत्पन्नं कुर्याद्वै शीर्षकं बुधः ।
गुर्वादिरथलघ्वादिर्युग्मः सर्वलघुस्तथा ।।२४३।।

चतुर्मात्रा(त्रो) गणो ज्ञेयः पूर्वंच्छन्दोविकल्पितः ।
अर्धाष्टवगणाः पादाः शीर्षकस्य भवन्ति वै ।।२४४।।

तत्र द्रुतविषयं प्रतिजानीते ।

गणमात्रांशविकल्पं व्याख्यास्यामि द्रुतायास्तु ।
अर्धषष्ठगण इति ।

द्रुतलये बहूनां वर्णानां गीत्या ग्रासः कार्य इत्यर्धगणोऽत्राधिको भवति । तेन त्र्यश्रायां द्रुतध्रुवायां सार्धपञ्चगणाः कार्याः ।।२४१।।

अत्र द्वाविंशतिर्मात्रा भवन्ति प्रतिगणं चतस्र इति कल्पनया । गुरुलघुनिबेधस्तु यादृच्छिकस्थानमात्रम् । द्रुतायामर्धाधिक्याभिधानेन चतुरश्रद्रुतायां सार्धा अष्टौ गणा इति दर्शितमेव भवति ।।२४२।।

एवं द्रुतानां विधिमुक्त्वा शीर्षकाणामाह । नानावृत्तसमुत्पन्नः(न्नं)कुर्याद्वै शीर्षकमिति । शीर्षकं ध्रुवोचितं वृत्तशीर्षकं नानवृत्तेभ्यः समुत्पन्नमुक्तपूर्वेभ्यो वृत्तेभ्यो गणविभागौचित्येन कल्पनमिति यावत् । तत्र च तालविधिमाह ।

गुर्वादिरथ लघ्वादिर्युग्मः सर्वलघुस्तथा ।

इति शीर्षकाणामुत्तमविषये विनियोग इति युग्म एव चच्चत्पुटः । चतुरष्टषोडशात्मकभेदास्त्रयः । तथेति । तेन वृत्तप्रकारेण योज्यम् । अन्येन चच्चत्पुटस्य कलापाद(दि)वैचित्र्ये ये प्रभेदा भवन्ति तेषु दिग् दर्शिता । तदाह । गुर्वादिरिति । प्रथमप्रस्तारभेदः । तथा लघ्वादिः । प्रस्तारान्तरप्रकारः । सर्वलघुरिति । सर्वान्त्यभेदेन प्रस्तारसमाप्तिरिति पिशुनतया......कोहलादिप्रदर्शितमिति भवति ।।२४३।।

एवं तालविधिप्रस्तारं

गुर्वादिरथ लघ्वादिर्युग्मः सर्वलघुस्तथा ।

चतुर्मात्राश्च विज्ञेया युग्मौजाक्षरकैः पदैः ।
शीर्षकस्यैकविंशत्या षड्विंशतिपरस्तथा ॥२४५॥

अक्षराणां भवेत् पिण्डः पादे ह्येकत्र निश्चयात् ।
युग्मा ओजा मिश्रा वादौ कार्या गणास्तु चत्वारः ।
नियतं शीर्षविधाने पश्चाल्लघुसंचयः नार्यः ॥२४६॥

इत्यनेनाभिधाय नानावृत्तसमुत्पन्नं शीर्षकं कुर्यादिति यदुक्तं तद्गणविभागेन सामान्येन निर्णेतुं चतुर्मात्रो गण इति गणस्वरूपाभिधानपूर्वकमाह । अर्धाष्टमगणाः पादाः शीर्षकस्येति । एवं च गणानामेव प्राधान्यं न तु वर्णानामिति दर्शयति ॥२४४॥

युग्मौजाक्षरकैः पदैरिति । युग्मानि सामान्योजानि विषमाणि येषु सन्ति तैः । मत्वर्थीयष्ठन् । पदशब्देन पादः । एतदुक्तं भवति । अक्षराणि समानि विषमाणि वा एकादशप्रभृतीनि चतुर्मात्रा गणा योजयितव्या इत्यवधातव्यमिति । अथ शीर्षके वर्णवृत्तिविषयं सामान्यलक्षणमाह । शीर्षकस्यैकविंशत्या षड्विंशतिपर इति । शीर्षकस्यैकत्र पादे अक्षरश्रुतिकर्तव्यः । एषा यदि परसंख्या कार्या आहरेः । एकविंशत्येति लक्षणे तृतीया ॥२४५॥

निश्चयादिति । एतावानेव परवान् नियम इत्यर्थः । तेन सर्वलघुत्वे षड्गणा मात्रा द्वयाधिका इत्युक्तं भवति ।

अथात्रैव विशेषमाह ।

युग्मा ओजा मिश्रा आदौ कार्या गणास्तु चत्वारः ।
(नियतं शीर्षविधाने) पश्चाल्लघुसंचयः कार्यः ॥

इति । अक्षरपिण्डविषयमेतत् । तेनादौ चतुर्मात्राश्चत्वारो युग्मा गुरुद्वयलघुचतुष्टयरूपाः । ओजा द्विलघुरूपाः । मिश्ररूपा......लघव इत्ययमक्षरपिण्डः परिपूरयितव्य इति । वक्ष्यमाण मत्ताक्रीडादि (भ० ना० ३२.२६८) विषयमिदमिति केचित् । युग्मौजमिश्रत्वं तालकृतम् । तच्च समुदायस्य शीर्षके । तथोत्तमविषये तु युग्मत्वमन्यं त्वन्यविषयमिति केचित् । उदाहरणम् । भगवन् परमशिवत्वां वन्दे सपदि । इति ॥२४६॥

त्रीणि गणा यस्य मुखे त्रीण्येव हि यस्य चावसानानि ।
मध्ये चेद् गुरुणी द्वे तच्चपलमिति ॥

त्रीणि गणा यस्य मुखे त्रीण्येव हि यस्य चावसानानि।
मध्ये चेद् गुरुणी द्वे तच्चपलं शीर्षकं भवति ॥२४७॥

पूर्वार्धेऽथ(र्वे ह्यर्धे) चतुर्ह्रस्वा मिश्रा गणास्तु चत्वारः।
पादे भवन्ति नियतं पश्चाल्लघुसंचयः शेषः ॥२४८॥

एकद्विकल(लं) त्रिकला च(श्च)तुष्कलाः षट्कलास्तथो(तोऽ)-
ष्टकला(ः)।
कार्या ध्रुवाविधाने प्रासादिक्यन्तराक्षेपैः ॥२४९॥

त्र्यश्रे विरामस्त्रिकलश्चतुरश्रे चतुष्कलः।
प्रावेशिक्या ध्रुवायास्तु नैष्क्रामिक्यास्तथैव च ॥२५०॥

अवसानापेक्षया नपुंसकत्वम्। अन्ते निर्वहन्तीत्याशयेन सामान्योपक्रमात् प्रथमं तेनैव निर्देशः। यतिश्च प्राप्या। अक्षरपिण्डविषयमेवोदाहरणम्। शिव तव पुरमिह वन्दे सकलजनहृदयकृतमिति। द्रुतेऽपि यथा पादः शीर्षकस्य ॥२४७॥

अस्यैव पूर्वद्व्यामिश्रणेन भेदान्तरमाह। पूर्वे ह्यर्धे इति। चतुर्ह्रस्वाश्चतुर्मात्राश्चत्वारः पूर्वेऽर्धे। मिश्रा इति। सम्भवेत् ततो लघु इत्याद्ये पादद्वये लक्षणमित्यस्मिंस्तु पादद्वये य(व)स्त्वन्यदुक्तं त्रीणि गणा यस्येति कृतलक्षणं योज्यम्। पाद इति जातौ। पादयोरिति यावत्। एकवचनानुरोधात् त्रिपदीयं वृत्तजातिरिति केचित् ॥२४८॥

अथात्र तालविधिवैचित्र्यमाह—

एकद्विकला(लं) त्रिकलाश्चतुष्कलाः षट्कलास्तथा(तोऽ)ष्टकलाः।

इति। प्रासादिकीत्वेनाक्षेपिकीत्वेनोलक्षिते ध्रुवाविधाने त्रिचतुःषडष्टकलाः क्रियन्ते। ततस्कारेण एककलद्विकलौ यौ विधी उक्तौ तदनुसारेणैककला कार्या। एककलानुसारश्च यथाक्षरविधिना विचित्ररूप इति प्लुतगुरुलघुद्रुतात्मेत्युक्तं भवति। एककलाप्रस्तारात् पञ्चद्विकलो विधिः। अत एव चतुष्कलः पुनर्नोक्तः। द्विकलप्रस्तारस्य तदीयस्य लाभात् आवापादिभेदस्य चानुपयोगात्। अनेन प्रावेशिकीनैष्क्रामिक्योरेव गुर्वात्मा प्रस्तार इत्युक्तं भवति। शीर्षकप्रकरणेऽपि प्रसङ्गादयुग्मतालोऽपि (प्रतिपादितः) ॥२४९॥

अथ प्रावेशिकीनैष्क्रामिक्योर्वक्तव्यशेषमाह। त्र्यश्रे विरामस्त्रिकल इति। समस्तविवक्षिततालान्ते विरामः कार्यः। न तु मध्ये (इति) तात्पर्यम् ॥२५०॥

विरामो द्विकलोऽत्य(त्य)न्तमन्तरायाः समासतः ।
पादान्ते द्विविरामस्तु क्षिप्तायाश्च प्रकीर्तितः ।
स्थितायाश्च तथा ह्यर्थे प्रासादिक्यास्तथैव च ॥२५१॥

कलाकलार्धयोगेन गुरुलघ्वक्षरान्विताः ।
त्रयो ध्रुवाणां विज्ञेयाः संयोगा वृत्तसंश्रयाः ।
सर्वदीर्घः सर्वलघुर्गुरुह्रस्वाक्षरस्तथा ॥२५२॥

गुरुप्राया स्थिता कार्या लघुप्राया द्रुता तथा ।
गुरुलघ्वक्षरप्राया प्रासादिक्यन्तरा तथा ॥२५३॥

अथान्यासु विरामनियममाह । विरामो द्विकल इति । अन्तरध्रुवायाः पदसमाप्तौ कलाद्वयपरिमाणालंकारवैचित्र्येण वा तूष्णीकतया विश्रान्तिः कार्या । अत्यन्तमिति ततोऽधिकेत्यर्थः । तुश्चार्थे । आक्षेपिक्या अप्येवमेव । द्विविराम इति । द्विकलो विराम इति मध्यमपदलोपे द्विविराम इति । स्थितायाः प्रासादिक्याश्च पादद्वये समाप्ते तावती विश्रान्तिः । न तु त्रिपादमिति यावत् ॥२५१॥

अथ वृत्तविभागेनापि यथाक्षरस्थित्या तालवैचित्र्यमस्तीति दर्शयितुमाह—

कलाकलार्धयोगेन गुरुलघ्वक्षरान्विता(ः) ।

इति । कलासहितं कलार्धं प्लुतं कला च गुरुरूपा कलार्धं लघु कलार्धं चेत्येकशेषं(षो) युज्यते । आद्यावस्थायां लघुभावेन नियोगे द्रुतकला कलार्धादियोगश्चेति समाहारः । तदयमर्थः । प्लुतगुरुलघुद्रुतोपलक्षिततत्समूहरूपा वक्ष्यमाणा ये ध्रुवाणां त्रयः संयोगास्ते वृत्ताश्रयाः कार्याः । वृत्ताश्रयं त्वाह । गुरुलघ्वक्षरान्विता इति । गुर्वक्षरे लघ्वक्षरे च द्वि(कल)ता लग्ना । एतदुक्तं भवति । यत्र छन्दो गुरु तत्र तालगुरु(तालो गुरुः) । एवं लघु निवार्यम् । यत्र च लघुगुरु(रू) तत्र तालप्लुतं तथापि च तालद्रुतम् । तद्यथा । षट्कलमित्यत्र गुरुलघुगुरूणि गुरुद्रुतगुरूणि प्लुतगुरुणी गुरुप्लुते इति चतुर्धा प्रस्तारः स्थापनीयः । एवं सर्वध्रुवासूह्यम् । एष एव समवृत्तेऽपि चतुर्लयादेर्विषयः । तत्र त्रयः संयोगा इत्याह । सर्वदीर्घ इति । यत्र सर्वे प्लुताः । सर्वलघुरिति यत्र सर्वे द्रुताः । गुरुह्रस्वाक्षर इति । प्लुतगुरुलघुद्रुतमय इत्यर्थः । प्लुतद्रुतयोश्च गुरुलघुत्वमुक्तपूर्वम् ॥२५२॥

अस्य वृत्ताश्रयस्य तालस्य विभागमाह । गुरुप्राया स्थितेति । यथा......। लघु प्राया द्रुतेति । यथा खरनखर । गुरुलघ्वक्षरप्राया तु यथा अनन्तादि । प्रासादिक्यन्तरे प्रत्येकं सम्बन्ध्य(ध्ये)ते ॥२५३॥

एवं ध्रुवाणां कर्तव्या जातयो वृत्तसम्भवाः ।
अत ऊर्ध्वं प्रवक्ष्यामि शीर्षकाणां तु लक्षणम् ॥२५४॥

आद्यमन्त्यं तृतीयं च पञ्चमं सप्तमाष्टमे ।
गुरूणि यस्याः पादे तु सा श्येनी तु कृतो यथा ॥२५५॥

यथा ।
सागरं समुघु(द्घु)णंतो रप(व) इव लघुगदिरभिभवदि
पव्वदा समाहणंतो तरुसु च जणग्रदि भयमतुलम् ।
रेणुजालमुक्खिवन्तो दिवसकरकिरणो[ण उपकलितो]
बोधम्रं पजासु कामं विखरदि वरतनु सुहपवणो ॥२५६॥

[सागरं समुद्धुन्वन् रव इव लघुगतिरभिभवति
पर्वतान् समाघ्नन् तरुषु च जनयति भयमतुलम् ।
रेणुजालमुत्क्षिपन् दिवसकरकिरणोपकलितो
बोधयन् प्रजासु कामं विचरति वरतनु सुखपवनः ॥]
प्रकृत्यां पञ्चमान्त्ये तु ह्यष्टमैकादशे गुरू ।
द्वादशं चेति विज्ञेयं नामतश्चपला यथा ॥२५७॥

प्रासङ्गिकमुपसंहरति । एवमिति । वृत्तसम्भवा वृत्तगीतगुरुलघ्वाश्रया ध्रुवाणां जातयः । तालप्रकारा एवं कार्याः । अथ प्रकृतमेव शीर्षकविधिमनुबध्नमाह । अत ऊर्ध्वमिति ॥२५४॥

लक्षणविशेषं तत्प्रकृतेराद्यमुत्कृत्यन्तमाहाद्यमित्यादिना ।
जौ गौ श्रुतिमं (नं)गश्च श्येनी ।
न्जो ज्यो नो लो गुरुरिति चपला ।
मतयां(यं) श्रुतिनं गयुतं क्रौञ्चम् ।
भमसागं श्रुतिनं गं पुष्पसमृद्धा ॥
नयभं गौ श्रुतिनं गं सम्भ्रान्तम् ।
भत्रयमथ गौ श्रुतिनं गं स्खलिता ।
मौ गौ शरनं लगि चेन् मत्ताक्रीडा ।
नजनसभं श्रुतिनं लगि वेगा ।
अष्टौ शीर्षकजातय एता उत्तमविषये युग्मताले ।

मुनिगणमण्डवि(लि)बन्धि(वन्दि)दश्रो(ते)जो विधुणिश्र तिमिरपडम्
कमलवणाइं विबोधिश्रमाणो गहगणपरिगणदो ।
भुजगसहस्सविबन्धिदपासो वित्तवितकणकवपू
उदश्रदि संपदि राविदलोश्रो वरतणु दिवसकरो ॥२५८॥

[मुनिगणमण्डलीवन्दिततेजा विधूय तिमिरपटं
कमलवनानि विबोधयमानो ग्रहगणपरिगणितः ।
भुजगसहस्रविजन्धितपार्श्वो विद्योतितकनकवपु. ।
उदयति सम्प्रति तापितलोको वरतनु दिवसकरः ॥]
पञ्च त्वादौ यत्र तु दीर्घं नवममपि च गुरुसमयकृतं
दीर्घं चान्त्यं वाष्टममन्यल्लघु विरचितमिह चरणविधौ ।
वृत्ते ज्ञेया जग(जा)तिरपीयं बहुविधनिचयचितविहिते
क्रौञ्चं नाम्ना छन्दसि चोक्ता द्विजगणमुनिगण[परि]पठिता ॥२५६॥

यथा ।
एसो चन्दो णिम्मलजोह्ला विधुणिश्र घणमसिवपटणिहं
लोकानन्दो लोकपदीवो उडुगणगहप्प(ग)णसमणुगदो ।
वासादाणं कारश्रमाणो सितपडणिवसनमिव विपुलम्
लोकालोकं रञ्जश्रमाणो विचरदि वरतणु गगणमसू ॥२६०॥

[एष चन्द्रो निर्मलज्योत्स्नो विधूय घनमसितपटनिभं
लोकानन्दो लोकप्रदीप उडुगणग्रहगणसमनुगतः ।
प्रासादानां कारयमाणः. सितपटनिवसनमिव विपुलं
लोकालोकं रञ्जयमाणो विचरति वरतनु गगनमाशु ॥]
आद्यचतुर्थं पञ्चमषष्ठं नवममथ च [मथ दशमं] निधनगतं
ये च ततोऽन्ये येषु लघुत्वं यदि भवति च चरणम(ग)तिविधौ ।
सा निकृतिः स्यात् पुष्पविवृ(सम्)द्धा द्विजगणमुनिगणपरिपठिता
नामविकल्पाद् वृसक्ता वंश्वशतलुलितमिह नभसि नदी ॥२६१॥

पुप्फविदाणं उद्धुणमाणो रव इव पटुतर(द्रुत)गतिरभिपत(ड)ति
पक्खळमाणो मेहतडेसुं तरुसु च जणयदि भयमतुळम् ।

उम्मिसहस्सं उद्धुणमाणो सरसखुभिदसळिळकळकळो
भीमणिणादो चण्डपवाही विअरदि वरतणु सुहपवणो ॥२६२॥

[पुष्पवितानमुद्धूनयमानः ख इव पटुगतिरभिपतति
प्रस्खलमानो मेघतटेषु तरुषु च जनयति भयमतुलम् ।
ऊर्मिसहस्रमुद्धूनयमानः सरसक्षुभितसलिलकलकलो
भीमनिनादश्चण्डप्रवाही विचरति वरतनु सुखपवनः ॥]

अन्त्यं च पञ्चमं षष्ठं सप्तमं दशमं परम् ।
वृत्ते सङ्कृतिसंज्ञे तु सा(सं)भ्रान्ता नामतो यथा ॥२६३॥

किरणसहस्सं विक्खिरमाणो फलि(टि)ह(क)मणिरुचिरधवळणिहो
कुमुदवणाइं वोहअमाणो कुमुददळनिअरसदिसवपू ।
गहगणबन्धू लोकपदीवो उडुगणगहणसमणुगदो
उदयति चन्दो रोहिणिकन्तो णवसरदमुदितसुखजणणो ॥२६४॥

[किरणसहस्रं विकिरन् स्फटिकमणिरुचिरधवलनिभः
कुमुदवनानि बोधयमानः कुमुददलनिकरसदृशवपुः ।
ग्रहगणबन्धुर्लोकप्रदीप उडुगणग्रहगणसमनुगत
उदयति चन्द्रो रोहिणीकान्तो नवशरदि मुदितसुखजननः ॥]

आद्यमन्त्यं चतुर्थं च सप्तमं दशमं तथा ।
गुरूण्येकादशं चैव संकृतौ वृत्तसंश्रयम् ॥२६५॥

लघून्यन्यानि शेषाणि पादे यस्मिन् भवन्ति तु ।
तज्ज्ञेयं शीर्षकं तज्ज्ञैः स्खलितं नामतो यथा ॥२६६॥

वातसमुद्धतवीचितरङ्गो(ङ्गे) स्फटिक[मणि]निकरसदृशजले
पङ्कजरेणुपरागपिशङ्गे [वि]लुलितकमलकुवलयदले ।
मोटितकल्पतरूत्थितशाखे सुरयुवतिनयनसमनुसृतः
क्रीडति दानसुगन्धिमहोच्चैः (र्भिः)सुरगज इह [किल]सुरसरिः(रिति)
॥२६७॥

[वातसमुद्धतबीचितरङ्गे स्फटिकमणिनिकरसदृशजले
पङ्कजरेणुपरागपिशङ्गे विलुलितकमलकुवलयदले ।

मोटितकल्पतरूत्थितशाखे सुरयुवतिनयनसमनुसृतः
क्रीडति दानसुगन्धमहोर्मिः सुरगज इह [किल]सुरसरिति ॥]
अष्टावादौ दीर्घाणि स्युर्यदि च पुनरपि हि भवति बहु लघुगणो
भूयश्चान्ते दीर्घं त्वेकं यदि भवति पदि पदि पुनरपि च तथा ।
मत्ताक्रीडा विद्युन्मालेत्यपि च विविधकविभिरपि बहुभिरुदिता
नाम्ना छन्दोवृत्ते देवीत्यभिकृतिगतिविधिषु च नियतमभिहिता
॥२६८॥

यथा ।
एसो मेहो सेलाभोगो(ओ) असणिमुरजपटु(डु)पट(ड)हसम(द)रओ
णाणाविज्जुज्जोआलोओ घणपडळनिचयजळधरसम(रम)णुगदो ।
णाणावण्णो तोउग्गारी चरितदवळखगविचरितकुसुमपभो
संजा(छा)अन्तो ळोअं याते(तो) गिरिरिव गिरिणिवह इव
सुभसलिळळो ॥२६९॥

[एष मेघः शैलाभोगोऽशनिमुरजपटुपटहसमदरवो
नानाविद्युद्योगालोको घनपटलनिचयजलधरमनुगतः ।
नानावर्णस्तोयोद्गारी चरितधवलखगविचरितकुसुमप्रभः
संछादयन् लोकं यातो गिरिरिव गिरिनिवह इव शुभसलिलः ॥]
पञ्चमं द्वादशं चैव दीर्घमन्त्यं त्रयोदशम् ।
उत्कृत्यां तु भवेत् पादे वृत्तं वेगवती यथा ॥२७०॥

गगणतलंगणमभिरुहमाणो उडुगणगहगणसमणुगदो
युवतिजणाणं[णत] सुरुचितरूवो सुखितदयितजणमदणकरो ।

सागरं समुद्धरणन्तो रह(व) इव लघुगदिरभिभवहि(दि) ।
मुनिगणमण्डलिबन्धि(वन्दि)द ओ(ते)जो विधुणिअ तिमिरपडम् ।
एसो च्छ(च)न्दो णिम्मळजोह्ला विधुणिअ अणुतमवन्धमिदम्
(घणमसिदपटणिहम्) ।
पुप्फविदाणं उद्धुणमाणो रव इव बुतगति अभिपडदि ।

किरणसहस्सवि(दि)सुरचितवन्दो रजतगिरिसिहरसदिसवपू
उदग्रदि संपदि असु जगदीवो कुमुदवणरुचिरविमळकरो ॥२७१॥
[गगनतलाङ्गणमभिरोहन्नुडुगणग्रहगणसमनुगतो
युवतिजनानतसुरुचितरूपः सुखितदयितजनमदनकरः।
किरणसहस्रदिग्रचितबन्धो रजतगिरिशिखरसदृशवपु-
रुदयति सम्प्रत्याशु जगद्दीपः कुमुदवनरुचिरविमलकरः ॥]
एता ह्यष्टौ बुधैर्ज्ञेयाः शीर्षकाणां तु जातयः।
पुनर्नर्कुटकानां तु सम्प्रवक्ष्यामि लक्षणम् ॥२७२॥

अष्टौ नर्कुटकानां तु विज्ञेया जातयो बुधैः।
दर्शनं लक्षणं त्वासां नामानि च निबोधत ॥२७३॥

रथोत्तरं बुद्बुदकमुद्गतं वंशपत्रकम्।
शिवाक्षरा हंसवती हंसास्यं तोटकं तथा ॥२७४॥

प्रथमं च तृतीयं च सप्तमं नवमान्त्यके।
गुरूणि त्रैष्टुभे यत्र नर्कुटं तद् रथोत्तरम् ॥२७५॥

यथा।
एसिका कमलगब्भगेहके
रेणुपिञ्जरित(द)चारु गतिया(आ)।
सारदे मदकलोपकूजिदा
हिण्डदे सरवरम्मि छप्पदी ॥२७६॥

किरणसहस्सं विखिव(क्खिव)रमाणो फळिकमणिरुचिरधवळ-
णिहो।
वातसमुद्धतवीचितरङ्गे स्फटिकनिकरसदृशजले।
एसो मेहो सेलाभोओ असणिमुरजपडुपडहसम[द]रवो।
गगणतलङ्गणमभिरुहमाणो उडुगणगहगणसमणुगदो।

अथाधमविषयाः प्रासादिक्यादयो ध्रुवा उच्यन्ते। पुनर्नर्कुटकानामिति। नटोऽधम-प्रकृतिः। तत्र भवानि नर्कुटानि वृत्तानि। ततः संज्ञायु(यां)कः (कन्) (अष्टा० ५.३.७५) अधमविषयाञ्च द्व्यश्रोऽत्र तालः ॥२५५-२७२॥

[एषका कमलगर्भगेहके
रेणुपिञ्जरितचारुगतिका ।
शारदे मदकलोपकूजिता
हिण्डति सरोवरे षट्पदी ॥]
पञ्चमं सप्तमं चैव नैधनं च गुरूण्यथ ।
पादे तु बृहतीसंस्थे यत्र बुद्बुद्य(द)कं यथा ॥२७७॥

यथा ।
तडिगुणबन्धणिद्धओ(अद्धो) सिदखगपंतिसोहिदो ।
णहसि गजो समुग्गओ विचरदि एस मेहओ ॥२७८॥

[तडिद्गुणबन्धनिबद्धो सितखगपङ्क्तिशोभितः ।
नभसि गजः समुद्गतो विचरति एष मेघकः ॥]
अन्ये तु ।
सतृतीयपञ्चमनवमं त्रयोदशं षोडशं तथा ।
यत्र वै गुरु भवतीह शेषलघुसंयुतं
वृत्तो स्याच्च संश्रितं प्रवदन्ति बुद्बुदकमेव नर्कुटं तद्धि नामतः ॥
चिरकालमभिसम्भरन्त(न्तं)पिअं गाणत्त मुहिवं ण रोद्धम्
मुदिमाणइत्तडिदिदो काणणे घणे परिखेदिदे बहुविधे हि अणुगो
वासराहरो ।

तरुसन्धुवज्जुहिअए संचसि(लि)ओ भीदभीदओ
असु कोधरं विसरइ(सइ)पासवा(पा)दवेच्छ दीणदीणओ ॥
[चिरकालमभिसम्भरन्तं प्रियगानान्न मुदितं न रोद्धुं
मोदमानायां तडितीतः कानने घने परिखेदिते बहुविधे
ह्यनुगो वासराहरः ।

तरुसन्धुवनं दृष्ट्वैतच्चषको भीतभीतक
आशु कोटरं विशति पार्श्वपादपस्थो दीनदीनकः ॥]
तृतीयं पञ्चमं चैव नवमैकादशे तथा ।
द्वादशं षोडशं चैव चतुर्दशमथापि च ॥२७९॥

अस्मिन्नष्टिकृते पादे गुरूण्येतानि सर्वशः ।
छन्दोज्ञैर्ज्ञेयमेतत्तु नर्कुटं ह्युद्गतं यथा ॥२८०॥

वणखण्डं[ण्डकं]जहदि कोसिको वायसाहदो
भयभीदओ अवदि(भजदि)पादपं दीणदीणओ ।
तरुकोटरं वसदि सम्पदं ळोळणेत्तओ
समभिद्दुदो णिसिअरो अअं एदि सोहिदो ॥२८१॥

[वनखण्डकं जहाति कौशिको वायसाहतो
भयभीतको भजति पादपं दीनदीनकः ।
तरुकोटरं वसति साम्प्रतं लोकनेत्रकः
समभिद्रुतो निशिचरोऽयमेति शोधितः ॥]

अन्ये तु
प्रथमे यदा तु गुरु यत्र चान्तं
तृतीयकं यदि च द्वितीय......ता गुरु ।
अथ षोडशाक्षरे कृते तु पादे
चतुर्थकं त्रिकमिहोद्धटम् ॥
नर्कुटं हि तदिति यत्तु चतुर्दशमनिधनगै-
र्भूषितमक्षरैर्गुरुकृतैः श्रवणसुखकरैः ।
तत् खलु वंशपत्रपतितं मुनिगणगदितं
नर्कुटकं वदन्ति नियमादतिधृतिरुचितम् ॥२८२॥

यथा ।
चूदवणं पफुळ्ळतिळकं कुरवअसहिअं
चारुअसोअसाळकळिदं कुसुमसमुदिदम् ।
माधवकाणणं जुवदिआ[जण]मदजणणं
हिण्डति कोकिला फळरसासवमहुररवा ॥२८३॥

[चूतवनं प्रफुल्लतिलकं कुरबकसहितं
चार्वशोकसालकलितं कुसुमसमुदितम् ।
माधवकाननं युवतिजनमदजननं
हिण्डति कोकिला फलरसासवमधुररवा ॥]
तृतीयं पञ्चमं चैव नवमं नैधनं तथा ।
गुरूण्येतानि पादे तु यत्र तत् प्रमिताक्षरा ॥२८४॥

यथा ।

कमळाअरेसु भमि(म)ऊ(ऊ)ण बुडं (चिरं)
भमरीमुहासवसुकक्खणओ ।
मधुमूसिवं सुरहि चूदवणं
परिहिण्डिदो सुतणु छप्पदओ ॥२८५॥

[कमलाकरेषु भ्रान्त्वा चिरं
भ्रमरीमुखासवसुलक्षणकः ।
मधुभूषितं सुरभि चूतवनं
परिहिण्डितः सुतनु षट्पदः ॥]

नवमान्त्यपञ्चमतृतीय-
गुरुलघुशेषमक्षरगतम् ।
भवति चरणं तु यस्य सततं
विविधं प्रमिताक्षरेति कथिता खलु सा ॥
तृतीयपञ्चमान्त्यानि प्रथमं सचतुर्थकम् ।
षष्ठं च नैधनं(ने) चाथ गुरूणि ध्वजिनी यथा ॥२८६॥

यथा ।
विलसन्तिअ(या) कमलसण्डे पुप्फसुगन्धके कुसुमळुद्धा ।
तुरिअं पबीतमधुमत्ता छप्पदिका(आ) कुळं समुपयाति(दि) ॥२८७॥

[विलसति या कमलखण्डे पुष्पसुगन्धके कुसुमलुब्धा ।
त्वरितं प्रपीतमधुमत्ता षट्पदिका कुलं समुपयाति ॥]
दशमं सप्तमं यत्र चतुर्थकमथ षष्ठम् ।
तृतीयं निधनं गुरु कथितं(हंसास्यं)नर्कुटं जगतीगतम् ॥
विअहंसा वसन्ते सळिळासए
कुसुमासादळुद्धा कमळाअरे ।
णळिणीपत्तमज्झे परिहिण्डिदा
गमणाआसखिण्णा भमरावली ॥
यदि चान्त्यतृतीयकषष्ठगतैर्नवमेन च भूषितमेवम् ।
गुरुभिः सततं त्विह तद् घटितं तोटकमेव हि नर्कुटकम् ॥२८८॥

यथा ।

रमणीसहिदो रअणीविरमे
गगणंगणए खगकोसिअओ ।
अ(नुवाय)सए हि विघट्टिवओ
परिमण्टदि कोटरअं सुरि(हि)दम् ॥२८९॥

[रमणीसहितो रजनीविरमे गगनाङ्गणे खगकौशिकः ।
अनुवायसैर्हि विघट्टितः परिमण्ठति कोटरं सुहितम् ॥]
[दशमं सप्तमं यत्र चतुर्थकमथ षष्ठम् ।
तृतीयं निधनं गुरु कथितं (हंसास्यं) नर्कुटं जगतीगतम् ॥२९०॥

विअहंसा वसन्ते सलिलासए
कुसुमासादलुद्धा कमलाअरे ।
णळिणीपत्तमज्झे परिहिण्डिदा
गमणाआसखिण्णा भमरावली ॥२९१॥

[विध्यहंसा वसन्ते सलिलाशये कुसुमास्वादलुब्धा कमलाकरे ।
नलिनीपत्रमध्ये परिहिण्डिता गमनायासखिन्ना भ्रमरावली ॥]

रनर(भ)लगौ तु रतोद्धतिरथ नजरं बद्बुदकन् ।
सजस[य]जगुरुरूद्गति वंशपत्रमथ भरनभनलगम् ।
प्रमिता सजिसौ ध्वजिनी सजसगिभरनंगौ ।
सश्रुतितोटकमुदितं हंसास्यं सरभरमित्यष्टौ ॥

रेणुपिञ्जरिवचारुगतिआ । विचरदि एस मेहओ । मयमोवओ मअ(ज)दि पावपं वीलवीणओ । चूदवणं पफुल्लतिलकं कुरवअसहिअं । कमलाअरेसु भमऊण चिरं । विलसन्ति था कमलसण्डे छप्पदिआ कुलं समुपगदि । रमणीसहिदो रअणीविरमे । विअहंसा वसन्ते सलिलासए ।] ॥२७३-२९१॥

अथ मध्यमाधमं विषयं खञ्जकं जातीयेन प्रतिजानीते । पुनस्तु खञ्जकाना-मिति । पादादिश्यादिध्रुवा एवोत्तमाधमविषयतया शीर्षकमिति नाम्ना नर्कुटखञ्ज-

एतास्तु जातयः प्रोक्ता नर्कुटानां समासतः ।
पुनश्च(स्तु)खञ्जकानां च सम्प्रवक्ष्यामि लक्षणम् ॥२६२॥

प्रामोदं कञ्जनी(खञ्जकं) पूर्वं भावनी मत्तचेष्टितम् ।
एतास्त्रिस्रः समाख्याताः खञ्जकानां तु जातयः ॥२६३॥

प्राद्यचतुर्थषष्ठदशमं सषोडशमथान्त्यमेव च ।
यदि द्वादशमेव यत्र चरणेषु सप्तदशकात् परं च विहितम् ॥२६४॥

छन्दसि सततं चेत्तथा गुरु चेदथाकृतिगतं भवेत्तु सततम् ।
भद्रकमेव खञ्जकमिदं पुनश्च कथितं प्रमोदकमिदम् ॥२६५॥

यथा ।
माहवमाससोहितसमग्गके उववणम्मि फुल्लकुसुमे
णिच्च[प]मतजुत्तबहुपक्खिसंघपरिवुद्धघुठ्ठ)णादमुहले ।
फळिळदचूदयुण्डसहआरमंजरिविलोलनादपवणे
हिण्डदि छप्पदानुगदमग्गओ परहुवो (नि)विट्ठवअणो ॥२६६॥

[माधवमासशोभितसमग्रक उपवने फुल्लकुसुमे
नित्यप्रमत्तजुष्टबहुपक्षिसङ्घपरिघुष्टनादमुखरे ।
कलितचूतखण्डसहकारमञ्जरीविलोलनादपवने
हिण्डति षट्पदानुगतमार्गकः परभृन्निविष्टवदनः ॥]
आद्यपञ्चमान्त्यसप्तमं स्यात् तृतीयमेव दीर्घकम् ।
यस्य पादयोगतो हि सा भाविनीति खञ्जकं तथा ॥२६७॥

कनामा(म्ना)च व्यवह्रियते । तासां चोक्तरूपमिदं वैचित्र्यान्तरेणोच्यत इति पुनः
याव्यार्थः ॥२६२॥

भरतरनगि रजरी जरलगि
मोदकभाविकमत्तविचेष्टा(:) ।

खञ्जक इति गतिवैकल्याद्वृद्धः । अन्ये तु युवाऽपि विकलाङ्गोऽन्तःपुरोचित इति ।
तद्विषयत्वात् प्रमोदादित्रयं खञ्जकमुच्यते ।

यथा।

जातिफुल्लपाणमत्तम्रो चूदरेणुगुण्ठिदग्गम्रो ।

फ़ुल्लपङ्कउ(जो)वसोहिदो छप्पम्रो मुवं पधाविदो ॥२९८॥

[जातिपुष्पपानमत्तश्चूतरेणुगुण्ठिताङ्गकः ।

फ़ुल्लपङ्कजोपशोभितः षट्पदो भुवं प्रधावितः ॥]

यदा तृतीयसप्तमं तदाद्यपञ्चमं लघु ।

तदा तु मत्तचेष्टितं वदन्ति खञ्जकं बुधाः ॥२९९॥

यथा ।

पफ़ुळळपुप्प(प्फ)पादवं विहङ्गमोपसोहिदम् ।

वणं पगीदछप्पदं उवेइ एस कोकिला ।।३००।।

प्रफ़ुल्लपुष्पपादपं विहङ्गमोपशोभितम् ।

वनं प्रगीतषट्पदमुपैत्येष कोकिलः ॥]

[1]नर्कुटानां तु खञ्जानामेता वं मूलजातयः ।

आभ्यो विनिस्सृताश्चान्या युग्मौजा विषमास्तथा[2] ॥३०१॥

णिञ्च(प)मत्तजुत्तबहुपक्खिसंघपरिघुट्टणादमुहले । जातिफ़ुल्लपानमत्तम्रो । पफ(फ़ु)ल्लपुप्फपादवम् ।

अन्ये त्वाकृते(तौ) छन्दस्यधमविंशयत्वं न युक्तमिति मन्वानाः प्रमोदकस्थाने बद्बुदवगं पठितमपि वंशपत्रपतितं पठन्त्युभयपठितमित्युभयविषयता सिद्ध्यर्थमिति ॥ ॥२९३-३००॥

आभ्यो विनिसृता इति । अर्थसमविषमरूपतयेति भावः ॥३०१॥

अथ सर्वध्रुवासु गायत्रमेव प्रधानमिति दर्शयति । चतुःषष्टिध्रुवाणां त्विति । षडक्षरे गायत्रे चतुःषष्टिभेदाऽछन्दोध्याये (भ० ना० अ० १४.५५) दर्शिताः । समवृत्ताक्षराद् गायत्रादेव च पादक्रमेण नीवृदि भुञ्जि द्विभागेन च सर्वच्छन्दोभेदसिद्धिः । तथाहि । पादचतुष्टयोपरि पूरिते षड्विंशत्यक्षरोत्कृतेश्चतुःषष्टिमूलजातयः ।

---

१. KSS. नत्कुटानां बुधैर्ज्ञेयाः ।

२. KSS. अक्षराः

चतुष्षष्टिध्रुवाणां तु विज्ञेया मूलजातयः ।
समवृत्ताक्षरकृता अतोऽन्या विषमा मताः ॥३०२॥

समवृत्तास्तु(त्तु) जायन्ते ध्रुवास्तिस्रस्तु नित्यशः ।
[1]युग्मौजाश्चापि मिश्राश्च विषमाश्च समा मताः ॥३०३॥

सुप्रतिष्ठादिकानि स्युर्बृहत्यादीनि यानि तु ।
छन्दांसि तेषां मानेन त्र्यश्रा कार्या ध्रुवा बुधैः ॥
उष्णिगादीनि यानि स्युः शक्वर्यन्तानि चैव हि ।
छन्दांसि तेषां मानेन चतुरश्राध्रुवा मता ॥
त्रिष्टुबादीनि यानि स्युरुत्कृत्यन्तानि चैव हि ।
छन्दांसि तेषां मानेन चतुरश्रा द्विपादिका ॥
इत्यन्ये ।
[2]तत्रार्धविषमाणां तु षट्पञ्चाशे शते स्मृते ।
एतदेव परीमाणं पिषमाणां प्रकीर्तितम् ॥३०४॥

ते (ता) अनन्ताः । अत एव गायतस्त्राय(ते) इति गायत्रमाहुः ॥३०२॥

एतदेव स्फुटयति । समवृत्तादिति गायत्रतालसमवृत्तावन्या समार्धसमविषमभेदात् त्रिधा ध्रुवा जायते । तासां च प्रत्येकं तालभेदस्त्रिधा । युग्म ओजो मिश्रश्चेति तत्वम् । एतावताऽनन्तो लक्ष्ये जयभङ्गोदाहरणेषु यो ध्रुवावृत्तप्रपञ्चो दृश्यते सोऽपि सङ्गृहीत एव ॥३०३॥

केचित् पठन्ति ।

त्र्यश्रायां सुप्रतिष्ठादिबृहत्यन्तादियुग्मकः ।
उष्णिग्भ्यः शक्वरी यावत् त्रिष्टुभो यावदुत्कृतिः ।
युग्म एव विधातव्यः किन्तु कार्या द्विपादिका ॥

इति । तत्रत्यचतुरश्रविकृष्टात्मकता विविधमण्डपभेदो विषयत्वमस्य ग्रन्थस्य व्याचक्षिरे । तत्र हि परिक्रमे विषमार्थयोगेन बहुधा मतिपूरणमिति ।

अथार्धसमादेः संख्यामाह । तत्रार्धविषमाणां तु षट्पञ्चाशे शत इति । षट्पञ्चाशादिकानि यत्र ते द्वे शते ॥३०४॥

---

1. KSS. युग्मौजो विषमाणां तु पञ्चाशीतिः शते स्मृताः ।
2. पद्यमिदं का० पुस्तके नास्ति ।

[1]सामान्योजाश्च जायन्ते ध्रुवा विषमपादिकाः ।
[2]स्वेन नाम्ना तु नामानि मासां कार्याणि वृत्ततः ॥३०५॥

एवं तु जातयः प्रोक्ता नानावृत्तसमुद्भवाः ।
अत [3]ऊर्ध्वं प्रवक्ष्यामि विकल्पान् पञ्चहेतुकान् ॥३०६॥

जातिः स्थानं [4]प्रकारश्च प्रमाणं नाम चैव च ।
ज्ञेयो ध्रुवाणां [5]गानज्ञैर्विकल्पः पञ्चहेतुकः ॥३०७॥

वृत्ताक्षरप्रमाणं हि जातिरित्यभिसंज्ञिता ।
समार्धविषमाभिश्च[6] प्रकारः परिकीर्तितः ॥३०८॥

षट्कलाष्टकले चैव प्रमाणे द्विविधे स्मृते ।
[7]यथागोत्रकुलाचारैर्नृणां नामाभिधीयते ॥३०९॥

स्वेन नाम्नेति । यत एव समवृत्तद्वयादर्धसमं तदेव तस्या नामेत्यर्थः । यथा श्रीशङ्करभक्तिशालिना भट्टशङ्करेणार्धसमवृत्तप्रकरणे दर्शितम् । उद्धता समोजसमो वलिता जवन इत्यादि ॥३०५॥

पञ्चहेतुकानिति । निमित्तकृतान् पञ्चप्रकारान् वक्ष्यामीति ॥३०६॥

तत्र निमितपञ्चकमाह । जातिः स्थानं प्रकारश्च प्रमाणं नाम चैवेति ॥३०७॥

वृत्तेक्षर प्रमाणं जातिः । स्वरूपजननात् । स्थानं बहु वक्तव्यत्वादग्रतोऽभिधास्यते । समार्धसमविषमता प्रकारः ॥३०८॥

षट्कलाष्टकलप्रमाणे द्विकलाभिधाने नाम । जात्यादीनामत्र प्रयोजनमाह । कलाधिक्येऽपि समुदायताले हि त्र्यश्रता विभाति । अवयवताले बहुधेति । अन्ये तु नात्यल्पत्वन्नातिवि(स्तृ)तत्वाच्च षट्कलाष्टकले वक्तव्ये इत्याहुः । उपलक्षणमात्रमेतदित्यपरे । अथ नामाह । यथागोत्रकुलाचारैरिति । आश्रयणेनान्वर्थयोगेनोपेतम् ॥३०९॥

---

१. KSS. सामान्या एव । NS. सामान्योजाश्च ।
२. KSS. varies.
३. NS. परं ।
४. KSS. प्रमाणं च प्रकारो नाम ।
५. KSS. नाट्यज्ञैः NS. गीतिज्ञैः ।
६. KSS विषमाणां च ।
७. KSS. यथा हेतुकुलाचारैः ।

एवं [1]नामाश्रयोपेतं ध्रुवाणामपि चेष्यते ।
प्रवेशाक्षेपनिष्क्रामप्रासादिकमथान्तरम् ।
गानं पञ्चविधं [2]विद्याद् ध्रुवायोगसमन्वितम् ॥३१०॥

नानारसार्थयुक्ता नृणां या गीयते प्रवेशे तु ।
प्रावेशिकी तु नाम्ना विज्ञेया सा ध्रुवा तज्ज्ञैः ॥३११॥

अङ्कान्ते निष्क्रमणे [3]पात्राणां गीयते प्रयोगेषु ।
निष्क्रामोपगतगुणां विद्यान्नैष्क्रामिकीं तां तु ॥३१२॥

क्रममुल्लङ्घ्य त्रिधिज्ञैः क्रियते या द्रुतलयेन नाट्यविधौ ।
आक्षेपिकी ध्रुवासौ द्रुता स्थिता वाऽपि विज्ञेया ॥३१३॥

ध्रुवाणामपि चेति । न केवलं रसभावानामित्यर्थः । किं तन्नामेत्याशङ्क्य पूर्वोक्तं स्मारयति । प्रवेशापेक्षे(क्षेपे)ति । रसाध्याये (भ० ना० अ० ६.२९.३०) व्याख्यात श्लोकः ॥३१०॥

एतेषु नामान्वर्थं योजयति । नानारसार्थयुक्तेति । नाना रसा भावा अर्थाश्च विभावादयः तेषां युक्तं(क्तः) सामाजिकानां हृदयेषु प्रवेशो ययेति प्रयोजनम् । नृणामिति । एकशेषे नारीणां च ॥३११॥

प्रविष्टस्यावश्यं निष्क्रमणं न त्वेवमाक्षेपादित्याशयेन नैष्क्रामिकीमाह । अङ्कान्त इति । अङ्कस्य समाप्तौ असमाप्तेऽप्यङ्के यदा पात्राणां निष्क्रमणं तदा चेत्यर्थः । निष्क्रमणक्रियायामुपगतो वर्ण्यत्वेनाङ्गीकृतो गुण इत्युपचरितार्थो हंसराजाविर्यस्याम् ॥३१२॥

अथाक्षेपिक्याः समर्थेन स्वरूपमाह । क्रममुलङ्घ्येति । प्रस्तुतं रसम् । द्रुतलयेनेति । खलु खलंकादिवाक्यप्रयोगो या रसापेक्षयोजना तद्विषयः(या) प्रयुज्यते(सा) आक्षेपिकी । तत्राक्षिप्यमाणरसस्य दीप्ततया द्रुता । यथा उदात्तराघवे रामस्य प्रस्तुतशृङ्गारक्रमोल्लङ्घनेन

अदे तापस स्थिरी(रो)भव । क्वेदानीं गम्यते ।
स्वसुर्मम पराभवप्रसव एकदत्तव्यथ ।

---

१. KSS. स्थानाश्रयोपेतं ।
२. KSS. ज्ञेयं श्रूयतां चास्य लक्षणम् ।
३. KSS. या तु भवेत् प्रस्तुतस्तुतियोगे ।

या च रसान्तरमुपगतमाक्षेपवशात् कृतं प्रसादयति ।
[1]रागप्रसादजननीं विद्यात् प्रासादिकीं तां तु ॥३१४॥

[2]विषण्णे मूर्च्छिते भ्रान्ते वस्त्राभरणसंयमे ।
दोषप्रच्छादना या च गीयते सान्तरा ध्रुवा ॥३१५॥

इत्यादिना (रावणवाक्येन)। यथा (द्रु ता)वाक्याकर्णनेन वीररसस्याक्षेप्यस्य तु रसस्य मासृण्ये। स्थितेति विलम्बिता। यथाऽश्वत्थाम्नो युद्धवीरे क्रमोलङ्घनेन

कुतोऽद्यापि ते तातः। (वेणीसंहारम् ३.८)

इति नेपथ्यश्रवणादि तस्य करुणरसस्य ॥३१३॥

अथ प्रासादिकीमाह। या च रसान्तरमुपगतमिति। उपगतमभ्युपगतं प्रस्तुतं रसविशेषं यदा प्रसादयति निर्मलीकरोति। कथम्। अनुक्तस्य विभावानुभावव्यभिचारिवर्गस्य आक्षेपवशात् स्थिरीकरणसमर्थत्वादिति। काव्यगतेनोत्कर्षेण रागप्रसादस्य जात्यंशकगीतिवर्णालङ्कारस्य सौभाग्यकृतस्य सामाजिकहृदयं तन्मयीभावापत्तियोग्यतामात्मनो जननमिति गीतिशोभया वा प्रासादयोजनः। प्रासादिकीं विद्यात् विशेषमस्या द्योतयति। इयं हि प्रावेशिक्याक्षेपिक्या अनन्तरमवश्यप्रयोज्या भवति ॥३१४॥

अथान्तरागानमाह। विषण्णे मूर्च्छिते भ्रान्त इति। अन्तरे छिद्रे गीयत इत्यन्तरा ध्रुवा। तदाह दोषप्रच्छादन(ना) इति। तान् दोषानुदाहरति। विषण्ण इति। अनुकर्तुर्यदनाशङ्कितधनविषयादत्युद्धतप्रयोगश्रमवशाद्वा भ्रमादिदोषसम्भावना वस्त्राभरणावकाशदित्सया[या]गीयते सान्तरा ध्रुवा। तत्र च प्राक्तनं भावि वा रसस्वरूपमनुवृत्तमित्यवश्यं द्रुतमध्यविलम्बितान्यतमेन भाव्यं(व्यम्)। स एव च ताल (भ० ना० ३१.५) इत्युक्तत्वात् तदाधारभूतया छन्दोनिबद्धया भाव्यं। केवलं छिद्राच्छादनमात्रप्रयोजनायामस्यां न सार्थकपदकदम्बयोजनमुपगीतिशुष्काक्षरैरेवेयं लक्ष्ये च लतिकादिनाम्ना प्रसिद्धा गीयत इति नाटचधर्मी(र्म)प्रायेयम्। यद्यपि प्रावेशिक्यादेरपि नानुकार्यविषयसम्भवस्तथापि काव्यवाक्यैकवाक्यतायां—

तरलयसि दृशं किमुत्सुकाम्।

इत्यादि काकतालीयश्रुतिशकुनान्ययेन लौकिकस्य सम्भवं नात्यन्तं नाटचधर्मभावः। एवं नाम व्याख्यातम् ॥३१५॥

---

१. KSS. रङ्गरागप्रसादजननी ज्ञेया प्रासादिकी सा तु।
२. NS. विषसंमूर्छिते। KSS. varies

ध्रुवाणां चैव सर्वासां रसभावसमन्वितम् ।
[1]यथास्थानं प्रवक्ष्यामि यत्र गेयं प्रयत्नतः[2] ॥३१६॥

द्विविधं तु स्मृतं स्थानं परसंस्थात्मसंश्रयम् ।[3]
यत्त्वाक्षेपसमायुक्तं तच्च मे सन्निबोधत ॥३१७॥

बद्धे निरुद्धे पतिते व्याधिते [4]मूच्छिते मृते ।
अवकृष्टा ध्रुवा कार्या भावे च करुणाश्रये ॥३१८॥

अथ जातिः स्थानं प्रकारश्च प्रमाणं नाम चेति श्लोके (म० ना० ३२-३०५) यत्प्रमाणमुद्दिष्टं तल्लक्षयन्नुपक्रमते। ध्रुवाणां चैव सर्वासामिति। तत्र स्थानस्य सामान्यलक्षणमाह। यत्र गेयं प्रयत्नत इति। रसोपयोगी पात्रविशेषः स्थानमित्यर्थः ॥३१६॥

ननु प्रवेशनिष्क्रमाक्षेपप्रसादच्छिद्राण्येव गेयस्थानानि। तानि च नामनिर्वचनेन लब्धानि। तत् किमिदानीं स्थानं नाम्ना विशिष्यत इत्याशङ्क्याह। द्विविधं तु स्मृतं स्थानमिति। न प्रवेशादिस्थानमत्र लक्ष्यते किन्तु प्रधानभूतो यो रसभावादिरर्थस्तदुपयोगि तावद्गानम्। तत्र कदाचित्तत्रैव योऽर्थस्तमुद्देशेनैव गीयते। यथा रामस्य सीतादिप्रयुक्तविप्रलम्भे तदाश्रयमेव कदाचित् पात्रान्तराश्रयणेन। यथा तस्यैव विप्रलम्भे लक्ष्मणाश्रये ति(नि)तराम(मा)हुरित्यत्र। तदाह। परसंस्थात्मसंश्रयमिति। परस्थमतं लक्ष्मणस्य। आत्माश्रयं रामस्य। तेन स्थानमिति स्थानाश्रयं गानं द्विविधमित्यर्थः। नन्वपरस्यासौ करुण एव भवति। न हि रामे विप्रलब्धे लक्ष्मणस्य विप्रलम्भः। केवलं तद्दुःखदुःखितस्यास्य करुण इत्याशङ्क्याह। यत्त्वाक्षेपसमायुक्तमिति। यदिति यस्मात् आक्षेपः तद्रसोपेक्षेपित्वेनोपयोगः। तेन आसमन्तात् युक्तं स्वात्मसंस्थं समिति सम्यक् अवैकल्यपूर्णतया तेनायुक्तया ऽऽत्मसंश्रयम्। एतदुक्तं भवति। लक्ष्मणस्य करुणे विनयोचितं(ते) मसृणमन्थरं(रे) गान(ने) प्रयुक्तेऽपि तु रामविप्रलम्भ एव तत्र प्रयोजकीभवति। तथा च लक्ष्मणस्य तदुपसर्पणेन परैव तत्तरा गानं प्रयोजयति। परस्थोऽप्यसौ प्रयोजको भवति। स चायं प्रयोगो विधिनोपदेशदिशा न शक्यं(क्यः) प्रतिपादयितुमिति दर्शयति। तच्च मे सन्निबोधतेति ॥३१७॥

तत्राक्षेपिक्यां तावत् स्थानद्वयोचितं लयविभागेन विशेषं यथायोगं निरूपयितुमाह। बद्ध इत्यादि। बद्धो निगडादिना निरुद्धोऽवष्टब्धः। पतितो महापातकयोगात्। मृत इति मुमूर्षा। अवकृष्टेति विलम्बिता। करुणाश्रय इति निर्वेदादौ ॥३१८॥

---

१. NS तथा स्थानं।
२. KSS. योज्यं विभागतः।
३. KSS. परस्थात्मस्थसंश्रयम्। NS. परस्थं स्वात्मसंश्रितम्।
४. KSS. साधिते।

औत्सुक्ये ह्यवहित्थे च चिन्तायां परिदेविते ।
श्रमे दीने[1] (दैन्ये) विषादे च स्थिता कार्या ध्रुवा बुधैः ।
एतेष्वेव तु भावेषु करुणावेदितेषु च
[2]ध्रुवा द्रुता च कर्तव्या करुणे भावसंश्रया ।।३२०।।
यत्र प्रत्यक्षजं दुःखं [3]मृताभिहतदर्शनम् ।
स्थिता तत्र हि कर्तव्यः करुण तु रसे बुधैः ।।३२१।।
[5]उत्पातदर्शने चैत्र प्रहर्षेऽद्भुतदर्शने ।
विषादे च [6]प्रसादे च रोषे सत्वस्य दर्शने ।।३२२।।
वीररौद्रमयाद्येषु प्रत्यक्षावेदितेषु च ।
ध्रुवा द्रुतलया कार्या ह्यावेगे सम्भ्रमे तथा ।।३२३।।
[7]प्रसादे(व)याचने चैव तथाऽनुस्मरणे पुनः ।
तथाऽतिशयवाक्येऽषु तथा च नय(व)सङ्गमे ।।३२४।।
[8]हर्षेऽथ प्रार्थने चैव शृङ्गाराद्भुतदर्शने ।
ध्रुवा प्रासादिकी कार्या तज्ज्ञैर्मध्यलयाश्रया ।।३२५।।

स्थितेति । मध्या विलम्बिता च ।।३१९।।

एतेष्वेव तु भावेषु करुणेति । तदाश्रयेषु भावेषु द्रुता ध्रुवा कार्या । केषु पात्रेष्वित्याह । करुणेति । करुणस्यावेदनं येषु स्वयमुत्पन्नकरुणस्यावेदनं येषु । तेन शोकस्यायिभावपरिपोषकादिव्यभिचारिसंवलितेषु परिजनादिष्विति यावत् । अत एवाह । भावसंश्रयेति । भावप्राप्तिस्तन्निकटप्राप्तिर्निमित्तं वा द्रुता ध्रुवेति ।।३२०।।

तर्हि परदुःखे सर्वत्रैव ध्रुवा । नेत्याह । यत्र प्रत्यक्षजं दुःखमिति । दुःखज्ञानम् । कुत्रेत्याह । मृतेति । मृतस्यापमृत्युना अभिहतस्य आकस्मिकतीव्ररोगशोकादिना अभिघातस्य च दर्शनं यस्मिन् तत् प्रत्यक्षजं दुःखम् । तत्र विलम्बिता कार्या । करुणे त्विति । परसंस्थे ।।३२१।।

उत्पातो भूकम्पादिः । विषादे वृत्ते सति । (प्रहर्षे) झटिति यः प्रमोदस्तत्र ।।३२२।।

द्रुताव्यापकं लक्षणमित्याह । आवेगे सम्भ्रमे च द्रुतेति ।।३२३।।
प्रसादविषये याचने ।।३२४-३२५।।

---

१. KSS. दैन्यविषादे च NS दैत्ये ।
२. KSS. ध्रुवा ध्रुवा तु कर्तव्या तथा वेगसमाश्रया ।
३. KSS. मृताभिहितदर्शनात् NS भिहतदर्शनात् ।
४. KSS. प्रयोक्तव्या NS. प्रकर्तव्या ।
५. KSS. उत्पाते सम्भ्रमे चैव ह्यमर्षेऽद्भुतदर्शने । NS. उत्पातदर्शनं चैव शृङ्गाराद्भुत दर्शने ।
६. KSS. प्रमादे NS. प्रमोदे ।
७. KSS. प्रासादयावने NS. प्रसादयावने ।
८. KSS. गर्वे च NS. हर्षे च ।

शरीरव्यसने रोषे पुनःसन्धानकर्मणि ।
सानुबन्धा बुधैः कार्या [1]गीतज्ञैरन्तरा ध्रुवा ॥३२६॥

अध्रुवास्तु प्रवेशाः स्युर्गायतो रुदतस्तथा ।
सम्भ्रमे प्रेषणे चैव ह्युत्पाते विस्मये तथा[2] ॥३२७॥

सानुबन्धेति । अनुबन्धः त्वरा तेन सानुबन्धेति द्रुतलयेत्यर्थः । क्व सा क्रियते । आह । शरीरस्य व्यसने रोषे प्रवृत्ते सति । यत्पुनःसन्धानकर्म तस्मिन् । एतदुक्तं भवति । शरीरव्यसनवशाद् दो(रो)षवशाद्वा यदा नटे(टो)ऽपसर्पति तदा तस्थानेऽन्यस्य तद्भूमिका(यां) द्वितीयस्य योजनं त्वस्याः कर्तव्यम् । तत्र चान्तरा ध्रुवा द्रुतेति ॥३२६॥

अथ यत्र प्रावेशिकीशून्यं तदाह—

अध्रुवास्तु प्रवेशाः स्युर्गायतो रुदतस्तथा ।
सम्भ्रमे प्रेषणे चैव ह्युत्पाते विस्मये तथा ।

इह प्रावेशिकी नाम प्रवेक्ष्यतः पात्रस्य स्वरूपं सामाजिकमनसि संक्षेपेण समर्पयितुं गीयते । तत्र गायता यदा प्रविशति तदा प्रावेशिक्यां गीयमानायां प्रकृतगानं रोदनं च व्यदीय(यं) त । सम्भ्रान्तस्य परेण त्वरया प्रेषितस्य तूत्पातविस्मयावावेदयितुमायातस्य त्वरयेव प्रवेश उचित इति ।

अन्ये त्वाहुः । पूर्वप्रविष्टस्य च प्रधानपात्रस्य देवीप्रायस्य गायतो रुदतो वा सम्बन्धी परिजनो यदा प्रविशति तदा ध्रुवाऽस्य प्रवेशे मा भून् मुख्योपरोधकत्व इति । कार्यान्तरव्यग्रे च प्रधानपात्रे उत्पातविस्मयाद्यवेदनाय तन्निकटमुपसर्पतो मध्यमपात्रस्यापि स(अ)ध्रुवः प्रवेशः । प्रधानपात्रस्याऽपि सम्भ्रमे सत्यध्रुव एव । शङ्खचूडस्येव जीमूतवाहनभक्षणाकुलगरुडनिकटमुपसर्पतः (नागानन्दम् ५.१७) । प्रेषणग्रहणं नैष्क्रामिकी विषयं प्रसङ्गात्तेन त्वरयता प्रतीहार्यादेः प्रेषितस्याध्रुवनिष्क्रामणम् ।

अत्र तु प्रविष्टपात्रेण गायता रुदता वा सह यदा प्रविशतो झटिति नास्ति सम्बन्धस्तदा प्रकृताधु(सू)परमो मन्तव्यः ।

उपाध्यायास्त्वाहुः । गायतो रुदत इत्यनेन हर्षवीरक्रोधशोकविपत्स्वेव क्रमेण लक्ष्यते । तेन च सम्भ्रमो विशेष्यते । तेन क्रोधशोकहर्षाविष्टस्य सम्भ्रमे अध्रुवः

---

१. KSS. हितज्ञैः ।
२. NS. विषये तथा ।

एवमर्थविधिं ज्ञात्वा देशकालमृतुं तथा ।
प्रकृतिं भावलिङ्गं तु ततो योज्या ध्रुवा बुधैः ॥३२८॥

[1]शीर्षका चोद्धता चैव ह्यनुबन्धा(द्धा) विलम्बिता ।
[2]अड्डिता चापकृष्टा च षट्प्रकारा ध्रुवा स्मृताः(ता) ॥३२९॥

[3]शिरःस्थानीयमेतद्धि यस्मात् तस्मात्तु शीर्षि(र्ष)का ।
[4]उद्धता तूद्धता यस्मात् तस्मात् ज्ञेया ध्रुवा बुधैः ॥३३०॥

प्रवेश इति । तथा चाग्रे वक्ष्यति अपटाक्षेपकृता चात्ययिकी हर्षरो(रा)ग कार्येषु (भ० ना० ३२.४१३) इति । एतच्च स्वस्थान एव व्याख्यास्यते । तच्च प्रकृतरसस्योपरोधिका ध्रुवा न प्रयोज्यैवंपरमिति मन्तव्यम् ॥३२७॥

अथ कविशिक्षार्थमाह । एवमर्थविधिमिति । अर्थविध्यादिकं ज्ञात्वा ध्रुवा बुधैः कविभिर्योज्या । तत्रार्थविधिराक्षेपप्रसादनादिप्रयोजनप्रकारं हंसगजादिरित्यन्ते । देशः सरोऽरण्यादिः । कालं रात्र्यादिकम् । ऋतुर्वसन्तादिः । प्रकृतिरुत्तमादिः । भावो रत्यादिः । लिङ्गमनुभाववर्गः । येषां मध्ये यदेव प्रधानमन्ते वार्थं द्विशस्त्रिशः सामान्येन वा कविना ध्रुवायां व्यावर्णनीयमिति यावत् ॥३२८॥

अथ प्रावेशिक्यादिषु पञ्चस्वपि प्रत्येकं प्रकारषट्कं सम्भवतीति दर्शयितुमाह

शीर्षका चोद्धता चैव ह्यनुबद्धा विलम्बिता ।
अड्डिता चापकृष्टा च । इति ।

विलम्बितेति । द्रुतविलम्बिता ध्रुवाणामनियताक्षरका । सा गानप्रयोगमपनयन्ती काव्यस्वरूपं परिपूरयितुं प्रयुज्यते तत्पूरणं च प्रकृतिमुखेन वा रसभावचेष्टितमुखेन वा तत्रोत्तम प्रकृतिः प्राधान्येन प्रवर्तमाना हि शीर्षका । उत्तमसमाश्रयो हि रसभावादिरनन्तपरिजनादिगतचित्तवृत्त्यन्तरजीवितकल्पः । अतोऽस्य शिर इति व्यपदेशः विचित्रप्रकृतिचित्रवृत्तिकल्पत्वेन प्राधान्यात् । चेष्टितप्राधान्येनोद्धतसङ्गतां समस्तविभावानुभावव्यभिचारिसम्पदं सूचयत्यनुबद्धा । अधममध्यमनीचैरित्यादिस्थिता तु भिन्नां प्रकृतिचित्तवृत्तिं भिन्नं च तद्गतं चेष्टितं सूचयति द्रुतविलम्बिता। सापेक्षभावरूपं संविद्धिकासतुन्दरं रसमाश्रयत्यड्डिता । तद्विपरीताऽपकृष्टेति प्रतिध्रुवं षोढा विभागः ॥३२९॥

तस्माद्धेतोरेतत् संगतं शिरस्थानीयं प्रधानं भवति । तस्माच्छीर्षकेति सञ्ज्ञतिः । उद्धता तूद्धतेति गमागमभ्रमणादिप्राधान्यात् । अन्ये तु वीररौद्रविषयेयमित्याहुः ॥३३०॥

---

१. KSS. शीर्षकं । NS. शीर्षका ।
२. NS इति (अड्डि ?) ता चावकृष्टा ।
३. KSS. शिरस्थानीयसे तद्धि यस्मात्तद्धि च शीर्षकम् ।
४. KSS. उद्धक यस्मात ।

[1]यतिं लयं वाद्यगतिं पदं वर्णान् स्वराक्षरम् ।
अनुबध्नाति यत्रैवमनुबद्धा भवेत्तु सा] ॥३३१॥

आक्री(पी)डितप्रवृत्तो यश्चतुर्थलयकारकः ।
नाट्योपचारजनितः सोऽनुबन्धः प्रकीर्तितः ॥३३२॥

यतिं लयं वाद्यगतिं पदं वर्णान् स्वराक्षरान्(रम्) ।
अनुबध्नाति यत्रैवमनुबद्धा भवेत्तु सा ॥

इति । यतिः समाद्या । लयो द्रुतादिः । वाद्यगतिश्चतुर्विधातोद्यवैचित्र्यम् । पदं वृत्तगो यत्यात्मा विरामः । वर्णो वृत्तगत एव गुरुलघुभेदः । स्वर्यंते यथोचितं गीतक्रियायां विस्तार्यंते यतः स्वरशब्देन वर्णाङ्गरूपा गीतिः । अक्षरं गीयमानं पदम् । अन्ये तु चच्चत्पुटादितालमक्षरमाहुः । न क्षरति न साम्याच्च्यवते गीतवृत्तादिकं येनेति । एतद्यत्याद्यक्षरान्तरम् । यस्यां ध्रुवायामेवमिति प्रयोगौचित्येन कविर्नाट्याचार्यो वर्णकविर्गाता नटो वा यत्रानुबध्नाति सा ध्रुवा अनुबद्धा ॥३३१॥

अनुबन्धनं व्याचष्टे ।

आपीडितप्रवृत्तो यश्चतुर्थलयकारकः ।
नाट्योपचारजनितः सोऽनुबन्धः ॥इति॥

अनुबन्धमापीडितमन्योन्यसंश्लिष्टं कृत्वा प्रकर्षेण प्रवर्तनं यत्यादीनामक्षरान्तानां यतो भवति तदा क्रियाविशेषोऽनुबन्धः । स च कवेस्तयोचितध्रुवार्थयोजनम् । उचितश्च ध्रुवार्थः । तत्र विभावादिपूर्णसंविद्रूपः । तस्मिन् योजना पानकमिव रसं प्रसूते । तद्योजनार्थश्च यत्यादेरक्षरान्तस्य व्यामिश्रीकरणात्मा वर्णकवेः । क्रियाविशेषः गातुश्च तथैवाविकलो लयात्मा । आचार्यस्य सम्यक् तदर्थयोजने किमपि तत्वान्तरमिव विद्यत आत्मा । पात्रगतपात्रस्य तदा पात्राङ्गेन निर्वहणम् । अत एव परस्परयतीनां योजने अन्ये च (न) वनिवस्तु । यतिलयानां च योजने द्रुतादिव्यतिरिक्त एव लयो भवेत् । एवं पाकविद्यानामपि स्वतः परस्परतश्च योजने किमपि तत्त्वान्तरमिव विद्यत आत्मा । पात्रगतपात्रस्य तदा पात्राङ्गेन निर्वहणम् । अत एव च परस्परयतीनां गुडमरीचादिरसयोजनमयेऽपि पानक इव रसान्तमत्वम् । तदाह । चतुर्थेति । चतुर्थलयो द्रुतादिभ्योऽन्यं करोति स्फुरयतीति । लयग्रहणं प्राधान्यात् । लय एव हि तालमित्युक्तमसकृत् । लयेन सर्वं वैचित्र्यं लक्ष्यते । अत एवायमनुबन्धो नाट्यव्यव-

---

१. पद्यमिदं नास्ति पुस्तकद्वये ।
२. अस्य स्थाने का० पुस्तके 'अन्यभावेऽप्रकृष्टा' इति पद्यमेकमस्ति ।

[1]नाट्ये त्वरितसञ्चारा नाट्यधर्ममनुव्रता ।
सविलम्बितसञ्चारा भवेद् द्रुतविलम्बिता ॥३३३॥

अड्डिता तूत्कटगुणा शृङ्गाररससम्भवा ।
[2]यस्मात् सा न (स्थाने) प्रसन्ना च तस्मादेषाड्डिता स्मृता ॥३३४॥

[3]अन्यभावेषु कृष्टश्च(ष्टा च) कृष्टहेतुषु गीयते ।
यस्मात् कारुण्यसंयुक्ता ह्यवकृष्टा भवेत् ततः ॥३३५॥

व्यवहारेणैव जनितः । सर्वथैवातिलौकिकत्वान्नाट्यस्य च रसस्योपचरणहेतुः । विभावादिसम्पत्तिजनितं नाट्योपचारं च नाट्यायितमुपचारादिसामान्याभिनयकल्पितम् । तैर्जनितो लब्धसत्ताको नाट्यायितप्रयोजनबहुल इति । ईदृक् क्रियाविशेषोऽनुबन्धनमित्युच्यते । तद्योगाद् ध्रुवाऽनुबद्धेति ॥३३२॥

एवमनुबद्धां व्याख्याय द्रुतविलम्बितामाह । नाट्ये त्वरितसञ्चारेति । त्वरितो द्रुतः सञ्चारो यस्यां सह विलम्बितेन सञ्चारेण वर्तते प्रकृतिभेदात् । अत एव नाट्यधर्मीकृत्य चित्रं रसादिवैचित्र्यं च अनु तदौचित्येन व्रतं नियमो विद्यते । तस्येति मत्वर्थीयोऽच् (अष्टा० ५.२.२७) तेन कृतप्रयोगान्ता वा द्वितीयैव ॥३३३॥

अड्डिता तूत्कटगुणेति । उत्कटोऽतिस्फुटो गुणोऽनुभाववर्णः शृङ्गाररससम्बन्धी यस्यां व्यावर्ण्यते सा उत्कटगुणा । अत् (त) (पा० धा० पा० ३८) अतिक्रमे । अतिशयेन क्रमणमाक्रमणं व्यापारं च रसस्य (विभावादिभिः सञ्चितम्) । उक्तं शरीरं व्याप्यते तेन (भ० ना० ७.७) इत्यत्र । अन्तरे शृङ्गारग्रहणं सुखप्रधानं हास्याद्भुताद्युपलक्षणम् । तेन हृदयस्थेन विवक्षारूढेन सम्भवो निर्माणं यस्याः अस्यां । अड्डितत्वे निर्वचनं स्फुटयति । यस्मात् स्थाने प्रसन्नेति । स्थानस्य चित्तवृत्त्यवस्थात्मनः प्रकृष्टं सन्न व्यापनं यस्माद् भवतीति ॥३३४॥

अन्यभावेषु कृष्टा चेति । कारुण्ये सम्यगु(ग्यु)क्ता उचिता प्रकृष्टा यस्मात् कृष्टमुत्थानं कृत्वा गीयते । किं करुण एवेत्याह । अन्येषु च कृष्टहेतुषु । कर्मणि चित्तवृत्त्यवसादरूपे मान्थर्यकारणेषु विप्रलम्भभयानकादिषु व्यभिचारिभूतेषु निर्वेदग्लानिश्रमचिन्ताप्रभृतिषु चो भिन्नक्रमः ॥३३५॥

---

१. KSS. varies and reads after 334.
२. KSS यस्मात् तस्मात् प्रसन्ना च ।
NS. यस्मात् स्थानप्रसन्ना च ।
३. KSS. varies.

या तु प्रावेशिकी दीप्ता सा कार्या तूद्धता नृणाम् ।
[1][या तु प्रासादिकी नाम स्त्रीणां कार्याऽड्डिता तु सा] ॥३३६॥

[2]या स्थिता साऽवकृष्टा तु या द्रुता सा विलम्बिता ।
याऽन्तरा सानुबन्धा च प्रकारास्तु प्रवेशजाः ॥३३७॥

[3]शीर्षका चोद्धता चैव देवपार्थिवयोर्भवेत् ।
दिव्यपार्थिववेश्यानां स्त्रीणां योज्या तथाड्डिता ॥३३८॥

मध्यमानां प्रवेशे तु ज्ञेया द्रुतविलम्बिता ।
नीचानां चैव कर्तव्ये नृणां ये खञ्जनर्कुटे ॥३३९॥

खञ्जं च नर्कुटं चैव स्थाने प्रासादिकी तु सा ।
कस्माल्ललितभावत्वाद्धास्यशृङ्गारयोर्यतः ॥३४०॥

अथ सम्भवानुसारेण विष(य)दिशमासां दर्शयति । यातु प्रावेशिकीत्यादि । प्रावेशिकीग्रहणमुपलक्षणार्थम् । नृणामिति चेष्टाबाहुल्यसम्भवात् । अन्ये तु नियमपरत्वं व्याचक्षते । तच्चेद(द)ष्टाङ्गं लक्ष्यविरुद्धमित्युपेक्ष्यमेव । परसंस्थत्वाशयेनायं ग्रन्थ इतीतरे । प्रासादिको नामाडिडत्यु(तो)पलक्षणम् ॥३३६॥

प्राकारास्तु प्रवेशजा इति । स्त्रीणाम(मि)ति वर्तत इति केचित् । या द्रुता सा विलम्बिता याऽन्तरा सा स्त्रीणामनुबन्धेति । अन्ये तु नियमपरत्वं व्याचक्षते । अवकृष्टेत्येतच्च शीर्षका चोद्धता चैव देववपार्थिवयोरित्युक्तग्रन्थेन योजयन्ति । वक्ष्यते इत्यध्याहार्यः(म्)॥३३७॥

दिव्यपार्थिववेश्यानामिति । अप्सराणां गणिकानां च । स्त्रीणामिति । कुलाङ्गनामपि ॥३३८॥

मध्यमानां नीचानां च सम्प्रवेशे द्रुतविलम्बिता । तस्यां च खञ्जनर्कुटे कृते कार्य इति सङ्गतिः । तुरप्यर्थे ॥३३९॥

प्रासादिक्यपि स्थानेऽवसरे खञ्जनर्कुटरूपा । अवसरमाह । हास्यशृङ्गारयोरिति । अत्र हेतुर्ललितभावत्वादिति । तौ रसौ सुन्दरस्थायिभावौ । खञ्जनर्कुटे च ललितभावे लालित्यं भावयतः अन्ये इति ॥३४०॥

---

१. इदमर्धं नास्ति का० पुस्तके ।
२. KSS. या समासितसंचारा भवेदर्थविलम्बिता ।
३. इतः प्रारभ्याध्यायान्तं का० पुस्तके सर्वथैव पाठो भिद्यते अतएव ग्रन्थविस्तरभयादत्र न दीयते ।

कुर्यान्नीचे मृते चैव त्वनुबन्धं लयाश्रयम् ।
स्त्रीणां राजन्यवैश्यानामब्र(प)कृष्टां तथैव च ।।३४१।।

सन्निपातास्तु चत्वारः प्रावेशिका भवन्ति हि ।
शेषा हि सन्निपातास्तु शीर्षि(र्ष)काः षट्परा स्थिताः ।।३४२।।

स्थितं चाप्यड्डितं चैव नीचानां न हि कारयेत् ।
सर्वभावाश्रयगतैस्तेषां कार्यं तु नाटकम् ।।३४३।।

त्रयो भावा भवन्त्येषां हासशोकभयात्मका:[1] ।
एवं भावान् विदित्वा तु ध्रुवा कार्या प्रयोक्तृभिः ।।३४४।।

मृते कस्मिश्चन्नीचपात्रविषयः । तथा स्त्रीणामनुबन्धं **लयाश्रयम्** । **चतुर्थ-लयकारकं कुर्यात्** । नीच एव हि करुणे बहुविधेति दर्शितम् ।

स्थैर्येणोत्तममध्यानां नीचानां परिदेवितैः ।

(भ० ना० ७.६३)

इति । **राजन्यवैश्यानामिति** । उत्तममध्यमानामपि **अपकृष्टा** करुणे ।।**३४१**।।

मानमाह । **चत्वारः सन्निपाताः प्रावेशिक्या** इति । चत्वारस्तालपरिवर्तना इति यावत् । शेषा नैष्क्रमिक्यादेः । **सन्निपाताः** । अत्रैवमपवादमाह । **शीर्षका षट्पदे** (रा इ)ति । द्वौ परिवर्तौ । तत्रावरता षट्परता ।।३४२।।

अथ मन्थरभावावसरे प्राप्तमपि स्थिताड्डितयोः प्राप्तमभिदध्यात्(वत्) पूर्वोक्तं स्मारयति ।

स्थितं चाप्यड्डितं चैव नीचानां न हि कारयेत् ।

इति नाट्यो(ट्या)चार्योऽत्र प्रयोजकः तेषां तु यन्नटनं प्रयोगसम्पादनं तदाश्रिता(त) विषयत्वेनोचितैः खञ्जनर्कुटैः कार्यः(र्यम्) । कीदृशैः सर्वे भावा येषां व्यङ्ग्यत्वेन तैः । उद्धतप्रयोगे तैरेव द्रुतलयध्रुवाप्रयोगे तैरेव विलम्बिते(तैरि)त्यर्थः ।।३४३।।

तत्र किम्भावरूपैरेषां प्रधानपदाश्रयेण भूयसा मानमित्याह । **त्रयो भावा** इति । **हास्यशोकभया** ओजःप्राचुर्येणेत्यर्थः ।।३४४।।

---

१. NS. भयानकाः ।

वस्तु प्रयोगं प्रकृतिं रसभावानृ(वृ)तुं वयः[1] ।
देशं कालमवस्थां तु ज्ञात्वा योज्या ध्रुवा बुधैः ॥३४५॥
वस्तुद्देशसमुत्थं तु पुन (नाग)रारण्यसम्भवम् ।
प्रयोगश्चैष विज्ञेयो दिव्यमानुषसंश्रयः ॥३४६॥
उत्तमाधममध्या तु त्रिविधा प्रकृतिर्मता ।[2]
रसभावौ तु पूर्वोक्तावृतुः कालकृतस्तथा ॥३४७॥
शिशुयौवनवृद्धत्वं वयश्चैव प्रकीर्तितम् ।
कक्ष्यादिग्भागजनितो[3] देशस्तु द्विविधो मतः ॥३४८॥
कालो रात्रिन्दिवकृतो यामकालविनिर्मितः[4] ।
अवस्था चैव(या तु) विज्ञेया सुखदुःखार्थसम्भवा ॥३४९॥

पूर्वमुक्तं लक्षयितुं पूर्णं चाभिधातुं स्मारयति । वस्तु प्रयोगमित्यादि ॥३४५॥

एतत् क्रमेण लक्षयति वस्तूद्देशसमुत्थमित्यादिना अवस्था या तु विज्ञेया सुखदुःखार्थसम्भवा इत्यन्तेन । उद्देशसमुत्थं यदुद्दिश्य गानकार्यस्य समुचितमुत्थानं प्रसरणम् । नागरः कीरहंसादिः । प्रयोगो दिव्यमानुषाश्रय इत्येकशेषेण । तं वेत्ति दिव्यमानुषाद्या तृतीयाऽपि स्वीकृता तद्भेदेन गजादेर्भेदः । काव्ये तद्यथा । दिव्ये सुरगजे इत्यादि ॥३४६॥

उत्तमादिका प्रकृतिः । तद्भेदाद् रथाङ्गचक्रवाकमधुकरादिवर्णनम् । रसभावौ तु पूर्वोक्ताविति । रसाध्यायोक्तौ (भ० ना० ६) । जातिवाचिनोरेकवचनं तयोरद्व(यन्द्वं)न्द्वः । कालकृतः कालवशात् कुसुमादिविशेषोद्भेदरूप ऋतुरित्यर्थः ॥३४७॥

वयः शिशुयौवनवृद्धत्वमिति । शिशुशब्देन निःशेषे समाहारे द्वन्द्वः । कक्ष्या-विभागेन जनितः कल्पितः पर्वते चाग्रहादतिदेशः दिग्भागजनितः पूर्वोत्तराविति द्विविधो देशः ॥३४८॥

रात्रिःदि(त्रिन्दि)ना(व)कृत इति । सामान्यविषयः कालः । यामकालकृतस्त्व-हरष्टधा विभज्य रात्रिमष्टधेत्यनेन । येन राजादिविशेषविषया सुखदुःखादर्थ(सार्थ)नर रूपा चार्थिता । व(त)त्सम्भवोऽस्या इति त्रिधाऽवस्था सुखित्वं दुःखित्वमर्थित्वं चेति यावत् ॥३४९॥

---

१. NS. रसभावाश्रितं च यत् ।
२. NS. स्मृता ।
३. NS. भावजनितो ।
४. NS. विनिश्चितः ।

स्थानान्येतानि तु बुधैर्नानावस्थानि नित्यशः ।
प्रयोगे सम्प्रयोज्यानि रसभावौ समीक्ष्य तु ॥३५०॥

यानि वाक्यैस्तु न ब्रूयास्ता(ता)नि गीतैरुपा(दा)हरेत् ।
न तैरेव तु वाक्या(काव्या)र्थैरन्यैः प्रवकेवला(न्यैरौपम्यसं)श्रयैः ॥३५१॥

ध्रुवाणामाश्रयाः कार्याः औपम्यगुणसम्भवाः ।
उत्तमाधममध्यानां नृणां स्त्रीणामथापि च ॥३५२॥

[1]आदित्यसोमपवना देवपार्थिवयोर्मताः ।
दैत्यानां राक्षसानां च मेघपर्वतसागराः ॥३५३॥

एतदुपसंहरन्नेव योजयति । स्थानानीति । स्थानानि त्वनिमित्तानीत्यर्थः । नानावस्थानीत्य परिसंख्येयावान्तरभेदानीति यावत् । यस्त्वादिमध्ये च रसभावौ प्रधानमित्याह । रसभावौ समीक्ष्य त्विति । तुरन्येभ्योऽनयोर्विशेषकः । न केवलं गीतिभावोऽत्र रञ्जनोपयोगित्वात् प्रधानं यावत् कार्यभावोऽविकृतरसगतस्य वाक्येनाव्यक्तस्यानुभावस्य व्यभिचार्यादेः पूरणमिति दर्शयति ॥३५०॥

यानि वाक्यैस्तु न ब्रूयात्तानि गीतैरुदाहरेत् ।

इति यत्त्वशक्यो वर्णयितुमित्यर्थः । काव्यवाक्यैर्वर्णयितुं कुतश्चिन्निमित्तवशान्न शक्यन्ते ते गीतवाक्यैरुदाहर्तुं कथयितुं शक्याः । तर्हि नाटककाव्यवद् गीतकाव्ये सन्धितदङ्गनिर्वहणादिप्रयाससम्भवः । (न) तैरेवेति । राजादिवर्णनया न तानि गानेऽपि तत्सदृशरसादिवर्णने

न तैरेव तु काव्यार्थैरन्यैरौपम्यसंश्रयैः ।

इत्युक्तम् ॥३५१॥

तत्र कस्य केनौपम्यमिति प्रस्तावयितुमाह । ध्रुवाणामाश्रया इति । वर्णनीयाः । औ(औ)पम्यं सादृश्यं तदेव गुणः प्रकृतोपयोगसम्भवप्राप्तिरौचित्यं येषामित्यर्थः ॥३५२॥

कस्य किमुचितमिति दर्शयति । आदित्यसोमपवना इत्यादि । अत्रापि प्रतापाल्हादकत्वशैघ्र्याद्यवस्थान्तरं राजादेरन्वेष्यम् । एवं सर्वत्र ॥३५३॥

---

१. NS. आद्यत्वसेमेयय (पव)ना ।
KSS. varies.

सिद्धगन्धर्वयक्षाणां [3]ग्रहोडुवृषभा मताः ।
तपःस्थितानां सर्वेषां सूर्याग्निपवना मताः ॥३५४॥

हव्यवाहस्तु विप्राणां ये चान्ये तपसि स्थिताः ।
एतेषामेव या नार्यस्तासामौपम्यसंश्रयाः ॥३५५॥

विद्युदुल्कार्करश्म्याद्या[2] विद्या(दिव्या)नामपि च स्मृताः ।
देवानां तु प्रयोज्या ये नृपाणामपि ते स्मृताः ॥३५६॥

नागसिंहवृषाश्चिश्च[3]नंते दिव्येषु कीर्तिताः ।
महिषारुरुसिंहाश्च क्रव्यादाः पशवश्च ये ॥३५७॥

हिंस्रसत्वेषु ते कार्या यक्षराक्षसजातिषु ।
उत्तमानां प्रयोक्तव्या नानारससमाश्रयाः ॥३५८॥

मत्तमातङ्गसहिता राजहंसाश्च योक्तृभिः ।
शिखिनः सारसाः क्रौञ्चाश्चक्राह्वाः कुमुदाकराः ।
मध्यमानां प्रयोक्तव्या[4] औपम्यगुणसंश्रयाः ॥३५९॥

कोकिलं षट्पदं ध्वाङ्क्षं कुररंकौशिकं बकम् ।
पारावतं सकादम्बमधमेषु प्रयोजयेत् ॥३६०॥

एवमेषां प्रयो(यु)क्तानां स्त्रियो यास्तु भवन्ति हि ।
उत्तमाधममध्यानां तासां चैव निबोधत ॥३६१॥

ग्रहा जीवादयः । उडुवृषभास्तिष्यादयः काला इति सम्यगाहुः ॥३५४॥
ये चान्य इति । क्षत्रियाद्याः ॥३५५॥

रश्मिः प्रकृतेः स्त्रीलिङ्गतात्पर्यापवादिदीधितिमरीचिप्रभाद्या प्रचेतव्याः । वृषभा विषयास्ते सहकाराद्या अपि ॥३५६-३५७॥

हिंस्रसत्वेष्विति । हिंसाप्राधान्ये विवक्षिते क्रव्यादः(दाः) । अत एव राक्षसेषु ॥३५८॥

---

१. NS. ग्र(ग्रा?) हेम (भ) वृषभाः स्मृताः ।
२. रसाद्या ।
३. वृकाश्चैव ।
४. प्रकर्तव्या ।

[1]शर्वरी च सुधा ज्योत्स्ना नलिनी करिणी नदी ।
नृपस्त्रीणां भवन्त्येता औपम्यगुणसंश्रयाः ॥३६२॥

दीर्घिका कुररी वल्ली सारसी शिखिनी मृगी ।
मध्यमानां भवन्त्येता वेश्यास्त्रीणां[2] च नित्यशः ॥३६३॥

षट्पदीं कुररीं ध्वाङ्क्षीं परपुष्टां[2] च योजयेत् ।
[3]अधमाः स्युर्ध्रुवा ह्येताः प्रयोक्तव्याः प्रयोक्तृभिः ॥३६४॥

गत्यर्थोपमिता याश्च चलनार्था भवन्ति हि ।
प्रावेशिक्या बुधैरेव नैष्कामिक्यास्तथैव च ॥३६५॥

प्रावेशिक्याश्रया यास्तु [5]पूर्वाह्णार्धे तु ताः स्मृताः ।
नक्तन्दिवसमुत्थास्तु नैष्कामिक्याः स्वकालजाः ॥३६६॥

सौम्याः पूर्वाह्णकाले तु मध्याह्ने [6]दीप्तिसंश्रयाः ।
अपराह्णे तथा मध्याः[7] [सशोकाश्च] सन्ध्यायां करुणाश्रयाः ।
चलनार्था हि ये प्रोक्ता आक्षेपिक्या भवन्त्यपि ॥३६७॥

(कुमुदाकराः) समुदाः । तदभावविषया उक्ताः ॥३५९-३६४॥

गत्यर्थोपमिता इत्यादिना क्रियात्विति(विषय)त्वं प्रावेशिक्यादिविषयमाह । गत्यर्थस्तूपमितं सामाजिकहृदयसमीपे प्रक्षेपो यैश्चलनार्थैधातुभिस्तेऽत्रापि प्रवेशे । दर्शनीयमिति तथैव चेति । प्रदर्शनवेशादिप्रकारेणैवेत्यर्थः । कामिभिर्दर्शयितुमात्मानं गूहयितुमित्यादिभेद इत्यर्थः ॥३६५॥

भूयस्त्वाभिप्रायेण कालौचित्यमाह । **प्रावेशिक्याश्रया यास्तु(पू)रा(र्वा)ह्णा(र्ध)** इत्यादि । तत्काले कार्याभ्युत्थानस्य भूयसा दर्शनात् । तदाह । नक्तन्दिवेति । तुर्यद्यपीत्यर्थे । प्रावेशिक्यामर्थत्वेनाश्रीयमाणायां कार्यविशेषा यद्यपि रात्रौ दिने च समुत्तिष्ठन्ति । तथाहि(पि) भूयस्त्वाश्रयेणेदमुक्तम् । एतदुक्तं भवति । प्रकृतं कार्यं यत्र काले भवत्युपमानं तु पूर्वाह्णे योज्यम् । एवमौचित्यात् प्रवेशः स्फुटं सूचयतीत्यर्थः ॥३६६॥

एवं सौम्या पूर्वाह्णे दीप्तिर्मध्याह्ने शोकाद्यपराह्णे वर्णनीयमित्याह ।

---

१. NS. शर्वरी वसुधा ज्योत्स्ना ।
२. वेश्यानां च ।
३. अधमानां ध्रुवास्त्वेता ।
४. गत्यर्थे यमिता ।
५. पूर्वाह्णे यास्तु ।
६. दीप्त ।
७. काले ।

आक्षेपा एवमेव स्युर्द्रुतस्थितगतास्तथा[1] ।
रोषामर्षादिसम्पूर्णाः (म्भूताः) लोकाद्भुतभयानकाः ॥३६८॥

[2]यद् द्रव्यं वसुधासंस्थमृते दैवतमानुषान् ।
तत्सर्वमुपनेयं तु गानयुक्त्योपमाश्रयम् ॥३६९॥

अन्ये सौम्यं वस्तु पूर्वाह्णकाले प्रयोज्यमिति प्रयोगकालनियमोऽयमिति मन्यन्ते । अन्ये तु बन्दिमागधादीनां सौम्या(म्य)दीप्तादिवस्तुविषय(ः स्तुत्यादिगते(ः) कालनियमोऽयमिति । प्रतिपन्ना जलक्रीडाऽक्षक्रीडादयोऽर्था आक्षेपिक्याः ॥३६७॥

अत्र हेतुः । आक्षेपा एवमेव स्युरिति । एवमेव लयभिन्ना अ(इ)त्याक्षेपाः । सामञ्जस्ये द(त्विय)मुखता क्रिया । एवमेवेति । चलनादिरूपकतयैव भवतीति सम्भाव्यते । कुतस्त इत्यादिविशेषा भवन्तीत्याह ।

रोषामर्षादिसम्भूताः शोकाद्भुतभयानकाः ।

इति । पु[लिङ्ग]..... त्वान् मत्वर्थीयोऽच् (अष्टा० ५.२.२७) शोकः पुत्रशोकादयः कारणत्वेन येषां सन्ति । अत एव शोककृताक्षेपमध्ये विलम्बितलयस्य सम्भवः ॥३६८॥

यदुक्तमस्माभिरादित्यसोमेति (भ० ना० ३२.३५३) । एवं स्थितिरि(ते इ)त्यादि(भ० ना० ३२.३७४)दिक्प्रदर्शनमिति । तदर्थमाह । यद् द्रव्यं वसुधासंस्थमृते दैवतमानुषांश्च (षान् । तांश्च) वर्जयित्वा । आदित्यादयस्तु परिदृश्यमानस्वभावा एवोपमानत्व उचिताः । मनस्त्वधिष्ठातृदेवतास्वरूपं दैवतम् । तद्वर्ज्यम् ।

ननु किमतो नियमाद् दृष्टं भवतीत्याशङ्क्य हेतुमाह । तत्सर्वमुपनेयं त्विति । तुर्हेतौ । यस्माद् गजेन्द्रपवनादीनां विशिष्टे प्रवेशादिके श्रूयमाणे स्वयमनधिकारिशरीरत्वादव्यग्रत्वाच्च न तावन्मात्र एव वाक्यार्थे सामाजिकस्य प्रतीतिर्विश्राम्यति । अपि तु प्रस्तुतप्रशंसिन्यायेनाधिकारिणि प्रकृते चित्तवृत्तिर्धावति । अतश्च तद्वस्तूपनेतुं प्रकृतार्थं प्रति सङ्क्रमयितुं शक्यं भवति । किञ्च नाट्योत्पत्तौ रसाध्याये (भ० ना० ६) प्रतीतिविश्रान्ता आह्लार्यादे(रधिकं) न प्रयोज्यत्वमपि तु चित्तवृत्ति(त्ते)रिति वितत्य दर्शितम् । तत्राधिकारशरीरव्यतिरिक्तस्याद्यस्य पुस्तचित्रालेख्यप्रख्यस्य चित्तवृत्तिं ग्रासीकारयोग्यत्वादुत्तानतया भासमानाऽसौ सर्वत्र विशेषेणोपनेतुं शक्या यदुपनयाद्रसास्वादः । यथोक्तं भट्टतोतेन ।

संविशिष्टेन केनाऽपि ग्रासीकारादपह्नुतः ।
प्रकाशतेऽत उत्ताना सर्वस्यास्वादनिर्भरम् ॥इति ।

---

१. NS. स्थितिगताः ।
२. पदव्यं वसुधासंस्थं कृतदैवतमाश्रितम् ।

स्थावरैः[1] स्थावरं कुर्याद्गत्यर्थेश्चपलाश्रयम् ।
सुखदुःखकृतैर्भावैरौपम्यगुणसंश्रयात् ॥३७०॥

भूमिस्थ वाजिकुञ्जरमृगपशु शिविकाविमानानाम् ।
गतिविभ्रमं हि दृष्ट्वा कर्तव्या तु ध्रुवा तज्ज्ञैः ॥३७१॥

रथपत्रवाजिवारणविमानशिबिकास्थ[2]पक्षियानेषु ।
[3]द्रुतपदवर्णाविर्णैः कर्तव्या तु ध्रुवा तज्ज्ञैः ॥३७२॥

ओजस्कृता तु सा वै गुरुवर्णा वृषगजेन्द्रसिंहेषु ।
सारसवानरहंसे तथा मयूरे विधातव्या ॥३७३॥

इन्द्रादेरर्जुनादेश्च गानकाव्यार्थनेतुः स्वयमेवाधिकारित्वात्तावन्मात्रविश्रान्तिसम्भवान्नोपमेयत्वमिति । गानयुक्त[काव्यगी]तिनाटकगानोभयकाव्यर्थोचितस्य गीतिविशेषस्याभियोजना तु संवित्साधारणी भवति । गीतेश्चितवृत्तिमात्रद्योतका[त्वा]दिति ॥३६९॥

अत्रापि शिक्षान्तरमाह । स्थावरैःस्थावरमिति । एकोऽर्थशब्दोऽपरो रूढिशब्दस्तेनावस्थानशीले सहकाराद्युपमानं भवति । सहकारतरुः शोभत इति । न धावतीति । तत्र तेषु स्थानेष्ववश्य(श्यं) स्थायिनी गतिः ॥३७०॥

सा च विभज्य वर्णनीया । उपमानं च तत्रोचितमाश्रयणीयं सत्कविभिरिति दर्शयति । भू(मि)स्थेत्यादि । भू(मि)स्थ पादचरी गतिविभ्रमो गतिवैचित्र्यम् ॥३७१॥

तदुदाहरति रथपत्रेति । पत्रं युग्यादि । पक्षिभिर्गरुडाद्यैर्यानं येषाम् । रथादिशिविकाश्च[स्थाः] पक्षियान(ना)श्चेति द्वन्द्वः । काव्ये पद(दं)द्रुत(तं) लघुवर्णम् । वर्णो गीतिः । साऽपि द्रुतवर्णा इति । स्फुटवर्णपर्युदासेन तत्सदृशा अवर्णा पौष्करा वर्णानुहाराः । तेऽपि द्रुता लघुबहुलाः । द्रुतैः पदवर्णाविर्णैरुपलक्षिताः । द्रुतेति सम्बन्धः ॥३७२॥

ओजस्कृतेति दीप्तार्था तेभ्यः । गरुवर्णेति । वर्णशब्दोऽत्राग्रे वर्ण्यंयेवि[र्ण्यते]-ति तालाक्षरेषु । सेति ध्रुवा ॥३७३॥

---

१. NS. स्थावरा (रे)स्थावरं ।
२. सिकयस्थ ।
३. द्रुतबपदवर्णवर्णैः ।

द्रुतगमने [1]लघुवर्णा विलम्बितगतै च दीर्घवर्णकृता ।
एवंस्थितद्रुतानां[2] ज्ञात्वा भावं ध्रुवा कार्या ॥३७४॥
नास्ति [3]किञ्चिद् वृत्तं तु पदं गानसमाश्रयम् ।
तस्माद्गीतिमभिप्रेक्ष्य तद्वृत्तं[तां] योजयेद् ध्रुवाम् ॥३७५॥
तस्माद्वाहनगत्यर्थैर्ध्रुवा कार्याक्षरैस्तथा ।
अङ्गानां समता यत्र भाण्डवाद्ये करिष्यति[4] ॥३७६॥
[5]यद्वृत्तो(त्तौ) वाहनगतौ ध्रुवापादौ विधीयते ।
तद्वृत्तं तु [6]भवेद्वाद्यमङ्गवाद्यसमं तथा ॥३७७॥

एतदेव व्याप्त्या दर्शयति ।

द्रुतगमने लघुवर्णा विलम्बितगतौ च दीर्घवर्णकृता ।

इति ॥३७४॥

यस्मादविद्यमानं गुरुवर्तनं यत्र पदे सादृश्यस्य नास्ति तस्माद् गानस्य गीतिस्थानगतस्योद्धतमसृणादेराश्रयणाद्या गीतिर्वर्णाङ्गरूपा विलम्बितद्यौचित्येनायाति तां विचार्य तद्वत्यां तदुचितगुरुलघुनियमां ध्रुवां वृत्तजामिति योजयेत् गीतावसानतया सम्बन्धयेदिति ॥३७५॥

त्रितयसाम्यमेव स्फुटयति ।

तस्माद्वाहनगत्यर्थैर्ध्रुवा कार्याक्षरैस्तथा ।
अङ्गानां समता यत्र बा(भा)ण्डवाद्ये करिष्यति ॥

पुष्करवाद्याक्षरैः सेति । अङ्गानां वर्णानां गानमेककादीनां श्येनविन्द्वाद्यलङ्कारार्णां च समतामुचितलयत्वं करिष्यतीति चिकीर्षितम् । तस्मादिति । भाण्डवाद्यं हृदयेनावलम्ब्य वाहनगत्यर्थैरक्षरैः पदैरुपलक्षिता ध्रुवा । तथेति । तत्प्रकारैरेव कार्येति सम्बन्धः ।

एतदुक्तं भवति । इदमत्र वाहनगत्यादि वर्णनीयम् । ईदृशेनात्र वर्णाङ्गेन भाव्यम् । तत्र चेदृशेन भाण्डवाद्येन तत्र चेदमुचितं ध्रुवावृत्तमिति पर्यालोचनम् । कवि[ता]ध्रुवाङ्गमत्र पदत्रयस्य साङ्गोपाङ्गमुत्तर[क्तं] श्रवणादिति केचित् ३७६-३७७।,

---

१. NS. लघुवर्णौ विततगतौ ।
२. द्रुतानां ।
३. किंचिदवृत्तं ।
४. करिष्यते ।
५. ग्रहतो वाहनगतो ।
६. भवेच्चाद्यं ।

पूर्वं गानं ततो वाद्यं ततो नृत्तं प्रयोजयेत् ।
गीतवाद्याङ्गसंयोगः प्रयोग इति संज्ञितः ॥३७८॥

हृदयस्थस्तु यो भावः सोऽङ्गाभिनयनैरथ ।
निवृत्यङ्कुरसूचात्तु (सु)कार्यस्त्वभिनयान्वितः ।
तत्र प्रासादिकी योज्या [१]प्रहर्षार्थगुणोद्भवा ॥३७९॥

आकाशपुरुषो यत्र यत्र चाकाशभाषणम् ।
[२]अन्वर्था तत्र कर्तव्या ध्रुवा ह्याभाष(काश)संश्रिता ॥३८०॥

अत्र साम्यकलमाह । पूर्वं गानमिति । पूर्वं प्रधानमपि रञ्जकत्वसाधारणीकारणाभ्यां रसस्यान्तरङ्गत्वाद्यत्र लयसाम्यार्थं वाद्यं तदनुवर्ति च पात्रस्य गत्यादिरूपं गात्रविक्षेपात्मकं वृ(नृ)त्तम् । यद्यपि गत्या वाद्यानुसारिण्या (भ० ना० ४.२.२७४) इत्यत्र नाट्येऽङ्गविक्षेपं (पस्ततो) गीतवाद्यं न तु विपर्यय इत्युक्तम् । तथापि सिद्धे प्रयोगे न तदत्रोचितमिति प्रतिवक्तुः प्रतीत्यभिप्रायं(यो) मन्तव्यम्(व्यः) । प्रयोगस्य तु सिद्धिरेतद्यदा क्रियते तदा प्रयोक्तृव्यवहारस्थिता(ते) गीतवाद्ये पूर्ववद् व्यव(हार)-स्थापितो(ते)ऽपि रूपे यदा भवतस्तदा द्रुतं तदपेक्षी भवेत्येवेत्यलं बहुना ।

एवं गीतानां सम्यग् योजनं प्रयोगं प्रकृष्टं योजनमिति कृत्वा ये तु ताण्डवाभिप्रायमेतद्यथाश्रुतं नाट्यविषये पूर्वं नृत्तं प्रयोज्यमिति वर्णसन्ति न ते प्रकरणं प्रयोगहृदयं च पराम(म)र्शुरित्यास्ताम् ॥३७८॥

अथ प्रासादिक्यां वक्तव्यं विशिष्टं पूरयितुमाह । हृदयस्थं तु (स्थस्तु) यो भाव इति । तुरेवार्थे । अथेनि चार्थे । हृदयस्थ एव गतिर्भू(भू)त एवं(व) न तु पृथग् वाच्यार्थतां प्रायोभावचित्तवृत्यात्मिका(को)चेष्टात्मा वा । अत एवैभिरङ्गाभिनयैरेव साध्य इत्यङ्कुराभिनयेषु सूचाभिनयेषु च यो भावोऽभिनयात्मकोऽभिनयमात्रसारस्तत्काले काव्यस्य व्यापारात् । तत्रैतेष्वङ्कुरनिवृत्यङ्कुरसूचाविषयेषु भावेषु प्रासादिकी ध्रुवा योज्या योजनमर्हति । प्रहर्षलक्षणः सामाजिकानां योऽर्थः प्रयोजनं स एव गुणो यत्र साध्यं तस्योद्भवो यस्या इति प्रयोजनमन्वर्थत्वं चोक्तम् ॥३७९॥

विषयान्तरमप्यस्य दर्शयति । आकाशपुरुषो यत्रेति । प्रविष्टेनाऽपि सता येन सम्भाषणमादौ ततः प्रवेक्ष्यमाणता या साऽऽकाशभाषणेनेह लक्षिता । यस्तु नैव

---

१. NS. प्रहृर्षार्थं गुणोद्भवाः । (KSS. प्रकर्षार्थं) ।
२. NS. varies absolutely.

प्रा(प्र)सादिकया(दना)श्रया चापि हीर्ष्याक्रोधाश्रयाऽपि वा ।

शृङ्गाररसमासाद्य ध्रुवाऽन्वर्था प्रयोगतः ॥३८१॥

यानि प्रासादिकानि स्युः स्थानानि रससंश्रयात् ।

अन्वर्था तत्र कर्तव्या ध्रुवा प्रासादिकी तथा ॥३८२॥

[1]भाषां तु शौरसेनीं हि ध्रुवाणां सम्प्रयोजयेत् ।

यदाऽपि मागधी यत्र कर्तव्यं नर्कुटं तथा ॥३७३॥

प्रवेक्ष्यति भाणादाविवोन्मादादि कल्पन्त(ल्प्यत) एव वा स आकाशपुरुष उक्तः (भ० ना० २२.३२१) । तत्राकाशसंश्रयाव्यवधानं सूचिकैवार्थानुगता ध्रुवा कार्या ।

कम तुं तरिअं णिअ सहअरिअ सग्गइ सामु

पुरिओसु अरसु अयदि ॥

[कं त्वं तरिरिव सहचरि स्वगते स्वामिनि

पुरीश्वरसमयसि ॥] ॥३८०॥

अपि सर्वप्रासादिकी भवति । तथापि धीरादौ भाण्डवाद्यकोल(ला)हलादि-प्राधान्यमिति शृङ्गारे सा प्रधानभूतेति दर्शयितुमाह । प्रा(प्र)सादनाश्रया वा(च)पीति ॥३८१॥

अन्यरसविषयत्वात् सम्भवत्येवेति दर्शयति । यानि प्रासादिकानीति । रसप्रसक्तिः प्रयोजनं येषां काव्यस्थानां तेषु प्रासादिकी अन्वेक्ष्यति । सा हि तत्प्रयोजनेति भावः ॥३८२॥

अथ प्रकृतिषु भाषा ध्रुवाविषयत्वाद् विभजति । भाषां तु शौरसेनीमिति सामान्यविधिः । मागध्यां तु नर्कुटमिति साधर्म्यंविषयेयमित्युक्तं भवति । नर्कुटस्यैतद्विषयत्वेनाभिधानात् ॥३८३॥

---

1. NS. भाषादि सौरसानां तु ध्रुवायां...।

दिव्यानां [1]संस्कृतं गानं प्रमाणैस्तु विधीयते ।
अर्धसंस्कृतमेवं तु मानुषाणां प्रयोजयेत् ॥३८४॥

ये त्वौपम्यकृता दिव्या यदि तेषां प्रयोगतः ।
[2]प्रवेशो नाटके तु स्याच्छृणु तेषां समाश्रयम् ॥३८५॥

यस्त्वेषां सात्त्विको भावः कर्मसङ्कीर्तनं च यत् ।
[3]तत् कार्यं गानयोगेऽपि प्रमाणगुणसंश्रयम् ॥३८६॥

दिव्यानां तु देवनृपाणां प्रमाणैर्व्याकरणाविलक्षणैरुपेतं संस्कृतं गानं शुद्धम् । मनुष्याणामर्धसंस्कृतम् । [अन्यत्] त्रिवर्ग(वर्ग)प्रसिद्धं पदमध्ये संस्कृतं मध्ये देशभाषादियुक्तं तदेव कार्यम् । दक्षिणापथे मणिप्रवालमिति प्रसिद्धम् । काश्मीरे शाटकुलमिति । अन्ये तु सकललोकप्रसिद्धैर्व्याख्यानानपेक्षिभिः संस्कृतैः कृतमर्धसंस्कृतमाहुः । अपरे वररुच्यादिप्रणीतप्राकृतलक्षणान्वितं शौरसेन्यादिदेशभाषाव्यतिरिक्तं प्राकृतमेवार्धसंस्कृतमिति मन्यन्ते । यस्य या पाठे भाषा तयैव तस्य गीतमिति मुनिमतमित्य(त्यु)पेक्ष्यम् ॥३८४॥

ननु ये पूर्वमादित्याग्निसोमादय उपमानत्वेनोक्तास्तेषां यदा प्रयोगवशादितिवृत्तौचित्यात् साक्षादेव प्रवेशो भवति यथा रामाभ्युदये मेदकस्तथा ध्रुवायां किं वर्णनीयमित्याङ्क्याह । ये त्वौपम्यकृता इति । गणिकास्तेषां समाश्रयं वर्णनीयत्वे शृण्वित्यवधारयेति मुनीन् प्रति प्रत्येकं भरतमुनिराह । न तेषामुपमानमुखेन वर्णनमपि तु स्वरूपेणैव ध्रुवा । तदन्यः(न्य)पात्रवदेव त्रयेष्वपीति केचित् । अन्ये त्वधिष्ठानदेवतायाः प्रवेश एवाश्रयो लोकपरिदृश्यमानभूतरूप उपमानमिति प्रतिपन्नाः । अभियुक्तास्तु स्वप्रमाश्रत इत्युपमागत वर्ण एवाश्रय उचितत्वादाश्रयेणे(त्य)र्थः । उपमानत्वेन सजातीयत्वाच्च स्वतन्य(न्त्र)ता । अग्नेर्मध्याह्नादित्यः स एवोपमानतया कार्यं इति वर्णयन्ति स्वेनोपमानाश्रयमिति । अन्ये तु गानध्रुवा तावदन्यपात्रपदै[रन्य]स्तैतद्दृष्टेत्यधिशा(धीश)स्तुतिर्ध्रुवा प्रयोज्येति । एतदनेन ग्रन्थेनोच्यत इति । एतदेव च युक्ततरं देवस्तवसूचनात् ॥३८५॥

यस्त्वेषां सात्त्विक इत्यादिना विकलं यत्स्वरूपं च वर्ण्यमिति दर्शयति । प्रमाणगुणसंश्रयमिति । सकललक्षणोपेतमित्यर्थः । स्वरूप(त)स्तु प्रमाणं गान्धर्वशास्त्रं तद्गुणैरविकृतैरेव जात्यंशकैरदृष्टप्रमाणकथनैस्तथाविधेषु गानं कार्यम् ॥३८६॥

---

१. KSS., NS. संस्कृताङ्गानां ।

२. NS. प्रवेशे नायकं तु । KSS. प्रदेशे नाटकेऽपि स्यात् कार्या...।

३. NS. तत्तत्कार्यं गानयोगे ।

छन्दःप्रमाणसंयुक्तं दिव्यानां गानमिष्यते ।
पुण्याश्रयं च तत् कार्यं कर्मसङ्कीर्तनादपि ।
[1](ध्रुवापदविधौ कार्यं यच्च पुण्यं गुणाश्रयम्) ॥३८७॥

माला वक्त्रं पुटं वृत्तं विश्लोका चूलिका तथा ।
[2]उद्गताऽपरवक्त्रा च कर्तव्या वै प्रयोक्तृभिः ॥३८८॥

विधानं छन्दसामेतन् मया पूर्वमुदाहृतम् ।
जयाशीर्वादयुक्तानि कार्याण्येतानि दैवते[3] ॥३८९॥

ऋग्गाथाः पाणिकाश्चैव द्रष्टव्यास्तु प्रमाणतः ।
सुश्रवश्चैव यस्मात्तु तस्माद्गीतं प्रयोजयेत् ॥३९०॥

गान्धारमध्यमयुताः पञ्चमयुक्तास्तु जातयो यास्तु ।
ताभिः प्रमाणगानं कर्तव्यं दैवतोपेतम् ॥३९१॥

एवं पुण्यनिमित्तत्वं लक्ष्यत इत्याहुः । कर्मसंकीर्तनादपि पुण्यनिमित्तं केवलं गान्धर्वयोगादित्यपि शब्दार्थं वर्णयति ॥३८७॥

माला वक्त्रमित्यादिना विकलं प्रवृत्तिविधिमाह । स च उक्तभावे(व इ)त्याह । पूर्वमिति । अन्ये आतिम(चूलि)केत्यत्र चूर्णिकेति पठन्ति । वृत्तान्तगं वृत्तचूर्णिकेत्याहुः । जयाशीर्वदिति । स जयतु पायादित्यादियुक्तानि । तदर्थमेव हि तेषां[विधिः] । तमिह वदेदिति नाप्रकृतमेतदिति शङ्कितव्यम् । आ(अ)र्हेति कार्याणीति अर्हे कृत्यः (अष्टा० ३.३.१६९) । गान्धर्वमपि योज्यमानं सुकुमारमेव योज्यम् । रञ्जनार्थत्वाद (ग)न्धर्वाणामिति ॥३८८-३८९॥

ऋग्गाथाः पाणिका इति । चकारोऽन्यदपि सुकुमारं च चतुष्पदां सङ्गृह्णाति । एवकारः सुकुमारं व्यवच्छिनन्ति । सुश्रव इत्ययं हेतुः । इत्ययमृग्गाथातिसम्बन्धी तालविधिः ॥३९०॥

स्वरविधिस्तर्हि वक्तव्य इत्याह । गान्धारमध्यमयुताः पञ्चमयुक्ता-

---

१. NS. does not read.
२. उद्गीता परवक्त्रं च कर्तव्यानि प्रयोक्तृभिः ।
३. दैवतैः ।

प्रासादिकं स्थितं चैव नैष्क्रामं सप्र(म्प्र)वेशनम्[1] ।
प्रमाणमपि कर्तव्यं चतुःस्थानसमन्वितम् ॥३६२॥

प्रायशः संस्कृतं योज्यमनुष्टुप्च्छन्दसा कृतम् ।
नानादैवतकार्येषु[2] ह्यन्तरा या विना तथा ॥३६३॥

[3]वक्त्रं चापरवक्त्रं च माला चेति प्रवेशजम् ।
पुटं च चूलिका चैव नैष्क्रामिकमथेष्यते ॥३६४॥

प्रासादिक्युद्गतावृत्ति(:)स्थितं चानुष्टुभीष्यते ।
स्थानान्येतानि बोध्यानि प्रमाणस्य बुधैरथ[4] ॥३६५॥

स्तिवति। गान्धारी मध्यमा पञ्चमी चेति। अत एव गान्धारपञ्चमे भिन्नं यत् पञ्चमं न चोक्षपञ्चमेन प्रयोक्तृगीतिः ॥३६१॥

दिव्यविषये चतस्रो ध्रुवा इत्याह। प्रासादिकं स्थितं चेति। प्रमाणमिति तालपरिच्छिन्नं गानम्। तदपेक्षमेव प्रासादिकमित्यादौ नपुंसकम्। स्थितस्य रसान्तराक्षेपः कार्यमिति स्थितमत्राक्षेपिकं गानम्। अन्तरत एवान्तरगतविषयस्याभावाच्च स्थान[स्थिति]गानं स्यात् ॥३६२॥

यदा बहुतरं तदङ्गं प्रविष्टस्य रङ्गे स्थितिस्तदाऽन्तरध्रुवाऽपि भवति। तत्र च संस्कृतमनुष्टुब्गानम्। मार्गदीर्घकलायां तु स्थितौ सा नैव भवतीत्याह। विना तथेति। अन्तरध्रुवापीत्यर्थः। गुरवस्तु मन्यन्ते। नैष्क्रामिकं सम्प्रवेशज(न)मिति। साहित्यसूच(चि)तेन प्रावेश(शि)की नैष्क्रामिकी च दिव्येष्ववश्यं भाविनी। कृतेश्रा-(ताबा)पदासम्भ्रमादेर्ध्रुवान्तरं तु कालपर्या(य)सापेक्षमिति ॥३६३॥

अथ वृत्तानि विभजति। वक्त्रं चेति। वक्त्रापरवक्त्रमालाः प्रावेशिक्यो देवानाम्। पुटचूलिके निष्क्रामे ॥३६४॥

प्रासादिक्य(क्य(क्या)मुद्गता। आक्षेपिक्यामनुष्टुप् ॥३६५॥

---

१. NS. सम्प्रवेशजम् ।
२. कार्यं तु ह्यन्तराया ।
३. विष्कम्भापरवक्त्रं च ।
४. प्रमाणबिबुधैरथ ।

यदनुष्टुप्कृतं गानं स्थितस्थानसमाश्रयम् ।
[1]स्वर्भ्रंशाश्रयकृतं चिन्तादुःखसमन्वितम् ॥३९६॥

गुरुप्रायाक्षरकृतं करुणश्रुतिजातिकम् ।
[2]प्रकृष्टवर्णबहुलं स्थितस्थानं तु तद्भवेत् ॥३९७॥

उत्पादनार्थं नृणां तु तथा विहरणेष्वपि ।
दिव्यान्वयं तु कर्तव्यं गानं पात्रसमाश्रयम् ॥३९८॥

मानुषेष्ववतीर्णेषु मर्त्यस्य स्मरणाश्रयम् ।
प्रायेण गानं कर्तव्यं दिव्यस्य स्मरणाश्रयम्[3] ॥३९९॥

अस्यैव दुःखविषयं शोकचिन्ताविनाशजम्[4] ।
प्रमाणगानं कर्तव्यं शोकावस्थान्तराश्रयम् ।
[नरान्वयेन कर्तव्यं गानं मानुषकादिषु ॥४००॥

नत्वाक्षि(न्वाक्षे)पिकी स्थितिलया यदा भवत्येषां सा का[ला]वकाशवशादित्याशङ्क्याह । स्वर्भ्रंशाश्रयकृतमिति । यथा क[चिदा]श्चर्यार्थः कश्चिदेव स्वामिना भगवद्रुद्रविष्णुविरिञ्चादीनां परवश एव भ्रष्टदिव्यभावो बहुतरं कालं विभज्यते । तथोग्रदुःखयोगे स्थितलस्य शोकोचितस्यान्तरा स्वस्थानशरणाद्युपवर्णनेष्ववस्त्यवकाश इति तात्पर्यम् । नत्वत्र शापादिना स्वर्गभ्रंश इति भ्रमितव्यम् । तदानीं दिव्यत्वव्यपगमे करुणेऽस्मिन्न वक्तव्यं स्यात् ॥३९६-३९७॥

ननु किमर्थं दिव्यानां मा(म)नुष्यमध्ये प्रवेश इत्याशङ्क्येतिहासवृत्तान्तस्मरणयो(णेनो)त्तरं ददाति । उत्पादनार्थमिति । इन्द्रस्यावतरणमर्जुनजन्मनेत्यादि । विहरणं क्रीडन(ना)यानुसरणम् ॥३९८॥

योऽपि दिव्यो मर्त्यधर्मेण वर्तते यथा भगवान् कृष्णो रामो वा यदा स्वं स्वरूपं स्मरति तदास्य दिव्योचितप्रमाणेन शास्त्रविधिना तु लौकिकस्य च्छन्द(न्दो)रीतिक्रियया गानं कार्यम् ॥३९९-४००॥

---

१. NS. स्वर्गभ्रान्त्याश्रयकृतं ।
२. अभ्रष्टवर्णबहुकं ।
३. दिव्यभावसमन्वितम् ।
४. विनाशनम् ।

ध्रुवाणां हि विधान(कार)स्य ह्याश्रयस्य विशेषतः ।
यथा प्रयोगः कर्तव्यस्तच्च मे सन्निबोधत ॥४०१॥

स्थापिते भाण्डविन्यासे त्रिसाम्नि परिकीर्तिते ।
[1]आश्रावणाद्यं कर्तव्यं बहिर्गीतप्रयोगजम् ।
प्रयुज्य च बहिर्गीतं पूर्वरङ्गं प्रयोजयेत् ॥४०२॥

[2]पूर्वरङ्गे प्रयुज्ये(क्ते) तु नाट्याचार्यसमाश्रये ।
ध्रुवा तत्र प्रयोक्तव्या प्रकृतीनां प्रवेशजा ॥४०३॥

गत्याश्रयेण नाट्यज्ञैः पार्वैरनुगतैस्तथा ।
परिक्रमेण रङ्गस्य गानेनार्थवशेन च ॥४०४॥

अन्यदा तूत्तरप्रयोगिन्यो ध्रुवा उत्थाप(पि)न्यादिकाः पञ्चमाध्यायवर्णित-स्वरूपा वक्तव्यशेषेण पूरणीयाः । तत्प्रस्तावप्रयोगे सम्बन्धे च दर्शनव्याजेन भणाहि-(नी)ति ध्रुवाणां विकारस्य प्रकारपञ्चकस्य य आश्रयो नाटचप्रयोगस्तस्य पूर्वेण-(पूर्वरङ्गे) सहायः प्रकृष्टो योगः स यथा कर्तव्यस्तं निबोधत । चकारोऽत्र वक्तव्यशेषं सूचयति ॥४०२॥

स्थापिते भाण्डविन्यासे इत्यर्थेन प्रत्याहारावतरणे सूचिते आश्रावणाद्यमि-त्यर्धेनान्तर्यवनिकाङ्गानि पूर्वरङ्गे प्रयोजयेदिति बहिर्यवनिकाङ्गजा तत्प्रसङ्गेन गाना-न्तरिता ध्रुवा सोप(वर्णिता) ॥४०२॥

नाट्याचार्यकलितानां तु पूर्वरङ्गाङ्गवदनादिगान्धर्ववेदपरिदृष्टा[नाम्] । प्रकृतीनामिति । उत्तमादिपात्राणां प्रवेशः प्रावेशिकी ॥४०३॥

अथ पूर्वरङ्ग उत्थापनादिषूक्तं परिवर्तास्तु चत्वारः पाणयस्त्रयः (भ० ना० ५.४१) इत्यादि तच्चानुद्भिन्नमुद्भेदनीयमित्याशयेन पूर्वरङ्गविषये वक्तव्ये शेषा अभिधानार्थमुत्तमाङ्गक्रमस्या(प्रा)यास्तं(तान्)निरूपयति । गत्याश्रयेणेत्यादि । ये परिवर्तास्तत्रोक्तास्तैः पार्वैरनुगतैरिति चारीभिस्तालप्रमिताभिर्गतैराश्रयणेन तथैव परिवर्ताः प्रयोज्याः । कथम् । रङ्गस्य त्र्यश्रचतुरश्रविकृष्टभेदत्रयस्य य उचितः परिक्रमः [स] किन्निमित्तिः परिवर्तकानामित्याह । गानेनार्थवशेन चेति । गान

---

१. NS. आश्रावणकं ।
२. प्रयुक्ते पूर्वरङ्गे तु नाटचागारं समाश्रयेत् ।

परिवर्ताः प्रयोक्तव्याः पादैरनुगतैरथ ।
ध्रुवा तत्र प्रयोक्तव्या देवताभिर्युता बुधैः ॥४०५॥

तत्र पाताः प्रयोक्तव्या एकविंशतिरेव च ।
त्र्यश्रा वा चतुरश्रा वा ध्रुवा नाट्ये प्रयोगतः ॥४०६॥

त्रिकलं पादपतनं त्र्यश्रायास्तु(यां तु) विधीयते ।
चतुष्कलं तु पतनं [1]चतुरश्रागतं भवेत् ॥४०७॥

उत्तमे चतुरश्रा च त्र्यश्रा चैव तु मध्यमे ।
त्र्यश्रं नर्कुटकं चैव ह्यधमेषु प्रयोजयेत् ॥४०८॥

इ(मि)ति सामवेदम्(दः) । अथ(र्थः) प्रयोजनम् ।

एकस्मिन् परिवर्ते तु गते प्राप्ते द्वितीयके ।

(भ० ना० ५.३६)

इत्यादि पञ्चमाध्याये दर्शितम् । तेन परिवर्तबहुलगतिः । सामवेदप्रभवत्वं जर्जरग्रहणं तन्मन्त्रजपनादिकं च प्रयोजनं परिवर्तेषु निमित्तमित्यर्थः ॥४०४॥

तत्र च ध्रुवा देवताभिर्युता । देव[ता]बहुवचनेन मन्त्राङ्गे यादृशी क्रियमाणत्वेन देवतोक्ता सैव तत्र ध्रुवायां स्तुत्येति दर्शयति । वन्दे पितामहमित्यादिनां (भ० ना० ३२.४०५) ॥४०५॥

गतिं स्मारयति । तत्र पाता इति । पादपाताः पञ्चमेऽध्याये वामवेधस्तु (तत्रापि) विक्षेपो दक्षिणस्य च(तु) (भ० ना० ५.८४) इत्यादि षड्विंशतिः । एकविंशतिः त्र्यश्रा वा चतुरश्रा वा द्विप्रकारतां पूर्वरङ्गस्य स्मारयति । नाट्यविषयाद् प्रयोगात् प्रागयं क्रमः । अन्ये तु ध्रुवा नाट्ये ध्रुवेति च । [नाट्या]भिनयप्रक्रमादावयं विधिरिति ॥४०६॥

त्रिकलं त्र्यश्रायां पादपतनम् । अन्यत्र चतुष्कलम् ॥४०७॥

अत्रोत्तमत्वं देवताविषयम् । मध्यमत्वं राजादिविषयम् । प्रशास्त्विमां महाराजः पृथिवीमित्यादौ । अधमत्वं विदूषकादेः । त्रिगतकथितकादौ । अन्ये तु देवतानामेव प्रकृतित्रयं योज्यमित्याहुः । मध्यमाधमस्य(योः) स्यान्न तेन विशेषः । त्र्यश्रता तुल्यतै(तयै)व तयोः ॥४०७॥

---

1. NS. चतुरस्रगतं ।

विधिः स्वस्थगतो ह्येष भवेच्चारणपातने ।[1]
सम्भ्रमोत्पातरोषेषु कलार्धकलमिष्यते ॥४०९॥

त्रिकलद्विकलैककलाश्चतुष्कला यत्र पादविन्यासाः ।
तत्र च साम्यं कार्यं भाण्डेन समं च[2] गानेन ॥४१०॥

न ह्येककला द्विकला ध्रुवाविरामा भवन्ति गानविधौ ।
तस्मान्(एवं) साम्यं कार्यं(कुर्यात्) भाण्डेन समं च[3] गानेन ॥४११॥

चारीमहाचारीरङ्गद्वारादिषु रसादेशवैषम्येन गतिस्त्रिकलाधिकेति दर्शयति । स्वस्थगतो ह्येष इति । अनादेशे त्रिकलचतुष्कला वा गतिः । सम्भ्रमोत्पातरोषेषु महाचार्यादौ कलिकं वा पादपतनमिति संभ्रमादसमं स्यात् ॥४०९॥

भाण्डादीनां सङ्गतिरवश्यमेव तत्सूचकमुचितमिति यो विपर्यस्तस्य भ्रान्तिमपसारयितुं तालसाम्यमेव सर्वत्र वि(हि)तमिति दर्शयति ; त्रिकलद्विकलैककलेत्यादि ॥४१०॥

नन्वर्धकलिका कलिका च गतिरुक्तेति तावत्यपि स्याद् ध्रुवेति भ्रमं वारयति । न ह्येककला द्विकला ध्रुवाविग(रा)मा इति । कलायां निषिद्ध...मार्गस्वरूपनिरूपणा...पञ्चलध्वक्षरपरिमाणं लध्वक्षरमिति । इत्थं ध्रुवस्य प्रतिपादितं तेन प्लुतो गुरुरेव । गुरुस्तदपेक्षया लघुः । लघ्वपेक्षया ल(घुर्ल)घुरेवेति प्रस्तारे विभागः । तत्र प्रस्तारविधिरुच्यते ।

आद्यगुरोर्लोपः स्यात् पर(द)मुपरि पदादितो गुरुः पूर्णे ।
लघुना पूरणमत्र च यावद्गति गुरुलघुत्वं स्यात् ॥

तेन प्लुतस्तद्धर्मेऽष्टादशभेदास्तेन सह षड्भेदः । लघू द्वौ । तद्यथा । एतेषां प्रत्येकं विरामभेदतुल्यो द्विगुणस्त्रिगुणश्चतुर्गुण इति पञ्चधा विरामभेदः षष्ठकलायाः कलार्धस्य सार्धकलायां(या) वा । अतएव च विरामो मध्यविरामो मूलं भवत्येव । आद्ये सन्धानादिति हि कोहलाचार्यः । तेन प्लुतभेदाश्चतुर्दशाधिकं शतम् (११४) । गुरुभेदाः षट्त्रिंशत् । लघुभेदा द्वादश , तेन चच्चत्पुटस्य तावता गुणने (५३७७) तस्य द्वादशभिर्गुणने तस्याङ्कस्य चतुर्दशोत्तरेण शतेन (गुणने ७७५५७३६) । एते गुणकृता भेदाः । अवान्तरभेदानां तु निस्सङ्ख्यत्वमेव । चच्चत्पुटवत् चाचपुटादिभेदेन भेदान्तराण्यपि दर्शनीयानि । यथोक्तम् ।

---

१. NS. चरणपातने ।
2. समं न ।
३. समं न ।

ये पूर्वोक्ता भावाः स्थिताश्रया वा दताश्रया वापि ।
तेषां पात(द)निपातं ज्ञात्वा सम्यग् बुधैः कार्यम् ॥४१२॥

असङ्ख्यानि सहस्राणि कोटीनामयुतानि च ।
तालद्वयप्रभेदेन पुरा प्रोक्तानि शम्भुना ॥

इति । एवं मिश्रभेदोऽप्यनुसर्तव्यः । अत एव त्र्यश्रतुरश्रमिश्राणां षट्पितापुत्रकस्य च मूलप्रकृतितया ध्रुवाशब्दवाच्यानां भञ्जिनाटचै प्लुतगुरुलघुद्रुतमयास्ताला विरामभेदा विचित्राः । तथा भङ्गव्यपदेशेन यदाहुः ध्रुवाणां भञ्जनाद्भङ्गा इति । एवं त्रिचतुष्ष(ड)ष्टकध्रुवातालभञ्जनं भङ्गानां रूपस्य । उपभङ्गास्तु सङ्कीर्णस्वरूपेभ्यः कलाः पञ्चे (भ० ना० ३१.२४) त्यादिनोक्तस्य भञ्जनादपि भवन्ति । तथाऽभिनयकाले त्र्यश्रा । त्र्ययगत्यद्विगुण्या । मिश्रा च दशकलाचतुष्कं वलयमथ गत्रयमित्येव(वं) रूपी(पिणी) । यत्र तु द्विविधत्वाद् गुरुलघुप्लुतद्रुतविरामादिरूपेण भञ्जनं तेऽपि भङ्गाः । लयभेदेन तु यत्र वैचित्र्यं तद्यथा द्विविधानां चित्रपदानां गुरुरूपप्रस्तारसाम्येऽपि लयकृतविभेदः । एवं भङ्गोपभङ्गविभङ्गलयरूपा तावच्चतुर्धा तालजातिर्गोबलीवर्दवृत्या लक्ष्यते । तद्व्यपदेशाद्विभक्ताः संव्यवहारसिद्धये कोहलाचार्यप्रभृतिभिस्तु तथाविभागं विनियोगशेषं च दूषितम् । तद् द्वयं तु नास्मभ्यो रुचितम् । पूर्वप्रसिद्धिर्हि यथोपपद्यते तथा मतिचतुरिमा संहरणीयः । एवमेव गणभेदभङ्गस्तस्य च प्रस्तार आचार्यप्रस्तारवद्यथोक्तया दण्डापूपाचरिते(तये)व । कथं तर्हि कु(क)लिकं पादपतनमि(भ० ना० ३१.४१०)त्याह ।

एवं साम्यं कुर्याद् भाण्डेन समं च गानेन ।

इति । भाण्डवाद्यगानाभ्यां सहगतेः । एवमिति । कलाद्वयकलार्धकलारूपेण साम्यं कार्यम् । तत्र ध्रुवा समवायितव्या । तथा हि । हितार्थस्य षष्टिः । तालगतभेदद्वयगत्या [गतं च । अपि तु गीतवाद्ययोस्तावत्यथान्तरविदारीयोगः कार्यं इति तत्र तात्पर्यम् ॥४११॥

लयत्रयवैचित्र्यमपि चात्र भवतीति दर्शयति । ये पूर्वोक्ता भावा इति । पूर्वरङ्गमहाचार्यादौ यथामन्थरत्वरितरूपा चित्तवृत्तिस्तत्सम्बन्धिनं तत्सूचितं पादपाताद्या परिक्रमणं कार्यम् ॥४१२॥

अपटाक्षेपकृता चेदात्ययिका(की) हर्षरागशोकाद्याः (कोत्थैः) ।
[1]विच्छेदस्तत्र समः कार्यस्तज्ज्ञैः प्रवेशे तु ॥४१३॥

एवमेते बुधैर्ज्ञेयाः प्रयोगपरिवर्तकाः ।
अतः परं प्रवक्ष्यामि भाण्डग्रहविजल्पनम् ॥[2]४१४॥

अभाण्डमेव गानस्य परिवर्तं प्रयोजयेत् ।
चतुर्थे परिवर्ते तु तस्य भाण्डग्रहो भवेत् ॥४१५॥

सन्निपातग्रहाः काश्चित् काश्चिद्वै तर्जनीग्रहाः ।
तथाऽऽकाशग्रहाः काश्चित् ध्रुवा गाने भवन्ति हि ॥४१६॥

अथानेन प्रसङ्गेन सामञ्जस्यं न क्वचिदपि युक्तमिति दर्शयति ।

अपथा(टा)क्षेपकृता चेदात्ययिकीहर्षरागशोकोत्थैः ।
यो वि(चि)च्छेदस्तत्र समः कार्यस्तज्ज्ञैः प्रवेशे तु ॥

इति । चेदेति यद्यप्यर्थे । करणं कृत् । अत्यये भवे(वा)त्यायिका(की) । अप्रयुज्यमानं तदीयं योजनाहर्षादिभिरुपलक्षिते पात्रप्रवेशे पदाक्षेपकस्याकरणेन यद्यपि प्रावेशिकी ध्रुवा सम्भवति । अध्रुवास्तु प्रवेशजा (भ० ना० ३२.३३७) इत्युक्त्वात्रत्यविद्यमानध्रुवास्थानेऽपि प्रविशतः पादस्तालेन समीकर्तव्यः । एवं वलनिकादिना ततः कलिकेनापीति ॥४१३॥

एवं प्रसङ्गादुक्तम् । प्रकृतं पूर्वरङ्गमेवानुसरन्नुक्तमुपसंहरन्नन्यदासूत्रयति । एवमेते [बुधैर्ज्ञेयाः प्रयोग] परिवर्तका इति । भाण्डग्रहविकल्पनं प्रवक्ष्यामीति च ॥४१४॥

अभाण्डमेव गानस्य परिवर्तनं प्रयोजनम् । चतुर्थे सन्निपातम् । भाण्डग्रहणे सन्निपातः । परिवर्तने तुर्ये परिवर्तने भाण्डग्रहाद्यास्त्रयः शून्या इति । अन्ये त्वाद्य एव परिवर्तो भाण्डशून्यः । तदानीं यावत्यः सन्निपातकलाः सन्धीनां त्रयोऽन्ये भाण्डवाद्यमुक्ता इति ॥४१५॥

सन्निपातग्रहाः काश्चिदिति । ध्रुवा हस्तद्वयहननजैरक्षरैस्तर्जनीग्रहतिभिः उते लक्षणशून्यवर्तनामात्रेण वा भाण्डवाद्यस्य ध्रुवानुग्रह इति त्रिधा । अन्ये त्वाहुः ।

---

१. NS. तत्र परिच्छेदसमः कार्यस्तज्ज्ञैः प्रवेशस्तु ।
२. अतः ऊर्ध्वं प्रवक्ष्यामि ग्रहभाण्डसमाश्रयम् ।

ध्रुवायास्तु ग्रहो यस्मात् कलाकाललयान्वितः[1] ।
स तु भाण्डेन [2]योक्तव्यस्तज्ज्ञैर्गतिपरिक्रमे ॥४१७॥

[3]शीर्षकोद्धतयोश्चैव प्रदेशिन्या ग्रहो भवेत् ।
विलम्बितास्थितायोगे सन्निपाते तृतीयके ॥४१८॥

नर्कुटस्याड्डितायां च[4] प्रासादिक्यास्तथैव च ।
सन्निपातग्रहः कार्यो द्रुतायाश्चोच्चके ग्रहः ॥४१९॥

नैष्क्रामिक्यनुबन्धानां[5] ग्रहे(हो) गानसमो भवेत् ।
[6]नत्वसौ परिवर्तस्तु कार्यो गाने प्रयोक्तृभिः ॥४२०॥

एककले ताले सन्निपातन्त्यकलातो द्विकले चतुष्कले च ध्रुवायास्त्विव तर्जन्या इति । तदुपलक्षिततुर्यपादे भागप्रथमकलान्तः । एककलादिनियमाभावे तु आकाशाच्छून्याद् गीत एव नामभाण्डग्रह इति । अस्मत्परमगुरुभिश्च श्रीमदुत्पलदेवपादैरयमेव प्रतिपन्नोऽर्थः ॥४१६॥

गानसम (भ० ना० ३२.४२२) इति सन्निपातश्च शम्याचे—(भ० ना० ३२.४२१)त्यकारणं भाण्डस्यैव साक्षीति । भाण्डवायशा(शी)ले च गतिपरिक्रम इति दर्शयति । ध्रुवायास्त्विति । कलः(काललयान्वितः) । कालश्चित्रादिभेदेन त्रिधा । तथा लयो द्रुतादिः । तदन्वितो यः । भाण्डेन साहित्यग्रहसङ्गतिः परिक्रमविषये योजनीया ॥४१७॥

शीर्षकोद्धतयोः प्रदेशिन्या द्रुतविलम्बितार्थस्थितयोतृतीयपातान्स्याद् ॥४१८॥

नर्कुटादीनां प्रासादिकी । द्रुतानामूर्ध्वके माद्ये वा देयः सन्निपातः । तत ऊर्ध्वके मुरज इति केचित् ॥४१९॥

नैष्क्रामिकमित्यनुबन्धयोर्गानसम एव ग्रहः सन्निपातादेतस्माज्जायते गानकाले । एवं तर्जन्यादिग्रहणोक्तः । न मुरजाक्षराणि । अनयोश्च परिवर्तो न कार्यः ॥४२०॥

---

१. NS. कलातालसमन्वितः ।
२. कर्त्तव्यः ।
३. शीर्षकश्चोद्धतायाश्च प्रदेशिक्या प्रदो भवेत् ।
४. अड्डितायाश्च ।
५. बद्धानां ।
६. तेषां हि ।

[1][नर्कुटस्यापि चत्वारो ग्रहाः कार्याः प्रयोक्तृभिः ।]
सन्निपातश्च शम्या च तालश्चाकाशजस्तथा ॥४२१॥

सम्भ्रमावेगहर्षेषु प्रवेशा ये भवन्ति हि ।
[2]ग्रहो गानसमस्तत्र सोद्धात्यः सम्प्रकीर्तिताः ॥४२२॥

भूषणवासःपतने वैकल्ये विस्मृते परिश्रान्ते ।
[3]दोषाच्छादनहेतोरुद्धात्यः सम्प्रयोज्यस्तु ॥४२३॥

[4]एवं प्रयोक्तृभिः कार्यं ध्रुवाणां सम्प्रवेशनम् ।
यथास्थानाश्रयोपेतं यथानृत्तकृतं तथा ॥४२४॥

यथावर्णाहृते चित्रं न शोभोत्पादनं भवेत् ।
एवमेव विना गानं नाट्यं [5]रागं न गच्छति ॥४२५॥

नर्कुटस्य शम्यायास्तालः । सन्निपाताच्छून्यादेव भाण्डग्रहः । शम्यातालाभ्यां सव्यापसव्यहस्तप्रहारजान्यक्षराण्येवेति । अन्ये एतत् पूर्वरङ्गविषयं परिवर्तास्थापनादि ध्रुवासु तत्तल्लक्षणाङ्गदर्शनेन शीर्षकोद्धतादिव्यवहारयोगास्त्विति । अन्ये तु दृष्ट-प्रयोजनेऽपि नियमाददृष्टप्रयोजनेऽपि नियमाददृष्टं भोजनप्राङ्मुखत्ववदिति ॥४२१॥

स्थितानां भागानां विषयं(व)प्रसङ्गादेतदुक्तम् । (द्रुतायां नोक्त)मित्या-शङ्क्याह । सम्भ्रमेत्यादि । सम्भ्रमादौ प्रवेशे गानसमो ग्रहः । उद्धात्येन उद्रेकहनना-र्हेण खलखलकेन ॥४२२॥

भूषणवासःपतनादावपि खलखलकस्य प्रयोगः ॥४२३॥

एतदुपसंहरति एवं प्रयोक्तृभिरिति । यथास्थानं यथाश्रयं च प्रवेशादावुक्त माधौ नाट्यध्रुवागानं यथानृत्तगतं पूर्वरङ्गध्रुवागानं कुर्यात् ॥४२८॥

ननु पूर्वरङ्गगतं त्वदृष्टसिद्धये नाट्ये तु किं तेनेत्याशङ्क्योपरञ्जकत्वेन रसोपयोगितामप्याह । यथा वर्णाहृते चित्रमिति । वर्णो हरितालादिः । वैचित्र्यान्नि-वेशितमिति । घटिकामात्रादिनेति भावं(वः) । रसभावोक्तिरनेन सूचितेति टीका-काराः । अस्माभिस्तु रसतत्त्वं विमृष्टपूर्वमेव ॥४२५॥

---

१. NS. does not read.
२. ग्रहो गानसमानस्तदुपान्त्यं संप्रकीर्तितम् ।
३. varies.
४. एकं (तो?)
५. रङ्गं ।

पूर्वरङ्गविधाने[1] तु कर्तव्यो [2]रागजो विधिः ।
देवपूजाधिकारस्तु तत्र सम्परिकीर्तितः[3] ॥४२६॥

ततश्च काव्यबन्धेषु नानाभावसमाश्रयम् ।
ग्रामद्वयं तु कर्तव्यं(यगतं कार्यं) यथासाधारणाश्रयम् (स्थानरसान्वितम्)
॥४२७॥

मुखे तु मध्यमग्रामः षड्जः प्रतिमुखे भवेत् ।
[4]साधारितस्तथा गर्भे वि(ऽव)मर्शे चैव पञ्चमम् ॥४२८॥

कौशिकं च तथा कार्यं गानं निर्वहणे[5] बुधैः ।
सन्निवृताश्रयं चैव रसभावसमन्वितम् ॥४२९॥

तथा रसकृता नित्यं ध्रुवाः प्रकरणाश्रिताः ।
नक्षत्राणीव गगनं नाट्यमुद्योतयन्ति ताः ॥४३०॥

पूर्वरङ्गे दृष्टेऽप्यप्रयोजनं तदाह । देवपूजाधिकारस्त्विति तुरप्यर्थे ॥४२६॥

ननु किं तत्र स्वरगतमित्याह । ग्रामद्वयगतमिति अष्टादशजात्यात्मकमित्यर्थः । यथास्थानरसान्वितमिदमिति चारीभट्टाचार्यादौ यत्र रसं प्रत्यनुलवणत्वं यथा......यौगन्धरायणप्रवेशे रत्नावल्याम् (अङ्कः १) ॥४२७॥

तत्र शरदाश्रयं गानमिति दर्शयन् तत्र युक्तं परमतमप्रतिषिद्धमनुमतं अंशो ...सुगतं चेति नीत्या काश्यपमुनिप्रभृतिभिर्निरूपितमपि ग्राम(राग)नागरगानं स्वीकरोति । मुखे मध्यमग्रामः । षड्जः प्रतिमुखे । गर्भे साधारितः । पञ्चमोऽवमर्शे ॥४२८॥

प्रधाननिर्वहणे कैशिकमिति । गानापेक्षया नपुंसकप्राचुर्यम् । शुद्धानां ग्रहणमित्यन्ये । भिन्नं गौडानामपीत्यपरे ।

पूर्वरङ्गविधाने तु कुर्याद्वै चोक्षषाडवम् । (भ० ना० ३२.४२६)
इति ॥४२९॥

अवश्यप्रयोज्या ध्रुवा इति दर्शयति । य(त)था रसकृता इति । प्रकरणं प्रवेशादिपदार्थस्य वर्णयितुम् ॥४३०॥

---

१. NS. विधानेन ।
२. भानजो ।
३. स च पूर्वः प्रकीर्तितः ।
४. साधारितं ।
५. निर्ग्रहणे ।

मागधी प्रथमा गीतिस्तथा चैवार्धमागधी ।
सम्भाविता तृतीया स्यात् पृथुला च तथा परा ॥४३१॥

त्रिनिवृत्त्या पदानां तु मागधी समुदाहृता ।
चित्रैर्धमागधी चैव द्विनिवृत्तपदाश्रया ॥४३२॥

वृत्तौ सम्भाविता प्रायो लघुवाद्याक्षरान्विता ।
पृथुला दक्षिणे तु स्यात् गुरुवाद्याक्षरान्विता ॥४३३॥

गानयोगे चतस्रस्तु योज्याः सर्वत्र गायनैः ।
यथाक्षरकृता ह्येताः प्रयोज्यास्ते(ज्यन्ते) ध्रुवास्वपि ॥४३४॥

पूर्णस्वरं चाऽथ[1] विचित्रवर्णं
त्रिस्थानशोभि त्रिलयं त्रिमार्गम् ।
रक्तं समं श्लक्ष्णमलङ्कृतं च
सुखं प्रशस्तं मधुरं च गानम् ॥४३५॥

पूर्वरङ्गे पूर्वरङ्गध्रुवा गाने गान्धर्वे चित्रं गीतिचतुष्टयमिति प्रयोगानुसारेणावश्ययोजनीयमित्याशयेनस्थानान्तरपूर्वोक्तमपि तत् पुनरिह दर्शयति । मागधीत्यादि ॥४३१॥

आद्याविति । अर्धमागधी निवृत्तावृत्तौ ॥४३२॥

सम्भाविता लघुवाद्याक्षरा दक्षिणे पृथुला गुर्वक्षरा । वीणामुरजयोर्यथारूपादि करणानीति ।.. ...विषयश्च नाममात्रेण तद्वत्स्थानान्तरोक्ता गतयो गुणदोषसम्बन्धार्थमिहोक्ता न गीतिभिः परमार्थतो भेदेऽपीति केचित् । तदयुक्तम् । दृष्टान्तदार्ष्टान्तिकयोर्लक्षणभेदासिद्धेर्यथा पुष्कराध्याये (भ० ना० ३४) वक्ष्यामः ॥४३३॥

एताश्च गीतयो न केवलं पूर्वरङ्गे यावन्नाट्यध्रुवागानेऽपीत्याह । गानयोगे चतस्रस्तु योज्याः सर्वत्रेति । तत्र हेतुमाह । यथाक्षरकृता इति । अक्षरशब्देन तदर्थं उच्यते । नार्थानुसारात् परिवर्तयोगोऽपि विलम्बितादियोगोऽपीति ॥४३४॥

अथ गुणनिरूपणाध्याय (भ० ना० अ० ३३)स्तत्रार्थमुद्दिशति । पूर्णस्वरमित्यादि । पूर्णःस्फुटो वर्णः स्थाय्यादिः । स्थानत्रयमुरः प्रभृति । समं तालयुक्त-

---

१. NS. वाद्य ।

गीते प्रयत्नं(त्नः) प्रथमस्तु कार्य(र्यः)
शय्यां हि नाट्यस्य वदन्ति गीतम्[1] ।
गीतेऽपि वाद्येऽपि च सम्प्रयुक्ते
नाट्यप्रयोगो न विपत्तिमेति ॥४३६॥

एतदुक्तं मया सम्यग् ध्रुवाणां लक्षणं महत् ।
अत ऊर्ध्वं(तः परं) प्रवक्ष्यामि गातृवादकयोर्गुणान् ॥४३७॥

इति भरतीये नाट्यशास्त्रे ध्रुवाविधानो नाम द्वात्रिंशोऽध्यायः ॥

श्लक्ष्णमस्फुटितम् । मधुरं श्रोत्रयोः । रक्तं तु नाट्योपरञ्जकम् । एवंभूतं गानं प्रशस्तम् ॥४३५॥

यतः सूचयति शय्यामिति । रसस्य गानेन प्रथमं ततः प्रभृत्यासूत्रणात् । तदस्य भित्तिकल्पमित्यर्थः ॥४३६॥

अथाध्यायमुपसंहरन्नन्यं(न्यत्) सूचयति । एतदुक्तमिति । अतः परमिति ॥४३७॥

ध्रुवाया विवृतिर्लब्वी वस्तुनिर्देशिनीकृता ।
कृताभिनवगुप्तेन शिवदास्यैकशालिना ॥

इति महामाहेश्वराभिनवगुप्तविरचितायां नाट्यवेदवृत्तावभिनवभारत्यां
ध्रुवाध्यायो द्वात्रिंशः समाप्तः ॥

---

1. NS. गीतिम् ।

नाट्यशास्त्रम्

॥श्रीः॥

अथ त्रयस्त्रिंशोऽध्यायः ।

गुणात् प्रवर्तते [1]गानं दोषं चै(षाच्चै)च निरस्यते ।
तस्माद् यत्नेन विज्ञेयो गुणदोषौ [2]समासतः ॥१॥

अथ त्रयस्त्रिंशोऽध्यायः ।

ज्ञानक्रियादिवर्गविधानहेतु-
दोषापवर्जनपटुः किल भक्तिभाजाम् ।
आनन्दपूर्णपरशङ्करसारसिन्धु-
धारास्थितिर्विजयतां परमेऽश्वरोऽसौ ॥

एवं गान्धर्वस्वरूपं यदुपयोगित्वेन प्रदर्शितं तत् प्रकृतनाट्योपयोगिध्रुवागानमभिधाय तत्रैव द्वये परतत्त्वं निरूपयितुमध्यायान्तरमारभ्यते ।

अथ केचित् मन्यन्ते । उपरञ्जनात्मनि गान एव सुतरां गुणग्रहणं दोषाववर्जनं चास्य उपरञ्जनं प्राणं हि गानम् । उपरञ्जनं च गुणदोषायत्तविवेकायत्तम् । अत एव तद्विवेकस्य गानं प्रति प्राधान्यं प्रयोजयितुं पृथक्त्वं प्रत्यध्यायारम्भः । गान्धर्वे तु रञ्जना न तथा प्रधानमपि तु चच्चत्प्रयोक्तुदृष्टफलं तदिति ।

नैतत् । तथाहि । यथा स्वरूपं विकलं प्रवृत्तो विधिः फलं प्रसूते । शारीरपो-(दा)रवस्वरूपसम्पत्तिरेव च रक्तकण्ठस्वदिसहस्त्वादिना विना कथं लयादितत्त्वज्ञानम् । याऽत्र विकृता कालसम्पत्तिरतत्त्वज्ञानस्य च का सङ्गतिरदृष्टफलसङ्गत्या । उक्तं हि ।

वीणावादनतत्त्वज्ञः श्रुतिस्मृति(जाति)विशारदः ।
(या० स्मृ० ३.११५)

इति । तालज्ञ इति च । तस्माद् गान्धर्वे सुतरां गुणदोषविवेका(कोऽ)र्थवान् । स्वरस्य हि तावदपरुषमधुरञ्जनात्मकमेव लघुः(घु)तालस्यापि गानं प्राणास्तदुभयमपि गुणायत्तं तदायत्ता वाऽदृष्टसिद्धिः । विशाखिलाचार्यः साम्यादिह सिद्धिः परत्रेति वदन् प्रादीदृशन्(त्) । अथ ब्रूयात् तालादिस्वरूपाविशेषे गान्धर्वाद् गानस्य को भेदः । यद्यनेकलक्षणं तन्त्रतोऽभिधीयते स्वरूपाभिन्न च तथा च गानाभिमतं गान्धर्वं स्वरूपेणेति

---

१. NS. ज्ञानं दोषाञ्चितं निरस्यति ।
२ विज्ञेया गुणदोषाः ।

ततो निगदस्य हि व्यापकं ततो भिन्नलक्षणत्वम्। अन्यथा भेदापातापत्तेस्तु च(तन्) नोपलभ्यतेऽधुनेति व्यापकतानुपलब्धि। तथाऽसिद्धो हेतुः। स्वरतालात्मकं गान्धर्व-मिति (भ० ना० २८.११) गेयाधिकारारम्भ एव मुनिनासङ्गीतगानस्य न(च) तत्स्वरूपादिकं लक्षणमुक्तम्। इदानीं तत्रोच्यते। इहायं गान्धर्वशब्दो लोके शास्त्रे च द्विविधो नाटकशब्दवत्। सामान्यविशेषणास्य प्रयोगदर्शनात्। गान्धर्विक इति।

गान्धर्वमेतत् कथितं मया वः पूर्वं यदुक्तं प्रपितामहेन।
(भ० ना० ३३.२३)

इत्यध्यान्ते नाट्योत्पत्तौ सामान्येन गीतिरित्युक्ते गान्धर्वं गानमपि। अत्र विशेषे तु गान्धर्वः। अत्रेत्यादौ गान्धर्ववेद इति च। तत्राद्ये पक्षे सिद्धसाधनपरमे त्वसिद्धो हेतुः। न ह्येतावदेव गान्धर्वस्य लक्षणं बालगोपालसारमादि[रस]बाला[बलाका]दि-गीतेऽपि गान्धर्वापत्तेः। तथा च तत एवादृष्टलाभेऽयं न वैयर्थ्यप्रसङ्गो यदा(द)यमग्ने-र्दयन्तः(हतः) फलाद् व्यतिरेकाच्चेति।

नन्वेवं गान्धर्वस्य किं लक्षणमुक्तमध्यायचतुष्टयेषु मुनिना। तथाप्यनुसन्धान-वन्ध्यो महाभो(भा)गं बोधयितुमनुसन्धीयते। स्वरतालपदविशेषात्मक प्रवृत्तिनिवृत्ति-प्रधानदृष्टादृष्टफलसामवेदप्रभवमनादिकालनिवृत्तमन्योपरञ्जनगुणताविहीनं गान्धर्व-मिति स्वरूपफलात् कालाद् धर्माच्च भिद्यमाना (नम)वश्यं गानवैलक्षण्यं भेदैक-सम्पादनम्, तदुभयानुग्रहयोगाच्च वाद्यानाम्। गाने तु काकल्यन्तरश्रुतिपरिभ्रमणाद् विचित्रश्रुतिग्रहणम्। स्वराणां आलत्रकैशिके चतुश्श्रुतिकाङ्गस्य दर्शनात् कियद्वा रागभाषाविभाषादेशीमार्गादिगतानां स्वराणां श्रुतिवैचित्र्यं ब्रूमः। उक्तमपि च प्रतीत-मनुचित्रा(त्री)यते। प्रतीतानामप्यलक्षणज्ञानां बालविज्ञानवद् वेद्यम्। परतन्त्रतपः (त)याऽविषयो दिग्दर्शनात्। तस्मादपि तथेति। किं चान्तरालनियमोऽन्तःप्रमाणस्था-नस्वरकालांशवधान्न(शाद)सारतया गान्धर्वेऽवश्यसंवेद्यः। न त्वेवं गाने। लोपोऽपि नियतगान्धर्वे वर्णितो ग्रामद्वयभेदेन च जात्यंशभेदेन दर्शितः। गाने तु रक्त्यनुसारेण प्रवेन्ते(वृत्ते)रसावनियतः। तथापि गान्धर्वे यस्मादनादित्वमेव समर्थितं तस्यापि मध्यमस्य भिन्नषड्जकालिन्यां लोपो दृश्यचतुरस्वरपञ्चगन्धर्वानभ्युपगममपि। अन्तर-मार्गो(र्गे)ऽपि विधायित्वगं[गा]गान्धर्ववेदगीता ये शोभानुरोध एव तत्र करणम्। नट-कैशिकलो(ला)टन(ना)गरादावृषभगान्धारयोर्भूयमाऽनवलोकनात् सप्तचत्वारिंशदधि-कजात्यंशकोचितसङ्गीतवशविचित्रीभवदेकैकस्वरस्वरूपयोगात् त्रिस्वरोनमध्यगतं स्व-राणां गान(म्।)गान्धर्वे गाने शुद्धभिन्नगौडराग(वेसर)साधारणभाषाविभाषान्तरभाषा-रूपगीत्यष्टकोचितललित गीतनादि(द)स्वरस्वरूपलाभे प्रत्येकदर्श(श)पूर्णषट्पञ्चचतुः स्वरभेदयोगाद् द्वात्रिंशता सह त्रिशतैः स्वराणामुक्तसङ्गतिवैचित्र्यात् स्वराणां येऽङ्क-नाद्यष्टचत्वारिंशत्तानि तावद् प्राधान्येऽन्यस्व(र)संरत्नभट्टगान्धर्वे च मूर्छनाश्चतुर्दश

तनाश्चतुरशीतिरिति । यदेवं स्वररूपसम्पत्ति गाने तु द्विस्वरात् प्रभृति पूर्णस्वर-पर्यन्तं द्विधा षोढा चतुर्विंशतिधा तथा विंशसप्तशतधा चत्वारिंशत्पञ्चसहस्रधेति कथितनीत्या यः कूटनभेदस्तत्कृतं स्वरवैचित्र्यं वर्णाविषीणा(त्तीना)मेव च ह्येतत् । बिन्दुप्रभृतीनामलङ्काराणां प्रयोगो न तद्विपरीतानां मन्द्रतारप्रसन्नादीनाम् । एतेन गान्धर्वे स्वरः प्रधानं तदाधारत्वेन गुणभूतं पदमिति यत् तद्विपरीतं गान्धर्वेऽर्थसंवेद-योगेन पदस्य प्राधान्यात् तदुपरञ्जनाच्च गुणभावात् स्वरस्येतदपि ह्यकर्णितं भवति । वैणस्वराणां च धातुप्रयोगनियमानपेक्षो रक्त्यतिशयप्रवाहाय न प्रयोगभेदो-चित एव प्रयोगो वैणत्रानामप्ययमेव पन्थाः ! एतेन गान्धर्वे देवताविशेषपरिभाषानु-सारिणि विनियोगो यथेच्छं वा । गाने तु रसभावनियमौचित्यविशेषो दर्शित एवेति स्वरगते तावद्विशेषः । तालोऽपि गान्धर्वे नियतत्वेन संख्यापरिमाणं भ(र)ञ्जनं परिच्छे-दोपायं यतिस्वरैर्वृत्तिमेव- मेलनमातोद्ययोगमङ्गाङ्गिभावव्यावरुध्यमानः साम्यमात्र-फलमिति न शक्यं वक्तुम् । तथा हि । चच्चत्पुटादिष्टनियता चतुरादिका कला संख्या-परिमाणाय चित्रादिभेदे मात्रालयादिभञ्जनमपि । एककलाऽपि त्र्यस्थित्या चतुष्क-लान्तत्वेऽपि । एकरसलघुप्रस्तारयोगो[पि प्लुतलघुभेद्यप्येकरसगुरु र्यन्तमेव । परिच्छे-दोऽपि वा योऽपि कान्नायातरूपो नियतो नियतक्रमश्चायतेरपि मध्ये स्रोतोगता यती-(तिरि)त्यादावदृष्टोपयोगप्रधानत्वे । परिवृत्तिरपि विशाला सङ्गता चेत्यादावुपवर्तन-भेदे च नियतैव । गेयात्मना मेयेन च गान्धर्वतालस्य मेलना । पाणित्रयवैचित्र्येणा-दावुपवर्तनभेदे च नियतैव । गेयात्मना मेयेन च गान्धर्वतालस्य मेलना । पाणित्रय-वैचित्र्येणातोद्यघाटो(द्याधारो)ऽप्यभाण्डमेकं गात्र(न)स्येति (भ० ना० ३२.४१५) चतुर्थे सन्निपात (भ० ना० ३२.४१५) इत्यादौ विचित्र एवाङ्गानां योगोऽपि । वर्ध-मानासरितायां वर्धमस्त(मान)बद्धगीतपाणिकादौ नियत एव तु तस्य भेदमुपनिवहनं वस्त्विवं वास्त्वे(स्ये)दं शीर्षकमिति वैचित्र्यविधिरेव प्रभवति यतो गाने पुनरुत्तमादि-भेदभिन्नप्रकृतित्रयमतयथोचितमसृणमन्थरोद्धतादिभेदभिन्नसङ्गीतप्राणवलन एवोपाङ्ग-परिस्पन्दितपरिक्रमणाद्यनुसारेण साम्यसम्पादनफलयोगे कलासंख्यादिभेदेन प्लुतगुरु-लघुभावभञ्जनद्रुतबिन्दुपर्यन्तभङ्गसम्भवान्न कलापर्यन्तकमप्राधान्यम् । न यतेराक-स्मिकत्वेनादृष्टमात्रफलता । नापि परिवर्तितपाणिरुभयभाण्डग्रहणान् न वाङ्गाङ्गि-भावेन वितनितं तालमकारारम्भकण(क)मनुरुध्यत इति सोऽपि विलक्षण एव । पद-मपि विनियुक्तादिभेदत्रयस्य कुलकादिभेदत्रयगुणनया नवधा भवेत् देवस्तुतौ प्रधा-नम् । गान्धर्वे तत्रैवार्थानुसारमनवेक्ष्यैव जात्यन्तरविचितवर्णाङ्गाधारभासं तालप्रमि-तस्वरप्रधानतया गुणत्वेन प्रतिपाद्यते । गाने पुनश्छेद्यकामे मूल एवासम्भवे रसभावो-चितवृत्त जातिनिबद्धम् । यत्तु काव्ये तन्नोक्तमित्युक्ते रसपूरणोपयोगात् प्राधान्यमुप-स्तुवन् तत एव चित्तवृत्त्युचितजात्यङ्कविशेषग्रामरागाङ्गभाषाङ्गगीतिमुपरञ्जकतया समाश्रयात् क्वचित् मुखोचितम् । भिण्डिकाद्विपदीगानादौ स्वरालङ्कारशोभा इत्येव यत् क्वचित् वीररौद्रोचितपरिक्रमणादिसरणादिद्रुतालीकृततालविभ्रमं सम्पादयत् नवापि

च विप्रलम्भशृङ्गारोचितबन्धत्वविचित्रबन्धत्वविचित्रादिगान इव नाट्यायितावकाश-मादधानं स्वं वाच्यं प्रोन्मार्जयदवभातीति स्वरतालस्थानेषु यथोचितकारिषु नयस्वामि-भावमालम्बमानभागमास्त इति। एवं तावत् स्वरपादतालात्मकस्वरूपवैचित्र्यवै-लक्षण्यम्। अनेन च फलवैलक्षण्यमपि व्याख्यातम्। गान्धर्वस्य प्रयोक्तरि प्राधान्येन दृष्टफलत्वाद्। गानस्य तु पात्रवर्गे साम्यसम्पत्तिः सामाजिकजने चोपरञ्जनपूर्वकं प्राग् रसाध्यायो(भ० ना० ६)दितसाधारणसन्धिधृत्यात्मकरसभाववृत्तानुस्यूतिहेतुसूचि-तसादृश्ययोगश्चेति दृष्टं मुख्यं फलं प्राङ्मुखभोजनत्ववदृष्टमप्यस्तु।

ननु त(य)दुद्दि प्रवृत्तिः सोऽयं कार्यभेदः कारणभेदोऽपि गान्धर्ववेदवत् स्वय-मनादिर्वा सामवेदप्रभवत्वेऽपि वा तदर्थादितया तस्येदम्प्रथमतयोत्पत्त्यनुपलब्धेरनाद्ये च गान्धर्वप्रभवस्तु नादोत्पत्तौ तदुपयोगि कल्पितमिति। गान्धर्वं वा नाट्योपकरण-भूतमेव सत्फलसम्पत्तये। गानं तु नाट्यसामग्रीमध्यनिजस्वरं सफलायेति स्वरूप-भेदोऽपि। एवं परोक्तो हेतुरसिद्धीकृत इति यदेव केवलं यदसत्पक्षे वैलक्षण्येऽपि साधकप्रमाणज्ञानमाख्यातमेव। यद्यद् स्वरूपेण कार्येण धर्मेण च भिद्यते तत्तु तेन विलक्षणं भावो भावान्तरादिव। भिद्यते च स्वरूपादिना गानम्। गान्धर्वाद् वैल-क्षण्यस्य हि तन्मात्रनिमित्तत्वं व्यापारान्तरमिति व्यापकानुपलब्ध्यापि पक्षादपि वैलक्षण्याद् व्यावृत्तो हेतुः पक्षेण वैलक्षण्येन व्यापृत इति। तत्र च गान्धर्ववेदोदित-विधिप्रबन्धप्रधानत्वादिदं गान्धर्वम्। गीतिसारत्वाच्चेदं गानमिति। अत एव कठकाठकवद् गान्धर्ववित्वाद् गन्धर्वव्यपदेशमेके मन्यन्ते। गन्धर्वाणामिदमिति तु सामान्यशब्दोऽप्ययं भवेदेव। उक्तं हि प्राक्।

नारदाद्याश्च गन्धर्वा गानयोगे नियोजिताः। (भ० ना० १.५१)

इति। तथा गानशब्देऽपि गीतिः। तत्राश्रयेणास्ति सामान्यवचनता। अमाण्डमेको-(कं)गानस्येत्यादौ (भ० ना० ३२.४१५) पूर्वरङ्गे गान्धर्वमेव प्रधानम्। न त्वस्य तर्हि तदङ्गत्वे कथमेकान्ततः स्वप्राधान्ये सम्भवमात्रेण तु गानस्यापि तत्। न हि नाट्याद्बहिर्लयभङ्ग(ङ्ग्या)पि ध्रुवागानं गीयमानमुखपादमुत्पादयति। श्रोत्रपुटे चेयं वपुर्निजं वा ज(जा)गदतीति सोऽयमत्र लालित इव गुरुसङ्घसेवावैकल्यादनुसन्धिवज-स्तथापि न स्मर्यते सुकु(मा)रमतिरे(मे)व हि प्रतिप्राय इदं प्राय इदं प्रव(प्रा)वृतत्। न पूर्वरङ्गो नामान्यः कश्चित्। अपि तु गीतकान्येवेति दर्शितं पञ्चमे। पादभागाः कालाश्चैवेत्यादिना (भ० ना० ५.६)। तदेवं सामान्यशब्दत्वेऽपि द्वयोस्तत्रान्तःपाति-परीक्षकहृदयानुसारेण विशेषशब्दत्वं यत्तन्नायुक्तम्। यत्तु भट्टतोतेन तद्भेदसिद्धये क्रियाभागे तु कालस्ताल इति निरूपितम् तत् क्रियातोऽनन्यो वा कालो वा भाव-प्रबन्धः। एवं सा ताल इत्यादि पदान्तरमानयत् तत्तथा प्रकृतोपयोगीति काव्यकौतुका-देव ज्ञेयमिति च नास्माभिस्तत्परिवर्तनप्रयासः कृतः। इयतैव सिद्धो गान्धर्व-गानयोर्भेदः।

गाता प्रत्यग्रवयाः स्निग्धो मधुरस्वरोपचितकण्ठः ।
लयतालकलापातप्रमाणयोगेषु तत्त्वज्ञः ॥२॥

नन्वेवं स्वरतालादिरूपत्वे द्वयोरपि समाने किमिति विवेको ध्रुवागानोपयोगित्वेन दर्शितः । तत्र केचिदाहुः । सत्यं मधुरकण्ठत्वजितहस्ततालगुणोपादानमपि स्वरत्वादिदोषपरिवर्जनं च समानमुभयत्र । किं तु प्रत्यग्रवयस्त्वादिवद् गात्र(तृ)प्रभृतेर्गुणत्वेनोच्यते । तद्गानोपयोगी नाट्यस्य सुन्दरवपुःप्राणत्वात् । न तु गान्धर्वे । तत् पुनरेतदुच्यमानं गेयहेतोवमर्शस्तस्माल्लब्धेति बचनं स्मारयति । गातरि प्रत्यग्रवयस्त्वं गायिकास्वरूपादियोग इत्येतावदेव ह्यतोऽधिकात् स्यात् । न च तावताऽपि भेदः-कश्चित् प्रत्यग्रवयस्त्वेन स्वरसम्पादनोचितबलयोगोऽप्युपलक्ष्यते । यत्राकृतिस्तत्र गुणाः । प्रसिद्धा च रूपादियोगेन प्रकृतकलावैलक्षण्यस्यापि पादसिद्धता लक्ष्यते । नावं (वाचं) विसृजेदित्यत्र नक्षत्रदर्श(ने)नैव कालविशेषः । गानगान्धर्वोभयविशेषभावप्रतिपादनायैव च पृथगध्यायारम्भः । अन्यथैकता शेषतैव शक्यत इति ।

कथं तर्हि गुणात् प्रवर्तते गानमिति । प्रकृतोपयोगादेवमभिधानम् सामान्यशब्दत्वाद्वा । उक्तं चैतत् । कलापातनतत्त्वज्ञ (भ० ना० ३३.२) इति । चित्रादिवाद्यकुशल(लौ० भ० ना० ३३.८) इति च । गान्धर्व एवाञ्जस्येन सङ्गच्छत इति सिद्धः पृथगध्यायारम्भोऽपि ।

गुणात् प्रवर्तत इति । प्रकृष्टतयोत्कृष्टतया वर्तन इत्यर्थः । दोषोपहतयोश्चित्तनिश्चयेनास्य विक्षिप्ति । नत्वेकाग्र करोति । न रञ्जयतीति यावत् । अनेनैवेदमाह । यद्यपि गुणाभावो दोष एव तथापि भाविकपिम(प) लापस्थितादिदोषाणामभावे च गाता तावद् क्षिपति न तूत्कृष्टदोषयोगे तु तद्गानमेव न किञ्चित् । गर्दभाभाषितं हि तत् । गुणायोगे तूत्कृष्टस्तद्भवति विक्षोदीति नाट्याचार्यस्य गुणवत आदान (तुं) दोषवतश्च त्यक्तुमिति ॥१॥

तत्र शारीरस्वरपूर्वि(र्वं)कत्वाद्वै गुणानां वंश्यानां च क्रमेण गातॄणां विपञ्चीवादको(क)वंशवादकानां च गुणास्तावदाह । गाता प्रत्यग्रवया इत्यादिना । स्निग्ध इत्यपरुषस्वरः । उपचारात् मधुरशब्देन माधुर्यम् । (तेन युक्तः स्वर)स्त्रे(स्ते)नोपचितः पूर्णः कण्ठ(ण्ठो)ऽस्येति नादोऽत्र कण्ठः । तेनानुद्वेजको विश्रान्तिदश्च यस्य स्वरः । लयो द्रुतादि(:) । (ता)लश्चच्चत्पुटादि(:) । कला आवापादिः । पाताल:(तः) शम्यादिः । प्रमाणं चित्रादिमार्गः । योगो योजना समपाण्यादिः । एकत्वं विवक्षितमित्येके ॥२॥

---

१. NS. सुललितत्वं च ।

रूपगुणकान्तियुक्ता माधुर्योपेतसत्वसम्पन्नाः ।
पेशलमधुरस्निग्धानुनादिसमरक्त गुरु(शुभ)कण्ठाः ।।३।।

सुविहितगमकविधायिन्योऽक्षोभ्यो(भ्यास्)तालयकुशलाः ।
आतोद्यार्पितकरणा विज्ञेया गायिकाः श्यामाः ।।४।।

प्रायेण तु स्वभावात् स्त्रीणां गानं नृणां च पाठ्यविधिः ।
स्त्रीणां स्वभावमधुरः कण्ठो नृणां बलित्वं च[1] ।।५।।

यत्र स्त्रीणां पाठ्यात्(ठ्यं) गुणैर्नराणां च गानमधुरत्वम् ।
ज्ञेयोऽलङ्कारोऽसौ न हि स्वभावो ह्ययं तेषाम् ।।६।।

सुनिविष्टपाणिलययतियोगज्ञौ[1] सुमधुरलघुहस्तौ ।
गातृगुणैश्चोपेताववहितमनसौ सुसङ्गीतौ ।।७।।

एवं तन्मध्य(ध्येऽ)सौ केवलं यत्र(त्रा)धारप्राया माधुर्योपेतेति । अत्र चेष्टानुल्बणता माधुर्यं तेनोपेतं सत्वमिति बलम् । पेशलो विकारशून्य(:) । मधुरोल्वणवर्णविभाषि(षी) । स्निग्धः(:) नेत्रतल्लकम् । अनुनादो(दी)विच्छेदाभावयुक्तः । समः परस्परं कीर्णं(र्णो) मिलितः । रक्तः कोमलोऽभिरामः । शुभो गीयमानपदश्रावककर्णा(ण्ठः) । (रू)पाणि यासामिति तावत् ।।३।।

शक्तिः सुविहितःशक्ता च व्यतिरिक्ता चेति न्यायेन ज्ञानापरपर्यायमन्तर्मार्यं यस्य विदधत इति व्युत्पन्नत्वं गीतवाद्ययोर्लयः शेषाणाम् । तच्चातोद्यविषये करणस्य श्रोतृमनोऽर्पणाद्भवतीत्यभ्यास उक्तः । श्यामा इति तरुण्यः । तद्वर्णा एव च क्लेशसहत्वात् ।।४।।

गायिकानां बहुत्वे हेतुं दर्शयति । प्रायेण त(तु)स्य(स्व)भावात् स्त्रीणां गानं नृणां च संविधिरिति । उत्तमागर्भमेतत् । प्रायेणेति लयं व्याचष्टे ।।५।।

यत्(त्र)स्त्रीणां पाठ्यमिति । यत्र बा(ब)लित्वे सति स्त्रीणां गुणपाठ्यात् गुणान् जनरञ्जनमधुरकण्ठत्वे च सति नृणां गानविषये मधुरत्वं सर्वेषामिति स्त्रीणां पुंसां चालङ्कारः कादाचित्कत्वान्नादरणीयः एवमत्र प्रलघुरलक्ष्यमाणाचारः ।।६।।

गात्र(तृ)गुणैरिति प्रत्यग्रवया इत्यादिभिः । स्वराङ्गगीतिगीतं याभ्यामिति ।।७।।

मेलति(नि)काकुशलेनाहेतुरवसानः । स्फुटमानमगृहीतमूहापोहाभ्याम् । स्वयं न विकृतम् । तत एव च चित्रम् । करणपादिक्रया ययोरित्यागमानुसारेऽपि वैचित्र्ये(?)

---

1. NS. नियोगज्ञो सुमधुरं प्रलय हस्तौ ।

स्फुटरचित[1] चित्रकरणौ गीतश्रवणाचलौ प्रवीणौ च ।
चित्रादिवाद्यकुशलौ वीणाभ्यां वादकौ भवतः[2] ॥८॥

बलवानवहितबुद्धिर्गीतलयज्ञस्तथा सुसङ्गीतः ।
श्रावकमधुरस्निग्धो [3]दृढपाणिर्वंशवादको ज्ञेयः ॥९॥

अविचलितमविच्छन्नं वर्णालङ्कारबोधकं मधुरम् ।
स्निग्धं [4]दोषविहीनं वेणोरेवं स्मृतं वाद्यम् ॥१०॥

ज्ञानविज्ञानकरणवचनप्रयोगसिद्धिनिष्पादनानि षडाचार्यगुणा इति । तत्र ज्ञानं शास्त्रावबोधः । य(त)था च क्रियासम्पादनं विज्ञानम् । कण्ठहस्तगौण्यं करणम् । जितग्रन्थता वचनम् । देशादिसम्पदाराधनं प्रयोगसिद्धिः । शिष्यस्वभावमविशेष्यो-पात्तय उपदेशाच्छिष्यनिष्पादनमिति ॥११॥

से यतनीयमित्युक्तं भवति । यदि वा वैणिकवैपञ्चिकयोस्तुल्यकालवादने परस्पर-मनुसारिणां वैलक्षण्यं चेत्यनेन दर्शितम् । गीतश्रवणाः फला इत्यभ्यासः प्रकृष्टवीणा-विपञ्चीययोश्चित्रादौ मार्गद्वये । यद्वा......मुक्तं तत्र कुशलेन । आदिग्रहणाद् वैपञ्चिको वैणिकश्च ॥८॥

वंशवाद(क) । इत्युद्देशत्वात् तस्य गुणानाह । बलवानिति । जितप्राणम्-(णः) । दृढपाणिरिति । स्वरस्थानादचलाङ्गुलिः ॥९॥

अत्र फलमाह । अविचलितमिति ॥१०॥

स्वस्थानाद् दोषाणां गात्रकुशलं विज्ञानम् । तदुपयोगिनो वागादेः करणवर्गस्य गुणवन्तः(ता) करणयुक्ताः(क्ता) करणतेत्यर्थः । जितग्रन्थतेति धारकत्वम् । वचनं धारयन् हि परस्मै ब्रूयात् स(न) विस्मर्ता । देशादिसम्पदाराधनं प्रयोगसिद्धिः । शिष्यबुद्धिमनुसृत्यादेष्टृत्वं यद्वैचित्र्यं तच्छिष्यनिष्पादनम् । अथ गीते स्वराणां प्राधान्यमिति दर्शयितुमेतावन्तो गुणा अवश्याह(द)रणीया इति ॥११॥

---

१. NS. विचित्र......।
२. भवति ।
३. दृढपाणि......वेदिको ज्ञेयः ।
४. दोषावारणः (?)

श्रावको(णो)ऽथ घनः स्निग्धो मधुरो ह्यवधानवान् ।
त्रिस्थानशोभीत्येवं तु षट् कण्ठस्य गुणा मताः ॥१२॥

उदात्तं श्रूयते यस्मात्तस्माच्छ्रावक(ण)उच्यते ।
श्रावकः(णः)सुस्वरो यस्मादच्छिन्नः[1] स घनो मतः ॥१३॥

अरूक्षध्वनिसंयुक्तः स्निग्धस्तज्ज्ञैः प्रकीर्तितः ।
[2]मनःप्रह्लादनकरः स वै मधुर उच्यते ॥१४॥

स्वरेऽधिके च हीने च ह्यविरक्तो वि(ऽव)धानवान् ।
शिरःकण्ठेष्वभिहितं(हतस्) त्रिस्थानमधुरस्वरः[3] ।
त्रिस्थानशोभीत्येवं तु स हि तज्ज्ञैरुदाहृतः[4] ॥१५॥

कपिलो ह्य(ऽव्य)वस्थितश्चैव तथा सन्दष्ट एव च ।
काकी च तुम्बकी च (चैव) पञ्च दोषा भवन्ति हि ॥१६॥

वैस्वर्यं च भवेद्यत्र तथा स्य(स्या)द् घर्घरायितम् ।
कपिलः स तु विज्ञेयः श्लेष्मकण्ठस्तथैव च ॥१७॥

ऊनताऽधिकता चापि स्वराणां यत्र दृश्यते ।
[5]रूक्षदोषहतश्चैव ज्ञेयः स त्वव्यवस्थितः ॥१८॥

तात्पर्येण कण्ठस्य नादस्य गुणानाह । श्रावण इत्यादि ॥१२॥

एतत् क्रमेण लक्षयति । त्रिस्थानत्वं केचिदाक्षिप्य प्रतिसमादधति । वायुर्नाभेरूर्ध्वमभिहत्योरसि वृत्तः शिरस्यभिहतो मुखेन वृत्तःसन् छन्नमागच्छन्नयमुरस्यं नाडिकाक्षेपं तथापि तत्रैवायं शब्द इति प्रतिभास्यो यत्नवशादिति तथात्वमिति समाधिः । अस्माभिस्तु यदत्र वक्तव्यं तदुक्तमेव काक्वध्यायादा (भ० ना० १७) वित्यलम् ॥१३-१५॥

अथ दोषं तद्देशलक्षणाभ्यामाह । कपिल इत्यादिना ॥१६॥

कम्पनं कपिस्तं लाल्य(लयतीति)......ज्यतालं ग(घ)र्घरायितः स्थानाच्च्युतिः श्लेष्मणाऽपि स्थानस्यालाभस्ततो वैस्वर्यम् ॥१७॥

अव्यवस्थानादव्यवस्थितो नादः ॥१८॥

---

१. NS. छिद्रः स घनः स्मृतः ।

२. मानप्रह्लादकरः ।

३. स्वरे ।

४. प्रकीर्तितः ।

५. कृष ।

दण्ड(न्त)प्रयोगात् सन्दष्टस्त्वाचार्यैः परिकीर्तितः ।
यो न[1] विस्तरति स्थाने स्वरमुच्चारणागतम् ।
तथा रूक्षस्वरश्चैव स काकीत्यभिसंज्ञितः ॥१९॥

[2]नासाग्रग्रस्तशब्दस्तु तुम्बु(म्ब)की सोऽभिधीयते ॥२०॥

अन्ये तु ।
समप्रहरणे चैव जविनौ विशदौ तथा ।
[3]जितश्रमौ विकृष्टौ च मधुरौ स्वेदवर्जितौ ।
तथा बृहन्नखौ चैव ज्ञेयौ हस्तस्य वै गुणाः ॥२१॥ इति ।

एते गुणाश्च दोषाश्च तत्त्वतः कथितो(ता) मया ।
अत ऊर्ध्वं प्रवक्ष्यामि ह्यवनद्धविधिं पुनः ॥२२॥

गान्धर्वमेतत् कथितं मया तत्(व)
पूर्वं यदुक्तं प्रपितामहेन ।
कुर्याद् य एवं तु नरः प्रयोगे
सम्मानमग्र्यं लभते स लोके ॥२३॥

इति ।
इति भरतीये नाट्यशास्त्रे गुणदोषविचारो नाम त्रयस्त्रिंशः ॥३३॥

दन्तयन्त्रसन्दंशात् सन्दष्टः । काकोदुम्बरिकाम(मु)क्तं किन्तु स्व(र)तन्तु-वीणाशब्देन च सादृश्यं यस्यास्ति शब्दस्य स काकी तुम्बकी च ॥१९-२०॥

समप्रहरणादिसव्यसाचिवद् द्वावपि प्रयोगसमौ स्वदेहिनस्तन्त्री विसारयति ॥२१॥

अध्यायार्थस्योपसंहारमन्यस्यासूत्रणं करोति । एते गुणाश्चेति ॥ एतदर्थंगान-सिध्यर्थं गान्धर्वमुक्तमिति समासं केचिदाहुः । अन्ये तु गान्धर्वमिति सामान्यशब्दो लोक इह चामुत्र चेति शिवम् ॥२२-२३॥

इति माहेश्वराभिनवगुप्ताचार्यविरचितायां नाट्यवेदवृत्तावभिनवभारत्यां गुणविवेकाध्यायस्त्रयस्त्रिंशः ॥३३॥

---

१. NS. निस्तरति ।
२. KSS. नासागतस्वरो यस्तु विज्ञेयः स तु तुम्बकः ।
३. NS. जितश्रयो विकृष्टौ च मधुरौ स्वरवर्जितौ ।
तथा दृढनखौ चैव ज्ञेया.........।

॥श्रीः॥

नाट्यशास्त्रम्

अथ चतुस्त्रिंशोऽध्यायः ।

[1]ततवाद्यविधानं तु यन्मयाऽभिहितं पुरा ।
अवनद्धगतस्यापि तस्य वक्ष्यामि लक्षणम् ॥१॥

यथोक्तं मुनिभिः पूर्वं स्वातिनारदपुष्करैः ।
सर्वलक्षणसंयुक्तं सर्वा(तथा)तोद्यविभूषितम् ॥२॥

मृदङ्गानां समासेन लक्षणं पणवस्य च ।
दर्दरस्य च संक्षेपाद् विधानं वाद्यमेव च ॥३॥

॥ अथ चतुस्त्रिंशोऽध्यायः ॥

मार्जनानुगतमार्गसुन्दरं
पुष्करत्रितयमाश्रितं सदा ।
चित्रदानपदक्लृप्तविग्रहं
श्रीसदाशिवतनुं शिवं नुमः ॥

वृत्तेऽध्यायेऽवनद्धविधिं ब्रूम इत्युक्तम् । तत्र पुनरर्धं(र्थं)स्फुटयितुमाह । ततवाद्यविधानं तु यन्मयेति । यत्तद्विधानं पूर्वमुक्तं तस्यैव लक्षणं वक्ष्यामीति सङ्गतिः पुनरर्धः(र्थः) । न च पुनरुक्ततया तावदन्तर्धानं गतमिति प्राप्तमपि तस्य विशेषस्वरूपं भवति तच्च नोक्तमिति । अवहननं चर्मणा बन्धः । स यद्यपि वीणादावस्ति तथापि स्वोंऽशोऽत्राराद्उपकारी न सन्निपत्य तन्त्रीपणवादौ ततांशवदिति । तव व्यपदेशोऽपि कृतः । तत एव बद्धपाणिकरटादीनि । यद्वादकेषु पक्षातोद्यकव्यवहारो लोके तैश्च संयुक्तं कृत्वापि । तथेति तस्माद्धेतोरुक्तम् । तस्मान् मृदङ्गाणां(नां) त्रयाणां पुष्कराणां पणवस्य दर्दरस्य च लक्षणात्मकं विधानं चर्मादिकारणत्वं वाद्यं च फलं संक्षेपाद् वक्ष्यामीति पूर्वेण सम्बन्धः । एकस्यो यस्मादर्थे

---

1. KSS. varies.

अनध्याये कदाचित्तु स्वातिर्महति दुर्दिने[1] ।
जलाशयं जगामाथ सलिलानयनं प्रति ॥४॥

तस्मिन् [2]जलाशये यावत् प्रविष्टः(वृत्तः) पाकशासनः[3] ।
धाराभिर्महतीभिस्तु पूरयन्निव मेदिनीम्[4] ॥५॥

पतन्तीभिश्च धाराभिर्वायुवेगाज्जलाशये ।
[5]पुष्करिण्यां पटुः शब्दः पत्राणामभवत्तदा ॥६॥

[6]तेषां धारोद्भवं नादं निशम्य स महामुनिः ।
आश्चर्यमिति [7]मन्वानश्चावधारितवान् स्वनम् ॥७॥

द्वितीयः समुच्चये । अन्यथा त्रय उदीयेरन् । धर्मे चार्थे च कामे च मोक्षे चेति (महाभारतम् १.६२.२६) यथा । नारदग्रहणं गातुः पुष्करवाद्यज्ञानमवश्यमुपयोगीति शिक्षयति । ब्रह्मग्रहणं कवेरपीति । अत्र पूर्वनिपातात् स्वातिर्भाण्डे नियुक्तः (१.५०) इति प्रथमाध्याये दर्शितत्वात् स्वातिरत्र प्रधानमिति पुराकल्पेन दर्शयति ॥१-३॥

अनध्याये कदाचित्त्विति । तुरागमद्योतकः । नारदादिभ्यो विशेषो वा । अनध्याये इति प्रकृतानुपरोध उक्तः । सलिलानयनं प्रतीति तृषाहृत(ति)प्रतिषेधः ॥४॥

प्रवृत्तो वर्षितुम् । प्रवृत्तवर्षो [मेदिन्यां] ततो जलाशये वा ॥५॥

पुष्करिणी कमलखण्डः । तत्र पत्राणां शब्दोऽभवदिति सम्बन्धः । स्थलकमलखण्डे हि न चित्राणि पत्राणि विततावितत्तरूपाणि भवन्तीति जलाशयग्रहणम् । अत एव वक्ष्यति । ज्येष्ठमध्यकनिष्ठानामिति (भ० ना० ३४.८) ॥६॥

अवधारितवानिति । ईदृशः शब्द एव चित्तवृत्तिं तोषयतीति स्वसंवेद(ने)न निश्चिता(का)येत्यर्थः ॥७-८॥

---

१. NS. मुनिर्महति दर्दुरे ।
२. KSS. परो निषण्णे तु प्रहृष्टः ।
३. NS. पावकाशनः ।
४. KSS. कर्तुमेकार्णवं जगत् ।
५. KSS. पुष्करीणां कलरवः पत्रिणामभवत्तदा ।
६. NS. ववां (नवं) धारोद्भवं KSS. ववाधीरोद्भवं ।
७. KSS. सम्प्राप्तं अवधारितवान् स्वयम् ।

ज्येष्ठमध्यकनिष्ठानां पत्राणामवधार्य च ।
गम्भीरमधुरं हृद्यमजगामाश्रमं ततः ॥८॥
[1]ध्यात्वा सृष्टिं मृदङ्गानां पुष्करानसृजत् ततः ।
पणवं [2]दर्दरं चैव सहितो विश्वकर्मणा ॥९॥
देवानां दुन्दुभिं दृ(मीदृ)ष्ट्वा चकार मुरजांस्ततः ।
आलिङ्गम्(ङ्ग्यश्चो)र्ध्वकं चै(कश्चै)व तथैवाङ्किकमे(ए)व च ॥१०॥
चर्मणा चावनद्धांस्तु मृदङ्गान् दर्दरं तथा ।
तन्त्रीभिः पणवं चैवमूहापोहविशारदः ॥११॥
[त्रयं चान्यान्यपि तथा काष्ठायसकृतान्यथ ।
झल्लरीपटहादीनि चर्मनद्धानि तानि च] ॥१२॥

ध्यात्वेति । अभिसन्धाय । मृत् अङ्गं येषाम् । मृच्चर्मेत्येके । मर्दनादिति । पुष्करानिति । पारम्पर्येण पुष्करप्रभवत्वादिति भावः । सहितो विश्वकर्मणेति । आकृतिकरणे त्वष्टुरिव कुम्भकारादिमौरजिकोपदेशापेक्षस्य व्यापार इति सूचयति ॥९॥

ननु च वाद्यं तेन स्वातिनाऽऽरूढपूर्वं दृष्टं प्रतिभाति । दृष्टपूर्ववैचित्र्यमुल्लिखेदित्याशङ्क्याह । देवानां दुन्दुभीदृष्ट्वेति । मङ्गलार्थानि चर्मनद्धानि नाभूवन् । केवलं स्वाति(:)क्रमाक्षरादियोजनया तद्वाद्यं रसभावद्योतनोपयोगि सो(स्वो)पज्ञवैचित्र्यान्तरमुत्प्रेक्षांचक्र इत्यर्थः । मुर(रा)सुपधिषसाश्च (सूपधिष्ठिता च) श्लक्ष्म(क्ष्ण) सुकुमारायां मृदि प्ररोहतीति मृदपि मुरा । ततो जाता मुरजा मृदङ्गा इत्यर्थः । ङ्यापोरिति (अष्टा० ६.३.६३) संज्ञायां ह्रस्वः । तानाह ।

आलिङ्ग(ङ्ग्य)श्चोर्ध्वकश्चैव तथैवाङ्कित(क) एव च ।

इति । एकश्चकारस्त्रिपुष्करत्वं नियमयति । अन्यश्चकारः पक्षातोद्यमनुगृह्णाति ॥१०॥

दर्दरं तथेति । चर्मनद्धम् । तन्त्रीभिरिति । चकाराच् चर्मणा चेति ॥११॥

(काष्ठायसेति ।) काष्ठं सुषिरीकृत्य कृतानि । अत एवायसं तेन कृतानि । आयसं ताम्राद्युपलक्ष्यते । झल्लरी कांस्यतालम् । तन्त्रीव क्रान्तः(कान्ता) पूर्णा पटहिका । पटहः शुद्धः । आदिग्रहणाद् करटाहुडुक्कमर्दलादेर्ग्रहणम् ॥१२॥

आतोद्यसमवाय इति । आतोद्यपूरणनिमित्त(त्तानि) यानि योजनाङ्गानि तानि च चकारेति पूर्वेण सम्बन्धः । ननु त्रिपुष्करमेव वाद्यम् । तच्चालिङ्गकोर्ध्वकाङ्गि(ङ्कि)केषु पूर्णं दर्दरपणवस्य झल्लरीपटहादेर्वा न योग इत्याशङ्क्याह । अङ्गप्रत्यङ्गयोगेनेति । स्वरूपपरिपूर्व(र्ण)त्वेनावश्यंभाव्युपकरणमङ्गम् । अन्यद्

---

1. NS. गत्वा सृष्टं ।
2. दुर्दरान् ।

आतोद्यसमवाये तु यानि योज्यानि वादकैः।
अङ्गप्रत्यङ्गयोगेन गदतो मे निबोधत ॥१३॥

विपञ्ची चैव चित्रा च दारवीष्वङ्गसंज्ञिते।
कच्छपीघोषकादीनि प्रत्यङ्गानि तथैव च ॥१४॥

[1]मृदङ्ग दर्दराश्चैव पणवाश्चाङ्गसंज्ञिताः।
झल्लरीपटहादीनि प्रत्यङ्गानि तथैव च ॥१५॥

अङ्गलक्षणसंयुक्तो विज्ञेयो वंश एव हि।
[2]शाख(शङ्ख)स्तुण्डि(ण्ड)किनी चैव प्रत्यङ्गे परिकीर्तिते ॥१६॥

नास्ति किञ्चिदनायोज्यमातोद्यं दशरूपके।
रसभाव(वे) प्रयोगं तु ज्ञात्वा योज्यं विधानतः ॥१७॥

उत्सवे चैव याने च नृपाणां मङ्गलेषु च।
शुभकल्याणयोगे च विवाहकरणे तथा ॥१८॥

प्रत्यङ्गम् ॥१३॥

तत्त्ववनद्धस्यैव किमयं न ततादेरपीत्याह। विपञ्ची चैव चित्रा चेति। व्याख्याते प्राक्। दारवीष्विति। वीणासु ते अङ्गम्। कच्छपी कूर्मी सैरन्ध्रीति प्रसिद्धा। घोषकः पिष्टनका। तौ प्रत्यङ्गौ ॥१४॥

मृदङ्गा इति। पुष्करत्रयव्यतिरिक्ता एवात्र महन्(हा)मर्दलाकारास्ते। पटह(हा)मृहङ्गा(न्) दर्दरं तथेत्यर्धोक्ताः (भ० ना० ३४.११)। ते मृदङ्गदर्दरपणव-(वा) मृदङ्गादिषु त्रिपुष्करे प्रत्यङ्गानि ॥१५॥

सुषिरेऽन्तरितान्यङ्गप्रत्यङ्गानीत्याह। अङ्गलक्षणसंयुक्त इति। पूर्णस्वरे वंशेऽङ्गस्वरत्वादङ्गत्वेन लक्ष्यमाणो वंश एवासावित्येवकारः। शङ्खवत् तुण्डि(ण्ड)-किनी तर्तुकेति प्रसिद्धा तत् प्रत्यङ्गम् ॥१६॥

नन्वेवं न किञ्चिदिहातोद्यं त्यक्तं भवति नाट्ये इत्याह। नास्ति किञ्चिद-नायोज्यमिति। क्वचित्तु किञ्चिदित्याह। रसभावे तु ॥१७॥

क्वचित्तु सर्वमपि योज्यमित्याह। उत्सवे देवकार्यादि(दौ)। एव एवंप्रकारे समुच्चयः। द्वितीय एवकारः प्रकारान्तरव्यावृत्त्यै। यानं दण्डयात्रादि। एतच्च नाट्ये

---

१. NS मृदङ्गो दर्दुरश्चैव पणवेष्वङ्गसंज्ञिते।
२. शङ्खस्तु डक्किनी चैव।

उत्पाते सम्भ्रमे चैव सङ्ग्रामे पुत्रजन्मनि ।
ईदृशेषु हि कार्येषु सर्वातोद्यानि वादयेत् ॥१९॥

स्वभावगृह्वार्तायामल्पभाण्डं प्रयोजयेत् ।
उत्थानकार्यं(व्य)बन्धेषु सर्वातोद्यानि वादयेत् ॥२०॥

अङ्गानां तु [1]समत्वाच्च छिद्रप्रच्छादने तथा ।
[2]विश्रामहेतोः शोभार्थं भाण्डवाद्यं विनिर्मितम् ॥२१॥

तत्रावनद्धे वक्ष्यामि विधिं स्वरसमुत्थितम् ।
नानाकरणसंयुक्तं मार्गजातिविभूषितम् ॥२२॥

यावन्ति चर्मनद्धानि ह्यातोद्यानि द्विजोत्तमाः ।
तानि त्रिपुष्कराद्यानि ह्यवनद्धमिति स्मृतम् ॥२३॥

लोकेऽपि च ॥१६-१९॥

स्वभावेन प्र(गृ)ह्वार्ता । उद्यानगमनादिरनाविष्टभावात्मा । तत्राल्पं भाण्डवाद्यम् । भणतीति भाण्डं त्रिपुष्करम् । उत्थानमित्युत्साहः । तत्प्रधानेषु काव्यबन्धेषु वीररौद्राद्विनियमेषु डिमादिषु सर्वं(र्वा)तोद्यानि ॥२०॥

नन्वेवं शृङ्गारपरिक्रमादौ दीप्तत्वायोगिनि किं भाण्डवाद्येनेति शङ्कित्वाह । अङ्गानामिति । शाखोपाङ्ग(च)रणादीनां समत्वाय परिक्रमणे । छिद्रप्रच्छादन इत्युत्तरध्रुवागाने । विश्रामहेतोरित्याक्षेपगानादौ । शोभार्थमिति प्रसादगाने ॥२१॥

एवमुत्पत्तिस्वरूपप्रयोजनान्यभिधायावनद्धस्य वाद्यं लक्षयितुमुपक्रमते । तत्रावनद्ध इति । स्वर(स)मुत्थितम् । स्वरं शब्दमभिसन्धाय यो विधिः प्रवृत्तः इत्थमयं शब्दो भवतीति वक्ष्यामि । स्वरषट्काद्यनुहाररूपवर्णानाऽनुहाररूपं च शब्दमात्रमिह करणरूपादिषड्विधमार्गोचितत्वं ताभिश्चतुर्धाजातिः शुद्धाधिकाष्टादशधा च लक्ष्यते । लेपमार्जनादेरत्रैवोपयोग इत्याशयेन तदिह नोक्तम् । अन्ये तु स्वरशब्देन स्वरानुहारं च । अक्षररूपं तु वर्णः । अनुहारकरणशून्याः संगृह्यन्ते ॥२२॥

ननु झल्लरीपटहादौ पूर्वं वर्णाद्यनुहार इत्याह । यावन्ति चर्मनद्धानीति । आदौ त्रिपुष्करे वाद्यं प्रधानं येषां तदङ्गानि सन्ति तानि प्रयुज्यन्ते ॥२३॥

---

1. NS. समत्वार्थं ।
2. विप्राप्तिहेतोः......जायते ।

एतेषां तु पुनर्भेदाः शतसंख्याः प्रकीर्तिताः ।
[१]किन्तु त्रिपुष्करस्यास्य लक्षणं प्रोच्यते मया ॥२४॥
शेषाणां कर्मबाहुल्यं यस्मादस्मिन्न दृश्यते ।
[२]न स्वरा प्रहाराश्च नाक्षराणि न मार्जनाः ॥२५॥
भेरीपटसजम्भा(ञ्झा)भिस्तथा दुन्दुभिडिण्डमैः ।
शैथिल्यादायतत्वाच्च स्वरेऽगाम्भीर्यमिष्यते ॥२६॥
[3]प्रायशस्तानि कार्याणि कालं कार्यं समीक्ष्य तु ।
किन्तु त्रिपुष्करस्यास्य श्रूयतां यो विधिः स्मृतः ॥२७॥

अन्यथा तु एतेषां तु पुनर्भेदा इत्यफंख्यत्वादलक्षण इ(मि)त्याशयः नन्ववनद्ध एवानारम्भणीयः । नेत्याह । किन्तु त्रिपुष्करस्येति । वाद्ये अन्यपदार्थबहुव्रीहिः । अवयवेन विग्रहः । समुदायो वृत्यर्थ इति गुर्वाचार्यादिः(वयः) ॥२४॥

नन्विदानीमङ्गप्रत्यङ्गकृतो ज्ञेय इत्याह । शेषाणामिति । कर्मबाहुल्यमिति । वाद्यं तत्तद्बहुलं तेषु । अत्र हेतुः ।

न स्वरा न प्रहाराश्च नाक्षराणि न मार्जनाः ।

इति । षड्जादिस्वराभा(बा)त् त(त्सम्पत्तये) । मर्जना मायूर्याद्य(द्या)स्तेऽत्रायस्तास्तत्सम्पत्तिफलाः । अक्षराणां षोडशानां मानं तदभावात् तत्सम्पत्तये । निगृहीतादयस्त्रयः प्रहाराः ॥२५॥

ननु स्वराभावे कथं शब्दवैचित्र्यमित्यत आह । भेरीपटहजञ्झाभिरिति । तुरीयेऽध्याये स्वरूपमुक्तमेषाम् । एतैर्यः क्रियते स्वरः शब्दस्तत्र केवलं शैथिल्याद् बध्रचर्मकीलिना......त् धामभिर्यन् मृदुत्वमायतत्वात्तु न गाम्भीर्यमुच्चत्वम् । आवृत्याकारः श्लिष्टः । एतदुक्तं भवति । उच्चनीचतामात्रमेवात्र परं तु न तावता स्वरोदयः । स्वरान्तरश्रुत्याद(दावा) यत्तो हि संस्फुटो भवतीत्युक्तम् । मत्तकाकिलादयस्तु न तथा । भावरक्ति ..योगादेतच्च स्वरगते न्यक्षेण चर्चितमित्यास्ताम् ॥२६॥

पुनर्न चैषां सर्वदा नोपयोग इति दर्शयति ।

प्रायशस्तानि कार्याणि कालं कार्यं तमीक्ष्य तु ।

किन्त्विति । प्रकृतं सूत्रयति । त्रिपुष्करस्यास्य श्रूयतां यो विधिरिति ॥२७॥

---

१. NS. किन्तु (?) त्रिपुष्करस्यत्ते ।
२. न स्वरास्तत्र हाराश्च ।
३. प्रायशः स्वानि ।

वाग्वात्मको भवेच्छब्दः[1] स चापि द्विविधो मतः ।
स्वरवांश्चैव विज्ञेयस्तथा चैवाभिधानवान् ॥२८॥

तत्राभिधानवान् नाम नानाभाषासमाश्रयः ।
स्वरवानपि विज्ञेयो नानातोद्यसमाश्रयः ॥२९॥

शारीर्यामेव वीणायां स्वराः सप्त प्रकीर्तिताः ।
तेभ्यो विनिःसृताश्चैवमातोद्येषु द्विजोत्तमाः ॥३०॥

पूर्वशरीरादुद्भुता[2] स्ततो गच्छन्ति दारवीम् ।
ततः पुष्करजं चैवमनुयान्ति घनं(ध्वनि) पुनः(युताः) ॥३१॥

तत्र शब्दस्य तावत् स्वरूपमाह । वाग्वात्मको भवेच्छब्दः स चापि द्विविध इति । वायुरात्मस्वरूपं जन्मन्युपादानं व्यक्तौ वा निमित्तमात्रं यस्य शब्दस्य । एतच्च

वायोरणूनां ज्ञानस्य शब्दत्वापत्तिरिष्यते ।

इत्यत्र ब्रह्मकाण्डोद्देशे विवेचितम् । इह त्वप्रकृतमिति न विस्तारितम् । स्वरात्मकं स्वरूपं यस्य नित्यमस्ति स स्वरवान् नादमात्रात्मकः । ननु पाण्डित्ययोगनियमपर्यव-सायित्वं वदता वर्णात्मके नादरूपता नास्तीत्युक्तम् । अभिधाने समयादिनाऽर्थप्रति-पादनं विद्यते यस्य सोऽभिधानवान् वर्णात्मकः ॥२८॥

तत्रेदमिह वक्तव्यं मत्वा पूर्वाभिधानोपयोगिनमाद्यमाह । स्वरवानिति आतोद्ये वीणादौ स एव भवतीति ॥२९॥

तदसम्यक् । (ना)नाश्रय आतोद्य एवेति कश्चिदमंस्तेत्याह । शारीर्यामेवेति । तत्रैवोक्तः श्रुतिसम्बन्धः । यतस्तेभ्य इति । शारीरेभ्या विनिःसृता इति । तत्सामा-न्यादिति भावः । आतोद्येष्विति ततादिषु ॥३०॥

तदपि गुणप्रधानतामाह । पूर्वं शरीरादुद्भूता उत्पन्ना अभिव्यक्ता वा ततो गच्छन्ति दारवीम् । वीणायां पूर्णत्वात् तत्प्रा(पा)णिकृताया रक्तेः । अनेन वैणवा अप्युपलक्षिताः । ततः पुष्करजं चैवमनुयान्तीति । वीणास्वरेषु यादृशी रक्तिः पूर्णता-दृशी पुष्करेषु केवलं साम्यानुहारमात्रम् । तदाह । ध्वनिमनुयान्तीति ।

नन्वेवमनुहरणं साम्यस्य[दारव्या]दावप्यस्ति । तत्कथमुक्तं स्वरा इति । तत्रैकमेवानुहारमात्रइ(मि)ति न स्वरानुहारत्वं तत्र स्फुटम् । इह तु मार्जनायोगात्

---

१. NS. छन्दः ।...द्विविधः स्मृतः ।

२. स्वरा ।

तेषां [1]वाक्करणैर्ज्ञेयाः प्रहारा वचनाश्रयाः ।
[2]झण्मण्या चेति (झण्टुं झांझेति) संयुक्ता वीणावाद्यप्रयोगिनः ॥३२॥

शारीर्यामथ वीणायां झण्टु जगदि यादि च ।
भवेद्वाक्करणं तत्र नानाकरणसंयुतम् ॥३३॥

तत्पठनेन च सम्पादितत्रयान्तरसम्पत्तावप्येकस्त्रिष्विवान्यो भवन् नीचभावसंवेदाद् व्यक्तस्वरानुहारो मिश्रत्वात् । तदाह । युता इति । सु . . . नत्वादित्यर्थः ॥३१॥

एवं त्रिपुष्करे मार्जनास्वरयोगं सूचयतः प्रहाराक्षरयोगमपि सूचयिष्यन् तत्प्रकृतो...द्वीणायां दर्शयितुं सामान्योपक्रमं सूचयति । तेषां वाक्करणैर्ज्ञेयाः प्रहार-(रा)वचना (श्रया) । इति । तेषामित्यातोद्यानां परामर्शः । आतोद्येष्विति प्रक्रान्तत्वात् । वाक्करणैस्तोमाक्षरैरुच्चरद्भिर्ज्ञायते । आतोद्यानां नाश्रयो(य)वर्णानुहारसम्पादका हस्ताङ्गुलिप्रहारा भवन्तीति । वाच एव क्रिया न त्वर्थं प्रतीत्यादि । किञ्चिदित्यत्र तद्वाक् वचनं वर्णा इह तु तदनुहरः । ननु कानि स्तोमाक्षराणि । कुत्रेत्याह झण्टुं झांझेति । न प्रकारे वि(हि) वीणावाद्यप्रयोगे विद्यते येषां हेतुनेति वीणावाद्यप्रयोगिनः ॥३२॥

ननु वीणायां वागभावाद्यावदक्षरमिति का नामेत्याशङ्क्याह । शारीर्यामथ । झण्टुं जगति यदि चेति । आदिना दिगिनिगिझण्टुप्रभृतीनि । ननु तुल्येङ्गुलिप्रहारे कथमकारादिस्तन्त्र्यां विशेष इत्यतः शिक्षां ददाति ।

भवेद्वाक्करणं तत्र नानाकरणसंयुतम् ।

इति । नखाङ्गुल्यग्रमध्यादिनाऽतीवतीव्रस्पर्शनं तत्र तस्यां तन्त्र्यादिभावेष्विति । नानारूपक्रिया झण्टुमादिवाक्करणेन कार्यभूतेन संयुज्यते श्रुत्या ॥३॥

अलं तदाह ।

यं यं गाता स्वरं गच्छेत् तमातोद्यैः प्रयोजयेत् ।

इति । आतोद्यैः वीणादिभिः । यतिपाणयो व्याख्याताः । परमगुरवश्च प्रकृतं व्याचक्षते ।

गुरुलघ्वक्षरे गीयमाने अन्वितमाश्रितम् ।
स्वन्तं स्वरं वादमानं वादयेदेव भासयेत् ।
कथं यतिर्विरामः(स्यात्) तत्प्रधानेन पाणिना ॥

---

१. NS. एषा बाह्वीरणैः
२. युद्धादिभिः सदा योज्या वीणावाद्येषु योक्तृभिः ।

यं यं गाता स्वरं गच्छेत् तामातोद्यैः प्रयोजयेत् ।
यतिपाणिसमायुक्तं गुरुलघ्वक्षरान्वितम् ॥३४॥

पौष्करस्य तु वाद्यस्य मृदङ्गपणवाश्रयम् ।
विधानं सम्प्रवक्ष्यामि [1]दर्दरस्य तथैव च ॥३५॥

षोडशाक्षरसम्पन्नं चतुर्मार्गं तथैव च ।
वि(द्वि)लेपनं षट्करणं त्रियति त्रिलयं तथा ॥३६॥

इति पाणिप्रहारेण संयुक्तम् । पाणिना वंशेषु फूत्कारो लक्ष्यते । गुरौ गीयमाने गुरुणा विच्छेदो लघोः शीघ्रतयेति ॥३४॥

ननु भवत्वेवं वीणादौ । प्रकृते पुष्करे कथमेदित्याह । **पौष्करस्य । तथैवे-** ति । नैव स्वराक्षरं वादनप्रकारेण हेतुना पौष्करस्य लक्षणं वक्ष्यामि तदनुषङ्गी लाभश्च । दर्दरस्य मृदङ्गपणवाश्रयं कृत्वा । तेन मृदङ्गपणवस्य चानुषङ्गिणो विधानं स्वराक्षरसम्पादकं प्रकारं वक्ष्यामीति सम्बन्धः ॥३५॥

षोडशाक्षरसम्पन्नं चतुर्मार्गं तथैव च ।

इति । अक्षरप्रकारेण मार्गच्छेद इति ।

द्विलेपनं षट्करणं त्रियति त्रिलयं तथा ।
त्रिगतं त्रिप्रकारं च त्रिसंयोगं त्रिपाणिकम् ।
दशार्धपाणिप्रहतं त्रिप्रहारं त्रिमार्जनम् ।
विंशत्यलङ्कारयुतं तथाष्टादशजातिकम् ॥

इति । तत्र योजनमाह । एवं प्रकारैर्यस्मात् पुष्करजं वाद्यं परिपूर्णं तस्मान्नाट्ये रसभावाभिव्यञ्जनसमर्थमित्यतो भणनयोग्यमिति सम्भाव्यते । तत्र पौष्करं वाद्यं प्रकारत्रयेण नाट्योपयोगिनि(गीति) । वर्णानुसारेण स्वरानुसारेण साम्यात्मना ताले च । तथा हि । वर्णाः कस्मैंचिदपि वाद्यविशेषतया प्रभवन्तोऽप्यज्ञातार्थश्रुतिमात्रेणैव पुरुषं नागरग्राम्योपनागरिकात्मवृत्तित्रयाणि ताल[लय]भेदेषु दीप्तमध्यमसृणरूपसंविद्वृत्तिव्यञ्जका इति तावत् प्रसिद्धमेव । ततश्च प्रागलङ्काराध्याये (भ. ना. १६) निर्णीतमस्माभिः सहृदयलोकलोचने (ध्वन्यालोकलोचनम् ३.२) च । त एव त्वनुहाररूपतायां वर्णरूपत्वन्यक्कारेण नादरूपतया संछादितात्मानो भवन्तो नादस्य लालित्यपारुष्यादितारतम्यभेदे नितरां द्विरावृत्तिमेवोद्दीपयन्ति । नादो हि चित्तवृत्तेरन्तरङ्गः समयानपेक्षित एव । लोकेऽपि चित्तवृत्ति(त्ते)र्व्यंनक्ति । संवित्प्राणितं तु वाक्तत्त्वस्य प्रथमं

---

१. दर्दुरस्य ।

त्रिगतं त्रिप्रका(चा)रं च त्रिसंयोगं त्रिपाणिकम् ।
दशार्धपाणिप्रहतं त्रिप्रहारं त्रिमार्जनम् ॥३७॥

विंशत्यलङ्कारयुतं तथाष्टादशजातिकम् ।
एभि. प्रकारैः सम्पन्नं वाद्यं पुष्करजं भवेत् ॥३८॥

तत्र षोडशाक्षरमिति यदुक्तं तदनुव्याख्यास्यामः ।
कखगघटठडढतथदधमरलह इति षोडशाक्षराणीह ।
[1]नियतं पुष्करवाद्ये वाक्करणैः संविधेयानि ॥३९॥

नादात्मना विवृत्तस्य । वर्णात्मा चरमो विवर्तो बहिरङ्गः । यतः सा चेयं नादरूपतयैवं वक्ष्यमाणा धातङ्नमा(ना)न्यपुष्करमुखोदितान्येव चोच्चार्यमाणेषु वर्णेषु प्रयत्नशतैरपि न सम्पद्यते । तत्र हि सर्वधा(था) वर्णप्राधान्यमेवोन्मीलति । नादप्राधान्या...उच्चार्यमाणं(णा) वर्णा वाद्यमानं तु वादिभूतवर्णमयं सन्ध्यायां शाबलेयादय इव गो . भूताः । अत एवोच्चार्यमाणं वाद्यमपि प्रसिद्धमपि सुद्घट्टयति । उद्घट्टनं सूत्रमुच्यते । सोऽयं वर्णान्तरानुहारभागी रसभावप्रकृत्यादिभिः सूत्रतया विमलमत(तम)दृष्टिना मुनिना ज्ञात्वा तथैवोपदिष्टः । तत्र वर्णस्वरूपं पुष्करहस्तयोगजन्म । तत्र च पुष्करगतः संस्कारो लेपद्वये आलिङ्गके ऊर्ध्वके च । निगृहीतं यत्ताडनसमनन्तरं पीडितम् । अनुरणनक्षणे यत्तन्नि(दर्धनि)गृहीतम् । विश्रम्य(विश्रम्य) पीडितमेतदनुरणनसिद्धये । मुक्तं च पीडितसम्पूर्णानुरणनसम्पत्यै इत्येतत् प्रहारत्रयम् । (पञ्चपाणिप्रहतं)समार्धतदर्धपार्श्वप्रदेशिन्यात्मनि हस्तसन्निवेशात्मनि करणरूपे धातपञ्चके इति कर्तव्यतां संपूरयद्वस्तस्य संस्कार इति लेपघातप्रकारप्रहारसर्णानुहारः । प्रत्युपयोगिनां वर्णानामेव त्रिय(ग)तम् । संयोगः मार्गे आलिप्तादिश्चतुर्विधः । गुरुलघुमिश्रतावर्णस्वरूपः । निगृहीतादित्रयमिति संयोगत्रयवर्णस्वरूपतापत्यैव । प्रचारत्रयस्य मार्गचतुष्टय एवोपयुज्यते । हस्तसाम्येन वैषम्येणोभयथा चेति । यदा मार्गभेदास्तावत् सिद्धस्तज्जातयोऽष्टादश शुद्धा दुष्करकरणेत्यादयः । यद्यपि चासां समस्तमेवैतदुद्देशगतं (लघुप्लुत)लयद्युताद्यधिगमनरूपमत एव हि सर्वं भीलनाज्जायत इति निर्वचनं चासामेव प्रयोगपर्यन्तम् । तथापि मार्गारब्धमासां शरीरमिति मार्गजास्ता उक्ताः । तेष्वेव वर्णेषु पणवदर्दरमृदङ्गं वाद्ययोजनया वैचित्र्योत्पादककरणः(म्) । यद्रूपकृतिप्रकृतमित्यादि करणषट्कम् । अत एव प्रचारत्रयसहितमार्गाभिधानादनन्तरं पणवदर्दरलक्षणमकालकूष्माण्डपतनदेशीयमिति न शक्यते ।

षोडशाक्षरसम्पन्नं चतुर्मार्गं द्विलेपं षट्करणं त्रिप्रचारं त्रिसंयोगं दशार्धपाणि-

---

१. NS. पुष्करवाद्ये नित्य ।

चतुर्मार्गं नाम । आलिप्ताङ्कितगोमुखवितस्ताश्चत्वारो मार्गाः ।

[1]द्विलेपं नाम । व(वा)मोर्ध्वकप्रलेपात् ।

षट्करणं नाम । रूपं कृतप्रतिकृतं प्रतिभेदो रूपशेषमोघः [2]प्रतिशुल्का चेति । त्रियतिर्नाम । समा स्रोतोगता गोपुच्छा चेत्यन्वयात् ।

त्रिलयं नाम । द्रुतमध्यविलम्बितयोगात् ।

त्रिगतं नाम । [3]तत्त्वमनुगतमोघश्चेति ।

त्रिप्रचारं नाम । समप्रचारो विषमप्रचारः समविषमप्रचारश्चेति ।

त्रिसंयोगं नाम । गुरुसंयोगो लघुसंयोगो गुरुलघुसंयोगश्चेति ।

त्रिपाणिकं नाम । समपाणिरवपाणिरुपरिपाणिश्चेति ।

पञ्चपाणिप्रहतं नाम । [4]समपाण्यर्धसमपाणिरर्धार्धसमपाणिः पार्श्वपाणि प्रदेशिनी चेति ।

त्रिप्रहारं नाम । निगृहीतोऽर्धनिगृहीतो मुक्तश्चेति ।

त्रिमार्जनं नाम मायूर्यर्धमायूरी कार्मारवी चेति ।

विंशत्यलङ्काराः(रान्)अष्टादशजावि(ती)श्च पदभेदे दर्शयिष्यामः ॥४०॥

प्रहतं त्रिप्रकारमष्टादशजातिकमिति । यस्तूद्देशभागे वर्णानुसंहारविषयो यस्तु स्वरानुहाराशस्तत्र द्विलेपमिति । स्वरूपसिध्यै त्रिमार्जनमिति । स्वरसंयोजनांशे नादीभूतवर्णसम्पत्यनुभावि सदनुगुणरनरूपं तद्गानांशस्थितस्थायित्वं स्वरूपमनुवर्तमानं तत एव तत्कृतचित्तवृत्त्युद्दीपन एव सुतरात्मानमाश्रयतीति यत्तत उपदिश्यमानस्वरानुहारांश इति प्रकारत्रयम् । घातपञ्चकादेरत्र यत्रोपयोग एव । गतयो लयास्तत्त्वादीनि त्रिगतम् । समपाण्यादित्रयमिति साम्यांशात्ताल उपयुज्यते । साम्यं यत्र यस्यान्योन्यमृदङ्ग यङ्गौझर्झर्यादित्र्यङ्गैस्तातादिभिरातोद्यान्तरैर्ध्रुवागानेन परिक्रमणादिपात्रचेष्टितेनेति तद्विचित्रीकरणे विंशतिरलङ्कारा इति । एवं पुष्करवाद्यमनुरञ्जकत्वेऽपि विवाह...शोभामावहतीति । तथा च नन्दिमते ।

न पुष्करविहीनं हि वाद्यवृत्तं विराजते ।
तत्रैव हि श्रुते लोक उन्मुखत्वं प्रपद्यते ॥

इति । त्रिभक्तविषयत्वेऽपि मिश्रितत्वेन प्रयोगे तत्सम्पादनं न हि विभज्येति प्रतिपादयितुं मुनिः शङ्करे(संक्षेपे)णोद्दिक्षत् ॥३६-४०॥

---

१. NS. विलेपनं ।
२. प्रतिशुक्लेति ।
३. घनमोघश्चेति ।
४. समपाणिरर्धपाणि... प्रदेशिनीतः ।

एतावत् सूत्रम् । अतः पदभेदः । तत्र षोडशाक्षरं नाम ।

[1]अभिव्यञ्जितानि पूर्वं यान्येतानि षोडशाद्यानि ॥

तान्यक्षराणि जानीत पुष्करेषु यथाक्रमम् ।

पणवे [2]दर्दरे चैव मृदङ्गेषु तथैव च ॥४१॥

कखतथमा(टढतथरा)स्तु दक्षिणमुखेऽत्र घघम(घम)हाश्च वामके नियताः ।

गदकारौ चैवोर्ध्वे (चोर्ध्वाख्ये)वठडोण (खठडघ)लाः स्युरालिङ्गे ॥४२॥

एतेषामक्षराणां स्वरसंयोगं व्यञ्जनसंयोगं च व्याख्यास्यामः ।

तत्र अ आ इ ई उ(इ उ) ए ओ अं इति स्वरा व्यञ्जनैः सह संयोगं गच्छन्ति ।

अकारेकारोकारैकारौकाराङ्कारा इति ककारे । यथा । ककिकुकेकोकमिति ।

इकारैकारौकारा इति खकारे । खिखेखो इति ।

एतदत्र वस्तुतत्त्वं शिष्टं ग्रन्थयोजनामात्रम् । तदाह मुनिः । एतावत् सूत्रमिति । स(सा)मान्यौ.. नेत्याह अतः पदभेव इति । सूत्रेऽस्मिन् यानि पदानीत्यवान्तरवाक्यानि तानि व्याख्यायन्तेऽस्मिन्निति स ग्रन्थस्तथोक्तः । तत्र पणवदर्दरमृदङ्गेष्वक्षरविभागं पुष्करेषु तावदाह ॥४१॥

कटढतथरास्तु दक्षिणमुखेऽत्र घमहाश्च वामके नियताः ।

गदकारौ चोर्ध्वाख्ये कढणद(खठडघ)लाश्च स्युरालिङ्गे ॥

दक्षिणस्य पुष्करस्य सव्यतो वामतश्चेति मुखद्वयम् । अतएव सयवाङ्को लक्षणमस्तीत्यङ्ककः । तस्य दक्षिणस्य दक्षिणमुखे षड् वर्णाः । वामे त्रयः । मध्यमे तु प्रधानत्वादङ्किकालिङ्गाभ्यां सार्धं त्रयम् । तालाभ्यामाधिक्येन चतुस्तालत्वेन वक्ष्यमाणत्वाच्चोर्ध्वकशब्दवाच्ये द्वौ वर्णौ । आलिङ्गके पणवदर्दरवाद्येन मिश्रीक्रियते यस्य वाद्यमालिङ्ग्यकरणत्वबहुलत्वमेव तद्वाद्यम् । न तु तच्छून्यं कदाचित् । तत्रालिङ्गके पञ्च । एवं षोडश ॥४२॥

तेषां स्वरसंयोगमाह । तत्रेत्यादिना हकारमा(म)कारौ शुद्धावित्यन्तेन । ऋलृऐऔअः इत्येतद्वर्जम् । अत्र स्वरविनियोग इति । लक्ष्ये हि हडदित्यादौ टकारो न

---

१. NS. अभिव्यक्तानि ।

२. दर्दुरे ।

उकारैकारौ गकारे। यथा गुगै इति।

अकारेकारोकारौकारा इति घकारे। यथा घघिघुघौ इति।

अकाराकारेकारौकाराङ्कारा (इति) टकारे। यथा टटाटिटोटमिति।

अकाराकारेकारैकारौकाराङ्कारा इति ठकारे। यथा ठठाठिठैठौठमिति।

एकारौकारौ ढकारे। यथा ढेढौ इति।

अकाराकारैकारौकारा इति णकारे। यथा णणाणेणौ इति।

अकाराकारेकारैकारा इति तथयोः। यथा ततातिते थथाथिथे इति।

अकारौकारैकारौकारा इति दकारे। यथा ददुदेदो इति।

अकाराकारेकारौकाराङ्कारा इति धकारे। यथा धधाधिधै (धोधमिति)

आ(अकारा)कारेकारैकारा इति रेफे। यथा रराररे इति।

अका(राका)रेकारैकारा इति लकारे। यथा ललालिले इति।

हकारमकारौ शुद्धौ ॥४३॥

ककारगकारघकारतकारधकादकाराणां रेफोऽनुबन्धः। यथा क्र ग्र घ्र त्र द्र ध्र। ककारस्य लकारोऽनुबन्धः। यथा क्ल क्ले क्लमिति। हकारस्य णकारोऽनुबन्धः। यथा ह्ण इति। तकारस्य थकारोऽनुबन्धः। यथा त्थ इति। दकारस्य धकारोऽनुबन्धः। यथा द्धं द्धा द्धे इति। एवमेतैः संयोगैर्द्विहस्तसंयुक्तान्यक्षराणि भवन्ति ॥४४॥

तत्रैत एव द्विपुष्करे। आङ्किकमूवङ्के द्विपुष्करे समहस्तनिपातनाद्धकारः। तत्रैवाङ्गुलिप्रचलनाद् ध्रकारः। तत्रैवावष्टम्भात् तत्रैवार्धनिगृहीतात् स्थ(थ)कारः। तत्रैव दक्षिणमुखे पार्ष्णिनिपीडिते ककारः। तत्रैवाङ्गुलिकुञ्चनात् कुकारः। ऊर्ध्वकवामकयोः समहस्तनिपातनाद्धंकारः। प्रदेशिन्या चालिङ्गे क्रेङ्कारः ॥४५॥

मन्तव्यः। हकारश्च(स्य) शुद्धस्याप्यभिधानाल्लक्ष्ये तर्हि गहतदित्यादौ गन्तव्यमित्यादि शाद्य(वाद्य)म्। अग्रे च यद्वाद्ये कुतूहल इति कर्तव्यम्। न तु कुतूहलमिति। शिष्टं स्पष्टम् ॥४३॥

अथ व्यञ्जनसंयोगमाह। ककारेत्यादिना एवमेतैः संयोगैरित्यन्तेन। संयोगैरिति। भावसाधनम्। एतद्योजनोपलक्षितानि यान्यक्षराणि तानि हस्तद्वयसंयोगजानि। व्यापारादवृत्तिभेदादबहुहस्तसंयोगजत्वमपि सम्भाव्यमपीति द्विग्रहणम् ॥४४॥

अनुबन्धशब्दत्वेन मिश्रत्वेन वैचित्र्यमाह। एत एव हि (द्वि)पुष्करे

[1]पञ्चपाणिप्रहृतमिति यदुक्तं समपाण्यर्धपाण्यर्धार्धपाणिपार्श्वपाणिप्रदेशिन्यश्चेति। त(य) एते पञ्चपाणिप्रहृता के(ते) निगृहीतार्धनिगृहीतयुक्ता यथायोगं कार्याः। तत्र समपाणिप्रहृतो मकारः स निगृहीतः। गकारघकारदकारपकारा अर्धपाणिप्रहृता अर्धनिगृहीताः। ककारखकारटकारदकाराः पार्श्वपाणिप्रहृता निगृहीताश्च। तकारथकारावर्धार्धपाणिहृतावर्धनिगृहीतौ। प्रदेशिन्या हतां आलिङ्गे ढकारणका(र)रेफवकारा युक्ताः। द्विहस्तप्रहृता ध्र्दोंल्के इति। मुखपार्श्वे थिका इत्यर्धपाणिहृता निगृहीता(:)। एवमेतेष्वक्षरेषु प्रयोगक्रमेण कार्या प्रहाराः ॥४६॥

षोडशैतानि दृष्टानि वाद्यजान्यक्षराणि तु।
अनेनैव विधानेन योज्यं वाक्करणं बुधैः ॥४७॥

द्विमुखेऽङ्किक इति। मुखद्वये समं कृत्वा हस्तनिपातादिति समग्रहणं क्रमनिषेधार्थम्। अत एवाव्यक्तपूर्णान्तरमेवेदं केवलमुद्घट्टने। तत्रैवेत्यङ्किके दक्षिणमुखे द्वयमित्युक्तम् ॥४५॥

षोडशाक्षरमिति निर्णीय तदुपयोगि दशार्धपाणिप्रहृतमिति निर्णेतुमाह। पञ्चपाणीति। पञ्चसन्निवेशैः पाणिभिः प्रयोगसिद्धये हतं हननं येषां ते वर्णा निगृहीतादित्रयरूपाः कार्या इति। त्रिप्रकारस्येतिकर्तव्यतारूपतामाह। यथयोगमिति। व्याचष्टे समपाणिप्रहृतमि(त इ)त्यादिना। अर्धपाणिप्रहृतार्धनिगृहीत इति तुल्यत्वेऽपि तुष्करभेदात् स(ग)कारादीनां भेदः ॥४६॥

ननु तत्र यदि वर्णानुहारस्वरभवा एतेऽन्य एव तथा सति संयोगजनां ध्वनीनां परमार्थतोऽन्यत्वमेव। तथा रूपादिकरणे मृदङ्गध्वनेः पुष्करत्रनिमेलने वक्ष्यमाणे वस्तुतोऽन्य एव विचित्रो निनाद इति किमर्थोऽयं षोडक्षरनियप्रयास इत्याशङ्क्याह। षोडशैतानीति। तुहेंतौ। यस्मादनेन षोडशाक्षरात्मना विधानेन वाक्करणं वाचां ताल्वोरुद्घट्टनं बुधैरनुहारसादृश्यविवेककुशलैर्यो जयितुं शक्यते। तद्योजनया च. . . .लिना तद्वाच्याभ्याससम्पादनमशक्यत्वात् प्रयोगविच्छेदमित्यवश्यं योजनार्हम्। एतैरेव षोडशभिरुद्घट्टनिकारूपैः सर्वमेव वाक्करणं योजनार्हम्। अधिकान्यक्षराणि नापेक्षत इति। ततो हेतोरेतानि वाद्याज्जातानि कल्पनया तत आ(अ)पोद्धारेण लब्धस्वरूपाणि षोडशाक्षराणि दृष्टानीति सम्बन्धः ॥४७॥

---

1. अन्यत्र तु अध्यायान्तं पाठो भिद्यते।

चतुर्मार्गं यदुक्तं तमनुव्याख्यास्यामः ।
अड्डितालिप्तमार्गे(र्गो) तु बितस्ता गोमुखी तथा ।
मार्गाश्चत्वार एवैते प्रहारकरणाश्रयाः ॥४८॥

तत्र किङ्क(आङ्कि)मृदङ्गप्रहारयुक्तोऽड्डितमार्गो वामोर्ध्वप्रहारयुक्त आलिप्तमार्गः । ऊर्ध्वकाङ्किके दक्षिणमुखे आलिप्तहस्तो वितस्तमार्गः । आलिङ्गकरणबहुलः सर्वपुष्करहतो गोमुखीमार्ग इति ॥४९॥

तत्राड्डित(ता)प्रहारजातम् । मटकटथिधघटघेघोधहूमंधि धंधनधिधि इत्यड्डितामार्गः । धडः गुटुगुटमघेदोंधिधदुधिदुधेंधि (इत्यालिप्तमार्गः ।) किंकाकिटुमेटकितां किकेकितांद......तसितां गुटुगेत्येवं ज्ञेयो वितस्त्यास्तु । शुद्धं सिद्धं मद्धिकुटघेघेमत्थिद्धिधखुखुणंघेघोटत्थिमट गोमुखीमार्गः ॥५०॥

अथैषां वर्णानां चतुर्धा समूहीभावं रसविशेष उपयोजयितुं प्रक्रमते चतुर्मार्गमिति । यदुक्तमिति । उद्देशसूत्रे मार्ग आकाङ्क्षा तया सम्बन्धनं समूहीभावात्मा लक्ष्यते । स चतुर्धा । एको द्विक इत्यङ्गिकमुखम् । तच्च प्रथमो(ममु)क्तम् कटरथकटस्थानं मृदङ्गपूर्विकमङ्गम् । इह यत्र घटकारय(यु)क्तैरेतद्गतैः प्रहारर्युक्तो द्विको मार्गः ॥४८॥

अड्डिता ध्रुवा शृङ्गारविषया ध्रुवाध्याये (भ. ना० ३२) दर्शिता । तत्रोचिते कृत्वाऽङ्गि(ङ्क)कस्य यद्वाममुखं यत्र घहमाश्च वामकमित्युक्तम् । यच्चोर्ध्वकं कटस्थानं तत्प्रहारयुक्त आलिप्तमार्गः । शोकातुरो हि शरीरपरिकर्मविरहान्(हीन्)-मुख आलिप्तः । तदुचितकरणोचितश्चायमिति । ऊर्ध्वके पदस्थानेऽङ्किकस्य दक्षिणमुखे करटशतद्वये उक्तिरसातिशयवेगताडनहस्ताभ्यां प्रहारं प्रकृष्टहननं यत्र स वितस्तमार्गश्च । अस्य दक्षिणो स(वित)स्तस्येति नाशयति तस्य भावोचितस्तां हिंस्रतां तद्विषये दीनरौद्राभावस्य बिनियोगो यतः । वितस्तिमात्राक्षिप्तहस्तप्रहरणसूचनार्थं वितस्तमार्ग इत्यन्ये पठन्ति । सर्वेषु पुष्करेषु यद्धननं बाहुल्येन चाङ्गि(ङ्क)क एव नोर्ध्वकस्थाने स गोमुखीनः । गोमुखमन्तर्वक्त्रं न तूर्ध्वम् । तत्र बीभत्सयोग इत्यक्षरसङ्गतिरपि गोमुखीत्युक्ता ॥४९॥

तत्र मार्गचतुष्टये तान्यक्षराणि दर्शयति . त्राड्डिताप्रहारजातमित्यादिना गोमुखीमार्ग इत्यन्तेन ॥५०॥

कुर्याद्वितस्तिमार्गे थरविवर्जितान् प्रहारांस्तु ।
उद्धतमार्गेण विना शेषाः कार्यास्तु गोमुख्याम् ॥५१॥

द्रोमांस्तु गुट्गुट्घेव्रथणेघटकेदोराडिम् ।
एवं वि(तस्त)वाद्यं विज्ञेयं वादकैस्तज्ज्ञैः ।
ठिणिखिठिणिहो डडडथो गोमुख्याम् ॥५२॥

ये त्वालिप्तसमुत्था(ः) सर्वमार्गैस्तु ते विधातव्या(ः) ।
ग्रहणो न लक्ष्यसत्त्वो नाट्यविधानं समासाद्य ।
ग्रहमोक्षणसन्धानैस्तु मृदङ्गानां ग्रहो भवति ॥५३॥

एतेषां चैव वक्ष्यामि दर्शनानि यथाक्रमम् ।
चतुर्णामपि मार्गाणामक्षरग्रहणं यथा ॥५४॥

अथात्रैव मार्गचतुष्टयेनेत्युक्तम् । विशेषमाह । कुर्यादिति । आङ्गिकदक्षिणमुखगतो रेफो वितस्तमार्गः । प्राप्ता ऊर्ध्वककटताश्च दकारस्तालभेदं निषिध्यते । नकाराकारस्थालिङ्गकेऽप्यप्राप्तस्य हमयोश्चाङ्गिकल(स)ममुखगतयोरप्राप्तयोर्निषेधः । मध्येऽस्य तद्वर्गप्रक्षेपाद्यज्ञाय तदाहरणम् । अवर्जितान् प्रहारांस्त्वड्डितमार्गेणोपलक्ष्य(क्षि)ते वितस्ते कुर्यात् । मत्वर्थीयोऽत्र चयोगे । ते शेषा इह वर्जिता वर्णास्ते गोमुख्यां कार्या इति । प्राप्तानामप्येषां पुनर्विधानं भूयस्त्वं ख्यापयति ॥५१॥

आलिप्तमार्गे रेफस्य पूर्वलक्षणाप्राप्तिरित्यन्यानुबन्धत्वेन रेफावेशेनात्र भवतीत्युदाहरणव्याजेनाह । द्रोमामित्यादिना । गोमुखीमार्गे सर्वेषां रवादीनामविशेषे प्राप्ते ड(ङ)कारोऽन्येन तुल्य इत्युदाहरणछद्मना दर्शयति प्रणव इत्यादिना ॥५२॥

अड्डितावर्जनमार्गत्रयमुक्त्वा विशेषान्तरमपि परस्परानुग्रहतो भवतीति दर्शयितुमाह । ये त्वालिप्तसमुत्थानमाकर्मभ्यो येषां ते । आलिप्तादयस्त्रय इति यावत् । तेन सर्वे त्रयोऽपि मार्गा इत्यर्थः । विधातव्याः ।

ग्रहमोक्षक्षणसन्धानैस्तु मृदङ्गानां ग्रहो भवति ।

इति । अयमर्थः एकं मृदङ्गं यदा वादयितुं प्राधान्येन स्वीक्रियते तदा मृदङ्गान्तराद् द्रुतं कुर्यात् । तद्यथा । ऊर्ध्वकाङ्ककालिङ्गका दक्षिणमुखायतो(मुक्ति)रिति । अथ तत्र मोक्षस्तदा[दिग्रहा]दिति सन्धानम् । तत्र व्यामिश्रत्वेन वर्णस्य जननं विचित्रमेव लिपौ दर्शयितुमशक्यमेव । एवं ग्रहमोक्षसन्धानानामेकभेदा(स्त्र)यो द्विभेदाः षट्

दाधददथिमटां धीमठां दिथिथिक्लं थिक्लाथिंतांक्लाथिकटाम् ।
कटधिमटां खोखोघेटातड्डितावाद्यम् ॥५५॥

तन्त्रान्तिकिता घंघंद्रघटितयेटम् ।
यटथकिकेत्त(टाकुट्टिकिकिद)वितस्तायाम् ॥५६॥

धांमांघुटूघेघेटाघटितकथिथिघोटामाम् ।
आलिप्तकसंयोगो(गः) कार्ये(र्यः) संवादने सम्यक् ॥५७॥

धटमिथिघेटांघेघेतर्मथिघोणाखमत्थिघक्लेंताम् ।
खोखोथाथा णाणाणाणा च गोमुख्याम् ॥५८॥

एतेषां पुष्कराणां त्रिविधः प्रचारः । समप्रचारो विषमप्रचारः समविषम-प्रचार इति ॥५९॥

तत्र ।
वामोर्ध्वकयोर्वामः सव्यो वै दक्षिणोर्ध्वके चापि का(के का)र्यः ।
समप्रचारे ह्यालिप्ते लिप्तवाद्यकरणे तु ॥६०॥

त्रिभेदाश्च षडिति । यथा पञ्चदशभिर्भेदैः पुनर्मार्गाद्यैर्विचित्यम् । यथोक्तं नन्दिमते ।

षोडशस्वपि वर्णेषु भेदाः पञ्चदशोदिताः ।
ताडने ग्रहसन्धानमोक्षैर्मुखचतुष्टये ॥

इति । अन्ये तु चत्वारो मार्गा आलिप्तसमुत्था इत्यनेन स्वीकृताः । सूत्रे तदादित्वे-नोक्तया नीत्याऽऽचक्षते ॥५३॥

अथास्य मार्गचतुष्टयस्य लक्ष्यसमवायितमुदाहरणभेदमाह । दर्शनानीति । निर्दिश्यते लक्षणं पूर्वा..... तं येषु । पूर्वं हि रूपोदाहरणमात्रं दत्तमित्यपौन-रुक्तयम् । तदाह । यथाक्रममिति । यावल्लक्षणं तावदुदाहरणं दत्तमिति यावत् । प्रायशोऽत्राभिरेव ग्रन्थकृता लक्षणाद्यं दर्शितमिति भङो(ङ्गो) यथा भवति तथा पाठे यतितव्य(म्) ।......इत्यादिना ग्रहणमोक्षेण दर्शितौ सन्धानत्वलक्षणमि-त्युक्तम् ॥५४-५८॥

अथ मार्गशेषभूतमेव त्रिप्रचारमिति व्याचष्टे । त्रिविधः प्रचारमि(र इ)ति । वामस्य हस्तस्य वामभागे दक्षिणस्य दक्षिणे प्रचरणं स समप्रचारः । वैपरीत्येन स्वस्तिकवर्तनादिना विषमप्रचारः । मिश्रतायां समविषमः । तेन च वर्णानामेव तीव्रादिरूपजननं न तथा वैचित्र्यान्तरमाधीयत इति मार्गशेषता ॥५९॥

वामोर्ध्वकसव्यानां प्रहतो वामः करस्तु कर्तव्यः ।
सव्योर्ध्वकसंयोगात् प्रहतो हस्तप्रचारे तु ॥६१॥

स्वच्छन्दकः(कं)कराणां प्रहतं शेषेषु मार्गकरणेषु ।
अङ्डितगोमुखयोगे समविषमो हस्तसञ्चारः ॥६२॥

शृङ्गारहास्ययोगे वाद्यं योज्यं तथाऽङ्डिते मार्गे ।
वीराद्भुतरौद्राणां वितस्तमार्गेण वाद्यं तु ॥६३॥

करुणरसेऽपि हि वाद्यं योज्यं ह्यालिप्तकरणमार्गे तु ।
बीभत्सभयानकयोस्तथैव नित्यं हि गोमुख्या(म्) ॥६४॥

तत्र मार्गभेदेन योजनमाह । वामोर्ध्वकयोरिति । आलिप्ते मार्गे वाद्यक्रियायाः कर्तव्यतायां हस्तप्रभृतिः । तस्याः कर्तव्यतायामयं विधिः । वामोर्ध्वकप्रहार इति । आलिप्त इति तावदुक्तम् । तत्र वामोर्ध्वकयोर्मध्यमाद्वामेऽङ्किके वाममुखे सव्येन गते सति ऊर्ध्वकेनापि दक्षिण एव हस्तः कार्य इत्येकहस्तः समप्रचार आलिप्ते । तुरव्यर्थे ॥६०॥

अथ यथाग्रहसन्धानमोक्षरचनं तथा विधिमाह । वामोर्ध्वकसव्यानामिति । ग्रहावेशाद्वामोर्ध्वकसंयोगमवलम्ब्य हस्तप्रचारे व्याप्रियमाणे हरते हस्तं प्रवृत्ते सति त्रयाणामपि पुष्कराणां प्रघाताय वामो हस्त इति द्वितीय एव हस्त समप्रचारः ॥६१॥

शेषा ग्रहादिविहीना ये मार्गभेदकरणभेदा मार्गेषु क्रियाभेदास्तेषु करणांश-सम्बन्धि हननं यथारुचि तेन तत्र हस्तद्वयप्रचारोऽपि । एवं सम्प्रचारस्त्रिविधः । अङ्डितगोमुखयोस्तु समविषमो हस्तप्रचारः । तेषु तु विषम एवेत्यर्थाद् दर्शितं भवति । करणेष्विति बहुत्वं व्यापारभेदात् ॥६२॥

अथैषां विनियोगमाह शृङ्गारेति । शृङ्गारे हास्येऽप्यङ्डितः । वीराद्भुतयो रौद्रे वितस्तः ॥६३॥

करुणे चालिप्तः । बीभत्सभयानकयोर्गोमुखी ॥६४॥

व्यभिचारादिविषये तु स्वयमूहः कर्तव्य इति दर्शयति । रसभावसत्वयोग-मिति । रसेषु भावा व्यभिचारिणः सत्वमित्युत्तमादिः प्रकृतिः । अभिनयशब्दोऽत्र शाखाव्यापारः । तत्र गतो......वाद्ययोगः । गतिप्रचारस्तु प्रवृत्ते नाट्ये परभावा-दित्तनाट्य एव । तदाह । यथायथमिति । वृत्तशब्देनात्र नाट्यमिति ॥६५॥

रससत्वभाव(भावसत्त्व)योगान्(गं) दृष्ट्वाभिनयं गतिप्रचारांश्च ।
वाद्यं नित्यं कार्यं यथाक्रमं(यथं) वाद्य(वृत्त)योगज्ञैः ॥६५॥

एवं प्रहतविधानं कार्यं मार्गाश्रितं बुधैः सम्यक् ।
वक्ष्याम्यतश्च भूयो दर्दरपणवाश्रितं वाद्यम् ॥६६॥

अतिवादितमनुवाद्यं समवादितमुच्यते पणववाद्यम् ।
तत्रातिवादितं स्यान् मुरजानामग्रतो यत्तु ॥६७॥

यत्त्वनुगतं मृदङ्गैरनुवादितमुच्यते तु तद्वाद्यम् ।
समवादितं मृदङ्गैर्ज्ञेयं साम्येन यद्वाद्यम् ॥६८॥

कखगा ठठणा वेह्वा णरला क्रुलिलंध्रणेति किरिकिह्ला ।
एते वर्णाः पणवातोद्यविधाने विधातव्याः ॥६९॥

घोघोणाधोकिहुलं प्रहुलं ह्लह्लिति रिरिणति रिह्लथह्ले ।
कंथित्वाढेढेंढणां पणववाद्यम् ।
ण्होणिकिभिकिलेंणोण इति पणववाद्यं तु ॥७०॥

प्रचारत्रयमुपसंहरति । एवमिति । अथ मार्गवैचित्र्योत्पादनाय करणषट्कं निरूपयिष्यन् तदुपयोगि दर्दरपणवं मन्यमान पणवं तावदाद्यं लक्षयितुमुपक्रमते । वक्ष्यामीति । सामान्यो(न्येनो)क्तम् । विशेषस्तूच्यत इति भूयः पातस्य । तच्च त्रिधा ॥६६॥

पुष्करतः पूर्वमपि वाद्यम् । यद्यनुवाद्यं मृदङ्गैर्हेतुभिर्यदनुगतं व्यपदेश्यतां नीतमित्यर्थः । अन्ये तु विपर्ययेणैतदाहुः । अग्रत इति पश्चादर्धे । तदन्तः सामान्य-समवायं पूर्वोक्ताक्षरेभ्य एव । केचिदनुबन्ध...............(साम्येन) तुल्यतेति दर्शयति ॥६७-६८॥

कखगा टढणा इत्यार्यया ॥६९॥

आर्यान्तरेण प्रयोगोपयोगि तेषा........माह । घोघोणा । इत्यादिना ॥७०॥

अस्य पणवस्य कनिष्ठाऽनामिकाऽग्रकोणश्च कोणाग्रमिति सम्बन्धः । अन्ये त्वग्रे मध्यम इत्याहुः । मध्यमाङ्गुल्येत्या (भ० ना० ३४.७३)दि वक्ष्यते । पूर्वं तु मध्यमानामिकामाहुः । शिथिलता मार्दवम् । तच्च न गाढीकरणम् । तच्च कक्ष्याश्च स्कन्दारोहिणो वध्राश्च बन्धनरज्जो.........काष्टिकावस्कन्धस्य वादकसम्बन्धिनः ।

तस्य प्रहतं कार्यं कनिष्ठिकानामिकाग्रकोणेन ।
नानाकरणविभागैः पणवे शिथिलाञ्चिते तज्ज्ञैः ॥७१॥

वादककनिष्ठिकाभ्यां शीघ्रकृताः करेऽथ नेणोहाः ।
शेषास्तु वादनकृताः स्मृताः प्रहारा बिविधाद्याः ॥७२॥

कोणानामिकवाद्यं मध्याङ्गुल्या हि वादनं कार्यम् ।
कोणानामिकवाद्यं शुद्धं प्रहतं भवेदेतत् ॥७३॥

भ्रान्तकयोगात् क्रिहुळमित्येतत् भ्रान्तवादनाग्रेण ।
रिभितकरणानुविद्धं तत्रा(त्र)मस्तत्र(द्र)कारस्तु ॥७४॥

शीघ्रकरणानुविद्धैर्डकारस्त्वर्धहस्तसंयोगात् ।
स तु वादकेन वाद्ये धुर्येण विशेषतः कार्यः ॥७५॥

स्वञ्चितकच्छो(क्षो) पणवौ कृत्वा धुर्यपरिवादकस्यां(काभ्यां) हि ।
रणणकिकिहिकिणिङ्क इति प्रहारा विधातव्याः ॥७६॥

अञ्चितकक्ष्ये पणवे रेफः सोऽर्धे तु हस्योर्ध्वे ग्रहे ।
कार्यां मयूरककरा(ः) सूक्ष्मोघास्तथा प्रहारा विधातव्याः ॥७७॥

कृत्वा च शिथिलकक्ष्यां कार्यास्तु कनिष्ठिकाग्रकोणेन ।
तेनैव चरे प्रेङ्खो भागे इत्यञ्चितेनैव ॥७८॥

अञ्चितशिथिले पणवे कठणानिकिणिकिण्णिकृताः ।
प्रहारास्तु वैभ्रान्तककरणेन तथा स्वञ्चितकक्ष्ये च शिथिले च ॥७९॥

अञ्चितकक्ष्ये पणवे कखरटणकृता मताः प्रहारास्तु ।
थिन्ने इति प्रहाराः पणवे तु सदा शिथिलकक्ष्ये ॥८०॥

शिथिलीकरणपीडनाभ्यां विचित्रवर्णनिर्वर्तितां क्रियां सम्पादयति । तदाह । **नानाकरणविभागैरिति** ॥७१॥

वादकः कोणः । कोणश्चानामिका ॥७२-७३॥

अथ तत्कोणानामिकभ्रान्तकयोगः । व्याचष्टे **भ्रान्तवादनाग्रेणेति** ॥७४-७५॥

स्वस्तिक(ञ्चित)त्वं यदा पणवस्य...............
यस्माद् दक्षिणशब्दं स्वयं नृत्यति शङ्करः ।
तस्माद् यत्नादसौ योज्यो गीतकासारितादिषु ॥७६-८०॥

कखरटकृताः प्रहाराः सोच्छ्वासे हि पणवे विधातव्याः ।
शेषा भ्रान्तकयोगाः संयुक्ताः संविधातव्याः ॥८१॥

टङ्कारेण स्वनजं वाद्यं कक्ष्याञ्चिते तु सम्भवति ।
तेन नकारो युक्तो ह्ल इति च पणवे प्रहारः स्यात् ॥८२॥

तिर्यग्गृहीतवादनमुखवर्तित इष्यते तकारस्तु ।
तहुलं तहुलं क्रमशश्चैवं ह्येते प्रहारास्तु ॥८३॥

एवं पणवे वाद्यं विधिवत् संक्षेपतो यथाऽभिहितम् ।
वक्ष्याम्यतः परमहं दर्दरवाद्याक्षराण्येव ॥८४॥

रेवलृतिकुत्खनोत्थनोधम्भोगोणेहधिण्णसंयुक्ताः ।
इति दर्दरे प्रहाराः कार्या मुक्ता निषण्णाश्च ॥८५॥

कार्यास्तत्र निषण्णा रग्रध्रह्लि इति च दक्षिणकरेण ।
वामेन गोमदोत्था न नखस्पृष्टः प्रकारोऽग्रे ॥८६॥

मुक्तो तौत्रित्रिण भवेन् निपीडने करद्वयेनापि ।
धोमुक्तः प्रहतं स्यादनुस्वने ताडिते चैव ॥८७॥

स्यात् पीडिते च धिह्ले त्येतन्मुक्तं तथा विमुक्तेऽपि ।
शेषा भवन्ति मुक्तास्तन्का इति चैव निगृहीते ॥८८॥

सोच्छ्वास इति । मुक्तप्रहारे ॥८१॥

स्कन्दकरकं(टङ्कारेण स्वनजं) पवनेन कम्पमान इत्यर्थः ॥८२॥

तिर्यक् कृत्वा गृहीतस्य वादनस्य मुखे अग्रे वर्तितः(तः) परिवर्तनेनोत्पादिताः-(ताः) ॥८३॥

दर्दरवाद्यं वक्तुमाह । वक्ष्यामीति । दृश्(दृ)विदारणे (पा. धातुपाठः १४९४) इत्यस्य कर्तरि अचि(क्यचि)यङ्लुकि दर्दर इति पदम् । तथा च पुराणे ।

तस्य ये मङ्गलान्याहुः श्रुत्वा दर्दरजं ध्वनिम् ।

इति । अन्ये तु (द)दर्द इति शब्दं राति ददातीत्याहुः । मुरजपणवदर्दरस्य तु मुनिः स्वयमेव नामनिर्वचनं करिष्यति (भ. ना० ३८.२८६) । ततस्तत्रैव व्याख्यास्यामः ॥८४॥

एवमिति संक्षेपात् । निषण्णाः पीडिताः ॥८५-८८॥

शीघ्रकरणानुबन्धस्थितिरेव हि निःस्वनं खलितकं स्यात् ।

शीघ्रकरणानुबन्धस्थितिरेव हि निःस्वनः(नं)स्ख(ख)लितकं स्यात् ।
इति दर्दरे प्रहाराः समासतस्तत्र विज्ञेयाः ॥८६॥

एवं त्वसङ्करकृता प्रहारशुद्धिरिह कीर्तिता तज्ज्ञैः ।
दर्दरपणवमृदङ्गैर्मिश्रितवाद्यं प्रवक्ष्यामि॥६०॥

तत्र व्यक्तीभाव वाद्ये गच्छन्ति मिश्रिताः केचित् ।
केचिद्युगपत्करणं केचित् पर्यायकरणं तु ॥६१॥

एकैकसम्प्रयुक्ता वर्णानुगत(ता)स्तथैव सम्पृक्ता(:) ।
घोंद्रेरेंदोखोकोत्रिहुलं तत्कृता मृदङ्गेषु ॥६२॥

अथ दर्दरेऽपि र्धिधिक्लेते पणवयोस्तु संयुक्ताः ।
डणके खोददोदे दिधिरे दिधिनि मिश्रास्तु ॥६३॥

आभ्यो येऽन्ये शेषास्ते मिश्रा एव नित्यशः कार्याः ।
पूर्वो(र्वे)ऽपि च मिश्रत्वं व्रजन्ति सर्वे यथायोगम् ॥६४॥

इति । शीघ्रक्रियाया अनुबन्धेन चिरकालानुवर्तनेन स्थितिर्यस्य शब्दस्य तत् खलितकं शब्दसंचयरूपत्वात् । खल सञ्चये (पा. धा. ५४५) । यतस्ततखलितकमिति लोके ॥८६॥

अष्टावसङ्कराः । दर्दरवाद्याक्षराणामेवं सङ्करः । तेन कृता शुद्धिः । अनामिश्र-वाद्यम् । इह तु निरूपयति दर्दरपणवमृदङ्गानि पुष्कराणि । लक्षणग्रन्थे विच्छेदः स्फुटो न प्रतीयत इत्यभिप्रायेण कुर्या(त्). . . .॥६०॥

तत्र मिश्रा एकरूपवर्णा गतयः प्रहाराः । अन्ये तु विविधाः । युगपत् क्रमेण वा । तदाह । व्यक्तीभावमिति । तत्रै(व) नैकशः प्रयुक्ताः पर्यायकरणा वर्णानुगता यौगपद्येन संयुक्ता मिश्रितत्वेनैकैकं कृत्वा सम्यक् प्रयुक्ताः । पर्यायरणना इत्यन्ये पठन्ति ॥६१॥

तत्र मिश्रान् निरूपयितुमेतावत् प्रतिनियता अमिश्रा इति सार्थयाऽऽर्यया दर्शयति । एकैकेत्यादि ।. . . . आनद्धमृदङ्ग इत्येके ॥६२॥

अन्येऽन्तेन दर्दरपणवयोः खत्यादिसहितायर्धेन पणवेऽमिश्रा उक्ताः ॥६३॥

मिश्रानाह । आभ्यो येऽन्ये इति । षोडशाक्षरादिके मा शङ्का भूदिति निःशेष-पदमन्यपदं च । सुशिक्षितवादकवशात्त्वेतेऽपि भवन्ति मिश्रा इत्याह । पूर्वेऽपीति । यथायोगमिति । अभ्यासबलात् ॥६४॥

अथ युगपत् करणानि तु हल्लल्लेकुकुनणंध्रलंदोल्लम् ।
ग्रहुलं नह्लादो एवं योज्यास्तु पणवे हि ॥९५॥

धुर्यः(र्यं)कृतासु(स्तु) क्रमशः करणे परिवादनेन कर्तव्या(ः) ।
कोखोदेदोधोणल्लेति किणिकिणिति कृताश्च ॥९६॥

पणवानामनुबन्धे कार्यं धुक्दुल्लकेति वाद्यं तु ।
भूयः प्रतिकृतिभेदो मार्दङ्गिकदर्दरिभ्यां च ॥९७॥

यद्यत् कुर्यान् मुरजे प्रहारजातं गतिप्रचारेषु ।
अनुगतमक्षरवृत्तं तदेव वाद्यं तु पणवेऽपि ॥९८॥

न हि चित्रं कर्तव्यं गतिप्रचारेषु वादनं तज्ज्ञैः ।
समविषमं तत्र हि यद् वृ(त् तल्ल)क्ष्यं पादसञ्चारे ॥९९॥

अथ युगपत्करणानीति । अक्रमा उक्ताः ॥९५॥

पर्यायकरणानाह । धुर्यकृतास्तु क्रमश इति । पूर्वंधुर्यस्ततः परिवादकः क्र.राति यः पणवयोरेव क्रमः ॥९६॥

अनुबन्ध इति । परिवादकेन छिद्रेषु प्रयोज्यमित्यर्थः । अत परस्परं क्रममाह् ।

भूयः प्र(ति)कृतिभेदे(दो) मार्दङ्गिकदर्दरिभ्यां वा(च) ।

इति । प्रतिकृतिरनुकारः पश्चादनुकरणम् । स षोढा भिद्यते । यदा मुख्यमृदङ्ग(ङ्गः) ततः पणवस्ततो दर्दर इत्येको भेदः । दर्दरः पणव इति द्वितीयः ॥९७॥

एवं पणवे दर्दरे च मुख्ये प्रत्येकं द्वाविंशतिः षट् । तत्र गतिप्रचारे परिक्रमणादौ मुरजप्राधान्यं क्रमकरणयोग इति दर्शयति ।

यद्यत् कुर्यान् मुरजे प्रहारजातं गतिप्रचारेषु ।
अनुगतमक्षरवृत्तं तदेव वाद्य तु पणवेऽपि ॥

इति । दर्दरेऽपि । अनुगतं रसादिवशायातम् । वृत्तं प्रकारः ॥९८॥

अत्र(गतौ) द्वित्रियुगपत्करणं निषेधति । न हि चित्रं कर्तव्यं गतिप्रचारेषु वादनमिति । अत्र हेतुः ।

समविषमं तत्र हि यत् तल्लक्ष्यं पादसञ्चारे ।

इति । तत्र विचित्रे यत् समं विषमं च प्रकारजातं तत् पादसञ्चारे लक्षणीयं योज्यम् ॥९९॥

उपरिकरणे यथेष्टं कर्तव्यस्तु पणवो मृदङ्गेषु ।
तत्र प्रहारकरणैर्म् वङ्गवाद्यं विधातव्यम् ॥१००॥

प्रायेण सर्ववाद्येष्वादौ पणवग्रहः प्रयोक्तव्यः ।
वक्ष्याम्यहमतः परं तु लक्षणं करणजातस्य ॥१०१॥

रूपं कृतप्रतिकृतं प्रतिभेदो रूपशेषमोघस्य(श्च) ।
षष्ठी च प्रतिशुक्लेत्येवं ज्ञेयं करणजातम् ॥१०२॥

तत्र रूपं नाम विभक्तकरणम् । यथा ।
घं(वें)घंगेघं किटिमा किटिमा घटत्थि घटपत्थि ।
घदुगुरुकिटिकट कुह्णं दोघे दोघे घले ॥१०३॥

इति रूपम् ।

कृतप्रतिकृतं नाम यत्रैकं करणं त्रिपुष्कर इत्यु(मप्यु)द्भा(व)यति । यथा ।

दं(धुं-लं)ख(खुं)खणं(मणे)क्रमधिमदांणेटोटतितोटमत्थिमानक्रम् ।
गुरुखे किहुले दोल्लुं दोत्रो धोधोण खे वाद्यम् ॥१०४॥

न च ताण्डवादि मुक्त्वा गतौ तद्योजनाङ्गिया(त्य)कृतशेषः । गतिप्रचारादन्यत्वे तु न शेष इत्याह । उपरिकरण इति । वाद्यप्राधान्य इत्यर्थः ॥१००॥

अथ यदर्थं पणवदर्दररूपमुक्तं तत् करणषट्कं च वक्तुमुपक्रमते । वक्ष्यामीति ॥१०१-१०२॥

रूपं नाम विभक्तकरणमिति । मुरजे गुरुद्वयम् । अन्यत्र तत्समकालं लघुद्वयम् । गुरु चेत्यादिना विभक्ता यत्र क्रिया तद्रूपम् । वेंघं इति मुरजे । किटिमा इत्यन्यत्र ॥१०३॥

कृतप्रतिकृतम् । यत्रैकं करणं त्रिपुष्करमप्युद्भावयति ।
सर्ववाद्याक्षरयुक्तमिति यावत् । एकस्मिन् कृतेऽन्यदपि प्रतिकृतं संविभक्तं पुष्करं यत्रेति । धुंखुंखुमणे इति । उपाध्यायास्त्वाहुः । नैतावता पणवादिभिः सह किञ्चिदुक्तं स्यादिति । तदयमर्थः । एकमिति । एकं पणवादिकरणमित्यर्थः । पश्चाद्भावि सपुष्करवाद्यमुद्भावयति अनुकरोति सति प्रतिकृतमिति । वीणावाद्यमित्यनुक्तं भवति । न हि सादृश्यमात्रमेतत् । ततोऽर्थत्वादनुबद्धस्येति । उदाहरणमखण्डधा विभजनीयम् । लंखुंखुणे इति मुरजे पञ्चधा । क्रमिमोटं इति पणवे इत्यादि ॥१०४॥

प्रतिभेदो नाम युगपत्कृते करणे मृदङ्गानां यदुपरिकरणेन गच्छन्ति य(त)-
त् ।

दाधा(धोधो) धाणिधा मटगतमधि घटे घटे ।
दोघे घट मत्थिणह्लको खो ।
(एभिः करणविशेषैः प्रतिभेदो नाम विज्ञेयः) ॥१०५॥

इति वाद्यम् ।

रूपशेषं तु [रूपशेषं(षो)नाम करणानामविशेषो यथा ।
खुखुणं णणणणणणां मढाघेव मथिटां घेटां घेदो ।
ये घेटमढिणण्णरवो इति वाद्य रूपशेषं तु]॥१०६॥

प्रतिशुल्कं(ल्को)नामानुस्वारो मार्दङ्गिकदर्दरवादकानाम् । यथा ।
घटमथि कुणकिटि गखाखा कथिधिजाणणकोखोणाखा ।
कुटकटि कुणकिटि कटखे प्रतिशुल्काख्यं सदा करणम् ॥१०७॥

ओघो नाम सर्वभाण्डविधेयो द्रुतपाणिलयो नद्योघवत् ।

ओघो यथा ।
घंकिटिमथकिटिकिटिघे घदघुदेदेण धाण दाधानणोखो ।
घदुगुदुघदुगुदुपदघेरेणिण एते तथौघे च ॥१०८॥

मृदङ्गानां युगपदेव करणे क्रियमाणे यदुपरिकरणेन । तद्यथा । लघुद्वये मुरजेन प्रयुयुक्षिते पादस्थे गुरुनियते तदा प्रतिभेदः । धोधो इति प्रयोज्यमानः । कुहलमिति ॥१०५॥

रूपशेषः करणानामिति । यथा(दा) मौरजिको विरामं करोति तदा तच्छिद्रे पाणविको वा वादयति । एतदन्यदपि क्रियमाण(णं)विच्छेदः । खुखुणं इति मुरजविरामे णंणंणं इति पणवे इत्यादि ॥१०६॥

प्रतिशुल्को(ल्को)ऽनुस्वार इति । बहुकं कालं मार्दङ्गिकेन प्रयोगे कृते ध्रुवावर्तितत्कालं पणवस्य दर्दरस्य वा प्रयोगः । घटमथि इत्यादि ॥१०७॥

ओघे प्रयुक्ते पणववाद्यं कुटकुटण केटखटखिट । ओघो विलम्बितलये मुख्ये एको द्रुतलयः । एतच्च करणषट्कं (पिण्डी)प्रतिसरादिनृत्तेषु दृश्यते । हुलडुक्का ...णवभेद एव ॥१०८॥

...संहारं कुर्वन् करणस्य सामान्यलक्षणमप्याह । करणानां समायोगः षड्विध इति । भिन्नानां वाद्यक्रियाणां मिश्रि(श्र)ता येन क्रियते तत् करणमिति

करणानां समायोगः षड्विधः परिकीर्तितः ।
अनेनैव विधानेन योज्यं वाक्करणं बुधैः ॥१०९॥

त्रियति नाम । समा स्रोतोगता गोपुच्छा चेति । लययतिपाणीनां त्रिविधः संयोगः । स च त्रिप्रकारो भवति । तद्यथा । राद्धं विद्धं शय्यागतं चेति ॥११०॥

त्रिलयं नाम । द्रुतो मध्यो विलम्बितश्चेति ॥१११॥

त्रिपाणिकं नाम । समपाणिरर्धपाणिरुपरिपाणिश्चेति ॥११२॥

समा यतिर्द्रुतश्चैव लयो यत्र भवेदथ ।
तथैवोपरिपाणिश्च राद्धस्त्वेष विधिर्भवेत् ॥११३॥

स्रोतोगता यतिर्यत्र लयो मध्यस्तथैव च ।
समपाणिस्तथा चैव विद्धं वाद्यं तु तद्भवेत् ॥११४॥

अर्धपाणिस्तु यत्र स्यात् तथा चैव स्थितो लयः ।
यतिश्चैव तु गोपुच्छा वाद्य शय्यागतं तु तत् ॥११५॥

स्थितात्लयात् प्रभृत्येषां प्रमाणं सम्प्रवर्तते ।
कार्यहानि कलानां च शेषेष्वन्येषु पाणिषु ॥११६॥

यतयः पाणयश्चैव लया वै वाद्यसंश्रयाः ।
यथाकामं हि कर्तव्या नाट्यशक्तिमवेक्ष्य तु ॥११७॥

यावत् । रूपादीनां चान्वयस्तत्ताध्याये (भ० ना० २९) व्याख्यातः । एतत्करणानुसारेणैवोद्धतिका कार्या इत्याह । अनेनैवेति ॥१०९॥

एवं वर्णानुहारवैचित्र्यमुक्त्वा तालप्राधान्येनाभ्यस्तप्रवृत्तं तदुपयोगि यत्यादिकमाह । त्रियतीति । यतित्रयाणां तालाध्याये (भ० ना० ३१) उक्तं रूपमितीह परमां मेलनामाह । त्रिविधः संयोगः स च त्रिप्रकार इति । न च तावदत्र सम्भवन्ति भेदाः । इह तत् त्रय उपादेया इति भावः ॥११०-११२॥

समा यतिर्द्रुतो लय उपरिपाणिरिति राद्धः सिद्धोऽनन्यापेक्षो द्रुतादेव समाप्तेः ॥११३॥

स्रोतोगता मध्यः समपाणिरिति विद्धः ॥११४॥

उभयरूपानुवेधाच्छेषवच्छय्यागतः शय्यां विश्रान्ति प्राप्तो यतः ॥११५॥

प्रयोगविधिमाह । स्थितात्लयात् प्रभृतीति । एषामिति राद्धादीनाम् । हानिरिति न्यूनप्रमाणात् ॥११६॥

उपसंहरति । यतय इत्यादि । संश्रया नियामकाः ॥११७॥

त्रिमार्जनं नाम ।

मायूरी ह्यर्धमायूरी तथा कार्मारवीति च ।
तिस्रस्तु मार्जना ज्ञेयाः पुष्करेषु स्वराश्रयाः ॥११८॥

गान्धारो वामके कार्यः षड्जो दक्षिणपुष्करे ।
ऊर्ध्वके पञ्चमश्चैव मायूर्यां तु स्वरा मताः ॥११९॥

वामके पुष्करे षड्ज ऋषभो दक्षिणे तथा ।
ऊर्ध्वके धैवतश्चैवमर्धमायूर्युदाहृताः ॥१२०॥

ऋषभः पुष्करे वामे षड्जो दक्षिणपुष्करे ।
पञ्चमश्चोर्ध्वके कार्यः कार्माराख्याः स्वरास्त्वमी ॥१२१॥

एतेषामनुवादी तु जातीनां यः स्वरो मतः ।
आलिङ्गमार्जनां प्राप्तो निषादः स विधीयते ॥१२२॥

अथ स्वरानुहारभागं निर्णेतुमुपक्रमते। त्रिमार्जनमिति । स्वराश्रया इति । स्वरानुहारभेदा इत्यर्थः ॥११८॥

गान्धारो वामे आलिङ्गके । दक्षिण आङ्गिके षड्जः । ऊर्ध्वके पञ्चमः । त्रिश्रुतिर्मायूरीयम् । मध्यमग्रामे निषादधैवतर्षभानामेतत्पीडनादेव सम्पादितत्वात् स्थितिः । चतुर्थे त्ववशिष्टे मुखे मध्यम पूर्वस्वरत्वम् ॥११९॥

वामे षड्जः दक्षिणे ऋषभः। ऊर्ध्वके धैवतश्चतुश्श्रुतिः । अर्धमायूरी षड्जग्रामे ॥१२०॥

ऋषभो वामे षड्जो दक्षिणे ऊर्ध्वके तु पञ्चमः स त्रिश्रुतिश्चतुश्श्रुतिर्वा ॥१२१॥

अत इयं साधारणाश्रया लक्ष्यते। साधारणं तुल्यग्रामद्वयाश्रयणं यस्या इति । स्वरत्रयन्यासेऽपि प्राधान्यस्वरान्तरं भवेदित्याशङ्क्याह ।

एतेषामनुवादी तु जातीनां यः स्वरो मतः ।
आलिङ्गमार्ग(र्ज)नां प्राप्तो निषादः स विधीयते ।

इति । मृत्तिकायाः समं मार्जनाम् । तत्कृतः स्वरयोगोऽपि तथा । तन्त्रीशिथिलीकरणायामनात्मकसाधारणप्रभवो हि स्वरयोगः । साधारणायोगेत(न) एतेषां स्वराणां मध्ये यः स्वरो जातिध्रुवां गानजात्यङ्गरागादीनां यो वादी अंशस्वरः स(अनुवादि)-नेति शेषः । आलिङ्गसम्मार्जनादुत्थितमार्जनं(न)शब्दवाच्यं गान्धारम् । अन्यत् सादृश्यलक्षणेन यं प्राप्नोति निषादस्वरोऽत्र स विधीयते निषादांशत्वे प्राधान्येनाश्रीयते। एष षड्जस्य तु......मन्तव्यः । अनुवादीह संवादीति । अन्ये तु भिन्नं व्याचक्षिरे ॥१२२॥

मायूरी मध्यमग्रामे षड्जे त्वर्धा तथैव च ।
कार्मारवी तु कर्तव्या साधारणसमाश्रया ॥१२३॥

[स्वराः स्थानस्थिता ये तु श्रुतिसाधारणाश्रयाः ।]
त एव मार्जनकृताः शेषाः सञ्चारिणो मताः ॥१२४॥

वामके चोर्ध्वके कार्या आहार्या लेपतः स्वराः ।
शैथिल्यादायतत्वाच्चावध्राकोटनयाऽपि च ॥१२५॥

स्वराणां सम्भवः कार्यो मार्जनासु प्रयोक्तृभिः ।
मार्जना तु कृता कार्या वामकोर्ध्वकयोः सदा ॥१२६॥

लक्षणं मृत्तिकायास्तु गदतो मे निबोधत ।
निश्शर्करा निस्सिकता निस्तृणा निस्तुषा तथा ॥१२७॥

न पिच्छिला न विशदा न क्षारा न कटुस्तथा
नावदाता न कृष्टा च नाम्ला नैव च तिक्तका ॥१२८॥

मृत्तिका लेपने शस्ता तथा कार्या तु मार्जना ।
नदीकूलप्रवेशस्था श्यामा च मधुरा च या ॥१२९॥

तोयापसरणश्लक्ष्णा तया कार्या तु मार्जना ।
बधिरा ह्यवदाता तु कृष्णा कुर्वीत न स्थिरा ॥१३०॥

श्रुतिनियमाद्विभागमाह । मायूरीत्यादि ॥१२३॥

जात्यंशकगतस्थायिस्वरप्राधान्यकृतं प्रधानमभिधाय स्थानस्वरकृतमपि भवति प्राधान्यमपि(मिति) दर्शयति ।

स्वराः स्थानस्थिता ये तु श्रुतिसाधारणाश्रयाः ।
त एव मार्जनकृताः शेषाः सञ्चारिणो मताः ॥

इति । इह स्थितः लयः । स्वर इत्यन्ये । स्थानस्वरोऽन्यश्चांशस्वरस्तथा च लब्धो व्यवहारो देवताप्राप्तिककुभषड्जो गीयते । इत्यादि । तेन यत्स्थानत्वेन त्वाश्रयणं ग्रहणं येषामित्यर्थः ॥१२४॥

अथ मार्जनासु स्वरत्वमाह । वामके चोर्ध्वके चेति । लेपत आहरणीयाः स्वराः कर्तव्याः । अन्यत्तु चर्मण एवायतत्वशैथिल्यकृताभ्यां चाह । हननं पातनं वध्राणां वा वध्रकानाशैथिल्यगाढत्वाभ्यामपि द्वित्रि(शस्त्रि)शश्चेति । समुच्चयमाह चग्रहणेन ॥१२५-१२६॥

पि(पै)च्छिल्यम् । लेपार्थं मृत्तिकां लक्षयति । निश्शर्करेत्याविना ॥ १२७-१३०॥

न तुषा न स्वरकरी श्यामा स्वरकरी भवेत् ।
यवगोधूमचूर्णा(र्णं) वा तत्र दद्यात् प्रलेपने ।
एकस्तस्य तु दोषः स्यादेकस्वरकृतं भवेत् ॥१३१॥

त्रिसंयोगं नाम । गुरुसञ्चयो लघुसञ्चयो गुरुलघुसञ्चयश्चेति ॥१३२॥

तत्र गुरुसञ्चयो नाम । गुरुस्थितलयौघवृत्तो यथा ।
धंतां केतां धंद्रां धेतं थ्रंधं तथैव केंतांधम् ।
वंवंवेंवेंद्रांघेंतांखेंताखेंतामिति च गुरु स्यात् ॥१३३॥

लघुसञ्चयो नाम । गुरुलघुमध्यप्रवृत्तो यथा ।
घटमटघटमथटमथटमधिद्धडगुडघडधत्कुलघु ।
घटमथिघद्गुद्गुदुखघदुघंकृतो लघुलयश्च ।
इति संयोगो ज्ञेयो मृदङ्गवाद्ये प्रयोगज्ञैः ॥१३४॥

गुरुलघुसञ्चयो नाम । गुरुलघुमध्यमप्रवृत्तो यथा ।
घटथिम्मथिथि मथितं किटा ।
घटधि (मथि) टथिमटकं ।
इति संयोगो गुरुलघुप्लुतः स्यात् ॥१३५॥

कम्रभावे विधिमाह । यवगोधूमचूर्णेति । मिश्रीकृतमित्याहुः ॥१३१॥

अथ त्रिसंयोगं व्याचष्टे । गुरुसञ्चय इत्यादि स्पष्टम् ॥१३२-१३५॥

त्रिगतमाह । तत्त्वमित्यादिना । अनेन सह यद्गमनं मिश्रता तद्गतत्वं त्रिविधम् । अत एव स्वातन्त्र्येण ताण्डवादौ वाद्यप्रयोगे गानाभावे नाट्येऽपि छिद्रछादनाद्योघम् । अनुगतं गाने शय्यागतसिद्धराद्धभेदाद्गाने सह मेलनेन कृतं तत्त्वादन्यमि(दि)त्यपौनरुक्त्यम् । तत्र तत्त्वमाह ।

अक्षरसदृशं वाद्य स्फुटपदवर्णं तथैव वृत्तसमम् ।
सुविभक्तकरणयुक्तं तत्त्वे वाद्यं विधातव्यम् ॥

इति । इह विचित्रे यथाक्षरसादृश्यमपि नास्ति । यदा दुकटरधादिभिरक्षरैः सादृश्यं तदा तत्त्वम् । यथावाद्यमताद्रूप्यस्य सम्भवात् सादृश्यमुक्तं न ताद्रूप्येऽनुगतम् । यथा ।

त्रिगतं नाम । तत्त्वमनुगतमोघं चेति ।

अक्षरसदृशं वाद्यं स्फुटपदवर्णं तथैव वृत्तसमम् ।
सुविभक्तकरणयुक्तं तत्त्वे वाद्यं विधातव्यम् ॥१३६॥

समपाण्यवपाणियुतं स्फुटप्रहारकरणानुगं चैव ।
गेयस्य च वाद्यस्य च भवेदवघाताय तदनुगतम् ॥१३७॥

नैककरणाश्रयगतं ह्यपर्युपरिपाणिकं द्रुतलयं च ।
आविद्धकरणबहुलं योज्यं वाद्यं बुधैरे(रो)घे:(घे) ॥१३८॥

अभिहतदर गरहरणकरण
हरललाटोत्थिततरणिमारणि(मारण)काम
क्रमगीतिशि(तोश)शीर्षरणिततम(मो)हते
कुरु त(तं) कुरु त (तं) मम करणगणा(णम्) ।
गिरिगुरुतन्द्रहा द्ध(ध)रोद्धरण-
मि(म)हाति(वि)मलकि(शी)लन्ततुभ्रा(तन्तुधा)रधा-
धमधामहा हाघटितोदित-
कातरकीटककोटिराकर्षक
कटु(कुरु)तडो (ण्डो) रतमकाण्डे ॥

इत्युच्चार्यमाणा(णे) याऽर्थप्रतीतिः सा च तत्त्वादिः स्यात् ॥१३६॥

पदे गीयमाने यो वर्णः स्थाय्यादि(:) स स्वरानुहारेण यत् तत् स्फुटं वृत्तसमब-मित्यष्टौ साम्यानि लक्ष्यन्ते । एतच्च सुविभक्तं कृत्वा प्रहारक्रिया भवतीति गानेन सह ताद्रूप्यम् । तत्त्वसमपाण्यवपाणियुतस्फुटप्रहारस्तु करु(र)णानुगं चैव गेयस्य वाद्यस्य वा उभयभेदघाताय स......तत्त्वे गीतं सर्वथा प्रधानम् । इह तु वाद्यमपि तेन समैः पाणिप्रहारैरवपाणिभिः स्ववर्तनादिवैचित्र्यप्रवृत्तैर्यत्तदनुगतमेवाह । त्रिप्रहारक्रियास्फु-टनकृत......पाटनमनुगच्छति ॥१३७॥

ननु तत्सर्वात्मनाऽवस्कन्दतीत्युभयं सा(स्या)दनुगतत्वं यस्याप्यघातकं यतः ।

नैककरणाश्रयगतं ह्युपर्युपरिपाणिकं द्रुतलयं च ।
आविद्धकरण बहुलंयोज्यं वाद्यं बुधैरोघे ॥

इति । नैकशब्दः प्रातिपदिकान्तरं विविधार्थे । करणं क्रियाघातः । (उ)पर्युपरिपाणै-रिति प्रहाराणां न विभक्तत्वम् । अत एवाक्षरसादृश्यमप्यर्थं(र्थ) दुर्लक्ष्यम् । आविद्धा

सर्वस्यापि हि वाद्यस्य अष्टौ साम्यानि भवन्ति । तद्यथा ।

अक्षरसममङ्गसमंताललयत्वं यतिसमकं(लययतिसमं) ग्रहसमकम् (मं च)।

न्यासापन्याससमं पाणिसमं चेति विज्ञेयम् ॥१३९॥

यद्वृत्तं तु भवेद् गानं गुरुलघ्वक्षरान्वितम् ।
तद्वृत्तं तु भवेद् वाद्यं तदक्षरसमं भवेत् ॥१४०॥

ध्रुवाणां ग्रहमोक्षेषु कलान्तरकलासु च ।
यदङ्गं क्रियते वाद्यं तदङ्गसममुच्यते ॥१४१॥

यच्छरीरं भवेद्गानं कलातालप्रमाणजम् ।
तत्प्रमाणं तु तद्वाद्यं तद्वै तालसमं भवेत् ॥१४२॥

स्थिते मध्ये द्रुते वापि लये गानं तु यद्भवेत् ।
तथा भवेत्तु तद्वाद्यं तद्वै लयसमं भवेत् ॥१४३॥

समा स्रोतोगता चापि गोपुच्छा च यतिर्यथा ।
तथा भवेत्तु यद्वाद्यं तद्वै यतिसमं भवेत् ॥१४४॥

ततावनद्धवंशानामेकश्रुतिकृतोऽपि च ।
ग्रहो गानेन सहितं तत्तु ग्रहसमं भवेत् ॥१४५॥

निरुद्धा हि पणवदर्दरकरटादिक्रिया हि । बहुलमिति द्रुतलयमित्येतौ पौनरुक्त्यम् ॥१३८॥

तानि साम्यानि तत्त्वे सूचितान्याह । सर्वस्यापीति । पणवादेरपि ।

अक्षरसममङ्गसमं ताललययतिसमं ग्रहसमं च ।
न्यासो(सा)पन्याससमं पाणिसमं चेति (विज्ञेयम्) ॥

इति ॥१३९॥

(अक्षरसमं) पदगतं तावद्गाने गुरुलघुनी वाद्ये समम् ॥१४०॥

(अङ्गसमं) ताले सामाङ्गानि तु चत्वारि सामानि। तत्राङ्गं ध्रुवाणां स्थितप्रवृत्तादौ । तेन बन्धस्फुटादिसमुदायसाम्यमङ्गसाम्यम् ॥१४१॥

तदभावभूताभिः प्लुतलघुगुरुकलादेः साम्यम् ॥१४२॥

लययतिसाम्ये व्याख्याते ॥१४३-१४४॥

न्यासापन्यासयोगस्तु स्वराणां तु भवेद्यथा ।
तद्वद्वाद्यं यदातोद्ये न्यासापन्यासजं तु तत् ॥१४६॥
समपाण्यर्धपाणिस्थं तथैवोपरिपाणिकम् ।
गीतवाद्यानुगं वाद्यं ज्ञेयं पाणिसमं तु तत् ॥१४७॥

अष्टादशजातिकमिति यदुक्तं तदनुव्याख्यास्यामः । तद्यथा ।

शुद्धा पुष्करकरणा विषमा विष्कम्भितैकरूपा च ।
पाणिसमा पर्यस्ता समविषमकृता च(व)कीर्णा च ॥१४८॥
पर्यवसानोच्चितिका संयुक्ता संप्लुता महारम्भा ।
विगतक्रमा विगलिता वञ्चितिका चैकवाद्या च ॥१४६॥

एतासां जातीनां लक्षणनिदर्शनान्यभिव्याख्यास्यामः ।

एकाक्षरकृतं वाद्यं यद्भवेत् सार्वमार्गिकम् ।
नित्यं करणयोगेन सा शुद्धा नामतो यथा ॥१५०॥
धंधंद्रंद्रंक्लाखोखोहाणेति विहितवाक्या ।
सा शुद्धा विज्ञेया मध्यस्त्रीणां सदा जातिः ॥१५१॥

स्वरगतं द्विधा । ग्रहेण न्यासापन्यासयोरितरेतरवृत्तेन । तद्दर्शयितुमेतत् साम्यमुक्तम् । यत्रादौ श्रुतिस्तत्साम्यं ग्रहणम् । विपरीतं वा साम्यं वा ॥१४५-१४६॥

तत्र गीतायत्तं यद्वाद्यं तत् पाणिसमम् । इत्येत......लाङ्गसाम्यमाहुः ॥१४७॥

अथोक्तं पूर्वोक्ते समस्तं यज्जायते । जायमानत्वाद्रसभावप्रकृत्यादिविशेषप्रतिपत्तेर्जननहेतुत्वाज्जातिवाच्यं प्रयोगं वक्तुमुपक्रमते । अष्टादशजातिकमिति ।

शुद्धा दु(पु)ष्करकरणा विषमा विष्कम्भितैकरूपा च ।
पाणिसमा पर्यस्ता समविषमकृताऽवकीर्णा च ।
पर्यवसानोच्चितिका संयुक्ता संप्लुतिका महारम्भा ।
विगतक्रमा विगलिता वाञ्चितिका चैकवाद्या च ॥

इति ॥१४८-१४६॥

क्वचिल्लक्षणमेव । क्वचिदुदाहरणमेव । अन्यदूह्यम् । एकस्याक्षरस्य कृता आवृत्तिर्यत्र । सार्वमार्गिकमिति । रसभावौचित्यात् ॥१५०॥

मध्यमस्त्रीणां शुद्धेत्युक्तत्वाद्विपरीतलक्षणा युक्ता ॥१५१॥

स्वस्तिकहस्तविचारा सर्वमृदङ्गप्रहारसंयुक्ता ।
सा त्रिलयवाद्ययुक्ता पुष्करकरणा भवेज्जातिः ॥१५२॥

घेंतांकेंतांखेंतां दीर्घकृतैरक्षरैः कृता या च ।
राज्ञां स्वभावगमने सा विषमा नामतो जातिः ॥१५३॥

गुरुयुग्मं लघुयुग्मं तोटकं वाऽपि ।
नित्यं यत्र तु वाद्ये विष्कम्भा नाम सा जातिः ॥१५४॥

धामोर्ध्वकप्रवृत्तादोघे क्षिप्ताद्यकृष्टलययुक्ता ।
सा करुणा स(गांश)प्राया जातिः स्यादेकरूपा तु ॥१५५॥

थित्थं थिकट् थिंधिकटं मटथिकरणैः सपार्ष्णिकृतैः ।
थेक्लेटाघेग्रथिता पार्ष्णिसमा सा भवेज्जातिः ॥१५६॥

ताधेंतांतांदोवेदोह्लामित्यक्षरैस्तु संयुक्ता ।
पर्यस्ता जातिरियं मध्यमपुरुषेषु कर्तव्या ॥१५७॥

दु(पु)ष्करणेति । दु(पु)ष्करं चित्रं स्वस्तिकादि करणं यस्याः । साधनं... ...तस्यामित्याहुः । अस्या उदाहरणमूह्यम् । घटविप्युघटगणणधुंधुं इत्यादि एव-मन्यत्र ॥१५२॥

दीर्घाक्षररूपात् स्वभावरूपे गमने राज्ञाम् । विषमेत्युक्तत्वात् ॥१५३॥

गुरुलघुपातो (तोटकमिति) लघुयुगेकगुरुरूपा राज्ञां त्वरितगतौ विष्क-म्भिता । त्वया मयि ते सत्त्वेन विष्कम्भो माधुर्यमस्यामिति (विष्कम्भिता) ॥१५४॥

(वामेत्यादि) । श्रोघे इत्यादि । करुणेए(णै)करूपा । एकाक्षरसूचनादिति ॥१५५॥

(दि(धि)त्थमित्यादि) । षीर्ष्या(पार्ष्ण्या)घातकृता पार्ष्णिसमा । करुणेतर-विषयसोपग्रहणोपस्थाने (प्रयोगः) ॥१५६॥

(ताधेमित्यादि ।) गुर्वक्षरत्वेऽपि यत्र स्वरस्य नानाकारोऽनेकगत्यादेर्नैकरूपत्वं सा मध्यमपुरुषेषु पर्यस्ता ॥१५७॥

कृत्वोपरिपाणिकृतं वाद्यं यद् द्रुतलयं समारूढम् ।
पुनरेव समलयं स्यात् समविषमा सा तु विज्ञेया ॥१५८॥

अवकीर्णं यद् द्विगुणैस्त्रिगुणैर्वा करणं मृदङ्गानाम् ।
पणवेषु दर्दरेष्वप्यवकीर्णा नाम सा जातिः ॥१५९॥

पर्यवगच्छति पूर्वं यस्मिन् वै प्रस्तुतं करणजातम् ।
त्रिविधेऽपि तु लययोगे पर्यवसाना तु सा जातिः ॥१६०॥

घेंटांदोह्णं ण्णुगहामेभिः स्यात्त्वक्षरैर्हि सम्बद्धा ।
साम्यार्धे उच्चितिका जातिर्वाद्ये तु बोद्धव्या ॥१६१॥

थंकेटांकेटकिणामेभिर्या त्वक्षरैस्तु संयुक्ता ।
संयुक्तकृता जातिः सा सा(का)चेटगतौ विधातव्या ॥१६२॥

सर्वाङ्गुलिचलनकृता सर्वमृदङ्गप्रहारसंयुक्ता ।
भीतनमोयानगतौ संप्लुतजातौ विधातव्या ॥१६३॥

अवपाणिकरणयुक्तं कृत्वादौ मध्यलयतुल्यम् ।
वाद्य द्रुतलयमन्ते जातिः स्यात् सा महारम्भा ॥१६४॥

(कृत्वेति) । गुरुत्वेन परितः क्षेपो यस्या स्थायिनि ह्लादत्वात् तदेव द्रुतलयोपरिपाणितया समविषमा ॥१५८॥

(अवकीर्णमिति) प्रथमानां (समविषमगतिप्रचारेषु) तेषामेव सम्भ्रमावकीर्णं यत्र तदेव द्विगुणं द्विगुणीक्रियते । थयोत्थोमटमट धिधिमटमटधिधीत्यादि ॥१५९॥

(पर्या(र्यव)गच्छतीति ।) प्रस्तुतं करणजातं युक्तं यस्याः पर्यवसाने क्रियते सा पर्यवसाना । तेषामेव त्रिषड्विधलयेष्विति.। नृत्तादियोगलय इत्यर्थः ॥१६०॥

(द्रोह्ला[घेण्टांदोह्ल]मित्यादि ।) उल्लसिताऽपि निश्चैतन्यमस्यामिति । उदस्यते चितिका उच्चितिका ॥१६१॥

(थंकेटाके इत्यादि ।) काचेटानां गतौ संयुक्ता । एकाङ्किकमुख एव ॥१६२॥

(सर्वाङ्गुलीति) ॥१६३-१६४॥

ऊर्ध्वाङ्कदक्षिणमुखे क्षिप्तप्रहता वितस्तमार्गा च ।
अङ्कोर्ध्वकप्रवृत्ता दक्षिणवामप्रहारजाता च ॥१६५॥

प्रायेणोद्धतमार्गा वितस्तमार्गाश्रयेण दिव्यानाम् ।
घंद्रां (घुंघुं)धंद्रांप्राया जातिर्विगतक्लमा नाम ॥१६६॥

लघ्वक्षरभूयिष्ठा विचित्रकरणा च सर्वमार्गेषु ।
वाद्याऽविसर्पिकरणा विगलितनामा तु सा जातिः ॥१६७॥

करणैर्बहुभिश्चितैः(त्रैः) सर्वमृदङ्गसंहारसंयुक्ता ।
स्वाभाविकोत्तमगतौ वञ्चितिका सा तु विज्ञेया ॥१६८॥

ध्रोध्रोध्रेध्रेघोघं एभिर्या त्वक्षरैश्च संयुक्ता ।
सा ह्येकवाद्यजातिर्नृ(नृ)त्तगतिविधानवत् कार्या ॥१६९॥

एवमेतेन विधिना कर्तव्यं वादनं बुधैः ।
गतिप्रचारे गीते च दशरूपे विशेषतः ॥१७०॥

(ऊर्ध्वाङ्केति ।) दिव्यानामिति । सार्धयार्यया सम्बन्धः । वितस्ता...खेति । वाद्यग्रहणं दर्शयति । अङ्कोर्ध्वक इति । प्रवृत्तेति । उदाहरणदिशं दर्शयति धुंधुं इति ॥१६५-१६६॥

(लघ्वक्षरेति ।) चित्रलघ्वक्षरवाद्ये ऽविसर्पि अपुनारूपेण करणं क्रिया यस्याः । अपुनरुक्तवाद्येत्यर्थः । सा विगलिता नाम । विटादिपरिक्रमे विशेषेण गलितमनावृत्या ग्रस्तमिवाक्षराणां यत्रेति ॥१६७॥

(करणैरिति) । चित्रप्रहाराः सर्वमृदङ्गानाम् । राज्ञोऽन्येषामुत्तमानां गतौ सा वञ्चितिका । वञ्चि(ञ्चु)गताविति (पा० धातुपाठः १८९) ॥१६८॥

(ध्रोध्रो इति) एकमेवाक्षरं संयुक्तं पुनरन्येन संयुक्तं पुनरन्येनेति वैचित्र्येण येन वाद्यते नृत्ते (सा) एकवाद्या ॥१६९॥

एतदुपसंहरति । एवमेतेनेति । अस्य जात्यष्टादशकरूपस्य प्रयोगस्येतिकर्तव्यता नाट्यनृत्तापेक्षयाऽभिधान(या)स्य प्रथमं तावदुभयरूपतामाह । गतिप्रचारे गीते चेति । उत्तरार्धात् त्रिधाऽस्य मा(ना)नोपेक्षया समुच्चये । तेन लययोजना । दशरूपे च गीते ध्रुवागीतविषये ॥१७०॥

सप्तरूपविधानेन छन्दकासारितेषु च ।
तत्त्वं चानुगतं चैव तद्धो(दो)षो वाद्यमिष्यते ॥१७१॥

वाद्यं गुर्वक्षरकृतं तथाल्पाक्षरमेव च ।
गतिप्रचारे कर्तव्यं गाने सम्यगिहेच्छता ॥१७२॥

तत्त्वं चानुगतं चापि ओघश्चापि कदाचन ।
राज्ञां ललितगामित्वाद्वाद्यं योज्यं स्वभावजम् ॥१७३॥

तत्त्वं तु प्रथमे गाने द्वितीयेऽनुगतं भवेत् ।
तृतीये त्वोघसंज्ञं तु वाद्यं गतिपरिक्रमे ॥१७४॥

ध्रुवासु छन्दतश्चित्रं शेषाणां सम्प्रयोजयेत् ।
तथा स्थितावकृष्टायां वाद्यं त्वनुगतं भवेत् ॥१७५॥

प्रावेशिकीनां कर्तव्यं तत्त्वं चानुगतं तथा ।
नैष्क्रामिक्यन्तरकृतं कार्यं त्रिलयवाहितम् ॥१७६॥

गीतकसप्तकस्य विधाने प्रयोगे च छन्दकासारितप्रयोगे च वादनं कर्तव्यम् । विशेषतो गतिप्रचार इति । पुनरेवार्धश्लोकमावृत्य गीतकादौ तत्त्वादित्रयरूपं स्वातन्त्र्येण वाद्यमिष्यत इति सम्बन्धनीयम् । तत्र हि वाद्यस्यापि प्राधान्यं प्रयोज्यत्वेन भवति । यथोक्तं तुर्याध्याये । गत्या वाद्यानुसारिण्येति (भ० ना० ४.२७४) । नाट्ये गत्यपेक्षया नियतं वाय(द्य)म् ॥१७१॥

तदाह । वाद्यं गुर्वक्षरकृतमिति । अत एवाल्पवाद्याक्षरम् ॥१७२॥

तत्त्वादीनां चान्यतमं कदाचिद्भवति ॥१७३॥

तत्रापि यदा नृत्तांशे वा प्रावेशिक्यादौ वा क्रमत्वरायोगे वा त्रयाणामपि तत्त्वादीनां प्रयोगस्तदा क्रममाह । तत्त्वं तु प्रथमे गान इति ॥१७४॥

गतो ध्रुवासु गाने गीतिक्रियायां तद्राजविषयं राज्ञामित्यनुवृत्तौ (भ० ना० ३४.१७३) । शेषाणामध:(थ) प्रकृतीनाम् । छन्दत इति । इच्छात: । विचित्रं तत्त्वादि । (स्थितावकृष्टाया)मनुगतात्मा ॥१७५॥

प्रावेशिक्यां तत्त्वोघम् । अन्ये तु तथा शब्दादोघ इत्याहु: । नैष्क्रामिक्याम-ध्रुवायां च किल ॥१७६॥

द्रुते प्रासादिकीनां तु द्रुतं चो(चौ)घं च वादयेत् ।
एवं ध्रुवाणां कर्तव्यं वाद्य प्रकरणान्वितम् ॥१७७॥

मात्रांशकविकल्पस्तु ध्रुवापादेषु यो भवेत् ।
स तु भाण्डेन कर्तव्यस्तज्ज्ञैर्गतिपरिक्रमे ॥१७८॥

एवं गतिप्रचारेषु कार्यं वाद्य प्रयोक्तृभिः ।
ताण्डवे सुकुमारे च वाद्य वक्ष्यामि तत्त्वतः ॥१७९॥

अभाण्डमेकं गानस्य परिवर्तं प्रयोजयेत् ।
तस्या(था)न्ते सन्निपाते च कार्यो भाण्डग्रहो बुधैः ॥१८०॥

अथवा नृत्तशोभार्थमङ्गानां परिवर्तनम् ।
सङ्गीतस्य प्रकर्तव्यं लयस्य च निवर्तनम् ॥१८१॥

यत्राभिनेयमङ्गं तु तत्र वाद्यं प्रयोजयेत् ।
यत्र पाणिवशादङ्गं भूयो भूयो निवर्तते ।
सं तत्रार्थोऽभिनेयस्तु शेषं नृत्तेन योजयेत् ॥१८२॥

द्रुतासु प्रासादिकीषु द्रुतलयेनो(नौ)घेन । (प्रकरणेति) प्रकरीमुद्धतमसृणादिसंयुक्तं विचार्येत्यर्थः ॥१७७॥

प्राधान्येन ध्रुवासु तत्त्वम् । तत्राऽपि तत्त्वाष्टकमध्ये लयसममक्षरसमं च प्रधानमिति दर्शयति । मात्रांशकविकल्पस्त्विति ॥१७८॥

एतत्त्वन्यविषयप्राधान्येनोक्तत्वान् नृत्तप्राधान्यमाह । ताण्डवे सुकुमारे चेति ॥१७९॥

अभाण्डमेकमित्यादि ।......तदन्यत्र प्रयोगक्रमसम्पत्तये तूदितम् । तथा चेति यदि चेत्यर्थः ॥१८०॥

अङ्गादीनामपि सम्पिष्टकादीनाम् । अनेनैकदुक्तम् । क्वचिदुपवर्तनादौ शास्त्रोक्तमेव परिवर्तनम् । क्वचिदनुक्तमपि नृत्तशोभार्थं क्रियत इति । अत एव सकलस्यापि गीतस्य वस्तुप्रायस्य त्वविलम्बितादेर्गीतशोभार्थं पुनरावृत्तिर्भवतीति । सङ्गीतस्येति । साकल्येऽव्ययीभावः ॥१८१॥

एवं स्थिते प्रकृते किमित्याह ।

यत्राधीने त्वभिनयं(त्राभिनेयमङ्गे तु) तत्र वाद्य प्रयोजयेत् । इति ॥१८२॥

यद्वृत्तं तु पदं गाने तादृशं वाद्यमिष्यते ।
गीतवाद्यप्रमाणेन कुर्याच्चाङ्गविचेष्टितम् ॥१८३॥

यथा गुर्वक्षरं चैव तथाल्पाक्षरमेव च ।
मुखे सोपोहने कार्यं प्रकृतेर्वर्णतस्तथा ॥१८४॥

स्थिते शुद्धप्रहारं तु मध्येऽक्षरसमं तथा ।
कार्यं तु गीतके वाद्यं द्रुते चोपरिपाणिकम् ॥१८५॥

समं रक्तं विभक्तं च तथा शुद्धप्रहारजम् ।
नृत्ताङ्गग्राहि च तथा वाद्यं कार्यं तु ताण्डवे ॥१८६॥

सनृत्तेषु प्रयोगेषु तत्त्वं ह्यनुगतं तथा ।
अनृत्तेषु प्रयोगेषु तत्त्वमोघं क्रमेण तु ॥१८७॥

स्थिते मध्ये द्रुते चापि यथा गानं तु गीयते ।
तथा नृत्ताङ्गहारेषु तेन चैव क्रमेण तु ॥१८८॥

ननु नास्ति न(य)त्र वाद्यमिति सम्भवमात्रं तत्र वाद्यम् । न तु प्रधानमित्युक्तम् । तस्य विधिमाह । यद्वृत्तं तु पदं गाने तादृशं वाद्यमिति । अतश्चेदं सम्पाद्यत इत्याशङ्क्याह ।

गीतवाद्यप्रमाणेन कुर्यात् स्वाङ्गविचेष्टितम् ।

इति ॥१८३॥

गुर्वक्षरैरेव वाद्यम् । इदं हि गीतकयोगेनावृत्तं भवति । मुखोपवहनम् । यन्मुखं तन् । यदा प्रकृतेति यदा भागमपेक्ष्य वर्ण्यत इति ॥१८४॥

वर्णाङ्गात्मकगीतिभागमपेक्ष्य स्थितं विलम्बितलयं भवति । तदा शुद्धजातिगतैः प्रहारैर्वाद्यम् । यदा मध्यलयस्तदाक्षरसमम् । यदा द्रुतलयस्तदोपरिपाणिकं कार्यमिति सम्बन्धः ॥१८५॥

सङ्क्षिप्याह । सममित्यादि । एतत्तुरीये (भ० ना० ४.२६७) व्याख्यातम् ॥१८६॥

अङ्गलक्षणमाह । सनृत्तेष्विति । नृत्तप्राधान्ये तत्त्वमनुगतं च । तदभावे तत्तत्स्वरूपोन्मीलकमन्तमोघः ॥१८७॥

यो विधिर्गानवाद्यानां पदाक्षरलयान्विता(तः) ।
स तु नृत्ताङ्गहारेषु कर्तव्यो नाट्ययोक्तृभिः ॥१८९॥

एतास्तु जातयः प्रोक्ता दश चाष्टौ च भाण्डजाः ।
अत ऊर्ध्वं प्रवक्ष्यामि प्रकारान् वाद्यसंश्रयान् ॥१९०॥

तद्यथा । चित्रः समो विभक्तश्चिन्न(श्छिन्न)श्छिन्नविद्धो विदो(द्धो) वाद्यसंश्रयोऽनुसृतः प्रतिविद्युतो दुर्गोऽवकीर्णोऽर्धावकीर्णः परिक्षिप्त एकरूपो नियमान्वितः साचीकृतः समलेखश्चित्रलेखः सर्वसमवाय:(य)कृतो दृढ इति ॥१९१॥

तत्र ।
रिखितोजकृतश्चित्रो नानाकरणभूषितः ।
प्रसन्नकरणं चैव त्रिपाणिलयसम्भवः ॥१९२॥

दर्दरपणवमृदङ्गैर्नानाकरणैः समनुयातः ।
तालाङ्गवेणुयुक्तः स तु विज्ञेयः समो नाम ॥१९३॥

यदीह तत् प्रधानं तत्र तदनुसारि वाद्यमित्याह ।
स्थिते मध्ये द्रुते चापि यथा गानं तु गीयते ।
तथा नृत्ताङ्गहारेषु तेन चैव क्रमेण तु ॥

अथ ध्रुवापुष्कराध्यायद्वयं(ये) (भ० ना० ३२.३४) नाट्योद्देशेन यदुक्तं तन्नृत्तेऽप्यतिदिशति । यो विधिर्गानवाद्यानामिति ॥१८९॥

जायत(तय) एव प्रयोगसमवायिन्यः प्रधानाः । तासामेवेवं प्रयोगेतिकर्तव्यता कथितेत्याशयेन ता एवोपसंहरति । एतास्तु जातय इति । तुरप्यर्थे । न केवलं स्वरजातयोऽष्टादश यावद्वाद्यजातय इत्यपि । अथ विंशत्यलङ्कारयुतमिति निर्णेतुमाह । अत ऊर्ध्वमिति । प्रकृष्टता क्रियन्ते ये तेषु(क्रियते येषु ते) प्रकारा उत्कर्षहेतवोऽलङ्कारा इत्यर्थः । काव्यगानविषयताशङ्कां शमयति । वाद्यसंश्रयानिति । वाद्यं तावज् जात्यात्मकम् । तस्यैवोत्कर्षहेतव इत्यर्थः । आतोद्यान्तरमेलातिकृतो ह्यत्रोत्कर्षः ॥१९०॥

तानुद्दिशति । चित्रः समो विभक्तश्छिन्नश्छिन्नविद्धो विद्धो वाद्यसंश्रयोऽनुसृतः प्रतिविद्युतो दुर्गोऽवकीर्णोऽर्धावकीर्णः परिक्षिप्त एकरूपो नियमान्वितः साचीकृतः समलेखश्चित्रलेखः सर्वसमवायकृतो दृढ इति ॥१९१॥

नात्यायतस्तथा स्यादिह सास्थानस्थितो विभक्तश्च ।
अक्षरपाणिलयेषु च विभक्तकरणे विभक्तस्तु ॥१९४॥

वाद्यं द्रुतलयं यत्र सहसा विनिवर्तते ।
सर्वातोद्येषु भिन्नेषु प्रकारश्छिन्न एव सः ॥१९५॥

अवपाणिमृदङ्गेषु पणवोपरिपाणिकः ।
यदा भवति वाद्येषु छिन्नविद्धस्त्वसौ भवेत् ॥१९६॥

शुद्धानुविद्धं यद्वाद्यं सर्वातोद्येषु दृश्यते ।
परस्परानुवेधेन सोऽनुविद्ध इति स्मृतः ॥१९७॥

मृदङ्गकरणे वाद्यं पणवानुगतं च यत् ।
सूचीविद्धैर्विचित्रैस्तु करणैर्विद्ध उच्यते ॥१९८॥

विशुद्धवाद्यप्रकृतिः समपाणिकृतस्तथा ।
स्वरूपानुगतश्चैव विज्ञेयो वाद्यसंश्रयः ॥१९९॥

सप्तम(मोऽ)लङ्कार इत्यर्थः ॥१९२-१९३॥

(नात्यायत इति) यत्राक्षरपाण्यादौ स्फुटो विभागः स विभक्तः । इत्थं कार्य-स्वातन्त्र(न्त्य)मुक्तं भागाकारः । एवं सर्वत्र ॥१९४॥

वाद्यमिति । अन्यस्मिन्नपि वीणादौ वाद्यमानेऽपि मुरजवाद्यस्य मध्ये तूष्णीं-भावः । तदाह । भिन्नेष्विति । अविरमस्वित्यर्थः । स छिन्नः ॥१९५॥

......(ट)पवर्णमुक्तेषु मृदङ्गेषु पणव उपरिपाणिर्यत्रालङ्कारे स प्रथमं मृदङ्गछेदश्चि(श्छि)न्नविद्धः ॥१९६॥

(शुद्धेति) आदौ शुद्धं तत आतोद्यान्तरेणानुविद्धं यत्र वाद्यम् । अनुविद्धं व्याचष्टे । परस्परानुवेधेनेति । सोऽनुविद्धः ॥१९७॥

मृदङ्गेति (मृदङ्गक्रियायां प्रयुक्तायां पणवा यदा वादयन्ति वाद्यं कुर्वन्ति । ......विचित्रैः सूचीविद्धैरिति । सूक्ष्मसूक्ष्मैरक्षरैर्मध्ये विभागो बहिः करणैः क्रिया-भिस्तन्मध्ये योऽसौ विद्धः ॥१९८॥

(विशुद्धेति) गीतमनुसरद्वाद्यसंश्रयः । वाद्यस्य गीतसंश्रयणमस्मिन्निति । स्वभावोक्तिश्चालङ्कारः ॥१९९॥

मुरजः(जं) पणवो वापि पणवो(वं) दर्दरोऽथवा ।
अनुवादि (याति) यदा वाद्ये भवेदनुसृतस्तु सः ॥२००॥

अनुगम्यं यदातोद्यं गच्छेत् समलयं पुनः ।
श्रान्तवत् समवाद्येषु तदा स्यात् प्रतिविद्युतः ॥२०१॥

वाद्ये प्रचारविषमः सर्वमार्गप्रबोधनः ।
अविभक्ताक्षरपदः स दुर्ग इति कीर्तितः ॥२०२॥

समवृत्तौ तु मुरजाश्छाद्यन्ते पणवैर्यदि ।
नाना विचित्रैः करणैरवकीर्णः स उच्यते ॥२०३॥

द्रुतं लयं समारभ्य पणवो दर्दरोऽपि वा ।
अवपाणौ यदा स्यातां तदात्वर्धावकीर्णकः ॥२०४॥

पणवैश्छादितं यत्र वाद्यमल्पमृदङ्गजम् ।
सुविभक्ताक्षरपदं परिक्षिप्तः स उच्यते ॥२०५॥

(मुरज(मि)ति) । मुरज(जं)पणवा(वो) यदा दर्दरवाद्यस्य पक्षे दर्दर(रं)-पणवा(वो) मुरजस्य सदृशप्रयोग एतदनुसृतः ॥२००॥

(अनुगम्येति) । अष्टविधसाम्यसंयुक्ते वाद्ये कर्तव्ये (तदनू)त्तरोत्तरानुसृतः । येन वाद्यं कर्तुं । अनुगम्य यदा तु स्ववाद्यम् । श्रान्तवदिति । विलम्बितलयेन प्राप्नुयात् । तद्यथा । मुरजः(ः)पणवस्ततो दर्दरः । ततस्तदेव तदा प्रतिद्योतनम् । विद्योतनात् प्रतिविद्युतः । इगुपधके (अष्टा० ३.१.१३५) ॥२०१॥

(वाद्य इति ।) विषमप्रचारयोगात् सर्वमार्गव्यामिश्रणाच्च दुर्गः । अविभक्तत्वादक्षरपं(क्षरपदो)वर्णविच्छेदः । दुःख नात्र (खेनात्र) गम्यत इति यत् (दुर्गः) ॥२०२॥

(समवृत्ताविति) । समवृत्तौ तु तुल्यकालप्रयोगे सति पणववाद्यं यदा मुरजवाद्यस्यावकीर्णतां न्यक्कारं करोति तदाऽवकीर्णः ॥२०३-२०४॥

(पणवैरिति) । यदा मृदङ्गोऽल्पयोगः पणववाद्यं प्रधानं तदा परि तस्यैव क्षेपात् परिक्षिप्तः ॥२०५॥

सर्वातोद्यानि यत्रैकं करणं भावयन्ति तु ।
समवृत्तपदान्येवमेकरूप उदाहृतः ॥२०६॥

प्रशान्तनियमोपेतः स्फुटवाद्यसमन्वितः ।
उपयाति च गीतं यः स ज्ञेयो नियमान्वितः ॥२०८॥

चित्रं हि करणं यत्र वाद्येनैकेन वाद्यते ।
वृत्ताङ्गहारानुकृतो ज्ञेयः साचीकृतस्तु सः ॥२०८॥

कृत्वोपरिगतं वाद्यं पणवो दर्दरोऽपि वा ।
प्रयाति मुरजं यत्र समलेखः स कीर्तितः ॥२०९॥

चित्रं बहुविधं वाद्यं मृदङ्गपणवादिभिः ।
क्रियते यत्र संरब्धैश्चित्रलेखः स उच्यते ॥२१०॥

सर्वमार्गगतो यस्तु सर्वपाणिलयाश्रयः ।
विचित्रश्च विभक्तश्च तत्समं समवायितम् ॥२११॥

यस्तु मध्यलयोपेतः समः सुविहिताक्षरः ।
गतिप्रचारे विहितः प्रकारो दृढ एव सः ॥२१२॥

एवमेते प्रकारास्तु कर्तव्या वाद्यसंश्रयाः ।
गतिप्रचारे गीते वा रसभावानवेक्ष्य च ॥२१३॥

(सर्वातोद्यानीति)। सर्वैरातोद्यैरेकस्मिन् प्रयोगे निर्वाह्यमाणे एकरूपः ॥२०६॥

(प्रशान्तेति) प्रशान्तस्य गतिविरामस्य नियममनुवर्तमानो नियमान्वितः ॥२०७॥

(चित्रमिति)। एकेनैव मुरजपणवदर्दरस्यान्यतमेन सर्ववाद्योचितान्यक्षराणि यदा प्रयुज्यन्ते तदाऽन्यस्य पराङ्मुखीकरणात् साचीकृतः ॥२०८॥

(कृत्वेति) । यदेवमुरजेन वहनीयस्तदेवोपरिपाणिनेति प्रथमं दर्दरेन पणवेन वा क्रियते पश्चान् मुरजेन यत्र न (स)समवर्णोल्लेखात् समलेखः ॥२०९॥

(चित्रमिति)। अयमेवहि नानाक्षरत्वे चित्रत्वं चित्रलेखः ॥२१०॥

(सर्वेति) । विभक्तरूपैर्मार्गैर्मिश्रीकृत्य सर्वसमवायकृतः सर्वसमवायितः ॥२११॥

(यस्त्विति)। स्वप्राधान्येन वर्तमानो मध्यमलयो येन तेन दृढः ॥२१२-२१३॥

प्रकारा जातयश्चैव सर्वमार्गेषु संस्थिताः ।
ये वै गतिप्रचारेषु शुद्धास्ते केवला मताः ॥२१४॥

प्रयोगमिदानीं वक्ष्यामः । तत्रोपविष्टे प्राङ्मुखे रङ्गे कुतप एव विन्यासः कर्तव्यः । तत्र पूर्वोक्तयोर्नेपथ्यगृहद्वारयोर्मध्ये कुतपविन्यासः कार्यः । तत्र रङ्गाभिमुखो मौरजिकस्तस्य पाणविकदर्दरिकौ वामतः । एष प्रथममवनद्धकेन तस्य ततः कुतपविन्यास उक्तः । तत्रोत्तराभिमुखो गायकः । गायकस्य तु वामपार्श्वे वैणिकः । वैणिकस्य दक्षिणेन वंशवादकौ । गातुरभिमुखं गायिका । इति कुतपविन्यासः ॥२१५॥

तत्र ।

प्रयोगेषु प्रणेतव्यो देशस्थानवशानुगः ।
यथास्थानस्थितेष्वेषु वामकातोद्यकेषु च ॥२१६॥

एवमचलाकम्पितास्खलितासन्नो(नो)पविष्टेषु मार्दङ्गिकदार्दरिकपाणविकेषु शिथिलाञ्चितवध्रस्तनितेषु यथाग्रामरागमार्जनालिप्तेषु मृदङ्गेषूरुद्वयनिपीडने तेषु निगृहीतार्थनिगृहीतमुक्तप्रका(हा)रकृतेषु दर्दरवादनविन्यस्तैर्देवतानामावाहनविसर्जनार्थं प्रथममेव तावत् त्रिसाम कर्तव्यम् ॥२१७॥

एवमुद्देशं परिसमाप्य प्रयोगे नाट्यपरिक्रमे जातिमार्गशुद्धे नृत्ते पुनरलङ्कारबाहुल्यमित्येतदाह । ये वै इति । प्रचारेष्विति ॥२१४॥

पूर्वरङ्गे तावत् प्रयोगं दर्शयति । प्रयोगमिति । तत्र प्रत्याहारं तावदाह । तत्रेति । रङ्गसामाजिकसङ्गमे प्राङ्मुखरङ्गपराङ्मुख उपविष्टे सति यवनिकादानपूर्वकं कुतपविन्यासः ॥२१५-२१६॥

तत्राऽदृष्टसिद्धये करिष्यमाणस्य त्रिसाम्नामु(णत्रिसामो)पक्रमाय प्रथमं भाण्डानित्थं परीक्ष्याणीत्याह । (अचलेति) । अचले दृढे अकम्प्ये निष्क्रिये अस्खलिते उत्तानत एव आसने उपविष्टेषु मार्दङ्गिकादिषु शिथिलादिषु अञ्चितान्यायतानि वाद्यानि वध्राकोटनकल्पितस्वरे(ष्वि)त्यर्थः । यथा ग्रामरागमार्जनालिप्तेष्विति । ग्रामरागप्रयोगः । तथा वाद्यं जानीते । यथा ग्रामरागश्च गतिप्रधाने मार्जनासिद्धये यवादिचूर्णेषु लिप्तेषु । ऊरुद्वयेन समुत्पीडितं तस्मिन् सति । मुक्तप्रहारेषु दर्दरेषु । तथा ऊरुद्वयेन पीडनशिथिलं वाद्याणकस्य । किमित्युक्तम् । देवतानां रङ्गे पूजितानामावाहनार्थं तन्त्रविसर्जनार्थं त्रिसाम ॥२१७॥

तत्र ।

वामे चान्द्रमसं साम तत् प्रीणयति पन्नगान् ।
दक्षिणे जालजं साम महर्षीन् प्रीणयत्यथ ॥२१८॥

उदीच्यामपि चाग्नेयं तद्वद्दैवतानि च ।
त्रिसाम कीर्तितं सम्यक् त्रिसामत्वाद्बुधैरथ ॥२१९॥

त्रिप्रकारं त्रिगुणितं तथा चैवाड्डिताश्रयम् ।
त्रिकलं षट्कलं चैव त्रिसाम परिकीर्तितम् ॥२२०॥

त्रिसामाक्षरपिण्डस्तु गुरुलघ्वक्षरान्वितः ।
यकारश्च मकारश्च त्रिकैस्त्रिगुणितं भवेत् ॥२२१॥

समुदायस्तदपेक्षं(त्रिचा साकम्) । त्रिचा दिग्ले झण्टुं प्रथमं साम । त्रिचा झण्टुं दिग्ले द्वितीयम् । तिच(त्रिचा)झण्टुं झण्टुं तृतीयमिति । तदन्ते पूर्वरङ्ग-विधानमनुप्राप्य छन्दःसमेनाक्षरसमेन वा वाद्येन बहिर्गीतविधानमनुवर्तितव्यम् ।

तत्र वाम इति । गीयतीति । दक्षिण इति । नयेन । जालजं ब्रह्मजालम् । ऋषींस्तर्पयति संगायतीति ॥२१८॥

आग्नेयं वह्निमुखवत् । तत्सर्वदेवतातर्पणम् । त्रीणि सत्वपूर्वं विसर्जनम् । कं......त्यत्रेति त्रिसाम । तदाह । त्रिसामत्वादिति ॥२१९॥

एक एव गुरुलघुसन्निवेशोऽक्षरवैचित्र्यान्निर्भिद्यते । तदाह । त्रिप्रकारमिति । क्रमेणात्र द्रुतादीत्याह । त्रिगुणितमिति । वाद्यविधिमाह । अड्डिताश्रयमिति । स्वरूपं तस्य त्रिकलं षडक्षरम् । तालस्तु त्रिकलः ॥२२०॥

तान्यक्षराण्याह ।

त्रिसामाक्षरपिण्डस्तु गुरुलघ्वक्षरान्वितः ।

इति । गुरुलघुविभागमाह । यकारश्च मकारश्च त्रिकैस्त्रिगुणितमिति । यत एव त्रिकाः ॥२२१॥

समुदाय इति । तदपेक्षं त्रिकैरिति बहुवचनम् । ति(त्रि)चा साकमिति । तद्द्वयमक्षरपरिवृत्त्या त्रीन् भेदानाह । ......त्रिषट् चाह । अजझलेति स्वरचारम् । झण्टुम् । अस्य त्रिसाम्नोऽन्ते विधिमाह । तदन्त इति पूर्वरङ्गविधिमाह । प्राप्येति । अनुकृतायां वाद्यविधौ । बहिर्गमनमाश्रवणादावुक्तम् । तदाधेन गुरुलघुयोगादनु-

आसारितप्रयोगे च तत्त्वानुगतप्रायं वाद्यं विधातव्यम् । यत्र त्रिसाम स प्रत्याहाराय (रो यां) चासाववतीर्णकोटी त(टिस्त)त्र वाद्यं प्रवर्तते । तत्रादौ तावद्वामोर्ध्वक-प्रहारयुतं पश्चादालिङ्गनविमर्दनकरं गोपुच्छां च त्रिसामा विचित्रकरणयुतं मार्दङ्गिकसर्वमाण्डिकमपि वाद्यं पश्चात् प्रवर्तनीयम् । पूर्वं हि भाण्डवाद्येन सिद्धिरुत्पादनीया । स्त्रीबालमूर्खाविकीर्णे च रङ्गे कुतूहलजननसमर्थवाद्यमुपपन्नं भवति ॥२२२॥

अपि च ।

आचार्याः सममिच्छन्ति पदच्छेदं तु पण्डिताः ।
स्त्रियो मधुरमिच्छन्ति विकृ(कु)ष्टमितरे जनाः ॥२२३॥

तस्य(स्यैव) चान्ते ताण्डवप्रयोगमधिकृत्य नर्तक्या अवतरणकाले लघुवर्ण-सञ्चयमङ्गिकेऽङ्गुलिप्रचलनप्रायं वाद्यं योज्यम् । गीतकसन्निपाते च लास्या(स्य)-मनुवाद्यम् । तेन नृत्ताङ्गहारानुगतं करणवाद्यं प्रयोज्यम् । आलिप्तमार्गेण जातिकरणान्वितमुत्थापने वाद्यं प्रयोक्तव्यम् । ततः परं परिवर्तनं चातुर्मार्गिकं शुद्धजात्याश्रयं चतुर्थकारप्रवेशेषु वाद्यमङ्गुलिप्रचलनप्रायमिति । नान्दीशुष्कावकृष्टासु करणाश्रितं वाद्यं योज्यम् । रङ्गद्वारे प्ररोचनाया जर्जरे त्रिगते चार्यां चाड्डित-

---

सरणीयम् । ननु प्रत्याहारस्तु लक्षणमकृतम् । कृतमित्याह । यवान(या चासाव)-वतीर्णकोटिस्तत्र वाद्यमिति । अवतरणस्य मार्गेऽन्तरसर्वमार्गमिश्रवाद्यम् । अन्ये तु यावदवतीर्णकोटिकोटीति पठन्तस्त्रिसामावतरणयोर्मध्ये सर्वभाण्डे वाद्यमिति मन्यन्ते । तत्र हेतुमाह । पूर्वं हीति । सिद्धं(द्धि)व्याचष्टे । स्त्रीबालेत्यादिना । कुतूहलजननमेव सिद्धिः प्रधानमित्यर्थः ॥२२२॥

आचार्या एतत्तत्त्वविदः । पण्डिताः वैय्याकरणादयः । स्त्रिय इति यत्र मधुरम् । इतरे बालमूर्खादयो विकृष्टन्ति(मिति) प्रतिवृत्तम् ॥२२३॥

तस्यैवेति । बहिर्गीतोत्तेजितस्य वाद्यस्यान्ते । तु गीते । अङ्गुलिप्रचलनप्राय-मिति । अतीव्रप्रायमित्यर्थः । गीतप्रयोगाभिनये समाप्ते तदन्यसन्निपातात् प्रभृति लास्यनृत्यमनुगतवाद्यं करणधातुयुक्तवीणामिश्रम् । अन्ये तु कृतादिषट्कमत्रेत्याहुः । एवमुत्तरत्र । उत्थापने त्वालिप्तमार्गोचितजातिक्रियावाद्यम् । परिवर्तिन्यां सर्वमार्गेषु शुद्धायां जात्यां करणाश्रितमिति । धातूचितं सन्निपाताक्षरयोजना........

मार्गाश्रितं सन्निपातग्रहं प्रयोक्तव्यम् । महाचार्यां वितस्तिमार्गाश्रितं प्रवेशिनी-ग्रहम् । एवं तावत् पूर्वरङ्गे भाण्डवाद्यमुक्तम् । नायकानां तु स्वस्थगतिप्रचारं वक्ष्यामः । तत्र घंद्रांद्रांद्रां इति देवतानाम् । घेंतांकेंतां...कृष्ण किटिप्रायं विप्राणाम् । व्यञ्जकप्रायं मध्यमानाम् ॥२२४॥

एवं स्वस्थावस्थागतिप्रचारे विधीयते वाद्यम् ।
द्विकलाश्च तथैककलाश्चतुष्कलाश्चैव पादविन्यासाः ॥२२५॥

तत्र तु साम्यं कार्यं भाण्डे च समं च गानेन ।
पुनश्चावस्थाकृतं वाद्यं वक्ष्यामि त्वरितगमने ॥२२६॥

धंधंघेघेटं इत्येवं वाद्यं प्रयोक्तव्यम् ।
रथविषमादिगतमङ्गुलिप्रचलनकृतं विहितम् ॥२२७॥

(तत्रै)व पूर्वं सम्यग् लिखितं गतिप्रचारे तु ।
पुनरन्यावस्थायां वाद्विधानं प्रवक्ष्यामि ॥२२८॥

त्वरितगमनेषु भावा ये पूर्वोक्ता गतिप्रचारेषु ।
ध्रंघेंघेंप्रायं तत्र तु वाद्यं प्रयोक्तव्यम् ॥२२९॥

नौरथविमाननेपथ्यानिलाकाशजेऽङ्गुलीचलनात् ।
कार्यं हि तच्चतुष्केऽप्यन्योन्यसमाश्रितं वाद्यमिति ॥२३०॥

दुःखार्दितव्याधितेष्टजनवियोगविभवनाशवधबन्धः ।
व्रतनियमोपवासादियुक्तेष्वालिप्तमार्गबन्धो विधातव्यः ॥२३१॥

दत्यदानवयक्षराक्षसपन्नगादीनां धंद्रांधंद्रांधकुताम् ।
घेघेटाप्रायं खञ्जविकलपङ्गुवामनादीनाम् ॥२३२॥

टघटाघेप्रायं चेटकुसत्वादीनां थोकटखुखणेत्यादिकम् ।
यतिपाशुपतशाक्यादीनां घहुघहुघेघेप्रायम् ॥२३३॥

स्येति । प्रदेशिनीपातेन यस्य ग्रहणं तत् प्रदेशिनीग्रहणम् । एवं पूर्वरङ्ग इत्युपसंहृत्य नायकविषयमाह । नायकानां स्थिति । यद्यपि जातिविनिश्चययोगो गतिप्रचारे कृत-स्तथापि ग्रहमोक्षे सन्धानयोगान्येतान्यक्षराणि तत्र मिश्रणीयानीत्येवं योजनामाहुः । अन्ये तु विकल्पमिच्छन्ति ॥२२४॥

गतिप्रचार इति गत्यध्याये (अ० १२) । चतुष्कल(ला) इति आङ्गिकमुखद्वये ऊर्ध्वंकालिङ्गके ॥२२५-२३३॥

औपस्थापक निर्मुण्डवर्षवरादीनां
घेटांघोटांमांटांण्णाणाप्रायम् ।
वृद्धश्रोत्रियकञ्चुकिस्थूलादीनां
खोंध्रोघोखोखो इति प्रायम् ॥
गजवाजिखरोष्ट्ररथविमानयानेषु वंकिटिप्रायम् ॥२३४॥

सर्वत्रोत्तममध्यमाधमेषु पुरुषेष्वित्थं रसभावानभिसमीक्ष्य वाद्यं प्रयोक्तव्यम् । एवं तावत् पुरुषवाद्यम् ॥२३६॥

स्त्रीणां पुनरभिव्याख्यास्यामः । तत्रोत्तमस्त्रीणां मध्यानां च टोस्वषघिदो-घेंटमधिके इति प्रायम् । अथ राजस्त्रीणां धंकिल्लुमथिथिदोह्लुकखुखुप्रायम् । धंकि-तिकिथिघटमटमटमथिथे इति ब्राह्मणीनाम् । अथ मध्यमस्त्रीणां वेश्याशिल्पकारीणां किटिण्णाणं थंकथिघटमथिहुणकिटिकिटिप्रायम् । टमथिकुण (केडखुखिखि प्रायं गीतं स्त्रीणाम्) । एवं तावत् सामान्यतोऽभिहितं स्त्रीणाम् । अवस्थान्तरितानां तु त एव पौरुषा वाद्यविशेषा भवन्ति । सामान्यतोऽभिनये भयशोकक्रोधादयो हि भावा आसां समुत्पद्यन्ते । आसामपि रसभावाभिनयापेक्षं मार्गाश्रितं वाद्य भवति ॥२३६॥

अपि च ।

जातिमार्गप्रचारैस्तु करणैरक्षरैस्तथा ।
वादयेद्यस्त्वसंकीर्णं स श्रेष्ठो वादको मतः ॥२३७॥

अथान्तरवाद्यानि । अनुबन्धो विप्रहारितं सिद्धिर्ग्र(ग्र)हणं परिच्छिन्न-मिति ॥२३८॥

औपस्थायि(प)को..................प्रतिनटः । निर्मुण्डो जातिखलतिः ॥२३४-२३५॥

सामान्यतोऽभिनये सामान्याभिनये क्रोधादयः । आसां स्त्रीणाम् । अपतिशो वादयो दर्शिता इति । तदनुसारेण स्त्रीणामपि वाद्यं न केवलं पुंसाम् ॥२३६॥

जातयः शुद्धा या इत्यादि व्याख्यातम् ॥२३७॥

गानपरिक्रमं च विना यद्वाद्यं तदुत्तत्त(न्त)रवाद्यम् । तच्चतुर्धा ॥२३८॥

तत्रानुबन्धसंज्ञमन्तरवाद्यं यथा घोणाधोवलघे इति । पाठ्यविरामे विप्रहारितं यथा घंद्रांखोखोणा इति ॥२३९॥

सिद्धिरपि ।

ऐश्वर्ये विस्मृते शान्ते वस्त्राभरणसंयमे ।
सिद्धिर्वादयितव्या तु नानाकरणसंश्रया ॥२४०॥

सा च सिद्धिर्यथा समागंकरणाश्रया कार्या विचित्रकरणा पञ्चकला । अवस्थान्तरे पुनरेवमेव कृता भवति ॥२४१॥

अपि (च)

साध्यविरामे वाद्यं परिवत्साधनकृते विरामे च ।
वस्त्राभरणनिपाते प्रकुर्यादंम्यञ्जने काले ॥२४२॥

अथ परिच्छिन्नं सार्वभाण्डिकम् । ध्रुवायो(या) ग्रहोपशमने गम्भीर-घोरप्रहारमुद्धतं यथारसं च षट्कलम् । तत्रोत्तमानां वितस्तमार्गाश्रितं द्रंद्रंक्लेघेके इति ॥२४३॥

अथोत्तमस्त्रीणामडडितावाद्याश्रयणम् । खो खो खा इति । अधमानां खञ्जनर्कुटकस्थम् । यथा टंकखाकिटिकिटिना इति ॥२४४॥

अथप्रासादिकीप्रावेशिक्याक्षेपिवयवकृष्टासु । तत्र प्रासादिकीप्रावेशिक्योः समपाणौ विभक्तकरणं वाद्यम् । द्रुतायामुपरिपाणिर्विचित्रकरणं स्थितावकृष्टाया-

---

अनुबन्धो नाम यदङ्गानुसारेणाभिनयः । मध्यम एव वर्तना । प्रयोगकाल-वाद्यम् । अध्यायसमापा(प्ता)ववान्तरवाक्यार्थच्छेदे विप्रहारितम् । यथा यशश्शेषता-मित्यत्र विशेषेण प्रहारः ॥२३९॥

अशङ्कितविभवलोभेऽभिनयपाठ्यादौ विधिः स्मृतः सिद्धिः । पूरणार्थं सिद्धि-ग्रहणम् ॥२४०-२४२॥

ध्रुवगाने भविष्यति समाप्ते च यद्वाद्यं ध्रुवाषट्कपर्यन्तं नियतषट्कलत्वा-दधिकृतात् परिच्छिन्नम् । तदन्तरवाद्यमेवोत्तरवाद्यविषये अक्षरैर्विभजति । तत्रोत्त-मानामित्यादिना । ध्रुवाणां ग्रहणे उपशमने च यत् परिच्छिन्नं नाम चतुर्थमन्तर-वाद्यमुक्तम् ॥२४३-२४४॥

मर्थसन्निपातकृतमिति । यथा धोण्णेधोधो इति ॥२४५॥

एवमेतत् प्रयोक्तव्यं वाद्यं गतिपरिक्रमे ।
प्रासादिक्यां ध्रुवायां च त्वन्तरायां तथैव च ॥२४६॥
अभाण्डमेकं गीतं तु परिवर्तं प्रयोजयेत् ।
सन्निपातावसानेषु भाण्डवाद्यग्रहो भवेत् ॥२४७॥

अथ द्रुतविलम्बितायां यथा । तलखो तलखो तलखो इति । अथाड्डितायां यथा । धोणखोखोखके........ कुखुणाणाणा खोदें थलखोंके इति ॥२४८॥

अथोद्घात्यम् ।

सम्भ्रमावेगहर्षार्थे विस्मयोत्साहशोकजे ।
ग्रहे गानस्य यद्वाद्यमुद्घात्यं सम्प्रकीर्तितम् ॥२४९॥

मोक्षमिदानीं वक्ष्यामः । तद्यथा । लेन्नांतिकिठिदत्तकित्तकिकिदोत्तगोगोगधेदोधेटघेघेरादो इति । य(अ)थाड्डितायाम् । घटमथिघंघंखोखोणखोखोणखोखोचेणं डक्कणिण्कषखुड्डप्प इति । अथ नर्कुटखञ्जयोः । योधंद्रांधंद्रांतकितांगुट्गुट्घे इति । अवस्थितायाम् । धंधंघेटंमटघेघेत्थिमटांकटत्थिमटत्थिकटकिटीथिटी इति । अथावकृष्टायाम् । घटमटत्थिरथिगुट्घेट (धोणवंधणणोंणणं) इति ॥२५०॥

एवमेते ग्रहा मोक्षा ध्रुवाणां गदिता मया ।
निष्कामे च प्रवेशे च त्वाक्षेपिक्यन्तरासु च ॥२५१॥

तत्र ग्रहे यद्वाद्यं तदेव षड्ध्रुवाभेदेन स्फुटयितुमाह । अथ प्रासाद(दि)कीत्यादि ॥२४५-२४७॥

द्रुतायां ध्रुवायां विप्रहारितस्य ध्रुवादिविषये नामान्तरेण प्रयोगमाह । उद्घात्यम् । उत्कृष्टं हननं यत्रेति ॥२४९॥

एवमुद्दीपनापरपर्याये ग्रहेऽभिधाय प्रशमनप्रलये मोक्षे दर्शयति । मोक्षमिदानीमित्यादिना ॥२५०-२५१॥

तत्रास्य द्वौ संहननौ । सञ्चरसंहननं यत्र संयोगाक्षराणि बाहुल्येनान्यत्वासरणे समानुसरणं प्रयतितव्यमिति यदुक्तं तण्डुनाऽर्थवादेन तद् द्रढयितुमाह ।

अकालज्ञमतालज्ञमशास्त्रज्ञं च वादकम् ।
चर्मघातक इत्येवं प्रवदन्ति मनीषिणः ॥

इति, शास्त्रज्ञत्वं लक्षणज्ञता । तालज्ञता प्रयोगकौशलम् । कालो द्रुतादिः । ताल-

एवं तालकलाज्ञाने मार्दङ्गिकेन प्रयतितव्यम् । भवति चात्र ।

अतालज्ञमकालज्ञमशास्त्रज्ञं च वादकम् ।
चर्मघातकमि(इ)त्येवं प्रवदन्ति मनीषिणः ॥२५२॥

अनेनैवविधानेन कार्यं वाद्यं प्रयत्नतः ।
अधमानां नर्कुटखञ्जषे(भे)दात् प्रयुक्तं च वर्णान्तरिका ।
अतःपरं प्रवक्ष्यामि त्वातोद्यानां तु लक्षणम् ॥२५३॥

त्रिधा कृतिर्मृदङ्गानां हारीतकयवाश्रया ।
तथा गोपुच्छरूपा च भवन्त्येषां च रूपतः ॥२५४॥

हरीतका(क्या)कृतिस्त्वङ्को यवमध्यस्तथोर्ध्वगः ।
आलिङ्गश्चैव गोपुच्छः आकृत्या सम्प्रकीर्तितः ॥२५५॥

तालत्रयं तथार्धं च मृदङ्गोऽङ्किक इष्यते ।
मुखं तस्य च कर्तव्यं द्वादशाङ्गुलयोजितम् ॥२५६॥

ऊर्ध्वकोऽपि तथा कार्यश्चतुस्तालप्रमाणतः ।
अङ्गुलानि मुखं तस्य कर्तव्यं तु चतुर्दश ॥२५७॥

आलिङ्गश्चैव कर्तव्यस्तालत्रयमथापि च ।
मुखं तस्याङ्गुलानि स्युरष्टावेव समासतः ॥२५८॥

दैर्घ्येण पणवश्चैव कर्तव्यः षोडशाङ्गुलः ।
कृशमध्याङ्गुलान्यष्टौ पञ्चाङ्गुलमुखस्तथा ॥२५९॥

इचच्चत्पुटादिः । चर्म निहन्तीति जुगुप्सोक्ता ॥१५२॥

लक्षणमित्याकारः ॥२५३-२५४॥

हरीतक्याकृतिरङ्कि(ङ्कि)कः ॥२५५॥

सार्धतालत्रयो द्वादशाङ्गुलकः ॥२५६॥

ऊर्ध्वाधो यवाकृतिश्चतुस्तालश्चतुर्दशाङ्गुलमुखाकारः ॥२५७॥

आलिङ्गो गोपुच्छाकृतिः । त्रितालोऽष्टाङ्गुलमुखः ॥२५८॥

दैर्घ्येण षोडशपरिणाहेनाष्टौ मुखतः पञ्चाङ्गुलः पणवः ॥२५९॥

ओष्ठावस्य तु कर्तव्यो तज्ज्ञैरध्यर्धमङ्गुलम् ।
मध्यं च सुषिरं तस्य चत्वार्येवाङ्गुलानि च ॥२६०॥

दर्दरश्च घटाकारो नवाङ्गुलमुखस्तथा ।
विधानं चास्य कर्तव्यं घटस्य सदृशं बुधैः ॥२६१॥

द्वादशाङ्गुलविस्तीर्णं पीनोष्ठस्य समासतः ।
अतः परं प्रवक्ष्यामि चर्मलक्षणमुत्तमम् ॥२६२॥

न ज्वरोपहतं चर्म न च काकमुखाहतम् ।
नापि दोषहतं क्लिन्नं न च धूमाग्निदूषितम् ॥२६३॥

एभिर्दोषैर्विनिर्मुक्तं चर्म निर्वर्त्यते गवाम् ।
शुद्धपल्लवसंकाशं हिमकुन्देन्दुपाण्डुरम् ॥२६४॥

अत्यामिषविहीनं तु क्लिन्नं वा चर्म कर्मणि ।
विदित्वैव सुवर्णानि चर्मण्याहृत्य बुद्धिमान् ॥२६३॥

शीतोदके निशामेकां स्थापयित्वा समुद्धरेत् ।
वध्रैः सुललितैर्दार्भ्रैर्गोमयैरक्तमार्जि(र्दि)तैः ॥२६६॥

चन्द्रकैस्तनुभिः पश्चात् मृदङ्गान् योजयेद् बुधः ।
पुष्पावस्तत(र्त त)तः कुर्यात् त्रिवर्ति चन्द्रकाश्रया(य)म् ॥२६७॥

अङ्गु(ओ)ष्ठो यत्र चर्म विश्राम्यति । तेन सोध्वो(र्ध्वो)ङ्गुल्यमध्यतः । अङ्गुलद्वयस्थूलं तु काष्ठमित्यर्थः ॥२६०॥

नवाङ्गुलमुखो द्वादशाङ्गुलसुषिरः पीनोष्ठो घटाकृतिर्दर्दरः ॥२६१-२६२॥
अथ मुखोपयोगलक्षणमाह । न ज्वरोपहतमित्यादि ॥२६३-२६४॥

पूव गोमयेनोक्तास्ततः सुमर्दिताः ॥२६६॥

चन्द्रकैरिति । वध्रा निरवद्यास्तथा कार्या यथा चन्द्रकाकाराः क्वचित् क्वचित्वृद्धकुसुमवर्तनाकाराः । त्रिवर्तिमिति । त्रयाणां वध्राणामन्योन्ययोजनावैचित्र्येण ॥२६७॥

कक्ष्याख्यं वं परिकरमिति । येन स्कन्धे निवेश्यत इत्येतत् पणववत् प्रवेशयेत् ॥२६८॥

कक्ष्याख्यं वै परिकरं ग्रीवाख्यं स्वास्तिकं तथा ।
त्रिशतं च प्रकुर्वीत पुष्करे ह्याक्षिकानि तु ॥२६८॥
दश तत्र हि वध्रास्तु प्रक्षेप्या वर्तिसंश्रयाः ।
द्व(द्वे)हित्वा त्वाक्षिके वध्र (ध्रे)तृतीये संप्रवेशयेत् ॥२६९॥
सर्वेष्वेवं प्रयोगोऽयमाक्षिकेषु विधीयते ।
तन्त्रीभिः पणवं नह्येत् सुदृढाभिः समन्ततः ॥२७०॥
वातपुष्करिकां चैव योजयेत्तनुचर्मणा ।
एवं मृदङ्गपणवाः कर्तव्या दर्दरास्तथा ॥२७१॥
नवे मृदङ्गे दातव्यं रोहणं सततं बुधैः ।
गव्यं घृतं च तैलं च तिलपिष्टं तथैव च ॥२७२॥
तथा ह्येतेन विधिना त्वाङ्गिकालिङ्गकोर्ध्वकान् ।
देवताभ्यर्चनं कृत्वा ततः स्थाप्या महीतले ॥२७३॥
चित्रायामथवा हस्ते शुक्लपक्षे शुभेऽहनि ।
उपाध्यायः शुचिर्विद्वान् कुलीनो रोगवर्जितः ॥१७४॥
मतिमान् गीतितत्त्वज्ञो मधुरोऽविकलेऽन्द्रियः ।
सोपवासोऽल्पकेशश्च शुक्लवासा दृढव्रतः ॥२७५॥

अक्षके साध्ये सति द्वे लध्रे वन्धयित्वा स्पष्टात्तवध्रेषु मध्ये तृतीये वध्रे (प्र)-वेशयेदिति पणवत्वम् ॥२६९॥

ततस्त्रिभिर्बध्नीयात् ॥२७०॥

वातपुष्करिकां चैव योजयेत्तनुचर्मणा ।

इति । घातदार्ढ्यं विनापि लघ्वक्षरपवनवशादेव यथा मधुरशब्दादयो विचित्रा भवन्ति य(त)था कुर्यादिति ॥२७१॥

दातव्यं रोहणमिति । येन चर्मणा(णो) वाद्यं प्ररोहति तद् द्रव्यम् । घृत (तं)तिलतैलं तिलकल्कं चेति । चर्मणि लेपः ॥२७२-२७३॥

अथ मुरजपूजा यत्नेन कर्तव्य(व्या)माह । चित्रायामित्यादि । उपाध्याया-(व) इति । मौरजिकाः(कः) ॥२७४-२७६।

मण्डलत्रयमालिप्य गोमयेन सुगन्धिना ।
ब्रह्माणं शङ्करं विष्णुं त्रिषु तेषु प्रकल्पयेत् ॥२७६॥

आलिङ्गं स्थापयेत् पूर्वं कृते ब्राह्मेऽथ मण्डले ।
उर्ध्वकं तु द्वितीयेऽस्मिन् रुद्रनाम्नि निधापयेत् ॥२७७॥

तिर्यगुरुसङ्गिकं सम्यग् वैष्णवे मण्डले क्षिपेत् ।
बलिपुष्पोपहारैस्तु पूजयेत् पुष्करत्रयम् ॥२७८॥
पायसं घृतमध्वक्तं चन्दनं कुसुमानि च ।
शुक्लानि चैव वासांसि दत्वा लिङ्गे स्वयंभुवः ॥२७६॥

त्र्यम्बकाय प्रदातव्यः सगणायोर्ध्वके बलिः ।
स्वस्तिकैर्लाजिकापुष्परूपपिण्डाष्टकैः सह ॥२८०॥

उन्मत्तकरवीरार्कपुष्पैरन्यैश्च भूषितः ।
बलिः कार्यः प्रयत्नेन रक्तकौदुम्बरैः सह ॥२८१॥

वैष्णवे मण्डले स्थाप्यः सर्वबीजगतोऽङ्किकः ।
स्रग्वस्त्रालेपनैः प्रीतैश्चरुभिश्च सपायसैः ॥२८२॥

वाचयित्वा द्विजैः स्वस्ति दत्वा पूर्वं च दक्षिणाम् ।
पूजयित्वाद्विगन्धर्वान् पश्चाद्वाद्यं समाचरेत् ॥२८३॥

दैवतानि च वक्ष्यामि येषां ते च भवन्ति हि ।
वज्रेक्षणः शङ्कुकर्णो ग्रहश्चापि तथा महान् ॥२८४॥

एतास्तु देवता विप्राः पुष्करेषु प्रकीर्तिताः ।
मृण्मयत्वान् मृदङ्गा(ङ्ग)स्तु भाण्डं भ्रमयतीति च ॥२८५॥

आलिङ्ग(ङ्ग्य)म् ॥२७७-२७८॥

स्वयम्भुवः ब्रह्मणा(णः) ॥२७६-२८०॥

उन्मत्तं धत्तूरम् ॥२८१-२८३॥

वज्रेक्षणादयोऽग्रतः पूज्याः ॥२८४॥

अथ निर्वचनमाह । मृण्मयत्वान् मृदङ्ग इति । मुखे चेति सुखं मङ्गलं च करोति । भाण्डम् । भस्य डा आदेशः । तदाह । भ्रमयतीति रसयतीत्यन्ये पठन्ति । एके भणत इति च भाण्डमाहुः ॥२८५॥

मुरजास्तूर्ध्वकरणादातोद्यं तोदनादपि ।
भाण्डस्यादौ प्रणीतोऽत्र पणवश्च विधीयते ।
द्वारं शब्दं वारयति तस्माद् भवति दर्दरः ॥२८६॥
सृष्ट्वा मृदङ्गान् पणवं दर्दरं च महामुनिः ।
मेघैश्च स्वरसंयोगं मृदङ्गानामथासृजत् ॥२८७॥
विद्युज्जिह्वो भवेद्वामे मेघः स तु महास्वनः ।
ऐरावतो महामेघस्तथा चैवोर्ध्वके भवेत् ॥२८८॥
आलिङ्गके तडित्वांश्च नाम्ना चैव बलाहकः ।
दक्षिणे पुष्करो मेघः पुष्करो वामयोजितः (कोकिलो नाम विश्रुतः)
॥२८९॥
मृदङ्गश्चैव नाम्ना तु ऊर्ध्वके नन्द्यथोच्यते ।
अङ्किकः सिद्धिरित्येवमालिङ्गश्चैव पिङ्गलः ॥२९०॥
भूतप्रियो बलिस्तेभ्यो दातव्यः सिद्धिमिच्छता ।
अपूजयित्वा ह्येतान् वै नैव प्रेक्षां प्रयोजयेत् ॥२९१॥

मुरजाः सर्वकरणादिषु मुरा(द् वेष्टनाज्)जाता मुरजाः । ऊर्ध्वकरणमुन्नतं सौषिर्यं च । अन्ये तु मुजि(पा० धा० २५१)जिजनति विक्रमःष(मख)रूपमूर्ध्वं समनुकुर्वन्तीति प्रातिपदिकाद् धात्वर्थे(पा० धा० १८१६)णिचि टिलोपे पचाद्यच् (अ० ३०१.१३४) मुरजा इत्याहुः । आतोद्यं तोदनात् । भाण्डस्यादौ प्रणीतः पणव इति । तेनैव पूर्वं व्यवहाराद् भ(प)ण व्यवहारे (पा० धा० ४३९) द्रव्यनिचयः । दर्दरः । तदाश्रयत्वाद् वाद्यमपि । नृणामन्ते(दृ विदारणे) क्वचि रूपमित्युक्तमेव (३४-८४) ॥२८६॥

अथ मेघानां तत्राधिष्ठातृत्वं सूचयन् पुराकल्पमाह । मेघैश्च स्वरसंयोग इ(मि)ति । मेघगर्जितेन हेतुना ततःस्वरयोजनामाश्रित्य । पुष्करपत्रैस्तु वर्णाः षोडशेति भावः ॥२८७॥

तेनोर्ध्वके चैरावतः । आलिङ्गेन वामेन निनादः ॥२८८॥

दक्षिणे त्वङ्किके कोकिलः ॥२८९॥

ऊर्ध्वके नन्दी । आङ्किके सिद्धिः । आलिङ्गे पिङ्गलः ॥२९०॥

इति परमेश्वरगणविशेषाधिष्ठानद्वारेण सूचयन् तेषामप्यत्र पूज्यत्वमाह । भूतान्यन्ताद् वेदनीयानि तर्पणमनुभावनीयानि । येन तामृब्दली(तेषां प्रियो बलिः) ॥२९१॥

करीषस्य तु सङ्घाते मृदङ्गं स्थापयेद् बुधः ।
सुसम्या(ङ्घा)तानचलिता(तां)स्तथा च(चा)पतिता(न्)पुनः ॥२९२॥

आतोद्यपणवैश्चैव नर्तकोपनतास्तथा ।
शान्तिकर्म प्रयुञ्जीत विधिदृष्टेन कर्मणा ॥२९३॥

चत्वारः पणवाः कार्याः दशरूपविधौ पुनः ।
आतोद्यान्यपि तान्येव नानावस्थासु वादयेत् ॥२९४॥

नाटके सप्रकरणे भाणके(णे) प्रहसने तथा ।
मृदङ्गं पणवं चैव दर्दरं चैव वादयेत् ।
एवमेतद् बुधैर्ज्ञेयं मृदङ्गानां तु लक्षणम् ॥२९५॥

गतिवाद्यतालपाठ्यग्रहमोक्षविशारदोऽथ लघुहस्तः ।
छिद्राच्छेदविधिज्ञः सिद्धस्थाने ध्रुवाकुशलः ॥२९६॥

कलरिभितमधुरहस्तः सुनिविष्टो रक्तमार्जनो बलवान् ।
अवहितशरीरबुद्धिर्मृदङ्गवादी गुणैरेतैः ॥२९७॥

आलेपनप्रमाणज्ञश्चतुर्मार्गकृतश्रमः ।
प्रतिग्राही च (ग्रहीता) सिद्धीनामङ्गदोषविवर्जितः ॥२९८॥

स्वभ्यस्तकरणः सामे गीतज्ञो गुणितग्रहः ।
सुसङ्गीतप्रयोगज्ञो मृदङ्गी तु भवेद् गुणैः ॥२९९॥

भ्रान्तोर्ध्वहस्तः कालज्ञश्छिद्रावरणपण्डितः ।
अभ्यस्तकरणश्चैव भवेत् पाणविको गुणैः ॥३००॥

निश्चलो निपुणः शीघ्रो लघुहस्ती विधानवित् ।
वादनान्तरवादी च दर्दरी तु प्रशस्यते ॥३०१॥

करीषस्य शुष्कगोमयद्वा(ग)शिशेषमध्ये। यत्रैषां चर्मबद्धविकृतिर्न भवति। सङ्घातानन्योन्यविश्लिष्टान् ॥२९२—२९६॥

कलश्चतुरो रिभितो दीप्तो मधुरः श्रुतिसुखदो हस्तो यस्येति। सुश्लिष्टो दृ(ह्)ष्टो दृटा(ढो)सहः ॥२९७॥

प्रतिगृ(ग्र)हीता सिद्धीनामिति ॥२९८॥

अन्तरवाद्यज्ञः। गुणिता अभ्यस्ता ग्रहा ग्रहमोक्षसन्धयो (ये)न। सुष्ठु सङ्गीतप्रयोगमेलनिकां जानातीति तथोक्तम् ॥२९९॥

भ्रान्तेत्यत्र भ्रमणक्रियाचतुर ऊर्ध्वाधःस्थिरश्च हस्तो यस्य ॥३००॥

वादनस्य मुरजवाद्य(द्या)न्तरं मध्यान्तरं चेति विशेषश्च ॥३०१॥

एतत् सर्वं नाट्यप्रयोगं समीक्ष्य
प्रोक्तं वाद्यं सर्वलोकानुभावात् ॥

नोक्तं यच्चेदागमाद्वस्तुबुध्या
सद्भिः कार्यं मार्गजातीः समीक्ष्य ॥३०२॥

स्फुटप्रहारं विशदं विभक्तं
रक्तं विकृष्टं करलेपनं च ॥

त्रिमार्जनापूरितरागगम्यं
मृदङ्गवाद्यं गुणतो वदन्ति ॥३०३॥

वाद्ये तु यत्नः प्रथमं तु कार्यः
शय्या हि नाट्यस्य वदन्ति वाद्यं ॥

वाद्ये च गीते च हि सु(सं)प्रयुक्ते(क्तो)
नाट्यप्रयोगे(गो)न विपत्तिमेति ॥३०४॥

इति भरतीये नाट्यशास्त्रे पुष्करवाद्यो नामाध्यायश्चतुस्त्रिंशः ॥

नोक्तं यच्चेदितीति। हुडुक्का विसिसंक्षानशङ्कामात्रमेतत्। वस्तुतस्तु न सर्वमुक्तमिति दर्शयति ॥३०२॥

विकृष्टमिति। आराच्छ्रवणयोग्यम् ॥३०३॥

नाट्यस्य वदन्ति वाद्यमिति। पञ्चधेति साम्यात् प्रतिष्ठितं भवति। तदाह। **गीते**। वाचाऽपि तु **सम्प्रयुक्तो नाट्यप्रयोगो न विपत्तिमेति**। गीतातोद्याभ्यां **रामरावणा**दिविशेषास्पर्शनेनैव रसाभावचर्वणौचित्यमाधीयते साम्यं च यतो भवन्ति सर्वाः सिद्धय इति शिवम् ॥३०४॥

नादान्तसादाशिवभक्तिधाम
सन्तानकृत्यः **कखिलाभिधानः**।

रात्रिन्दिवं तस्य सुतेन दृष्टा
सुपुष्**कराध्याय**समाप्तिवृत्तिः ॥

इति श्रीमहामाहेश्वराभि(न)वगुप्ताचार्यविरचितायां नाट्यवेदवृत्तावभिनवभारत्यां पुष्कराध्यायश्चतुस्त्रिंशः।

भिन्नपाठक्रमवान्

अथ चतुस्त्रिंशोऽध्यायः।

ततातोद्यविधिस्त्वेष मया प्रोक्तः समासतः।
अवनद्धविभागेन लक्षणं कर्म चैव हि ॥१॥

आतोद्यानां प्रवक्ष्यामि विधिं वादनमेव च।
मृदङ्गपणवानां च दर्दरस्य तथैव च ॥२॥

गान्धर्वं चैव वाद्यं च स्वातिना नारदेन च।
विस्तारगुणसम्पन्नमुक्तं लक्षणकर्मतः ॥३॥

अनुवृत्या तयोः स्वातेरातोद्यानां समासतः।
पौष्कराणां प्रवक्ष्यामि निर्वृत्तिं सम्भवं तथा ॥४॥

अनध्याये कदाचित्तु स्वातिर्वै दुर्दिने दिने।
जलाशयं जगामाथ सलिलानयनं प्रति ॥५॥

तस्मिन् सरोनिषण्णे च प्रविष्टः पाकशासनः।
धाराभिर्महतीभिश्च कर्तुमेकार्णवं जगत् ॥६॥

पतन्तीभिश्च धाराभिर्वायुवेगाज्जलाशये।
पुष्करी(रा)णां कलरवः पत्राणामभवत्तदा ॥७॥

तेषां धीरकलं शब्दं निशम्य स महामुनिः।
आश्चर्यमिति सम्प्राप्तमवधारितवान् स्वयम् ॥८॥

केचिदेकवक्त्रजं केचित् त्रिवक्त्रजं केचिन्निर्वक्त्रजमिति। यथा रेफः सर्ववक्त्रेषु। दका(र)धकारावालिङ्ग्यवामके। आलिङ्ग्य दक्षिणे

मकारः । वामोर्ध्वगो(र्ध्वो वा) गकारः । क्वचिदालिङ्गेऽपि लाघवार्थं धकारः कर्तव्यः । एवं तत्र प्रतिषेधो न कार्य इति नु(नो)त्तुं स्वरव्यञ्जनसंयोगः पञ्चपाणिः प्रगतानां समपाणिरर्धपाणिरधोर्धपाणिः प्रदेशिनी चेति । एते नीच-(नि)गृहीतार्धगृहीतमुक्ता भवन्ति । तत्र समपाणिहतो मकारः स निगृहीतः । दकारपकारा अक्षतार्धगृहीताः । अर्धपाणिप्रहताश्चकार(क)कारखकारगकार डकाराः । पार्श्वपाणिप्रहतानिगृहीताश्च तकारथकारहकाराः । अर्धार्धपाणि प्रहताश्च प्रदेशिन्या हताश्चलिङ्गे भकारडकारणकाराः । मुक्ताश्च विहस्तप्रहस्त प्रहता अपिद्रङ्क्लेङिति । मुक्ताश्चंक्रुद्ध(द्धा)इत्यर्धपाणिप्र(ह)तोऽ(ता अ)र्धनिगृहीताश्च । एवमेतेष्वक्षरेषु प्रयोगवशेन कार्यं प्रहतम् ॥९॥

कुतः ।

षोडशैव तु दृष्टानि वाद्यजान्यक्षराणि तु ।
अनेनैव तु योगेन योज्यं वा(क्)करणं बुधैः ॥१०॥

चतुर्मार्गमिति यदुक्तं तदनुव्याख्यास्यामः ।
अङ्डितालिप्तमार्गौ तु वितस्तो गोमुखस्तथा ।
मार्गाश्चत्वार एवैते प्रहारकरणाश्रयाः ॥११॥

तत्रालिङ्गमृदङ्गप्रहारयुक्तस्त्वङ्डितो मार्गः ।
वामोर्ध्वगप्रहारयुक्तस्त्वालिप्तमार्गः ॥१२॥

ऊर्ध्वाङ्गदक्षिणोत्क्षिप्तप्रहस्तो वितस्तमार्गः ।
आलिङ्गकरणबहुलः सर्वपुष्करप्रहतो गोमुखमार्गः ॥१३॥

इति तत्राङ्डितप्रहारजो यथा । मट्टंकत्थितघटघेण्डाघट्टंगत्थि घुंगमगत्थिमगघेण्डां सन्धित्थ इत्यङ्डितो मार्गः ।

इदानीमालिप्तमार्गः । आलिङ्गकरणबहुलः सर्वादध्रो मामादध्रो मांगुदुघेंगुदुरनुंदुघेंध्रेन्द्रं घेन्द्रामाङ् ।

आलिप्तमार्गवाद्यं विज्ञेयं वादकैरेवम् ।

इदानीं वितस्तमार्गः । तकितां तकिता क्लेन्तां किन्तान्धि संकेता उदुहुदुकेन्तां वितस्ते स्यात् । अङ्गुलिप्रचालनावर्तितो नकारो मुक्तश्च स एव स्वस्तिकोनो ध्वां कुक्वयोरर्धनिगृहीतः तयोरेव समहस्तदर्शनात् प्रचालनात् हकारो

मुक्त इति । धत्थतित्थडित्थडितकिता खदेङ् खदेङ् गुरुखेन्दु खेण्डझत्थितित्थितत्थन्धित्थां विधातव्यः । एवं वितस्तमार्गगणे लमकरवर्जिताः प्रहाराः स्युः । ऊर्ध्वमार्गेण विशेषो कार्या(र्य)श्च गोमुख्याः । खगमत्थिमटटघेण्डाखुखुणं खरखेण्डां खेदुङ् खुणुमां दुणकितिकिन्तिकिट्टिमां खुखुणुद्वेघे धोधा विधातव्या ।

इदानीं गोमुखीवाद्यम् । डेणघेण्डणखुखुन्धुलघुदुलेङ् घटमटटाङ् दुणुघुणांत्थि घटंघिटिमां कुकुटाङ्ङ्णुघेङ्किदिमाङ् धे धे खो खो च गोमुख्याः ॥१४॥

ये त्वालिप्तसमुत्थाः सर्वैर्मार्गैस्तु विधातव्याः ।
ग्रहणाक्षरसन्धानेऽप्याद(दि)मृदङ्गाद् ग्रहो भवाते ॥१५॥

एतेषां तु प्रवक्ष्यामि दर्शनानि यथाक्रमम् ।
चतुर्णामपि मार्गाणामक्षरग्रहणं यथा ॥१६॥

घृङ् वृङ् घट्टघङ् मत्थिटत्थिमटामटत्थिदिङ्मनधेङ् क्लङ्क्लेङ् क्षिघकाङ् त्वड्डिते वाद्यम् ।

मद्रा तकिता धृङ् वृङ् स्त्रो किटि घेडाङ् गंत्थि किटिकेत्था यकुताकितां किरटामिति संयोगो वितस्तेस्तु स्त्रोमाङ् गुदुघेङ् घेघेघेण्डां घेघेटद्वमां ।

आलिप्ते संयोगे कार्योऽ वादने तज्ज्ञैः ॥

घैघंटत्थिकटांगुदुघेङ् घेटां घेण्डां धिमितितित्थिधंकेसरेधेगधे णोणोणमिति वैष गोमुख्याः उक्ता मार्गाः ।

एतेषां पुष्कराणां त्रिविधः प्रचारः । समो विषमः समविषम इति । वामोर्ध्वगयोर्वामसव्ययोरड्डितामार्गेऽपि कार्यः । समप्रचारस्त्वालिप्ते वाद्यकरणे तु वाध्वथ(ग)सव्यानां ग्रहणे वामस्तु कर्तव्यः । सव्योध्वगमनानां सव्यो विषमप्रचारे तु ॥१७॥

एवं स्वस्तिक योगाद् द्वाभ्यामपि यद् भवेत्तु हस्ताभ्याम् ।
माने वितस्तिसंज्ञे प्रहते विषमः प्रचारः सः ॥१८॥
स्वच्छन्दकस्तु करयोः शेषः प्रहतेषु मार्गकरणेषु ।
अड्डितगोमुखयोगात् समविषमो हस्तसञ्चारः ॥१९॥

शृङ्गारहास्ययोर्वाद्यं योज्यं तथाड्डिते मार्गे ।
वीराद्भुतरौद्राणां वितस्तमार्गेण वाद्यं स्यात् ॥२०॥

करुणरसेऽपि च कार्यं वाद्यं चालिप्तकरणमार्गेण ।
बीभत्सभयानकयोस्तथैव नित्यं हि गोमुख्याः ॥२१॥

रसत्वभावयोगं दृष्ट्वाऽभिनयं गतिप्रचारं च ।
वाद्यं नित्यं कार्यं यथाक्रमं स्थानसंयोगात् ॥२२॥

एतत् प्रहतविधानं कार्यं मार्गाश्रिते रसैः सम्यक् ।
वक्ष्याम्यतश्च भूयो दर्दुरपणवाश्रितं वाद्यम् ॥२३॥

तत्रातिवादितं स्यात् मुखानामग्रतो यत्र ।
यस्त्वनुगतं मृदङ्गत(ङ्गं)मृदङ्गादनुवादितमुच्यते तु तद्वाद्यम् ॥२४॥

समवादितमृदङ्गैर्ज्ञेयं साम्येन यद् वाद्यम् ।
कखगवं पणवमुखां दोह्लां कुहुलाम् ।
एते वर्णा नित्यं पणववाद्ये प्रयोक्तव्याः ॥२५॥

किरिखिण्डां थोंजोथोत्रहुलाकिरिकिण्डां णोणोणाजाश्च किरिकण्डां
माटामटत्थि टे टे दोण्णां पणवाद्यं तस्य प्रहतं कार्यं कनिष्ठानामिकाग्रेणैव ॥२६॥

प्रशिथिलवञ्चितकक्ष्ये पणवे कङ्कार एकप्रकारस्तु ।
तथै(था)न्ततः प्रहारः पणवे कार्यः प्रशिथिल(लं)वक्ष्ये ॥२७॥

कखररकृतः प्रहारः सोच्छवासे तु पणवे विधातव्याः(व्यः) ।
शेषा भ्रान्तकरणसंयोगात् संयोगकृता विधातव्याः ॥२८॥

धोकारस्तु स्वारजे पणवे कक्ष्याञ्चिते तु संभवति ।
णैणकरो युक्तो ह्लु इति पणवप्रकारः स्यात् ॥२९॥

तिर्यग्गृहीतवादननखवर्तितमिष्यते प्रहारोऽयम् ।
कुहुलां कुहुलां क्रेमससिन्धिः कुहुलामितीत्थं प्रकारः स्यात् ॥३०॥

एवं च सङ्करकृताः प्रहाराः शुद्धाः प्रकीर्तितास्तज्ज्ञैः ।
दर्दुरपणवमृदङ्गैर्मिश्रितवाद्यं प्रवक्ष्यामि ॥३१॥

त वर्गिकाभावं केचिदिच्छन्ति मिश्रितं केचित् ।
केचिद् युगपत्करणं केचित् पर्यायिकरणं तु ॥३२॥

एकैकसम्प्रयुक्ता वर्गानुगतास्तथैव सम्प्रयोक्तव्याः ।
घेंता कथं कुहुलां तकिता मृदङ्गेषु ॥३३॥

अथ दररे दङ् द्ररेङ् कुहुलां मटंथि पणवे च ।
थंमटंहिभ्मं कुहुलां मटत्थि देङ् वेङ् विमिश्रितस्तु ॥३४॥

एभ्यो येऽन्ये शेषा न मिश्रा एवं नित्यशः कार्याः ।
पूर्वेऽपि च मिश्रत्वं व्रजन्ति सर्वे यथायोगम् ॥३५॥

अथ युगपत् करणं कुहुलाणणां खुखुणोखेद्रोमादोण्णा ।
थथोधौत्थि द्वे योज्यं पणववाद्यम् ध(धु)र्यकृतं च ।
क्रमशः करणं परिवादने के(दके) न कर्तव्यम् ॥३६॥

भटभेभेधोधोणाणकिरिणि किण्णाकृतं चेति ।
पणवस्याचारबन्धे कार्यं धाखुखुणेति वाद्यत्रयम् ॥३७॥

भूयः कृतं च प्रतिकृत(तं) मार्दङ्गिकदार्दुरिकाभ्यां तु ।
यद्यत् कुर्यात् समुखं प्रहारजातं गतिप्रचारेषु ॥३८॥

अनुगच्छतमक्षरवृत्तं तदेव वाद्यं तु पणवेन ।
न हि चित्रं कर्तव्यं गतिप्रचारेषु वाद्य(दन)मनन्तज्ञैः ॥३९॥

समसहि तत्र हि तन्न लक्ष्यते पादसञ्चारे ।
उपरिकरणं यथेष्टं कर्तव्यं पणवे मृदङ्गे च ॥४०॥

तद्वत् प्रहारकरणं मृदङ्गवाद्ये विधातव्यम् ।
प्रायेण सर्ववाद्येष्वादौ पणवग्रहाः प्रयोक्तव्याः ॥४१॥

वक्ष्याम्यतः परमहं दसृक् घेत्ततिता केसदेङ् ।
केसदेवेदेरेभिण्णतमिततिमत्थि ॥४२॥

इति दर्दुरे प्रहरः कार्यो मुक्ते निषण्णे च ।
कार्यस्तत्र णणण्णारेद्रेग्रेधिकित्थिदक्किकिककरणे ॥४३॥

वामेन तु भ्मितियकसं(लं) तत्त्ववृ(ष्ट)ष्टं(:)कराग्रेण ।
मुक्ते तमिति चैव निगृह्याशीघ्रकरणानुबन्धास्थितिरेव हितकं स्यात् ॥४४॥

इति दर्दुरे प्रहारे वक्ष्याम्यूर्ध्वकरणजातम् ।
रूपं कृतं प्रकृति(प्रतिकृतं) प्रतिभेदो रूपशेषमोघश्च ।
षष्ठी(ष्ठं) वै प्रकृति(प्रति) शुष्के(ष्कं) ह्यते(त्तज्) ज्ञेयाः(यं) (हि) करु(र)णा(ण)जातम् ॥४५॥

तत्र रूपं नाम विहस्तकरणकरणम् । यथा ।
गंखुखुणखुघंक्रमंथिमत्थेत्तरधयं घन्तिमेंथिघेण्डां ।
करगुडरणकिटिउंखेघडंचेघडं घेक्खमिति रूपम् ।।४६।।

प्र(ति)कृतं नाम यत्रैकं करणं त्रिपुष्करमप्युद्भावयति । यथा । थंखुवण खुं क्रमत्थि वर्गेरघटां घट त्थिधक सां गुदुं घं कुहलां ह्लां दोघोघोणा इति ।।४७।।

कृतप्रतिकृताख्यं प्रतिभेदो नाम युगपत् कृते करणे मृदङ्गानां यद्गुपरिकरणेन गच्छति । यथा । घोघोणाखोकुहुलालणाणात्थि कटामटात्थिट-धिघेण्टाम् ।

एभिः करणविशेषैः प्रतिभेदो नाम विज्ञेयः ।।४८।।

विरूपशेषं नाम विरामकृतैः । यथा । खुखुण्णाणोमटघेंघेण्टा मदघेण्टामत्थि आंधोमिति वाद्यं रूपशेषं तु ।।४९।।

प्रतिशुष्कं नामानुस्वारो मार्दङ्गिकपाणत्रिकदार्दुरिकाणाम् । यथा घटमटत्थिदुणघेङ् किटिघेङ् घोङ् घोण्डा घोणं घोण खोखो खेकुटुकुटु किटकिट वखोत्थिणणत्थि ।।५०।।

चतुष्काख्ये सर्वभाण्डे विरामे द्रुतपाणिलयो नद्यघोवा(व)दोघः । यथा । थंकिटिमंथिवठिकिटिघिटि घेङ् घेण्टाण्टाणं घोण घोण घट घटगुदुघेङ् गंघेतिरिण-गेगं थो थो तथो घघु ।।५१।।

करणानां समायोगं करणेषु विधीयते ।
अनेन (नैव) विधानेन योज्यं वाक्करणं बुधैः ।
यतिन(र्ना)म समा श्रोतोगता गोपुच्छचे(जे)ति च ।।५२।।

यतिपाणि(णी)नां त्रिविधः संयोगः ; स च त्रिप्रकारो भवति । यथा । राद्धा(द्धं)विद्धां(द्धं) शय्या(म्या)गतम् । एवम् ।

त्रिप्रकारः संप्रयोगः करणेषु विधीयते ।
अपपाणिस्तु यत्र स्यात् तथा चैव स्थिता लयाः ।।५३।।

गोपुच्छा च यतिर्वाद्यं तद्वै शम्यागतं भवेत् ।
यथाऽवगीतिप्राधान्यं मार्गश्चैव च दक्षिणः ।।५४।।

अत्युक्त(त्त)मेषु पातेषु वाद्यं शय्या(म्या)गतं भवेत् ।
स्रोतोगता यतिर्यत्र लतो मध्यं तथैव च ।।५५।।

समपाणिस्तथा चैव विद्धं वाद्यं तु तद्भवेत् ।
स्थितताललयात् प्रभृत्येषा प्रमाणं सम्प्रवर्तते ॥५६॥
कार्यहानिः कुलानां च शेषेष्वन्येषु पाणिषु ।
यथाक्रमं विकर्तव्या नाट्ययुक्तिमवेक्ष्य च ॥५७॥

तिस्रो मार्जना नाम ।

मायूरी ह्यर्धमायूरी तथा कार्मारवी पुनः ।
तिस्रस्तु मार्जना ज्ञेयाः पुष्करेषु स्वराश्रयाः ॥५८॥
गान्धारो वामके कार्यः षड्जो दक्षिणपुष्करे ।
ऊर्ध्वगे मध्यमश्चैव मायूर्यश्च स्वराश्रयाः ॥५९॥
वामके पुष्करे षड्ज ऋषभो दक्षिणो तथा ।
धैवतश्चोर्ध्वगे कार्य अर्धमायूरकाश्रयाः ॥६०॥
ऋषभः पुष्करे वामे षड्जो दक्षिणपुष्करे ।
पञ्चमश्चोर्ध्वगे कार्याः कार्मारव्याः स्वराश्रयाः ॥६१॥
एतेषामनुवादी तु जातिरागस्वरान्विताः(तः) ।
आलिङ्गे मार्जनं प्राप्य निषादस्तु विधीयते ॥६२॥
मायूरी मध्यमग्रामेऽप्यर्धा षड्जं तथैव च ।
कार्मारवी च कर्तव्या साधारणसमाश्रयाः(या) ॥६३॥
स्वरा ये स्थायिनो यान्ति श्रुतिसा(धा)रणाश्रयाः ।
त एव मार्जनं कृत्वा शेषाः सञ्चारिणः स्मृताः ॥६४॥
वामोर्ध्वगाभ्यामाहार्या कार्या वै लेपनं स्वराः ।
शैथिल्यादायतत्वाच्च कार्यस्त्वालिङ्गकान्तिके ॥६५॥
शैथिल्यं च यतं चैव वर्धापीडनमार्दवात् ।
एवं स्वरोद्भवः कार्यो मार्जनासु प्रयोक्तृभिः ॥६६॥
मार्जनं तु मृदा कार्यं वामगोर्ध्वगयोस्तथा ।
लक्षणं मिश्रिकायास्तु गदतो मे निबोधत ॥६७॥
निःशर्करा निःसिकता निस्तृणा निस्तुषा तथा ।
न पिच्छिला न विशदा न क्षारकटुका तथा ॥६८॥

नावदाना(नवाकृष्टा)न चाम्ना(म्ला)ना न वि(वि)रक्तदा ।
मृत्तिकालेपनं ह्येषां यथाकार्यं तु मार्जनम् ॥६९॥

नदीकूलप्रदेशस्था श्यामा या मृत्तिका भवेत् ।
तोयाव(प)सरणश्लक्षणा तया कार्यं तु मार्जनम् ॥७०॥

बहुका या(ह्य)वदाता तु कृष्णा गुर्वी न च स्थिरा ।
सतुषा न स्वरकरी श्यामा यत्र न दृश्यते ॥७१॥

तत्र गोधूम(चू)र्णं वा यवचूर्णं च दापयेत् ।
यवगोपुच्छचूर्णस्तु(न्तु) कदाचिदुपभु(यु)ज्यते ॥७२॥

एकस्तस्य तु दोषः स्यादेकस्वरकरो भवेत् ।
एवं तु मार्जनायोगाच्छ्यामा स्वरकरी भवेत् ।
त्रिसंयोगस्य वक्ष्यामि लक्षणं द्विजसत्तमाः ॥७३॥

त्रिसंयोगो नाम गुरुसञ्चयो लघुसञ्चयो गुरुलघुसञ्चय इति । तत्र गुरुसञ्चयो नाम गुरुस्थितलयवृत्तम् । यथा । त्थितटां तकितां तकिटां घतित्ति मत्ति मतथीत्थं घटमथिमावेङ् घेण्टामटयामेवं गुरुलघु स्यात् ॥७४॥

लघुसञ्चयो नाम लघुद्रुतलयप्रवृत्ते यथा । घटमटघटमत्थिमटात्थिघटघट-दुकते लय(घु)संचय इति संयोगा ज्ञेया मृदङ्गवाद्यप्रयोगज्ञैः । (त्रि) प्रकृतिर्नाम तत्त्वमनुगतमोघश्चेति ॥७५॥

अक्षरसदृशं वाद्यं पदवर्णसमं तथैव प्रवृत्तम् ।
समं सुविभक्तकरणयुतं तत्त्वं वाद्यं विधातव्यम् ॥७६॥

समपाण्यप(व)पाणियुतं स्फुटप्रहारकरणानुगम् ।
वाद्यं पाण्यं भवेदनुगतं च नैककरणाश्रयम् ॥७७॥

(उ)पर्युपरिपाणि(समं) द्रुतलयं च (विज्ञेयम्) ।
आविद्धकरणबहुलं वाद्यं योज्यं बुधैरोघम् ॥७८॥

सर्वस्यैव तु वाद्यस्य अष्टौ साम्यानि भवन्ति ।
अक्षरसमं तालसममङ्गसमं लयसमं च ।
न्यासाव(प)न्याससमं पाणिसमं चेति विज्ञेयम ॥७९॥

यद्वृत्तं तु भवेद्गानं गुरुलघ्वक्षरान्वितम् ।
तद्वृत्तं तु भवेद्वाद्यं तदक्षरसमं स्मृतम् ॥८०॥

ध्रुवाणां ग्रहमोक्षे तु कलान्तरकलासु च ।
यथा(द)ङ्गं क्रियते वाद्यं तदङ्गं सममुच्यते ॥८१॥

यत्प्रमाणं भवेद्गानं कलाकालप्रमाणतः ।
तत्प्रमाणं तु यद् वाद्यं तद्वै तालसमं भवेत् ॥८२॥
सम मा) स्रोतोगता वापि गोपुच्छा च यतिर्यथा ।
यद्विधं तु भवेद्वाद्यं तद्वै यतिसमं भवेत् ॥८३॥

व्या(न्या)सान्ध(प)न्यासयोगस्तु स्वराणां हि यथा भवेत् ।
वंशवैणोद्भवं वाद्यं न्यासाद(प)न्यासजं तथा ॥८४॥

समपाण्युपपाण्यो(ण्यु)क्तं तथैवोपरिपाणिजम् ।
गीतानुगं च यद्वाद्यं स्मृतं पाणिसमं तु तत् ॥८५॥

अष्टादशजातिकमिति यदुक्तं तदनुव्याख्यास्यामः । यथा । शुद्धा एकरूपाऽऽदेशा गुरुर्वाऽऽदेशरूपा पर्यायो(या)विष्कम्भः पर्यन्त आरम्भो(म्भः) पाणिसमता(मस्ता) दुष्करकरणा ऊर्ध्वगोष्ठिका उच्चिन्तिता एवं वाद्या मृदङ्गपणवा अवकीर्णा अर्धावकीर्णा सम्प्लवा त्रिधूतमिति ॥८६॥

एतासां जातीनां लक्षणमभिव्याख्यास्यामः । तत्र ।
एकाक्षरं व्यक्षरं वा यद् वाक्यं(द्यं) सार्वमार्गिकम् ।
भवेत् करणयोगे तु सा शुद्धा नामतो यथा ॥८७॥

थखोखोथक्वामेभिर्जात्यक्षरैः समायुक्ता । सा शुद्धा विज्ञेया मध्यस्त्रीणां भवेज्जातिः ॥ गोमुखीमड्डिका(ता)लिप्तौ वितस्तं वाश्रिता(तां) यदा । वादयन्ति । तथैकैक एकरूपा हि सा यथा ॥ द्रिङ् धोङ् दोङ् धोंङ् घेघेमेङ् ।

अड्डितमार्गाक्षरैः समायुक्ता सा त्वेकरूपा जातिर्नृत्ते गीतविधानतः कार्या सर्वास्वपि प्रकृतिषु प्रयोज्या । सा स्थिताय(या) द्रुता वापि देशं कालमवस्थां ज्ञात्वा मध्ये विनियोज्या । सर्वात्ये (ण्धा) ता(तो)द्यानि यत्रैकं करणं भावयन्ति हि ॥८८॥

मृदङ्गवाद्यानुगमादेकरूपा तु सा स्मृता ।
अड्डितमार्गविभक्ता सम्भोगकृते भवति शृङ्गारे ॥८९॥

देशानुरूपजातिस्थितिलयवृत्तं(युक्ता) च कर्तव्या ।
यथा मीमत्थमम्मत्थिकिमा एभिर्जात्यन्तरैः समायुक्ता ॥९०॥

देशानुरूपजातिशृङ्गारे चोत्तरे स्त्रीणाम् ।
वामोर्ध्वगप्रवृत्ता द्वाद्याक्षिप्त्वा(प्ता) चतुष्टययुक्ता ।।६१।।
उपदेशादपेतरूपा करुणरसे सा भवेज्जातिः ।

यथा—

घेद्राङ् घेघेमेभिर्जात्यक्षरैः समायुक्ता ।।६२।।
देशादपेतरूपा सा कार्या वाद्ययोगेषु ।
पर्यागच्छति पूर्वं यस्मिन् सिद्धैस्तु तं करणजातम् ।।६३।।
त्रिविधेऽपि च लययोगे पर्याया नाम सा जातिः ।

यथा—

घेदोङ् घेदोङ् गुदुघङ् प्राया वामोर्ध्वगमे वामहस्तसञ्चारा ।
पर्यायकृता जातिर्वीराद्भुतरौद्रयोगेषु ।।६४।।
गुरुयुग्मं लघुयुग्मं तथैव च गुरुलघुनी चैव लघुश्चैव ।

यथा—

धिङ् माङ् धटघेङ् गुदुघेङ् दघेङ् दघेङ् मात्थिमेत्थम् ।
विष्कम्भाख्या जातिः शृङ्गारे चोत्तमस्त्रीणाम् ।।६५।।
एकैकाक्षरयोगाद् यद् वाद्यं सर्वमार्गसंयुक्तम् ।
पर्यस्ता क्रमहस्ता जातिः समहस्तविचारसंयुक्ता ।।६६।।
आकाशे र(थ)विमानऋषिविद्याधरभुजङ्गमादीनाम् ।
चरिते गतिविन्यासेऽथ धा(रा)यां चैव पर्यस्ता ।।६७।।

यथा—

घेङ् ताङ् घेङ् ताङ् देह्लामेभिर्जात्यक्षरैः समायुक्ता ।
पर्यस्ता जातिर्वै साऽधमपुरुषेषु कर्तव्या ।।६८।।
अपपाणिकरयुक्तमभ्यादेग्(क्ता ह्यादौ) मध्यमलयेन न यत्तुल्यम् ।
आरम्भं तं विद्यादन्तेवासि श्रुतं यस्याः ।।६९।।

यथा—

मगठं खुखुकिटां एभिर्जात्यक्षरैः समायुक्ता ।
अधमस्त्रीणां योज्या संरम्भा नाम वै जातिः ।।१००।।
ऊर्ध्वाङ्गदक्षिणैर्मुखे क्षिप्ता प्रभूता वितस्तमार्गे तु ।
पार्ष्णिसमस्ता जाति कार्याः शृङ्गारहास्यगतौ ।।१०१।।

तत्थिकटमत्थिकरणैः सपार्ष्णिनिपीडैः ।
चन्द्रांशुघेन्द्रडिताङ् पार्ष्णिः समस्तः पुनर्जातिः ॥१०२॥

स्थितिलयगतिविन्यासे शृङ्गारे भवति योत्तमप्रकृतौ ।
धीरोत्तमपुरुषाणामन्येषां दानवादीनाम् ॥१०३॥

स्वह(स्व)स्तिकहस्तविचारा सर्वं(र्व) मार्दङ्गप्रहारसंयुक्ता ।
सा त्रिलयवाद्ययुक्ता दुष्करकरणा भवेज्जातिः ॥१०४॥

यथा—

दुणदुणदुण।किकधिमघेङ् मदत्थिदुधकिटिघेङ् ।
एभिर्जात्यक्षरयोगैर्दुष्करकरणा भवेज्जातिः ॥१०५॥

दैत्येन्द्रभुजगराक्षसपिशाचगन्धर्वगुह्यकादीनाम् ।
गतिविन्यासे कार्या दुष्करकरणा भवेज्जातिः ॥१०६॥

ऊर्ध्वाङ्गदक्षिणमुखो(त्) क्षिप्तप्रहिता वितस्तमार्गा च ।
अङ्कोर्ध्वगप्रवृत्ता दक्षिणवामप्रवृत्ता च ॥१०७॥

प्रावेणान्तर्मार्गा वितस्तमार्गाश्रया तु दिव्यानाम् ।
अविलृङ् धृङ् धृङ्प्राया जातिरियमूर्ध्वकोष्ठा स्यात् ॥१०८॥

सर्वैर्मार्गैः समुद्धृत्य यद्वाक्यं करणं भवेत् ।
उच्चित्तिकां विजानीयाद् गूढशृङ्खलिकाकृत(ता)म् ॥१०९॥

यथा—

केत्तां केत्तां गदितामेभिर्जात्यक्षरैः समायुक्ता ।
राज्ञां स्वभावग(मने)जातिः कार्या वितस्तिकृता ॥११०॥

गोमुख्यक्षरसहिता सर्वमृदङ्गप्रहारसंयुक्ता ।
कुहकाभिनये योज्या वैलाम्बिकदृष्टलिङ्गेषु ॥१११॥

यथा—

घेण्डाण्डादोरकिता घेङ्मटत्थि घटगुदुघे ।
एभिस्त्वक्षरयोगैरेवाऽऽवाद्या(वं वाद्ये) भवेज्जातिः ॥११२॥

वामनविह्वलखञ्जस्यू(ञ्जेषू)धाङ् गाधे च(गद्यहतवादाम्) ।
गद्यहतवादां(एवं) वाद्य(द्या)जातिस्त्वेषां गमने तु कर्तव्या ॥११३॥

पृथिवी वादितं यत्र पर्वतोऽन्येषु दृश्यते ।
मृदङ्गपणवादीनां सा जातिः(नां जाति) सा माजि(र्जि)की यथा ॥११४॥

द्रोंद्रोंठोंठोमेभिर्जात्यक्षरैः समायुक्ता ।
मृदङ्गपणवा(दी)नां स्त्रीणामेषा(भवेज्) जातिः ॥११५॥
अवतीर्णं यद् वाद्यं त्रिगुणैर्वाद्यकरणैर्मृदङ्गानाम् ।
दर्दुरपणवोपगमादवकीर्णा नाम सा जातिः ॥११६॥

यथा—

केन्तां केन्तां केन्तामेभिर्जात्यक्षरैस्तु सम्प्र(सं)युक्ता ।
गोमुखमार्गे जातिः सा चैव (वं)गुणा विधातव्या ॥११७॥
अर्धकीर्णविविधैः करणैरिह मार्गयोगलघुयुक्तैः ।
दर्दुरपणवमृदङ्गैरर्धार्ध(र्धं)वादने कार्यम् ॥११८॥

यथा—

थंगदघेण्डां सेन्द्रामेभिर्जात्यक्षरैस्तु संयुक्ता ।
सम्प्लवमिति विज्ञेया कर्तव्या वानरैः करणैः ॥११९॥
दिव्यैर्नानाकरणैश्चित्रैः समृदङ्गप्रहारसंयुक्तैः ।
स्वाभाविकोत्तमगतौ विधूय जातिर्विधातव्या ॥१२०॥

यथा—

तिक्षिसां मटत्थि कणं कुक्राभ् ।
एभिस्त्वक्षरयोगैर्विधूतजातिर्विधातव्या ॥१२१॥
एता गति प्रचारेषु विज्ञेया जातयो बुधैः ।
याश्च नोक्ता मयावाऽ(चा)स्मिन् ता ग्राह्या लोकतोऽर्थतः ॥१२२॥
एवमेतेन विधिना कर्तव्यं वादनं बुधैः ।
गतिप्रचारे गीते च दशरूपे तथैव च ॥१२३॥
सप्तरूपे विधाने च छन्दसा कारितेषु च ।
वाद्यं गुर्वक्षरकृतं तथार्धाक्षरमेव च ॥१२४॥
गतिप्रचारे कर्तव्यं गानसौम्यार्थदर्शनात् ।
तत्त्वं चानुगतं चैव तथौघं करणाश्रयम् ॥१२५॥
राज्ञां ललितभावत्वाद् योज्यं वाद्यं स्वभावजम् ।
तत्त्वं तु प्रथमे गाने द्वितीययेऽनुगतं भवेत् ॥१२६॥
तृतीये त्वौघसंज्ञं तु वाद्यं गतिपरिक्रमे ।
शेषाणां छन्दतश्चित्रं ध्रुवाणां सम्प्रयोजयेत् ॥१२७॥

अथ स्थितावकृष्टानां वाद्यं चानुगतं भवेत् ।
प्रावेशिकीनां कर्तव्यं तत्त्वं चानुगतं तथा ॥१२८॥

नैष्क्रामिक्यन्तरगतं कार्यं त्रिलयवादिना ।
द्रुतं प्रासादिकीनां च ध्रुवा पञ्चविधा भवेत् ।
एवं ध्रुवाणां कर्तव्यं वाद्यं प्रकरणाश्रयम् ॥१२९॥

यो मात्रांशविकल्पस्तु ध्रुवापादे भवेदिह ।
स तु भाण्डेन कर्तव्यस्तज्ज्ञैर्गतिपरिक्रमः(मे) ॥१३०॥

एवं गतिप्रचारेषु वाद्यं योज्यं प्रयोक्तृभिः ।
अथ ऊर्ध्वं प्रवक्ष्यामि ग्रहान् भाण्डसमाश्रयान् ॥१३१॥

शम्यातालग्रहाः केचित् तथाकाशग्रहाः पुनः ।
तत्र शम्याग्रहा ज्ञेया नित्यं दक्षिणपुष्करे ॥१३२॥

वामोर्ध्वगे ग्रहाश्चापि ज्ञेयास्तालग्रहा बुधैः ।
तर्जनीग्रहकाठिन्य(नित्य)मालिङ्गे परिकीर्तिताः ॥१३३॥

अथाकाशग्रहाः प्रोक्ता निष्क्रामे वा प्रयोजिताः ।
आसारितानित्यश(नि श)म्याद्यास्तालाद्यास्तु ध्रुवाङ्गजाः ॥१३४॥

लयं च न ग्रहं गानं तत्र स्यात् तर्जनीग्रहः ।
शीर्षकं चोद्धता चैव प्रदेशिन्या ग्रहाः स्मृताः ॥१३५॥

नत्कुटस्याड्डिका(ता)याश्च प्रादेशि(सादि)क्यास्तथैव च ।
सन्निपातग्रहा ज्ञेयास्तथैवैककला(लो)विधिः ॥१३६॥

आकाशग्रहका ज्ञेयाश्चतुर्वि(र्द्वि)कलयोगजाः ।
तथा चाङ्गनिबद्धानि गीतकानि यथाक्रमम् ॥१३७॥

एवमेते बुधैर्ज्ञेया ग्रहा भाण्डसमाश्रयाः ।
ताण्डवे सुकुमारे च वाद्यं वक्ष्याम्यतः परम् ॥१३८॥

अभाण्डमेक(कं)गानस्य परिवर्तं प्रयोजयेत् ।
तस्यान्ते सन्निपातस्तु कार्यो भाण्डग्रहो बुधैः ॥१३९॥

अथा(थवा) नृत्तशोभार्थमङ्गाङ्गं(ङ्ग)परिकी(व)र्तनम् ।
गीतकस्य प्रकर्तव्यं व(ल)यस्य परिवर्तनम् ॥१४०॥

यत्राभिनेयमङ्गं तु न वाद्यं तत्र योजयेत् ।
यत्राङ्गहारनृत्तं तु तत्र वाद्यं प्रयोजयेत् ॥१४१॥
यदा गीतवशादङ्गं भूयो भूयो निवर्तते ।
तत्राद्यमभिनेयं तु शेषं नृत्तेन योजयेत् ॥१४२॥
यद्वृत्तं तु पदं गाने तादृशं वाद्यमिष्यते ।
गीतवाद्यप्रमाणेन कुर्याच्चाङ्गविचेष्टितम् ॥१४३॥
वाद्यं गुर्वक्षरकृतं तथाल्पाक्षरयोजितम् ।
मुखोपग(व)हनं कार्यं प्रकृष्टं वर्णतस्तथा ॥१४४॥
स्थितेऽल्पत्वं प्रहारं तु मध्येऽक्षरसमं तथा ।
कार्यं तु गीतके वाद्य(द्यं)द्रुते चोपरिपाणित(क)म् ॥१४५॥
समं रक्तं विभक्तं च स्फुटं शुद्ध(द्धं) प्रयोगजम् ।
नृत्ताङ्गग्राहि कालज्ञैर्वाद्यं योज्यं तु ताण्डवे ॥१४६॥
सनृत्तेषु प्रयोगेषु तत्त्वं ह्यनुगतं भवेत् ।
अनृतेषु प्रयोगेषु तत्त्वमोघं च वादयेत् ॥१४७॥
स्थिते मध्ये द्रुते चापि यथागानं तु वादयेत् ।
पदनृत्ताङ्गहारेषु कृतेन वै प्र(न प्र)क्रमेण तु ॥१४८॥
यो विधिर्गानवाद्यानां पदाक्षरलयान्वितः ।
स तु नृत्ताङ्गहारेषु कर्तव्यो नाट्ययोगतः ॥१४९॥
एतास्तु जातयः प्रोक्ता दश चाष्टौ च भाण्डजाः ।
अत ऊर्ध्वं प्रवक्ष्यामि प्रकारान् वाद्यसंश्रयान् ॥१५०॥

अथ प्रकाराः । चित्रं(त्रः) समं(मो) विभक्तं(क्तो) हीनं(छिन्नो) भिन्नं(छिन्नविद्धो) विद्धं (द्धो) (ऽनुपीडः) स्वरूपं(पः) स्वरूपानुगतम(तोऽ)नुगतः अ(सृतोऽ)नुस्मृतः(सृत)विच्युतो दुर्गः अ(र्गोऽ)वकीर्णः अ(र्णो)र्धावकीर्ण एकरूपः परिक्षिप्तः सञ्चि(साचीकृ)तः समलेखः चित्रलेखः सर्वसमवायः(यो) दृढ इति ॥१५१॥

तत्र ।

रचितादिभिः प्रयुक्तं चित्रैः करणैरनेकविधहस्तैः ।
त्रलयं त्रिपाणियुक्तं चित्रं वाद्यं बुधैर्ज्ञेयम् ॥१५२॥

दर्दुरपणवमृदङ्गैर्नानाकरणैस्तु यः सम्यक् ।
समयतिकालाङ्गयुतः स तु विज्ञेयः समो नाम ॥१५३॥

एकायनस्तथा यत्या यतश्च संस्थानसंविभक्तश्च ।
अक्षरपाणिलयेषु च विभक्तस्तु स्व (स विज्ञेयः) ॥१५४॥

वाद्यं तु त्रिलयं यत्र सहसा च विवर्धते ।
सर्वातोद्यप्रवृत्तं तु प्रकारश्छिन्न एव सः ॥१५५॥

अपपाणिमृदङ्गानां पणवोपरिपाणि च ।
भवतो यत्र वाद्ये तु छिन्नविद्ध इति स्मृतः ॥१५६॥

मृदङ्गकरणं वाद्यं पणवो वेधयेद् यदि ।
सूचीवेधैर्विचित्रैस्तु करणैर्विद्ध एव सः ॥१५७॥

विद्धानुविद्धये द्वाभ्यां (द्धं यद्वाद्यं) सर्वतोद्येषु दृश्यते ।
परस्परविरोधे तु अनुपीडस्तु संस्मृतः ॥१५८॥

विशुद्धवाद्यप्रकृतिः समतालकृतस्तथा ।
स्वरूपापगतं चै(तश्चै)व स्वरूप इति संस्मृतः ॥१५९॥

मुखः (खो वा) पणवो वापि पणवो दर्दुरोऽपि वा ।
तथानुयायावातोद्यं स्वरूपानुगतस्तु सः ॥१६०॥

अनुगद्य मृदातोद्यं गच्छेद् यत् स समं पुनः ।
श्रुतवत् समता वाद्ये तदाऽनुसृत उच्यते ॥१६१॥

एकैकानुगतं गा(गा)ढं वाद्यजातिसमन्वितम् ।
कृत्वाऽन्यजातिकं कुर्यात् तदाऽनुसृतविच्युतः ॥१६२॥

यत्र प्रचारविषमः(मं) सर्वमार्गप्रबोधनम् ।
अविभक्ताक्षकृतं तद् दुर्गं वाद्यमुच्यते ॥१६३॥

समवृत्तैर्मृदङ्गस्तु वाद्यते पणवैर्यदा ।
नानाविचित्रकरणैरवकीर्णस्तदा स्मृतः ॥१६४॥

द्रुता(तं)लयं समारुह्य पणवो दर्दुरोऽपि वा ।
अवधानोऽपि यत्र स्यादर्धकीर्णा तु सा सदा ॥१६५॥

सर्वातोद्यानि यत्रैकं करणं भावयन्ति च ।
समवृत्तपदान्येव एकरूप इति स्मृतः ॥१६६॥

पणवैश्चोदितं यत्र वाद्यमल्पमृदङ्गजम् ।
सुविभक्ताक्षरपदं परिक्षिप्तं तु(प्तस्तु) स स्मृतः ॥१६७॥
चित्रं हि करणं यत्र पदेनैकेन वाद्यते ।
नृत्ताङ्गहारानुगतं ज्ञेयं साचीकृतं तु यत् ॥१६८॥
कृत्वोपरिगतं वाद्यं पणवे(वो) दर्दरोऽपि हि ।
यत्रोदीक्षेत मुखान् समलेखस्तु स स्मृतः ॥१६९॥
चित्रं बहुविधं वाद्यं मृदङ्गपणवादिभिः ।
क्रियते यत्र संरब्धैश्चित्रलेखस्तु स स्मृतः ॥१७०॥
सर्वमार्गकृतो यस्तु सर्वपाणिलयाश्रयः ।
विचित्रश्च विभक्तश्च स सर्वसमवायकः ॥१७१॥
यस्तु मध्यलयोपेतः समः स विहिताक्षरः ।
गतिप्रचारविहितः प्रचारो दृढ एव सः ॥१७२॥
एवमेते प्रकारास्तु कर्तव्या नाट्यसंश्रया ।
गतिप्रचारे गीते च रसभावौ समीक्ष्य तु ॥१७३॥
एते प्रकारा जातयश्च सर्वमार्गेषु ते स्मृताः ।
ते वै गतिप्रचारेषु शुद्धास्ते केवलाः स्मृताः ॥१७४॥

एतेषां प्रयोगमिदानीं वक्ष्यामि । तत्रोपविष्टैः प्राङ्मुखो रङ्गे कुतव(प)विनिवेशः कर्तव्यः । तत्र पूर्वोक्तयोर्नेपथ्यगृहद्वारयोर्मध्ये कुतव(प)-विन्यासः । रङ्गाभिमुखा मार्दङ्गिकपाणविकदार्दरिकेषु गायकनायिकावांशिक-वैणिकसहितेषु अ(ष्व)शिथिलायततन्त्रीबद्धस्तनितेष्वातोद्येषु यथाग्रामरागमूर्च्छानां मार्जनानुलिप्तेषु मृदङ्गेषूद्धाराया निपीडितेषु निगृहीतार्धनिगृहीतमुक्तप्रकारेषु दर्दरवादनमुख्यविन्यस्तहस्तैर्वादकैर्देवतानामावाहनविसर्जनार्थं प्रथममेव त्रिसामः कर्तव्यः । स तु सर्वचराचरोत्पत्तिस्थितिप्रलयकर्तुर्ब्रह्मणो मुखाभिव्यक्तेन प्रथमेन साम्ना वामपार्श्वे चन्द्रं सम्प्रीणयति दक्षिणेन पन्नगाम् अथान्तरेण जलसाम्ना मुनीन् । आग्नेयेन बृहत्साम्ना दैवतेन च ॥१७५॥

एवं प्रीणयते यस्माद् दैवतानि यथाक्रमम् ।
तस्मात् त्रिसाम विज्ञेयं त्रिसामत्वाद् बुधैरिह ॥१७६॥
एवं च श्रूयते यस्माद् ब्रह्माणं केशवं शिवम् ।
तस्मादेतत् त्रिसामं तु ऋषिभिः परिकीर्तितम् ॥१७७॥

चतुर्णामपि वेदानामादावोङ्कार उच्यते ।
तथात्र सर्वगीतानां त्रिसाम परिगीयते ॥१७८॥

त्रिप्रकारं त्रिलयकं तथा चैवाड्डिताश्रयम् ।
षट्कलं त्रिकलं चैव त्रिसाम परिकीर्तितम् ॥१७९॥

त्रिविधः साक्षरविधस्तु(धो) गुरुलघ्वक्षरान्वितम् ।
यकारश्च मकारश्च त्रिकैस्त्रिगुणितं भवेत् ॥१८०॥

तस्यैव चान्ते पूर्वरङ्गविधिमनुप्रासं छन्दोसमेनाक्षरसमेन च वाद्यं बहिर्गीतविधानवस्तुत्रितयं वर्तनीयम् । तत्र च सा नितम्बियोगं च तथानुगतं वाद्यं प्रायः प्रयोक्तव्यम् । वृत्ते वस्तुत्रिसाम्ना च प्रकृत्याहारोऽयं वर्तनं यो गीतिकावद् वाद्यं प्रवर्तते । तत्रादौ वामोर्ध्वगप्रचारयुतं पश्चादालिङ्गनविमर्द-(र्द)नो गोपुच्छा यदि सामाद्यपि चित्रकरणयुतं चतुर्मार्गं विपञ्चीवाद्यं प्रवर्तयितव्यम् । पूर्वं भाण्डेनाभिव्यञ्जिते रङ्गे स्त्रीबालमूर्खावि(व)कीर्णे च रङ्गे कुतूहलमुत्पन्ना(त्पादना)र्थं भवति ॥१८१॥

अपि च ।

आचार्याः सममिच्छन्ति पदच्छेदं तु पण्डिताः ।
सुकुमारा(रं)स्त्र(स्त्रि)यश्चैव निकृष्टमितरे जनाः ॥१८२॥

तत्र भाण्डे ताण्डवप्रयोगमधिकृत्यावतरणकाले लघुपादसञ्चयैर्मार्दङ्गिकैरङ्गुलिप्रचलप्रायं वाद्यं योज्यम् । तत्रान्तराभिमुखो गायकः । गायकस्य वामपार्श्वे वैणिकः । वैणिकस्य दक्षिणे मृदङ्गवादकः । नर्तुरभिमुखा गायकाः । नर्तक्यवतरणगीतान्ते सन्निपाता ज्ञेयाः । लास्यनृत्ताङ्गहारानुगतं वाद्यं करणधातुसंयोगमित्युच्यते । समं रक्तमित्यादि तत इदानीं वामोर्ध्वगप्रहारसंयुक्तमालिप्तमार्गदेशकरसंश्रयं समुत्थापन्नन(पन)केन वाद्यं योज्यम् । यथा । दीर्घेङ् मतिखङ् मथांदेङ् धिर्विदिं दवं खुं खोकणे देघां केत्तां केत्तां किट घेङ् इति । पूर्वरङ्गलयपातनिर्दिष्टप्रयोगसमुत्थापनके वाद्यं योज्यमिति । तयोः मरं यत् परिवर्तनं चतुर्मार्दङ्गिकं शुद्धजात्याश्रयं यथा प्रोक्तम् । खोखोणं क्लौखरणां थखोखोणाः । एतदद्रव्यैर्यवद्वाद्यं स्यात् । पुनः(:)स्त्री वान्या स्यात् । थोखोङ्खोखो खकेणां घयेत्तां घ । नपुंसकपदे यथास्वरं खं दुर्मागि इति । चतुर्थकारप्रवेशे च वाद्यं तूत्थापनके चापकृष्टायामर्धमपि चार्यग्रहो यथा । घेंघेत्तां घे खोखोङ्गो घणं

दोषां दों घ दो घ घ घे इति। शुष्कावकृष्टाया(यां) यथा। थो खो थो खे ख धोधेङ्णादम्घङ् खोध्रोकेतांकखेखेणकसुगुकघेङ् गिणाणां खिखिखेङ् ताङ् खेङ्णं किटिकिटि घघेङ् घघेङ् कटुखुकुं लवला खोखोखोखोखाध्रंकेटां माणिणांमां किटिघणि इति। सन्निपातग्रहः(हो) यथा। वामकरणे का खोणो दोदोकं मोकं दहेगणा धो धो धो वटमटत्थि खंघोखोखोखोकटकटभ्कं खेखाखों तिथि कटकटां घटकमत्थि घे खो मिथि णागां किटिकिणां खकत्थमिति आलिप्तमार्गाश्रितं वाद्यम् ॥१८३॥

अतः परं महाचार्यवितस्तमार्गाश्रितं वाद्यम्। प्रदेशिन्या ग्रहो यथा। णणणखो मधुणां खोखोमत्थि तकितां तकितां किटिकितों किटिकितों खोखोमतितों मत्थित्र मतित्थं तिकिति केन्तां केन्तां द्रेतां ततकेन्तांट घेतोन्द्रं केन्तां द्रान्तां किण्णां केन्तां मुद्रां धोध्रंकेसंध्रंध्राद्रांद्रा ध द्रे द्रां द्राघें द्राघें द्राघेङ् इति। केस(क्लेङ्)कोपक्षेपणात् सिद्धिः। एतावच्चतुरश्रम्।

पूर्वरङ्गविधाने भाण्डवाद्यं प्रयोजयेत्।

त्र्यश्रत्वे तदेव कलाव्यवहितं पुनश्च नाटकाद्येषु धीरोदात्त धीरोद्धतधीरां ललितप्रशान्तान चतुर्णां नायकानां गतिप्रचारेष्ववस्थासु निर्गतं वाद्यमुपदेक्ष्यामः तत्र घ्रं घ्रं घ्रं धाद्रं प्रायो देवा(देवा)नां गतौ प्रयोज्यम्। घेन्तां प्रयोज(ज्यं)-राज्ञाम्। घाकेसं घट्ट घेङ् घेङ् घेङ् घेङ् घटित्थि टुन किटिति थिद्राणां णां-घ्र द्रां प्रायं मध्यमपुरुषो(षे) वाद्यम्। पुनरेव स्थितायां वाद्यविधानं वक्ष्यामि ॥१८४॥

त्रिकलं(ल) द्विकलैककलाश्चतुष्कलाश्चैव पातविन्यासाः।
तत्र तु साम्यं कार्यं भाण्डेन समं न गानेन ॥१८५॥
स्वस्थो गतिप्रचारो वाद्य(द्यं)त्रिकलश्च(लं च)तुष्कलं वापि।
(गति)लययतिविधानं समीक्ष्य तज्ज्ञैः प्रयोक्तव्यम् ॥१८६॥
न ह्येककला द्विकला वा ध्रुवाविरामा भवन्ति वाद्येषु।
तस्माद् भाण्डेन च कं(तं) साम्यं कार्यं न गानेन ॥१८७॥
सर्वत्र त्वरितगमनेषु पाताः पूर्वोक्ता ये गतिप्रचारेषु।
धृङ्धृङ्घेङ्घेङ्प्रायं तत्र च वाद्यं प्रयोक्तव्यम् ॥१८८॥
गौ(गो)रथविमानयाने पक्षिच(ज)लाकाशज्जडञ्चि(लि)चलनात
कार्यं वाद्यं चतुष्केऽप्यन्यैन्यकदामिहतं वाद्य ॥१८९॥

दुःखार्थिव्याधितशापक्लेशनिपतितेष्टजनविभवनाशवधबन्धव्रतनियमोपवासयुक्तेषु पूर्वलिप्तमार्गाश्रितमुत्थापनवाद्यं प्रयोज्यं स्यात् । दैत्यदानवयक्षराक्षसभूतपिशाचग्रहा दिनिथाध्राङ् दुङ् वधसंयुक्तं घुट्टुकृतं तकेथोद्राम् इत्येवमादि करणैर्गतिवाद्यं प्रयोजयेत् । खञ्जविकलवामनकुब्जादीनां प्रवृत्तगमनेषु घेंतां कटकामिति वाद्यं प्रयोक्तव्यम् । यतिमुनिपाशुपतशाक्यादीनां दोक्षो विखिद दुखेङ् कसनदोघन्तिकिती वाद्यं प्रयोक्तव्यम् । विदूषकोपधायन षण्डवर्षधरादीनां घें घें त्राणोण्गा दो ण्णा ण्णा ण्गामिति वाद्यं पुनश्चैव । अथ वृद्धश्रोत्रियकञ्चुकिस्थूलादीनां ध्र ध्रो द्राङ् द्रों धीङ् द्रोंणां खो खोगाम् इति वाद्यं प्रयोक्तव्यम् । अथ राज्ञां श्रयिधमिर्गोकं खु खु इति वाद्यं प्रयोज्यम् । अधमानां वेश्याशिल्पकारि(र)काणां नागरिकीयानां(काणां) धकुकुद्धिकिटमत्थितिणंगोणां धो इति ॥१६०॥

एवं तावत् समासाभिहितं स्त्रीणामवस्थान्तरितानां च । एत एव पौरुषवाद्यविशेषाः । तस्मात् सामान्यतो हि भयक्लेशशोकक्रोधादयो विभावाः समुत्पद्यन्ते । तत्र भ(भा)वापेक्षं मार्गाश्रितवाद्यं योज्यं भवति ॥१६१॥

अपि च ।

> जातिमार्गप्रकारैस्तु करणैरक्षरैस्तथा ।
> वादयेद् वस्तु सङ्कीर्णं स श्रेष्ठो वादकः स्मृतः ॥१६२॥

अन्तरवाद्यानि च विप्रकारितं सिद्धग्रहणं परिच्छिन्नमिति । तत्रानुबन्धसंज्ञानामान्तरवाद्यम् । यथा खोखोणां खो घे इति पाठ्य(म्) । विप्रहारितः (तो) यथा । धद्रां छ खाखो इति ॥१६३॥

सिद्धिरपि वा ।

> ऐश्वर्ये विस्मृते भ्रान्ते वस्त्राभरणसंयमे ।
> सिद्धिर्वाचैव कर्तव्या नानाकरणसंश्रया ॥१६४॥

सा च सिद्धिर्यथा मार्गकरणाश्रया कार्या चित्रकरणा पञ्चषट्कला । अथ परिच्छिन्नं सर्वभाण्डिकं द्रुतध्रुवाभूयोपगमने गम्भीरधीरप्रहारमुद्धतं यथा पञ्चषट्कलं च तत्रोत्तमानां चितस्तभुजाश्रितं घुं घु घु क स इति । अथोत्तमस्त्रीणामङ्घिलवाद्याश्रितं यथा । णण्णां खो खो णण्णागिति । अथाधमानां खण्डनं नत्कुटविषयं यथा । सं संकेत किटि किण्णामिति । अवस्थान्तरेषु पुनरेवार्धकृतं भविष्यति च । वाद्यविरामे वाद्यं साधनकृते निरामे च वस्त्राहरणविनिपाते संयमनकाले । अथ

प्रसादिकयां समपादो विभक्तकरणवाद्यं योज्यम् । द्रुतायामुपरिपाणिकरणम् । अजितायामपकृष्टसामे(मै)वसन्निपातकृतमिति ।

एवमेतत प्रयोक्तव्यं वाद्यं गतिपरिक्रमे ॥१९५॥

अड्डितायां च णा खो खो ण द दे दे दे दे खो खो धुंण धुण् इति । अथ नत्कुटखञ्जयो(:) णण्णाखुखुणाण्णाण्णा खोणंण्णा ण्णा दे दे दे खो खो खो खो घे इति । अथोद्‌गात्यसम्भ्रमावेगामर्षार्थविस्मयोत्साहजो भोगाय तस्य यत् तदुद्घात्यं सम्प्रकीर्तितम् ॥१९६॥

मोक्षानिदानीमुपदेक्ष्यामः । तत्राड्डितद्रुताः ध्रां तिडि तिन्तां इति । असतस्थिताया घततामिति । अपकृष्टायां वधधमिति ॥१९७॥

एवमेते ग्रहा मोक्षा द्रुतपा(क्षा पा) त्राणां गदिता मया ।
निष्क्रामे च प्रवेशे च आक्षेपिक्यन्तरासु च ॥१९८॥

एवं तालकलास्वरै(र)ज्ञानेन मार्दङ्गिकेन भवितव्यम् भवति चात्र श्लोकः ।

अतालकमतालज्ञमशास्त्रज्ञमवादकम् ।
चर्मघातकमित्येवं प्रवदन्ति मनीषिणः ॥१९९॥

अनेनैव विधानेन योज्यं वाद्यं प्रयोक्तृभिः ।
अत ऊर्ध्वं प्रवक्ष्यामि आतोद्यानां तु लक्षणम् ॥२००॥

त्रिविधा(त्रिधा) क्रिया मृदङ्गानां हरीतकियवाश्रया ।
तथा गोपुच्छरूपा च भवत्येषां स्वरूपतः ॥२०१॥

हरीतक्याकृतिस्त्वङ्क्या यवमध्यस्तथा स्वकः ।
आलिङ्गश्चैव गोपुच्छाकृतिरेषां प्रकीर्तितः ॥२०२॥

तालास्त्रयोर्ध्वं(र्ध)तालाश्च मृदङ्गा(ङ्गो)ङ्किक इष्यते ।
मुखे तस्याङ्गुलानि स्युस्त्रयोदश चतुर्दश ॥२०३॥

ततो(थो)र्ध्वकश्चकर्तव्यश्चसुस्तालप्रमाणतः ।
मुखं तस्याङ्गुलानिस्युरष्टावेव समासतः ॥२०४॥

पणवश्चापि कर्तव्यो दीर्घत्वे शोडशाङ्गुलः ।
कृशो मध्या(ध्ये)ङ्गुलान्यष्टौ पञ्चाङ्गुलमुखं त(स्तत)था ॥२०५॥

ओष्ठस्तस्य च कर्तव्यस्तज्ज्ञैरध्यर्धमङ्गुलम् ।
मध्ये तु सुषिरं तस्य चत्वार्येवाङ्गुलानि तु ॥२०६॥

दर्दरस्य शुभंकारो भवत्यष्टिमुखस्तथा ।
मुखं च तस्य कर्तव्यं घटस्य सदृशं बुधैः ॥२०७॥

द्वादशाङ्गुलविस्तीर्णं पीनोष्ठं च समासतः ।
अत ऊर्ध्वं प्रवक्ष्यामि चर्मलक्षणमुत्तमम् ॥२०८॥

न ज्वरोपगतं चर्म न च काकमुखाहव(वह)म् ।
न मेदोपगतं क्लिन्नं न च धूमादिदूषितम् ॥२०९॥

षड्भिदोर्षैर्विनिर्मुक्तं चर्म निर्वर्तितं गवाम् ।
देवताभ्यर्चनां कृत्वा ततः स्थाप्य महीतले ॥२१०॥

चित्रायामथवा हस्तेऽहनि पुण्ये शुभौ(भे) तिथौ ।
उपाध्यायः शुचिर्भूत्वा कुलीनो राजवर्जितः ॥२११॥

घनज्ञो गीततत्त्वज्ञो मधुरो नियतेन्द्रियः ।
सोपवासोऽल्पकेशश्च शुक्लवासा दृढव्रतः ॥२१२॥

मण्डलत्रयमालिप्य गोमयेन सुगन्धिना ।
ब्रह्माणं शङ्करं विष्णुं त्रिषु तेषु प्रकल्पयेत् ॥२१३॥

आलिङ्ग्य स्थापयेत् पूर्वं ब्रह्माणं पूर्वमण्डले ।
ऊर्ध्वकं तु द्वितीयस्मिन् रुद्रनाम्नि निपातयेत् ॥२१४॥

तिर्यक् कृतां गतिं सम्यग् वैष्णवे मण्डले न्यसेत् ।
बलिपुष्पोपहारैश्च नानापुष्पैर्विचित्रकैः ॥२१५॥

आलिङ्गे चञ्च(चाञ्ज)लिं दद्यात् मधुपायसमिश्रितम् ।
अपूर्व(पो)ल्लपिकामिश्रामालिङ्गे सम्प्रदापयेत् ॥२१६॥

अनन्तरं च दातव्यम् सर्वमेवोर्ध्वके बलिम् ।
स्वस्तिकाऽपूपिकाधूपरूपकैश्च तिलैः सह ॥२१७॥
उन्मत्तकरवीरैश्च पुष्पैरन्यैश्च भूषितः ।
बलिः कार्यः प्रयत्नेन रक्तो रक्ताम्बरैः सह ॥२१८॥

वैष्णवे मण्डले स्याच्च सर्वबीजकृतो हितम् ।
शुद्धस्यालम्बनैः पीतैश्चरुभिश्च सहासवैः ॥२१९॥

वाचयित्वा द्विजान् स्वस्ति दत्वा पूर्वं च दक्षिणाम् ।
पूजयित्वा च गन्धर्वान् पश्चाद् वाद्यं समाचरेत् ॥२२०॥

तन्त्रीभिः पणवं तु स्यात् समृष्टया(ष्टा)भिः समन्ततः ।
घातपुष्करिकाश्चैव योजयेत् तत्र कर्मणा ॥२२१॥

मृदङ्गपणवा वापि कर्तव्या दर्दरास्तथा ।
दैवतानि च वक्ष्यामि यान्येषां च भविष्यति(न्ति हि) ॥२२२॥

लक्षश्लक्षणः शङ्कुकर्णो भ्रा(भ्रा)मणी च तथा महान् ।
एतास्तु देवता विप्रा मुरजेषु प्रकीर्तिताः ॥२२३॥

ऋङ् सयत्त्रान् मृदङ्गं तु भाण्डो भाण्डाकृतीनि च ।
मुरजं शुद्धिकरणादालोद्यं तोदनात् तथा ॥२२४॥

भाण्डस्यादौ प्रमाणेन पणवश्च विधीयते ।
दारणाद् दण्डवाद्यानां दर्दरः परिकीर्तितः ॥२२५॥

दृष्ट्वा मृदङ्गपणवदर्दरं च महामुनिः ।
मेघैस्तु स स्व)रसंवादान् मृदङ्गो नाम चाकरोत् ॥२२६॥

विद्युज्जिह्वो भवेद्वाद्यो मेघस्य तु महात्मनः ।
ऐरावणो महामेघस्तथा चोर्ध्वगतो भवेत् ॥२२७॥

आलिङ्ग्ये च तडित् ख्याता नाम्ना मेघो बलाहकः ।
दक्षिणे पुष्करे मेघा(घः) कोकिलो नाम स स्मृतः ॥२२८॥

मृदङ्गश्चैव नाम्ना च ऊर्ध्वको नान्यथोच्यते ।
अङ्गारः सिद्धिरित्येवमालिङ्गश्चाष्टपिङ्गलः ॥२२९॥

तत्प्रियोऽपि बलिस्तेभ्यो दातव्यः सिद्धिमिच्छता ।
पूजयित्वा तु तां देवीं प्रेक्षां रङ्गे प्रकल्पयेत् ॥२३०॥

करीषस्य तु सङ्घाते मृदङ्गांस्थापयेद् बुधः ।
नाटकेऽङ्के प्रकरणे वीथ्यां भाणे डिमे तथा ॥२३१॥

मृदङ्गपणवाश्चापि दर्दरं चोपकारयेत् ।
एवमेतद् बुधैर्ज्ञेयं मृदङ्गानां तु लक्षणम् ॥२३२॥

अत ऊर्ध्वं प्रवक्ष्यामि उपहस्तस्य लक्षणम् ।
कर्करी समहस्तश्च हस्तपाणित्रयं तथा ।
वर्तना दण्डहस्तश्च पञ्चशिक्षाकरा(र)स्ततः ॥२३३॥

तर्जन्यङ्गुष्ठयोगेन सदेशाद्द्रुतिभिस्ततः ।
पर्यायपतनज्ञेया कर्करी हस्तयोर्द्वयोः ॥२३४॥

समयोः समतालेन द्वयोर्हस्ततलार्धयोः ।
पर्यायशः प्रपातो यः समहस्त इति स्मृतः ॥२३५॥

विभावितस्य वामस्य पार्ष्णिनाङ्गुलिभिस्तथा ।
सकृद्दक्षिणहस्तस्य हस्तपाणित्रयं भवेत् ॥२३६॥

पूर्वं दक्षिणहस्तेन क्रमाद् वामेन वा(पा)दतः ।
चत्वारो यत्र वर्तन्ते वर्तनाद् वर्तनाः स्मृताः ॥२३७॥

प्रथमं वामहस्तेन गृहीत्वा दक्षिणेन तु ।
प्रहाराः क्रमघातेन दण्डहस्तः समस्तयोः ॥२३८॥

सौष्ठवं लाघवं चैव बाहुल्यं दृढताऽपि च ।
सर्वेषां चैव हस्तानां गुणाश्चत्वार ईरिताः ॥२३९॥

एवमेतन् मया प्रोक्तं हस्तानामपि लक्षणम् ।
अत ऊर्ध्वं प्रवक्ष्यामि वादकानां तु लक्षणम् ॥२४०॥

गीतवादकलापातग्रहमोक्षविशारदः ।
अथ लघुहस्तच्छिद्रपाणिर्विधिज्ञः सिद्धिस्थाने ध्रुवाकुशलः ।
कलाभिरतो मधुरहस्तः सुनिविष्टो मार्जनो बलवान् ॥२४१॥

सुविहितशरीरबुद्धिः संसिद्धो वादकः श्रेष्ठः ।
आलेपनप्रमाणज्ञश्चतुर्मार्गकृतश्रमः ॥२४२॥

प्रतिग्रहीता सिद्धीनामभगदो निश्चलो निपुणः ।
शीघ्रो लघुहस्तो विधानविद् वादनान्तरे वेदी ।
... ... दर्दरी च प्रशस्यते ॥२४३॥

[प्रतिग्रहीता सिद्धीनामङ्गदोषविवर्जितः ।
निश्चलो निपुणः शीघ्रो लघुहस्तो विधानवित् ।
वादनान्तरवेदी च दर्दरी च प्रशस्यते ।।]

एतत् सर्वं नाट्ययोगं समीक्ष्य
प्रोक्तं वाद्यं सर्वलोकानुमानात् ।।
नोक्तं यत् मानागमाच्छास्त्रबुध्या
सद्भिः कार्यं मार्गजातिं समीक्ष्य ।।२४४।।

स्फुटप्रहारं विषमं विभक्तं
सन्नोऽपि घुष्टारिभितं कु(क)लं च ।।
त्रिमार्जनं पूरितरागयोग-
मृदङ्गवाद्यं गुणतो वदन्ति ।।२४५।।

वाद्येषु यत्नः प्रथमं तु कार्यः
शय्या च नाट्यस्य वदन्ति वाद्यम् ।।
वाद्येऽविगीतेऽपि च सुप्रयुक्ते
नाट्यस्य शोभा न विनाशमेति ।।२४६।।

इति भरतीये नाट्यशास्त्रे वाद्याध्यायो नाम त्रयस्त्रिंशोऽध्यायः ।।

नाट्यशास्त्रम्

अथ पञ्चस्त्रिंशोऽध्यायः

विन्यासं भूमिकानां च सम्प्रवक्ष्यामि नाटके ।
[1]यादृशो यस्य कर्तव्यो विन्यासो भूमिकास्वथ ॥१॥
[2]गतिवागङ्गचेष्टाभिः सत्वशीलस्वभावतः ।
[3]परीक्ष्य पात्रं तज्ज्ञस्तु युञ्ज्याद् भूमिनिवेशने ॥२॥
तस्मिन्नन्विष्य हि गुणवान् कार्या(र्यः) पात्रसमाश्रया(यः)
न खेदजननं बुद्धेराचार्यस्य भविष्यति ॥३॥
[4]आचार्यः पात्रजांश्चैव गुणाञ्ज्ञात्वा स्वभावजान् ।
ततः कुर्याद् यथायोगं नृणां भूमिनिवेशनम् ॥४॥

यद्भूमिकालाभपराः सदाशिवपदस्थिताः ।
तां वन्दे परमां शक्तिं चन्द्रमौलेः परां तनुम् ॥

एवमातोद्यपर्यन्तं निरूपिते नाट्यविषये यद्यपि न वक्तव्यान्तरमस्ति तथापि कठिनापदेशेनास्य शास्त्रस्य प्रवृत्तेर्नाट्याचार्येणेत्थं भूमिकानिवेशः कार्य इति शिक्षयितुं समाधानान्तरम् । तदाह । **विन्यासं भूमिकानां चेति** । नाट्यस्यावष्ठम्भस्थानमि(मे)व **भूमिका** । ता(साम)वष्टम्भो हि योग्यबलनिमित्तानुभावहराद् रसभावप्रयोगकौशलमस्येति । **नाटकमि**(इ)ति ॥१॥

नाट्ये **सत्वं** मानसो हेवाक्र(क)म(सः) । **शीलं** शारीरःआर(मा)हार्यमन्तः ॥२॥३॥

स्वाभाविका गुणाः सामान्याभिनये व्याख्याता एव । ते यस्य सति(न्ति) ॥४॥

---

१. KSS., यादृशैरेव NS. यादृश्यो यस्य कर्तव्या ।
२. NS. गतिर्वाराङ्गदेष्वेभिः सत्त्वशीलैः समासतः ।
३. 'परीक्ष्य पात्रं' इत्यारम्य 'पात्रं योज्यं स्वभूमिषु' इत्यन्तं का० पुस्तके नास्ति ।
४. NS. आधायो यमजा ।

अङ्गप्रत्यङ्गसंयुक्तमहीनाङ्गं वयोन्वितम् ।
न स्थूलं न कृशं चैव न दीर्घं न च मन्थरम् ॥५॥

श्लिष्टाङ्गं द्युतिमन्तं च (विश्लिष्टाङ्गं) सुस्वरं प्रियदर्शनम् ।
एतैर्गुणैश्च संयुक्तं देवभूमिषु योजयेत् ॥६॥

स्थूलं प्रांशुं बृहद्देहं मेघगम्भीरनिस्वनम् ।
रौद्रस्वभावनेत्रं च स्वभावभ्रुकुटीमुखम् ॥७॥

रक्षोदानवदैत्यानां भूमिकासु प्रयोजयेत् ।
पुरुषाणां प्रयोगस्तु तथाङ्गक्रिययान्वितः ॥८॥

सुनेत्रसुभ्रुवः स्वङ्गाः सुललाटाः सुनासिकाः ।
स्वोष्ठाः सुगण्डाः सुमुखाः सुकण्ठाः सुशिरोधराः ॥९॥

स्वङ्गप्रत्यङ्गसंयुक्ता न दीर्घा न च मन्थराः[1] ।
न स्थूला न कृशाश्चैव स्वभावेन व्यवस्थिताः ॥१०॥

सुशीला ज्ञानवन्तश्च तथा च प्रियदर्शनाः ।
[2]कुमारराजभूमौ तु संयोज्याश्च नरोत्तमाः ॥११॥

अङ्गैरविकलैर्धीरं[3] स्फुटं वसनकर्मणि ।
न दीर्घं नैव च स्थूलमूहापोहविचक्षणम् ॥१२॥

स्त्रीभूमिकायामिति । कौशिकीप्राधान्यख्यापनाय पूर्वं स्त्रीभूमिकोक्ता ॥५॥

विशि(श्लि)ष्टाङ्गमिति । विभक्ताङ्गम् । रत्या दीप्त्यात्मकं सन्ततम् । स(सु)स्वरमिति ॥६॥

सुकुमार(त)या च पुरुषाणां ये प्रयोगा(गे) भूमिकायोगि(गे)न उपयोगिनो धर्मा उक्तास्त एव प्रियया तद्योषिता युक्ताः कर्तव्यास्तेन स्थूलः(लमित्यादि) ॥७॥८—१२॥

---

१. NS. दीर्घाश्च मदमन्थरा ।
२. कुमारराजभूमिषु प्रयोज्या भरतोत्तमर: ।
३. वीरम् ।

[1]अदीनं च प्रगल्भं च प्रत्युत्पन्नविनिश्चयम् ।
सेनापतेरमात्यानां भूमिकासु प्रयोजयेत् ॥१३॥

पिङ्गाक्षं [2]घोणनासं च नेत्र(ह्रस्व)मुच्चमथापि वा ।
कञ्चुकिश्रोत्रियादीनां भूमिकासु नियोजयेत् ॥१४॥

एवमन्येष्वपि तथा नाट्यधर्मविभागतः[3] ।
[4]देशवेषानुरूपेण पात्रं योज्यं स्वभूमिषु ॥१५॥

मन्थरं वामनं कुब्जं विकृतं विकृताननम् ।
विष्टब्धनेत्रं काणाक्षं स्थूलं चिपिटनासिकम् ॥१६॥

दुर्जनं दुस्वभावं च [5]विकृताचारमेव च ।
दासभूमौ प्रयुञ्जीत बुधो दासाङ्गसम्भवम्[6] ॥१७॥

प्रकृत्याऽतिकृशं क्षामं तपःश्रान्तेषु योजयेत् ।
तथा च पुरुषं स्थूलमुपरोधेषु योजयेत् ॥१८॥

प्रत्युत्पन्नविनिश्चयमिति । झटिति भानवन्तः(म्) । सेनापतेरमात्यानामिति पाठे ॥१३॥

त्रयो घोणसु(नासं) च । कुटिला (ना)साऽस्येति ॥१४॥

एवमिति । उक्तव्यतिरिक्ता येऽन्ये तापसप्रभृतयस्तद्विषये नाट्यधर्मेणानुरागेण प्रवेशने कर्तव्ये देशहेवाकानुरूप्येण वयोवर्णाश्रमादिरूपावस्थो विचित्रानवस्थोचिताय भूमिकामुपयोजयेत् ॥१५॥१६—१७॥

श्र(उ)परा(रो)धष्विति ॥१८॥

---

१. NS. अहीनं च प्रगल्भं च प्रत्युन्नतः""""।
२. दीर्घनासं च ।
३. प्रवेशने ।
४. दशावस्थानरूपेण पात्रं युज्ज्यात् ।
५. विकृताकारमेव च ।
६. संयुतम् ।

यदि वा [1]नेदृशाः सन्ति प्रकृत्या पुरुषा द्विजाः ।
आचार्यबुद्ध्या योज्यास्तु भावचेष्टास्वभावतः ॥१९॥

या यस्य सदृशी चेष्टा ह्युत्तमाधममध्यमा ।
सा [2]तथाऽऽचार्ययोगेन नियम्या(ऽ)भावभाविनी[3] ॥२०॥

अतः परं प्रवक्ष्यामि भरतानां विकल्पनम् ।
भरताश्रयाश्च भरतो विदूषकः सौ(कस्तौ)रिकस्तथा नान्दी(को नटो वादी)।
नन्दी ससूत्रधारो नाट्यरसो(करो) नायकश्चैव ॥२१॥

मुकुटाभरणविकल्पौ वि(ल्पैर्वि)ज्ञेयो(या) माल्यवस्तुविविधैश्च ।
कार(रु)ककुशीलवाद्या विज्ञेया नामतश्चैव ॥२२॥

धुर्यवदेको यस्मादुद्धारोऽनेकभूमिकायुक्तः ।
भाण्डग्रहोपकरणैर्नाट्यं भरतो भवेत् तस्मात् ॥२३॥

लोका(क)हृदाश्रयकृता(तां)सर्वप्रकृतिप्रचारसंयुक्ता(म्) ।
नानाश्रयां प्रकुरुते तथा च नारी तु सर्वत्र ॥२४॥

अतः परिजनभूमिकाध्यायं **यदि** तु स्वभावतस्तादृग्(न) भवति तदा भूमिकास्वभावोचिता **चेष्टा आचार्या(र्यबुद्ध्)या कार्या । चेष्टाग्रहणेनाकाराद्यपि** प्रतिशीर्षकादिना कर्तव्यमिति लक्ष्यते ॥१९॥

सा चेष्टाऽऽचार्येण नियमनीया । तथा सत्य**भावे**ऽपि **भवा(भावि)नी** भवित्री भवति । भावश्चारत्यादिकं भावयति रसार्णन(ना)पि विरौति तच्छीला ॥२०॥

भरतानामिति । नाट्योपयोगिनाम् ! इयता परिकरेण विद्या नाट्यं तु न निर्वहतीत्येतावदवश्याहरणीयमिति भावः ॥२१—२२॥

स्वधुर्य(धुर्य)वदिति । यः सर्वत्र प्रतिज्ञागर्भितरसभरोद्वहनाद्धरत्वच्छेदै-

---

१. NS. नेतराः ।
२. KSS. तथा चान्ययोगेन ।
३. अतः परं का० पुस्तके 'एवमन्येष्वपि' इत्यादयः ५९ श्लोका अधिकाः ।

प्रत्युत्पन्नप्रतिभो नर्मकृतो नर्मगर्भनिर्भेदः ।
[1]छेदत्रिदूषितवचनो विदूषको नाम विज्ञेयः ॥२५॥

तूर्य(प)ति(र्य)स्तु नरः सर्वातोद्यप्रवादने कुशलः ।
[2]तूरपरिग्रहयुक्तो विज्ञेयस्तौरिको[3] नाम ॥२६॥

नटनृति(त्तौ) धात्वऽर्थोयं भूतं नाटयति लोकवृत्तान्तम् ।
रसभावसत्वयुक्तं यस्मात् तस्मान्नटो भवति ॥२७॥

स्तुत्यभिवादनकृतैर्मधुरैर्वाक्यैः सुमङ्गलाचारैः ।
सर्वं स्तौति हि लोकं यस्मात् तस्माद्भवेद्वादी ॥२८॥

भावेभ्यो बहुधाऽस्मिन् रसा(नसौ) वदति नाट्ययोगेषु ।
प्राकृतसंस्कृतपाठ्यो नन्दी नामेति स ज्ञेयः[4] ॥२९॥

[5]गीतस्य च वाद्यस्य च पाठ्यस्य च नैकभावविहितस्य ।
[6]शिष्टोपदेशयोगात् सूत्रज्ञः सूत्रधारस्तु ॥३०॥

यस्मात् यथोपदिष्टान् [7]रसांश्च भावांश्च सत्वसंयुक्तान् ।
भूमिविकल्पैर्नयति च नाट्यकरः कीर्तितस्तस्मात् ॥३१॥

चतुरातोद्यविधानं सर्वस्य तु शास्त्रखे (वे)दविहितस्य ।
[8]नाट्यस्यान्तं गच्छति तस्माद्वै नायकोऽभिहितः ॥३२॥

नानाप्रकृतिसमुत्थं करोति यः शीर्षकं मुकुटयोगे ।
विविधैर्वेषविशेषैः स च(मु)कुटकारस्तु विज्ञेयः ॥३३॥

र्गीतिविविधं कृत्वा दूषितादिवाचयैवानुभावादिप्रतिजागरं कुर्वता(न्न)न्यरसः ॥२३॥२४—३३॥

---

१. NS. छेदविभूषितवचनः ।
२. तूरपतिग्रहयुक्तः ।
३. रिपो नाम ।
४. विज्ञेयः ।
५. गानस्य ।
६. शास्त्रोपदेशयोगात् ।
७. सास्वभावाद्यसत्त्वयुक्तान् ।
८. गच्छति यस्मान्नाट्ये तस्माद्वैनायको भवति ।

[भाण्डकवाद्यज्ञा या लयतालज्ञा रसानुविद्धा च ।
सर्वाङ्गसुन्दरी वै कर्तव्या नाटकीया तु] ॥३४॥

यस्त्वाभरणं कुर्याद् बहुविधविहितं स चाभरणः (:)[1] ।
[2]यश्चोपकरणयोगात् स तेन नाम्नाऽभिधातव्यः ॥३५॥

यो वै माल्यं कुरुते पञ्चविधं माल्याकृत् स विज्ञेयः ।
यश्चापि वेषयोगं कुरुते स च वेषकारी तु[3] ॥३६॥

चित्रज्ञश्चित्रकरो वस्त्रस्य [4]रञ्जानात्तथा रजकः ।
जत्वश्मलोहकाष्ठैर्द्रव्यकरैः(रः) कारुकश्चैव ॥३७॥

नानातोद्यविधाने प्रयोगयुक्तः प्रवादने कुशलः ।
अतोद्येऽप्यतिकुशलो यस्मात् स कुश (शी)लवो ज्ञेयः[5] ॥३८॥

[6]यद्यत् समाश्रयन्ते शिल्पं वा कर्म वा प्रयोगं वा ।
तत्तैवोपगतगुणा विज्ञेया नामतः पुरुषाः ॥३९॥

एवं तु नाटकविधौ जातिर्नटसंश्रया बुधैर्ज्ञेया ।
[7]नाट्योपकरणयुक्ता नानाशिल्पप्रसक्ता च ॥४०॥

[उक्तोऽत्र भूमिकान्यासः प्रयोक्तारश्च योगतः ।
आदिष्टं नाट्यशास्त्रं च मुनयः किमिहोच्यताम्] ॥४१॥

इति भरतीये नाट्यशास्त्रे भूमिकाविकल्पाध्यायः पञ्चत्रिंशः ॥

पञ्चविधमित्याहार्याभिनये दर्शितम् ॥३६—३७॥

कुशा(न् ला) तीति कुशलः(:) । निरूढिलक्षणा । तेषां लावण्या(न्या)-दियम् । अत एव कुशजाति कुशि कुर्या(शा) यो लुनाति अयोविकारमपि यश्छि-नत्ति स कुशीलवः । उपचारात् कर्मणि पुनर्नाट्योपकरणयुक्तेनापि नटविदूषकादि-शिल्पप्रयोक्ता(वतृ) कू(मुकु)टकारादि(दाधे)ति शिवम् ॥३८—४१॥

इत्यभिनवगुप्ताचार्यविरचितायां नाट्यवेदवृत्तावभिनवभारत्यां
भूमिका(वि)कल्पः पञ्चत्रिंशः ॥

---

१. NS. चाभरणम् ।
२. कर्ता यश्चोपकरणायोगात्स तेन नाम्ना विधातव्यः ।
३. स च वेषकरस्तु विज्ञेयः ।
४. रञ्जनाद्भवेत् ।
५. कुशीलवस्तस्मात् ।
६. यद्यत् समाचरन्ते ।
७. नाम्नोपकरणयुक्ता नानाशिल्पप्रयुक्ता च ।

नाटयशास्त्रम्

अथषट्त्रिंशोऽध्यायः

[[1]अथात्रेयो वसिष्ठश्च पुलश्त्यः पुलहः क्रतुः ।
अङ्गिरा गौतमोऽगस्त्यो मनुरायुस्तथात्मवान् ॥१॥
विश्वामित्रः स्थूलशिराः संवर्तिः (र्तः) प्रमतिर्दनुः ।
उशना बृहस्पतिर्व्यासश्चावनः काश्यपो ध्रुवः ॥२॥
दुर्वासा जामदग्न्यश्च मार्कण्डेयोऽथ गालवः ।
भरद्वाजश्च रैभ्यश्च यवक्रीतस्तथैव च ॥३॥
स्थूलाक्षः शकलाक्षश्च काण्वो मेधातिथिः क्रतुः ।
नारदः पर्वतश्चैव सुवर्माऽथैकजो द्विजः ॥४॥
नितम्बुर्भुवनः सौम्यः शतानन्दः कृतव्रणः ।
जामदग्न्यस्तथा रामः कचश्चेत्येवमादयः] ॥५॥
एवं ते (तु) मुनयः श्रुत्वा[2] सर्वज्ञं भरतं ततः ।
पुनरूचुरिदं वाक्यं कुतूहलपुरोगमम् ॥६॥
यस्त्वया गदितो ह्येष नाट्यवेदः पुरातनः ।
एकचित्तैः स चास्माभि[3]ः सम्यक् समुपधारितः ॥७॥

यस्मिन् निगूढपरमार्थमबुध्यमानाः
संसारनाट्यरसभावमुपाश्रयन्ते ॥
बुध्वा पुनर्मुहुरहो निजमेव यान्ति
तत् पूर्णधाम शिवतत्त्वमहं प्रपद्ये ॥

यदिदं नाट्यमुक्तं तस्य रसभावरूपताप्रतिपादने नियतानुकारतानुकारितैव चावितत्य निरस्याह्या (त्या)यतं पूर्वरङ्गस्य न नाट्यरूपतेत्युक्तम् । तदेतदिहाध्याये प्रश्नोत्तरमुखेनेतिहासदृशा दृढीक्रियते । न तत्र प्रथमं पूर्वरङ्ग एव नाट्यत्वं तावदाचक्षते । तत्पूर्वकत्वान्नाट्यं ततोऽप्यनुकारकथा निरस्यते ॥१—५॥

---

१. एतानि कोष्ठबद्धपद्यानि पुस्तकान्तरे न पठितानि ।
२. KSS. प्रीताः ।
३. KSS., सहास्माभिः NS. सदास्माभिः ।

एकश्च संशयोऽस्माकं तं नो व्याख्यातुमर्हसि ।
को वाऽन्यो नाट्यवेदस्य निश्चयं वक्तुमर्हति[1] ॥८॥
न वयं परिहासेन[2] न विरोधेन नेर्ष्यया ।
[3]पृच्छामो भगवन् नाट्यमुपदेशार्थमेव तु ॥९॥
अस्माभिश्च तदा नोक्तं कथाच्छेदो भवेदिति ।
[4]इदानीं तूपशिक्षार्थं नाट्यगुह्यं निदर्शय ॥१०॥
लोकस्य चरितं नाट्यमित्यवोचस्त्वदी(स्त्वमी)दृशम् ।
तेषां तु (शेषाणां) लोकं(क)गुह्यानां निश्चयं वक्तुमर्हसि ॥११॥
देवस्य(लोकस्य) कस्य चरितं पूर्वरङ्गे द्विजर्षभ ।
किमर्थं [5]भुज्यते ह्येष प्रयुक्तः किं करोति वा ॥१२॥
कस्माच्चैव पुनः शौचं सम्यक् चरति सूत्रदृक्[6] ।
कथमुर्वीतले नाट्यं स्वर्गान्निपतितं विभो ॥१३॥

तत्र प्रश्नं तावत् दर्शयति । **एवं तु मुनय** इति ॥६॥७—८॥

तत्र यान्या परिहासप्रायनाट्यशास्त्रविरुद्धं च **नाट्यतो यन्त्रितापर्यन्त** इति वचनात् नटानां जीविकोपायोऽयमित्याशङ्कां वारयति । **परिहासेने**त्यादिना ॥९॥

तपः (**तूप**)**शिक्षार्थमि**ति । तत्त्वनिर्णयार्थमित्यर्थः । **नाट्यगुह्यमि**ति । नाट्ये यत् तात्पर्यारूढ्यर्थं गुह्यम् ॥१०॥

शेषाणां लोकगुह्यानामिति । लोके यानि दृश्यन्ते अथ च पूर्वरङ्गे क्रियन्ते तैस्तावल्लोके चरितैर्भवितव्यम् । **लोकस्य चरितं** यतो **नाट्यम**तो **लोकगुह्यानामि**ति साभिप्रायेणाध्यारोपेण(प)गर्भेयमुक्तिः ॥११॥

तथा चाह । **लोकस्य कस्य चरितमि**ति । परिदृश्यमानस्य भावना । एतच्चरितं न नूनं गूढोऽ(ढम)तः कश्चिल्लोकोऽस्तीत्यादयः । दृश्यं सर्वं च यदिति स(स्व)र्ग एवैतन्नाट्यं सकलं सुखस्थाने । अति च (तश्च) नोपदेशो यत्तयोरुपदेशो मर्त्य···॥१२॥

तत्र कथमेतत् तदाह । **कथमूर्वीतल** इति ॥१३॥

---

१. NS. को वान्यो यन्निवेद्यस्य निश्चयं वेत्ति तत्त्वतः ।
२. KSS., परिभावेन । NS. परिहासेन विरोधेन च नान्यथा ।
३. NS., इच्छामो··· । KSS.···मुपदेशाभिपूर्वकम् ।
४. KSS., तत्सर्वं निखिलेनेदं । NS. इदानीं रूहशिक्षार्तं ।
५. NS. युज्यते घोषप्रयुक्तः ।
६. KSS., कस्मादेव पुनः शौचं श्रुतं··· । NS. कस्माच्चैव मुनिः शौचं शुचिः··· ।

कथं तवाऽयं वंशश्च नटसंज्ञः प्रतिष्ठितः ।
सर्वमेव यथातत्त्वं कथयस्व महामुने ॥१४॥

[1]भरत उवाच—

[तेषां तु वचनं श्रुत्वा मुनीनां भरतो मुनिः ।
प्रत्युवाच पुनर्वाक्यं गुह्यार्थाभिनयं प्रति ॥]

[2]ब्रवीमि वः कथां गुह्यां यन् मां पृच्छत् सुव्रताः ।
पूर्वरङ्गविधानस्य तां च मे सन्निबोधत ॥१५॥

प्रोक्तवानस्मि यत् पूर्वं [3]शुभं विघ्ननिवर्हणम् ।
तस्यानुबन्धेन मया पूर्वरङ्गः प्रकीर्तितः ॥१६॥

शस्त्राणां [4]प्रतिकारार्थं शरीरावरणं यथा ।
[5]क्रियते हि यथा पापं हुतेनैव प्रशाम्यति ॥१७॥

एवं जप्यैश्च होमैश्च देवताभ्यर्चनेन च ।
सर्वातोद्यविधानैश्च तथा गीतस्वनेन च ॥१८॥

स्तुत्याशीर्वचनैः शान्तैः कर्मभावानुकीर्तनैः[6] ।
[7]मया पापापहरणैः कृते विघ्ननिबर्हणे ॥१९॥

स्तुतिगीताभिसंसृष्टैर्देवैरभिहितोऽस्म्यहम् ।
[8][नितरां परितुष्टाः स्मः प्रयोगेणामुना च ते ॥२०॥

नाट्यवेदवित् त्वदीयो वंशो **नटसंज्ञायां(ज्ञया)** मूर्खत्वेन कथं प्रसिद्धम् (:) । यद्यपि बहवः प्रश्नास्तथापि नाट्यविषयोऽयं संशय एको बहुधर्मविषयो यथा स्थाणुर्वा नभो वोच्चशिलादावेव कुशलं वेत्येक एव संशयः ॥१४॥

गुह्यार्थस्याभिनयम् प्रथममेतदर्थमिति यावत् । अन्ये तु गुह्यार्थो यत्र तादृगभिनयो नाट्यं तम् ॥१५॥

प्रविघ्नन्ति । **निर्वह(बर्ह)णं** रङ्गपूजनम् । **तस्यानुबन्धेन** तत्प्रसङ्गेन ॥१६॥

शरीरावरणं कवचानि(दि) ॥१७॥१८—२०॥

---

१. NS. does not read.

२. NS., कथयामि KSS. ब्रवीमि वो ह्ययं विप्रा···।

३. KSS. यत्पूर्वमहं ।

४. KSS. प्रतिहारार्थं शरीराचरणं यथा ।

५. KSS. तथा सर्वगतं पापं स्मृतेनैव प्रशाम्यति ।

६. KSS. कीर्तनात् ।

७. NS., मया पापापकरणे KSS. मया च पापहरणे ।

८. KSS. does not read.

देवतासुरमानन्द्य यस्माल्लोकश्च(कं च) नन्दति ।]
तस्मादयं प्रयोगस्तु नदिनाम्ना(नान्दीनामा) भविष्यति ॥२१॥

[1]गीतवाद्यानुनादो हि यत्र काकुस्वनः(रः) शुभः ।
तस्मिन् देशे विपाप्मानो म(मा)ङ्गल्यश्च(ञ्च) भविष्यति ॥२२॥

यावत्तं पूरयेद् देशं ध्वनिर्नाट्यसमाश्रयः[2] ।
[3]न(स्था)स्यन्ति हि रक्षांसि तं देशं न विनायकाः ॥२३॥

आवाहे च विवाहे च यज्ञे नृपतिमङ्गले ।
नान्दीशब्दमुपश्रुत्य हिंस्रा नश्यन्ति चैव हि ॥२४॥

पाठ्यं नाट्यं तथा गेयं चित्रवादित्रमेव च ।
वेदमन्त्रार्थवचनैः [4]समं ह्येतद् भविष्यति ॥२५॥

श्रुतं मया देवदेवात् तत्त्वतः शङ्कराद्धितम्[5] ।
स्नानजप्यसहस्रेभ्यः पवित्रं गीतवादितम्[6] ॥२६॥

[7]यस्मिन्नातोद्यनाट्यस्य गीतपाठ्यध्वनिः शुभः ।
भविष्यत्यशुभं देशे नैव तस्मिन् कदाचन ॥२७॥

एवं पूजाधिकारार्थं पूर्वरङ्गः कृतो मया ।
नाना स्तुतिकृतैर्वाक्यैर्देवताभ्यर्चनेन च ॥२८॥

नान्दीनामेति । नन्दनात् । अत एव **नान्द्यन्त** इति पूर्वरङ्गान्त इत्यर्थः ॥२१॥

काकुस्वर इति । पूर्वरङ्गसिध्यर्थे पाठ्यम् । ततः **शृङ्गाररसयुक्तां पठेदार्यामि**त्यादौ (भा. ना. ५—१२२) । न त (तु) सदैव देवेन परतन्त्रीकृतस्य कदाचिद् द्विजन्मादेरिति वाद्याद्युपभोगावसरः ॥२२—२३॥

ततो वेदविरुद्धमित्याशङ्क्याह । **आवाहे च विवाहे चे**त्यादि ॥२४॥२५॥

---

१. NS., गीतावाद्यात्तु नान्दी हि KSS. गीतावाद्यानुनादी च ।
२. KSS. ध्वनिरातोद्यसंश्रयः ।
३. KSS. तावतानां शुभं किञ्चित् न च विघ्नविनायकाः ।
४. KSS. तथैव च ।
५. NS., भवतः शंकरोदितम् KSS. ततश्च शंकरोदितम् ।
६. NS., यत्र संगतीवादितम् । KSS. श्रेष्ठं मे गीतवादितम् ।
७. KSS. यस्मिन्नातोद्यनाट्यस्यो गीतवाद्यश्च निश्चयः ।

यतोऽभिवादनं क्लिष्टं शिष्टं तद्रङ्गमण्डले[1] ।
[ततस्तस्य हि तच्छौचं विहितं तु द्विजोत्तमाः ॥२९॥
शौचं कृत्वा यतो मन्त्रं पूजनं जर्जरस्य तु ।
उच्यते पूर्वरङ्गेऽस्मिन् तस्माच्छौचं प्रकीर्तितम् ॥३०॥
यथावतारितं चैव नाट्यमेतन् महीतले ।]
[2]वक्तव्यं सर्वमेतद्धि न शक्यं हि निगूहितुम् ॥३१॥
[3]ममैते तनयाः सर्वे नाट्यवेदसमन्विताः ।
सर्वलोक(कं)प्रहसनैर्बाधन्ते नाट्यसंश्रयैः[4] ॥३२॥
कस्यचित्त्वथ कालस्य शिल्पकं ग्राम्यधर्मकम्[5] ;
ऋषीणां व्यङ्ग्यकरणं कुर्वद्भिर्गणसंश्रयम् ॥३३॥
[6]आश्राव्यं तद् दुराचारं ग्राम्यधर्मप्रवर्तितम् ।
निष्ठुरं चाप्रस्तुतं च काव्यं संसदि योजितम्[7] ॥३४॥
तच्छ्रुत्वा मुनयः सर्वे भीमरोषप्रकम्पिताः ।
ऊचुस्तान् भरतान् क्रुद्धा निर्दहन्तः इवाग्नयः ॥३५॥

आरा(ग)मिकत्वमस्यार्थस्याह । श्रुतं देवादिदेव(वात्)तत्त्व(तः) शङ्करादिदमुत्कृष्टमिति ॥२६॥२७—३१॥

भूस्पर्शादपवित्रीभूतं तदेव पवित्रीभूतं प्रहसनैः······बाधन्त इति । तच्च नाट्यस्याविदन्तो नियतमनुकरणीयं मन्यमानाः । परचेष्टानुकरणोल्लास इति नीत्या सर्वे प्रहसितवन्त इति । सायं प्रतिपन्ना इति निन्दार्थत्वात् त एत एतत्पक्षं प्रतिक्षेपकृदुत्पत्तिविघातं निन्दार्थत्वादेता नाट्योत्पत्तावेव दर्शितं र(व्य)ङ्गकरणमिति ॥
३२॥३३—३५॥

---

१. KSS. शिरसा रङ्गमण्डले NS. शितं तद्रङ्गमण्डले ।
२. KSS. तथा विधिसमापन्नम् न शक्यं विनिगूहितम् ।
३. NS. सर्वमेतत्तया सर्वे ।
४. KSS. बाध्यन्ते हास्यसंश्रयैः । NS. वाद्यं तेनाद्य संश्रये ।
५. KSS. शिल्पकर्म ममाभ्यधात् ।
६. KSS. अग्राह्यं सुदुराचारं ।
७. NS. संसद्वियोजितम् ।

मा तावद् भो द्विजा युक्तमिदमस्मद्विडम्बनम् ।
को नामायं परिभव: किञ्च नास्मासु सम्मतम्[1] ॥३६॥
यस्माज् ज्ञानमदोन्मत्ता न वेत्थाऽ(विद्धा न) विनयाश्रिता:[2] ।
तस्मादेतद्वि(द्धि) भवनां(तां) कुज्ञानं नाशमेष्यति ॥३७॥
ऋषीणां ब्राह्मणानां च समवायसमागता(:)[3] ।
[4]निर्व्रताश्च(निराहुता) विना होमै: शूद्रचारा भविष्यथ ॥३८॥
अपाङ्क्तेया: कुत्सिताश्चावमा एव भविष्यथ ।
यश्च वो भविता वंश: सर्वाशौचो भविष्यति ॥३९॥
ये च वो वंशजास्तेऽपि भविष्यन्त्यथ नर्तका: ।
परोपस्थानवन्तश्च शस्त्रपण्योपजीविन:[5] ॥४०॥
शापं दत्तं तथा ज्ञात्वा सुतानां मम देवता: (सुतेभ्यो मे तदा सुरा:) ।
सर्वे विमनसो भूत्वा तानृषीन् समुपस्थिता: ॥४१॥
[6]समस्तैश्च त(याचमानैस्त)त: प्रोक्तं देवै: शक्रपुरोगमै: ।
इदानीं दु:खमुत्पन्नं नाट्यमेतद विनङ्क्षति ॥४२॥

विडम्बकं(नं) गण्डसंश(श्र)यमिति । गण्डवदन्यापदेशमुखेनेत्यर्थ: ॥३६॥

ज्ञानमदे(दोन्)मत्ता इति । मिथ्या ज्ञानमिदं युष्माकमिति पर्यवसितमिति भाव: । विद्धा ब्रह्मणा । वेदबाह्या: ॥३७॥

निराहुता: परिभवभाज: ॥३८॥३९---४०॥

सुरा इन्द्राद्या: ॥४१॥

याचमानैरिति । ऋषीन् प्रार्थयदु(द्भिरु)क्तम् ॥४२॥

---

१. NS. किंवा नास्मासु संमते । KSS. किंवा नाम्नाभिसंगतम् ।

२. NS. चेच्छाविनयान्विता: ।

३ NS. समनायसमागमे KSS. समवायोऽथ संगमे ।

४. NS. निर्ब्रह्मणो निराभूत: शूद्राचारो भविष्यति । KSS. निर्ब्रह्माचरणभूत्वा शूद्रचारा भविष्यथ ।

५. NS. पुंस्त्रीबालोपजीविन: ।

६. KSS. तावद्भिश्च तथा प्रोक्तं ।

ऋषिभिश्च ततः प्रोक्तं न चैतद्धि विनक्ष्यति[1] (न त्वेतद्विनशिष्यति)।
शेषमन्यत्र यत् प्रोक्तं सर्वमेतद् भविष्यति ॥४३॥

एतच्छ्रुत्वा तु वचनं मुनीनामुग्रतेजसाम् ।
विषण्णास्ते ततः सर्वे श्रुत्वा मां समुपस्थिताः ॥४४॥

[2]प्रोक्तवन्तश्च मां पुत्रास्त्वयाहो नाशिता वयम् ।
अनेन नाट्यदोषेण शूद्राचारा हि यत् कृताः ॥४५॥

मयापि सान्त्वयित्वोक्ता मा क्रोधं व्रजतानघाः ।
[3]कृतान्तविहितोऽस्माकं नूनमेष विधिः सुताः ॥४६॥

मुनीनां न मृषा वाक्यं भविष्यति कदाचन ।
निधने च मनो मा भूद् युष्माकमिति सान्त्विताः ॥४७॥

जानीध्वं तत्तथा नाट्यं ब्रह्मणा संप्रवर्तितम् ।
शिष्येभ्यश्च तदन्येभ्यः प्रयच्छामः प्रयोगतः ॥४८॥

तत्र कुत्सितानियताकारसभागोचितं स्वस्थितरसभावप्रयोगेऽवस्थाप्यत इत्याह **न त्वेतं (तद्) विहितं (विनशिष्यति)** ॥४३॥४४—४६॥

निधने आत्महनने ॥४७॥

जनिष्ध (जानी) ध्वं तत्तथा नाट्यमिति । तत्त्वापरिज्ञानादयं भवति शापो जात इदानीमत्रैव तत्त्वपरिज्ञाने रसभावस्वरूपे यत् तच्च दर्शितं वितत्य **रसाध्यायादौ** (भा. ना. ६) तत्र **कैश्चिद् वार्तिककारीयं** श्लोकद्वयं **शूरग्रन्थमध्ये** आक्षिप्तम् ।

नाट्यस्य ज्ञाततत्त्वस्य यदभीष्टं प्रयोजनम् ।
तत्त्वतस्तदनिर्णीतं शापाध्यायेन दर्शितम् ॥

इत्यादि । रसप्राधान्यमेवाह ।

यथास्त (स्वा) दप्रसङ्गेन सूचाद्यर्थोपयोगिता ।
आस्वादकानां प्रीत्यर्थं केवलं रसयोजनम् ॥

---

१. NS. न हि त्वेद्धि वक्ष्यति KSS. न चैद्धि विनश्यति ।

२. KSS. varies.

३. NS. कृतानुविहितोऽस्माकं ।

मा वै प्रणश्यतामेतन्नाट्यं दुःखप्रवर्तितम् ।
महाश्रयं महापुण्यं वेदाङ्गोपाङ्गसंभवम् ॥४९॥
अप्सरोभ्य इदं चैव याथातत्त्वं यथाश्रुतम् ।
नाट्यं दत्त्वा ततः सर्वे प्रायश्चित्तं चरिष्यथ[1] ॥५०॥

॥इति भरतीये नाट्यशास्त्रे नाट्यशापो नामाध्यायः षट्त्रिंशः ॥

न च जीविकादक्षिणेन च योग इति भावः ॥४८—४९॥

स्त्रीणां च न कश्चनास्य प्रयोगे वेदार्थत्यागशङ्कावकाश इति दर्शयति । **इदं नाट्यमप्सरोभ्यो दत्वा प्रायश्चित्तं चरिष्यथे**ति । येन च भावलाभाद्भ-(भवल्लाभो) भविष्यति ॥५०॥

इत्यभिनवगुप्ताचार्यविरचितायां नाट्यवेदवृत्तावभिनवभारत्यां
नटशापाध्यायः षट्त्रिंशः ॥

---

१. NS. चरिष्यति ।

नाट्यशास्त्रम्

अथ सप्तत्रिंशोऽध्यायः

कस्यचित्त्वथ कालस्य नहुषो नाम पार्थिवः ।
[1]प्राप्तवान् देवराज्यं हि नयबुद्धिपराक्रमैः ॥१॥

प्रशशास तदा राज्यं देवैर्व्युष्टिमवाप्नुवन् ।
गान्धर्वं चैव नाट्यं च [2]दृष्ट्वा चिन्तामुपागमत् ॥२॥

[3]स चिन्तयित्वा मनसा कथमेष गृहे मम ।
नाट्यप्रयोगो हि भवेदिति सादर एव सन् ॥३॥

कृताञ्जलिः प्रयोगार्थं प्रोक्तवांस्तु सुरान् नृपः[4] ।
अप्सरोभिरिदं सार्धं नाट्यं भवतु मे गृहे ॥४॥

[5]प्रत्युक्तो(क्तश्च) ततो देवैर्बृहस्पतिपुरोगमैः ।
दिव्याङ्गनानां नैवेह मानुषैः सह सङ्गतिः ॥५॥

आकाङ्क्षाणां प्रशमनविधेः पूर्वभावावधीतां
धाराप्राप्तस्तुतिगुरुगिरां गुह्यतत्त्वं प्रतिष्ठा ।
ऊर्ध्वाधध्यः(धो यः) परभुवि(च) वा यत् समानं चकास्ति
प्रोढानन्तं तदहमधुनाऽनुत्तरं धाम वन्दे ॥

अथ यद्वशान्नाट्यशास्त्रमुपादेयं तदुपदेशसम्भवमूलभूयिष्ठभूतं भूलोकावतरणं नाट्यस्येतिहासेन प्रदर्शयन्नितिहासोपजन्न(न्य)त्वाद् गूढत्वेनोपदेशरूपस्य सारभागस्य तत्त्वस्य कथनाद् गुह्यतत्त्वकथनमध्यायमारभते । **कस्यचित्त्वथ कालस्य नहुष** इति ॥१॥

कालेन प्रयुक्तो यतो देवराज्यं चकार ततस्तत्सम्बन्धित्वेनोक्तं **गान्धर्वमिति** । नृत्तं **नाट्यं** स्वर्गे दृष्ट्वा बद्धमिति श्लिष्टम् । तेनाप्सरस एवमन्येऽवतरन्त्वित्यर्थः ॥२॥३—६॥

---

१. NS. प्राप्तं वा देवराज्यं ।

२. NS. इष्टां ।

३. NS. इष्टचिन्तासु KSS. varies.

४. NS. सुपुरान् नृपः KSS. प्रोक्तवानमरान् नृपः ।

५. का० पुस्तके तु अध्यायान्तमेव पाठो भिद्यते ।

हितं पथ्यं च वक्तव्यो भवान् स्वर्गाधिपो(हि यत्) ।
आचार्यास्तत्र गच्छन्तु गत्वा कुर्वन्तु ते प्रियम् ॥६॥

प्रोक्तवांस्तु ततो मां तु नृपतिः स कृताञ्जलिः ।
इदमिच्छामि भगवन् नाट्यमुर्व्यां प्रतिष्ठितम्[1] ॥७॥

पूर्वमाचार्यकं चैव भवताऽभिहितं(हि प्रति)श्रुतम्[2] ।
व्यक्तभावात्विदं लब्धं त्वत्सकाशाद् द्विजोत्तम ॥८॥

पितामहगृहेऽस्माकं(ऽस्माभिरे)तदन्तःपुरे जने ।
पितामहक्रियायुक्तमुर्वश्यां[3] सम्प्रवर्तितम् ॥९॥

तस्याः प्रणाशशोकेन उन्मादोपर(प)ते नृपे ।
विपन्नेऽन्तःपुरजने पुनर्नाशमुपागतम् ॥१०॥

[4]प्रकाशमेतदिच्छामो भूयस्तत् संप्रयोजितम् ।
तिथियज्ञक्रियास्वेतद् यथा स्यान् मङ्गलैः शुभैः ॥११॥

तस्मिन्(स्मान्) मम गृहे बद्धं नानाप्रकृतिसंश्रयम् ।
[5]स्त्रीणां ललितविन्यासैर्यतो नः प्रथयिष्यति ॥१२॥

तथाऽस्त्विति मया प्रोक्तो नहुषः पार्थिवस्तदा ।
सुताश्चाहूय सम्प्रोक्ता सामपूर्वं सुरैः सह ॥१३॥

मामिति भरतमुनिम् ॥७॥

प्रतिश्रुतमङ्गीकृतं व्यक्ततामवलम्ब्येति । व्यक्तीभूतं तु **त(त्व)त्सकाशात्** ॥८॥

पितामहगृहे ब्रह्मलोके यत् **तदस्माभिरि**ति मर्त्यै**रन्तःपुरजने** लब्धं दृष्टं चेत्याह । **पितामहक्रियायुक्त**कर्मण्यां यद्ब्रह्मणा कृतं **तदुर्वश्यां** सत्यां **सम्प्रवर्तितं पुरूरवसो** गृहेऽवतीर्णम् ॥९॥

तस्याः प्रणय(या)पला(ली)यमानं स्वर्गगमनम् जातम् । स्वात्मने प्राणार्पके प्रणयिनि **नृपे** पुरूरवसि वि(प)ने(न्ने) योऽपि च तत्परिजनः सोऽपि **विपि(प)न(न्न)** इति प्राणसङ्ग(ङ्क)तं(टं) नाट्यमस्माकम् ॥१०॥११—१६॥

---

१. NS. प्रवर्तितम् ।
२. भवतो हि प्रतिश्रुतम् ।
३. पूर्वस्यां ।
४. प्रणाशमेतदिच्छामि ।
५. स्त्रीणां ललितविन्यासं प्रणाशो नाशयिष्यति ।

अयं हि नहुषो राजा याचते नः कृताञ्जलिः ।
गम्यतां सहितैर्भूमिं प्रयोक्तुं नाट्यमेव च ॥१४॥

करिष्यामश्च शापान्तमस्मिन् सम्यक् प्रयोजिते ।
ब्राह्मणानां नृपाणां च भविष्यथ न कुत्सिताः ॥१५॥

तत्र गत्वा प्रयुज्यन्तां (ध्वं) प्रयोगान् वसुधातले ।
न शक्यं चान्यथा कर्तुं वचनं पार्थिवस्य हि ॥१६॥

अस्माकं चैव सर्वेषां नहुषस्य महात्मनः ।
आत्मो(प्तो)पदेशसिद्धं हि नाट्यं प्रोक्तं स्वयंभुवा ॥१७॥

शेषमुत्तरतन्त्रेण कोहलस्तु करिष्यति ।
प्रयोगः (गान्) कारिकाश्चैव निरुक्तानि तथैव च ॥१८॥

अप्सरोभिरिदं सार्धं क्रीडनीयकहेतुकम् ।
अधिष्ठितं मया स्वर्गे *स्वातिना नारदेन च ॥१९॥

ततश्च वसुधां गत्वा नहुषस्य गृहे द्विजाः ।
स्त्रीणां प्रयोगं बहुधा बद्धवन्तो यथाक्रमम् ॥२०॥

अत्रोपभोगतस्ते तु मानुषीषु मामात्मजाः ।
बद्धवन्तोऽधिकस्नेहं तासु तद् द्विजसत्तमाः (तेषु तेषु द्विजोत्तमाः) ॥२१॥

पुत्रानुत्पाद्य वध्वा च प्रयोगं च यथाक्रमम् ।
ब्रह्मणा समनुज्ञाताः प्राप्ताः स्वर्गं पुनः सुताः ॥२२॥

एवमुर्वीतले नाट्यं शिष्यैः समवतारितम् ।
भरतानां च वंशोऽयं भविष्यं च प्रवर्तितः ॥२३॥

प्रयोज्यत्त्वेन वाद्यं(नाट्यं) ब्रह्मणैवोक्तमित्यलङ्घ्योऽयमिति भाव इति शेषः ॥१७॥

कोहल इति । यदस्माभिर्लोकानुमानादिसिद्धत्वे नोक्तं निमित्त इति ॥१८॥

उत्सर्गे तु नोपदेशफलमपि तु **क्रीडनीयकहेतुकम्** । रसचर्वणापात्रसारमननुवृत्या विभावानुभावनभागगते कर्मफलसम्बन्धावबोधविश्रान्त······तत्र **भरतश्चापि** । **नारदैर(देना)प्सरोभिश्चाधिष्ठितं परिरक्षितम्** ॥१९--२०॥

तेषु तेष्विति लीलादिषु । **द्विजोत्तमा** इत्यत्र पूर्वभोगत्वात् तावदेव प्रीताः ॥२१—२२॥

शिष्यैर्भरतसुतैः ॥२३॥

कोहलादिभिरेवं तु वत्सशाण्डिल्यधूर्तितैः ।
मर्त्यधर्मक्रियायुक्तैः कश्चित्कालमवस्थितैः[1] ॥२४॥
एतच्छास्त्रं प्रणीतं हि नाराणां बुद्धिवर्धनम् ।
त्रैलोक्यस्य क्रियोपेतं सर्वशास्त्रनिदर्शनम् ।
मङ्गल्यं ललितं चैव ब्रह्मणो वदनोद्भवम् ॥२५॥
य इदं श्रुणुयान् नित्यं प्रोक्तं चेदं स्वयम्भुवा ।
कुर्यात् प्रयोगं यश्चैवमथवाऽधीतवान् नरः ॥२६॥
या गतिर्वेदविदुषां या गतिर्यज्ञकारिणाम् ।
या गतिर्दानशीलानां तां गतिं प्राप्नुयाद्धि सः ॥२७॥
दानधर्मेषु सर्वेषु कीर्त्यते तु महत् फलम् ।
प्रेक्षणीयप्रदानं हि सर्वदानेषु शस्यते ॥२८॥
न तथा गन्धमाल्येन देवास्तुष्यन्ति पूजिताः ।
यथा नाट्प्रयोगस्थैर्नित्यं तुष्यन्ति मङ्गलैः ॥२९॥
गान्धर्वं चेह नाट्यं च यः सम्यक् परि(म्यगनु)पालयेत् ।
स ईश्वरगणेशानां लभते सद्गतिं पराम् ॥३०॥
एवं नाट्यप्रयोगे बहुविधिविहितं कर्मशास्त्रं प्रणीतं ।
नोक्तं यच्चात्र लोकादनुकृतिकरणात् । संविभाव्यं तु तज्ज्ञैः ॥
किं चान्यत् सम्प्रपूर्णा भवतु वसुमती नष्टदुर्भिक्षरोगा ।
शान्तिर्गोब्राह्मणानां भवतु नरपतिः पातु पृथ्वीं समग्राम् ॥३१॥

[इति भरतीये नाट्यशास्त्रे गुह्यतत्वकथनाध्यायः सप्तत्रिंशः ॥]

नाट्यशास्त्रम् संपूर्णम् ॥

कोहलादिभिरिति । तत्प्रधानैः सर्वशास्त्रनिबन्धनदर्शनमितिहासपुराणार्थवाद-कार्यचित्रपुस्तलेपादिभिः ॥२४॥

सर्वं नाट्यस्यांशाः सर्वत्र रसप्राधान्यात् साक्षात्कारकल्पबुद्धिसम्पादनात् प्राव-(वी)ण्याच्च । यथोक्तं ते विहितेष्यामित्यादि । सन्तो(तो)बुद्धिविषयान् प्रकाश-यन्तीति ॥२५॥२६—२९॥

गान्धर्वमिति । नृत्यं नाट्यं योऽनुपालयेत् । उपदेशव्याख्यानविवरणा-दिना च । ईश्वरगणेशतां(शानां)लभन्ते(ते) सद्गतिं परामिति शिवसायुज्यम् ॥३०॥

अनुयायिताकरणमनुकृतिः नरपतिरिति । पुरुषोत्तम ईश्वरः सकलजगत्पा-लयिता । इति शिवम् ॥३१॥

---

१. NS. किं चेच्छालमवस्थितैः ।

श्रीमध्यदेशभवविप्रवरात्रिगुप्त-
वंशोत्थितः शिवपदार्पितचित्तवृत्तिः ॥

(संगीत) रागनयशृङ्खल(सु) प्रसिद्धो
वंशोद्भवस्थितिवशात्तनृसिंहगुप्तः ॥१॥

तस्यात्मजोऽभिनवगुप्तपदाभिधानो
भट्टेन्दुरात्मपदपांसुपवित्रमूर्तिः ॥

सद्विप्रतातवदनाधिगम्य **नाट्य-**
वेदं व्यधत्त विवृतिं लघुमर्थपूर्णाम् ॥२॥

शिवपुरविजयहेतुविजयादिकरुद्रसहस्रपूतया
प्रवरपुराभिधानकाश्मीरकधानशुभे वितस्तया ॥

अधिगतजन्मवसतिस्मृतकरशेखरभक्तिसक्तितो
रचयति **नाट्यवेदविवृतिं** लघुमभिनवगुप्तभारतीम् ॥३॥

प्रभुः शम्भुर्यस्य प्रथितपरमार्थस्थितिसुखः
पराधीनश्चेतो व्यधित स तदाराज(ध)नविधौ ॥

ततः शस्तस्वान्तरहृदयविश्रान्तिकृतिनः
कृतिं तस्येत्थं भोः शृणुत भगवन्तः सहृदयाः ॥४॥

सज्जनान् कविरसौ न याचते
ह्लादनाय शशभृत् किमर्थितः ॥

नापि निन्दति खलान् मुहुर्मुहु-
र्धिक्कृतोऽपि न हि शीतलोऽनलः ॥५॥

नाट्यार्थप्रथनात् तस्मात् तुष्ट(ष्टो) नाट्ये परेण यत् ।
क्रियात् तेनैष जनतामानन्दोल्लाससुन्दराम् ॥६॥

इति महामाहेश्वराभिनवगुप्ताचार्यविरचितायां **नाट्यवेदवृत्ता-**
वभिनवभारत्यां गुह्यतत्त्वकथनं सप्तत्रिंशः ॥

॥समाप्ता चेयमभिनवगुप्तकृतिः ॥

———

APPENDIX I

Index of half verses of the Natyasastra, Vol. IV